民法典判解研究与适用丛书

民法典·侵权责任
判解研究与适用

首届全国审判业务专家

何 志 ◎ 著

中国法制出版社
CHINA LEGAL PUBLISHING HOUSE

何志简介

何志，河南淅川人，首届全国审判业务专家，河南省十大中青年法学家，河南省南阳高新技术产业开发区人民法院分党组书记、院长。从事民商事审判工作30余年，致力于民商事审判理论和实务的研究与传播，先后发表文章150余篇，获奖30余篇，其中，《顾此不能失彼：裁判与民意的博弈与衡平》荣获全国法院系统第二十四届学术讨论会一等奖。致力于民商法学理论和实务的研究与传播，先后出版了《民法典判解研究与适用丛书》（一套8本）、《物权法判解研究与适用》（荣获中国法学会民法学研究会2006年度优秀科研成果奖）、《最高人民法院合同法司法解释精释精解》、《婚姻案件审理要点精释》等30余部法学专著，担任《民商事纠纷裁判依据新释新解丛书》（一套8本）、《民商事司法解释精释精解丛书》（一套13本、再版7本）的总主编。

总　序

　　首届全国审判业务专家、河南省十大中青年法学家、河南南阳高新技术开发区人民法院分党组书记、院长何志同志的力作——《民法典判解研究与适用丛书》即将付梓之际，托我为之作序，欣然应允。

　　认识何志同志20余年了。

　　何志同志业精于勤。他长期在法院审判一线工作，积累了丰富的审判实践经验，并善于从司法实践中发现法律问题，提出立法、司法建议，形成司法智慧。在2009年最高人民法院评选首届全国审判业务专家时，他在全国法院系统推举的160余名候选人中脱颖而出，成功入选45名首届全国审判业务专家之一，是难能可贵的，足见其审判理论的深厚，这也是对他的审判业务能力、理论研究能力的最高"奖赏"。

　　何志同志行成于思。他并非法学科班出身，而是自学成才的"土专家"。三十年如一日，笔耕不辍，对民法表现出极大的兴趣，对民法通则、合同法、物权法、担保法、侵权责任法、婚姻家庭法等进行了深入研究，并出版了不少专著。其中，《物权法判解研究与适用》（人民法院出版社2004年版）荣获中国法学会民法学研究会2006年度优秀科研成果奖（青年学术成果奖）；《顾此不能失彼：裁判与民意的博弈与衡平》荣获全国法院系统第二十四届学术讨论会一等奖，他也因此被评为《判解研究》"十周年庆典三名杰出作者"之一。这些荣誉表明何志同志的理论研究成果得到了学界的肯定和赞誉。

　　何志同志传道解惑。他被西南政法大学民商法学院、南阳师范学院法学院等聘为兼职教授，长期在河南法院系统、律师系统、金融系统、部分高校讲授民商法理论与实务，听课人数累计超过 30 万人次。他还作为全国"双千计划"首批入选者，挂职于河南科技大学法学院。因而在社会上人们称其为老师、教授，在法院同事们称其为学者、专家。

法律是治国之重器，良法是善治之前提。《中华人民共和国民法典》被誉为"社会生活的百科全书"，以保护民事权利为出发点和落脚点，切实回应人民的法治需求，更好地满足人民日益增长的美好生活需要，是新时代切实保障人民合法权益的法典。

《民法典判解研究与适用丛书》以民法典为主线，以单个编章为载体，分为《民法典·总则判解研究与适用》《民法典·物权判解研究与适用》《民法典·合同通则判解研究与适用》《民法典·典型合同判解研究与适用》《民法典·人格权判解研究与适用》《民法典·婚姻家庭判解研究与适用》《民法典·继承判解研究与适用》《民法典·侵权责任判解研究与适用》。丛书采用他擅长的判解研究方法（从案例入手—提出问题—理论阐释—简要评析），博百家理论之精华，集司法实践之案例，以案说法，以法释案，做到了研究实务问题而不乏深入的理论分析，探讨理论问题而不脱离具体的司法实践，从而使民法典判解研究与适用紧密结合，具有很强的理论性、实践性、指导性和可读性。相信本套丛书的出版，对学术界深入研究民法典具有重要的参考价值；对实务界适用民法典具有重要的借鉴意义；对社会大众学习民法典具有重要的指导作用。

民法典的研习，是为了使民法典更好地贯彻实施，但愿何志同志百尺竿头，更进一步，为繁荣我国的民法学研究做出更大的贡献。

尊其嘱，是为序。

中国人民大学党委常委、副校长
中国法学会民法学研究会副会长

前　言

　　《民法典》是中华人民共和国成立以来第一部以"法典"命名的法律，是新时代我国社会主义法治建设的重大成果，具有里程碑的意义。

　　侵权责任是民事主体侵害他人权益应当承担的法律后果。2009年全国人民代表大会常务委员会通过了《侵权责任法》，该法施行以来，在保护民事主体合法权益、明确侵权责任、预防和制裁侵权行为方面发挥了重要作用。《民法典》侵权责任编在总结原《侵权责任法》实践经验的基础上，针对侵权领域出现的新情况，回应社会关切，广泛听取和吸收各方面意见，借鉴司法解释的有益做法，对侵权责任制度作了必要的补充和完善，形成了《民法典》侵权责任编。

　　《民法典》侵权责任编共10章，95个条文。本编主要内容包括：一是一般规定。规定了侵权责任的归责原则、多数人侵权的责任原则、侵权责任的减轻或者免除等一般规则。并在原《侵权责任法》的基础上作了进一步的完善，增加了"自甘风险"规则、规定了"自助行为"制度。二是损害赔偿。规定了侵害人身权益和财产权益的赔偿规则、精神损害赔偿规则等。同时，完善了精神损害赔偿制度，规定因故意或者重大过失侵害自然人具有人身意义的特定物造成严重精神损害的，被侵权人有权请求精神损害赔偿。加强对知识产权的保护，提高侵权违法成本，增加规定了故意侵害他人知识产权，情节严重的，被侵权人有权请求相应的惩罚性赔偿。三是责任主体的特殊规定。规定了无民事行为能力人、限制民事行为能力人及其监护人的侵权责任，用人单位的侵权责任，网络侵权责任，以及公共场所的安全保障义务等。同时，增加规定委托监护的侵权责任，完善网络侵权责任制度。四是各种具体侵权责任。本编分别对产品生产销售、机动车交通事故、医疗、环境污染和生态破坏、高度危险、饲养动物、建筑物和物件等领域的侵权责任规则作出了具体规定。并在原《侵权责任法》的基础上，完善生产者、销售者召回缺陷产品的责任；明确交通损害赔偿的顺序，即先由机动车强制保险理赔，不足部分由机动车商业保险理赔，仍不足的由侵权人赔偿；进一步保障患者的知情同意权，明确医务人员的相关说明义务，加强医疗机构及其医务人员对患者隐私和个人信息的保护；增加规定生态环境损害的惩罚性赔偿制度，并明确规定了生态环境损害的修复和赔偿规则；加强生物安全管理，完善高度危险责任，明确占有或者使用高致病性危险物造成他人损害的，应当承担侵权责任；完善高空抛物坠物治理规则。

本书依据《民法典》侵权责任编的规定，融百家之长，以司法实践和现实生活中的具体案例为依托，采用判解研究的方法（从案例入手——提出问题——法理阐释——简要评析），全面、系统地阐述了抽象的《民法典》侵权责任编理论，以案说法、以法释案，力求研究实务问题而不乏深入的理论分析，探讨理论问题而不脱离司法的具体实践，从而做到侵权责任判解研究与适用紧密结合，力争做到为审判实践和现实生活服务。

本书为民法典判解研究与适用丛书分册之一，该丛书总序承蒙中国人民大学党委常委、副校长、中国法学会民法学研究会副会长兼秘书长、中国法学会民法典编纂项目领导小组成员、秘书长王轶老师作序，笔者表示最衷心的感谢！拙著的出版发行，得到了中国法制出版社周琼妮女士的大力支持与辛勤付出，笔者表示最诚挚的谢意！

本书主要法律文件名称及缩略语对照表

缩略语	全 称
《宪法》	《中华人民共和国宪法》
《立法法》	《中华人民共和国立法法》
《民法典》	《中华人民共和国民法典》
《民法总则》	《中华人民共和国民法总则》
《民法通则》	《中华人民共和国民法通则》
《民法通则意见》	《最高人民法院关于贯彻执行〈中华人民共和国民法通则〉若干问题的意见（试行）》
《侵权责任法》	《中华人民共和国侵权责任法》
《民事诉讼法》	《中华人民共和国民事诉讼法》
《民事诉讼法解释》	《最高人民法院关于适用〈中华人民共和国民事诉讼法〉的解释》
《刑法》	《中华人民共和国刑法》
《刑事诉讼法》	《中华人民共和国刑事诉讼法》
《刑事诉讼法解释》	《最高人民法院关于适用〈中华人民共和国刑事诉讼法〉的解释》
《证券法》	《中华人民共和国证券法》
《教育法》	《中华人民共和国教育法》
《教师法》	《中华人民共和国教师法》

缩略语	全 称
《未成年人保护法》	《中华人民共和国未成年人保护法》
《产品质量法》	《中华人民共和国产品质量法》
《消费者权益保护法》	《中华人民共和国消费者权益保护法》
《道路交通安全法》	《中华人民共和国道路交通安全法》
《道路交通安全法实施条例》	《中华人民共和国道路交通安全法实施条例》
《民用航空法》	《中华人民共和国民用航空法》
《铁路法》	《中华人民共和国铁路法》
《交强险条例》	《机动车交通事故责任强制保险条例》
《道路运输条例》	《中华人民共和国道路运输条例》
《精神损害赔偿解释》	《最高人民法院关于确定民事侵权精神损害赔偿责任若干问题的解释》
《道路交通损害赔偿解释》	《最高人民法院关于审理道路交通事故损害赔偿案件适用法律若干问题的解释》
《人身损害赔偿解释》	《最高人民法院关于审理人身损害赔偿案件适用法律若干问题的解释》
《旅游纠纷规定》	《最高人民法院关于审理旅游纠纷案件适用法律若干问题的规定》
《商品房买卖合同解释》	《最高人民法院关于审理商品房买卖合同纠纷案件适用法律若干问题的解释》
《专利纠纷规定》	《最高人民法院关于审理专利纠纷案件适用法律问题的若干规定》
《知识产权惩罚性赔偿解释》	《最高人民法院关于审理侵害知识产权民事案件适用惩罚性赔偿的解释》
《网络侵害人身权益规定》	《最高人民法院关于审理利用信息网络侵害人身权益民事纠纷案件适用法律若干问题的规定》
《医疗损害责任解释》	《最高人民法院关于审理医疗损害责任纠纷案件适用法律若干问题的解释》
《环境侵权惩罚性赔偿解释》	《最高人民法院关于审理生态环境侵权纠纷案件适用惩罚性赔偿的解释》

目 录
CONTENTS

第四章　侵权责任的免责事由 / 087

第九章　网络侵权责任 / 265

第十章　违反安全保障义务的侵权责任 / 293

第十六章　高度危险责任 / 507

附录

第一章

侵权责任编概论

本章概要

　　侵权责任是民事主体侵害他人权益应当承担的法律后果。侵权责任编调整因侵害民事权益产生的民事关系。《民法典》侵权责任编在总结原《侵权责任法》实践经验的基础上，针对侵权领域出现的新情况，吸收借鉴司法解释的有关规定，对侵权责任制度作了必要的补充和完善。侵权责任编共计十章，依次是：一般规定、损害赔偿、责任主体的特殊规定、产品责任、机动车交通事故责任、医疗损害责任、环境污染和生态破坏责任、高度危险责任、饲养动物损害责任、建筑物和物件损害责任。

　　本章主要内容是介绍侵权行为与侵权责任编的相关问题，对侵权行为有所了解，对侵权责任编有所知悉。

第一节　侵权行为概说

一、问题的提出

天有不测风云，人有旦夕祸福。世事无常，真的不知道明天和意外哪个先来。

意外无非来自"天灾人祸"，"天灾"是人们不能预见、不能避免且不能克服的客观情况，被称为不可抗力。如 2008 年的"5·12"汶川地震，人们遭受生命和财产的损害，不能去找"老天爷"索赔。而"人祸"由人为因素造成，有"罪魁祸首"，是可以避免的。如交通事故致人损害，"人祸"就是交通肇事者，能找到侵权行为人承担赔偿责任。

在现实生活中，各种各样的侵权行为会造成形形色色的损害。在研究侵权行为相关问题之前，先看三则案例：

案例 1：被邻居打成轻伤，能否提起刑事附带民事诉讼

张某与李某系邻居关系，却"水火不相容"，经常发生摩擦。某日，张某借故与李某发生口角，矛盾升级后，张某将李某的左腿打成骨折，经司法鉴定构成九级伤残，同时构成轻伤。李某向公安机关报案，并提起刑事附带民事诉讼，要求张某赔偿各种损失共计 4 万元。

案例 2：病人住院期间摔倒受伤的责任如何承担 ①

2019 年年初，徐某某与李某某在某市医院骨科陪护各自家人。3 月 1 日晚上 8 时许，徐某某见骨科病房开水房附近走道上有积水，就使用拖把对医院开水房进行清理，又使用该拖把对楼道走廊进行了擦拭，导致所涉地面潮湿。当晚，李某某步行至上述位置时，因地面湿滑摔倒在地。李某某于晚上 8 时 10 分摔伤，在此之前的一段时间处于非保洁时间，案涉公共区域无人进行卫生保洁。经诊断，李某某构成十级伤残，医疗费共计 1.8 万元。李某某遂起诉医院

---

① 参见最高人民法院于 2022 年 2 月 23 日发布的《第二批人民法院大力弘扬社会主义核心价值观典型民事案例》。

和徐某某，要求赔偿各项损失共计 12.6 万元。

生效裁判认为，医院存在管理上的疏忽，在较长时间内没有对走廊等公共区域的水渍进行保洁清理，未尽到安全保障义务，导致他人跌倒受伤，应承担相应责任。李某某行走时疏于注意，应自担部分损失。徐某某出于好意，用保洁人员放在走廊里的拖把清理开水房的积水及附近走廊里的水渍，并无过错，不应承担责任。故判令医院赔偿李某某各项损失 7 万元。

案例 3：电动车"不翼而飞"，小区物业公司应否担责

张某家住欣欣家园小区，欣欣物业公司系该小区的物业管理企业，但双方未签订物业管理合同。某日下午，张某私人车库被撬，存放在内的一辆雅迪牌电动车被盗。张某当即报案，公安机关作了接处警记录，欣欣物业公司也在巡查记录中作了记载。后张某向物业公司多次索赔未果，遂诉至法院，要求物业公司赔偿其电动车损失 2300 元。

上述案例都是现实生活和司法实践中常见的问题，具有一定的典型性和代表性。试问：什么是侵权行为？有何特征？侵权行为有哪些分类？什么是侵权行为民事责任？有何特征？侵权行为民事责任的承担方式有哪些？侵权行为与相关行为的区别如何？

二、侵权行为的法律意义

"侵权行为"是一个外来词汇。作为一种侵害他人权益的行为，也被称为侵害行为或过错行为。[①] 对于侵权行为的概念，各国学者提出了许多不同的主张，可分为四种典型学说：一是过错说，强调侵权行为是一种过错；二是违反法定义务说，强调侵权行为是违反法律事先规定的义务的行为；三是责任说，强调侵权行为负损害赔偿的责任；四是致人损害说，强调侵权行为是加害他人权利的行为。[②]《民法典》第一千一百六十五条规定："行为人因过错侵害他人民事权益造成损害的，应当承担侵权责任。依照法律规定推定行为人有过错，其不能证明自己没有过错的，应当承担侵权责任。"第一千一百六十六条规定：

---

① 王利明：《侵权行为法研究》（上卷），中国人民大学出版社 2004 年版，第 3 页。

② 四种学说，详见王利明：《侵权行为法研究》（上卷），中国人民大学出版社 2004 年版，第 6—7 页。

"行为人造成他人民事权益损害，不论行为人有无过错，法律规定应当承担侵权责任的，依照其规定。"据此，侵权行为是指行为人侵害他人民事权益并造成损害，应依法承担相应民事责任的行为。侵权行为具有如下法律特征：[①]

1. 侵权行为是一种违法的作为或不作为的行为。行为可分为作为与不作为。作为是有所而为，如司机因过失而发生交通事故，造成他人的人身和财产受到损害。不作为是有所不为。如病人拨打120急救电话，而120却接诊不及时，导致病人不能得到救治，即为不作为。因此，侵权行为包括作为与不作为两种违法行为，其行为的违法是违反法律规定。当然，也包括违反公序良俗。

2. 侵权行为侵害的是他人的人身权、物权等绝对权利，并造成了现实的损害。他人，包括自然人、法人和非法人组织。侵权行为必须造成实际损害或者存在实际损害发生的危险，仅有行为而无损害，不构成侵权行为。[②] 侵权行为所侵害的客体既包括物权、知识产权、人身权等，也包括法律上尚未规定为权利但应受法律保护的合法利益。

3. 侵权行为一般是一种过错行为，但在法律有特别规定的情况下，也可以是一种无过错行为。过错责任是《法国民法典》所确立的近代民法的三大基本原则之一。[③] 因为法律要保护人的行动自由，所以规定在通常情况下，行为人只要没有过错就不对自己的行为所造成的损害承担赔偿责任。但到了现代，在社会本位理念的指导下，法律强调对弱者的保护。在高度危险作业等特殊侵权责任中，法律就要求行为人承担无过错的民事赔偿责任，即行为人在没有过错的情况下给他人造成损害的，也要承担民事赔偿责任。

三、侵权行为的分类

侵权行为可依据不同的标准进行分类。对侵权行为进行分类，主要是因为不同类型的侵权行为应当适用不同的归责原则、构成要件、举证责任、责任形式。

---

① 何志：《侵权责任判解研究与适用》，人民法院出版社2019年版，第5—6页。
② 张新宝：《侵权责任法原理》，中国人民大学出版社2005年版，第17页。
③ 过错责任、契约自由及私权神圣是资本主义国家民法的三大支柱，共同为资产阶级的崛起提供了法律武器。黄薇主编：《中华人民共和国民法典侵权责任编释义》，法律出版社2020年版，第4页。

（一）一般侵权行为和特殊侵权行为

关于一般侵权行为和特殊侵权行为的分类标准，在学理上主要有一般条款区分说、为自己负责说、责任构成要件说、归责原则区分说。[1] 笔者认为，一般侵权行为和特殊侵权行为的区别应当依适用的法律条款、归责原则、举证责任等综合因素而定。一般侵权行为是行为人因过错实施某种行为致人损害时，应该适用民法上的一般责任条款的侵权行为。就《民法典》所规定的侵权行为民事责任而言，一般侵权行为就是适用该法第一千一百六十五条第一款所规定的侵权行为。《民法典》侵权责任编规定的产品质量侵权行为、高度危险作业侵权行为、环境污染和生态破坏侵权行为、地面施工侵权行为、物件致人损害侵权行为、饲养动物致人损害侵权行为等，皆为特殊侵权行为，适用相关法律条文。

在一般侵权行为中，法律条款适用一般性条款，归责原则适用过错责任原则，举证责任根据"谁主张，谁举证"的诉讼原则，一般由受害人承担。而在特殊侵权行为中，除适用《民法典》的有关条款外，还适用一些特别法，如《食品安全法》等有关规定，归责原则适用无过错责任原则、过错推定原则，举证责任主要采取举证责任倒置的方式，即受害人仅举证证明存在损害结果和侵权人，侵权人对自己不存在侵权行为负举证责任，否则就推定侵权人有过错，承担损害赔偿责任。如某水库承包人为了让水库的水质肥沃，在水库中投放大量化肥，致使水中缺氧，网箱中的鱼大量死亡，显然属于水污染案件，水库承包人对此负有举证责任，若不能举证证明鱼的死亡与其投放化肥无关，则要承担赔偿损失的民事责任。

（二）作为的侵权行为和不作为的侵权行为

行为可分为作为和不作为两种情形，据此标准可将侵权行为分为作为的侵权行为与不作为的侵权行为。在现代社会，"不侵害他人"是任何一个民事主体都应遵循的普遍性义务，没有合法依据或者法律授权，不得损害他人的民事权益，否则就可能承担一定的法律后果。[2]

作为的侵权行为是违反对他人的不作为义务而实施的加害行为，表现为积

---

[1]　参见王利明：《侵权行为法研究》（上卷），中国人民大学出版社2004年版，第20页。

[2]　黄薇主编：《中华人民共和国民法典侵权责任编释义》，法律出版社2020年版，第5页。

极的侵权行为，如损害他人财产、侵占他人财产、损害他人身体、损害他人名誉等。

不作为的侵权行为是对他人负有作为义务，但不履行或者不适当履行该义务而造成他人损害的行为，如维护道路的施工者未设置明显标志或安全措施造成他人损害、宾馆未采取防范措施导致宾客摔倒受伤等。无论是作为的侵权行为，还是不作为的侵权行为，只要给他人造成损害，都应当承担损害赔偿责任。当然，不作为侵权行为的成立，须其与侵害他人权利之间有因果关系。

特别值得强调的是，不作为的侵权行为须以作为的义务存在为前提。如路人见一妇女落入水中而不施救，虽该路人不作为，但不构成侵权行为，仅是道德行为，不能对该路人妄加评论。因此，不作为涉及道德与法律的关系，要区分清楚。①

（三）自己负责的行为和由他人负责的行为

根据侵权行为的民事责任由谁承担，可将侵权行为分为自己负责的行为和由他人负责的行为。

自己负责的行为是行为人亲自实施侵害他人权利的行为，该行为由自己负责。为自己的行为负责，这是侵权责任法的一个基本原则。为自己的行为负责，也包括对自己的物件致使他人损害负责，因为从法律上看，"物件是人的手臂的延长"。所以，物件致人损害可以视为自己的行为致人损害。②

由他人负责的行为是侵权责任编的例外规定，即只有在法律明确规定的情况下，行为人侵害他人权利的行为由他人负责。如在监护人责任中，依据《民法典》第一千一百八十八条第一款的规定，无民事行为能力人、限制民事行为能力人造成他人损害的，由监护人承担侵权责任。监护人尽到监护职责的，可以减轻其侵权责任。在工作人员执行任务中，依据《民法典》第一千一百九十一条第一款的规定，用人单位的工作人员因执行工作任务造成他人损害的，由用人单位承担侵权责任。用人单位承担侵权责任后，可以向有故意或者重大过失的工作人员追偿。由他人负责的行为，即为转承责任，其侵权行为的主体与承担民事责任的主体相分离。

---

① 何志：《侵权责任判解研究与适用》，人民法院出版社 2009 年版，第 8 页。

② 王利明：《侵权行为法研究》（上卷），中国人民大学出版社 2004 年版，第 22 页。

（四）单独侵权行为和共同侵权行为

根据侵权行为的主体人数不同，可将侵权行为分为单独侵权行为和共同侵权行为。

单独侵权行为是一人实施的侵权行为，由该人承担侵权责任。共同侵权行为是二人以上共同故意或者共同过失致人损害，或者虽无共同故意、共同过失，但其侵害行为直接结合发生同一损害后果，构成共同侵权，承担连带责任。二人以上没有共同故意或者共同过失，但其分别实施的数个行为间接结合发生同一损害后果的，应当根据过失大小或者原因力比例各自承担相应的赔偿责任。

四、侵权行为民事责任的法律意义

德国民法学者冯·巴尔指出："民事责任法是每一个欧洲国家法律制度的一部分。没有一套对在发生损害之前当事人之间没有任何关系之情形的损失予以补偿的规则，任何人都无法生存。"[1] 由此可见，侵权的民事责任规则在一国民事法律制度中的重要性。我国《民法典》侵权责任编专门对侵权责任作了全面、系统的规定，丰富了侵权责任的内容。

侵权行为民事责任，简称侵权责任，是民事主体因实施侵权行为给他人造成损害而应当承担的民事责任。承担侵权行为民事责任的主体称为"赔偿义务人"，包括自己负责行为的赔偿义务人和由他人负责行为的赔偿义务人。有权主张损害赔偿等请求的人，称为"赔偿权利人"，包括侵权行为的直接受害人和法律规定享有请求权的人（如死者近亲属）。

侵权责任的特征表现为：一是侵权责任以侵权行为为前提。若无侵权行为，则无侵权责任。二是侵权责任是民事主体因违反法定义务而应承担的法律后果。民事责任以民事义务的存在为前提，义务是法律要求当事人所应为的行为，它与权利是相对应的。义务的履行即为权利的实现，而违反义务则发生责任的后果。因此，民事责任是权利、义务实现的法律保障。民事责任使民事权利具有法律上之力，权利人即可借此法律上之力强制义务人履行义务或为损害

---

① ［德］冯·巴尔：《欧洲比较侵权行为法》（上卷），张新宝译，法律出版社 2001 年版，第 1—2 页。

赔偿，以确保民事权利的实现。[①] 三是侵权责任具有强制性。侵权行为人侵害他人权利并造成损害，其自然要承担赔偿责任，此责任以国家强制力作保障。现实生活中，侵权行为人拒绝承担民事责任的屡见不鲜，受害人通过诉讼渠道获得救济的比比皆是。四是侵权责任以财产责任为主，但不限于财产责任。若侵害他人名誉权，当事人有权要求停止侵害、消除影响、恢复名誉、赔礼道歉，还可以要求承担损害赔偿的财产责任。

五、侵权行为与相关行为的区别

（一）侵权行为与犯罪行为

在法律发展史上，侵权行为和犯罪行为曾有过密切的联系，某些违法行为既可以作为侵权行为，也可以作为犯罪行为。当行为人的行为既构成侵权，又构成犯罪时，就形成了侵权行为与犯罪行为的竞合。尽管侵害他人财产、人身的行为可能同时构成侵权与犯罪，但民法与刑法毕竟为两个法律部门，因此应当区分侵权行为与犯罪行为，将民事责任与刑事责任相分离。侵权行为与犯罪行为存在明显的区别：

1.二者的侵害对象不同。侵权行为侵害的是民事权益，犯罪行为侵害的是刑法所保护的社会关系。

2.二者的违法程度不同。侵权行为是一般民事违法行为，而犯罪行为则具有严重的社会危害性。

3.二者提起诉讼的程序不同。侵权行为提起民事诉讼，犯罪行为提起刑事诉讼。尽管我国诉讼法规定了刑事附带民事诉讼制度，但该制度仅可以认为是民事责任与刑事责任未分化的残迹。[②]

4.二者的适用范围不同。由于诉讼程序的不同，对于同一不法行为会产生不同的判决。例如侵害名誉权构成犯罪，以行为人故意为要件，若构成侵权，存在过失已足。因此，侵权行为相较犯罪行为而言，适用的范围更广。

5.二者的法律后果不同。侵权行为人承担民事责任，该民事责任侧重于对受害人的补救，因此以财产责任为主、非财产责任为辅；犯罪行为侵犯的是社会秩序和公共利益，因此刑事责任侧重于对行为人的惩罚。

---

① 梁慧星：《民法总论》，法律出版社 2001 年版，第 96 页。
② 郑玉波：《民法债编总论》，中国政法大学出版社 2004 年版，第 117 页。

（二）侵权行为与违约行为

违约行为，是指违反合同义务的行为。它包含了对各种法定的、约定的以及诚实信用原则所产生的义务的违反，也就是说，任何违反合同义务的行为，都是违约行为，包括了作为和不作为。[①] 侵权行为与违约行为都属于民事违法行为，都是承担民事责任的根据，但二者的区别非常明显。

1. 侵权行为所侵犯的是绝对权，其违法性体现在违反法律直接规定的、针对一般人的义务；而违约行为所侵犯的是一种相对权，其违法性表现在当事人违反自己设立的、针对特定当事人的义务。

2. 侵权行为的侵害人和受害人之间并不存在合同法律关系，只是由于侵权行为的发生，才在当事人之间产生侵权损害赔偿关系；而违约责任是以合同的有效存在为前提的，只有当存在有效合同，且当事人违反合同规定的情况下，才能产生违反合同的民事责任。

3. 侵权行为的主体在一般情况下是不特定的，行为人可能是完全民事行为能力人，也可能是无民事行为能力人或限制民事行为能力人，行为人是否具有侵权责任能力，不影响受害人享有的损害赔偿请求权的实现；而违约行为的主体是特定的合同当事人，由于合同当事人必须具备民事行为能力，因此违约行为的主体只能是具有民事行为能力的人。

4. 实施侵权行为将依法承担侵权的民事责任；而实施违约行为将承担违约责任。侵权行为与违约行为虽存在上述区别，但当事人的同一行为可以既构成违约，又构成侵权，此时就形成了侵权行为与违约行为的竞合。

六、对案例1、案例2、案例3的简要评析

1. 对案例1的简要评析

在案例1中，张某将李某的左腿打成骨折，经司法鉴定构成九级伤残，同时构成轻伤。依据《刑法》的规定，张某的行为构成故意伤害罪，可以判处三年以下有期徒刑、拘役或者管制。同时，张某的行为侵害李某的健康权，李某有权要求张某赔偿各项实际损失，如医疗费、误工费、护理费、交通费等直接损失，张某应当予以赔偿。

[①]　何志:《合同法原理精要与实务指南》，人民法院出版社 2008 年版，第 401 页。

当然，在刑事附带民事诉讼中，受害人能否主张精神损害赔偿，存在争议。在道路交通损害责任中，受害人在强制险中优先赔偿精神损害。除此之外，司法实践中原则上不支持受害人的精神损害赔偿诉求。

2. 对案例 2 的简要评析

在案例 2 中，受害人在医院诊疗期间，由于医院病房开水房附近的走廊湿滑，导致受害人不慎滑倒，造成人身损害。医院病房属于经营场所，依据《民法典》第一千一百九十八条第一款"宾馆、商场、银行、车站、机场、体育场馆、娱乐场所等经营场所、公共场所的经营者、管理者或者群众性活动的组织者，未尽到安全保障义务，造成他人损害的，应当承担侵权责任"的规定，医院未尽到安全保障义务，应当承担相应的民事责任。同时，受害人未尽到谨慎义务，对造成自身损害有一定过错，应当减轻医院的赔偿责任。在司法实践中，未尽到安全保障义务的民事责任一般不超过 50%。

本案争议的焦点是徐某某的行为是否承担相应的民事责任。乐于助人、善意施惠是中华民族的传统美德，也是社会主义核心价值观的应有之义。近年来，老人摔倒扶不扶等问题受到社会各界热议，一度出现了公众担心承担法律责任不敢扶、不愿扶的现象，影响了人们实施善意行为的积极性。本案中，法院认定徐某某助人为乐的行为不具有过错，不但不应承担法律责任，反而应予以提倡和鼓励，旗帜鲜明为助人为乐者撑腰，让人民群众能够感受到司法的温度、法律的温情及社会的公平正义。本案免除了乐于助人的后顾之忧，对于弘扬社会主义核心价值观，培育我为人人、人人向善的社会风气，构建和谐社会具有重要意义。①

3. 对案例 3 的简要评析

在案例 3 中，根据《民法典》第九百三十七条第一款的规定，物业服务合同是物业服务人在物业服务区域内，为业主提供建筑物及其附属设施的维修养护、环境卫生和相关秩序的管理维护等物业服务，业主支付物业服务费的合同。原、被告双方虽未签订物业管理合同，但已形成事实上的物业合同关系，被告进行了日常的物业管理工作，但对原告失窃造成的损失，被告没有特别承诺赔偿，不应当由被告对此承担赔偿责任，原告要求被告对其失窃的电动车进行赔偿没有法律依据，应当驳回其诉讼请求。

① 参见最高人民法院于 2022 年 2 月 23 日发布的《第二批人民法院大力弘扬社会主义核心价值观典型民事案例》。

本案原告的电动车失窃损失只能待公安机关破案后，由盗窃人予以返还或者退赔。

第二节　侵权责任编概说

一、问题的提出

侵权责任是民事主体侵害他人民事权益应当承担的法律后果。侵权责任编，是指有关侵权行为的定义、种类以及对侵权行为如何制裁、对侵权损害后果如何补救的民事法律规范的总称。在研究侵权责任编的几个一般性问题之前，先看两则案例：

案例 4：老人之死与被撞倒有无因果关系 ①

杜某某（88 岁）与陈某某（8 岁）系同村村民，2009 年 1 月 8 日在双方住房附近的街道上，陈某某将杜某某撞倒在地。杜某某住院治疗，经医生诊断为：心房纤颤；右股骨粗隆间粉碎性骨折，花费医疗费 2100 元。半年后，卫生所再次诊断为右下肢骨折，合并感染。同年 8 月 17 日，杜某某去世。杜某某亲属要求陈某某及其法定代理人赔偿各项损失 94000 元。事发的 1 月 8 日，被告陈某某的祖父陈某华曾出具一张便条交原告收执，该便条载明："不报警私了，一切由我自负。" 1 月 10 日，原告曾出具一张收据交陈某华收执，该收据载明："今收到第二监护人陈某华现金壹仟伍佰元整。"

生效裁判认为，陈某华作为陈某某的长辈，在事发当日即到现场，从其出具的"私了"便条和提供的收据内容分析，可以认定陈某华确认了陈某某撞倒杜某某的事实。虽然陈某华主张该便条并非其真实意思表示，但并未提供证据证明其系受到欺骗或威胁，结合其已支付 1500 元的事实也表明其同意承担赔偿责任。就死亡后果与此次摔伤间的因果关系看，杜某某摔倒骨折并非导致其死亡的唯一原因，结合本案实际，法院确定杜某某的摔伤在其死亡结果中占有 20% 的原因力。陈某某对杜某某的摔伤结果存在过错，但杜某某的子女未

---

① 参见最高人民法院于 2014 年 7 月 25 日发布的四起典型案例。

尽好监护义务导致其在巷道里摔倒同样存在过错，故原告应承担相应的责任。法院因此酌定被告陈某某与原告各承担50%的责任。结合杜某某摔伤与其死亡结果的原因力比例，法院裁定，杜某某因伤就医的损失为13000元，死亡造成的损失60000元。判决被告方承担杜某某受伤、死亡造成的经济损失36500元。

案例5："亲吻权"应否纳入民事权益予以保护①

被告吴某因交通事故造成原告陶某某上唇裂伤、全身多处软组织挫伤、门牙折断、脑震荡。原告向法院起诉称，被告导致自己上唇裂伤和门牙折断，使其不能感受与爱人亲吻的醉人甜蜜，不能感受与女儿亲吻的天伦亲情。因此，被告吴某的行为侵害了其身体权、健康权、"亲吻权"、财产权，要求被告不仅要承担财产损害赔偿责任，还要承担原告不能亲吻的利益损失，赔偿精神损害抚慰金10000元。

上述案例均涉及民事权益的保护范围问题。试问：侵权责任编的功能有哪些？侵权责任编保护的利益范围包括哪些？侵权责任编的一般条款如何？侵权责任普通法与侵权责任特别法的区别如何？

二、《民法典》侵权责任编的功能

《民法典》侵权责任编的功能，是指通过侵权责任编的适用所应达到的目的。侵权责任编的功能是民法功能的具体体现，也是全部侵权责任编规范存在的目的。侵权责任编的功能主要表现为：

（一）预防损害功能

任何一部民事法律，都是规范人们行为的。任何一部民事法律，都会告知人们一些禁止行为，若违反禁止性规定的行为，即构成违法。侵权责任编作为民事法律，自然也不例外。预防损害胜于填补损害，这是"治本治标"，若说填补损害胜于预防损害，那是"亡羊补牢"。侵权责任编规定何种不法侵害他人权益的行为应予以负责，借以确定行为人应遵行的规范及损害赔偿的制裁而

---

① 参见四川省广汉市人民法院（2001）广汉民初字第832号民事判决书。

吓阻侵害行为，具有预防功能。

《民法典》第一千一百六十七条规定："侵权行为危及他人人身、财产安全的，被侵权人有权请求侵权人承担停止侵害、排除妨碍、消除危险等侵权责任。"这里的"危及"应当是：第一，侵权行为正在实施和持续而非已经结束；第二，侵权行为已经危及被侵权人的人身、财产安全而非不可能危及；第三，侵权行为系侵权人所为，而非自然原因造成。对正在危及他人的人身、财产安全的侵权行为发生的情况下，赋予被侵权人请求停止侵害、排除妨碍、消除危险等责任方式。[1] 依据该条规定，充分赋予被侵权人积极主动预防侵害发生或者扩大的权利，更有助于保护民事主体的合法权益，并且能够有效发挥侵权责任法的预防功能，减少损害的发生和扩大。[2] 因此，停止侵害、排除妨碍、消除危险等责任方式的功能，在于制止已发生的侵权行为和预防可能发生的侵权行为，故被称为制止型、预防型责任方式。[3]

侵权责任编的核心之一是让侵权行为的行为人承担侵权的民事责任。这对侵权行为人有两个方面的不利后果：一是在法律上其行为获得否定评价，被确认为违法行为，行为人也必然因此而获得社会的某种否定评价。如果行为人为公民，这种否定评价不利于其人格尊严也不利于其未来的社会交往。如果行为人是法人（如公司），则不利于其商业信誉以及未来的经营活动。如姜某事件[4] 中，网友进行"人肉搜索"，将姜某的丈夫与"第三者"有关情况公布于众，造成公众对姜某丈夫的否定评价。姜某丈夫以侵害名誉权、隐私权等为由诉至法院，形成了"人肉搜索"第一案。二是行为人因此要履行一定的义务，或为财产上的给付（如赔偿一定数额的金钱，或返还财产、恢复原状），或为非财产上的义务性作为（如消除影响、恢复名誉、赔礼道歉）。

---

① 黄薇主编：《中华人民共和国民法典解读·侵权责任编》，中国法制出版社2020年版，第235页。

② 孟强：《民法典侵权责任编释论：条文缕析、法条关联与案例评议》，中国法制出版社2020年版，第26页。

③ 何志、侯国跃主编：《侵权责任纠纷裁判依据新释新解》，人民法院出版社2014年版，第24页。

④ 2007年12月29日晚10时，31岁的白领女子姜某从24层的家中跳楼身亡。在之前的两个月，她关闭了自己的博客空间，她的死亡日记将自杀原因归结为丈夫出轨。姜某的博客被网友转载到各大论坛上，引起了激烈讨论，网友们纷纷谴责姜某的丈夫王先生和"第三者"，并迅速搜查出王先生和"第三者"的工作单位、电话、博客等资料。

无论是获得法律上、社会舆论上的否定判断，还是为财产上的给付，抑或为其他非财产上的义务性作为，都不利于侵权人。任何一个精神健全的人或一位明智的企业法定代表人，都不愿陷入上述不利后果的境地。因此，侵权责任编对侵权行为人具有警戒作用，促使他们不实施侵权行为，促使产品制造者严格产品质量检验，促使医务工作者谨慎地进行诊断和治疗。侵权责任编在警戒侵权行为人的同时，也必然警戒社会的其他成员。其他公民和法人吸取侵权行为人的教训，为避免自己也陷入上述不利后果的境地，会自觉严格约束自己的行为，遇事遇人施以"诚信善良之人"应有的注意。侵权责任编植根于占社会主导地位的道德观念中，并将这一占主导地位的道德观念中具有重要社会功能的先进、文明的道德规范上升为法律，要求人们遵行。这样，侵权责任编便给人们提供了一个明确的为社会所接受的道德规范模式。人们遵行侵权责任编的规范，也就自然尊重了社会的道德规范。

（二）填补损害功能

有损害，必有救济。填补损害是各国侵权行为法的共同目的。这是侵权责任编的主要社会功能，是对受害人所遭受的损失，通过损害赔偿、恢复原状等责任方式尽可能地回复到被侵害前的状况。这种补偿方式因受损害权益的性质不同而有所不同：对受侵害的法定财产权，采取返还财产、恢复原状或赔偿损失的方式，使受到侵害的法定财产权尽可能地回复到受侵害前的状况；对受侵害的人身权，则主要采用消除影响、恢复名誉、赔礼道歉或赔偿损失的方式，使受害人解除或减轻精神痛苦，使其受到损害的名誉重新得到社会的正确承认或评价。

在侵权案件中，是否构成侵权损害赔偿责任，一般要考虑以下三类因素：（1）客观构成条件。包括被侵权人损害事实的存在、侵权人行为与被侵权人所受损害之间具有因果关系、侵权人之加害行为具有违法性。（2）主观归责理由。侵权人的过错、行为具有的危险性、平衡双方利益之要求，都可成为责令侵权人承担赔偿责任的理由。（3）免责事由。侵权人可基于"正当理由"或"外来原因"，主张免除或减轻责任。

三、《民法典》侵权责任编调整因侵害民事权益产生的民事关系

原《侵权责任法》第二条规定："侵害民事权益，应当依照本法承担侵权责任。本法所称民事权益，包括生命权、健康权、姓名权、名誉权、荣誉权、

肖像权、隐私权、婚姻自主权、监护权、所有权、用益物权、担保物权、著作权、专利权、商标专用权、发现权、股权、继承权等人身、财产权益。"《民法典》侵权责任编根据民法典编纂体系删除了《侵权责任法》关于民事权利的列举规定，其第一千一百六十四条仅规定"本编调整因侵害民事权益产生的民事关系"。《民法典》总则编规定了民事权利权益，侵权责任编保护民事权利权益可参照总则编的规定，不需要再行规定。[①]

按照民法学界和司法实务界的通说，民法所规定的"民事权益"即包括民事权利和民事利益。[②]一般来说，民事权利是指为了保护民事主体的某种利益而赋予的法律上的力。权利具有法定性，如生命权、健康权、肖像权、所有权等，均由民法加以规定。民事利益，则是未被法律明确规定为权利，但又要受到法律保护的利益。比如死者人格利益、商业秘密即为此典型样态，有关纯粹经济利益等也属此类。侵权责任编在对民事权利和民事利益的保护程度及侵权责任构成要件上没有作区分。从权利的形式上看，法律明确规定的某种权当然属于权利，但法律没有规定某种权而又需要保护的，不一定就不是权利。同时，权利和利益本身是可以相互转换的，即将利益"权利化"。[③]因此，《民法典》第一千一百六十四条明确规定："本编调整因侵害民事权益产生的民事关系。"

依据权利效力范围的不同，民事权利可以分为绝对权和相对权。绝对权具有对世效力，即权利人之外的不特定人都负有不得妨碍该权利的义务。相对权则为对人权，仅对特定人发生效力。《民法典》总则编第五章列举的绝对权类型，如第一百一十条规定自然人享有的生命权、身体权、健康权、姓名权、肖像权、名誉权、荣誉权、隐私权、婚姻自主权等权利，法人、非法人组织享有的名称权、名誉权、荣誉权等权利都属于侵权责任编所保护权利的范围。有关财产性权利，所有权、用益物权、担保物权、知识产权（包括但不限于著作权、专利权、商标专用权）、股权等也属于上述绝对权的范畴。当然，监护权、发现权、继承权等也属于侵权责任编的保护对象。

侵权责任编不调整违约责任问题，合同债权是一种民事权益，但其原则上

---

① 参见黄薇主编：《中华人民共和国民法典侵权责任编释义》，法律出版社2020年版，第2页。

② 参见张新宝：《侵权责任法原理》，中国人民大学出版社2005年版，第13页。

③ 参见黄薇主编：《中华人民共和国民法典侵权责任编释义》，法律出版社2020年版，第3页。

不属于侵权责任编的保护范围。《民法典》第一千一百六十四条规定"侵害民事权益"不涉及违约责任问题，违约责任由合同编调整。侵权责任编并没有明确规定第三人侵害债权是否受其调整，但立法机关认为，如果第三人侵害债权的行为足够恶劣，第三人有过错，能够构成侵权行为的，可以适用侵权责任编的规定。[①] 通常认为，第三人侵害债权的构成要件为：一是该债权合法有效存在。债权不存在或者债权违反法律、行政法规的强制性规定而无效，自然不会发生第三人侵害债权的问题。二是行为人明知该债权存在。因为债权不具有公开性，从维护行为自由以及交易便捷和安全的角度考虑，不可就社会不特定人对其并不能知晓的权利苛以过重负担。三是行为人实施了相应的侵害债权的行为。这一行为通常为妨碍债权实现的情形，至于其为个人单独行为还是与他人包括与债务人合谋，在所不问。四是该行为造成了债权部分或者全部不能实现的后果。该要件既包括了损害后果的要求，也有因果关系成立的要求。[②] 需要注意的是，侵害债权损害赔偿的司法处理应当从严掌握适用。[③]

在界定哪些民事利益受到侵权责任编保护时，可以考虑以下几个方面的因素：第一，民事利益是否被一些特别的保护性法规予以保护，例如，《证券法》第八十五条规定，信息披露义务人未按照规定披露信息，或者公告的证券发行文件、定期报告、临时报告及其他信息披露资料存在虚假记载、误导性陈述或者重大遗漏，致使投资者在证券交易中遭受损失的，信息披露义务人应当承担赔偿责任。这便是对投资者经济利益的保护。当然，这些法律法规不限于私法领域，还包括行政法规这样的公法规范。第二，侵权人侵犯该民事利益时的主观状态，如果侵权人主观状态是故意，那么被侵犯的民事利

[①] 参见黄薇主编：《中华人民共和国民法典侵权责任编释义》，法律出版社 2020 年版，第 3 页。

[②] 参见最高人民法院民法典贯彻实施工作领导小组主编：《中华人民共和国民法典侵权责任编理解与适用》，人民法院出版社 2020 年版，第 18 页。

[③] 参见《最高人民法院公报》2019 年第 2 期（总第 268 期）《吉林市中小企业信用担保集团有限公司诉中国长城资产管理股份有限公司吉林省分公司等公司债权人利益责任纠纷案》裁判摘要："侵权责任法保护民事主体合法的人身权益和财产权益。依法成立并生效的债权属于债权人合法的财产权益，受法律保护，任何人不得随意侵犯。债权发生在特定的当事人之间，缺乏公示性。一般情况下，债权人应通过合同救济主张权利。认定合同当事人以外的第三人承担侵权赔偿责任，应从严把握。当债权人权利救济途径已经穷尽，债权债务关系之外的第三人，如知道或者应当知道债权债务关系存在，且违反以保护该债权为目的的法律、法规及其他规范性法律文件或违背公序良俗，造成债权人合法权益受到损害，行为人承担相应的补充赔偿责任。"

益通常可以通过侵权责任编予以保护。第三，行为人在实施侵害行为时，是否与受害人之间处于一种紧密关系，以至于行为人可以合理预见到其行为将给受害人的利益带来损害或者受害人可以合理信赖行为人不会从事侵害行为，从而使得对行为人施加危险防免的义务具有合理性。第四，在界定受保护的利益范围时，要考虑行为人的行为自由；过分强调受害人利益的保护，可能会限制行为人的行为自由。①

四、《民法典》侵权责任编的一般条款

在大陆法系国家的民事立法中，对侵权责任的规定，采用的是一般化的方法，即规定侵权行为一般条款，通过侵权行为一般条款来确定一般条款侵权行为。所谓侵权行为一般条款，是指在侵权法中居于核心地位的，成为一切侵权请求权的基础的法律规范。②正像德国侵权行为法专家冯·巴尔所说：在所有西欧国家的民法典中，尽管调整侵权行为的一般规则有时是由几个部分构成的，但是侵权行为都是由一个一般规则调整的。作为主要的和终极的规定，它涵盖了侵权行为的主要理论问题，以及绝大部分与侵权行为法有关的实际案件。除了一个例外③以外，这些基本规则都限于对自己不当行为之责任，而对自己不当行为的责任又取决于造成损害的人的过错。④侵权责任法的一般条款可以说是"帝王条款"，一切侵权纠纷案件均可适用。

《民法典》侵权责任编对侵权行为一般规定的做法，回归于传统民法的侵权行为一般条款的立法模式，即该法第一千一百六十五条第一款规定："行为人因过错侵害他人民事权益造成损害的，应当承担侵权责任。"正如王利明教授所言，我国侵权责任法的结构应当对大陆法系与英美法系侵权法的优点兼收

---

① 参见最高人民法院民法典贯彻实施工作领导小组主编：《中华人民共和国民法典侵权责任编理解与适用》，人民法院出版社 2020 年版，第 19—20 页。

② 张新宝：《侵权行为法的一般条款》，载《法学研究》2001 年第 4 期。

③ 只有《荷兰民法典》第 6：162 条走得更远一些。《葡萄牙民法典》第 483 条已经确认了无过错责任的存在。但是，此等责任只限于适用于法律有明确规定的情形。在《意大利民法典》的起草中，考虑了各种责任原因，最终还是决定，就过错而言仅将该民法典第 2043 条作为基本规定。参见［德］冯·巴尔：《欧洲比较侵权行为法》（上），张新宝译，法律出版社 2001 年版，第 16 页。

④ ［德］冯·巴尔：《欧洲比较侵权行为法》（上），张新宝译，法律出版社 2001 年版，第 16 页。

并蓄，采取一般条款与类型化相结合的模式。①

五、《民法典》侵权责任编与总则编的关系

《民法典》总则编规定了民事活动必须遵循的基本原则和一般性规则，统领《民法典》各分编。在法律适用上，应当遵循《民法典》分则各编优先适用，总则编补充适用的规则。《民法典》侵权责任编与总则编的关系表现为：

1. 由于侵权责任编属于对侵权责任的专门规定，就侵权责任构成、承担等问题应当遵循优先适用侵权责任编的规则。这既包括《民法典》总则编"民事责任"一章没有规定而侵权责任编作出规定的内容，还包括侵权责任编和总则编"民事责任"一章存在一定重合交叉的规定，《民法典》第一百七十九条关于承担民事责任的方式的规定，有关预防型民事责任的承担即在《民法典》第一千一百六十七条中有明确规定，涉及此类情形的，应当优先适用后者。但是有关其他民事责任承担方式的，因侵权责任编并没有规定，则仍要适用第一百七十九条的规定。

2. 《民法典》总则编的补充适用规则，即在侵权责任编中没有规定，而总则编中有规定的，要适用总则编的内容，这时的"补充适用"实际上已经变成了"直接适用"。特别是《民法典》从体系理顺的角度考虑，将违约责任和侵权责任等有关责任条款的共通性规则抽象出来后，总则编关于民事责任的规定对于侵权责任而言大都具有直接适用的效力。总则编关于按份责任和连带责任、不可抗力、正当防卫、紧急避险、见义勇为、紧急救助、违约责任和侵权责任竞合、民事责任优先承担的规定等，均对侵权责任纠纷具有直接适用的效力。当然，这些条文大都需要与侵权责任编有关法律条文结合在一起共同适用。有的条款需要与侵权责任编的相关条款合并适用，才能构成完备的裁判规范。之所以出现这一法律适用的情形，是因为一方面是法典化本身强调逻辑性、体系性而避免法条重复的必然要求；另一方面在《民法典》编纂过程中，将原《侵权责任法》中与上述条文对应的相关条文大多作了删除。换言之，上述条文基本上都是从原《侵权责任法》中移过去又作适当调整的。②

---

① 王利明：《王利明学术文集·侵权责任编》，北京大学出版社2020年版，第123页。
② 参见最高人民法院民法典贯彻实施工作领导小组主编：《中华人民共和国民法典侵权责任编理解与适用》，人民法院出版社2020年版，第21页。

六、侵权责任普通法与侵权责任特别法的区别

侵权责任法分为侵权责任普通法与侵权责任特别法。侵权责任普通法是指规定于一般法律即民法典中的侵权行为法律规范。侵权责任特别法是指规定于特别法律中的侵权行为法律规范，这些特别法律可以是专门的单行侵权行为法法规，也可以是其他法律法规如刑事、行政法律法规等。

特别法与一般法（普通法）关系的适用包括：一是同一位阶的特别法与一般法的关系是特别法优先于一般法，在特别法有规定时优先适用特别法，在特别法没有规定时适用一般法。如《民法典》《刑法》对损害赔偿规定不一致时，虽然都是基本法，但应当适用特别法《刑法》的规定。二是不同位阶的侵权责任特别法与侵权责任普通法关系的适用。如果侵权责任普通法与侵权责任特别法处于不同的法律位阶，应当适用侵权责任特别法。作出这种规定的理由是因为在侵权责任法领域存在大量的侵权责任特别法规范，即使比较全面的侵权责任普通法也难以完全避免这一问题。

侵权责任普通法与侵权责任特别法二者的区别具体体现在：一是适用范围不同。侵权责任普通法适用于一切侵权行为；大量的单行法律和法规中有关侵权行为的规定仅适用于特定的领域和特定的事项。如《食品安全法》只适用于因食品安全影响公众身体健康、生命安全的赔偿等。二是对人的效力不同。侵权责任普通法适用于一切侵权行为人，而侵权责任特别法只适用于特定的侵权行为人。如《民法典》中关于侵权责任的规定对一切侵权行为人都发生效力；《邮政法》专门规定了邮政损害赔偿责任，这些规定仅适用于在邮政企业范围内发生的因邮政企业或邮政工作人员从事邮政业务致使受害人损害的情况。三是具体内容不同。侵权责任普通法的内容是普遍适用的，包括赔偿原则、赔偿方法和诉讼时效等。而侵权责任特别法的具体内容与侵权责任普通法是有区别的。如《邮政法》第四十七条规定了邮件丢失、毁损，内件短少的"规定赔偿制""比例赔偿制""限额赔偿制"等，与侵权责任普通法中的"全部赔偿原则"不同，这是针对邮政侵权行为的特点作出的新的补充性规定。按照法律适用的原则，在适用侵权责任法时，侵权责任特别法优先于侵权责任普通法；只有在不存在或不能适用侵权责任特别法时，才应适用侵权责任普通法。四是表现形式不同。侵权责任普通法一般比较抽象、模糊、原则，不具有司法操作性；而侵权责任特别法则明确、具体、详尽，具有司法操作性。

七、对案例 4、案例 5 的简要评析

1. 对案例 4 的简要评析

本案中，双方对侵权人是否实施侵权行为的事实各执一词，在此情况下，原告方提出的被告方在处理此事的过程中承认侵权行为的书面证据，就成为认定事实的关键。被告否认杜某某实施侵权行为，与事发时其出具的便条相矛盾，亦违反了诚实信用原则，在没有足够证据推翻的情况下，应当认定是杜某某实施了侵权行为，此当无疑问。问题的关键是，在赔偿责任负担上，利用因果关系，合理地确定了责任份额。

本案的典型意义在于，在被告方不能提供证据反驳案涉书面证据的情况下，法院根据书面证据认定被告的侵权事实，符合证据认定的优势原则。此外，在赔偿责任的负担上，法院对于侵权行为与被侵权人死亡结果之间原因力的区分和确认，以及对最终赔偿责任的合理划分，亦有借鉴意义。[1]

2. 对案例 5 的简要评析

在本案中，原告因交通事故遭受损害，导致身体权、健康权、财产权受到侵害，依据《民法典》第一百一十条第一款"自然人享有生命权、身体权、健康权、姓名权、肖像权、名誉权、荣誉权、隐私权、婚姻自主权等权利"及第一百一十三条"民事主体的财产权利受法律平等保护"的规定，原告请求对上述权利予以保护，应当在查明事实的基础上予以支持。

原告以"亲吻权"受到损害，要求被告承担精神损害赔偿 10000 元，系本案的争议焦点。原告主张"亲吻权"是自然人享有与爱人亲吻时产生的一种性的愉悦，并由此而获得的一种美好的精神感受的权利，属人格权中细化的一种独立的权利。但是，一切权利必有法律依据，任何一种人格权，不论是一般人格权还是具体人格权，都源于法律的确认，即权利法定。法律并没有规定"亲吻权"，故"亲吻权"的提出于法无据。其实，原告因其在交通事故中身体权、健康权受到损害所诉的"亲吻权"应当纳入身体权、健康权之中，可请求被告承担精神损害赔偿，法院应当予以酌定支持。原告单独以"亲吻权"受到损害请求赔偿，因该权利已经融入身体权、健康权，故不能单独请求精神损害赔偿。

---

[1] 参见最高人民法院于 2014 年 7 月 25 日发布的四起典型案例。

第二章

侵权责任的归责原则

本章概要

侵权责任的归责原则是侵权责任理论的核心问题，是具体侵权行为法律规范的统帅和灵魂，侵权责任的规范都与规则原则有着极为密切的联系。因此，侵权责任的归责原则是确定侵权行为人承担侵权责任的价值判断标准。侵权责任归责原则及其立法体系，成为我国民法学界研究侵权责任的主流学者一直关注与争论的重要理论和立法问题。

侵权责任编承继了原《侵权责任法》所确立的过错责任原则、过错推定责任原则、无过错责任原则。公平责任原则并非侵权责任的归责原则，是依据法律规定分担损失规则。本章结合现实生活和司法实践，对侵权责任归责原则的相关问题予以阐释。

第一节　侵权责任归责原则概说

一、问题的提出

何谓"归责",即行为人因其行为和物件造成他人损害的事实发生以后,应当以何种根据使其承担责任,此种根据体现了法律的价值判断,即法律应以行为人的过错还是以已发生的损害结果作为价值判断标准,而使行为人承担侵权责任。① 归责原则是侵权责任理论的核心问题,侵权责任的规范都与归责原则有着极为密切的联系。一定的归责原则决定着侵权行为的分类,也决定着责任构成要件、举证责任的负担、免责条件、损害赔偿的原则和方法、减轻责任的根据等。准确掌握侵权责任法的归责原则,就能理解和掌握整个侵权责任规范的功能和归责目的,对发展侵权责任理论指导审判实践意义重大。②

在研究侵权责任归责原则之前,先看一则案例:

案例 6: 本案的归责原则是过错责任还是无过错责任③

原告陈某金之夫、林某圻之父林某圻乘坐本单位司机驾驶的三菱越野吉普车从莆田市前往福州市。该车在以时速90—100公里行驶途中,挡风玻璃突然爆破,造成副驾驶座位上的林某圻因爆震伤致昏迷,后经医院抢救无效死亡。为查明玻璃爆破原因,双方商定封存破损挡风玻璃交由被告日本三菱工业株式会社设于福州市的某达汽车修理有限公司保管,共同委托中国境内有关部门进行鉴定。而后,被告却擅自将封存的挡风玻璃运往日本生产厂家鉴定,并出具质量报告称:"挡风玻璃本身不存在品质不良现象,破损系由外部原因造成。"原告方将被告从日本运回的破损玻璃委托国家质检中心进行鉴定,因玻璃拆卸

① 参见王利明:《侵权行为法归责原则研究》(修订二版),中国政法大学出版社2004年版,第16—17页。
② 最高人民法院侵权责任法研究小组编著:《〈中华人民共和国侵权责任法〉条文理解与适用》,人民法院出版社2010年版,第46页。
③ 详见《最高人民法院公报》2001年第2期(总第70期)。

后多次运输已经相当破损而丧失实物检验条件，该中心仅凭玻璃破损照片和破损玻璃实物作出推断性结论：前挡风玻璃为夹层玻璃，在不受外力作用下自身不会爆裂。

一审法院认为，本案属于一般侵权损害赔偿纠纷，应当适用过错责任。根据本案查明的事实不能证明被告在林某圻死亡问题上有过错，林某圻的死亡与被告无必然的因果关系。原告诉请赔偿林某圻死亡所遭受的损失，没有事实根据和法律根据，遂判决驳回原告的诉讼请求。

原告不服上诉，二审法院审理后认为，本案属于产品质量侵权损害赔偿纠纷，应当适用无过错责任。根据无过错责任原则，被告在不能举证排除挡风玻璃缺陷及其与林某圻死亡后果之间的因果关系的情况下，应当承担侵权赔偿责任。二审法院最终在否定国家质检中心推断性分析结论证明力的基础上，撤销一审判决，并判令被告承担侵权赔偿责任。

在上述案例中，一审法院依据侵权责任归责原则中的过错责任原则判决驳回原告的诉讼请求。二审法院则依据无过错责任原则判令被告承担侵权责任。试问：研究侵权责任归责原则有何意义？两大法系的侵权责任归责原则如何？《民法典》侵权责任编的归责原则体系如何？

二、侵权责任归责原则的法律意义

侵权责任法意义上的"归责"，即为确认和追究侵权行为的民事责任。其根本含义是确定责任的归属，其核心是决定何人对侵权行为的结果负担责任时应依据何种标准。[1]归责是一个复杂的责任判断过程，如果将侵权行为的损害事实作为起点，将侵权责任作为终点，归责就是连接这两个点的过程，是为侵权责任是否成立寻求根据。[2]

侵权责任归责原则不同于民法的基本原则，民法的基本原则不仅是民事立法、民事司法工作应当遵循的准则，而且是民事主体在进行民事活动的过程中必须遵循的一般性规定。侵权责任归责原则的作用范围只限于侵权责任，其意义只是解决责任的根据。当然，侵权责任是民法的一个重要组成部分，

---

① 参见杨立新：《侵权责任法》，法律出版社 2010 年版，第 54 页。

② 最高人民法院侵权责任法研究小组编著：《〈中华人民共和国侵权责任法〉条文理解与适用》，人民法院出版社 2010 年版，第 45 页。

侵权责任归责原则也必须体现出民法的基本原则。侵权责任归责原则的意义表现在：

1. 侵权责任归责原则体现了国家对侵权行为的民事立法政策。《民法典》第一千一百六十五条规定："行为人因过错侵害他人民事权益造成损害的，应当承担侵权责任。依照法律规定推定行为人有过错，其不能证明自己没有过错的，应当承担侵权责任。"该条规定以过错为归责原则较好地协调了"个人自由"与"社会安全"的关系，既可以让个人的活动自由得以保障，聪明才智得到充分发挥，又可以使社会经济活动得以顺利进行。[①]《民法典》第一千一百六十六条规定："行为人造成他人民事权益损害，不论行为人有无过错，法律规定应当承担侵权责任的，依照其规定。"该条规定对高度危险作业致人损害、动物致人损害、环境污染和生态破坏损害赔偿等侵权行为适用无过错责任原则，体现了现代侵权责任法维护弱者利益，保障社会公平的价值取向。

2. 侵权责任法归责原则的确定，有利于司法人员公正处理侵权纠纷案件。不同的归责原则确定了不同的责任构成要件。责任的成立与否，取决于行为人的行为及其后果是否符合责任构成要件，而归责只是为责任成立与否寻求根据，并不以责任的成立为最终目的。[②] 在一般侵权行为中，适用过错责任原则，受害人负有举证责任。在特殊侵权行为中，适用无过错责任原则，由被告对其不存在过错承担举证责任。

3. 侵权责任归责原则的确定，有利于当事人和广大民众针对不同的侵权行为适用不同的归责原则，保护自身合法权益。对一般侵权行为适用过错责任归责原则，应当由受害人承担举证责任；对特殊侵权行为适用过错推定责任原则和无过错责任原则，由受害人承担所遭受损害的事实，由加害人承担没有过错或系依法免责的举证责任。

三、《民法典》侵权责任编的归责原则体系

归责原则体系是由各个归责原则所组成的具有内在逻辑联系的系统结构。归责原则体系化的标志在于：各归责原则彼此间是协力合作、相互补充的，各

---

① 黄薇主编：《中华人民共和国民法典解读·侵权责任编》，中国法制出版社2020年版，第224页。

② 王利明：《侵权行为法研究》（上卷）。中国人民大学出版社2004年版，第194页。

归责原则的确定是合理的，并能指导各类侵权纠纷的归责，充分实现侵权责任法的功能。

（一）归责原则的观点之争

关于侵权责任法归责原则体系化，历来为学界所争议，其主要观点表现为：

1. 单一的过错责任归责原则说。该观点以王卫国教授为代表。[①] 该观点否认在过错责任原则之外确认任何其他的归责原则，主张扩大过错责任来解决侵权责任法领域的新问题，如特殊侵权责任案件。同时认为，在现代侵权责任法中无过错责任越来越重要，适用范围越来越广，但并非侵权责任法的归责原则，而过错推定责任性质上仍然属于过错责任。因此，侵权责任编的归责原则实际上只有一个，即过错责任原则，过错推定责任、无过错责任以及公平责任都不属于归责原则。[②]

2. 二元归责原则说。该观点一般认为过错责任原则和无过错责任原则同为侵权责任法的归责原则。[③] 对于一般侵权行为，适用过错责任原则，对于特殊侵权行为，适用无过错责任原则。适用无过错责任原则的，需要法律作出特别规定。张新宝教授认为，二元归责原则符合当今侵权责任法的发展潮流。过错推定责任、危险责任和公平责任不宜确立为归责原则。过错推定责任是过错责任原则运用中的一种特殊形式，在大陆法系属于过错责任的一部分，在英美法系属于严格责任的一部分。危险责任属于无过错责任的一种形态。[④]

3. 多元归责原则说。有学者主张多元的归责原则，包括过错责任原则、危险责任原则、公平责任原则三种。[⑤] 有学者主张侵权责任归责原则体系由过错责任原则、过错推定责任原则和无过错责任原则三个归责原则构成，将过错推定责任原则作为一种单独的归责原则，公平责任不再作为一种独立的归责原

① 王卫国：《过错责任原则：第三次勃兴》，浙江人民出版社 1987 年版，第 212 页。
② 参见程啸：《侵权责任法》（第三版），法律出版社 2021 年版，第 111 页。
③ 米健：《再论现代侵权责任法的归责原则》，载《政法论坛》1991 年第 2 期。孔祥俊在其著述中直陈，过错推定仅是以推定这种法律技术将过错的举证责任倒置给侵权人，它本身仍未脱出过错责任的窠臼，不能成为独立的归责原则。参见孔祥俊：《民商法新问题与判解研究》，人民法院出版社 1996 年版，第 233 页。
④ 张新宝：《侵权责任法原理》，中国人民大学出版社 2005 年版，第 27 页。
⑤ 孔祥俊：《论侵权行为的归责原则》，载《中国法学》1992 年第 5 期。

则，只是作为一种责任形式。[1] 有学者主张侵权责任归责原则体系应当采取多元归责体系，即以过错责任原则与严格责任原则作为两项基本的归责原则相并列，而以公平责任原则为补充，以绝对的无过错责任原则为例外。[2]

（二）作者的观点

《民法典》侵权责任编的归责原则体系应当采用的是"三元归责原则"，即过错责任原则、过错推定责任原则、无过错责任原则。公平责任原则不是侵权责任归责原则，是依据法律规定分担损失规则。

侵权责任编的归责原则体系均有法律依据。过错责任原则的法律依据是《民法典》第一千一百六十五条第一款："行为人因过错侵害他人民事权益造成损害的，应当承担侵权责任。"过错推定责任原则的法律依据是《民法典》第一千一百六十五条第二款："依照法律规定推定行为人有过错，其不能证明自己没有过错的，应当承担侵权责任。"无过错责任原则的法律依据是《民法典》第一千一百六十六条："行为人造成他人民事权益损害，不论行为人有无过错，法律规定应当承担侵权责任的，依照其规定。"侵权责任编的归责原则是具体侵权法律规范的统帅和灵魂，是侵权法律规范适用的一般准则，所有的侵权法律规范都必须接受侵权责任编的归责原则调整。在民法基本原则的指导下，侵权责任编的归责原则统一调整侵权法律规范的适用。[3]

过错责任原则、过错推定责任原则、无过错责任原则系通说。如果将过错推定责任原则纳入过错责任原则之中，那应该是二元归责原则体系。因此，"二元归责原则"与"三元归责原则"并无本质的区别。《民法典》第一千一百八十六条规定："受害人和行为人对损害的发生都没有过错的，依照法律的规定由双方分担损失。"该条规定是公平分担损失，但必须基于法律的规定。原《侵权责任法》和《民法典》均没有将公平分担损失规定为一项侵权责任归责原则。[4] 最高人民法院也正是基于公平责任的目的，不在于对行为人的不法过错实施制裁，而在于在当事人双方对造成的损害均无过错的情况下，

① 杨立新：《简明类型侵权法讲座》，高等教育出版社2003年版，第95页。

② 王利明：《侵权行为法研究》（上卷），中国人民大学出版社2004年版，第208页。

③ 参见最高人民法院民法典贯彻实施工作领导小组主编：《中华人民共和国民法典侵权责任编理解与适用》，人民法院出版社2020年版，第24页。

④ 黄薇主编：《中华人民共和国民法典释义（中）》，法律出版社2020年版，第2291页。

由当事人适当分担损失的立法认知，认为公平责任只是处理侵权损害赔偿纠纷确定赔偿范围所依据的准则，是在责任归属确定以后解决赔偿责任范围问题的侵权损害赔偿原则，而非确定责任归属的一项独立的侵权责任归责原则。[①] 在原《侵权责任法》制定颁布以前，最高人民法院关于侵权责任的裁判规范及司法解释中虽然没有系统规定归责原则的一般规范，但通过解读涉及公平责任的相关条文[②]，基本可以肯定最高人民法院对于公平责任作为独立归责原则的否定性立场。除此之外，最高人民法院在公布张某艳诉张某华、杨某文人身损害赔偿纠纷一案的裁判要旨中，则直接表明了不承认公平责任为一种独立归责原则的司法立场。[③] 该案载明的裁判要旨是："在本案中，被告所居住的一楼房屋突然起火，致使租住二楼的原告在逃生到一楼时被火烧伤，在起火原因不明，双方均没有过错的情况下，可以根据公平原则由当事人双方分担损失。公平责任并非一种独立的归责原则。"公平责任不具有明确的归责基础，与其说其是归责原则，不如说是损失分担原则。

其实，将侵权责任归责原则体系进一步细化，从立法、理论和实践上均具有重大意义。在立法上体现了国家对侵权行为的民事立法政策，过错责任原则和过错推定责任原则体现了国家对行为人过错的消极评价，以发挥侵权责任法的规范功能。无过错责任原则体现了国家对于风险的预防和控制，符合现代侵权责任法保护弱者、实现社会公平的价值取向。在理论上体现了建立科学的归责原则有助于厘清侵权责任法中的基本问题，对于侵权责任编的法律规范具有统率作用，有利于对侵权责任相关规范进行科学分类和识别归纳。[④] 在实践上有助于司法人员准确处理不同类型的侵权纠纷案件，也有助于当事人掌握各类归责原则，从而更好地维护自身的合法权益。

① 参见最高人民法院侵权责任法研究小组编著：《〈中华人民共和国侵权责任法〉条文理解与适用》，人民法院出版社 2010 年版，第 47 页。
② 参见《民法通则意见》（法〔办〕发〔1988〕6 号）（现已失效）第 142 条、第 155 条、第 156 条、第 157 条的规定内容。
③ 详见最高人民法院应用法学研究所主编：《人民法院案例选（月版）》2010 年第 1 辑，中国法制出版社 2010 年版，第 98 页。
④ 参见孟强：《民法典侵权责任编释论：条文缕析、法条关联与案例评议》，中国法制出版社 2020 年版，第 13 页。

四、对案例 6 的简要评析

该案一审、二审法院作出的判决结果迥异，其根源在于对案涉侵权行为的性质是一般侵权抑或产品质量侵权的不同认知，从而选择适用了不同的侵权责任归责原则作为裁判的依据和准则。一审法院适用过错责任原则，遵循"谁主张，谁举证"的原则，让原告承担证明被告存在过错的证据，且生产厂家出具报告认为挡风玻璃不存在质量问题，系外部原因造成，据此驳回了原告的诉讼请求。二审法院适用无过错责任原则，让生产厂家举证证明挡风玻璃破损系受害人所为，则可免除赔偿责任，被告不能排除受害人损害与挡风玻璃破损存在因果关系，则应当承担产品质量的侵权责任。

通过对这一典型案例的法律适用分析，可以清楚得出如下结论：侵权责任归责原则不仅是立法基于对各种评价性的法律价值要素过错、损害、公平等可归责事由的判别所确立的归究侵权责任的根本标准或最终标准，对于各种侵权责任的构成要件、免责事由等立法规则的设计具有决定性的规范和指导意义，也是司法实践中处理具体侵权纠纷案件所应遵循的基本裁判规则。正确选择适用侵权责任的归责原则，对于侵权责任的准确判定具有根本性的保障作用。

第二节　过错责任原则

一、问题的提出

过错责任原则是以过错作为价值判断标准，判断行为人对其造成的损害是否承担侵权责任的归责原则。正所谓"造成损害并不必然承担侵权责任，还要看行为人是否有过错。有过错有责任，无过错无责任"。[1] 过错责任原则，适用于一般侵权行为。过错责任原则的适用，要求依行为人的主观状态来确定侵权人的责任，如果行为人在主观上没有过错，就不承担侵权责任。

---

① 黄薇主编：《中华人民共和国民法典释义（中）》，法律出版社 2020 年版，第 2233 页。

案例 7：因拆除旧房坠亡，雇主是否承担赔偿责任 ①

徐某某到陈某某家中从事房屋拆除工作，双方商议由陈某某给付徐某某劳务报酬，按每日 200 元支付。施工现场未设置安全措施。在东厢房最北侧房屋屋顶切分过程中，陈某某中途离开到院内关闭水龙头，并要求徐某某注意安全。后房屋坍塌，徐某某从屋顶跌落。徐某某受伤后，被送往医院诊疗。经司法鉴定，徐某某致残程度等级评定为九级，误工期 180 日、护理期 90 日、营养期 60 日。为此，徐某某预付了鉴定费 3150 元。徐某某向法院起诉请求：陈某某赔偿徐某某误工损失 36000 元、营养费 2700 元、护理费 15400 元、残疾人赔偿金 277736 元、精神损害抚慰金 10000 元。

生效裁判认为，对于徐某某主张的各项损失：参照鉴定意见，误工费酌情确定为 26400 元，护理费为 10050 元，营养费酌情认定为 3500 元。残疾赔偿金应根据伤残等级按照上一年度本市城镇居民人均可支配收入标准，自定残之日起按 20 年计算，其残疾赔偿金为 302408 元。以上各项损失共计 342358 元。侵害他人人身权益造成严重精神损害的，被侵权人有权请求精神损害赔偿，徐某某所受伤害构成九级伤残，酌定支持精神损害抚慰金 10000 元。提供劳务一方因劳务受到损害的，根据双方各自的过错承担相应的责任。本案中，徐某某为陈某某从事旧房拆除工作，陈某某向其支付报酬，双方构成劳务关系。房屋拆除工作存在一定安全风险，陈某某未在施工现场设置安全装置或采取安全措施，具有明显过错，应当承担赔偿责任。徐某某系完全民事行为能力人，在没有配置相关安全措施的情况下仍在房顶持续作业，未尽到审慎的注意义务，对损害发生亦有一定责任。法院结合双方过错程度综合认定陈某某应承担 70% 责任，徐某某自行承担 30% 责任。据此判决陈某某赔偿徐某某各项费用共计 249650 元。

案例 8：逃逸人撞火车身亡，追赶人应否承担赔偿责任 ②

2017 年 1 月 9 日上午 11 时许，张某焕由南向北驾驶两轮摩托车行驶至某路，与张某来无证驾驶同方向行驶的无牌照两轮摩托车追尾相撞，张某焕跌倒、

① 参见北京市第一中级人民法院（2022）京 01 民终 5888 号民事判决书。

② 详见最高人民法院指导案例 98 号。该案裁判要点：行为人非因法定职责、法定义务或约定义务，为保护国家、社会公共利益或者他人的人身、财产安全，实施阻止不法侵害者逃逸的行为，人民法院可以认定为见义勇为。

张某来倒地受伤、摩托车受损，后张某焕起身驾驶摩托车驶离现场。此事故经交警部门认定：张某焕负主要责任，张某来负次要责任。事发当时，被告朱某彪驾车经过肇事现场，发现肇事逃逸行为即驾车追赶。追赶过程中，朱某彪多次向派出所、公安局110指挥中心等公安部门电话报警。报警内容主要是：两辆摩托车相撞，有人受伤，另一方骑摩托车逃逸，报警人正在跟随逃逸人，请出警。朱某彪驾车追赶张某焕过程中不时喊"这个人把人怼了逃跑呢"等内容。张某焕驾驶摩托车行至某村内时，弃车从南门进入该村村民郑某深家，并从郑某深家过道屋拿走菜刀一把，从北门走出。朱某彪见张某焕拿刀，即从郑某深家中拿起一个木凳，继续追赶。后郑某深赶上朱某彪，将木凳讨回，朱某彪则拿一木棍继续追赶。追赶过程中，朱某彪喊"你怼死人了往哪跑！警察马上就来了"，张某焕称"一会儿我就把自己砍了"，朱某彪说"你把刀扔了我就不追你了"之类的对话。走出该村后，张某焕跑上公路，有向过往车辆冲撞的行为。在被李某波驾驶的面包车撞倒后，张某焕随即又站起来，在路上行走一段后，转向铁路方向的开阔地跑去。在此过程中，交通局路政执法大队副大队长郑某亮等人加入，与朱某彪一起继续追赶，并警告路上车辆，小心慢行，这个人想往车上撞。张某焕走到铁路时，翻过护栏，沿路堑而行，朱某彪亦翻过护栏继续跟随。朱某彪边追赶边劝阻张某焕说："被撞到的那个人没事儿，你也有家人，知道了会惦记你的，你自首就中了。"2017年1月9日11时56分，张某焕自行走向两铁轨中间，火车机车上的视频显示，朱某彪挥动上衣，向驶来的列车示警。2017年1月9日12时02分，张某焕被由北向南行驶的火车撞倒，后经检查被确认死亡。

生效裁判认为，被告朱某彪的行为与张某焕的死亡结果之间不具备法律上的因果关系，不应承担赔偿责任。

首先，案涉道路交通事故发生后张某来受伤倒地昏迷，张某焕驾驶摩托车逃离。被告朱某彪作为现场目击人，及时向公安机关电话报警，并驱车、徒步追赶张某焕，敦促其投案，其行为本身不具有违法性。同时，交通肇事发生后，车辆驾驶人应当立即停车、保护现场、抢救伤者，张某焕肇事逃逸的行为违法。被告朱某彪作为普通公民，挺身而出，制止正在发生的违法犯罪行为，属于见义勇为，应予以支持和鼓励。

其次，从被告朱某彪的行为过程看，其并没有侵害张某焕生命权的故意和过失。根据被告朱某彪的手机视频和机动车行驶影像记录，双方始终未发生身体接触。在张某焕持刀声称自杀意图阻止他人追赶的情况下，朱某彪拿起木凳、木棍属于自我保护的行为。在张某焕声称撞车自杀，意图阻止他人追赶的情况下，朱某彪和路政人员进行了劝阻并提醒来往车辆。考虑到交通事故事发突然，当时张某来处于倒地昏迷状态，在此情况下被告朱某彪未能准确判断张某焕伤情，在追赶过程中有时喊话传递的信息不准确或语言不文明，但不构成民事侵权责任过错，也不影响追赶行为的性质。在张某焕为逃避追赶，跨越铁路围栏、进入火车运行区间之后，被告朱某彪及时予以高声劝阻提醒，同时挥衣向火车司机示警，仍未能阻止张某焕死亡结果的发生。故该结果与朱某彪的追赶行为之间不具有法律上的因果关系。

在上述案例中，法院裁判是否承担侵权责任的归责原则均是过错责任原则。试问：何谓过错责任原则？如何适用过错责任原则？

二、过错责任原则的法律意义

所谓过错责任原则，是指以过错作为归责的构成要件和归责的最终要件，同时也以过错作为确定行为人责任范围的重要依据。在一般侵权行为中，均适用过错责任原则，这意味着除民法明文规定的特殊侵权行为外，其他一般侵权行为的受害人在诉讼过程中，必须证明构成侵权行为发生的所有要件，特别要证明加害人对致害行为存在主观过错。只有在能够证明加害人的行为具有过错的情况下，受害人才能要求加害人承担侵权行为的民事责任。

过错责任原则是主观归责原则，是以行为人的主观过错作为价值判断标准，判断行为人对其造成的损害应否承担侵权责任的归责原则。[1]过错是不法行为人对其行为造成他人损害的一种心理状态，既包括明知其行为会造成他人损害而追求或放任该结果发生的故意状态，也包括应当预见而因疏忽大意没有预见，或者虽已预见但轻信能够避免而造成他人损害的过失状态，故过错责任原则在性质上属于主观归责原则。过错责任原则以过错这一法律价值判断要素作为归责的事由或者归责的根据，从而使过错成为侵权行为人承担侵权责任的首要和决定性的法律要件，并在确认侵权责任成立的基础上，对于侵权行为人承担侵权责任的程度和范围的认定，具有裁判依据的作用。

关于过错责任原则的基本含义，可以从以下几个方面进行理解和把握：第

---

[1] 最高人民法院侵权责任法研究小组编著：《〈中华人民共和国侵权责任法〉条文理解与适用》，人民法院出版社2010年版，第47页。

一，过错是侵权责任的归责基础。过错责任原则以侵权行为人主观上具有过错作为确定和追究侵权责任的判定标准，即"有过错有责任，无过错即无责任"。这与无过错责任原则以损害作为归责的基础显有不同。[1]第二，过错是侵权责任的核心构成要件。考察一般侵权责任的成立，过错是必备的构成要件，这与无过错责任原则不考虑行为人有无过错存在根本区别。一般侵权责任的成立虽须同时具备过错、损害和因果关系等构成要件，但就诸要件在判定侵权责任时的审查次序和功能地位而言，侵权行为人所具有的主观过错是首要和决定性的要件。如果行为人没有过错，即使具备因果关系和损害的事实要件，行为人也不承担侵权责任。第三，过错是侵权责任范围的确定依据。过错不仅是一般侵权责任的归责基础和核心要件，同时也对侵权责任范围的确定具有重要意义。依据《民法典》的规定，在适用过失相抵规则（《民法典》第一千一百七十三条[2]）、确定多人分别实施侵权行为造成同一损害的按份责任（《民法典》第一千一百七十二条[3]）、确定连带责任人之间的责任分担（《民法典》第一千一百七十一条[4]）、判定监护人的责任（《民法典》第一千一百六十九条第二款[5]）等情形下，侵权行为人或者责任主体的过错程度，以及受害人的过错大小，均是判定侵权责任最终承担范围的法律依据。

过错责任原则是《民法典》侵权责任编所规定的一般归责原则，在整个侵权责任法领域具有基础性的作用。过错责任原则的这一基础性作用，主要体现在以下三个方面：一是在判定侵权责任的成立方面，只要侵权责任编和其他侵权特别法对待决案件的侵权责任构成没有作出特别规定，即应适用过错责任原则；二是侵权责任编分则部分所规定的某些特殊侵权责任，对于个别情形的侵权责任认定，也明确规定适用过错责任原则；三是在确定侵权损害赔偿的承担

---

[1] 参见张新宝：《侵权责任法原理》，中国人民大学出版社2005年版，第31页。

[2]《民法典》第一千一百七十三条规定："被侵权人对同一损害的发生或者扩大有过错的，可以减轻侵权人的责任。"

[3]《民法典》第一千一百七十二条规定："二人以上分别实施侵权行为造成同一损害，能够确定责任大小的，各自承担相应的责任；难以确定责任大小的，平均承担责任。"

[4]《民法典》第一千一百七十一条规定："二人以上分别实施侵权行为造成同一损害，每个人的侵权行为都足以造成全部损害的，行为人承担连带责任。"

[5]《民法典》第一千一百六十九条第二款规定："教唆、帮助无民事行为能力人、限制民事行为能力人实施侵权行为的，应当承担侵权责任；该无民事行为能力人、限制民事行为能力人的监护人未尽到监护职责的，应当承担相应的责任。"

范围方面，过错责任原则对于一般侵权责任和特殊侵权责任均予以适用。过错责任原则在侵权责任编中所体现的上述基础性作用，基本涵盖了过错责任原则在司法实践中的适用规则问题。

需要说明的是，无论是在理论界，还是在实务界，又习惯将"过错责任"称为"过失责任"。其实，"过错责任"与"过失责任"尽管在内涵上存在差异，但在外延上应当是一致的。过失为过错的一种，过错除了过失以外还包括故意。而当称为"过失责任"时，其"过失"就应当包括了"故意"和与故意相对应的"过失"。"故意"是最重要的一种过错形式，是行为人对其行为所致的损害后果所持的一种希望或放任的态度。"过失"是行为人对自己行为的损害结果应当预见而没有预见，或者虽然预见了但轻信能够避免的态度。[1]

三、过错责任原则的构成要件

（一）侵权责任构成要件的法律意义[2]

侵权责任构成要件，是指根据法律规定，行为人的具体行为是否构成侵权行为并承担相应民事责任的必备条件。也就是说，行为人的某一行为只有具备了法律规定的相关要件，才构成侵权行为，行为人才可能承担相应的民事责任。反之，缺乏任何一个构成要件，则不构成侵权行为，行为人也不承担任何民事责任。

侵权责任构成要件的理论在侵权行为法学中具有十分重要的地位，是研究任何一个具体的侵权责任的指南和纲领。研究加害人任何一个具体的行为是否构成侵权行为，都需要利用构成要件的理论，分析加害人的行为是否具有违法性，是否对受害人造成损害，加害行为与损害之间是否存在因果关系，以及加害人是否存在主观上的过错（若该行为属于以过错为归责基础的行为的话）。因此，王利明教授认为，一定的责任构成要件是对侵权责任立法和司法实践的高度概括，也是对归责原则的系统阐述。合理的责任构成要件的确定和运用，与其说是对司法审判人员自由裁量权的适当限制，不如说是给审判人员提供了极大的便利，使案件处理做到公平合理。[3]

侵权责任构成要件的理论实际上是与归责原则的理论紧密相连的，因此人

---

① 何志：《侵权责任判解研究与适用》，人民法院出版社 2009 年版，第 53 页。
② 参见何志：《侵权责任判解研究与适用》，人民法院出版社 2009 年版，第 54—57 页。
③ 王利明：《侵权行为法研究》（上卷），中国人民大学出版社 2004 年版，第 343 页。

们对归责原则所持的观点不同，对作为归责原则系统阐述的构成要件的认识自然也就有所争议。

在过去过错责任原则"一统天下"的侵权责任法时代，各种侵权行为的构成要件具有同一性。虽然不同国家的民法及其理论对此存在某些认识上的差异，如法国的三要件说[①]和德国的四要件说[②]，但其基本观点是一致的，都是基于过错责任原则所认定的侵权行为。而在当代归责原则由一元化的过错责任原则向多元化的过错责任原则、推定过错责任原则、无过错责任原则、公平责任原则等不断发展的情形下，基于不同归责原则认定的侵权行为，其构成要件也不尽相同。

对于侵权责任构成要件，我国法学界存在不少的争议性问题。关于侵权责任的一般构成要件，主要有如下几种观点：一是三要件说，认为侵权责任的一般构成要件包括：过错；损害，如果确立故意，能用主观标准判断而偏采用客观的注意义务违反的损害事实；行为与损害事实之间的因果关系。[③]二是四要件说，认为构成要件包括行为的违法性、损害事实、违法行为与损害结果之间的因果关系以及行为人的过错。[④]三是五要件说，王泽鉴先生认为构成要件包括行为、侵权权利、故意或过失、造成损害及因果关系。[⑤]四是六要件说，须有归责之意思状态；须有违法性之行为；须有因果关系之损害。详言之有六：责任能力、故意或过失、行为须不法、须侵害他人权利或利益、损害之发生、侵权行为与损害之因果关系。[⑥]史尚宽先生的上述观点，实质上是德国民法四要件说的另一种表述，是将因果关系及损害事实合并表述为一个要件。五是七要件说，黄立先生认为，一般侵权行为的构成要件可拆解为：有加害行为；行为违法；行为人有故意或过失；责任能力（侵权行为能力）；有损害发生；所受损害须为他人权利；行为与损害之间有因果关系。[⑦]

其实，上述各种观点可以归纳为三要件说和四要件说之间的对立，因为五

---

① 法国民法主张损害事实、因果关系和过错的三要件说。
② 德国民法主张行为的违法性、损害事实、因果关系和过错四要件说。
③ 参见孔祥俊：《侵权责任要件研究》，载《政法论坛》1993年第1期。
④ 参见杨立新：《侵权法论》，人民法院出版社2004年版，第147页。又见张新宝：《侵权责任法原理》，中国人民大学出版社2005年版，第50页。
⑤ 参见王泽鉴：《侵权行为法》（第一册），中国政法大学出版社2001年版，第88页。
⑥ 史尚宽：《债法总论》，中国政法大学出版社2000年版，第111页。
⑦ 参见黄立：《民法债编总则》，中国政法大学出版社2002年版，第242页。

要件说、六要件说、七要件说都是从四要件说演化而来的。近年来，对侵权责任构成要件的表述以及各要件的顺序逐渐固定了下来，形成违法行为、损害事实、因果关系和主观过错的较为规范的提法。四要件说为我国民法学界所公认的侵权责任构成要件的通说，被广泛地应用于理论研究与实务。[①]

作者认为，对于适用过错责任原则和过错推定责任原则的侵权责任构成要件，应当适用四要件说，其顺序应当是：主观过错、违法行为、损害事实及因果关系。这一顺序是按照事件发生的时间顺序来确定的。对于适用无过错责任原则的侵权责任构成要件，应当适用二要件说，即损害事实和因果关系。因为行为人没有过错，其行为也不存在违法性，故只要具备两个要件即可。

（二）过错责任原则的构成要件

依据侵权责任构成要件，过错责任原则的构成要件如下：[②]

1. 行为人有主观过错。在过错责任原则中，过错是确定行为人是否承担侵权责任的核心要件。行为人的行为造成损害并不必然承担侵权责任，必须要看其是否有过错，无过错即无责任。主观过错包括故意和过失两种形态。故意是指行为人预见到自己的行为会导致某一损害后果而希望或者放任该后果发生的一种主观心理状态。过失是指行为人因疏忽或者轻信而使自己未履行应有注意义务的一种心理状态，其是侵权责任中常见的过错形态。[③]

2. 违法行为。违法行为是指侵权行为具有违法性，侵害了他人的法定权利和合法利益。"不侵害他人"是任何一个民事主体所应遵循的普遍性义务，没有合法依据或者法律授权，不得损害他人的民事权益，否则就可能承担一定的法律后果。[④] 若行为人的行为符合法律规定，如依法执行公务，即使造成损害，不能也不应当承担民事责任。

3. 损害事实。损害是指侵权行为给受害人造成的不利后果，包括财产损害、人身损害和精神损害。侵权法的功能之一在于补偿受害人所受的损害，使其利

---

① 参见邹海林、朱广新主编：《民法典评注·侵权责任编》，中国法制出版社2020年版，第11页。

② 下文对侵权责任构成要件作详细阐述，本部分仅是简单介绍。

③ 参见黄薇主编：《中华人民共和国民法典侵权责任编释义》，法律出版社2020年版，第5页。

④ 参见黄薇主编：《中华人民共和国民法典侵权责任编释义》，法律出版社2020年版，第5页。

益尽可能回复到如同未曾受到损害的状态，因此，无损害即无责任。"损害"是一个比较广的概念，不但包括已经存在的"现实损害"，还包括构成现实威胁的"不利后果"。[①]

4. 因果关系。因果关系是指侵权人实施的违法行为和损害后果之间存在因果上的联系。行为与损害事实之间确定存在因果关系的，就有可能构成侵权责任，没有因果关系就必然不构成侵权责任。

四、过错责任原则的法律适用

（一）过错责任原则的一般适用规则：法律无特别规定，即应适用

依据法律规定，过错责任原则与无过错责任原则各自有其独立的适用范围，而清楚界分二者适用范围的依据即是法律规定。由于过错责任原则是侵权责任的一般归责原则，无过错责任原则是侵权责任的特殊归责原则，因而立法往往贯彻界定"特殊"从而区分出"一般"的规范设计逻辑，通过明确规定适用无过错责任的具体情形，既限定了无过错责任原则的适用范围，同时也为过错责任原则抽象划定了适用的法律空间。只要法律明确规定适用无过错责任原则的侵权类型，则适用无过错责任原则；否则，即属于过错责任原则的调整范围，应当适用过错责任原则判定侵权责任的构成及其承担。

过错责任原则作为侵权责任编的基本归责原则，适用于一般侵权行为，只有在法律有特别规定的情况下，如侵权责任编中对环境污染责任、产品质量责任等特殊侵权行为规定适用无过错责任时，才不适用过错归责原则。如法院在某卤菜厂以某省广播电视总台混淆事实侵犯其名誉权为由提起的诉讼中认为，该台报道食品卫生问题、揭露食品安全隐患是职责所系，目的是维护社会公共利益，并无侵犯他人名誉权之故意。案涉报道反映出某卤菜厂卫生环境恶劣，且工人操作极不规范，对此市场监督管理局已调查核实，并对某卤菜厂作出行政处罚。报道内容与行政处罚决定书及记者实地拍摄的视频可相互印证，故该台不存在捏造、歪曲事实之情形。案涉新闻系实地拍摄后经剪辑形成，内容来源准确可靠。该台已尽到合理核实义务。报道中的评论性用语较为公正客观，不存在恶意贬损和侮辱诽谤的情形。因此，该台实施的新闻报道并未侵犯某卤菜厂的名誉权，判令驳回某卤菜厂的全部诉讼请求。本案对于引导商户诚信经

---

① 参见黄薇主编：《中华人民共和国民法典侵权责任编释义》，法律出版社2020年版，第7页。

营、推进信用体系建设、形成良好社会风气具有积极作用，不仅弘扬了敬业、诚信的社会主义核心价值观，更彰显了人民法院保护人民群众"舌尖上的安全"、依法支持新闻舆论监督的态度和决心。[1] 本案就是根据过错责任原则判断某省广播电视总台不存在主观过错，依法不承担民事责任。体现了在过错责任原则中，过错是确定行为人是否承担侵权责任的核心要件，也是法院审理侵权案件的主要考虑因素。[2]

（二）过错责任原则在特殊侵权责任中的适用规则：法律明确规定，才能适用

民法学界普遍认为，《民法典》侵权责任编的体系建构采取了"一般条款＋类型化"的立法模式，即在侵权责任编"一般规定"中规定侵权责任请求权的基础性法律规范，确立侵权责任归责原则的条款的基础上，在分则部分对具体侵权责任的责任构成要件及其相关适用规则分别作出类型化规定。

侵权责任编的"一般条款"不仅是作为侵权责任请求权基础的法律规范，也是决定侵权责任编的立法体系及其基本架构的基石。特别是在判定侵权责任的构成方面，"一般条款"具有可予直接适用的规范功能，当为司法裁判具体侵权纠纷可得援引的条文。依据这一意义标准解读侵权责任编，应当将"一般条款"限定于《民法典》第一千一百六十五条第一款和第一千一百六十六条，即规定过错责任原则和无过错责任原则两个条款。从立法体系逻辑和规范具体内容角度进行审视，作为"一般条款"之一的过错责任原则条款，其法律地位应优于无过错责任原则条款，在适用的宏观范围上体现出更强的一般性和普遍适用性。不仅在法律对侵权责任没有特别规定的情形下，应当适用过错责任"一般条款"判定责任的构成，而且在类型化的特殊侵权责任规范中，也有适用过错责任"一般条款"的明确规定。

需要明确指出的是，在产品责任、环境污染责任等适用无过错责任原则的特殊侵权责任中，决定其特殊侵权责任性质的根本法律因素，在于该类侵权责任的构成所适用的主体归责原则是无过错责任原则，过错责任"一般条款"仅在确定侵权赔偿责任的最终承担，即在相关法定责任主体向受害人作出赔偿之

---

[1]　参见最高人民法院于 2022 年 2 月 23 日发布的第二批人民法院大力弘扬社会主义核心价值观典型民事案例。

[2]　黄薇主编：《中华人民共和国民法典侵权责任编释义》，法律出版社 2020 年版，第 5 页。

后，在产品生产者、销售者和运输者、仓储者之间，污染者与第三人之间发生追偿权的行使时得以适用。在受害人起诉要求承担侵权赔偿责任的案件中，除非受害人在其诉讼请求中明确要求被诉数个法定责任主体依其过错大小承担各自的赔偿责任，否则一般不会涉及过错责任"一般条款"的直接适用。因此，在该类特殊侵权责任关系的调整中，过错责任"一般条款"所具有的规范功能处于次要和辅助地位。

（三）过错责任原则在确定损害赔偿范围中的适用规则：过错程度影响赔偿数额

过错责任原则的一项基本内容，就是侵权行为人所应负的责任应与其过错程度相一致。[1] 因此，在审理适用过错责任原则的一般侵权纠纷案件中，侵权行为人的过错程度或者过错的大小，当然成为确定侵权损害赔偿的重要考量因素。这一法律规则，由于是过错责任原则的应有之义，因而无须立法作出一般规定，只是在某些特殊场合才予以明确。如《民法典》第一千一百七十二条规定："二人以上分别实施侵权行为造成同一损害，能够确定责任大小的，各自承担相应的责任；难以确定责任大小的，平均承担责任。"依据这一规定，在数人分别实施侵权行为造成同一损害时，即应当斟酌数个行为人的过错大小，按照过错比例确定各行为人的损害赔偿份额。[2]《最高人民法院公报》在吴某景等人诉某旅行社有限公司等人身损害赔偿纠纷一案的裁判要旨中指出：导游不顾客观存在的危险，坚持带游客冒险游玩，致游客身处险境，并实际导致损害结果发生的，其所属的旅游服务机构应当承担相应的民事责任；游客遇险或者受到伤害后，相关旅游服务机构应当尽最大努力及时给予救助，旅游服务机构未尽到救助义务，导致损害结果扩大的，应当承担相应的民事责任；树木折断致人损害的，除存在树木的所有人或管理人已尽到维护、管理义务，或者损害结果的发生系因不可抗力所致，或者受害人因自己的过错造成损害三种情形

---

[1] 最高人民法院侵权责任法研究小组编著：《〈中华人民共和国侵权责任法〉条文理解与适用》，人民法院出版社 2010 年版，第 50 页。

[2] 当然，依据该法律条文的规定，对于损害赔偿份额的确定，除各行为人的过错大小及其比例以外，还应结合考量各侵权行为造成损害的原因力大小及其比例。所谓"能够确定责任大小的，各自承担相应的责任"，就是指在过错比例确定的前提下，参酌原因力比例确定侵权行为人的损害赔偿责任份额。最高人民法院侵权责任法研究小组编著：《〈中华人民共和国侵权责任法〉条文理解与适用》，人民法院出版社 2010 年版，第 99 页。

外，树木的所有人或管理人应当承担赔偿责任。^①该裁判要旨即清楚阐明了对这一司法解释规则的适用。

在司法实践中，对于特殊侵权纠纷案件的审理，过错程度同样构成确定损害赔偿范围的考量因素。如《精神损害赔偿解释》第五条规定，精神损害的赔偿数额，须根据侵权人的过错程度进行确定。根据该司法解释的规范意旨，对于精神损害赔偿数额的确定，应当结合侵权人的过错程度、侵权行为所造成的损害后果、侵权人的获利情况、侵权人承担责任的经济能力，以及受理诉讼法院所在地的平均生活水平等因素，综合予以确定。由于该司法解释不仅适用于一般侵权责任，也适用于特殊侵权责任。只要因特殊侵权行为造成受害人或其近亲属人格或者身份等权益的侵害，导致受害人或其近亲属遭受严重精神痛苦，即应依据该司法解释给予精神损害抚慰金的赔偿。

五、对案例 7、案例 8 的简要评析

1. 对案例 7 的简要评析

在本案中，徐某某与陈某某之间形成了提供劳务者受害责任法律关系，提供劳务的一方因劳务活动自身受到损害的，在提供劳务一方向接受劳务的一方主张损害赔偿时，适用过错责任原则，由双方根据各自的过错程度承担相应的民事责任。本案中，徐某某在陈某某房屋拆除工作中从屋顶跌落，徐某某与陈某某均存在过错，陈某某未在施工现场尽安全保障义务的过错大于徐某某未尽到审慎注意义务的过错。法院结合双方过错程度综合认定陈某某应承担 70% 责任、徐某某自行承担 30% 责任是合理合法的。

受害人遭受人身损害，赔偿义务人应赔偿其为治疗和康复支出的合理费用，包括医疗费、护理费、营养费等，以及因误工减少的收入。受害人因伤致残的，赔偿义务人还应赔偿残疾赔偿金。本案徐某某主张的各项损失中，残疾赔偿金应根据伤残等级按照上一年度城镇居民人均可支配收入标准，自定残之日起按 20 年计算。

2. 对案例 8 的简要评析

根据过错责任原则，只有当行为人基于自身过错而侵害他人民事权益，并给他人造成损害时，行为人才应当承担侵权责任。过错是一种应受谴责的不良

---

① 详见《最高人民法院公报》2006 年第 6 期（总第 116 期）。

心理状态。若行为人的行为属于见义勇为，是为了制止在发生的违法犯罪行为，并且没有超过必要限度，即便最终造成了他人受损的后果，行为人也没有过错。

在本案中，被告朱某彪的行为并无损害张某焕生命权的故意和过失。张某焕为逃避追赶，跨越铁路围栏、进入火车运行区间后，被告朱某彪及时进行高声劝阻提醒，同时挥衣向火车司机示警，仍未能阻止张某焕死亡结果的发生。因此，该案损害结果的发生即张某焕的死亡，与朱某彪的追赶行为之间并不具有法律上的因果关系。所以，就本案而言，朱某彪的追赶行为（阻止不法侵害者逃逸）并不构成侵权。

第三节　过错推定责任原则

一、问题的提出

所谓过错推定责任原则，根据《民法典》第一千一百六十五条第二款的规定，是指依照法律规定推定行为人有过错，其不能证明自己没有过错的，应当承担侵权责任。过错推定责任原则，实质上是以过错作为承担责任的基础。但由于过错推定责任原则与过错责任原则有重大区别，故应当作为一项独立的归责原则，无论是在理论还是在司法实践中，均显得尤为重要。

在研究过错推定责任原则之前，先看一则案例：

案例 9：本案应当适用过错责任原则还是过错推定责任原则

某纸箱厂七层家属楼南侧阳台下修建有一乒乓球台。该楼窗户玻璃安装存在质量问题，使用中曾数次发生玻璃坠落事件，但纸箱厂未及时进行修缮。某日下午 7 时许，居住在该楼的被告陈某某酒后关阳台南侧窗户时，玻璃坠落并破碎，玻璃碎片下落插入当时正在打乒乓球的原告唐某某头顶部，致其受到损害。原告起诉到法院，要求被告陈某某赔偿各种费用共计 10 万元。

一审法院认为：被告陈某某对自己住所阳台窗户管理及使用不当，造成玻璃坠落致人伤残，应承担主要责任。被告纸箱厂作为该楼所有权人，在工程验收时未能查明玻璃安装中存在的质量问题就合格验收；在屡次发生玻璃坠落事件后也未采取预防措施；且不考虑安全问题，在该楼旁修建乒乓球台，对此事亦应承担一定责任。据此判决：由被告陈某某赔偿原告 8000 元，被告纸箱厂赔偿原告 6000 元。宣判后，唐某某以赔偿数额过低为由提起上诉。二审法院认为：纸箱厂作为该楼所有人，应对唐某某致伤负主要责任。陈某某系房屋使用人，对唐某某的损害负有一定的责任。原审认定事实基本清楚，但适用法律错误，具体分担责任有误，赔偿数额偏低，应予改判：由陈某某赔偿唐某某 8000 元，纸箱厂赔偿唐某某 1.2 万元。

在上述案例中，一审、二审法院在认定事实上并无差别，但适用法律不同。一审法院适用过错责任原则，二审法院适用过错推定责任原则。试问：何谓过错推定责任原则？如何适用过错推定责任原则？

二、过错推定责任原则的法律意义

所谓推定，是指根据已知的事实，对未知的事实所进行的推断和确定。[1]所谓过错推定责任原则，是指在法律有特别规定的情况下，从损害事实的本身推定加害人有过错，并据此确定造成他人损害的行为人承担赔偿责任的归责原则。过错推定责任原则要通过举证责任倒置的方式实现，这是过错推定责任原则的主要特征。

对于过错推定原则是一种独立的归责原则还是附属于过错责任原则，学者有着不同的观点。有学者认为，过错推定原则没有脱离过错责任原则，只是适用过错责任原则的一种方法。[2]有学者认为，过错推定仅仅是一种证据规则，属于程序性规则。[3]有学者则认为，过错推定是过错责任原则的发展，是过错责任的特殊形式，是适用于各种特殊侵权行为的归责原则，因此是一种独立的归责原则。[4]当然，王利明教授的观点后来有所变化，他认为：我国侵权法应当采纳英美法的严格责任，严格责任实际上是通过过错推定的方式来实现的。但是，过错推定的概念主要在法国法律中采用，并没有形成一种普遍采纳的概念，而且它还包括一般的过错推定与特殊的过错推定两种形态，严格责任实际

[1]　1804 年《法国民法典》第 1349 条规定："推定是法律或法官依已知的事实推论未知的事实所得的结果。"

[2]　王卫国：《过错责任原则——第三次勃兴》，中国法制出版社 2000 年版，第 167 页。

[3]　张民安：《过错侵权责任制度研究》，中国政法大学出版社 2002 年版，第 7 页。

[4]　王利明：《侵权行为法归责原则研究》，中国政法大学出版社 1992 年版，第 69—70 页。

上指的是其中的特殊过错推定。同时，合同责任的归责原则是严格责任，在侵权法中适用严格责任并无不可。① 后来认为，过错推定应当是一项独立的归责原则，不能被过错责任所替代，亦不能被严格责任所替代，过错推定原则有其特定的适用范围。②

笔者认为，《民法典》第一千一百六十五条第二款将过错推定责任原则作为一项独立的归责原则，符合我国传统的司法习惯，已为民众所接受，是值得肯定的。

既为"推定"，则此推定的事实就具有表见性、权宜性和假设性。表见性的事实，与真正的事实未必相符；权宜性的认定，与终局的认定未必相符；假设性的认定，假设倘若不实则认定将随之更改。准此，推定可以反证推翻。过错推定制度有减轻赔偿权利人举证责任的功能。③

三、过错推定责任原则的构成要件及与过错责任原则的区别

适用过错推定责任原则时，其侵权责任的构成要件仍适用过错责任原则的构成要件，即损害事实、违法行为、因果关系和主观过错，这四个要件缺一不可。从以上构成要件看，过错推定责任原则实际上是过错责任原则的一种特殊形式，但其与过错责任原则有明显区别：

1. 举证责任不同。传统的过错责任原则采取"谁主张，谁举证"的原则，受害人要提出损害赔偿的请求，需就行为人具有过错提出证明。在原《民法通则》中，一般侵权行为适用过错责任原则，因此受害人应承担过错的举证责任；而在过错推定责任原则中，采取了举证责任倒置的方式，行为人若不能提出合理的抗辩事由以证明其没有过错则将被推定有过错。

在过错推定与举证责任转换时应当注意的是：（1）行为人被推定为有过错。实施了危险行为的事实本身就说明行为人有过错，这种过错无论是就危险产生而言，还是对损害后果的发生而言，均可以推定行为人有过错，从而减轻了受害人的举证责任。（2）形成危险就应承担危险责任。有鉴于此，既然已使他人

---

① 参见王利明：《侵权行为法归责原则研究》（修订二版），中国政法大学出版社2004年版，第91—93页。

② 参见王利明：《王利明学术文集·侵权责任编》，北京大学出版社2020年版，第290—300页。

③ 李显冬主编：《侵权责任法经典案例释论》，法律出版社2007年版，第426页。

的财产和人身处于一种危险状态之中，按照危险形成者应该承担危险责任的原则，行为人就应当对危险行为负责。（3）举证责任转换的反映。在特殊侵权行为中，受害者证明手段是缺失的。从有利于发现事实真相角度而言，实现举证责任倒置，又允许行为人通过证明某种事实的存在而推翻对其过错的推定，反映了法律在"无辜的受害者"与"无辜的加害人"之间优先保护受害者利益的立场。

2.过错程度不同。过错责任原则将过错区分不同程度以确定行为人的不同责任，特别是在双方都有过错的情况下，要视双方过错的大小承担赔偿责任；而在过错推定责任原则中，鉴于行为人的主观过错本身是被推定出来的，既然这种过错具有或然性，当然也就很难确定其大小。

3.保护力度不同。过错责任原则加大了受害人的举证责任，对受害人保护力度不大，救济不周；而过错推定责任原则是从保护受害人利益方面考虑而产生的，在很大程度上对加害人强化了严格责任，对受害人保护力度较大，因此，过错推定责任的主要目的是为受害人提供救济。

四、过错推定责任原则的适用范围

按照《民法典》的规定，下述情况适用过错推定原则：一是在关于责任主体的特殊规定中，监护人责任、暂时丧失意识致人损害、用人者责任、违反案例保障义务责任、网站责任、无民事行为能力人在教育机构受到损害的责任，适用过错推定原则。二是在机动车交通事故责任中，机动车造成非机动车驾驶人或者行人人身损害的，适用过错推定原则。三是在医疗损害责任中，医疗损害责任适用过错推定原则。[①] 四是在动物损害责任中，违反管理规定未对动物采取安全措施造成损害，以及对动物园的动物造成损害的，适用过错推定原则。五是在物件损害责任中，建筑物以及建筑物上的搁置物及悬挂物致人损害、堆放物致人损害、林木致人损害、在公共场所危险施工等，都适用过错推定原则。其他侵权责任不适用过错推定原则。

五、对案例 9 的简要评析

《民法典》第一千二百五十三条规定："建筑物、构筑物或者其他设施及其

---

① 《民法典》第一千二百二十二条规定："患者在诊疗活动中受到损害，有下列情形之一的，推定医疗机构有过错：（一）违反法律、行政法规、规章以及其他有关诊疗规范的规定；（二）隐匿或者拒绝提供与纠纷有关的病历资料；（三）遗失、伪造、篡改或者违法销毁病历资料。"

搁置物、悬挂物发生脱落、坠落造成他人损害，所有人、管理人或者使用人不能证明自己没有过错的，应当承担侵权责任。所有人、管理人或者使用人赔偿后，有其他责任人的，有权向其他责任人追偿。"本案属于"建筑物脱落"的情形，主要表现为建筑物砖瓦或者墙皮脱落、建筑物悬挂的广告牌脱落等。建筑物发生脱落致人损害，通常是因为建筑物的所有人、管理人或使用人对建筑物管理不慎所致，建筑物的所有人、管理人或使用人没有对建筑物及时进行安全维护，尤其是高层建筑，一旦有物件掉落下来，所造成的伤害后果往往非常严重，这就要求相关责任人员对建筑物履行严格责任，对可能存在的安全隐患进行严格管理。

在本案中，二审法院对一审法院的判决进行了改判，其改判的主要依据是一审法院适用法律错误。一审法院在处理本案时，适用了过错责任原则，认为陈某某酒后关阳台南侧窗户时，玻璃坠落并破碎，系对受害人人身损害具有主观过错，进而判决其承担主要责任。而二审法院适用过错推定责任原则来处理此案，因该楼窗户玻璃安装存在质量问题，使用中曾数次发生玻璃坠落事件，住户普遍提出意见，但纸箱厂未及时进行修缮，故推定纸箱厂存在主要过错，应当对加害人承担主要责任。因此，二审法院对本案的处理是正确的。

第四节　无过错责任原则

一、问题的提出

无过错责任原则是指不以行为人的过错为要件，只要其活动或者所管理的人、物损害了他人的民事权益，除非有法定的免责事由，否则行为人就要承担侵权责任。[①]换言之，依据《民法典》第一千一百六十六条"行为人造成他人民事权益损害，不论行为人有无过错，法律规定应当承担侵权责任的，依照其规定"的规定，无过错责任原则是独立的归责原则，其适用必须有法律的明确规定。

---

① 黄薇主编：《中华人民共和国民法典解读·侵权责任编》，中国法制出版社 2020 年版，第 230 页。

在研究无过错责任原则之前，先看一则案例：

案例 10：本案电力公司是否应当承担赔偿责任 ①

某公司于 2020 年 12 月 15 日中标村庄亮化工程第四标段，并于 2020 年 12 月 25 日与发包方签订《村庄亮化施工合同》及《安全生产合同》，原告王某某借用该公司资质进行实际施工。2021 年 7 月 17 日，原告王某某雇佣的施工人员未设立明显标志的高压电线发生事故，造成雇员李某某、王某某身故，侯某某受伤。事故发生后，原告王某某与死者的亲属及侯某某达成赔偿协议，支付各种费用 242.6 万元。原告王某某认为被告电力公司未在电力保护区内设置明显标志是本次事故发生的主要原因，因此要求被告电力公司承担此次事故所产生的赔偿总额 242.6 万元的 30%，计 72.78 万元的赔偿责任。

生效裁判认为，根据《民法典》第一千二百四十条的规定，从事高空、高压、地下挖掘活动或者使用高速轨道运输工具造成他人损害的，经营者应当承担侵权责任；但是，能够证明损害是因受害人故意或者不可抗力造成的，不承担责任。被侵权人对损害的发生有重大过失的，可以减轻经营者的责任。被告电力公司作为案涉电力线路的所有权人和经营者，未按规定在架空的高压线路保护区界内设立标志，与本案原告王某某雇佣的施工人员安装路灯时触碰高压线发生伤亡事故存在一定的因果关系，应当承担部分侵权责任，原告王某某赔偿受害人经济损失后，请求被告电力公司承担其赔偿总金额 30%，计 72.78 万元的赔偿责任，被告电力公司自愿放弃抗辩权，系原、被告双方自由行使民事权利，未损害他人利益，予以确认。遂判决：电力公司于本判决生效后 10 日内给付原告王某某赔偿款 72.78 万元。

上述案例中，法院裁判电力公司承担无过错责任，但受害人有重大过失，电力公司自愿承担 30% 的赔偿责任。试问：如何理解无过错责任原则？无过错责任原则的适用范围包括哪些方面？其如何适用法律？

二、无过错责任原则的法律意义

无过错责任原则中的"无过错"，不是实际上没有过错，而是指在责任的

---

① 参见河北省承德市中级人民法院（2022）冀 08 民终 2300 号民事判决书。

构成上不以过错为要件，承担责任的依据或者基础不是过错，而是法律的直接规定。① 无过错责任原则并不考虑行为人的主观意识状态，而只考虑损害结果和免责事由，又称为客观责任。与过错责任原则相比，这种责任在承担条件和责任后果上更为严格，又称为严格责任。适用无过错责任原则的意义在于加重行为人责任，及时救济受害人，使其损害赔偿请求权更容易实现。② 因此，在理解无过错责任原则时，不考虑行为人有无过错，或者说行为人有无过错对民事责任的构成和承担不产生影响。基于这一认识，受害人无须就加害人的过错进行举证，加害人也不得以其没有过错为由主张免责或减责抗辩。与过错责任原则相比，无过错责任原则的适用不考虑行为人是否有过错，受害人无须证明行为人有过错就可要求其赔偿，行为人也不能通过证明自己没有过错就请求免责，此点应当是无过错责任原则的精华所在。

无过错责任原则相对于过错责任原则有其自身的法律特征：

1. 无过错责任原则的适用具有法定性。从国外的立法和司法情况来看，各国都以特别法或判例的形式明确规定了无过错责任原则的适用范围。如德国于1884 年 7 月制定了《劳工伤害保险法》，该法确立了工业事故的无过错责任原则，较好地保护了劳工的利益。我国《民法典》第一千一百六十六条亦明确"法律规定应当承担侵权责任的，依照其规定"。对某一案件适用无过错责任原则，必须是《民法典》或者其他法律明确规定不以过错为承担责任的条件。换言之，《民法典》或者其他法律未明确规定适用无过错责任原则的案件，均属于过错责任原则的范围。③

2. 无过错责任原则的适用具有明确性。由于无过错责任原则的适用在立法上采取列举的方式，因此一般针对特定的事项作出特别规定。设立无过错责任原则的主要政策目的，绝不是使"没有过错"的人承担侵权责任，而主要是免除受害人证明行为人过错的举证责任，使其易于获得损害赔偿。④ 同时，无过

---

① 张新宝：《中华人民共和国民法典侵权责任编理解与适用》，中国法制出版社 2020 年版，第 20 页。

② 黄薇主编：《中华人民共和国民法典解读·侵权责任编》，中国法制出版社 2020 年版，第 230—231 页。

③ 黄薇主编：《中华人民共和国民法典解读·侵权责任编》，中国法制出版社 2020 年版，第 233 页。

④ 参见黄薇主编：《中华人民共和国民法典解读·侵权责任编》，中国法制出版社 2020 年版，第 232 页。

错责任原则并不是绝对责任，在适用无过错责任原则的案件中，行为人可以向法院主张法定的不承担责任或者减轻责任的事由。

3. 无过错责任原则的适用多设有责任限制。为平衡当事人利益，减轻加害人的责任，法律往往对无过错责任的损害赔偿最高限额作出规定，实行限额赔偿。如《民法典》第一千二百四十四条规定，承担高度危险责任，法律规定赔偿限额的，依照其规定，但是行为人有故意或者重大过失的除外。我国现行立法对于海上旅客运输损害、铁路旅客运输损害、国内航空旅客运输损害的责任人都规定了最高赔偿限额。

4. 无过错责任与责任保险制度紧密相连。无过错责任原则是侵权责任法的重要组成部分，其重要任务在于分担损害，而作为一种损害分担机制，责任保险也在发挥着同样重要的作用。责任保险可以确保无过错责任制度得以顺利实现，若赔偿额度过高，保险人的负担过于沉重，就可能放弃责任保险，不利于无过错责任制度的顺利实现。①

三、无过错责任原则的适用范围

无过错责任原则的适用必须以《民法典》或者其他法律有明确具体规定为前提，即只有法律明文规定的侵权行为类型方可适用无过错责任原则。《民法典》或者其他法律未明确规定适用无过错责任原则的案件，均属于过错责任原则的适用范围。这是因为无过错责任是一种极为严格的责任，若由法官自由决定是否适用该原则，有可能妨碍人们的行为自由和社会进步。② 依据侵权责任编的有关规定，无过错责任主要有以下类型：

1. 产品责任。侵权责任编第四章规定，缺陷产品致人损害的侵权责任适用无过错责任原则。这里应当包括产品生产者、销售者对于被侵权人承担责任的情形，但不包括销售者及产品运输者、仓储者等第三人承担内部责任，即被追偿时的责任，这种情况下实行过错责任原则。在此需要注意，作为产品责任的一种具体样态，医疗产品责任当然也要适用无过错责任。

2. 环境污染和生态破坏责任。侵权责任编第七章规定的环境污染和生态破坏责任，实行无过错责任原则。

3. 高度危险责任。侵权责任编第八章规定的从事高度危险作业包括高度危

---

① 黄薇主编：《中华人民共和国民法典侵权责任编释义》，法律出版社 2020 年版，第 12 页。
② 黄薇主编：《中华人民共和国民法典侵权责任编释义》，法律出版社 2020 年版，第 12 页。

险活动和高度危险物造成他人损害的侵权责任，适用无过错责任原则。此为国际通例，其实无过错责任原则本来就是因高度危险活动责任而发展起来的，比如德国将无过错责任称为危险责任。

4. 饲养动物损害责任。侵权责任编第九章规定的饲养动物损害责任，实行无过错责任原则。在此要注意，这里既包括一般的饲养动物致害的情形，也包括禁止饲养的烈性犬等危险动物致害的情形，但是不包括动物园动物致害的情形，依据《民法典》第一千二百四十八条的规定，此实行过错推定原则。

5.《民法典》对两类特殊责任主体给他人造成的损害承担无过错责任。一是监护人对无行为能力人、限制行为能力人造成他人损害的，承担无过错责任；二是用人单位、接受劳务的个人对工作人员、提供劳务的个人在执行工作任务、提供劳务中造成他人损害的，承担无过错责任。

四、无过错责任原则的法律适用

在司法实践中，适用无过错责任原则应当注意下列问题：

1. 无过错责任的一般构成要件：侵害行为、损害后果及其因果关系。由于适用无过错责任原则的侵权责任构成不以加害人的过错为要件，这就使得侵害行为、损害后果及二者之间的因果关系，成为判定特殊侵权责任成立的一般构成要件。[1] 如《民法典》第一千二百二十九条规定："因污染环境、破坏生态造成他人损害的，侵权人应当承担侵权责任。"依据这一规定，环境污染侵权责任的成立，须同时具备三个方面的构成要件：侵害行为；特定的民事主体遭受了人身、财产权益损害；侵权行为与特定损害之间具有因果关系。在上述特殊侵权责任的一般构成要件中，因果关系无疑是具有决定性法律意义的要件，这是由无过错责任原则的归责根据和本质特征所决定的。在适用无过错责任原则归责的情况下，侵权行为人有无责任，不取决于行为人是否有过错，而是取决于损害后果与加害行为（或准侵权行为）之间是否具有因果关系。决定责任构成的基本要件是因果关系。有因果关系者，构成侵权责任；无因果关系者，就不构成侵权责任。[2]

2. 无过错责任的适用范围：严格法定主义。无过错责任原则的适用应当遵

---

① 参见张新宝：《中国侵权行为法》，中国社会科学出版社1998年版，第58页。
② 最高人民法院侵权责任法研究小组编著：《〈中华人民共和国侵权责任法〉条文理解与适用》，人民法院出版社2010年版，第53页。

循责任法定原则，只有在法律有明确规定的情况下才可以适用，这里并不存在自由裁量权的行使问题。而且法律规定应当遵循严格的文义解释，即只限于《立法法》明确规定的法律，并不包括行政法规，也不包括部门规章。可以说，立法机关决定哪些行业领域应当适用无过错责任原则是比较慎重权衡的结果。[①] 依据《民法典》第一千一百六十六条的规定，无过错责任原则的适用实行法定主义。从立法层面上讲，无过错责任的侵权形态由立法加以类型化，并由此限定其适用范围；从司法层面上讲，无过错责任的适用必须具有立法予以类型化的侵权责任规范为裁判依据，法官不得任意决定适用判定侵权责任。

3. 无过错责任的免责事由：法律明确规定。根据无过错责任原则的规范意旨和法律特征，适用无过错责任的特殊侵权责任的免责条件须由法律作出明确规定。在司法实践中，被告只有主张法律明确规定的免责事由，才能达到免除全部或者部分侵权责任的法律效果。从我国现有无过错责任免责事由的规范体系看，主要包括：第一，侵权一般法的规定。在侵权责任编第八章关于高度危险责任的多个法律条文中，分别规定了"战争等情形""受害人故意""不可抗力""被侵权人重大过失"等免责事由。第二，侵权特别法的规定。例如产品责任的免责事由，侵权责任编就没有作出具体规定，而《产品质量法》第四十一条第二款即明确规定了三种免责事由：一是未将产品投入流通；二是产品投入流通时，引起损害的缺陷尚不存在；三是将产品投入流通时的科学技术水平尚不能发现缺陷的存在。

需要明确的是，在无过错侵权责任的法定免责事由中，存在全部免责与部分免责的法律效果区分。例如，《民法典》第一千二百四十条关于高度危险物占有人或者使用人的侵权责任规定中，将"受害人故意"和"不可抗力"规定为"不承担责任"的全部免责事由，而将"被侵权人对损害的发生有重大过失"规定为"可以减轻经营者的责任"的部分免责事由。第一千二百四十五条关于动物致人损害责任的规定中，将"被侵权人故意或者重大过失"规定为"可以不承担或者减轻责任"的全部或者部分免责的事由。侵权特别法中也有类似的规定，如《水污染防治法》第九十六条规定，"由于不可抗力造成水污染损害的，排污方不承担赔偿责任""水污染损害是由受害人故意造成的，排污方不承担赔偿责任"，而"水污染损害是由受害人重大过失造成的，可以减轻排污方的赔偿责任"。

---

① 最高人民法院民法典贯彻实施工作领导小组主编：《中华人民共和国民法典侵权责任编理解与适用》，人民法院出版社 2020 年版，第 38 页。

4.过错责任的证明责任分配规则：分别承担证明责任。由于无过错侵权责任的成立，不以行为人主观上具有过错为要件，因此受害人就行为人主观上存在过错不负举证责任。但是，对于侵权责任成立的一般构成要件——侵害行为、损害事实和因果关系——仍应当由受害人承担举证责任。行为人在主张存在法定免责的情形下，应当就法律规定的不承担责任或者减轻责任的事实承担证明责任。除此之外，如行为人抗辩不存在因果关系等一般责任构成要件事实，则应就因果关系不存在等要件事实承担证明责任。因此，从证明责任的分配情况看，受害人与行为人需就不同法律事实分别承担证明责任。由于无过错侵权责任在行为人承担举证责任方面与过错侵权责任相较存在一定的特殊性，因此对于行为人所应承担的证明责任，立法往往作出具体规定。

同时，应当注意过错责任原则与无过错责任原则的区别：前者以加害人的过错为责任的依据，后者不以加害人的过错为责任的依据；前者的适用范围无须法律特别规定，后者的适用范围须法律特别规定；前者要求受害人对加害人的过错进行举证和证明，后者不要求受害人对加害人的过错进行举证和证明；前者无最高赔偿额的限制、可主张惩罚性赔偿，后者一般都设有最高赔偿额的限制并不得主张惩罚性赔偿；前者加害人可以自己无过错免责，后者则不得以行为人无过错而免除责任，免责条件由法律严加规定。

五、对案例 10 的简要评析

在本案中，根据《民法典》第一千二百四十条"从事高空、高压、地下挖掘活动或者使用高速轨道运输工具造成他人损害的，经营者应当承担侵权责任；但是，能够证明损害是因受害人故意或者不可抗力造成的，不承担责任。被侵权人对损害的发生有重大过失的，可以减轻经营者的责任"的规定，本案系高压输电线路致人损害赔偿，依法适用无过错责任原则，即不以侵权人是否有过错作为其承担责任的要件。电力公司是案涉高压线路的经营者，其所实施的高度危险作业的行为造成受害人的人身伤亡损害结果，且受害人的损害结果与电力公司从事的高压活动存在因果关系，电力公司依法应对其高压输电线路造成他人损害承担侵权损害赔偿责任。

当然，电力公司没有证据证明损害是因受害人故意或者不可抗力造成可以免除侵权人责任，或受害人对损害的发生有重大过失可以减轻经营者的责任，因此应当承担全部赔偿责任。但本案原告自愿追偿损失数额 242.6 万元的 30%，即 72.78 万元，系对其民事权利的处分，应当予以准许。

第三章

侵权责任的构成要件

本章概要

　　侵权责任构成要件是指依据法律规定，行为人的具体行为是否构成侵权行为并承担相应民事责任的必备条件。侵权责任构成要件的理论在侵权行为法学中具有十分重要的地位，是研究任何一个具体的侵权责任的指南和纲领。适用过错责任原则和过错推定责任原则的侵权责任构成要件应当包括：主观过错、违法行为、损害事实及因果关系。适用无过错责任原则的侵权责任构成要件应当包括：损害事实和因果关系。

第一节　侵权责任中的主观过错

一、问题的提出

众所周知，在适用过错责任原则归责原则的情况下，过错是构成侵权责任的必备要件。到了 20 世纪，随着机器的运用、工厂的发展和工业化的形成，侵权事故的发生并非完全处于行为人意志控制的范围内，因此，行为人主观过错造成的损害比例呈下降的趋势。[①] 为了促进社会的进步，保持社会的安定，无过错责任原则出现了，"过错"作为侵权责任的核心地位受到了冲击。尽管过错在侵权责任法中的核心地位已经有所动摇，但是过错的作用还是不能忽视的，过错对于一般侵权责任的认定及赔偿范围的确定仍然起着决定性作用。

在研究侵权责任的主观过错之前，先看两则案例：

案例 11：因醉酒驾车发生事故身亡，同行饮酒者应否担责

张三与李四、王五、赵六在酒店吃饭喝白酒，每人饮酒在半斤左右。酒后，张三驾驶轿车，李四、王五、赵六乘坐，回家途中轿车翻到路边沟内，张三当场死亡。事故发生后，李四、王五向张三的家属各赔偿 10 万元，因赵六未赔偿，张三的家属将赵六诉至法院，请求法院依法判令被告赵六因与张三同桌饮酒赔偿相关费用 10 万元。

法院认为，公民享有生命健康权。行为人因过错侵害他人民事权益，应当承担侵权责任。被侵权人对损害的发生也有过错的，可以减轻侵权人的责任。共同饮酒时，每个饮酒者都应对自己的生命安全负有最高的注意义务，死者张三作为完全民事行为能力人，应该预料到饮酒后开车可能引起的严重后果，对自身死亡的发生应承担主要责任。被告赵六及李四、王五见张三酒后开车，不但没有劝阻，还一同乘车，致使张三酒后驾驶机动车发生事故身亡，其他同行

---

① ［英］彼得·斯坦、约翰·香德：《西方社会的法律价值》，王献平译，中国人民公安大学出版社 1990 年版，第 154 页。

饮酒者存在一定过错，应当承担相应的赔偿责任。遂判决被告赵六赔偿原告相关费用 10 万元。

案例 12：申请财产保全错误应当予以赔偿 [①]

最高人民法院认为，申请财产保全错误的赔偿在性质上属于侵权责任。判断申请财产保全是否错误，不仅要看申请保全人的诉讼请求最终是否得到支持，还要看其是否存在故意或重大过失。判断申请保全人是否存在故意或重大过失，要根据其诉讼请求及所依据的事实和理由考察其提起的诉讼是否合理，或者结合申请保全的标的额、对象及方式等考察其申请财产保全是否适当。关于赔偿数额的确定，如系冻结资金，有合同等证据证明存在借贷利息损失的，应赔偿的实际损失为该合同约定的利息损失，但该利息损失与被冻结资金的银行利息之和不能超过民间借贷司法解释规定的年利率 24% 上限，否则，赔偿的资金利息损失参照中国人民银行同期贷款基准利率或民间借贷司法解释规定的年利率 6% 的标准确定；若系查封房屋或其他存在市场价值变化的资产，如因被保全人未请求处分变现或请求不当未获准许的，被保全财产因市场变化产生的价值贬损风险由其自行承担，与申请财产保全行为没有直接的因果关系；如申请财产保全人阻碍被保全人行使处分权的，则被保全财产的价值贬损与申请保全人的行为有直接因果关系，申请保全人应赔偿的数额为被保全财产在保全开始与保全结束两个时点的价差以及开始时的价款对应的资金利息损失。

在上述案例中，案例 11 涉及同桌饮酒同车同行的人员存在过错，应当承担相应的赔偿责任。案例 12 涉及财产保全的申请人之所以要承担侵权责任，是因为其存在过错，给被申请人造成了损害。试问：何谓过错？过错的形态有哪些？过错的判断标准有哪些？

二、过错的法律意义

在过错责任原则中，过错是确定行为人是否承担侵权责任的核心要件，也是人民法院审理侵权责任案件的主要考虑因素。行为人的行为造成损害并不必

[①] 详见最高人民法院（2017）最高法民终 118 号民事判决书，载《最高人民法院公报》2018 年第 10 期（总第 264 期）。

然承担侵权责任，必须要看其是否有过错，无过错即无责任。① 侵权责任中的过错，是有侵权责任能力的人在实施违法行为时所具备的心理状态，是构成民事责任的主观要件。它表明了行为人对自己行为的后果所抱有的主观态度，体现了行为人主观上的应受非难性和不可原宥性，是法律和道德对行为人行为的否定评价。并非对所有的人都能够用过错来描述其心理状态和其行为，只有具有侵权责任能力的人才具有过错。根据侵权责任编的相关规定，无民事行为能力人和限制民事行为能力人都没有侵权责任能力，因此，对于他们的主观意志状态，是不能用过错进行描述的。

过错包括故意和过失两种基本形式。与刑法上区分故意和过失不同，民法上的故意和过失都是承担侵权民事责任的要件，而且过失的过错是民事过错的主要形式。过错的确定不论是在理论上还是在审判实践中均具有十分重要的意义。问题是，过错毕竟是人基于大脑神经的运用而产生的纯主观意识，它是看不见摸不着的。在一项行为发生之后再企图去回复或探求行为人当时的"一闪念"，其实是根本做不到的事情。从这个意义上说，法律上过错的确定其实注定只能是一种推定，是从一定的标准出发，综合特定的事实和条件而进行的假设论证，这种假设论证与行为人当时的主观意识可能一致，也可能不一致，但不影响过错的认定。

过错是过错责任原则的归责基础，是过错侵权责任和过错推定侵权责任的构成要件。关于过错的性质，在民法理论上存在主观过错说、客观过错说两种主张。主观过错说认为，过错是区别于行为的不法性，行为人主观上应受非难的故意或者过失的心理状态②；客观过错说则认为，过错与不法彼此不可分离，过错不是或者主要不是加害人的主观心理状态，而是加害人行为的违法性质。③ 我国民法学界对于过错概念的认识，经历了从主观过错说向客观过错说过渡，最后确立以"过错判断标准客观化"为基础的主、客观结合说的发展过程。④

---

① 黄薇主编：《中华人民共和国民法典侵权责任编释义》，法律出版社2020年版，第5页。

② 参见张新宝：《中国侵权行为法》，中国社会科学出版社1998年版，第129页；王利明：《侵权责任法研究》（上卷），中国人民大学出版社2010年版，第329页。

③ 参见张新宝：《中国侵权行为法》，中国社会科学出版社1998年版，第130页。

④ 何志、侯国跃主编：《侵权责任纠纷裁判依据新释新解》，人民法院出版社2014年版，第78页。

三、过错的形态

故意和过失是过错的两种基本形态。故意与过失的主要区别在于，故意表现为行为人对损害结果的追求、放任心态，而过失表现为行为人不希望、不追求、不放任损害后果的心态。故意是一种典型的应当受到制裁的心理状态，但它必须通过一定的行为表现出来。[①]

故意在侵权法和刑法中都经常涉及，刑法中关于故意的界定通常会在一定程度上影响侵权法中故意的含义。根据意志因素的不同，故意可分为直接故意和间接故意。一般认为，在刑法中，将故意分为直接故意和间接故意具有一定的意义，通过揭示具体犯罪故意的不同特征，区别不同犯罪故意在主观恶性上的轻重差别，为量刑的个别化和科学化提供主观责任方面的依据。但在侵权法领域，区分故意的形态意义不大，因此在侵权法领域没有必要对故意的形态做深入研究。[②]

与故意一样，刑法中也常涉及过失，刑法中关于过失的界定是否会影响侵权法中过失的含义。按照注意程度的不同，过失可以分为重大过失、一般过失和轻微过失。重大过失即行为人欠缺一般人具有的起码的注意。[③] 欠缺一般人具有的起码的注意，是指行为人在极不合理的、超出一般人想象的程度上疏忽了行为中应有的谨慎，不仅未采取任何一般人在特定情形下都会采取的措施，而且未施加一个漫不经心的人在通常情况下也会施加的注意。重大过失表现为行为人极端疏忽或极端懈怠的心理状态，表现出对他人权益极度的不关心，其行为明显性和实质性地偏离了社会注意标准。[④] 当行为人具有重大过失时，常常构成故意侵权，因此，重大过失等同于故意是侵权法领域通用的原则。一般过失是指一般人在通常情况下的过失，表现为行为人缺乏具有一般知识、智力和经验的人诚实处理自己事务所应有的注意。[⑤] 与处理自己事务为同一注意，应以行为人平日处理自己事务所用的注意为标准。轻微过失是指较小的过失，

[①]　黄薇主编：《中华人民共和国民法典侵权责任编释义》，法律出版社 2020 年版，第 6 页。

[②]　张新宝：《中国侵权行为法》，中国社会科学出版社 1998 年版，第 134 页。

[③]　周枏：《罗马法原论》（下），商务印书馆 2001 年版，第 696—699 页。

[④]　［德］冯·巴尔：《欧洲比较侵权行为法》（下），焦美华译，张新宝审校，法律出版社 2001 年版，第 319—320 页。

[⑤]　周枏：《罗马法原论》（下），商务印书馆 2001 年版，第 696—699 页。

表现为行为人缺少极谨慎而精细的管理人的注意。[1] 轻微过失要求的注意程度极高，一般人都难以达到该种注意标准，因此可能都会犯此过失，若行为人具有轻微过失，可以免除其责任[2]，因为它是一种"可以原谅的错误"，在法律上它能够成为一种"合法的错误"。[3] 如一进行肿瘤切除手术的医生因极轻微的疏忽损伤了一健康组织，导致病人血栓的结果，医生的上述行为就构成了轻微过失，该过失是"可以原谅的错误"。[4] 但也存在轻微过失导致行为人应承担责任的情况，《德国民法典》就规定，没有过错也可能违反法律，只有在有过错的情况下，赔偿义务才发生。在此情况下，行为人只要轻微过失就已足够。[5]

四、过错的判断标准

就过错的判断标准而言，传统侵权法主要采取主观判断标准和客观判断标准两种认定标准。主观认定标准，就是从行为人自身的认识能力出发判定其主观状态的正当性。适用主观认定标准，主要是对行为人是否存在故意作出判断。主观认定标准的适用具有一定的合理性：第一，主观认定标准的适用承认人与人之间自身情况的差异，承认人会因年龄、智力、知识、经历、经验等方面的差异导致认识能力的差异；第二，主观认定标准的适用可以充分达到侵权责任对不法行为人的教育作用。但是，单纯采用主观认定标准判断行为人主观过错的有无，会产生下列弊端：一是主观认定标准的采用，会减少受害人获得救济的机会，不利于侵权法赔偿功能的实现。二是主观认定标准的采用，会加重司法审判人员在认定过错上的负担，不利用效益原则的实现。主观认定标准的采用需要司法审判人员对每个行为人的认识因素及意志因素作出判断，姑且不谈判断的准确性如何，单就整个判断过程需要付出的成本来看，对法院系统和当事人来讲都是沉重的负担。客观认定标准，就是通过确立某种客观的行为标准

---

[1] 周枏：《罗马法原论》（下），商务印书馆 2001 年版，第 696—699 页。

[2] 《德国民法典》第 277 条规定，承担善良管理注意义务的人，不免除因重大过失而发生的责任。该条款意味着在轻微过失的情况下，可以免除责任。参见陈卫佐编译：《德国民法典》，法律出版社 2004 年版，第 81 页。

[3] 徐国栋：《诚实信用原则研究》，中国人民大学出版社 2002 年版，第 43 页。

[4] ［德］冯·巴尔：《欧洲比较侵权行为法》（下），焦美华译，张新宝审校，法律出版社 2001 年版，第 320 页。

[5] 陈卫佐编译：《德国民法典》，法律出版社 2004 年版，第 265 页。

来衡量行为人实施行为时的心理状态。[1] 适用客观认定标准，主要是对行为人是否存在过失作出判断，关于客观行为标准，国家不同，标准不同。法国适用"良家父"作为客观认定标准，"良家父"标准要求行为人以"细心、谨慎、顾及他人"的态度为一定的行为。[2]

客观标准作为认定过错的标准是不容置疑的，但在肯定客观认定标准的同时，不能否定主观认定标准的价值。第一，主观认定标准应作为判断主观故意的主要标准。行为是主观过错的外在表现，过错通过行为体现出来，因此通过分析行为来判断过错的有无，是符合逻辑的。对于故意的认定标准，还是须依靠主观认定标准，分析行为人为侵害行为的时间、地点、环境、行为方式等，结合行为人的一贯表现，判断行为人主观故意的存在。第二，在适用客观认定标准判断行为人过失存在与否时，也不能抹消主观认定标准的参与。过错是违法行为人主观上的一种心理状态，确认某人有过错，还包含着法律对其行为的谴责，所以，在侵权法中应运用客观的（如业务性质、具体情况）和主观的（如行为人个人的特点）标准来判断是否存在过失。第三，我国诸多学者认为，主观认定标准和客观认定标准能够结合起来综合适用。张新宝先生认为，在判断行为人是否存在过错时，通常既考虑行为人的自身因素，如年龄、认识能力等，也须考虑其行为与一个"善意之人"的行为之间的差别……但无论在什么情形下，判断过错的标准和方法都应当是综合的、多元的，而不是单一的、孤立的。[3] 杨立新先生也认为，用客观标准衡量过错，并不是绝对的标准。[4]

通过对传统过错理论的分析，已经可以看出这些理论所存在的困难，对这些理论的诘难，并不是为了玩弄翻空出奇的文字游戏，而是因为在实务中经常面临这样的现象：审判实务中的法官们对过错理论或许存在不同的观点，但大多在审判中适用过错责任原则，若认定引起争议，一般发生在两个方面：其一，被告有没有法官认定的行为，这是关于事实的争论；其二，法官认定的行为究竟是不是过错行为，该不该承担责任，这是关于法律的争论，在实务中，很少涉及对于被告的主观心理状态或意志状态究竟是什么的争论。

---

[1]　张新宝：《中国侵权行为法》，中国社会科学出版社 1998 年版，第 136 页。

[2]　《国际比较法百科全书·侵权行为·概述》，纽约海洋出版公司 1974 年版，第 71 页。

[3]　张新宝：《中国侵权行为法》，中国社会科学出版社 1998 年版，第 136—137 页。

[4]　杨立新：《侵权法论》，人民法院出版社 2004 年版，第 184 页。

法官认定过错，是对案件事实所作的一种价值判断。当然，法官作价值判断时，依据的是在我国社会占统治地位的价值体系，要考虑政治、伦理、经济等诸多因素，但法官也较少能对此有明确、清楚的认识，判断的依据往往是一种直觉、情感，就像日本学者川岛武宜所称的"法律感觉"。①

其实，在司法实践中，过错状态中的故意，完全可以通过行为人的行为进行判断。过错中的过失，可以通过行为人是否违反了法律、行政法规明确规定的义务，行为人的行为是否违反了一个合理人的注意义务，进行判断。②

五、对案例11、案例12的简要评析

1. 对案例11的简要评析

在本案中，张三作为完全民事行为能力人，应当预见到酒后驾驶机动车上路行驶可能带来的危险，因其未尽到对自身安全的注意义务，驾驶机动车过程中产生单方事故，由此导致的损害后果其本人应负主要责任。赵六等人对张三过量饮酒均没有过错，但对于张三饮酒后不能驾驶机动车应当是明知的，赵六等人没有阻止其酒后驾车，存在一定过错，应当承担相应的民事责任。

在社会生活及人际交往中，以酒待友较为常见，但"喝酒不开车，开车不喝酒"既是法律规定，也已在全社会形成习惯。一般而言，一个人是否参与饮酒以及饮酒的多少，均出于自愿。但劝酒者应当意识到，被劝饮酒者饮用过量的酒会导致身体受到伤害甚至死亡，在这种情况下，如果继续劝酒，任其醉倒，或主观上故意让其醉倒，或明知会造成对饮酒人的伤害却轻信可以避免，即构成民法中常说的过错，这种过错与过量饮酒者身体所受到的损害有一定的因果关系，劝酒者应当承担一定的民事责任。

2. 对案例12的简要评析

近年来，诉讼案件猛增，申请财产保全的案件也日益增多。其中不乏恶意保全，造成被保全人财产损害的，应当承担损害赔偿责任。

在本案中，《民事诉讼法》第一百零三条第一款规定："人民法院对于可能因当事人一方的行为或者其他原因，使判决难以执行或者造成当事人其他损害的案件，根据对方当事人的申请，可以裁定对其财产进行保全、责令其作出一

---

① 参见［日］川岛武宜：《现代化与法》，中国政法大学出版社2004年版，第251页。

② 参见黄薇主编：《中华人民共和国民法典侵权责任编释义》，法律出版社2020年版，第6页。

定行为或者禁止其作出一定行为……"；第一百零八条规定："申请有错误的，申请人应当赔偿被申请人因保全所遭受的损失。"财产保全制度的目的在于保障将来生效裁判文书的执行，申请财产保全是当事人重要的诉讼权利。依当事人申请裁定的财产保全，虽系人民法院对申请进行形式审查后作出的司法措施，但其前提和基础是当事人的财产保全申请。如因申请保全人权利行使不当造成他人财产损失的，应由申请保全人承担侵权赔偿责任。侵权责任的认定，应当适用《民法典》第一千一百六十五条第一款"行为人因过错侵害他人民事权益造成损害的，应当承担侵权责任"的规定。申请保全人是否有过错，不仅要看其诉讼请求最终是否得到支持，还要看其是否存在故意或重大过失。申请保全人是否存在故意或重大损失，要根据其诉讼请求及所依据的事实和理由考察其提起的诉讼是否合理，或者结合申请保全的标的额、对象及方式等考察其申请财产保全是否适当；申请保全人提起的诉讼合理且申请财产保全适当的，不属于故意或重大过失，否则系存在过错。①

第二节　侵权责任中的违法行为

一、问题的提出

在一般侵权责任和多数特殊侵权责任中，违法行为都是侵权责任的必备法律要件。作为侵权责任构成要件的违法行为，是指引起损害事实发生的人为因素。由于在侵权责任法中存在责任主体与行为主体分离，亦即特定的民事主体为他人的违法行为承担侵权责任的侵权类型，因此从违法行为实施主体的角度观察，违法行为主要包括两种法律形态：一种是责任主体自己实施的违法行为。

---

① 最高人民法院在李某辉诉柴某胜财产损害赔偿纠纷案中认为，向人民法院申请采取保全措施是当事人的诉讼权利，但申请有错误的，申请人应当赔偿被申请人因保全所遭受的损失。如何判断当事人的申请是否错误，《民事诉讼法》对此并没有作出规定。判断申请人的申请是否存在错误，应当结合具体案情，通过审查申请人是否存在通过保全损害被申请人合法权益的过错、保全的对象是否属于权属有争议的标的物、被申请人是否存在损失、是否为了保证判决的执行等因素予以考虑，不宜简单地以判决支持的请求额与保全财产数额的差异判断申请人是否有错误。详见《最高人民法院公报》2014年第3期（总第214期）。

侵权责任法领域中绝大部分一般侵权责任和大多数特殊侵权责任的违法行为要件，都属于该种类型的违法行为。另一种则是他人实施而由特定责任主体承担侵权责任的违法行为。这种类型的违法行为，只存在于少数特殊侵权责任的法律构成之中。在适用侵权责任构成要件判定侵权责任成立与否的司法过程中，对于违法行为的认定往往成为侵权诉讼和法律适用的逻辑起点，在侵权责任的事实判断方面具有重要的法律意义。①

在研究侵权责任中的违法行为之前，先看一则案例：

案例 13：无视频证据、无目击证人情况下
如何确认伤情因侵权行为造成 ②

2009 年 10 月 21 日中午，许某鹤驾驶未投保交强险的轿车并道时，与违法翻越中心隔离护栏的王某芝发生交通事故。王某芝倒地受伤，造成右下肢受伤。现场勘查显示，许某鹤所驾车辆停在中心隔离栏边的第一条车道，车辆左前部紧挨中心隔离栏，左前轮压着中心隔离栏桩基，车辆与隔离栏约呈 45 度夹角。许某鹤称王某芝属跨越护栏时被绊自行摔伤，与自己无关。因无现场证人及直接证据，当地交管部门出具的交通事故证明并未对该起事故责任予以划分。王某芝起诉索赔医疗费、残疾赔偿金、护理费等 16 万余元。二审期间，经王某芝申请并经征询双方意见，法院依法选择相关司法鉴定机构对王某芝的伤情成因进行了鉴定，鉴定意见为：王某芝右膝部损伤符合较大钝性外力直接作用所致，该损伤单纯摔跌难以形成，遭受车辆撞击可以形成。

生效裁判认为，根据《道路交通安全法》的相关规定，本案系许某鹤与王某芝在道路通行中因过错或意外而发生的人身伤害及财产损失事件，属交通事故人身损害赔偿纠纷范围。关于许某鹤的驾车行为是否致害王某芝的问题，虽无事故现场监控录像及目击证人等直接证据，但根据相关证据亦可认定。交管部门的现场勘查及事发时许某鹤车辆的位置，符合紧急情况下避让制动停车状态；司法鉴定意见认为王某芝的腿伤符合较大钝性外力由外向内直接作用的特征，且腿伤高度与案涉车辆制动状态下前保险杠防撞条高度吻合，符合车辆撞击特征，单纯摔跌难以形成；事故现场无致伤的第三方、从王某芝尚能从容跨

---

① 参见何志、侯国跃主编：《侵权责任纠纷裁判依据新释新解》，人民法院出版社 2014 年版，第 54 页。

② 详见最高人民法院于 2014 年 7 月 25 日发布的四起典型案例。

越护栏看亦可排除其之前被撞伤的可能性。鉴定单位及人员具有相应的鉴定资质，接受质询分析清楚、说明充分，送检材料亦经过双方质证。上述证据形成了完整的证据链，足以认定王某芝腿伤系许某鹤驾车行为所致；许某鹤称王某芝属自行摔伤，其停车救助的理由不能成立。许某鹤驾驶机动车未尽高度谨慎的安全注意义务，应承担 40% 的过错责任；王某芝违反《道路交通安全法》有关"行人不得跨越、倚坐道路隔离设施"的规定，应承担 60% 的过错责任。因许某鹤未履行交强险之法定投保义务，法院根据《道路交通安全法》及交强险的有关规定，判决许某鹤于交强险赔偿限额内（医疗费赔偿限额 1 万元，死亡伤残赔偿限额 11 万元）赔偿 10.7 万元。

在上述案例中，受害人翻越栏杆、侵权人未尽到谨慎驾驶义务，均属于违法行为。试问：如何理解违法行为？如何判断违法行为？违法行为的主要类型有哪些？阻却违法事由有哪些？

二、违法行为的法律意义

在现代社会，"不侵害他人"是任何一个民事主体都应遵循的普遍性义务，没有合法依据或者法律授权，不得损害他人的民事权益，否则就可能承担一定的法律后果。[1] 何谓违法行为，在采纳违法行为概念的国家，迄今未找到一个科学的"不法行为"概念，并使之与过错相区别。[2] 但就一般侵权责任构成要件来看，违法行为是其基本要件之一，虽不像刑法那样将违法行为明确列举，并确立"法无明文规定不为罪"的刑法原则，但应给出一个基本概念。其实，任何行为，就其法律意义，都可分为违法行为与适法行为。[3] 适法行为是适应法律而为法律所容许的行为。违法行为是违反法律而为法律所不容许的行为，包括作为和不作为。依民法理论，适法行为包括法律行为和准法律行为，违法行为则包括侵权行为和债之不履行行为。区分适法行为与违法行为的实益，在于二者的法律效果不同。适法行为的法律后果是产生法律上的权利义务关系，

---

① 黄薇主编：《中华人民共和国民法典侵权责任编释义》，法律出版社 2020 年版，第 5 页。

② 王利明：《侵权行为法归责原则研究》（修订二版），中国政法大学出版社 2004 年版，第 560 页。

③ 但也有学者认为，在违法行为与适法行为之间，存在一种放任行为，例如吃饭、散步等行为，并不能成为法律评价的对象，因而既不是违法行为，也不是适法行为。

违法行为的法律后果则是产生民事责任。[1]

违法行为的法律特征表现为：

1. 违法行为是与民事主体有关的事实行为，而非法律行为，故不以其意思表示为要素。

2. 违法行为是具有民事责任能力的民事主体的行为。民事责任能力，是行为人对于其民事行为的结果承担法律上的民事责任的能力。民事主体的人格权由民事权利能力、民事行为能力和民事责任能力构成，并随之变化而变化。这三种能力是从不同角度对民事主体人格的考量，分别具有不同的价值：民事权利能力主要考察民事主体独立享有权利和承担义务的能力；民事行为能力主要考察民事主体独立实施行为的能力；民事责任能力主要考察民事主体独立承担责任的能力。可见，权利能力决定民事主体人格的范围，民事行为能力决定民事主体人格的自由度，民事责任能力决定民事主体人格的完整性。因此，民事责任能力不但与民事权利能力不同，而且与民事行为能力有别：民事行为能力实际上仅指民事主体从事合法行为（尤其是法律行为）的能力，民事责任能力是民事主体能否独立承担实施违法行为的法律后果的能力。无民事行为能力人虽不能实施有效的法律行为，但其实施的民事行为归于无效后，必然会产生一定的法律后果。

民事责任能力应当以民事主体财产的独立性为主要判断标准。财产独立者，为完全民事责任能力人，由自己独立承担责任；财产不独立者，为不完全民事责任能力人，而需由替代责任人或补充责任人承担责任。如被监护人的侵权行为，应当由其监护人承担侵权责任。

3. 违法行为是具有"违法性"的否定性事实行为。违法行为主要违反了法律的禁止性规定，因此，违法行为是一种具有"违法性"本质特征的否定性事实行为。[2]

三、违法行为的判断标准

违法行为的本质在于行为违反了法律规范规定的作为或者不作为义务。[3]

---

① 董安生：《民事法律行为》，中国人民大学出版社1994年版，第115页。

② 何志：《侵权责任判解研究与适用》，人民法院出版社2009年版，第68页。

③ ［德］耶赛克、魏根特：《德国刑法教科书》（总论），徐久生译，中国法制出版社2001年版，第287页。

无论从哪一个法律部门或者从哪一个角度对违法行为进行考察，得出的必然结论都应当是：违法行为是某种行为违反法律之规定，与一定的法律秩序直接或者间接冲突。为法律所保护的或者不为法律所禁止的行为为合法行为。[①]因此，在侵权责任法领域，违法行为应当理解为违反了有关法律的规定，是对他人受到保护的民事权利或利益的侵害。

按照传统侵权法原理，行为的违法性是判断侵权行为成立与否的第一构成要件，只有具备违法性要件，才考虑行为与损害后果之间是否具有因果关系，加害人是否具有主观的可归责性。虽然现代侵权责任法具有救济损害、预防和制裁违法行为、平衡社会利益等诸多规范功能，但这些法律功能的实现，无不建立于侵权责任的确认和追究以及对加害行为作出的否定性评价之上。而对加害行为作出否定性价值判断的根本原因，并不在于加害行为造成了他人民事权益的损害，而是因为加害行为违反了保护他人民事权益的法律规定，或者说违反了法律所设定的行为标准或行为义务，即存在违法性或不法性。

在司法实践中，违法行为的判断标准可从如下几个方面进行判断：

1. 违反法律的禁止性规定。侵权行为的违法性，首先体现在违反了保护他人的法律。[②]违法行为的本质是违反了法律的禁止性规范。法律作为人们的行为规范之一，体现着对社会行为的导向，事实上表达着对人的行为的一种客观评价。法律持肯定态度的行为即合法行为，法律持否定态度的行为即违法行为。因此，一旦法律明确规定加以保护的民事权利受到不法侵害，受害人就可以基于法律规范请求加害人停止侵害行为并承担相应的民事责任。

2. 违反法定义务。从客观上看，判断行为人的作为是否违法，是以行为人在法律上是否负有不作为的义务为依据的。只要行为人负有不得侵害他人合法权益的法定义务，则其违反该义务而实施的作为就是违法的行为。因此，若此种作为造成了某种损害结果的发生，并同时具备了其他侵权构成要件，行为人就必须承担损害赔偿的民事责任，受害人也就因此产生了损害赔偿的请求权。

3. 违反善良风俗致人损害的行为。《德国民法典》第 826 条规定："以违反善良风俗的方法对他人广义施加损害的人，对受害人负有赔偿义务。"善良风俗可以被当作广义的"法"[③]，因此，违反善良风俗也可以作为违法行为的一个

---

① 参见张新宝：《侵权责任法构成要件研究》，法律出版社 2007 年版，第 53 页。

② 该处的"法律"是指广义的法律，而不是狭义的法律。

③ 张新宝：《侵权责任构成要件研究》，法律出版社 2007 年版，第 56 页。

判断标准。

四、违法行为的主要类型

违法行为的主要类型可分为作为和不作为。这两种类型应当以法律规定的法定义务为标准。行为人违反法律规定的不作为义务而为之，是作为的违法行为，也称为"积极的违法行为"；行为人违反法律规定的作为义务而不为之，是不作为的违法行为，也称为"消极的违法行为"。但是，违法行为还可以进行不同分类，本文仅介绍三种常见的主要分类。

（一）以违反法定义务的性质为标准分类：积极加害行为与消极加害行为

法律对于民事主体所设定的义务，既包括禁止民事主体实施某种行为的不作为义务，也包括责令民事主体必须实施某种行为的作为义务。民事主体违反法定的不作为义务，所实施的导致他人损害的积极作为行为，即属于积极加害行为；民事主体消极不履行法定的作为义务造成他人损害的行为，则属于消极加害行为。从立法和司法实践的状况看，由于侵权责任编所保护的人身、财产权利绝大多数具有绝对权性质，法律规范往往设定了对他人权利不得侵害的不作为义务，因而在这些权利遭受侵害时，必然存在积极加害行为。在诸如经营者、组织者违反安全保障义务等少数侵权责任中，因法律赋予特殊民事主体以特定的安全保障作为义务，行为人只有在不履行作为义务，即存在消极加害行为的情况下，才有可能承担侵权责任。

作为的违法行为是侵权行为的主要行为方式。人身权、财产权均为绝对权，其他任何人都负有不得侵害其权利的法定义务，即使是债权，当事人同样负有不可侵害的义务。在司法实践中，积极的违法行为最为常见，占侵权案件的95%以上。如侵害他人的生命权、身体权、健康权；侵害他人的姓名权、名称权、肖像权、名誉权、荣誉权；侵害他人的婚姻自主权、亲权；侵害他人的财产权、知识产权、债权等，不一而足。因此，作为的、积极的违法行为是侵权行为中主要的、占绝大多数的表现形式。

作为义务是违法不作为理论的基石，是认定违法不作为的前提和基础。[①]纯粹的道德或者社会价值判断上的义务违反并不构成不作为的违法行为，行

---

① 蔡颖雯主编：《侵权责任法原理精要与实务指南》，人民法院出版社 2008 年版，第 59 页。

为人无须承担损害赔偿责任。不作为构成侵权必须满足相当的条件，才具有法律的正当性。只有对法定作为义务或先前行为所导致的作为义务等的违反，才能成立不作为的侵权行为。具体而言，常见的不作为侵权行为表现为：（1）违反法律规定义务的不作为，即行为人违反法律规定的作为义务而不作为。近年来，违反法律规定义务而不作为的侵权赔偿纠纷越来越多，如施工人员在公共场所、道路旁或者通道上挖坑、修缮安装地下设施时，未设置明显标志和采取安全措施而造成他人的损害，就违反了《民法典》第一千二百五十八条的规定。同时，还存在道路、公路管理部门疏于管理，致人损害的案件。（2）产生的现实危险性，这种现实危险性表明先前行为与损害结果之间具有一定因果关系。正是由于行为人的现行行为给法律保护的利益造成了一定的危险，就产生了采取积极行动防止损害结果发生的义务。例如，成年人带儿童去游泳的行为，导致其负有保护儿童安全的义务；骑自行车将他人撞伤的人，就有送被害人去医院治疗的义务。如果行为人不予救助，就构成违法不作为。

（二）以行为主体与责任主体是否同一为标准分类：自己的加害行为与他人的加害行为

自己的加害行为，是指加害人自己实施并由其承担侵权责任的侵害他人民事权益的行为。在侵权责任法领域，"自己的加害行为"是加害行为的主要表现形式，由此成为侵权责任判定的主要审查和判断对象。在适用过错责任原则和部分无过错责任原则的侵权责任中，只要根据法律的规定是由行为人对自己的行为所造成的损害承担侵权责任——自己责任，即责任主体与行为主体同一，该侵权责任中的加害行为就属于"自己的加害行为"范畴。在绝大多数情况下，"自己的加害行为"成为对行为人存在过错的客观评价或者法律推定的依据。即使不以行为人的过错为侵权责任构成的评价因素，行为人所实施的加害行为也被作为侵权责任因果关系要件的原因事实，而被纳入必须进行审查、判定的范围。

他人的加害行为，是与自己的加害行为相对应的范畴。其基本特征为行为主体与责任主体发生分离，行为人对自己所实施的加害行为不承担侵权责任，而是由法律特别规定的责任主体对"他人的加害行为"承担侵权责任。这就是侵权责任法理论上所称的"替代责任"或者"转承责任"。从我国现有法律规定看，"他人的加害行为"主要体现于雇员致人损害和被监护人致人损害两种责任情形。在雇员致人损害侵权责任中，雇主对雇员在执行雇佣事务过程中实施的加害行为，以及为了雇主的利益造成他人的损害，须承担侵权的民事责任。在被监护人致人损害侵权责任中，监护人须对被监护人造成他人的损害承担侵权民事责任。前者的责任主体为雇主，相对于雇主而言，雇员所实施的加害行为即为"他人的加害行为"。后者由于被监护人没有行为能力或者行为能力受到限制，因而被监护人所实施的"加害行为"不是法律严格意义上的"行为"，而是"举动"。民法理论和司法实务一般认为，对于监护人而言，被监护人的"加害举动"可以纳入广义的"他人的加害行为"范围加以认识。有学者认为"职务侵权责任"也属于为"他人的加害行为"负责的替代责任。作者认为，在职务侵权中，履行职务的工作人员是国家机关、企事业法人的代表人，而非代理人，不存在独立的代理行为，其行为在法律上即视为法人的行为，法人对工作人员造成的损害负责，在法律意义上是对"自己的加害行为"承担侵权责任，因此在职务侵权中，工作人员的加害行为并不具有法律上的独立性，也就当然不存在"他人的加害行为"。

（三）以加害行为是否直接作用于受害人为标准分类：直接加害行为与间接加害行为

加害人的加害行为直接作用于受害人的人身或者财产等受到法律保护的权益，为直接加害行为；加害人通过他人或者其他介质作用于受害人的人身或者财产等受到法律保护的权益，为间接加害行为。譬如侵权责任编规定的"教唆、帮助他人实施侵权行为"，教唆、帮助被教唆人、被帮助人造成他人损害的行为中，教唆人、帮助人的行为并不直接作用于受害人，因而属于间接加害行为。而在被教唆人、被帮助人具有完全民事行为能力的情况下，被教唆人、被帮助人所实施的加害行为则属于直接加害行为。

五、阻却违法事由

在法秩序中，不仅有禁止规范（禁止为一定行为），同时也有允许规范（可以为一定行为）。从法益侵害的观点来分析，则可以分为两个方面：一是法秩序禁止何种法益侵害；二是在法益发生冲突时，法秩序允许何种法益优先。后种规范的允许性在一定情况下会取消前种规范的禁止性。这类允许规范就表现为正当化事由，作为某些禁止规范的对立面而发挥作用，从而阻却了形式上违反该类规范行为的实质违法性。这种使加害行为正当化的事由，在大陆法系一般称为"违法阻却事由"。

　　违法阻却事由，是指致人损害行为的违法性被特别法律规定予以豁免的情形。现举例如下：（1）权利行使行为。因正当行使民事权利，并无损害他人目的，却导致他人损害的某些事由，阻却其违法性。但应当注意，权利滥用不属于正当的权利行使。（2）受害人允诺。需满足下列要件：受害人的允诺，阻却加害行为的违法性；受害人有处分权；受害人有意思能力；允诺充分意思表示；加害行为不违反禁止性规范。《民法典》第一千二百四十条规定高度危险作业致人损害场合，如果能证明损害系由受害人故意造成则不负责任。此项故意，与允诺等同。（3）无因管理。无因管理行为，虽属干涉他人事务，但其助人救难的社会能力，使法律免除其违法性。（4）自力救济行为。正当防卫、紧急避险和法律允许的自助行为，阻却其违法性。（5）权限行使行为。公务员行使法律赋予的权限，例如拘捕人犯、罚款、执行死刑，均阻却其违法性。

　　因此，违法性的判断需要经过两个过程：一要看行为是否产生损害结果，二要看该行为是否具备正当化事由。如果行为侵害了他人权益而无正当化事由则成立违法性，如果行为虽侵害他人权益但有正当化事由则不成立违法性。

　　违法阻却事由不同于抗辩事由。抗辩事由是英美法系的概念，是指被告针对原告的指控和请求，提出的一切有关免除或者减轻其民事责任的主张。其外延十分宽泛，包括：（1）主张责任不成立的事由，如正当防卫、适当的紧急避险等；（2）主张责任免除的事由，如不可抗力、意外事件等；（3）主张责任减轻的事由，如受害人或第三人存在过失等。而大陆法系的违法阻却事由概念系行为不成立的事由，根本不存在责任免除或减轻的问题。所以违法阻却事由与抗辩事由明显有别，不可含糊。

六、对案例13的简要评析

　　机动车交通事故中，对于一些无监控录像、无目击证人，且双方当事人对于事故原因又各执一词的情形，人民法院如何认定事实是一大难点，本案即具有典型意义。本案的争议焦点是王某芝的腿伤是否为许某鹤的驾车行为所致。对此，二审法院委托具有资质的司法鉴定机构进行伤情成因鉴定。司法鉴定机构经过鉴定，认为王某芝伤情符合车辆撞击特征，单纯摔跌难以形成。同时，由于事发时并无第三方车辆，且王某芝尚能从容跨越护栏，故可以认定王某芝的腿在跨越护栏之前是完好的。

　　在本案中，王某芝的腿伤是否为许某鹤的驾车行为所致；由于许某鹤违反法律规定，未购买机动车交强险，能否承担交强险项下的赔偿责任，是本案争

议的关键点。基于此，二审法院委托具有资质的司法鉴定机构进行伤情成因鉴
定，其结论为腿伤确系许某鹤的驾车行为所致。同时，本案的裁判评理部分也
从多个角度认为，从事故现场无致伤的第三方、王某芝尚能从容跨越护栏看亦
可排除其之前被撞受伤的可能性。当然，本案裁判亦考虑了许某鹤违反法律规
定，未购买机动车交强险，故而判令其承担交强险项下的赔偿责任。

在审判实践中，有一个较为突出的问题，即未投保交强险的机动车发生交
通事故的责任承担问题。对此，《道路交通损害赔偿解释》第十六条规定，未
依法投保交强险的机动车发生交通事故造成损害，当事人请求投保义务人在交
强险责任限额范围内予以赔偿的，人民法院应予支持。投保义务人和侵权人不
是同一人，当事人请求投保义务人和侵权人在交强险责任限额范围内承担相应
责任的，人民法院应予支持。

第三节 侵权责任中的损害事实

一、问题的提出

损害事实的实际发生或者说客观存在，是所有侵权责任成立必须具备的一
般构成要件。它不仅直接决定着侵权责任的成立，而且对于侵权责任方式的选
择适用和损害赔偿范围的确定具有重要的法律意义。[1] 侵权责任编要求受害人
的民事权益受到损害，即要求有损害后果，这一点是侵权责任编与以往立法相
比的重大变化。[2]

在研究侵权责任中的损害事实之前，先看两则案例：

案例 14：排放污水达标但造成损害，能否免除赔偿责任[3]

自 2003 年 6 月起，聂某等 149 户村民因本村井水达不到饮用水的标准而

---

[1] 何志、侯国跃主编：《侵权责任纠纷裁判依据新释新解》，人民法院出版社 2014 年版，
第 58 页。

[2] 黄薇主编：《中华人民共和国民法典解读·侵权责任编》，中国法制出版社 2020 年版，
第 227 页。

[3] 《最高法院公布的九起环境资源审判典型案例》，载《人民法院报》2014 年 7 月 4 日。

到附近村庄取水。后聂某等人以煤业公司五矿、六矿、某总医院排放的污水将地下水污染，造成井水不能饮用为由提起诉讼，请求判令三被告赔偿异地取水的误工损失等共计 212.4 万元。

一审法院认为，三被告排放生产、生活污水污染了该村井水，导致聂某等 149 户村民无法饮用而到别处取水，对此产生的误工损失，三被告应承担民事责任，判决三被告共同承担赔偿责任。双方不服判决上诉至中级法院。二审庭审中，鉴定人员出庭接受质询，证明即便三被告排放的是达标污水，也肯定会含有一定的污染因子，五矿、六矿职工及其家属排放的生活污水与五矿、六矿排放的生产污水只能按主次责任划分。二审法院依据鉴定报告及专家意见，结合二审查明的生产污水与生活污水对损害发生所起的主次作用以及五矿、六矿职工及其家属所排生活污水约占致损生活污水总排量的 60% 等事实，认定三被告对因其排放生产污水造成的误工损失共同承担 40% 赔偿责任；五矿、六矿就其职工及其家属排放生活污水造成的误工损失共同承担 60% 的赔偿责任。遂判令五矿、六矿、某总医院因排放生产污水共同赔偿聂某等人误工费 17.65 万元，五矿、六矿因其职工及其家属排放生活污水共同赔偿聂某等人误工费 15.89 万元。

案例 15：因律师过错造成财产损害，律师事务所应否承担责任 ①

被告某信律师事务所接受原告王某富父亲的委托，指派一名律师为其所立遗嘱办理见证。由于被告未依法指派两名以上律师作为原告父亲设立遗嘱时的见证人，也没有告知原告父亲仍需他人作为见证人其所立遗嘱方能生效，致使原告在其父亲去世后的遗产诉讼中，因遗嘱不符合遗嘱继承的法定形式要件而被确认无效。原告只能按照法定继承分割遗产，因此少分遗产价值 114318.45 元。原告以被告见证的遗嘱不符合法律规定的形式要件被确认无效为由，起诉要求被告赔偿遗产继承损失、遗嘱见证代理费、继承诉讼代理费和诉讼费等共计 134893.75 元。

生效裁判认为，被告对原告因遗嘱无效而被减少继承份额的损失具有过错，遂判决被告赔偿原告经济损失 114318.45 元。判决同时认为，被告在代为见证原告父亲所立遗嘱过程中的过错，不必然导致原告提起并坚持进行继承诉讼，故对原告要求被告赔偿继承诉讼代理费、诉讼费的诉讼请求不予支持。

---

① 详见《最高人民法院公报》2005 年第 10 期（总第 108 期）。

在上述案例中，案例 14 是因环境污染而造成的财产损害，案例 15 是因受托人的过错而造成的财产损害。试问：如何理解损害事实？损害事实如何进行分类？如何认定损害事实？

二、损害事实的法律意义

从立法上对损害加以规定，可谓少见。《奥地利民法典》第 1293 条规定，损害是指一个人在其财产、权利和人身方面遭受的一切不利后果。1991 年《荷兰民法典》第 6：95 条规定，损害是指依据法律救济义务必须予以救济的损害，包括财产损害和其他损害。于后者，法律对救济的权利作出专门规定。[①] 由于对损害的不同看法和社会生活事实的繁杂，要给"损害"予以准确定义，实属难事。因此，多数国家并没有在立法上对损害予以规定，而是由法官在实际案件审判中依一般的公平正义理念行使自由裁量权。我国不少学者对损害进行了定义，史尚宽先生认为，损害是就财产或其他法益所受的不利益。[②] 王利明教授认为，损害是因一定的行为或事件使某人受法律保护的权利和利益遭受不利益的影响。[③] 张新宝教授认为，侵权责任法所救济的损害，是指受害人人身或者财产方面的不利后果。[④] 可见，损害的侧重点在于受害人的"不利益"。立法机关认为，损害是指行为人的行为对受害人的民事权益造成的不利后果，通常表现为财产减少、生命丧失、身体残疾、名誉受损、精神痛苦等。同时强调，"损害"是一个比较广的概念，不但包括已经存在的"现实损害"，还包括构成现实威胁的"不利后果"。[⑤]

何谓损害事实？损害事实是指行为人的行为致使受害人的人身权利、财产权利及其他利益受到不利益的影响，并造成财产利益和非财产利益的减少或灭失的客观事实。作为侵权责任的构成要件，损害事实必须具备一定的条件：

1. 损害必须达到一定程度，才能构成法律上的损害。从法律的价值观上来看，有必要对该损害进行补救。对于达到一定数量的财产损失或较严重的精神

---

① 参见张新宝主编：《侵权法评论》（总第 3 辑），人民法院出版社 2004 年版，第 191 页。
② 史尚宽：《债法总论》，中国政法大学出版社 2000 年版，第 287 页。
③ 王利明：《侵权行为法研究》（上卷），中国人民大学出版社 2004 年版，第 350 页。
④ 张新宝：《侵权责任法原理》，中国人民大学出版社 2005 年版，第 53 页。
⑤ 黄薇主编：《中华人民共和国民法典解读·侵权责任编》，中国法制出版社 2020 年版，第 227 页。

损害或致人伤害、死亡，法律明确规定这样的损害是必须进行补救的。而对于极少量的财产损失或极轻微的人身、精神损害，法律则不认为有必要进行补救。当然，我国目前尚无关于最低请求额的具体规定，有待进一步完善。

2. 赔偿权利人必须与受侵害的权益有密切的联系。例如，法律将精神损害的赔偿权利人限于直接受害人以及近亲属，就是为了保证质的要求。

3. 损害必须是客观的、已经发生的事实，且在法律上有补救的可能性。损害后果应当是法律上可能补救的事实。这一可能性包括两个方面：一是法律是否将这一损害事实列入可以补救的范围。如索赔"青春损失"的损害事实是存在的，但由于法律没有将其列入可以赔偿或补救的范围，因而不构成侵权行为法上的损害事实。二是补救方法的可能性。有些损害后果可以通过适当的补救方法而使受到损害的合法权益完全恢复原状，有些则不然。对于不同的损害后果，法律总是依情况不同而提供适当的补救方法。受害人只能在法律提供的补救方法范围内寻求赔偿或其他补救措施。当然，损害虽未现实发生，但已使他人人身、财产受到现实威胁的，受害人可以请求造成现实威胁的人承担相应的侵权责任。正如立法机关所言：在一些情况下，行为人的行为也可能对受害人的民事权益造成现实威胁，为防止其转化成现实损害，行为人也应当承担侵权责任，这有利于保护受害人，体现了侵权责任编预防侵权行为的立法目的，也是现代侵权责任制度立法的发展趋势。①

4. 损害是侵害合法利益的结果。许多国家的法律规定，只有在合法利益受到侵害的情况下才可视为损害的发生。我国《民法典》第三条规定："民事主体的人身权利、财产权利以及其他合法权益受法律保护，任何组织或者个人不得侵犯。"因此侵权责任编保护对象为民事权益。在这里，"民事权益"应当作狭义解释，只包括由法律直接加以规定的民事权利和与之相关的利益，而不包括由双方当事人约定并受法律保护的契约上的权利和利益。

在司法实践中，应当明确的是，侵害合同约定的权利和利益，应由合同编调整和补救；侵害民法以外的其他法律所保护的合法权利和利益，则应由其他相关法律调整和补救。非法利益不受侵权责任编的保护，如擅自在集体所有的土地上建房，受到他人阻拦，此建房人以侵权之诉诉诸法院，则法院不能保护建房人请求，因建房行为违法，不受法律保护。

---

① 黄薇主编：《中华人民共和国民法典侵权责任编释义》，法律出版社 2020 年版，第 7 页。

三、损害事实的不同分类 ①

（一）人身损害、财产损害与精神损害

根据侵权行为损害的客体，可将损害分为三类：

1. 人身损害。侵害物质性人格权所造成的损害，就是人身损害。该种损害首先表现为侵害自然人的身体权、健康权、生命权，导致受害人的死亡或伤残，其次表现为与之相伴的财产损失，如丧葬费、医疗费、护理费和误工费等。

2. 财产损害。财产损害是指对可用财产来直接衡量的权利行使的妨害，包括侵害所有权、他物权、债权、知识产权等造成的财产损失。财产损害一般表现为既得利益的损失和可得利益的损失。既得利益的损失是指加害人的不法行为直接侵害受害人的财产权利，致使受害人现有财产受到损失，造成现有财产的减少。可得利益的损失是指受害人应当得到的利益因受不法行为的侵害而没有得到，该种利益的损失具有期待性、可能性、隐示性和明确性。期待性表现为损失的是一种未来的可得利益，而不是既得利益。在侵害行为实施时，它只具有财产取得的可能性。隐示性和明确性体现了这种丧失的未来利益是具有实际意义的，是必得利益而不是假设利益，并且这种可得利益必须在侵权行为直接影响所及的范围内。

3. 精神损害。精神损害是指受害人因加害人的行为而遭受的精神痛苦和精神利益的损害。自然人的精神痛苦有两个来源：（1）侵害了自然人的生理活动。侵权行为侵害了身体权、健康权、生命权，可使自然人产生精神痛苦。（2）侵害了自然人的心理活动。侵权行为侵害了自然人的情绪、思维、意识等活动，导致受害人上述精神活动的障碍，产生愤怒、恐惧、焦虑、沮丧等不良情绪。精神利益的损害是指因加害人的行为导致其人格利益、身份利益造成损害，包括受害人心理上的悲伤、怨恨、忧虑、气愤、失望等痛苦和折磨。

（二）财产上损害与非财产上损害

以损害能否折算成金钱为标准可将损害分为财产上损害与非财产上损害。

1. 财产上损害，也称为财产的损害，是指可折算为金钱或者具有财产价值的损害，财产上损害不限于侵害财产权所造成的损害。在侵害人身权时也可以

① 何志：《侵权责任判解研究与适用》，人民法院出版社2009年版，第79—81页。

产生财产上损害。例如侵害人身产生的医疗费、误工费、丧葬费等均属于财产上损害。

2. 非财产上损害，又称为精神损害、无形损害，是指无法折算为金钱或者不具有财产价值的损害，主要表现为受害人遭受精神上的痛苦或者精神利益的丧失。

（三）直接损害与间接损害

以行为与损害之间因果关系的直接性为标准，损害可分为直接损害和间接损害。

1. 直接损害。又称为积极损失，在侵权行为法领域，直接损害一般是由于侵权行为直接作用于受害人财产权的客体所造成的财产损失，或者受害人为了补救受到侵害的民事权益所为的必要支出。侵害动产造成的毁损灭失，侵害不动产造成的权能分离或财产实际价值的减少等，均属于直接损害；受害人因生命健康受到侵害而支出必要的医疗费用、护理费用等，也属于直接损害。直接损害具有两个特征：一是侵权行为直接作用于受侵害的财产导致受害人财产量的损失，或者侵权行为直接作用于受害人的人身或人格，而发生必要的财产（金钱）支出。侵权行为是直接损害发生的直接原因。二是直接损害是受害人已有财产的减少。对于直接的财产损失，原则上应当全面赔偿。

2. 间接损害。又称消极损失、间接损失，是指由于受害人受到侵害而发生的可得的财产利益的丧失。包括可得的财产之法定或天然孳息的丧失；受害人可得的经营利润等的丧失；受害人可得的收入，包括工资、奖金等的丧失；受害人未来可能的赚钱能力的丧失或者降低。间接损害具有如下特征：一是在受害人受到侵害时，该财产权益尚未存在；二是在通常情况下，如果受害人不受到侵害，这一财产上的权益是必然或者极有可能得到的。

四、损害事实的证明和推定

就"谁主张，谁举证"的原则而言，损害应当由受害人一方进行举证和证明。受害人应当对损害的存在，损害的种类、范围和程度承担举证责任。如果受害人一方对于损害不能举证和证明，就不构成侵权的民事责任。就财产损害而言，损害的举证和证明尤为重要。即使是实行举证责任倒置的情形，也应当由受害人承担对损害事实的举证责任。如在医疗损害赔偿纠纷中，受害人就需要对损害事实承担举证责任，而医方仅需对医疗行为与损害事实之间无因果关系承担举证责任。

但是，对于某些非财产上损害如社会评价之降低，则无法要求受害人一方进行举证和证明，而是采取一种法律上的推定方式。即法律上推定这种损害在事实上存在，无须当事人举证和证明。[①]

五、对案例14、案例15的简要评析

1. 对案例14的简要评析

本案系多方排污导致地下水污染，危害饮用水水源，严重威胁聂某等人的身心健康。被告的生产、生活污水排入地下，且不能举证证明其排污行为与聂某等人的损害之间不存在因果关系，一、二审法院认定三被告污染环境，应当承担民事责任并无不当。污染者应对其污染行为造成的损害承担无过错责任，即使三被告排放的污染物达标，造成损害的，仍不能免除其民事责任。案涉地下水污染系多个责任主体、多个排污行为叠加所致，二审法院根据鉴定报告和专家意见，厘清了不同排污行为产生的主次责任以及被告承担责任的比例划分，进而作出了相应判决。[②]

环境侵权中受害人的间接损害的认定。财产上损害是非财产损害或精神损害的对称，是指得以金钱加以计算的损害，如医疗费支出、抚养费用、营业收入减少、物之价值减损或修缮费用等。财产损害根据损害财产的形态可以分为实际损失和可得利益损失。实际损失又称积极损害，是指现有财产的减少或灭失。可得利益损失又称为消极损害，是指应得到而未得到的利益损失，即未来财产的减损。间接损失有三个特征：一是损失的是一种未来的可得利益，在侵害行为实施时，它只具有一种财产取得的可能性，还不是一种现实的利益；二是这种丧失的未来利益是具有实际意义的，而不是抽象的或者假设的；三是这种可得利益必须是一定范围的，即损害该财物的直接影响所及的范围，超出这个范围，不能认为是间接损失。就环境污染侵权而言，往往会造成间接损失。只要损失属于根据客观情况应由受害人得到但实际未得到的损失，均为间接损失，侵权人应予赔偿。就本案而言，侵权人的侵权行为虽然没有造成直接的财产损失，但因井水无法饮用而不得不到附近村庄取水，这改变了受害人的日常经济状态，增加了受害人的经济成本，因此对受害人到其他村庄取水造成的误

---

① 何志：《侵权责任判解研究与适用》，人民法院出版社2009年版，第81页。
② 参见《最高法院公布的九起环境资源审判典型案例》，载《人民法院报》2014年7月4日。

工损失应予赔偿。

排污达标与环境侵权责任。国家环保标准属于行政规范范畴，其制定目的在于为行政执法提供依据，限制行政机关的活动范围，确立行为人的行政责任。在比较法上，大多数国家认为公法的行为标准对侵权法不具有约束力，行为人遵守相关行政法规范，并不免除其造成他人损害时的赔偿责任。国家环保标准是由人制定的，由于人类认识的局限性，标准本身可能会错误，符合标准的也可能存在不合理的危险，同时，排污标准的制定并非纯粹的科学判断过程，而是掺杂了诸多考量因素的评估过程，不能准确反映排污时的具体情形。环境污染责任作为危险责任的一种，无须具备违法性要件，其成立的构成要件仅为污染环境的行为、损害事实以及因果关系。从这个角度出发，符合国家环保标准却造成侵害的排污行为，仍应当承担侵权责任。

2. 对案例 15 的简要评析

在本案中，原告因被告办理的遗嘱见证不符合法定形式要件被确认无效，所遭受的继承遗产份额减少的财产损失，在遗嘱合法有效的情况下，是原告预期可得的财产利益损失，相对于遗嘱见证代理费等直接损失而言，应当属于间接财产损失。这一间接损失是因遗嘱无效必然、现实发生的财产损失，具有确定性和现实性，与被告办理见证过错行为具有紧密的因果联系，因而应当认定为合理的间接财产损失，法院遂判决支持了原告的这一赔偿请求。相对于遗嘱见证代理费损失，原告为主张自己的遗嘱继承权利，委托律师提起继承诉讼所支出的代理费、诉讼费，也为间接财产损失。从受诉法院对这一损失赔偿请求不予支持的判决理由看，即是基于代理费、诉讼费损失的产生与被告的过错行为之间缺少必然的因果联系，也就是通过因果关系紧密程度的审查判断，从而明确否定了这一间接财产损失的合理性。

第四节　侵权责任中的因果关系

一、问题的提出

因果关系是一个哲学概念。原因和结果是唯物辩证法的一对基本范畴。法律上的因果关系是损害结果与造成损害的原因之间的关联性，它是各种法律责任中确定责任的基础。① 民法中的因果关系包括了侵权责任中的因果关系和合同责任中的因果关系。侵权责任中的因果关系是指行为人的行为作为原因，损害事实作为结果，在二者之间存在的前者导致后者发生的客观联系。② 因果关系是侵权责任中的重要构成要件，在行为与损害事实之间确定存在因果关系的，就有可能构成侵权责任，没有因果关系就必然不能构成侵权责任。

在研究侵权责任中的因果关系之前，先看一则案例：

案例 16：受害人酒后坠入酒店电梯井底，酒店是否担责③

原告赵某华饮酒后入住被告酒店，当晚 11 时许外出购烟，按照酒店走廊的指示牌下至一楼的安全通道内，发现大门被锁无法外出，遂准备搭乘该通道内的电梯折返上楼，未料该电梯井处于空置状态且外部没有任何禁行标志及防护装置，导致原告步入空置电梯井而坠至井底受伤，经评定构成十级伤残。事发后，该酒店仅支付了医疗费 4 万元。该酒店所在的建筑物系被告某升公司所有，由酒店承租。据此，原告认为酒店未能对投宿客人尽到安全保障义务，应负赔偿责任。

法院认为：一是被告酒店是否履行了合理限度的安全保障义务。从事住宿、餐饮、娱乐等经营活动或者其他社会活动的自然人、法人、非法人组织，未尽合理限度内的安全保障义务致使他人遭受人身损害，赔偿权利人请求其承担相应赔偿责任的，人民法院应予支持。被告酒店作为提供住宿服务的企业，应在合理限度内确保入住酒店的消费者的人身安全，避免因管理、服务瑕疵而引发人身伤害。被告酒店未对可能出现的伤害和意外情况作出明显警示，事发通道是一个相对封闭的区域，可通过酒店内的安全出口进入，事发时该区域内的电梯井因轿厢被拆除而空置，酒店明知上述情况且对于事发通道及电梯具有事实上的控制力，却未能做好安全防范工作，其提供服务过程中所存在的安全隐患与原告赵某华的受损结果有直接因果关系，应对涉诉事故承担民事赔偿责任。二是原告赵某华自身是否对事故的发生存在过错。受害人对于损害的发生也有过错的，可以减轻侵害人的民事责任。原告赵某华作为完全民事行为能力人，

---

① 何志：《侵权责任判解研究与适用》，人民法院出版社 2009 年版，第 82 页。
② 黄薇主编：《中华人民共和国民法典解读·侵权责任编》，中国法制出版社 2020 年版，第 228 页。
③ 详见《最高人民法院公报》2014 年第 1 期（总第 207 期）。

也应当对自己的行为尽到合理的注意义务，以确保自身的安全。赵某华酒后在没有灯光照明的情况下进入事发通道，疏于观察周围环境，步入空置电梯井，未尽到一般的注意义务，其饮酒影响正常判断力也与事故的发生有一定关联，故根据过失相抵原则可适当减轻被告酒店的责任。据此判决：被告酒店一次性赔偿原告赵某华各项费用共计15.7万元（已履行4万元）。

上述案例中，受害人受到的人身损害与酒店未尽到安全保障义务有因果关系。试问：因果关系的主要学说有哪些？因果关系的样态有哪些？因果关系认定的规则和方法有哪些？如何认识原因力？它与民事责任的关系如何？因果关系如何证明和推定？

二、因果关系的主要学说

（一）大陆法系因果关系的主要学说

1. 条件说。该说是大陆法系中研究因果关系的最古老的理论。奥地利刑法学家格拉塞于1858年提出条件说，认为造成损害的所有条件都具有同等的价值，缺少任何一个条件，都不会发生损害，各条件都是法律上的原因。条件说认为，在因果关系中，行为与结果，行为是前事实，结果是后事实；无前事实的行为，不会发生后事实的结果，这种关系被称为"条件的事实关系"。也就是说，某一事件的发生总会有一定的事前条件，缺此条件，此事实不会发生，此条件为这一事实的原因，所发生的事实为此条件的结果。

2. 直接结果说。该说认为行为人应对其行为或活动所引起的一切直接后果负责，而不必为其行为或者活动造成的间接结果负责。[①]《法国民法典》第1151条规定的违约人对违约的直接损害负责的规则也适用于法国的侵权责任领域。这种学说在大陆法系国家得到一些法典的认可，并且于1921年至1961年在英国流行。直接结果说认为，损害行为只与它造成的直接损害结果之间存在因果关系，对基于该直接损害结果"继起的行为和事件"则应排除于因果关系之外。对非直接损害结果来说，被告的行为仅仅是一种条件，而不是法律上的原因。

3. 相当因果关系说。该说认为，侵权行为的受害人只要证明侵权行为与损害结果之间存在相当程度的因果联系的可能性，就达到了其证明责任的要求，

---

① 王利明：《侵权行为法研究》（上卷），中国人民大学出版社2004年版，第408页。

然后由被告对此进行反证。只要被告不能证明不存在因果关系，就认定其存在因果关系；反之，如果被告能够证明不存在因果关系，就认定其不存在因果关系。[1] 如果原因与后果之间完全无可能性，则加害人无赔偿责任。[2]

（二）英美侵权行为法因果关系的主要学说

英美侵权行为法因果关系理论对于因果关系的认识采取了一种"两分法"，即将因果关系分为"事实上的因果关系"和"法律上的因果关系"，在考察和认定侵权行为法上的因果关系时应当分两步进行，首先，确定被告的行为是否在事实上属于造成损害发生的原因，亦称"事实上的因果关系"；其次，还必须认定已构成事实上原因的行为是否在法律上成为应对该损害负责的原因，亦即是否有"法律上的因果关系"存在，只有存在法律上的因果关系，侵权责任才成立。两分法从两个层次上清楚地分析了因果关系的大致框架，是证明解决民法和民事审判实践中的因果关系问题的一种十分重要和有效的思维方式，对于我国研究侵权行为法上的因果关系有十分重大的意义。因为这种两分法区分了原告对事实上的因果关系的举证责任和法庭确定加害人是否应承担民事责任的界限。即使存在事实上的因果关系，也不一定判决加害人承担民事责任，还要考虑这种事实上的因果关系是否达到法律的要求。

1. 事实上的因果关系。即指撇开其他一切因素的考虑，单纯从事实真相的角度去考察加害人的行为或其物件与受害人所受到的损害是否存在因果联系。事实上的因果关系只涉及客观事实问题，从客观事实的联系上分析归纳出导致损害结果的原因范围。寻求事实上的原因，其过程乃是从已经发生的损害结果出发，逆向探析导致产生该结果的具有原因力之事实。例如甲驾车操作不当，与醉酒后的乙所开之车相撞，乙车失控撞倒路旁的电线杆，电线杆的倒地使输电线断裂，造成附近一医院停电，负责临时发电的丙擅离职守而未能及时开动发电机，停电致使靠电能运转的生命装置停止工作，病人丁因此而死亡。在这一因果关系链之中，甲驾车操作不当，乙酒后开车，丙擅离职守，都是造成丁死亡的事实上的原因。对结果具有原因力之事实，不仅包括作为形式，也包括不作为形式。前述事例中丙的行为，即是不作为之原因事实。

---

[1] 刘士国：《论侵权行为责任中的因果关系》，载《法学研究》1992 年第 2 期。

[2] 朱岩：《当代德国侵权法上因果关系理论和实务中的主要问题》，载《法学家》2004 年第 6 期。

英美侵权行为法上"事实上的因果关系"的理论，强调在认识因果关系的起初阶段坚持以客观单纯的态度对待引起或者可能引起损害的事实，这无疑是一种科学的法律认识方法。[①] 实际上，我国民法学界讨论侵权法上的因果关系也主要是讨论事实上的因果关系，强调原因和结果以及二者之间的联系的客观性。

2. 法律上的因果关系。即指在加害人的加害行为或其物件与受害人的损害结果存在事实上的因果关系的前提下，确定加害人是否应当依法承担民事责任的问题。事实上的原因只反映了行为与结果之间的事实上的联系，并不直接引向侵权责任。行为人要对其行为结果负责，除了存在事实上的因果关系，还必须认定其行为是否应当依法承担民事责任。在判断是否应当承担民事责任，即是否存在法律上的因果关系时，着重的不是事实本身，而是涉及法律政策、案情的具体社会环境、当事人的特定状况、时代背景以及伦理价值观念等因素，需要综合考量。

三、因果关系的形态

因果关系的表现形式是由因果关系的不同产生过程决定的。在民事侵权中，侵权结果可表现为两种形态：一种是物质或者精神上直接或间接的损失，另一种是可能造成物质或者精神损失的一种不法状态。而造成结果的原因，数量上有多有少，作用上有大有小。根据其在发生过程中的不同作用，可以分为根本原因和非根本原因，即内因和外因。内因是规定事物发生变化的实质原因，是事物变化的根据，它与结果之间的联系是内在的、本质的、稳固的、确定不移的，决定事物变化的基本方向和趋势。外因是内因得以实现所凭借的各种因素的总和，是结果发生的条件，与结果之间的联系是外部的、非本质的、不稳定的、暂时的，决定事物局部变化的外貌并加速或者延缓事物变化的过程。内因和外因的互相作用决定着事物的发展。任何一种原因都不能单独、孤立地引起事物的发展。但在实践中，在民事案件的某一因果关系中，主要研究行为人的行为及其物件与结果之间的关系，除内因的必然作用以外，因果关系的外在表现形式一般有以下几种情形。

1. 一因一果。这是侵权行为中最常见和最简单的一种因果关系的表现形式，是指一种必然要产生某一结果的行为或者物件直接作用于某一事物，并直

[①] 张新宝：《侵权责任构成要件研究》，法律出版社 2007 年版，第 320 页。

接产生一种必然结果。在这种情形下，原因和结果都是单一的，原因是单个的造成损害的因素，结果是受害人单纯的损害后果，因此，承担侵权责任的主体和侵权责任的范围都比较容易判断。

2. 一因多果，是指一种行为或者物件在一定的时间和范围内，直接或者间接地产生了多种结果。在这种情况下，原因是单个的加害行为，而结果却是数个受害人的损害后果或者一个受害人的数个损害后果。例如，汽车司机违章驾车撞伤行人后，又冲入路边毁坏房屋和屋内物品。这时，肇事的汽车司机的违章驾车行为是单个的加害行为，而结果却为多个，即行人被撞伤以及路边的房屋和屋内的物品被毁坏。事实上，这种形式仍然可以看作一因一果的表现形式，因为一个原因不论引起的损害结果有几项或者涉及几个人，都可以看作一个后果，这两者并无实质区别。

3. 多因一果，是指几种行为或者物体同时或者先后互相发生作用，引起同一结果的发生。在这里，原因为复数，结果为单数，原因是多个行为人的加害行为或者物件，结果为受害人单一的损害后果。关于多因一果，我国民法理论未作详尽的研究，但是国外法学对于多因一果的因果关系表现形式却作了十分精细的研究，是十分值得我国民法理论借鉴的。根据共同侵权行为理论，在多因一果的情形下，可按下列情形承担侵权责任：

（1）复数的原因构成之后引起一个损害后果，而其中的任何单纯的一个原因不具备引起损害发生的原因力。这种情况可以称为原因的"必要的竞合"，特点是各个原因依次出现，共同构成原因力引起损害，多个加害人应该负不真正的连带责任。

（2）复数的原因共同发生作用，可以根据其作用的大小分割责任，但是作为共同侵权行为，加害人对受害人应该负不真正的连带责任。如盗窃团伙分工实施盗窃并致人损害，两家工厂排放含有有害物质的废水致人损害，行为人为主观的关联共同或客观的关联共同，作为因果关系是不可分割的。复数加害人不仅对与自己行为的作用大小相应的部分负损害责任，而且对于超过其作用度的损害也应负责，但是公平起见未必对损害负全责。

（3）在共同危险行为的情况下，由于不知道谁为加害人，实际上所有的因果关系都是不存在的，只能推定适用某一种因果关系，是一种拟制，当事人可因证明不存在因果关系而免责。对此，复数加害人负不真正的连带责任。

（4）在两个或者两个以上的加害人同时造成某一损害后果时，如果没有其他加害人的加害行为，每一个加害人的行为也足以造成同一损害后果。例如甲乙两人共同杀死丙，每一个人都为致命伤。在此情况下，从不能援用他人的不法行为以求免责的观点看，不允许以他人的加害行为足以发生同一结果而要求免责，从抑制加害行为的目的来说，也是不允许的。对此，各个加害人对被害人都应负不真正的连带责任。

（5）在现实损害中，如果只有甲的行为会引起乙的损害，假定没有甲的行为，与甲的行为无关的别的事情，丙也会引起同样的损害，那么关于甲的责任，就应该考虑丙的情况。

（6）假如某一加害人的行为尽管有原因性和可责性，但是因为事后发生了其他异常原因使前一加害人的责任被否决。如甲伤害乙，乙去医院的途中因车祸丧生，甲应该负的医疗责任因乙遭车祸而不再发生，汽车肇事者应当对乙的死亡负全部赔偿责任。

4. 多因多果，是指几种行为或者物件同时或者先后对未有损害或者已有损害的对象互相作用，产生了混合的多种结果。其中，原因为复数，结果也为复数，原因是多个行为人的多个加害行为，结果为受害人的多项损害后果或者多个受害人的损害后果。在这种情况下，就应该将各种结果分别计算清楚。

四、因果关系认定的规则和方法

（一）因果关系认定的规则 [1]

1. 直接原因规则。如果行为与结果之间具有直接因果关系，无须再适用其他因果关系理论判断，直接确认其具有因果关系。最常见的直接原因，就是一因一果，一个原因行为出现，引起了一个损害结果的发生，这种因果关系极为简单。

2. 相当因果关系规则。当行为与结果之间有其他介入的条件使因果关系判断较为困难，无法确定直接原因时，应当适用相当因果关系规则判断。如何判断行为与结果之间具有相当因果关系，可以适用以下公式："大前提：依据一般的社会经验，该种行为能够引起该种损害结果；小前提：在现实中，该种行为确实引起了该种损害结果；结论：该种行为是该种损害事实发生的原因，二者之间具有相当因果关系。"

3. 法律原因规则。在特别情况下，如果确认因果关系确有困难，可以适用英美侵权行为法中的"事实原因—法律原因"的规则。首先确定行为是否构成

---

[1] 参见杨立新：《侵权法论》，人民法院出版社 2004 年版，第 177—181 页。

损害的事实原因，即产生一个结果的多个前提事实总和中的一个因素；其次确定行为是否损害的法律原因，即一种自然的未被介入因素打断的原因，没有这样的原因，就不会发生受害的结果。行为对于损害而言，既是事实原因，又是法律原因的，即可确定行为与损害之间的因果关系。

4. 推定因果关系规则。在特定的场合，适用推定因果关系规则。在受害人处于弱势，没有办法完全证明因果关系要件的时候，只要受害人举证证明到一定程度，就推定行为与损害之间存在因果关系。

（二）因果关系认定的方法 [①]

1. 时间上的顺序性。原因和结果之间，必然存在时间上的顺序性。凡原因现象必然先于结果现象出现。因此，只有先于结果出现的现象，才可能为其原因；凡后于结果出现的现象，均不可能成为其原因，而应被排除在因果关系的认定范围之外。基于时间上顺序性的要求，如果原告方不能证明加害人的行为是在损害结果发生之前实施的或者被告方能够证明受害人的损害发生在加害人的加害行为实施之前，则说明加害人的行为与受害人的损害之间不存在因果关系。

2. 原因现象的客观性。作为原因的现象应当是一种客观存在。质言之，只有外化的加害人的具体行为，才可能构成原因。相反，加害人的内在心理状态或受害人的主观猜测、估计等均不可能成为原因。损害也应当是客观的。

3. 必要条件。原因是结果的必要条件。其基本含义是，作为原因的现象应当是作为结果的现象的必要条件。其检验方法主要有三：一是采用反证检验法（But for）。即提出一个反问句：要是没有甲现象，乙现象也会出现吗？如果回答是肯定的，则甲现象不是乙现象发生的原因；如果回答是否定的，则甲现象可能为乙现象发生的原因。假如没有（But for）被告的过错行为，原告的损害就不会发生，那么被告的过错行为就是损害发生的一个原因。这并不排除还存在其他相关的原因。二是采用剔除法（Elimination）。其特点是思维重建一个拟制的模式，排列各种可能的原因现象，然后一个接一个地剔除这些现象，观察结果现象是否会发生。如果某一现象被剔除时结果现象仍然发生，则认定被剔除的现象不是原因。三是采用代替法。它不是把加害人的行为从案情中剔除

---

① 参见张新宝：《侵权责任法原理》，中国人民大学出版社 2005 年版，第 63—64 页。

出去，而是在思维模式上将加害行为由一合法行为所取代。如果被取代后，损害后果仍然发生，则加害行为不是原因；反之，加害行为就是原因。

4.实质要素的补充检验。它不是对必要条件检验的否定，而是对必要条件检验的一种补充。其基本含义是，如果加害行为实际上足以引起损害结果的发生，那么它就是引起损害结果的原因。考虑到实质要素的补充检验与必要条件检验的关系，在具体适用中，我们总是先适用必要条件的三种检验方法，只有在必要时才补充适用实质要素的检验方法。

上述四个方面的检验，既考虑到哲学上因果关系的共性，又充分体现了侵权行为法中因果关系的个性。作者认为，通过这四个方面的检验，能排除各种无关或相关的非原因因素，找到具体案件中引起损害结果的真正的实际原因。

五、因果关系的原因力

（一）多因现象与原因力

实践中存在多因一果和多因多果的侵权形态。出现多因现象，主要可以归纳为以下几个方面的原因：（1）多个加害人的多个加害行为的作用，导致损害后果的发生；（2）加害人的加害行为与第三人的行为共同导致损害结果的发生；（3）加害人的加害行为与受害人的行为的共同作用导致损害结果的发生；（4）加害人的加害行为与某些自然因素的作用导致损害结果的发生。

在发生多因现象导致损害发生的情况下，如何确定某一个加害人应当承担的民事责任的大小，是需要讨论的原因力理论问题。多因导致损害结果发生，有时各参与的原因所发挥的作用是相等的，而多数情况下各参与的原因所发挥的作用是不同的。这时便出现了主要原因、次要原因的分别。

主要原因是对于损害事实的出现起主要作用的原因。次要原因是对于损害事实的出现起次要作用的原因。对于结果的出现起主要作用的原因具有较大的原因力；对于结果的出现起次要作用的原因具有较小的原因力；对于结果的出现具有相同作用的原因，其原因力也是相同的。

（二）原因力对于民事责任的影响

1.多因情况的民事责任的影响。对于多因现象的侵权行为的行为人之间的责任，传统民法理论认为属于按份之债，在司法实践中，根据原因力大小确定其责任分担，则更为合理。某一加害人的行为是结果发生的主要原因，该加害人就应当承担较大份额的民事责任；某一加害人的行为是结果发生的次要原因，该加害人应当承担较小份额的民事责任；如果多个加害人的行为对于结果发生所起的作用相同或基本相同，则各自承担大致同等份额的民事责任。

2. 受害人存在过错对侵权案件的民事责任的影响。在有的侵权案件中，受害人的损害不仅是加害人加害行为的结果，也是受害人自己行为的结果，即加害人的加害行为与受害人的行为共同构成损害发生的原因。此时，确定加害人应承担责任份额时，应当主要考虑其行为的原因力：如果加害人的加害行为是损害发生的主要原因，其行为具有重大的原因力，加害人就应当承担主要乃至全部责任；反之，如果受害人的行为是损害发生的次要原因，其行为具有较小的原因力，加害人就只承担次要的责任，乃至免除其责任；如果加害人的加害行为之原因力与受害人自身行为的原因力相当，则加害人与受害人承担的责任也应相当。

如法院在审理马某等诉某酒店等人身损害赔偿纠纷案中认为，某酒店作为案涉房屋的出租人、管理者，某泰证券公司、某泰证券营业部作为在该房屋内经营证券业务的经营者，其安全保障义务只能在合理限度内履行。案涉房屋内没有通向平台的门，常人据此应当能判断窗外平台是不允许进入的。加之207室的窗户还有限位器限制窗户开启的幅度，正常情况下人们不可能通过窗口到达平台。就正常认知水平而言，无论是某酒店还是某泰证券公司、某泰证券营业部，都无法预料室内人员会动用工具卸开限位器翻窗到达平台。因此，要求某酒店、某泰证券公司、某泰证券营业部对207室窗外平台的危险性再予警示，超出了安全保障义务的合理限度。①

六、因果关系的证明与推定

因果关系由受害人证明。但规定应由加害人证明因果关系不存在的，如果加害人不能证明因果关系不存在，则推定因果关系存在。负有作为义务而怠于履行此义务致受害人遭受损害的，受害人仅需证明加害人负有此作为义务及加害人不履行此义务将导致损害的必然性。在原因竞合但不构成共同侵权行为的情形下，由各责任人按原因力的大小承担民事责任。

根据"谁主张，谁举证"的一般原则，证明被告的行为和物件是造成损害

---

① 详见《最高人民法院公报》2006年第11期（总第121期）。

原因的举证责任应由原告负担。如果因果关系不确定，则对被告过错的认定和责任的确定便失去了存在的基础。因此，因果关系的证明是归责的先决条件。

但是，在一些特殊侵权案件中，实行举证责任倒置。事实上的因果关系通常应当由原告证明，但是在某些特殊情况下可以推定因果关系存在，从而推定因果关系成立。英美法上的"事实本身证明"规则也包含了某些情况下的事实上因果关系的推定。在适用举证责任倒置的案件中，如果加害人不能证明因果关系不存在，法官则推定因果关系存在。"因果关系的推定不是一般规则或公式，而是一种辅助性的技术方法。它只有在保护受害人所必要并且符合社会政策和立法宗旨的前提下才能采用。"①

同时，在许多情况下，损害并非由受害人和第三人的行为所致。但是否过错全由被告所致，难以确定，而受害人只能证明损害与被告的行为有关，而不能确定行为与损害结果之间的因果关系。在此情况下，为保护受害人的利益，采用因果关系推定的方式。最典型的表现是在共同危险行为中受害人确知损害为数人中的一人所为，但不知是何人所致。因此，法律上推定数人行为与损害结果之间有因果关系，即过错推定，推定他们对损害结果都具有共同过错。但这种推定仍可被反证推倒，即他们中的一人证明损害为具体某人所为，其他人可以免责，如"重庆烟灰缸伤人案"即为典型。

七、因果关系的推定规则：被告承担排除因果关系的法定证明责任

所谓因果关系的推定，是指在损害发生以后，数个行为人都有可能造成损害，但是不能确定谁是真正的行为人，或者在因果关系难以确定时，法律从公平正义和保护受害人的角度出发，推定行为人的行为与损害之间具有因果关系。②依据法律规定的因果关系推定规则，作为原告的受害人只需要在特定的侵权诉讼中举证证明侵害行为与损害后果之间存在某种程度的因果关系的可能性，就完成了自己的举证责任，然后即由被告就其行为与损害后果之间无因果关系进行反证。如果被告不能证明因果关系不存在，就应认定存在因果关系；反之，则应认定不存在因果关系。由此可知，因果关系推定的实质，是法律针对特定侵权责任中的受害人面临难以克服的证明困难，为强化对受害人的保护而规定的有关因果关系证明的一项特殊规则。相对于绝大多数侵权责任中须由

① 王家福主编：《中国民法学·民法债权》，法律出版社1991年版，第483页。
② 参见王利明：《侵权责任法研究》（上卷），中国人民大学出版社2010年版，第400页。

受害人承担因果关系的证明责任，在法律规定的因果关系推定情形下，对因果关系的证明则实行举证责任倒置原则。

关于确立因果关系推定规则的规范识别根据，一般表现为存在举证责任倒置的规定，即明确规定由行为人对因果关系的排除承担证明责任。在共同危险责任中，在规定共同危险行为人应当承担连带责任的基础上，从确立免责条件的角度对因果关系推定作出了明确的规定。《民法典》第一千一百七十条明确了因果关系推定规则，在该条的后段中，虽然没有直接表述因果关系推定的内容，但可以通过解释得出，共同危险行为人承担连带责任的基础，正是基于对共同危险行为与损害之间因果关系的推定。在环境污染和生态破坏责任中实行因果关系推定，被告须对因果关系的排除承担证明责任。《民法典》第一千二百三十条规定："因污染环境、破坏生态发生纠纷，行为人应当就法律规定的不承担责任或者减轻责任的情形及其行为与损害之间不存在因果关系承担举证责任。"在物件损害责任中，《民法典》第一千二百五十四条第一款规定的"除能够证明自己不是侵权人的外"，其规范意旨就是允许被告通过证明自己不是建筑物的使用人，或者证明致害抛掷物、坠落物不属自己所有或占有，否定因果关系的推定而实现免责。

八、对案例 16 的简要评析

根据《民法典》第一千一百九十八条第一款"宾馆、商场、银行、车站、机场、体育场馆、娱乐场所等经营场所、公共场所的经营者、管理者或者群众性活动的组织者，未尽到安全保障义务，造成他人损害的，应当承担侵权责任"的规定，本案被告酒店负有安全保障义务。但是，被告酒店在事发区域内的电梯井因轿厢被拆除而空置，却未能做好安全防范工作，其提供服务过程中所存在的安全隐患与原告赵某华的受损结果有直接因果关系，依法对受害人承担侵权责任。该侵权责任承担的归责原则是过错责任原则，酒店承担的责任与其过错应当相当。

同时，根据《民法典》第一千一百七十三条"被侵权人对同一损害的发生或者扩大有过错的，可以减轻侵权人的责任"的规定，受害人赵某华作为完全民事行为能力人，酒后在没有照明的情况下穿越电梯通道，没有尽到安全注意义务，对自身损害有一定的过错，应当减轻酒店的责任，受害人自己应当承担一定的民事责任。

第四章

侵权责任的免责事由

本章概要

　　侵权责任的免责事由是指免除或减轻行为人侵权责任的理由。免责事由之所以能免责，是因为这些事实的存在使得侵权责任的某些成立要件不具备，从而无法成立侵权责任。[1]《民法典》总则编对免责事由中的不可抗力、正当防卫、紧急避险、紧急救助人不承担民事责任作出了规定。[2]本章仅介绍侵权责任编所规定的过失相抵、受害人故意、第三人过错、自甘风险和自助行为。

　　侵权责任编在原《侵权责任法》规定的免责事由过失相抵、受害人过错、第三人过错的基础上，作了进一步的完善：一是确立了"自甘风险"规则，规定自愿参加具有一定风险的文体活动，因其他参加者的行为受到

---

[1]　程啸：《侵权责任法》（第三版），法律出版社2021年版，第325页。

[2]　参见何志：《民法典·总则判解研究与适用》，中国法制出版社2020年版，第494—506页。

损害的，受害人不得请求没有故意或者重大过失的其他参加者承担侵权责任；二是规定了"自助行为"制度，明确合法权益受到侵害，情况紧迫且不能及时获得国家机关保护，不立即采取措施将使其合法权益受到难以弥补的损害的，受害人可以在保护自己合法权益的必要范围内采取扣留侵权人的财物等合理措施，但是，应当立即请求有关国家机关处理。受害人采取的措施不当造成他人损害的，应当承担侵权责任。

第一节　侵权责任的免责事由概说

一、侵权责任免责事由的法律意义

侵权责任免责事由是指免除或减轻行为人侵权责任的理由。广义上，一旦损害发生，总有责任的承担者：或侵权行为人，或第三人，或者受害人本身。因此，真正意义上广义的免责是不存在的。本章所指的当属针对侵权人而言的侵权民事责任的免除或减轻，可称为狭义免责。从免责的程度上讲，亦有全部免除和部分免除，即完全免责和部分免责。其定义应是对侵权人业已产生的侵权行为所发生的法律责任予以部分或者全部的免除，即不应承担责任或者可减轻责任。[①]

侵权责任免责事由是针对侵权人还是侵权行为人？侵权人是指基于法律的规定将侵权行为（包含自己侵权、他人侵权和所有物侵权）的后果直接承担者。而侵权行为人则是指侵权行为的直接作出者。在一般的侵权中，两者是统一的，但在他人侵权和所有物侵权中，侵权人就并非侵权行为的直接作出者，也就是说侵权行为和侵权责任是割裂开的。若是仅对侵权行为人而言，免责的范围则要广得多，即排除了他人侵权和所有物侵权。显然，这有违本章所要论述的目的。本章所要论述的是侵权民事责任的免责，当然也就包括了他人侵权和所有物侵权。因此，免责的对象是侵权人。

二、免责事由与抗辩事由

当前理论界一般认为免责事由即为抗辩事由。[②] 所谓抗辩事由，是指被告据以主张原告诉讼请求不成立或不完全成立，从而免除或减轻其民事责任

[①]　中国民法典立法研究课题组：《中国民法典·侵权行为编草案建议稿》，载《法学研究》2022 年第 2 期。

[②]　参见王利明：《侵权行为法研究》（上卷），中国人民大学出版社 2004 年版，第 550 页；张新宝：《侵权责任法原理》，中国人民大学出版社 2005 年版，第 112 页；杨立新：《侵权法论》，人民法院出版社 2004 年版，第 204 页。

的事实。① 其是被告针对原告的主张是否成立而提出的，包含三个层面的抗辩：一是被告的行为是否与损害事实有因果关系（损害是否由被告的行为引起）；二是侵权行为是否成立或完全成立（该行为是否构成侵权）；三是侵权行为业已成立，而由于某种特殊事由的发生，排除侵权责任的实际生成（该行为是否应承担责任）。抗辩是两个方面的对抗：对行为的对抗和对责任的对抗。前两者是对行为的对抗，后者是对责任的对抗。因此，抗辩事由应当是针对侵权行为是否产生和侵权责任是否形成而言的。免责事由是指加害人的加害行为已构成侵权但依法律的规定不应承担或者可减轻责任的特定事由。②侵权行为的成立，为民事责任发生之源。如若被告之侵权行为不成立，则根本没有侵权民事责任的产生，也就不存在所谓的责任的减免。因此，只有在侵权行为业已产生，但由于特殊事由的发生，排除了侵权责任的实际生成的情形，是对侵权行为和侵权责任之间的逻辑发展关系的割断，才能称为免责事由。

免责事由与抗辩事由的共同之处在于：都是以针对受害人诉讼请求是否成立为前提的对抗；都是基于法律的规定。二者的区别在于：抗辩事由既包含了对侵权行为是否产生、损害事实是否存在、行为与损害之间的因果关系是否成立的对抗，也包含了肯定侵权行为在特殊情形下的合法性，从而阻却责任产生的对抗（即对行为和责任的对抗）；免责事由则仅是肯定侵权行为的存在但在特殊情形下的合法性从而阻却责任之形成（对责任的对抗）。如加害人针对受害人诉讼请求提出的加害人行为与受害人的损害没有因果关系或加害人行为合法不构成侵权的事实，可以作为抗辩事由，但不是免责事由。因为行为与损害不存在因果关系或合法，不存在责任的产生之可能，也就谈不上责任的免除。前者是对后者的包容。然而，目前法学界多有对这两个概念的混淆之处，即以抗辩事由混同免责事由。③ 免责条款则是行为人的行为由法律直接规定不属于侵权或者行为人没有过错或过错较轻，不应当产生侵权的民事责任或完全的侵权民事责任。④ 其与免责事由的共同特点都是由法律明确规定免除或减轻责任；

① 王家福：《中国民法学·民法债权》，法律出版社 1991 年版，第 429 页。
② 中国民法典立法研究课题组：《中国民法典·侵权行为编草案建议稿》，载《法学研究》2002 年第 2 期。
③ 郭卫华、常鹏翱：《论新闻侵权的抗辩事由》，载《法学》2002 年第 5 期。
④ 中国民法典立法研究课题组：《中国民法典·侵权行为编草案建议稿》，载《法学研究》2022 年第 2 期。

区别在于：免责事由都是对责任的直接对抗，而免责条款从根本上否定行为的侵权性，是独立于侵权行为法之外的，在民法中有独立的地位。[①] 简而言之，免责条款对行为的评价是不属侵权行为，免责事由对行为的评价是不以侵权行为论，抗辩事由则不仅包含了前两者，还包含了其他一切足以否定受害人的诉讼请求成立或完全成立的事由。[②]

三、免责事由的分类

依据不同的标准，免责事由可作如下分类：[③]

1.正当理由和外来原因。正当理由，是指损害是由行为人的行为所致，但其行为是正当的、合法的，正当理由阻却了行为的违法性或者过错的存在。如依法执行职务、正当防卫、紧急避险等。外来原因，是指损害并不是由加害人的行为造成的，而是由外在于其行为的原因独立造成的，外来原因割断了损害与行为之间的因果关系，如意外事故、不可抗力等。

2.一般免责事由和特殊免责事由。一般免责事由，是指适用于一般侵权行为的免责事由，如不可抗力、受害人的故意、第三人的过错等。特殊的免责事由仅适用于某些特定的侵权行为，如对于产品的制造者来说，只要能够证明下列三种情形之一的，就不需要承担侵权责任：其一，未将产品投入流通的；其二，产品投入流通时，引起损害的缺陷尚不存在的；其三，将产品投入流通时的科学技术水平尚不能发现缺陷的存在的。[④]

根据《民法典》的规定，并结合司法实践，侵权责任中的免责事由和抗辩事由主要包括：依法执行职务、正当防卫、紧急避险、受害人同意、过失相抵、受害人故意、第三人过错、自甘风险、自助行为、不可抗力和意外事故、诉讼时效等。本章仅对侵权责任编中的过失相抵、受害人故意、第三人过错、自甘风险、自助行为进行研究。

---

① 参见郭卫华、常鹏翱：《论新闻侵权的抗辩事由》，载《法学》2002 年第 5 期。
② 何志：《侵权责任判解研究与适用》，人民法院出版社 2009 年版，第 98 页。
③ 参见王利明：《侵权行为法论》，中国人民大学出版社 2005 年版，第 552—553 页。
④ 参见《产品质量法》第四十一条；《日本制造物责任法》第 4 条；《欧共体产品责任指令》（85/374 号）第 7 条的（a）（b）（e）三项。

第二节　过失相抵

一、问题的提出

现实生活中，在被侵权人对于损害的发生有过错的情形下，让侵权行为人承担全部的侵权责任，有失公允。因此，侵权人可以以被侵权人存在过错为由进行抗辩，要求免除或者减轻其侵权责任。此种法律制度称为"过失相抵"。对此，《民法典》第一千一百七十三条作了规定："被侵权人对同一损害的发生或者扩大有过错的，可以减轻侵权人的责任。"立法机关将此项法律制度称为"与有过错"。[①]学界和司法实践中通常表述为"过失相抵"，与"与有过错"并无本质区别，本书采用"过失相抵"表述。

在研究过失相抵之前，先看一则案例：

案例 17：交通事故中受害人体质状态可否减轻侵权人责任 [②]

王某驾驶轿车行驶至人行横道线时，碰擦行人荣某致其受伤。交警部门作出《道路交通事故认定书》，认定王某负事故的全部责任，荣某无责。事故发生当天，荣某即被送往医院治疗，发生医疗费用 30006 元，王某垫付 20000 元。荣某治疗恢复期间，以每月 2200 元的价格聘请一名家政服务人员。案涉轿车在保险公司投保了机动车交通事故责任强制保险，且在保险期间。原、被告确认荣某的医疗费用为 30006 元、住院伙食补助费为 414 元、精神损害抚慰金为 10500 元。

荣某申请司法鉴定，结论为：（1）荣某左桡骨远端骨折的伤残等级评定为十级；左下肢损伤的伤残等级评定为九级。损伤参与度评定为 75%，其个人体质因素占 25%。（2）荣某的误工期评定为 150 日，护理期评定为 60 日，营养期评定为 90 日。一审法院据此确认残疾赔偿金 27658.05 元扣减 25% 为

---

① 黄薇主编：《中华人民共和国民法典侵权责任编释义》，法律出版社 2020 年版，第 29 页。

② 详见最高人民法院指导案例 24 号。该案裁判要点：交通事故的受害人没有过错，其体质状况对损害后果的影响不属于可以减轻侵权人责任的法定情形。

20743.54 元。二审法院认为残疾赔偿金不应扣减，据此判决：撤销原判；被告保险公司赔偿荣某各项损失共计 52258.05 元。

上述案例涉及能否适用过失相抵问题。试问：如何理解过失相抵？过失相抵的适用范围如何？如何适用过失相抵？

二、过失相抵的法律意义

在侵权损害赔偿中，过失相抵是确定侵权损害赔偿责任范围的一项重要原则，具有适用的普遍性。若对于损害的发生或者扩大，受害人也有过失，法院可依其职权，按一定的标准减轻或免除加害人的赔偿责任，从而公平合理地分配损害。此种制度，立法机关采纳"与有过错"。[①] 我国台湾地区称之为"过失相抵"，德国理论上称之为"与有过失"。从大陆法系有代表性的国家或地区的立法来看，多数将与有过失（过失相抵）制度规定在债法总则中，既适用于侵权责任，也适用于违约责任。例如《德国民法典》第 254 条规定，损害的发生被害人与有过失者，损害赔偿的义务与赔偿的范围，视当时的情况特别是损害的原因主要在何方而决定之。即使被害人的过失仅限于对债务人既不知也不可知的，有造成异常严重损害的危险怠于防止或者减少损害时，也同样适用前款规定。于此准用第 278 条的规定。该条即规定在《德国民法典》第二编"债的关系法"当中。我国台湾地区"民法"也是如此。但是也有国家在侵权责任部分对与有过失（过失相抵）作了规定。例如《日本民法典》第 722 条第 2 款规定，受害人有过失时，法院可以斟酌其情事，确定损害赔偿额。该条即规定在《日本民法典》第五章"不法行为"之中。

在我国原《侵权责任法》立法过程中，对过失相抵制度规定在哪一章有过争议，最终规定在"不承担责任和减轻责任的情形"一章中。在《民法典》侵权责任编立法过程中，将过失相抵制度吸收到了侵权责任编第一章"一般规定"第一千一百七十三条中。[②] 就过失相抵而言，本条规定相较原《侵权责任法》第二十六条的规定主要有三个方面的修改：一是将"损害"修改为"同一损害"，

---

① 黄薇主编：《中华人民共和国民法典解读·侵权责任编》，法律出版社 2020 年版，第 251 页。

② 黄薇主编：《中华人民共和国民法典解读·侵权责任编》，法律出版社 2020 年版，第 251 页。

即对损害后果作一限定，更加严谨；二是增加了"被侵权人对同一损害的发生或者扩大有过错"的情形，从而使得本条规定覆盖范围更广①，也更加科学合理；三是将"也有过错"的"也"字删除，这不仅是简单的文字修改，而是更加科学严谨且适用更加准确的表述，因为从行为主体上讲，"也有过错"就意味着侵权人首先有过错，这样的话在侵权责任类型上似乎就仅限于适用过错责任原则的情形，而不能包括无过错责任原则的情形，删除"也"字，尤其是从法条位置看，本条又处在"一般规定"当中，从其文义和逻辑上讲，就意味着本条规定对于无过错责任原则的侵权行为类型也可以适用。②

过失相抵具有下列法律特征：第一，过失相抵是确定责任的有无及赔偿范围的一项规则。过错是一种主观心理状态，过错本身不能相抵，因此相抵的是损害赔偿责任。第二，过失相抵是减轻损害赔偿责任限度的重要组成部分。减轻民事责任是指在依一般归责原则确定当事人民事责任的基础上，人民法院或仲裁机关基于一定的事由依法减轻责任人的民事责任。在被侵权人存在故意或重大过失的情况下，过失相抵可能会成为侵权人免责的事由。第三，过失相抵是一种司法行为，不需当事人主张，法院和仲裁机关可径直依职权减轻加害人的赔偿责任。第四，过失相抵是一种民法规定的法律措施，能够在公平原则下，客观、准确、合理地界定具体民事责任的范围和大小。

作为规范被侵权人与有过失的损害赔偿规则，过失相抵的效力表现为下列三个层次：对于被侵权人而言，表现为其损害赔偿请求权的部分或全部的丧失；对于侵权人而言，表现为其责任的减轻或免除；对于法院而言，表现为法官应依特定的标准公平地确定责任、分配损害。所以，过失相抵并非侵权人过失与被侵权人过失简单地相互抵销，而是指被侵权人应对因自己过错或其他可归责事由所致的损害承担责任。过失相抵的合理性在于维护了公平理念，侵权人只应对因自己过错或法定归责事由所致的损害负责，而不应对他人过错行为造成的损害负责；当损害发生之后，被侵权人有防止损害扩大的义务，若因重大过失造成损害的扩大，自应对扩大部分承担责任。③

---

① 《民法典》侵权责任编将"扩大"从"损害的发生"中独立出来了。侵权人造成了损害，被侵权人因为自己的原因，致使同一损害扩大，对扩大的部分，可以减轻侵权人的责任。参见黄薇主编：《中华人民共和国民法典侵权责任编释义》，法律出版社2020年版，第30页。

② 最高人民法院民法典贯彻实施工作领导小组主编：《中华人民共和国民法典侵权责任编理解与适用》，人民法院出版社2020年版，第92页。

③ 何志：《侵权责任判解研究与适用》，人民法院出版社2009年版，第页。

三、过失相抵的构成要件

1. 受害人必须具有过错。只有当受害人对于损害的发生或者损害结果的扩大具有过错时，才能够适用过失相抵，否则，即使受害人的行为属于导致损害发生或者损害结果扩大的共同原因也不能适用过失相抵。过失相抵中的过失应当作过错理解，包括受害人故意和过失。所谓受害人故意，是指受害人明知其行为将对自己造成某种损害而仍然有意为之的一种主观心理状态。所谓受害人过失，通常是指受害人没有采取合理的注意或者可以获得的预防措施来保护其身体、财产以及其他权益免受损害，以致遭受了他人的损害或者在遭受他人损害后进一步导致了损害结果的扩大。受害人的故意与过失之所以可以进行过失相抵，主要是基于法律公平的精神与诚实信用原则的要求，使加害人不去承担并非自己造成的那部分损害，如果令加害人承担全部损害赔偿则有违公平原则，所以应当据此减轻或免除加害人的赔偿。

2. 受害人的过错行为必须是损害发生或者损害结果扩大的原因。此要件强调受害人的过错行为必须与同一损害的发生或者扩大之间存在因果关系。"同一损害"表明了过错与损害之间的关系，如果加害人的侵权后果与受害人的过错后果不是同一损害，则不会发生过错相抵问题。"因果关系"则是行为构成侵权责任的必要要件，过失相抵中的因果关系应有两种类型：一是受害人的过错行为与加害人的行为相互结合共同导致同一损害后果的发生。二是受害人的过错行为只是导致了损害结果的进一步扩大。如甲因琐事将乙的手臂打伤，乙不去及时治疗使伤势恶化，最后导致其左手臂被切除，此也属于过失相抵情形。

3. 受害人的行为必须是不当行为。此要件强调受害人的行为是不当行为，无须要求受害人的行为具备违法性。受害人的行为存在不当时就可以过失相抵，但如果受害人行为属于正当防卫、紧急避险以及自助等正当行为，则不构成过失相抵。此外，因见义勇为的行为遭受损害也不构成过失相抵。不当行为在表现形式上既可以是积极的作为，也可以是消极的不作为，作为形式如受害人故意或者过失地做某事而受到他人的伤害，不作为形式如某人被他人致伤后不及时就医导致伤情变重，均构成过失相抵。

四、过失相抵的适用范围

在理论和实践中，有关过失相抵的适用范围曾有一定争议。特别是过失相抵是否适用无过错责任。从比较法角度来看，绝大多数国家和地区的过失相抵制度都适用无过错责任。《民法典》侵权责任编将过失相抵放在"一般规定"之中，明确了过失相抵适用无过错责任。

过失相抵在过错责任原则中的适用。受害人本人对于同一损害的发生或者扩大有过失的，应当适用过失相抵，可以减轻侵权人的赔偿责任。在此需要注意的是，对于与受害人有特定关系的第三人对于损害的发生或者扩大有过失时，能否适用过失相抵，《民法典》第一千一百七十三条并未规定。从文字解释出发，该条规定确实限定为被侵权人本身对于损害的发生及扩大有过失时，才能减轻侵权人的赔偿责任。"就原则言，此种限制甚为合理。盖各人自为权利义务之主体，对自己之故意或过失行为虽应负责，但他人之故意过失，在被害人言，不过为一种事变，对之实无何责任可言。第三人与被害人无任何关系时，固无论矣，纵被害人为该第三人之近亲至友，亦无当然承担其过失之理。惟如贯彻此思想，在实际上难免有失公平之处，因此，于若干特殊情形，宜权衡当事人之利益状态，使被害人对当事人之与有过失负责。显然的，此时在被害人与该当事人之间必须有某种关系存在，此种归责，始属合理。"[1] 应该说，从法理上讲，在第三人有过失的情形下，仍然可能存在过失相抵的适用。只是此时的第三人须具备特定的情形，"得视为被害人自己过失"。[2] 受害人基于与第三人的特定关系而对第三人的过失承担责任，依过失相抵减轻加害人赔偿责任。

过失相抵在无过错责任中的适用。《道路交通安全法》第一次在立法上承认无过错责任领域过失相抵原则的适用。该法第七十六条规定："机动车发生交通事故造成人身伤亡、财产损失的，由保险公司在机动车第三者责任强制保险责任限额范围内予以赔偿；不足的部分，按照下列规定承担赔偿责任：（一）机动车之间发生交通事故的，由有过错的一方承担赔偿责任；双方都有过错的，按照各自过错的比例分担责任。（二）机动车与非机动车驾驶人、行人之间发生交通事故，非机动车驾驶人、行人没有过错的，由机动车一方承担赔偿责任；有证据证明非机动车驾驶人、行人有过错的，根据过错程度适当减轻机动车一方的赔偿责任；机动车一方没有过错的，承担不超过百分之十的赔偿责任。交通事故的损失是由非机动车驾驶人、行人故意碰撞机动车造成的，

① 王泽鉴：《民法学说与判例研究》（第一册），中国政法大学出版社 1998 年版，第 72 页。
② 梅仲协：《民法要义》，中国政法大学出版社 2000 年版，第 164 页。

机动车一方不承担赔偿责任。"《民法典》第一千一百七十三条规定延续了原有立法的思路并肯定了审判实践经验，适用过错责任的一般侵权行为和适用无过错责任的特殊侵权行为均可依据本条规定适用过失相抵。[①] 当然，对于特殊无过错责任类型的侵权行为，法律规定了特殊的免责事由，不适用《民法典》第一千一百七十三条的规定。例如，依照《民法典》第一千二百三十七条的规定，民用核设施的营运单位在发生核事故的情况下造成他人损害的，只有在能够证明损害是因战争等情形或者受害人故意造成的前提下，才能免除责任。如果损害是由受害人的过失，即使是重大过失造成的，也不能减轻民用核设施营运单位的责任。

简而言之，适用过错责任的侵权行为、过错推定责任的侵权行为和无过错责任的侵权行为，只要符合过失相抵的实现条件，都可进行过失相抵。

五、过失相抵的适用规则

过失相抵在本质上就是由于受害人对于损害的发生或者扩大也有过错，基于该过错行为与损害后果之间原因力的大小来适当减轻侵权人的责任。也就是说，适用过失相抵规则要与原因力规则密切结合。在过失相抵的场合，由于受害人的过失也都是通过其行为来体现的，而其行为与损害后果之间又会存在因果关系，那么在这种情况下，确定侵权人与受害人的过错程度和比重，从某种意义上讲，与对因果关系程度的衡量就存在一定的重合。而且，过错一般又是与损害有着因果关系的过错，这就使得过错比重与原因力大小的标准不可能截然分开。可以说，损害结果的同一与原因力竞合，是过失相抵客观方面必须同时具备的必要条件。[②]

作为减责规则的原因力规则，是在对于受害人的损害结果，若是由侵权人和受害人双方的行为共同造成的，即侵权人的行为和受害人的行为对损害事实都具有原因力的情形下运用的。在此应当注意，对于适用过错责任的场合，比较原因力的大小，对于侵权人责任承担的多少不能具有绝对的决定作用，这时确定责任范围的主要标准，仍是双方当事人过错程度的轻重，双方行为的原因

---

① 最高人民法院民法典贯彻实施工作领导小组主编：《中华人民共和国民法典侵权责任编理解与适用》，人民法院出版社 2020 年版，第 96 页。

② 参见最高人民法院侵权责任法研究小组编著：《〈中华人民共和国侵权责任法〉条文理解与适用》，人民法院出版社 2010 年版，第 207—209 页。

力大小，要受双方过错程度的约束。①

过失相抵的实现必须具备下列几个要件：第一，对于侵权人来讲，符合侵权损害赔偿责任的构成要件。第二，被侵权人对其损害的发生或扩大存在过错，这是过失相抵实现的主观条件。第三，被侵权人实施了不当行为，这是过失相抵实现的客观条件。第四，受害人的不当行为是损害发生的共同原因，是损害扩大的单独原因或共同原因。第五，侵权责任具有法律上的可抵性。侵权责任的承担方式有多种，包括停止侵害、排除妨碍、恢复原状、赔偿损失等，但过失相抵所减轻的责任仅是损害赔偿责任，其他责任形式不能相抵。如在侵害名誉权的案件中，对消除影响、恢复名誉部分不能相抵，对损害赔偿部分可适用过失相抵。第六，受害人有过失相抵能力。对于受害人的过失相抵能力，有不同的学说，第一种认为受害人必须有责任能力才能适用过失相抵；第二种认为受害人只要对危险的发生有辨别能力，就应过失相抵；第三种是能力不要说，认为只要认定受害人在客观上有过失，就可过失相抵。通说认为，在过失相抵中，无须考虑受害人本身是否具有过失相抵能力。当无民事行为能力人或限制民事行为能力人的行为构成损害发生或扩大的直接原因时，应当认定其法定代理人具有过错，可以根据过失相抵使加害人减轻赔偿责任。

当过失相抵具备实现的要件时，法院不需当事人主张，可径直依职权减轻或免除加害人的赔偿责任。过失相抵的实现方法包括比较过错、比较原因力以及过错程度的比较三种。比较过错就是将双方当事人的过错具体确定为一定的百分比，若过错比例为51%—95%，对损害后果承担主要责任；过错比例为50%，对损害后果负同等责任；过错比例为5%—49%，对损害后果承担次要责任；过错比例不足5%的，可以免除其赔偿责任。原因力是指在构成损害结果的共同原因中，每一个原因行为对于损害结果的发生或扩大所发挥的作用。尽管原因力能够确定，但对赔偿范围的影响较弱。

过错程度的比较坚持过错程度与责任相一致的原则。在现代侵权行为法中，故意依其程度，可以分为一般故意和恶意。一般故意是指行为人追求或放任损害结果发生的一种不良心理状况；恶意是指行为人追求或放任损害结果发生时，明知其行为严重侵害他人合法权益或严重违反禁止性法律的心理状态。过失依其程度，可以分为重大过失、一般过失和轻微过失。重大过失表现为行

---

① 最高人民法院民法典贯彻实施工作领导小组主编：《中华人民共和国民法典侵权责任编理解与适用》，人民法院出版社 2020 年版，第 97 页。

为人的极端疏忽或极端轻信的心理状况，疏于特别注意义务或违反法定注意义务往往属于重大过失；一般过失是指一般人在通常情况下的过失，没有达到一般诚实善意之人或理性人应当达到的注意程度；轻微过失是指较小的过失，对于责任的承担一般不会产生影响。

受害人对同一损害的发生或者扩大有故意、过失的，可以减轻或者免除赔偿义务人的赔偿责任。但侵权人因故意或者重大过失致人损害，受害人只有一般过失的，不减轻赔偿义务人的赔偿责任。具体而言：首先，对于损害的发生和扩大，加害人为故意，受害人为过失，此时应限制过失相抵规则的适用，应使加害人承担完全的赔偿责任，此时即使受害人的过失在程度上较重，也应认为加害人的故意是损害发生的唯一原因，而使其承担完全的责任。其次，对于损害的发生和扩大，加害人为重大过失，而受害人为一般过失，此时也应限制过失相抵规则的适用，应不影响加害人完全责任的承担。加害人具有重大过失，表明其对他人的人身和财产利益毫不顾及和毫不注意，此时若受害人仅有一般过失，则不应当影响加害人完全责任的承担。再次，对于损害的发生和扩大，受害人为故意，而加害人为过失，此时可导致加害人责任的免除和减轻。受害人具有故意，意味着损害纯粹是由受害人引起的，受害人的该种故意行为可导致加害人责任的免除和减轻。最后，对于损害的发生和扩大，受害人为重大过失，而加害人为一般过失，此时应按照案件的具体情况使加害人减轻责任或免责。

六、对案例 17 的简要评析

在本案中，《民法典》第一千一百七十三条规定："被侵权人对同一损害的发生或者扩大有过错的，可以减轻侵权人的责任。"《道路交通安全法》第七十六条第一款第二项规定，机动车与非机动车驾驶人、行人之间发生交通事故，非机动车驾驶人、行人没有过错的，由机动车一方承担赔偿责任；有证据证明非机动车驾驶人、行人有过错的，根据过错程度适当减轻机动车一方的赔偿责任。因此，交通事故中在计算残疾赔偿金是否应当扣减时应当根据受害人对损失的发生或扩大是否存在过错进行分析。本案中，虽然原告荣某的个人体质状况对损害后果的发生具有一定的影响，但这不是侵权责任法等法律规定的过错，荣某不应因个人体质状况对交通事故导致的伤残存在一定影响而自负相应责任，在计算残疾赔偿金时不能作相应扣减。

从交通事故受害人发生损伤及造成损害后果的因果关系看，本起交通事故的引发系肇事者王某驾驶机动车穿越人行横道线时，未尽到安全注意义务碰擦行人荣某所致；本起交通事故造成的损害后果系受害人荣某被机动车碰撞、跌倒发生骨折所致，事故责任认定荣某对本起事故不负责任，其对事故的发生及损害后果的造成均无过错。虽然荣某年事已高，但其年老骨质疏松仅是事故造成后果的客观因素，并无法律上的因果关系。因此，受害人荣某对于损害的发生或者扩大没有过错，不存在减轻或者免除加害人赔偿责任的法定情形。王某驾驶机动车在途经人行横道线时未依法减速慢行、避让行人，导致事故发生。因此，依法应当由机动车一方承担事故引发的全部赔偿责任。

同时，机动车发生交通事故造成人身伤亡、财产损失的，由保险公司在机动车第三者责任强制保险责任限额范围内予以赔偿。而我国交强险立法并未规定在确定交强险责任时应依据受害人体质状况对损害后果的影响作相应扣减，保险公司的免责事由也仅限于受害人故意造成交通事故的情形，即便投保机动车无责，保险公司也应在交强险无责限额内予以赔偿。因此，对于受害人符合法律规定的赔偿项目和标准的损失，均属交强险的赔偿范围，不能参照"损伤参与度"确定损害赔偿责任和交强险责任。

第三节　受害人故意

一、问题的提出

受害人故意造成损害，是指受害人明知自己的行为会发生损害自己的后果，而希望或者放任此种结果的发生。受害人故意分为直接故意和间接故意。直接故意是指受害人主观上追求损害自己的结果发生；间接故意是指受害人已经预见到自己的行为可能发生损害自己的结果，但也不停止该行为，而是放任损害结果的发生。[①] 根据《民法典》第一千一百七十四条的规定，损害是因受害人故意造成的，行为人不承担责任。

在研究受害人故意之前，先看一则案例：

[①]　参见黄薇主编：《中华人民共和国民法典解读·侵权责任编》，中国法制出版社2020年版，第254页。

案例 18：受害人强行"闯关"的责任谁担 ①

上海地铁 2 号线由被告上海地铁某有限公司运营管理，被告淮安市某保安服务公司负责地铁 2 号线龙阳路站的安全保障工作。2018 年 10 月 4 日，原告张某进入地铁 2 号线龙阳路站 3 号口安检区，安检人员请原告将随身携带的小包上安检机安检，原告未予配合，并强行走向地铁闸机。该安检人员进行阻拦时原告突然倒地。事发后，原告至医院就诊，诊断结果"左膝髌骨脱位"，为此支付医疗费若干。原告认为二被告侵犯了其合法权益，故起诉至人民法院。

生效裁判认为，原告因拒绝安检遭阻拦而倒地受伤，且安检人员未使用暴力或存在其他过激行为，其阻拦原告进站系履行安检职责的行为，并无不当。被告未对原告实施侵权行为，原告要求其承担侵权损害赔偿责任缺乏依据，故判决驳回原告诉讼请求。

上述案例在司法实践中屡见不鲜，涉及受害人是否存在故意的认定问题。试问：如何把握受害人故意的构成要件？受害人故意与过失相抵有何不同？

二、受害人故意的构成要件

《民法典》第一千一百七十四条所规定的行为人免责，是指受害人故意的行为是其损害发生的唯一原因。如《民法典》第一千二百三十七条规定："民用核设施或者运入运出核设施的核材料发生核事故造成他人损害的，民用核设施的营运单位应当承担侵权责任；但是，能够证明损害是因战争、武装冲突、暴乱等情形或者受害人故意造成的，不承担责任。"第一千二百三十八条规定："民用航空器造成他人损害的，民用航空器的经营者应当承担侵权责任；但是，能够证明损害是因受害人故意造成的，不承担责任。"据此，受害人故意的情形也应属于适用无过错责任原则的侵权行为类型的法定免责事由，而不仅是过错责任侵权行为类型的免责事由。

受害人故意作为行为人免责的事由，需要具备的要件是：一是受害人存在故意。该故意与侵权责任构成要件中的故意范畴相同，可以分为直接故意和间

接故意。二是受害人的行为。受害人实施了特定行为，既可以是作为，也可以是不作为。三是受害人的损害。受害人由于其自身行为，发生了特定损害。四是受害人的行为与其损害之间具有因果关系。受害人故意实施的行为，是导致其遭受损害的唯一原因。

在现实生活中，"碰瓷"可谓不少，就属于典型的受害人故意。2014年春节联欢晚会上沈腾等人的小品《扶不扶》就是从"碰瓷"说开，通过一位老大娘摔倒后，主人公"郝建"恰巧路过碰到这件事展开的。"郝建"其实是一位有爱心的热血青年，遇到这事他不能不管，于是"郝建"就想把老大娘扶起来，但由于老大娘摔糊涂了，误以为是他撞了自己，这就让热血青年"郝建"为难了，不扶吧对不起自己的良心，扶吧又怕给自己惹来太多的麻烦。在审判实践中，主张受害人故意而免除自己责任的行为人需要承担举证证明责任，否则，不能免除行为人的民事责任。

当然，受害人故意应当注意的是：一是错将行为故意误解为结果故意。如受害人爬高压线杆掏鸟蛋，结果触电身亡。此行为人若为成年人，应当认为是故意或者过失导致身亡，责任自负。此行为人若为未成年人，其并不知道爬高压线杆的损害后果，不能认定为故意寻死，不符合法定免责情形。二是错将不自由的自我决定误解为真正的故意。例如，德国著名的母亲捐肾救女案①，甲医生过失医疗摘除了乙女唯一的肾脏，基于医院建议，乙女之母丙决定捐肾移植，由此给自己造成人身损害。捐肾者同意移植肾脏，看似有意选择自我牺牲，系故意而为，但其实是迫不得已，对于损害结果并非刻意追求或者愿意容忍。三是错将故意挑衅误解为故意自害。挑衅为故意，但仅仅是行为的故意，并非对损害结果有故意。②

三、受害人故意与过失相抵的区别

《民法典》第一千一百七十三条规定了过失相抵："被侵权人对同一损害的发生或者扩大有过错的，可以减轻侵权人的责任。"第一千一百七十四条规定了受害人故意："损害是因受害人故意造成的，行为人不承担责任。"两者都属于侵权责任的免责事由，都与受害人的自身过错有关。但是，两者又有着明显

① 王泽鉴：《损害赔偿》，北京大学出版社2017年版，第83页。

② 参见邹海林、朱广新主编：《民法典评注：侵权责任编》，中国法制出版社2020年版，第115页。

的区别：①

1. 免责的理论基础不同。过失相抵的理论依据是衡平原则和诚信原则，重在衡平加害人与受害人之间的利益，而受害人故意的免责依据是因果关系中断理论。

过失相抵是基于公平理念而产生的免责事由，当受害人对损害的发生或者扩大具有过错时，仅侵权行为人单方承担全部赔偿责任而受害人不承担任何责任，是不公平的。而基于受害人故意对行为人进行免责的理论基础，一是因果关系中断理论，即在受害人故意造成损害时，行为人的行为与损害结果之间的因果关系发生了中断，不符合侵权责任的成立要件；二是自己过错责任原理，即在受害人故意造成的损害中，损害的发生是基于受害人自己的过错，故应由其而非他人来承担相应后果。

2. 受害人过错的形态不同。过失相抵中，受害人的过错包括故意和过失两种形态，且主要是过失，即受害人对保护自身的安全或者利益存在疏忽的过失。这种过失也被称为非真正意义上的过失。在出现侵权行为人的侵害行为时，受害人自身的过错与侵害行为相结合，发生了损害，或者导致损害的扩大。基于公平原则，要求受害人自己也要承担一些损害后果，减轻侵权行为人的一些责任。而在受害人故意中，过错的形态仅限于故意，这种故意是受害人主动实施了对自己的人身或财产权益的破坏、伤害行为，受害人在主观上积极追求自我损害的不利后果的出现，其过错是造成损害的原因。

3. 免责的程度不同。在过失相抵中，受害人虽然对损害的发生或者扩大有过错，但其过错并非损害发生的唯一原因，而是与行为人的行为相结合才造成了损害或者扩大的损害，侵权行为人的责任只可以减轻，而不能完全免除。但在受害人故意中，受害人的行为是造成损害发生的唯一原因，所以由受害人自己承担全部责任，而完全免除行为人的责任，即作为免责事由的受害人故意，在免责程度上可完全免除行为人的责任。

四、对案例 18 的简要评析

在本案中，原告因为配合"安检"被安检人员阻拦时突然倒地，自身受到损害，属于一般侵权行为，应当适用过错责任的归责原则。根据《民法典》

---

① 参见孟强主编：《民法典侵权责任编条文缕析、法条关联与案例评议》，中国法制出版社 2020 年版，第 75—76 页。

第一千一百六十五条第一款"行为人因过错侵害他人民事权益造成损害的，应当承担侵权责任"的规定，只有行为人存在过错，即包括故意和过失情形时，才承担民事责任。换言之，行为人没有过错，就无须承担损害赔偿责任。从本案原告受到损害来看，首先是原告不守"规矩"，存在过错。同时，安检人员正当行使职责，并没有过激或不当行为，即不存在故意或者过失造成受害人损害，被告就无须承担民事损害赔偿责任。原告受到的损害，只能是"责任自负"。

遵守社会公共秩序，既是法律制度、公序良俗的要求，也是社会文明的标尺。地铁作为市民日常出行的公共交通工具，旅客进入地铁前接受安保人员的安全检查，既是公众达成的一项社会共识，同时也事关旅客人身安全，该规则应普遍遵守。本案审理认定了公共场所合理安全保障规则的"公序"属性，明确了公共场所参与人员均应当受到规则约束。扰乱公共场所管理秩序，引发自身损害者，应当对损害后果承担相应责任。该案明确公共场所管理人在管理过程中既要注意管理方式，更要积极行使管理职责，树立了正确价值导向，有利于引导公共场所管理人积极参与社会治理，以核心价值观引领推动社会治理能力和治理水平现代化。①

第四节　第三人过错

一、问题的提出

在司法实践中，受害人以被告侵权为由起诉请求其进行损害赔偿，而被告往往以该损害系第三人侵权所致，本人不应承担民事责任或者应减轻部分民事责任，即以第三人过错为由，提出免除或者减轻自己责任的抗辩事由。该第三人与被告之间不存在任何隶属关系，其过错包括故意和过失。

在研究第三人过错之前，先看一则案例：

① 详见最高人民法院于2023年8月2日发布的《人民法院抓实公正与效率践行社会主义核心价值观典型案例》。

案例 19：物品损失应当由合同相对人赔偿还是第三人赔偿 ①

2021 年 10 月 21 日，某医学会所有的小区五号楼三楼房间内暖气管道漏水，将楼下一楼五金商行房间内的物品浸泡，经司法鉴定其因漏水产生的损失为 3.2 万元。医学会漏水的三楼房间自 2011 年起，供热处于报停状态。2021 年 4 月 26 日，城建公司与安装公司签订建设工程施工合同，合同约定由安装公司施工案涉老旧小区改造配套基础设施建设项目，工程承包范围包括采暖工程，计划施工时间为 5 月 1 日至 10 月 31 日。10 月 14 日，热电公司与医学会签订停止供热合同，案涉楼房继续停止供热，由专业工作人员将所要报停房屋暖气供热、回水管段断开，拆除阀门并堵好，以免发生漏水事故。

生效裁判认为，根据《民法典》第一千一百七十五条"损害是因第三人造成的，第三人应当承担侵权责任"的规定，安装公司施工改造后的房屋室外供热管道应保持原状态，即改造前某一房屋室外管道是断开的，改造后此处还应处于断开状态，以免发生热能浪费、室内漏水等事故。供热主管部门在发现安装公司存在误接原报停供热管道的情形后，又向安装公司发出通知要求其进行核实整改。因此，应认定安装公司对其误接的原供热报停用户房屋室外管道负有断开义务。本案漏水事故发生的根本原因是安装公司在施工时将医学会原报停断开的房屋室外供热管道误接，事后又没有及时断开。安装公司对于事故的发生存在过错，应承担赔偿责任。

上述案例中，受害人的财产损失是由第三人过错造成的，应当由第三人承担民事责任。试问：如何理解第三人过错？第三人过错造成损害时如何承担责任？

二、第三人过错的法律意义

自己责任原则是近现代侵权责任法的基本原则。依据自己责任原则，除法律有特别规定之外，行为人应当对自己的过错行为承担相应的不利后果。受害人在提起民事诉讼时，所列被告的行为可能并不具有可归责性，被告的行为并非损害发生的真正原因。在这种情况下，被告只是名义上的侵权人，其不应当对原告的损害承担侵权责任，而应当由真正造成损害的第三人承担责任。

关于第三人过错，《民法典》第一千一百七十五条规定："损害是因第三人

① 参见吉林省延边朝鲜族自治州中级人民法院（2022）吉 24 民终 1722 号民事判决书。

造成的，第三人应当承担侵权责任。"第三人造成，即该第三人的行为对于损害后果有全部的原因力，可以构成行为人的免责事由。

一般而言，这里的第三人过错具有以下法律特征：一是责任主体是一般侵权关系的侵权人和被侵权人之外的人。第三人是过错的主体，造成损害的过错不属于加害人和受害人的任何一方。狭义上的第三人过错，是指第三人的过错是损害发生的唯一原因；广义上的第三人过错，则是指第三人的过错行为仅是损害发生的部分原因。该第三人不限于自然人，还可以是法人或者非法人组织。二是该第三人的过错行为与侵权人的侵权行为不构成共同侵权。一般而言，该第三人与侵权人之间没有意思联络，也没有与侵权人的行为直接结合造成损害后果的发生。如果第三人与侵权人之间基于共同的意思联络而致被侵权人损害，将作为共同侵权行为人对受害人承担连带责任。三是第三人过错引起的侵权责任属于自己责任的范畴。一般的侵权责任属于自己责任，自己责任是近代大陆法系民法两项基本原则之一。被侵权人所受损害是由第三人造成的，根据自己责任原则，应由第三人承担责任，此时如果第三人无力承担侵权责任或者无法找到第三人，被侵权人的权益将得不到保障，显然自己责任原则在面对复杂的侵权行为活动时，将无法有效地发挥侵权责任法的作用，因此，《民法典》侵权责任编中关于第三人介入时，根据具体的侵权类型，规定了不同的责任承担方式，如补充责任、替代责任、不真正连带责任等，从而实际保障了被侵权人的权益。四是在责任后果上是免除或者减轻行为人责任的依据。第三人过错是免除或者减轻行为人责任的依据。第三人过错作为免责事由，其后果并不都是免责，如果第三人过错与行为人的行为相结合而致损害，则后果为减轻责任。

上述情形是针对第三人过错行为一般情形而言的。在过错责任原则和过错推定原则适用的场合，谁有过错，谁就要承担侵权责任。行为人对于损害的发生没有过错，而第三人对损害的发生具有全部过错，当然就要由第三人承担侵权责任。同样，在过错推定原则适用的场合，尽管首先推定实际加害人具有过错，但加害人能够证明损害是由第三人的过错造成的，自己没有过错，就构成第三人侵权行为，免除实际加害人的责任。但是在适用无过错责任原则的情形下，第三人侵权行为具有特别的要求。这是因为，在适用无过错责任原则的行为类型中，法律将有些第三人侵权规定为不真正连带责任。①

---

① 参见最高人民法院民法典贯彻实施工作领导小组主编：《中华人民共和国民法典侵权责任编理解与适用》，人民法院出版社 2020 年版，第 105—106 页。

三、第三人过错造成损害的责任承担

第三人过错造成损害时有关责任承担规则实际上较为复杂。区分不同情形予以适用，也是正确理解和适用本条规定的关键。对此应当注意以下几点：

1. 第三人过错在过错责任原则和过错推定责任原则的侵权行为类型中的适用。在过错责任和过错推定责任适用范围内，被告能够证明损害完全是由第三人的过错行为造成的，而且第三人的侵权行为是原告所遭受损害的全部原因，即第三人行为与损害之间存在百分之百的原因力，这时的被告根本不符合相应的侵权责任构成要件，当然不承担侵权责任。在过错责任适用范围内，例如，甲在骑车下班途中，遇到乙和丙在路边斗殴，乙突然把丙推向非机动车道，甲躲闪不及，将丙撞伤。在本案中，甲对丙突然被推向他车前的情况是不可预见的，因此甲没有任何过错，丙的损害应由乙承担赔偿责任。过错推定责任适用也遵照这一规则。从另一个角度言之，在这种情况下，被告实际上不能称为真正意义上的侵权行为人。

2. 第三人过错在无过错责任的侵权行为类型中的适用。此种侵权行为类型是指被告实施的侵权行为属于法律规定应当适用无过错责任原则的侵权行为类型，此时第三人存在故意行为导致损害发生的情形。在这种情况下，应当遵循有法律、行政法规明确规定的，要适用相应规定的做法。比如，在环境侵权案件中，依照《民法典》第一千二百三十三条的规定，因第三人的过错导致污染环境造成损害的，被侵权人可以向侵权人请求赔偿，也可以向第三人请求赔偿。如果被侵权人向侵权人请求赔偿的，侵权人赔偿后，有权向第三人追偿。在动物致害案件中，依照《民法典》第一千二百五十条的规定，因第三人的过错致使动物造成他人损害的，被侵权人可以向动物饲养人或者管理人请求赔偿，也可以向第三人请求赔偿。动物饲养人或者管理人赔偿后，有权向第三人追偿。当然，在大多数情况下，如果损害完全是由第三人的过错行为造成的，这时应当由该第三人承担侵权责任，此与适用过错责任原则的侵权行为类型并无本质区别。如《电力法》第六十条第三款规定："因用户或者第三人的过错给电力企业或者其他用户造成损害的，该用户或者第三人应当依法承担赔偿责任。"但上述情形都要以法律、行政法规有明确规定为前提。

四、对案例 19 的简要评析

本案系房屋室内供热管道漏水引发的财产损害赔偿纠纷，其归责适用过错

责任原则。《民法典》第一千一百六十五条规定，行为人因过错侵害他人民事权益造成损害的，应当承担侵权责任。依照法律规定推定行为人有过错，其不能证明自己没有过错的，应当承担侵权责任。五金商行的损失是由其楼上医学会房屋室内供热管道漏水造成的，其对于漏水事故的发生没有过错，其损失应由侵权人承担赔偿责任。

医学会不应承担赔偿责任。医学会对于发生漏水事故的案涉房屋持续办理供热报停手续，该房屋室外的供热管道在安装公司进行改造前应当处于断开状态，医学会无法预见案涉房屋室外已断开多年的供热管道又被安装公司重新连接上，其未进行检查确认并不存在过错，医学会对于五金商行的损失不应承担赔偿责任。

安装公司应承担赔偿责任。本案漏水事故发生的根本原因是安装公司在施工时将医学会原报停断开的房屋室外供热管道误接，事后又没有及时断开。安装公司对于事故的发生存在过错，应承担赔偿责任。

热电公司不应承担赔偿责任。热电公司对于医学会案涉房屋室外供热管道不负有断开义务，漏水事故的发生不是热电公司对于该房屋室外供热管道维修、养护不当造成的，热电公司对于事故的发生没有过错，无须承担赔偿责任。

第五节　自甘风险

一、问题的提出

所谓自甘风险，又称甘冒风险（Assumption of Risk），是指"被害人原可以预见损害之发生而又自愿冒损害发生之危险，而损害结果真不幸发生"的情形。[①] 换言之，是受害人自愿承担可能性的损害而将自己置于危险环境或场合，造成损害行为人不承担责任。[②] 在现代民法上，自甘风险作为一项抗辩事由，通常也会产生减轻或免除加害人赔偿责任的后果。自甘冒险者自食其果。一些

[①] 曾世雄：《损害赔偿法原理》，中国政法大学出版社2001年版，第261页。

[②] 黄薇主编：《中华人民共和国民法典解读·侵权责任编》，中国法制出版社2020年版，第259页。

国家的法律将自甘风险和受害人同意等同对待，受害人的行为表明其自愿接受了损害的发生。[①]

在研究自甘风险之前，先看一则案例：

案例 20：篮球比赛受伤谁来担责

原告张某与被告李某相约到篮球场进行锻炼，双方自行参加三对三篮球对抗比赛。在争球过程中，李某右手肘与张某脸部发生碰撞致张某受伤。张某受伤后自行到医院进行检查治疗，经诊断为创伤性牙折断，花费医疗费 700 元，种植义齿支付治疗费 12000 元。张某遂诉至法院请求李某赔偿相关治疗费用 12700 元及精神损害抚慰金 5000 元。

生效裁判认为，篮球运动是典型的对抗性体育活动，运动过程中场上队员之间互相对抗，身体碰撞产生伤害是正常现象。参与者自愿参加篮球对抗比赛等具有危险性的体育项目，对运动风险具有一定认知，因而只要行为人没有侵害受害人的故意或严重违反比赛规则，则行为人无须承担侵权责任。本案中，张某、李某均属自愿参加篮球对抗比赛，应当视为其能够接受并承担运动所造成的风险后果，故张某的行为属于自甘风险，所产生的损害后果应由其自行承担。且张某亦未能提交证据证明李某存在故意或重大过失，李某也未严重违反比赛规则，故李某不应对张某在运动中受伤造成的损害后果承担侵权责任。据此，判决驳回原告张某的诉讼请求。

上述案例涉及自甘风险问题。试问：如何理解自甘风险？自甘风险有哪些构成要件？自甘风险与受害人同意、过失相抵有何区别？

二、自甘风险的法律意义

《民法典》第一千一百七十六条第一款规定："自愿参加具有一定风险的文体活动，因其他参加者的行为受到损害的，受害人不得请求其他参加者承担侵权责任；但是，其他参加者对损害的发生有故意或者重大过失的除外。"第二款规定："活动组织者的责任适用本法第一千一百九十八条至第一千二百零一条的规定。"该条从立法上确立了自甘风险法律制度，填补了

[①] 最高人民法院民法典贯彻实施工作领导小组主编：《中华人民共和国民法典侵权责任编理解与适用》，人民法院出版社 2020 年版，第 111 页。

法律空白。

在原《侵权责任法》制定过程中，曾有建议将自甘风险作为减轻或者免除责任的情形单独规定，最终未被采纳。原《侵权责任法》没有专门规定自甘风险制度，但在第七十六条规定："未经许可进入高度危险活动区域或者高度危险物存放区域受到损害，管理人已经采取安全措施并尽到警示义务的，可以减轻或者不承担责任。"一般认为这是在高度危险责任领域确立了自甘风险的规则。这一方面是借鉴比较法经验的结果。许多国家都承认自甘风险可以作为减轻或免除责任的事由。例如，在法国和比利时等国的法律中，当受害人自甘风险时，通常依过失相抵制度对加害人的赔偿责任进行相应的减轻。《欧洲侵权法原则》第 7：101 条第 4 款规定，受害人同意承担受损害的风险，可导致行为人被免责。另一方面法律实际上对高度危险活动采取适当鼓励的立场，通过设立自甘风险规则，可以在一定程度上减轻高度危险行为人的责任。法律上规定自甘风险，既合理分配了责任，也可以实现损害的预防。[①]

法律上确立自甘风险的主要目的在于：一是免除危险体育活动中参加人一般过失的侵权责任，保障此种体育活动本身所要求的充分的活动自由；二是促进相关体育活动的正常发展，避免过错侵权责任制度对其不当抑制。立法机关认为，参加者自愿参与具有风险性体育竞技活动应当充分认识到危险性，由此产生的正常风险原则上应当由参加者自己承担。在法律上确立自甘风险规则，对于自愿参加对抗性、风险性较强的体育活动，以及学校等机构正常组织开展体育课等活动中学生受伤发生纠纷时，明确责任的界限是有利的。[②]

三、自甘风险的构成要件

根据《民法典》第一千一百七十六条的规定，自甘风险的构成要件包括：

1. 受害人参加具有一定风险的文体活动。文体活动并非一个法律术语，包括文化活动和体育活动。文化活动一般不具有风险性，而体育活动可分为零风险、低风险、中风险、高风险活动。受害人必须是自愿参加有一定风险的文体活动，不包括受胁迫参加的文体活动。文体活动的风险，不为法律、法规所禁止，也不为社会公序良俗所反对，且此种风险通常被社会所认可存在或者难以

---

① 王利明：《侵权责任法研究》（下卷），中国人民大学出版社 2010 年版，第 858 页。

② 黄薇主编：《中华人民共和国民法典解读·侵权责任编》，中国法制出版社 2020 年版，第 261 页。

避免。[①]

2. 受害人遭受损害。受害人在参加具有一定风险的文体活动过程中受到损害，一般是人身损害。

3. 其他参加者的行为与损害之间有因果关系。损害来源于其他参加者的行为，且其他参加者的致害行为必须与活动固有的风险有关。

4. 行为人只有一般过失，并无故意或者重大过失。言外之意，行为人存在故意或者重大过失致使其他文体活动参加者受到损害，自然要根据过错责任原则承担侵权责任。当然，活动组织者未尽到安全保障义务也应当承担相应的法律责任。[②]

四、自甘风险与受害人同意、过失相抵的区别

1. 自甘风险与受害人同意。受害人同意，是指受害人自愿同意他人对其人身或者财产实施某种加害。一般情况下，受害人同意的构成要件包括：一是受害人明确作出了同意对其实施加害的意思表示，知道或者应当知道对其实施加害行为的法律后果；二是同意加害的内容不违反法律和公序良俗，且不超过受害人同意的范围。[③]

自甘风险与受害人同意的区别表现为：一是适用范围不同。自甘风险主要适用于具有一定风险的文体活动；受害人同意适用范围比较广，不违反法律和公序良俗的一般行为均可适用。二是受害人对损害后果的知情程度不同。自甘风险的受害人对于参见文体活动的风险性是知晓的，但对是否遭受损害、损害程度并不知情；受害人同意中对其损害的发生、损害的性质、损害的范围是知晓的。三是损害发生是否符合受害人的意愿不同。自甘风险中受害人并不希望损害结果的发生；受害人同意中的受害人希望损害结果的发生。

---

① 黄薇主编：《中华人民共和国民法典解读·侵权责任编》，中国法制出版社 2020 年版，第 259 页。

② 2021 年 5 月 22 日，在甘肃省白银市景泰县举行的第四届黄河石林山地马拉松百公里越野赛遭遇大风、冰雹、冻雨等极端天气。根据前方应急指挥部报告，截至 5 月 23 日 12 时，这场 172 人参加的比赛已确认 21 人遇难。马拉松越野赛是持续时间比较长且风险类型特殊的赛事，组织方对参赛选手有安全保障义务，包括对路况的判断、是否有充足的补给还有对天气变化的预判等。如果没有尽到相应的安全保障义务，造成他人损害的，应当承担侵权责任。

③ 黄薇主编：《中华人民共和国民法典解读·侵权责任编》，中国法制出版社 2020 年版，第 259 页。

2. 自甘风险与过失相抵。自甘风险与过失相抵虽然十分相似，但二者作为减轻或者免除加害人责任的不同抗辩事由，仍然具有区别：一是适用范围不同。自甘风险仅适用于"有一定风险的文体活动"；过失相抵并未限制适用范围。二是适用条件不同。自甘风险的受害人同意参加有一定风险的文体活动，加害人仅限于风险活动的其他参加者；过失相抵并无限制。自甘风险的加害人仅限于一般过失；过失相抵的加害人并无限制过错的情形。三是法律效果不同。自甘风险适用的结果是行为人完全免责；过失相抵适用的结果是减轻行为人的责任。

五、对案例 20 的简要评析

《民法典》第一千一百七十六条第一款规定："自愿参加具有一定风险的文体活动，因其他参加者的行为受到损害的，受害人不得请求其他参加者承担侵权责任；但是，其他参加者对损害的发生有故意或者重大过失的除外。"该规定首次引入自甘风险规则，填补了以往民事法律空白。本案系典型的体育竞技领域适用自甘风险规则的案例，法官根据竞赛惯例、运动强度、肢体接触合理范围等因素多方面考虑，认定被告在运动过程中并无故意或重大过失，在促进文体活动健康发展的同时，通过结合特殊的空间、时间、原因力等因素综合考量，保护了双方当事人利益。

正是由于体育运动具有对抗性、风险性等固有特点，受害人对于自身能力以及运动危险系数均有所认知和预见，仍自愿参加的，应当认定为自甘风险行为。若相对方对于受害人的损害并不具有主观故意或者重大过失，不得基于公平原则要求相对方承担赔偿责任，损害后果应由受害人自行承担。

需要注意，一是对于风险较低且可控的培训、教学、排练等活动一般认为不属于自甘风险。二是自甘风险的适用范围应当限定为活动的参与者，例如案涉篮球比赛中对观众造成的损害就不包括在内。

第六节　自助行为

一、问题的提出

自力救济是一项古老的制度，属于私力救济的范畴，古希腊和罗马时期的法典中即有明文规定。现代社会中的自力救济，主要是指在民事法律关系中，权利人在特殊情况下不借助国家机关的公力，而以自己的力量来保护自己或他人权利的行为。①《民法典》总则编规定的正当防卫、紧急避险、紧急救助人不承担民事责任等均属于自力救济范畴。《民法典》第一千一百七十七条规定了自助行为，其第一款规定："合法权益受到侵害，情况紧迫且不能及时获得国家机关保护，不立即采取措施将使其合法权益受到难以弥补的损害的，受害人可以在保护自己合法权益的必要范围内采取扣留侵权人的财物等合理措施；但是，应当立即请求有关国家机关处理。"第二款规定："受害人采取的措施不当造成他人损害的，应当承担侵权责任。"自助行为本质上是一种私力救济。

在研究自助行为之前，先看一则案例：

案例 21：吃"霸王餐"逃跑摔伤，追赶人是否承担侵权责任 ②

佘某某、李某系夫妻关系，二人经营餐馆。马某等人在佘某某、李某经营的餐馆就餐，餐费约 260 元。李某因发现马某等人未结账即离开，于是沿路追赶。李某看到马某等人后，呼喊买单再走，马某等人遂分散走开，其中马某距离李某最近，李某便紧跟着马某，并拨打 110 报警。随后，佘某某赶到，与李某一起追赶马某，马某在逃跑过程中摔伤。经鉴定，马某损伤程度属轻伤二级，住院治疗产生医疗费等支出。马某遂诉至法院，请求判令佘某某、李某赔偿其因被追摔伤所造成的各项经济损失 4 万余元。

生效裁判认为，就餐后付款结账是完全民事行为能力人均应知晓的社会常理。马某等人就餐后未买单，也未告知餐馆经营人用餐费用怎么处理即离开饭店，属于吃"霸王餐"的不诚信行为，经营者李某要求马某等人付款的行为并无不当。佘某某、李某在发现马某等人逃跑后阻拦其离开，并让马某买单或者告知请客付款人的联系方式，属于正当的自助行为，不存在过错。马某在逃跑过程中因自身原因摔伤，与李某、佘某某恰当合理的自助行为之间并无直接因果关系，李某、佘某某不应对马某摔伤造成的损失承担赔偿责任。

---

① 黄薇主编：《中华人民共和国民法典解读·侵权责任编》，中国法制出版社 2020 年版，第 264 页。

② 参见最高人民法院于 2020 年 5 月 13 日发布的《人民法院大力弘扬社会主义核心价值观十大典型民事案例》。

在上述案例中，饭店经营者追赶"逃费者"属于自助行为。试问：如何理解自助行为？自助行为的构成要件有哪些？

二、自助行为的法律意义

自助行为，是指当民事主体的合法权益受到侵害，情况紧迫且不能及时获得国家机关保护，不立即采取措施将使其合法权益受到难以弥补的损害时，有权在必要范围内先行采取扣留侵权人的财物等合理措施，然后立即请求有关国家机关处理的行为。在自助行为中，行使自助行为的人为自助行为人，是遭受违法行为的受害人，同时也是债权人。而侵害了自助行为人的合法权益的人，则属于加害人，同时也是债务人。

《民法典》第一千一百七十七条确立了自助行为法律制度，赋予了公民在一定条件下的自我保护权利，是对国家权力在维护社会秩序和保护公民权益不及时情况下的有益补充。明确规定自助行为，对保护公民人身、财产权益安全具有重要的现实意义，也有利于对自力救济行为进行规范。[①]

在司法实践中，对于自助行为的情形则多有涉及。特别是在法律尚未明确规定如何行使自助行为的情况下，法院在司法裁判中做了一些探索。比如在邓某诉曹某房屋损害赔偿纠纷案中，法院认为"被告推倒原告未经批准所建造的墙体的行为符合民事自助行为的构成要件，应当属于免责事由，可以不承担责任或者减轻责任"。在本案中，邓某与曹某系邻居，邓某将其房屋南墙、西墙加高，与其新建东墙及北侧房屋墙体四面相连，并在南墙、西墙上方预留窗口。这就造成了所建东墙距曹某家房屋西墙仅9厘米，将曹某房屋门窗堵死的局面，此后曹某将邓某所建东墙上半部分和南墙东端一角墙体推倒。曹某采取自力救济的方式，将邓某在紧邻其家房屋处所建部分墙体推倒，并未超过必要限度，且邓某所建墙体因系违法建设被政府有关部门依法拆除，其客观上已不存在修复曹某所拆墙体的可能性，故法院依法驳回了邓某要求曹某赔偿其拆墙损失的诉讼请求。本案支持了自助行为的适用，也在一定程度上明确了自助行为适用的条件，但对于自助行为的必要限度，以及实施自助行为如何采取后续措施等没有涉及。又如，在陈某裕因种在被告自留山上的果树被砍诉陈某金等赔偿损失案中，审理法院认为，自助行为属于自力救济行为的一种，是指为了保护自

---

① 黄薇主编：《中华人民共和国民法典解读·侵权责任编》，中国法制出版社2020年版，第265页。

己的权利，而对于他人的自由或财产施以拘束或毁损的行为。自助行为依法不负赔偿责任。自助行为的要件有：一是须为保护自己的权利；二是须为情况紧急且来不及请求公力救济；三是须不超过必要的限度；四是须及时请求国家机关予以处置。本案原告在被告的自留山上种植果树，是一种侵权行为。但该行为的发生尚不构成自助行为要件中的"须为情况紧急且来不及请求公力救济"，被告完全可以通过林业主管部门与原告进行协商处理，或通过直接向法院起诉等途径来解决纠纷。因此，被告的行为不属于自力救济中的自助行为。本案裁判即在明确自助行为构成要件的前提下，以构成自助行为"须为情况紧急且来不及请求公力救济"而判定被告的行为不属于自力救济中的自助行为。[①]

三、自助行为的构成要件

根据《民法典》第一千一百七十七条的规定，构成自助行为须具备以下几个要件：

1. 必须是保护自助行为人的合法权益。自助行为是在本人合法权益受到侵害，来不及请求国家机关救济的情况下采取的措施。自助行为的目的与正当防卫和紧急避险的目的条件不尽相同，后两者可以是为了保护他人的合法权益。

2. 必须是情况紧迫且不能及时获得国家机关保护。情况紧迫意味着若权利人不采取措施，其权利就要受到侵害。如在饭店吃饭的顾客用餐后不付款，若权利人不采取自助行为，权利就难以实现。若权利人受侵害的情况不是十分紧迫，权利人应当有时间请求国家公权力的救助，此时就不应实施自助救济。

3. 自助方法必须是在必要范围内扣留侵权人的财物等合理措施。"保护自己合法权益"揭示了自助行为的目的，实施自助行为不能超越保护自己合法权益的范围。"必要范围""合理措施"，主要是自助行为扣留的财物应当与保护的利益在价值上大体相当。[②]判断自助行为的相当性，应当结合实施自助行为的时间、地点以及不法侵害者的反抗情况等客观要素进行衡量，同时还应从公共秩序的维护、社会的善良风俗等方面进行实质性判断。

4. 自助行为人在实施自助行为之后，应当立即请求有关国家机关处理。"立

---

① 参见最高人民法院民法典贯彻实施工作领导小组主编：《中华人民共和国民法典侵权责任编理解与适用》，人民法院出版社 2020 年版，第 124—125 页。

② 黄薇主编：《中华人民共和国民法典解读·侵权责任编》，中国法制出版社 2020 年版，第 266 页。

即请求"是指自助行为完成后，"情况紧迫"的阻却事由消失，受害人应当立刻、无迟延地向国家机关报告自己实施了自力救济的事实，由公权力及时介入处理。

自助行为同时具备上述条件，才能具有正当性，成为《民法典》所规定的免责事由。当然，受害人采取措施不当造成他人损害的，就突破了自力救济的必要性，应当承担侵权责任。

自助行为在法律适用上应当采取审慎从严的态度。一方面，要求严格按照本条规定的适用条件来适用，不可随意扩大适用范围。另一方面，在解释上也要采取从严的态度，避免自助行为的滥用，避免以损害人身权为前提的自助行为，也要避免以堵店门、泼洒脏物、人格侮辱等形式进行的所谓自力救济。在适用自助行为制度时要考虑价值导向与利益衡量的问题，也要考虑其必须实施的现实紧迫性或者不可替代性问题，如果此行为可以通过其他合法的公权力救济方式替代，就不宜再适用自助行为。[1]

四、对案例21的简要评析

吃"霸王餐"是违反公序良俗的不文明行为，吃"霸王餐"后逃跑摔伤，反向餐馆索赔，不仅于法无据，更颠覆了社会公众的是非观。本案不支持"我伤我有理""我闹我有理"，对吃"霸王餐"者无理的索赔请求不予支持，发挥了司法裁判匡扶正义，引领诚信、友善、文明的社会新风尚的积极作用。[2]

---

[1] 最高人民法院民法典贯彻实施工作领导小组主编：《中华人民共和国民法典侵权责任编理解与适用》，人民法院出版社2020年版，第131页。

[2] 最高人民法院于2020年5月13日发布的《人民法院大力弘扬社会主义核心价值观十大典型民事案例》。

第五章

共同侵权责任

本章概要

　　《民法典》在侵权责任编的"一般规定"中用了五个条文来规范共同侵权行为，原则上是在原《侵权责任法》的基础上承继而来，仅对个别词组作了调整和删除。

　　共同侵权责任分为三类：第一类是承担连带责任的数人共同侵权责任，即《民法典》第一千一百六十八条规定的共同侵权，第一千一百六十九条规定的教唆、帮助侵权，第一千一百七十条规定的共同危险行为。第二类是承担连带责任的数人分别侵权责任，即《民法典》第一千一百七十一条规定的侵权行为。第三类是承担按份责任的数人分别侵权责任，即《民法典》第一千一百七十二条规定的侵权行为。

第一节　共同侵权责任概说

一、问题的提出

共同侵权行为，是指数人共同不法侵害他人权益造成损害的行为。对共同侵权行为，有的学者称为"共同致人损害"；有的学者称为"共同过错"；有的学者称为"共同不法行为"。[①]共同侵权包括数人共同侵权与数人分别侵权。数人共同侵权责任包括三大类型：共同侵权责任；共同危险责任；帮助、教唆责任（视为共同侵权责任）。数人分别侵权责任又包括两大类型：承担连带责任的数人分别侵权责任；承担按份责任的数人分别侵权责任。

在研究共同侵权责任之前，先看两则案例：

案例 22：合同之诉与侵权之诉竞合，受害人享有选择权[②]

2008年12月15日，原告焦某军、被告某山国旅签订《出境旅游合同》一份。合同约定：焦某军购买某山国旅销售的出境旅游服务，游览点为泰国、新加坡、马来西亚，行程共计10晚11日，保险项目为：旅行社责任险、购航空险、赠意外险，团费为4560元。焦某军向某山国旅交纳了4560元的团费。12月21日出发时，系由第三人某辉旅行社组团出境旅游，某山国旅未就此征得焦某军同意。12月26日23时许，焦某军等人乘坐的泰方车队旅游车在返回泰国曼谷途中发生交通事故车辆侧翻。该起交通事故导致焦某军等多人受伤，旅游车驾驶员负全部责任。

一审认为，旅游经营者擅自将其旅游业务转让给其他旅游经营者，旅游者在旅游中遭受损害，请求与其签订旅游合同的旅游经营者和实际提供旅游服务的旅游经营者承担连带责任的，法院应予支持。原告焦某军、被告某山国旅之

[①]　参见黄薇主编：《中华人民共和国民法典解读·侵权责任编》，中国法制出版社2020年版，第237页。

[②]　详见《最高人民法院公报》2012年第11期（总第195期）。

间形成旅游合同关系后，某山国旅未经焦某军同意将旅游业务转让给第三人某辉旅行社，该转让行为属于共同侵权行为。法律规定承担连带责任的，被侵权人有权请求部分或者全部连带责任人承担责任。现焦某军在旅游期间发生了交通事故，身体受到损害，并选择以侵权之诉作为其请求权基础，要求某山国旅与某辉旅行社承担连带赔偿责任，符合法律规定，法院予以支持。据此判决被告某山国旅、第三人某辉旅行社连带赔偿原告焦某军 22 万元。某山国旅不服判决，提起上诉，二审法院驳回上诉，维持原判。

案例 23：银行客户被击身亡，保安公司与银行是否承担共同侵权责任 [①]

2003 年 2 月 26 日上午 9 时 47 分左右，个体经营业主吴某红等三人携款到被告某银行办理存款和汇款手续。从该银行提供的录像资料看，吴某红在营业厅的写字台上填写存单时，有一人在其身后窥视。吴某红填单完毕，即到三号柜台前办理存汇款手续。该银行营业厅柜台前设置了"一米线"，但窥视吴某红的人违反他人必须在"一米线"以外等候的规定，进入"一米线"站在吴某红身侧，未引起值班保安人员的注意和制止。当吴某红将部分现金交给柜台内的营业员时，此人从吴某红左侧伸手抢夺钱袋。吴某红紧抓钱袋反抗，抢钱的人对吴某红胸部连开两枪后逃离现场，保安人员随后追赶未果。吴某红中弹倒地身亡，其所携钱袋及现金未被抢走。

生效裁判认为，吴某红在犯罪分子持枪抢劫时遇害，因此应当由作案人对吴某红之死承担刑事责任和民事责任。商业银行在开展存、贷款及其他业务活动中，应依照法律规定，认真履行保障存款人和其他客户合法权益不受侵犯的义务。商业银行的营业厅，是商业银行为客户提供金融服务的主要场所，商业银行应当根据其从事经营活动的规模，依照法律、法规以及相关部门规章的规定，在营业厅内预先安装必需的安全防范设施，安排保安人员，预防和尽可能避免不法侵害的发生，为客户的人身及财产安全提供保障，维护良好的交易秩序。该银行虽然在营业厅内安排了一名保安人员值班，但当作案人在营业厅内来回走动，窥视被害人吴某红填写存单，并且违反规定进入"一米线"时，这些明显反常行为始终未引起值班保安人员的高度警惕。以至在作案人开始抢夺钱袋并开枪伤人时，保安人员不能及时制止犯罪或给被害人以必要的帮助。银行未能合理配置保障客户人身及财产安全的安全防范设施，安排的值

[①] 详见《最高人民法院公报》2004 年第 12 期（总第 98 期）。

班保安人员又未能在合理限度内尽到安保义务，在吴某红死亡事件上有一定过错，应当承担相应的赔偿责任。被告保安公司与被告某银行签订过保安服务合同，并已向某银行派出符合条件的保安人员，履行了保安服务合同中的义务。管理和安排派驻保安人员的工作，是某银行的权利与义务，保安人员的履职行为应视为该银行的行为。因保安人员履职不当引起的民事法律后果，应由该银行承担，保安公司不负连带责任。

在上述案例中，案例 22 涉及并构成共同侵权，需要承担共同侵权责任；案例 23 未涉及构成共同侵权，保安公司无须承担侵权责任。试问：共同侵权责任的法律意义如何？共同侵权责任的承担形态有哪些？共同侵权诉讼的性质如何？

二、共同侵权责任的法律意义

一般而言，共同侵权责任是指行为人在实施共同侵权行为后对受害人所承担的连带责任。[1]原《民法通则》第一百三十条规定，二人以上共同侵权造成他人损害的，应当承担连带责任。根据《民法通则意见》（现已失效）第一百四十八条的规定：（1）教唆、帮助他人实施侵权行为的人，为共同侵权人，应当承担连带民事责任。（2）教唆、帮助无民事行为能力人实施侵权行为的人，为侵权人，应当承担民事责任。无民事行为能力人无辨识自己行为的能力，因此极易被教唆。教唆、帮助无民事行为能力人实施侵权行为，实质上是将无民事行为能力人作为加害工具而侵害他人的合法民事权益。因此，教唆者或帮助者应为侵权人，承担民事责任。（3）教唆、帮助限制民事行为能力人实施侵权行为的人，为共同侵权人，应当承担主要民事责任。原《侵权责任法》第八条规定："二人以上共同实施侵权行为，造成他人损害的，应当承担连带责任。"《民法典》侵权责任编承继了原《侵权责任法》的规定，未作修改。根据上述法律规定，共同侵权责任具有如下法律特征：[2]

1. 侵权主体的复数性。侵权主体的复数性包括两个方面：行为主体的复数性和责任主体的复数性。在共同侵权行为中，不仅侵权行为主体为两人或两人以上，而且其责任主体也必须为复数，即对共同侵权行为承担责任的须为两人或两人以上。共同侵权责任人可以是自然人，也可以是法人。

---

[1] 张新宝：《侵权责任法原理》，中国人民大学出版社 2005 年版，第 77 页。

[2] 参见何志：《侵权责任判解研究与适用》，人民法院出版社 2009 年版，第 151 页。

2.加害行为的共同性。共同侵权责任中，数人的加害行为具有主观或客观上的共同性，即数个行为人的行为相互联系，构成一个统一的致损原因。从因果关系来看，任何一个共同侵权责任人的行为都对结果的产生发挥了作用，即各种行为交织在一起，共同发生了作用，各人的行为可能对损害结果所起的作用是不相同的，但都和损害结果之间具有因果关系。行为的共同性是共同侵权责任最本质的特征，是判断数人侵权是否属于共同侵权的主要标准。

3.损害结果的同一性。共同侵权行为导致的损害结果是不可分割的，构成一个统一的整体。如果行为本身可分则为单独行为，而非共同侵权责任。在共同侵权责任中，各侵权行为人所致损害范围无法确定，该共同侵权行为与作为一个整体的损害结果之间具有因果关系。当然，在共同侵权中各行为人所起作用不尽相同，但只要其共同实施了侵害他人合法权益的行为，就不影响其行为与损害结果的统一性和不可分割性。

4.民事责任的连带性。共同侵权人的连带责任是共同加害人作为一个整体对损害共同承担责任；共同加害人中的任何一个人对全部损害承担责任；在共同加害人之一人（或者部分人）对全部损害承担了责任之后，有权向其他未承担责任的共同加害人追偿，请求偿付其应当承担的赔偿份额。

三、共同侵权责任形态之一——连带责任[①]

（一）连带责任的法律意义

《民法典》第一千一百六十八条规定了共同侵权行为的连带责任："二人以上共同实施侵权行为，造成他人损害的，应当承担连带责任。"在数人侵权情形下，如果构成一般侵权，数个行为人分别根据各自行为造成损害后果的可能性承担按份责任。如果构成共同侵权，数个行为人对受害人承担连带责任，受害人可以要求任何一个行为人承担全部侵权责任，法律后果更重。连带责任的重要意义在于增加责任主体的数量，加强对受害人请求权的保护，确保受害人获得赔偿。[②]共同侵权责任的连带责任具有下列法律特征：

[①] 《民法典》第一百七十八条规定了"连带责任"，第一百七十七条规定了"按份责任"。本节关于共同侵权责任形态——连带责任、不真正连带责任、按份责任，参见何志：《民法典·总则判解研究与适用》，中国法制出版社2020年版，第483—492页。

[②] 黄薇主编：《中华人民共和国民法典解读·侵权责任编》，中国法制出版社2020年版，第238页。

1.连带责任是对受害人的整体责任。整体责任意味着数个侵权人都有义务向受害人承担全部赔偿责任，无论各行为人在实施侵权行为时的作用或过错程度。

2.受害人有权请求侵权行为人中的任何一人承担连带责任。正因为侵权连带责任是对受害人的整体责任，受害人有权在侵权行为人中选择责任主体，既可以请求共同行为人中的一人或数人赔偿其损失，也可以请求全体共同行为人赔偿其损失。

3.侵权连带责任的内部应有责任份额。共同加害人对外承担整体责任，不分份额；对内应依其主观过错程度或原因力不同，对自己的责任份额负责。各行为人各自承担自己的责任份额，是连带责任的最终归属，一方面，在确定全体共同行为人的连带责任时，须确定各自的责任份额，对外连带负责；另一方面，当部分侵权行为人承担了超出自己责任份额以外的责任后，有权向没有承担应承担的责任份额的其他侵权行为人求偿。

4.连带责任是法定责任，不得改变。连带责任是法定责任，不因共同行为人内部责任份额或内部约定而改变其性质。在侵权行为人的连带责任中，共同行为人内部基于共同协议免除或减轻某个或某些行为人的责任，对受害人不产生效力，不影响连带责任的适用，只对其内部发生约束力。

（二）连带责任的实现

1.确定整体责任。对于一般的侵权行为，适用过错责任原则确定整体责任；对于公务员责任、监护人责任、雇佣人责任等，适用过错推定责任原则确定整体责任；对于产品责任、高度危险作业侵权、环境污染、动物致害等，适用无过错责任原则确定整体责任。

2.确定各行为人的责任份额。侵权行为连带责任确定之后，应当在共同行为人内部确定各自的责任份额。确定共同加害人责任份额可以结合各共同行为人主观过错程度和原因力进行综合判断，确定共同加害人各自的份额。具体方法是：确定整体责任是100%；确定各行为人主观过错在整体过错中的百分比；确定各行为人的行为对损害发生的原因力；若连带责任的份额按照过错程度和行为的原因力难以确定的，推定承担同等责任。

3.在共同行为人中的一人或数人承担了全部赔偿责任之后，已经承担了赔偿责任的共同行为人有权向其他应负责任而未负责任的共同行为人要求追偿。应承担责任而未承担赔偿责任的共同行为人，应当按照自己的责任份额承担责任，补偿已承担赔偿责任的共同行为人因赔偿而产生的损失。

四、共同侵权责任形态之二——不真正连带责任

不真正连带责任，又称不真正连带债务，是指多数债务人就基于不同发生原因而偶然产生的同一内容的给付，各负全部履行之义务，并因债务人之一的履行而使全体债务人的债务均归于消灭的债务。[①] 从债法的意义上说，不真正连带债务不履行的后果，就是不真正连带责任。侵权责任法上的不真正连带责任，是指多数行为人对一个受害人实施加害行为，或者不同的行为人基于不同的行为而致使受害人的权利受到损害，各个行为人产生的同一内容的侵权责任，各负全部赔偿责任，并因行为人之一的履行而使全体责任人的责任归于消灭的侵权责任形态。[②]

《民法典》中亦有不少条款规定了不真正连带责任，如《民法典》第一千二百零三条规定："因产品存在缺陷造成他人损害的，被侵权人可以向产品的生产者请求赔偿，也可以向产品的销售者请求赔偿。产品缺陷由生产者造成的，销售者赔偿后，有权向生产者追偿。因销售者的过错使产品存在缺陷的，生产者赔偿后，有权向销售者追偿。"第一千二百零四条规定："因运输者、仓储者等第三人的过错使产品存在缺陷，造成他人损害的，产品的生产者、销售者赔偿后，有权向第三人追偿。"第一千二百二十三条规定："因药品、消毒产品、医疗器械的缺陷，或者输入不合格的血液造成患者损害的，患者可以向药品上市许可持有人、生产者、血液提供机构请求赔偿，也可以向医疗机构请求赔偿。患者向医疗机构请求赔偿的，医疗机构赔偿后，有权向负有责任的药品上市许可持有人、生产者、血液提供机构追偿。"第一千二百三十三条规定："因第三人的过错污染环境、破坏生态的，被侵权人可以向侵权人请求赔偿，也可以向第三人请求赔偿。侵权人赔偿后，有权向第三人追偿。"第一千二百五十条规定："因第三人的过错致使动物造成他人损害的，被侵权人可以向动物饲养人或者管理人请求赔偿，也可以向第三人请求赔偿。动物饲养人或者管理人赔偿后，有权向第三人追偿。"上述各条款都涉及责任的"追偿"，但此追偿不同于连带责任意义上的追偿，不真正连带责任中多数责任人之间没有内部份额的分担问题，追偿的发生是因为存在对损害承担终局责任的人，没有终局责任人的

---

① 王利明主编：《中国民法案例与学理研究》（债权篇修订本），法律出版社 2003 年版，第 3 页。

② 杨立新：《侵权法论》，人民法院出版社 2005 年版，第 638 页。

不真正连带责任，不发生追偿的问题。

（一）不真正连带责任的法律特征

1. 数个行为人基于不同的行为造成一个损害。例如，雇佣关系以外的第三人造成雇员人身损害的，第三人的行为是造成受害人损害的原因，同时，作为雇主也应当对雇员的损害承担责任。又如，销售者销售缺陷产品，是造成受害人损害的原因，同时该产品的缺陷又是生产者造成的，两个行为都是损害发生的原因。

2. 数个行为人的行为产生不同的侵权责任，该责任具有同一的目的。例如，雇主责任和第三人的侵权责任，都以赔偿受害雇员为目的，因此分别产生不同的侵权责任。

3. 受害人享有不同的损害赔偿请求权，可以择一行使。就产品责任而言，受害人可以选择向销售者或者生产者请求承担赔偿责任，受害人选择的一个请求权全部实现之后，其他请求权消灭。

4. 损害赔偿责任最终归属于造成损害发生的直接责任人，即终局责任人。如果受害人选择的侵权责任人为终局责任人，则该责任人就应当最终承担侵权责任。如果受害人选择的责任人不是终局责任人，则承担了侵权责任的责任人可以向终局责任人追偿。如第三人对于雇员的侵权行为，雇主在承担赔偿责任后，可以向第三人追偿。

（二）连带责任与不真正连带责任的区别

连带责任与不真正连带责任有诸多相似之处：侵权人均为复数；各责任人均承担全部给付义务；因一人给付而使全部债务归于消灭。但是二者的区别仍然是明确的：

1. 二者产生的原因不同。连带责任通常基于共同的产生原因，或者为共同侵权，或者为共同契约；而不真正连带责任则不然。

2. 目的不同。连带责任具有共同的目的且各责任人在主观上互相关联；而不真正连带责任的各责任人之间对侵权行为的发生在主观上没有相互关联。

3. 法律效力不同。连带责任各债务人之间因具有主观的联系，各债务人一人所生之事项，其效力一般均及于其他债务人；而不真正连带责任各债务人之间因无主观上的联系，所以除债权人债权满足的事项和免除终局责任人债务的事项外，原则上其他事由只发生相对效力，其效力不及于其他债务人。

4. 法律要求不同。连带责任实行法定主义，即为限制连带责任的滥用，只有在法律明文规定或当事人有明确约定时才产生连带责任，否则不得擅自使用连带责任；而不真正连带责任中，各债务人的债务分别基于不同原因偶然巧合而产生，各自独立，其运用由法院根据不同法律关系的竞合情况酌定，无须法律明文规定，更不存在当事人之间的约定。

5. 债务人的责任分担不同。连带责任各债务人相互之间有主观的共同联系，有确定的债务数额分担，从而相互之间存在内部求偿权；而不真正连带责任各债务人相互之间没有主观的共同目的，所以没有债务数额的分担，也就不发生内部求偿，即使有，也只是基于终局责任的承担。

（三）不真正连带责任的主要形式

不真正连带责任的具体情形较多，但司法实践中主要有以下类型：

1. 数个侵权行为竞合型。是指数个独立的侵权行为因偶然竞合而产生的不真正连带责任。一般是数人因各自独立的侵权行为使他人遭受同一损害，又不构成共同侵权行为，各个侵权行为人对此损失均负全部责任。如造纸厂与磷铵厂向同一河道排放生产污水，造成河道下游养鱼承包户的鱼死亡。此时，两家工厂对承包户负不真正连带责任。

2. 数个违约行为竞合型。是指一人的债务不履行行为与他人的债务不履行行为发生竞合而产生的不真正连带责任。如建造房屋过程中，甲负责设计，乙负责提供材料，丙负责施工。后因甲的设计不合格，乙提供的材料有瑕疵，丙的施工质量低劣，使房屋不能正常使用。甲、乙、丙三者均违反各自的履行义务，各负赔偿全部损害的义务。

3. 违约行为与侵权行为竞合型。是指一人的债务不履行行为与他人的侵权行为发生竞合而产生的不真正连带责任。如甲将其轿车交予修理厂维修，乙到修理厂后向其老板索要该车的钥匙，驾车兜风，不慎撞到路边栏杆，将轿车撞坏。甲以修理厂和乙为被告，请求两被告赔偿轿车损失。此时，乙承担损坏轿车的侵权责任，修理厂承担承揽合同非终局的不真正连带责任的违约责任。

4. 合同当为义务与侵权行为竞合型。最典型的是保险人与侵犯被保险人权利的第三人之间的不真正连带责任。如甲为电脑投保，乙不慎将电脑损坏，此时保险公司向甲赔偿是保险合同约定的当为义务，乙因侵权行为也负赔偿责任，两者之间成立不真正连带责任。

五、共同侵权责任形态之三——按份责任

侵权按份责任，是指多数当事人按照法律的规定各自承担一定份额的民事责任，各责任人之间没有连带关系。按份责任实际上是将同一责任分割为各个独立的部分，由各责任人各自独立负责，所以又称为分割责任。

按份责任主要适用于下列情形：第一，无意思联络的数人侵权，侵权行为间接结合。无意思联络的数人侵权，是指数个行为人事先既没有共同的意思联络，也没有共同过失，只是由于行为客观上的联系，直接结合或间接结合，而共同造成同一个损害结果的侵权行为。侵害行为直接结合的无过错联系的共同致害为共同侵权，行为人承担连带责任；侵权行为间接结合的无过错联系的共同致害不为共同侵权，行为人承担按份责任。第二，共同危险行为。共同危险行为人承担连带责任，但存在共同危险行为人承担按份责任的情形。确定按份责任的判例为"Sindell v. Abbott Laboratories"一案。Sindell 是一位美国女性，她在二十几岁的时候发现自己患上了乳腺癌。导致自己癌症的原因在于她的母亲在怀有她的时候吃了一种保胎药，叫作乙烯雌粉。这种药会残留在胎儿的体内导致其成年后患上乳腺癌，后来此药被美国政府明令禁止。由于当时生产此药的共有 11 家化学工厂，Sindell 没有办法证明她的母亲究竟服用的是哪家化学工厂生产的药品，于是向法院控告当时在市场占有 95% 销售额的 5 家公司。初审法院驳回了她的诉讼请求，Sindell 就上诉至加利福尼亚州最高法院。州最高法院判决，每一个生产该药物的厂商按照其当时的市场份额向原告承担赔偿责任。市场份额责任（Market Shares Liability），就是按照各自的市场份额或按照造成损害的概率来承担责任。[1]

确定侵权按份责任时，应依照以下规则处理：一是各行为人对各自的行为所造成的后果承担责任。无过错联系的共同致害属于单独侵权而非共同侵权，各行为人的行为只是单独的行为，只能对其行为所造成的损害后果负责。在损害后果可以单独确定的前提下，法官应当责令各行为人就其行为的损害承担赔偿责任。二是各行为人在共同损害结果无法分割的情况下，根据各行为人所实施行为的原因力，按份额各自承担责任。无过错联系的共同致害，多数情况是有一个共同的损害结果，且无法区分个人的损害后果。在这种情况下，应当将

---

[1] 参见鲁晓明：《论美国法中市场份额责任理论及其在我国的应用》，载《法商研究》2009 年第 3 期。

赔偿责任确定为一个整体责任，依据各行为人的行为对损害后果的原因力，划分责任的份额，由各行为人按照自己的份额承担责任。三是对于无法区分原因力的，应按照公平原则，区分各行为人的责任份额。对此，按照等额分配份额，考虑各行为人的经济负担能力，适当分割份额，仍按份额承担责任。四是对无过错联系的共同致害行为人，不实行连带责任。无论在以上何种情况下，各行为人都只对自己应承担的份额承担责任，既不能使各行为人负连带责任，也不得令某个行为人负全部赔偿责任，同时，也不存在行为人内部的求偿关系。

六、共同侵权责任形态之四——补充责任 [①]

（一）补充责任的法律意义

侵权补充责任，是指多个行为人基于各自不同的发生原因而产生同一给付内容的数个责任，各个行为人负担全部履行义务，造成损害的直接责任人按照第一顺序承担责任，承担补充责任的人只有在第一顺序的责任人无力赔偿、赔偿不足或者下落不明的情况下，才承担责任，并且可以向第一顺序的责任人请求追偿的侵权责任形态。侵权补充责任的性质属于不真正连带责任。

侵权补充责任具有下列特征：一是侵权补充责任以多个侵权行为的存在为前提，多个侵权行为可分为直接侵权行为和间接侵权行为。二是侵权补充责任是两种责任的竞合状态，是解决多个责任人对同一损害承担赔偿责任问题。三是直接责任人与补充责任人之间是一种有顺序、有终局责任人的关系，彼此之间不存在责任连带或责任分担问题。四是侵权补充责任的方式以损害赔偿为核心。

（二）补充责任的适用情形

1. 监护人的补充责任。《民法典》第一千一百八十八条第二款规定，有财产的无民事行为能力人、限制民事行为能力人造成他人损害的，从本人财产中支付赔偿费用；不足部分，由监护人赔偿。

2. 安全保障义务人的补充责任。《民法典》第一千一百九十八条第二款规定，因第三人的行为造成他人损害的，由第三人承担侵权责任；经营者、管理者或者组织者未尽到安全保障义务的，承担相应的补充责任。经营者、管理者或者组织者承担补充责任后，可以向第三人追偿。

---

① 参见何志：《侵权责任判解研究与适用》，人民法院出版社 2009 年版，第 160—164 页。

3. 未成年学生在学校受到第三人侵害时，教育机构的补充责任。《民法典》第一千二百零一条规定，无民事行为能力人或者限制民事行为能力人在幼儿园、学校或者其他教育机构学习、生活期间，受到幼儿园、学校或者其他教育机构以外的第三人人身损害的，由第三人承担侵权责任；幼儿园、学校或者其他教育机构未尽到管理职责的，承担相应的补充责任。幼儿园、学校或者其他教育机构承担补充责任后，可以向第三人追偿。

4. 被帮工人的补充责任。《人身损害赔偿解释》第五条第二款规定，帮工人在帮工活动中因第三人的行为遭受人身损害的，有权请求第三人承担赔偿责任，也有权请求被帮工人予以适当补偿。被帮工人补偿后，可以向第三人追偿。

（三）确定补充责任的基本规则

在具体确定侵权补充责任时，必须按照一定的规则进行。

1. 当构成直接责任与补充责任的竞合时，受害人应当向直接责任人请求赔偿，而直接责任人承担了全部赔偿责任后，补充责任人的赔偿责任终局消灭，受害人不得向其请求赔偿，直接责任人也不得向其追偿。

2. 根据相关立法规定及司法实践，受害人应当向直接责任人请求赔偿，在直接责任人不能全部赔偿，或者不能赔偿，或者直接责任人下落不明或无法确认的时候，才可以请求补充责任人承担侵权损害赔偿责任。

3. 在补充责任人承担了赔偿责任之后，补充责任人对于其已经承担的责任部分，有权请求直接责任人承担其应承担赔偿责任的损失。直接责任人有义务赔偿补充责任人的损失。

4. 如果赔偿权利人直接起诉补充责任人，法院应当将直接责任人作为共同被告，但直接责任人不能确定的除外。这时，法院应当判决直接责任人首先承担责任，补充责任人确定为补充责任，在直接责任人不能赔偿或者赔偿不足的时候，承担补充责任。直接责任人不能确定的，直接确定补充责任人的损害赔偿责任。

（四）补充责任的效力

1. 补充责任的对外效力。由于补充责任是各个独立的责任，各个责任基于不同的发生原因而分别存在，因此，对行为人之一发生的责任，原则上对其他行为人不发生任何影响，即其效力不及于其他行为人。

补充责任的基本结构是，实施侵权行为的人对于所造成的损害是直接责任人，违反法定或者约定的保护义务的人对于所造成的损害是补充责任人。他们之间对外的关系就是补充责任的对外效力。补充责任在下述情况下所发生的对外效力，是其基本的效力：（1）按照不真正连带责任的原理，发生补充责任的侵权案件中的各个责任人对于受害人都发生全部承担满足其权利请求的效力。受害人即赔偿权利人对于各个责任人都享有请求权，都可以单独向其行使请求权。任何人对于受害人的请求权都有义务承担全部的赔偿责任。（2）每一个责任人承担了自己的责任之后，其他责任人的责任消灭。这是因为，补充责任的损害赔偿数额是一个竞合的数额，救济的是一个损害。当一个责任人承担了责任之后，受害人的损害就已经得到了完全的救济，不能再行使另外的请求权，因此，另外的请求权因为损害已经得到救济而消灭。（3）当一个承担责任的责任人承担责任不足的时候，另外的责任人负有补充责任，就受害人得不到赔偿的那一部分责任承担赔偿责任。承担了补充责任之后，该赔偿请求权全部消灭。（4）当责任人无力承担责任或者无法承担责任的时候，另外的责任人应当承担全部的赔偿责任。

2. 补充责任的对内效力。补充责任的对内效力，是指一个责任人在承担了赔偿责任之后，对其他责任人的求偿关系，即是否有权向没有承担责任的终局责任人（直接责任人）请求赔偿。

补充责任究竟是否可以求偿，依据不真正连带责任的学说不同而定。各国立法和学说对于不真正连带责任如何求偿见解不一。一种主张认为求偿关系基于让与请求权。让与请求权是指履行了债务的债务人可以请求债权人让与其对终局责任人的请求权（债权）。另一种主张认为求偿关系基于赔偿代位。赔偿代位是指法律直接规定履行了债务的债务人当然地取得债权人对终局责任人的请求权，不需经当事人的意思表示。德国、日本及我国民国时期的民法基本上采取让与请求权的立法例。

补充责任的内部关系就是补充责任人和直接责任人之间的关系。发生竞合的，就是补充责任人的补充责任和直接责任人的直接责任。直接造成损害的侵权行为人就是直接责任人，它是侵权补充责任的终局责任人。终局责任人，是指对于数个责任的发生应最终负责的人。违反法定或者约定的安全保障义务的行为所造成损害的行为人就是补充责任人。既然各个责任人之间产生责任的原因互不相同，有的行为人应当承担直接责任，有的责任人应当承担补充责任，如果存在某个责任人应当终局负责的情况，即存在直接责任人，为维护公平，就应当允许其他责任人向该终局负责的责任人追偿。

尽管各责任人的责任是基于不同的法律事实而独立产生的，但却是由于最终可归责于一人的事由而引起一系列责任的发生，这个可最终归责的责任人就是直接责任人。

在侵权行为的补充责任中，违约的一方是补充责任人，而侵权行为人是直接责任人，即终局责任人。因为在造成损害的问题上，侵权行为人是侵权损害的直接原因，而违反安全保障义务的违约人（也是竞合的侵权行为人）对于损害的发生，仅仅是没有尽到注意义务而已。因此，损害赔偿的责任最终应当由直接责任人即终局责任人承担。

七、共同侵权诉讼的性质是必要共同诉讼

在共同侵权行为中，根据《人身损害赔偿解释》第二条第一款之规定，共同侵权人承担的是连带责任，"赔偿权利人起诉部分共同侵权人的，人民法院应当追加其他共同侵权人作为共同被告"。这与程序法上必要共同诉讼要求债权人仅起诉部分连带债务人时，法院应当追加其余连带债务人为共同被告是相吻合的；且是否构成共同侵权未经诉讼确定，而必要共同诉讼正是在程序上确保了侵权责任承担的公平合理性。而在依必要共同诉讼确认共同侵权后，受害人在执行阶段选择共同侵权人部分或全体承担责任，这是债权人对自己债权的部分舍弃，是对自己诉讼权利的合法处分，与连带责任理论并不冲突。[①]

《人身损害赔偿解释》第二条第二款规定："人民法院应当将放弃诉讼请求的法律后果告知赔偿权利人，并将放弃诉讼请求的情况在法律文书中叙明。"这一规定明确了法院在赔偿权利人放弃对部分共同侵权人的诉讼请求时所应尽的释明义务。对于如何释明，实践中存在不同的理解，作者认为，就释明方式，法院可以采用对赔偿权利人发问或正面阐述的方式，使赔偿权利人知晓放弃对部分共同侵权人诉讼请求的法律后果，并将释明过程记入笔录，在案件的裁判文书中叙述清楚释明的过程及赔偿权利人放弃诉讼请求的情况。就释明时间，可以从立案时至案件宣判前，视案件的具体情况行使，因赔偿权利人是否放弃对部分共同侵权人诉讼请求，涉及案件主体、各侵权人责任承担及赔偿权利人权利保护问题，并非所有待释明问题均可在开庭审理时立即作出判断，有的需要合议庭评议后方可作出。就释明内容，只要将放弃诉讼请求的法律后果告知

---

① 参见最高人民法院民事审判第一庭编著：《最高人民法院人身损害赔偿司法解释的理解与适用》，人民法院出版社 2004 年版，第 94 页。

赔偿权利人即可，因各类侵权诉讼的复杂性不一，无须立即将各共同侵权人的具体赔偿份额告知赔偿权利人。

八、对案例 22、案例 23 的简要评析

1. 对案例 22 的简要评析

《民法典》第一百八十六条规定，因当事人一方的违约行为，损害对方人身权益、财产权益的，受损害方有权选择请求其承担违约责任或者侵权责任。《旅游纠纷规定》第三条规定，因旅游经营者方面的同一原因造成旅游者人身损害、财产损失，旅游者选择请求旅游经营者承担违约责任或者侵权责任的，人民法院应当根据当事人选择的案由进行审理。据此，受害人可以依据合同关系追究合同相对人的违约责任，也可以依据侵权关系追究侵权人的侵权责任。在本案中，存在旅游服务合同法律关系与侵权责任法律关系的竞合问题。受害人焦某军的损害系泰方车队的侵权行为造成，而泰方车队系受原审第三人某辉旅行社委托，代表某辉旅行社为旅游者提供交通服务，其提供交通服务的行为应视为某辉旅行社履行旅游服务行为。据此，泰方车队的侵权行为可直接认定为某辉旅行社的侵权行为，焦某军在旅游过程中遭受人身损害后，选择要求某辉旅行社承担侵权责任，符合法律规定。

同时，某山国旅虽非本案直接侵权人，但其擅自转让旅游业务的行为亦属违约行为，根据《旅游纠纷规定》第十条，在擅自转让的情形下，其应当与实际提供旅游服务的旅游经营者承担连带责任，这里的连带责任既可以是违约责任，也可以是侵权责任，司法解释并未对连带责任的性质作出限制，故焦某军在依法选择要求某辉旅行社承担侵权责任的同时，要求某山国旅承担连带责任，并不违反法律规定。

2. 对案例 23 的简要评析

根据《民法典》第一千一百九十八条第二款的规定，因第三人的行为造成他人损害的，由第三人承担侵权责任；经营者、管理者或者组织者未尽到安全保障义务的，承担相应的补充责任。经营者、管理者或者组织者承担补充责任后，可以向第三人追偿。在本案中，银行负有防范、制止危险发生，保障银行自身及进入银行营业场所客户的人身、财产权利安全的义务。该银行虽然安排了一名保安人员值班，并且在营业厅内画出了"一米线"，但当有人进入"一米线"时，保安人员未予以干涉，丧失了及时发现与制止不法侵害的可能。从犯罪嫌疑人进入营业厅窥视吴某红填单到其实施抢劫期间，值班保安人员回答

客户关于银行业务的提问，却没有履行其维护营业厅安全、防范危害事件突发的职责，应当认定负有控制危险、保障客户安全义务的银行，对吴某红死亡事件有一定过错，应当承担与其过错相适应的民事责任。

第二节　共同侵权行为

一、问题的提出

根据《民法典》第一千一百六十八条"二人以上共同实施侵权行为，造成他人损害的，应当承担连带责任"的规定，共同侵权行为是指数人基于主观的或者客观的关联，共同实施侵权行为，造成他人人身、财产的损害，应当承担连带责任的多数人侵权行为。[1] 简言之，共同侵权行为是指数人共同不法侵害他人权益造成损害的行为。[2]《民法典》侵权责任编"一般规定"中规定了教唆侵权、帮助侵权、分别侵权承担连带责任、分别侵权承担按份责任。

在研究共同侵权行为之前，先看两则案例：

案例 24：侵权人恶意串通构成共同侵权行为 [3]

某某卫厨（中国）公司成立于 1994 年，营业范围包括热水器、燃气灶、吸油烟机等的生产、销售。屠某某曾出资设立苏州某某电器公司，并担任法定代表人。因涉商标侵权和不正当竞争，经法院判决，苏州某某电器公司被判令变更企业字号、赔偿损失等。2009 年，屠某某与案外人又共同投资设立苏州某某科技发展有限公司、苏州某某中山分公司，法定代表人为屠某某；2011 年 6 月，屠某某与案外人共同投资设立中山某某卫厨公司。上述公司，屠某某均占股 90%。2011 年 12 月，余某某与案外人共同投资设立中山某某集成厨卫公司，其中余某某占股 90%。屠某某、余某某成立的上述公司均从

---

[1] 杨立新：《侵权责任法》（第四版），法律出版社 2021 年版，第 100 页。

[2] 黄薇主编：《中华人民共和国民法典解读·侵权责任编》，中国法制出版社 2020 年版，第 237 页。

[3] 详见最高人民法院于 2018 年 1 月 30 日发布《最高人民法院发布七起充分发挥审判职能作用保护产权和企业家合法权益典型案例》。

事厨房电器、燃气用具等与某某卫厨（中国）公司相近的业务，不规范使用其注册商标，使用与某某卫厨（中国）公司相近似的广告宣传语，导致相关公众混淆误认。

生效裁判认为，苏州某某公司等的行为构成商标侵权及不正当竞争。在法院已经判决苏州某某电器有限公司构成侵权的情况下，足以认定屠某某与余某某在明知某某卫厨（中国）公司"某某"系列注册商标及商誉的情况下，通过控制新设立的公司实施侵权行为，其个人对全案侵权行为起到了重要作用，故与侵权公司构成共同侵权，应对侵权公司所实施的案涉侵权行为所产生的损害结果承担连带责任。法院作出民事判决判令苏州某某公司及其中山分公司、中山某某集成厨卫有限公司、中山某某卫厨有限公司立即停止将"某某"作为其企业字号；停止侵害某某卫厨（中国）公司注册商标专用权的行为；刊登声明，消除影响；屠某某、余某某与上述侵权公司连带赔偿某某卫厨（中国）公司经济损失（包括合理费用）200万元。

案例 25：三车碾压老人致死，是否承担连带责任 [①]

2011年10月10日19时左右，未知名驾驶人驾驶未知号牌货车与横穿马路的曾某相撞后逃逸；后有未知名驾驶人驾驶未知号牌机动车碾压倒地的曾某后亦逃逸。19时5分许，彭某驾驶自有的小型轿车（该车投保了交强险和不计免赔限额20万元的商业三者险）途经事发路段时，由于刹车不及，从已倒在道路中间的曾某身上碾压过去，随即停车报警。19时21分，医护人员到场，确定曾某已无生命体征，出具了死亡证明书。交警部门出具《道路交通事故认定书》，以未知名驾驶人肇事后逃逸为由，确定未知名驾驶人承担事故的全部责任。并载明：彭某驾车未确保安全，违反了《道路交通安全法》第二十二条第一款的规定；由于无法证实曾某死亡是否因与小型轿车相撞所致，故不能根据当事人的行为对发生交通事故所起的作用及过错的严重程度确定当事人的责任。由于未找到逃逸车辆，曾某之父曾某清向法院起诉，请求判令彭某、保险公司赔偿因曾某死亡造成的各项损失合计42万元。

生效裁判认为，在彭某驾车碾压曾某之前，有未知名驾驶人先后驾车与曾某相撞并逃逸。未知名驾驶人与彭某虽无共同故意或共同过失，但每个人分别实施的加害行为都独立构成了对曾某的侵权，最终造成了曾某死亡的损害后

---

① 参见最高人民法院于2014年7月24日发布的四起侵权纠纷典型案例。

果，该损害后果具有不可分性，且每个人的加害行为均是发生损害后果的直接原因，即每个人的行为都足以造成曾某死亡，彭某与肇事逃逸者应当承担连带赔偿责任。据此判决：保险公司赔偿原告曾某清31万元、彭某赔偿原告曾某清8000元。

上述案例均涉及共同侵权行为承担连带责任问题。试问：何谓共同侵权行为？其法律特征如何？何谓无意思联络的共同侵权行为？"多因一果"侵权行为的责任如何承担？共同侵权的类型有哪些？

二、共同侵权行为的法律意义

关于共同侵权行为，源于原《民法通则》第一百三十条的规定："二人以上共同侵权造成他人损害的，应当承担连带责任。"该条规定并没有对共同侵权行为的概念作出更明确的界定，学术界也尚未达成共识，因学者们对其构成要件及本质特征等问题的认识不同而有所差异。有的学者突出共同侵权行为的主观方面，认为："共同侵权行为是指两个或两个以上的行为人，基于共同的故意或者过失，侵害他人合法民事权益，应当连带承担民事责任的侵权行为。"[1] 有的学者则强调共同侵权行为的客观方面，认为："共同侵权行为是指二人或二人以上共同侵害他人合法民事权益造成损害，应当承担连带责任的侵权行为。"[2] 一般认为，所谓共同侵权行为也称为共同过错、共同致人损害，是指数人基于共同过错而侵害他人的合法权益，依法应当承担连带赔偿责任的侵权行为。[3]

共同侵权行为具有如下法律特征：

1. 主体的复数性。即共同侵权行为人必须是两个或两个以上，当然，既可以是自然人，也可以是法人。

2. 主观过错的共同性。即共同侵权行为人具有共同致人损害的故意或过失。传统民法上的共同过错仅指行为人主观上须具有共同故意或者意思联络的

---

[1] 杨立新：《侵权法论》，吉林人民出版社1998年版，第300页。

[2] 张新宝：《中国侵权行为法》，中国社会科学出版社1995年版，第85页。

[3] 王利明：《共同侵权行为的概念和本质——兼评〈最高人民法院关于审理人身损害赔偿案件适用法律若干问题的解释〉第三条》，载王利明、公丕祥主编：《人身损害赔偿司法解释若干问题释评》，人民法院出版社2005年版。

情形。

3.行为的共同性。共同致害行为既可能是共同的作为，也可能是共同的不作为。但数人的行为必须相互联系，构成一个统一的致人损害的原因。从因果关系来看，任何一个共同侵权行为人的行为都对结果的产生发挥了作用，即各种行为交织在一起，共同发生了作用，各人的行为可能对损害结果所起的作用是不相同的，但都和损害结果具有因果关系，因而由其承担连带责任是合理的。在数个行为人的行为中，共同行为并不要求每个行为人都实际共同地从事了某种行为，可以是两个人共同决定，由一个人完成，也可以是一个人起主要作用，另一个人起辅助作用。每个人的行为和结果之间并不一定有直接的因果联系。所以，共同侵权行为不是从每个人的个别行为的原因力来判断的，而是从行为的整体对结果的原因力来判断的。

4.结果的同一性。所谓结果的同一性，首先是指共同侵权行为所造成的后果是同一的，如果各个行为人是针对不同的受害人实施了侵权行为，或者即使针对同一受害人，但是不同的权利分别遭受侵害，损害后果在事实上和法律上能够分开，则有可能构成分别的侵权行为或并发的侵权行为，而非共同侵权行为。因此，共同侵权行为的特点就在于数个侵权行为造成了同一的损害后果。[①]

三、无意思联络的共同侵权行为

无意思联络的共同侵权行为是无意思联络的数人侵权的形式之一。所谓无意思联络的数人侵权，是指数个行为人并无共同过错，而致他人损害的行为。它实际包括了数个侵害行为直接结合的共同侵权形式和数个侵害行为间接结合的多因一果形式。无意思联络的共同侵权行为的法律特征有：（1）无意思联络侵权行为的主体须为数个。这是有别于单独侵权行为的特征。（2）各侵权行为人在主观上无意思联络。此为无意思联络数人侵权与一般共同侵权的重要区别。一般共同侵权中，侵权人在主观上有共同的故意或共同的过失，而无意思联络的共同侵权则是数个行为人之间在主观上没有共同的故意或过失。（3）各行为人的行为偶然的、直接的结合造成对受害人的同一损害。这种偶然结合紧密程度高，偶然因素是基于行为人所不能预见和认识的客观的、外来的、偶然的情况，而非主观因素所导致。（4）数个行为人的行为与损害结果之间具

[①]　参见张新宝：《侵权责任法原理》，中国人民大学出版社 2005 年版，第 78 页。

有因果关系。（5）各行为人之间承担连带责任。无意思联络的共同侵权行为的责任承担，对受害人作了最大利益保护，对行为人体现了最大公平，是对侵权责任法的巨大发展和侵权责任法基本原则的重要体现。

无意思联络的共同侵权行为的关键，是对"直接结合"的理解。所谓"直接结合"是指数个行为结合程度非常紧密，对加害后果而言，各自的原因力和加害部分无法区别。虽然这种结合具有偶然的因素，但其紧密程度使数个行为凝结为一个共同加害行为，共同对受害人产生了损害。[①] 在司法实践中，区分数个侵权行为的是直接结合还是间接结合，应从以下两个方面考虑：一看行为的结合程度。假定去掉数个侵权行为中的一个，是否还会产生此损害结果；如果不能产生该损害结果，就是直接结合，如果去掉了其中一个侵权行为，还能产生该损害结果，则是间接结合。二看结果是否可分。如果数人的侵权行为导致的损害结果是可以分割的，则为间接结合；如果数人的侵权行为导致的损害结果是不可分割的，则为直接结合。

无意思联络的共同侵权行为的责任承担方式表现在两个方面：一是无意思联络共同侵权的责任方式是连带责任。凡共同侵权者，均应承担连带责任。因为将无意思联络数人侵权中的直接结合情形规定为共同侵权行为，所以，其承担责任的方式就与一般的共同侵权行为的责任承担方式相同，即为连带责任形式。二是无意思联络共同侵权人之间连带责任的价值基础。根据侵权责任法传统理论及普遍社会观念的要求，受害人因数个加害人行为受到同一损害，但数个加害人行为之间无主观上的关联性时，原则上不应承担连带责任。为保护受害人的利益，无意思联络的加害人对受害人承担连带赔偿责任，受害人可选择资力较强的加害人请求赔偿，从而使加害人负担了较重的责任。

四、"多因一果"侵权行为的责任承担

所谓"多因一果"侵权行为，是指数个行为人事先并无意思联络，数个行为偶然结合而使同一受害人产生损害。一般来说，构成"多因一果"侵权，应当具备以下要件：（1）侵权主体具有复数性，存在两个或两个以上的侵权人，各侵权人均独立实施了侵权行为；（2）数个侵权主体在主观上无意思联络，各行为人实施侵权行为，既非共同实施，亦未共同约定，各行为人之间既没有共

[①] 最高人民法院民事审判第一庭编著：《人身损害赔偿司法解释的理解与适用》，人民法院出版社 2004 年版，第 63 页。

同故意，也没有共同过失；（3）数个侵权人的行为偶然结合造成受害人损害的后果，将各个行为结合在一起的因素，不是主观因素，而是行为人所不能预见和认识的客观的、外来的、偶然的情况；（4）数人的侵权行为与损害结果之间具有因果关系。

对"多因一果"的数人侵权，各行为人之间如何承担责任，要依据侵权人的过错程度以及在损害发生中所起的作用等情况进行综合判断。从为自己行为负责的侵权责任法的基本原则出发，由于偶然因素致使无意思联络的数人行为造成了同一损害，不能要求其中一人承担全部责任或者连带责任，而只能使各行为人对自己的行为造成的损害后果负责。如果仅仅因为自己的行为与他人的行为偶然结合承担连带责任，则过于苛刻，尤其是让轻过失的行为人连带承担重过失行为的侵权责任，既不符合民法上的公平观念，也与侵权责任法的基本原则相悖。

间接结合可以理解为多种原因相对比较松散的、非直接的结合，但在事实上却产生侵害同一对象的结果。其中的原因只是为另一个行为直接或必然导致损害结果的发生创造条件，而不能直接或必然引发损害结果。间接结合强调的是"多因"的松散性和偶然性，所以，其承担责任的方式应与直接结合相区分，确定为按份责任，即按照过失程度和原因力的大小来确定各行为人所应承担的责任份额。

处理"多因一果"侵权案件应当注意以下几个问题：一是从损害的可分性与不可分性判断各行为人对责任的承担。在决定"多因一果"侵权案件中各行为人如何承担责任问题时，损害是否可分至关重要。在"多因一果"侵权中，如果各人的行为分别是受害人所寻求的全部损害的法律原因，那么这时受害人所遭受的损害就是不可分的损害。二是关于过错和原因力的判断标准。对过错和原因力的判断，应遵循主大于次、重大于轻、特殊大于一般的原则，同时兼顾故意吸收过失。判断的具体原则有：（1）过失判断的基本原则。重过失重于一般过失，一般过失重于轻过失。各种过失轻重程度的判断一般以注意义务程度的高低来确定。（2）故意吸收过失的原则。即如果行为人之一对损害结果的发生出于故意，那么与行为间接结合的过失行为的违法性则被吸收，形成故意行为人的单独侵权。（3）原因力比例大小的判断原则。一般是直接原因的原因力大于间接原因的原因力，主要原因的原因力大于次要原因的原因力，与损害结果距离近的原因的原因力大于距离较远的原因的原因力。对过失程度与原因力的综合判断是一件很困难的事，但两者有一个共同的衡量标准，就是要看对损害发生的实证意义的大小。

五、教唆、帮助的侵权行为

教唆、帮助的侵权行为，是指行为人教唆或帮助他人实施侵权的行为。教唆，是指故意唆使他人实施侵权行为，是以劝说、利诱、授意、怂恿以及其他方法，将自己侵害他人合法权益的意图灌输给本来没有侵权意图或者虽有侵权意图，但正在犹豫不决、侵权意图不坚定的人，使其决意实施自己所劝说、授意的侵权行为。[①] 帮助是指替人出力、出主意、给予支援或提供工具等，以便他人实施侵权行为。从汉语语义上分析，帮助是指"替人出力、出主意或给予物质上、精神上的支援"。[②] 因而，帮助的表现，可能是侵权工具的提供、加害目标的指引，也可能是对侵权人精神的激励等。可见，没有教唆人的教唆，被教唆人就不会实施侵权行为。[③] 因此，教唆行为是损害发生的必要原因；但帮助人提供的帮助，只是对本有侵权意图的被帮助人"助其一臂之力"而已，帮助行为并非损害发生的必要原因。

教唆或者帮助他人实施侵权行为的人并未直接从事加害行为，原则上是不应承担侵权责任的，但是，如果不令这些教唆人或者帮助人承担侵权责任，必将大大违背社会正义观念，而且也不利于遏制此等教唆行为或帮助行为之发生，因此，法律将这两类人与直接从事侵权行为的人同样对待，视其为共同侵权行为人。

《民法通则意见》第一百四十八条规定："教唆、帮助他人实施侵权行为的人，为共同侵权人，应当承担连带民事责任。教唆、帮助无民事行为能力人实施侵权行为的人，为侵权人，应当承担民事责任。教唆、帮助限制民事行为能力人实施侵权行为的人，为共同侵权人，应当承担主要民事责任。"该规定的基本立场受到理论与实务的肯定，唯有如下不足：缺乏区分无民事行为能力人和限制民事行为能力人的正当性；未明确无民事行为能力人和限制民事行为能力人监护人的责任。因而，原《侵权责任法》第九条规定："教唆、帮助他人实施侵权行为的，应当与行为人承担连带责任。教唆、帮助无民事行为能力人、限制民事行为能力人实施侵权行为的，应当承担侵权责任；该无民事行为

[①] 张新宝、唐青林：《共同侵权责任十论——以责任承担为中心重塑共同侵权理论》，载《民事审判指导与参考》，人民法院出版社 2004 年版。

[②] 参见《现代汉语词典》，商务印书馆 2007 年版，第 41 页。

[③] 王利明：《侵权行为法研究》（上卷），中国人民大学出版社 2004 年版，第 710—711 页。

能力人、限制民事行为能力人的监护人未尽到监护责任的，应当承担相应的责任。"《民法典》第一千一百六十九条仅仅将原《侵权责任法》第九条"监护责任"修改为"监护职责"，其他文字没有作改动。

根据《民法典》第一千一百六十九条第一款"教唆、帮助他人实施侵权行为的，应当与行为人承担连带责任"的规定，该条款中的"他人"，指的是完全民事行为能力人。[①] 基于被教唆、被帮助的实施侵权行为的完全民事行为能力人具有辨别是非能力，教唆人与被教唆人、帮助人与被帮助人均有意思联络，存在共同过错行为，应当承担连带责任。一般认为，教唆行为与帮助行为的区别在于：教唆行为的特点是教唆人本人不亲自实施侵权行为，而是唆使他人产生侵权意图并实施侵权行为或危险行为；而帮助行为可能并不对加害行为起决定性作用，只是对加害行为起促进作用。[②]

根据《民法典》第一千一百六十九条第二款"教唆、帮助无民事行为能力人、限制民事行为能力人实施侵权行为的，应当承担侵权责任；该无民事行为能力人、限制民事行为能力人的监护人未尽到监护职责的，应当承担相应的责任"的规定，基于教唆、帮助的对象是限制民事行为能力人或者无民事行为能力人，其民事责任的承担不同于完全民事行为能力人：（1）教唆、帮助无民事行为能力人、限制民事行为能力人实施侵权行为的人，为侵权行为人，应当承担民事责任。无民事行为能力人、限制民事行为能力人无辨识自己行为的能力，因此极易被教唆。教唆、帮助无民事行为能力人、限制民事行为能力人实施侵权行为，实质上是将其作为加害工具而侵害他人的合法民事权益。因此，教唆者或帮助者应为侵权人，承担民事责任。（2）教唆、帮助无民事行为能力人、限制民事行为能力人实施侵权行为时，如果被教唆人、被帮助人的监护人未尽到监护责任，应当承担相应的责任。通说认为，所谓相应的责任，就是说监护人有多少过错，就应在其过错范围内承担多大的责任。过错的范围要结合监护人未尽到监护责任的程度，加害人的行为能力，教唆人、帮助人在加害行为中起的作用等综合认定。从监护人的角度讲，这里的"相应的责任"属于监护人自己责任的一种形态；从多数人责任的角度讲，应为一种按份责任，确定这一

① 黄薇主编：《中华人民共和国民法典解读·侵权责任编》，中国法制出版社2020年版，第240页。
② 黄薇主编：《中华人民共和国民法典解读·侵权责任编》，中国法制出版社2020年版，第241页。

责任的大小，就要适用比较过错和原因力的规则。[1]

六、共同行为的侵权行为

共同行为的侵权行为属于无意思联络的数人侵权的一种类型[2]，是指数人既没有共同故意又没有共同过失，只是实施的行为直接结合，造成同一个损害结果的侵权行为。该种侵权行为虽然不具有典型共同侵权行为的本质特征，但立法上已经将它作为共同侵权行为的类型之一，行为人承担连带责任。

《民法典》第一千一百七十一条规定的分别侵权承担连带责任，即为共同行为的侵权行为，该条规定："二人以上分别实施侵权行为造成同一损害，每个人的侵权行为都足以造成全部损害的，行为人承担连带责任。"在实务中，本条规定的侵权行为最大特点在于数个行为人并没有主观上的意思联络，也不存在共同过失，而是分别按照各自意思实施了侵权行为，但造成了同一个损害，且每一个行为人的行为都足以造成全部损害。比如在机动车交通事故责任纠纷当中，在前一辆机动车将行人撞成致命伤后，接着后一辆机动车又将受害人撞成致命伤，此行人在被送医的路上死亡。此种情况下，两个行为人的行为都足以造成被侵权人死亡的后果，这种情形就构成本条规定的数人侵权情形，各行为人承担连带责任。[3]

当然，"每个人的侵权行为都足以造成全部损害"中的"足以"，并不是指每个侵权行为都实际上造成了全部损害，而是指在没有其他侵权行为共同作用的情况下，独立的单个侵权行为也有可能造成全部损害。[4]

七、共同侵权行为的责任承担规则

对于共同侵权行为，其责任承担要区分外部责任和内部责任。

就外部责任而言，本条明确规定共同侵权人承担连带责任。至于如何具体适用连带责任，则要适用《民法典》第一百七十八条关于连带责任的一般规则。

---

[1] 最高人民法院民法典贯彻实施工作领导小组主编：《中华人民共和国民法典侵权责任编理解与适用》，人民法院出版社 2020 年版，第 64—65 页。

[2] 王利明：《侵权行为法归责原则研究》，中国政法大学出版社 1992 年版，第 293 页。

[3] 最高人民法院民法典贯彻实施工作领导小组主编：《中华人民共和国民法典侵权责任编理解与适用》，人民法院出版社 2020 年版，第 78 页。

[4] 黄薇主编：《中华人民共和国民法典解读·侵权责任编》，中国法制出版社 2020 年版，第 248 页。

连带责任的特征主要表现为：（1）连带责任对于侵权人而言是一种比较严重的责任方式。连带责任对外是一个整体的责任。连带责任中的每个人都需要对被侵权人承担全部责任。被请求承担全部责任的连带责任人，不得以自己的过错程度等为由只承担自己的责任。（2）连带责任对于被侵权人保护得更为充分。连带责任给了被侵权人更多的选择权，被侵权人可以请求一个或者数个连带责任人承担全部或者部分赔偿责任。（3）连带责任是法定责任，连带责任人不能约定改变责任的性质，对内部责任份额的约定对外不发生效力。

至于内部责任，本条并未规定，也要适用《民法典》第一百七十八条的规定，这既涉及追偿权问题，也涉及其内部责任划分问题。连带责任人对外承担了赔偿责任后，需要在内部确定各自的责任，明确相应的追偿权行使规则。对此需要通过比较过错和原因力来确定。如果根据过错和原因力难以确定连带责任人责任大小，可以视为各连带责任人的过错程度和原因力大小是相当的，在这种情况下应当在数个连带责任人之间平均分配责任份额。

八、对案例 24、案例 25 的简要评析

1. 对案例 24 的简要评析

当前，知识产权侵权易发多发，直接影响企业的正常合法经营发展。本案中，在法院已经判决苏州某某科技发展有限公司等构成商标侵权、不正当竞争及停止使用有关字号等的情况下，侵权公司的法定代表人屠某某、余某某仍然设立若干新公司继续对该商标实施侵权行为，法院认定屠某某、余某某恶意设立新公司实施侵权行为构成共同侵权，根据《民法典》第一千一百六十八条"二人以上共同实施侵权行为，造成他人损害的，应当承担连带责任"的规定，判令屠某某、余某某与其设立的公司承担连带责任。本案判决充分体现了司法审判对重复侵权、恶意侵权人加大惩治力度的意图，对于严格知识产权保护，营造良好营商环境具有重要意义。①

2. 对案例 25 的简要评析

根据《民法典》第一千一百七十一条"二人以上分别实施侵权行为造成同一损害，每个人的侵权行为都足以造成全部损害的，行为人承担连带责任"之规定，确定彭某与肇事逃逸者承担连带赔偿责任并无不当。连带责任对外是一

---

① 参见最高人民法院于 2018 年 1 月 30 日发布《最高人民法院发布 7 起充分发挥审判职能作用保护产权和企业家合法权益典型案例》。

个整体责任，连带责任中的每个人都有义务对被侵权人承担全部责任。被请求承担全部责任的连带责任人，不得以自己的过错程度等为由主张只承担自己责任份额内的责任。在其他肇事者逃逸的情况下，曾某清请求彭某承担所有侵权人应当承担的全部责任，符合法律规定。

本案审理之时曾广受关注，部分社会公众从普通情感出发，认为由第三车承担全部责任不合情理，可能助长"谁救谁倒霉""好人没好报"的社会心理。然而，从事实层面而言，第三车碾压之时，受害人并未确定死亡，究竟哪一辆车的行为致受害人死亡无法确定，但根据尸检报告、勘验笔录等证据，可以确认每一辆车的碾压行为均足以造成受害人死亡的后果。这属于法律规定的聚合因果关系，行为人之间需承担连带责任。彭某发现碾压后果及时停车报警，救助受害人，是履行公民责任的诚信行为，值得赞赏和提倡，而就事件后果而言，由于有交强险及商业三者险的分担机制，其自身承担的赔偿责任实际上并不重。但反观肇事后逃逸车辆的未知名驾车人，一方面，在法律上其乃肇事后逃逸的刑事犯罪嫌疑人，随时有可能被抓捕归案；另一方面，逃逸之后其内心也将时时受到良心的谴责而无法安宁。与主动救助相比，逃逸的后果无疑是更为严重的。①

第三节　共同危险行为

一、问题的提出

共同危险行为，亦称"准共同侵权行为"。在英美侵权行为法中，不存在独立的共同危险行为，而是将其归入共同侵权行为，作为共同侵权行为的一种。在我国，也有学者认同这种主张，不区分共同危险行为与共同侵权行为。但我国多数民法学者是区分这两种行为的，这大概是受大陆法系民法理论影响较深的缘故，因为德国、日本等国民法典均规定了共同危险行为。共同危险行为损害赔偿制度是一个古老的法律制度，虽然我国法律过去并未对此作出规定，但实际生活中由此发生损害赔偿纠纷者不乏其例。如果法律规定不明，而司法实践对这种侵权纠纷又置之不理，显然不利于保护受害人。2003年《人身损

① 参见最高人民法院于2014年7月24日发布的四起侵权纠纷典型案例。

害赔偿解释》第四条规定："二人以上共同实施危及他人人身安全的行为并造成损害后果，不能确定实际侵害行为人的，应当依照民法通则第一百三十条规定承担连带责任。共同危险行为人能够证明损害后果不是由其行为造成的，不承担赔偿责任。"原《侵权责任法》第十条规定了共同危险行为，《民法典》第一千一百七十条沿用了原《侵权责任法》的规定。

在研究共同危险行为之前，先看一则案例：

案例 26：本案是否属于共同危险行为

2006 年 3 月 20 日下午，某中学学生李某、陈某、王某和何某在学校门前河堤边玩"推人下河堤"游戏，把对方推下河堤算赢。开始陈某、王某和何某一起推李某，结果李某和何某被推下河堤，李某和何某上来后又向东走约 3 米继续玩"推人下河堤"游戏。互推中，范某也加入进来，混乱中李某被推下河堤，摔伤胳膊。当日李某被送往县医院住院治疗，诊断为：（1）左肱骨外骨时骨折；（2）左桡神经挫伤。住院治疗花费医疗费 18000 元。伤情经鉴定，构成七级伤残。11 月 14 日，原告李某提起诉讼，要求被告陈某、王某、何某和范某的监护人赔偿医疗费等费用 86000 元。审理中被告未提供充分证据，证实是谁将李某推下河堤。

生效裁判认为，原告和四被告所玩的"推人下河堤"游戏，明显具有人身危险性。虽不能证实在河堤边互推时谁将原告李某推下河堤，但本案四被告行为属共同危险行为，应对原告的损害承担连带赔偿责任。因四被告实施危险行为时均未成年，应由被告监护人承担民事赔偿责任。考虑原告也是共同危险行为参与者，存在一定过错，也应对共同危险行为的损害后果承担责任，遂判决被告陈某、王某、何某和范某的监护人赔偿原告李某医疗费等费用 86000 元的 80%。

在上述案例中，法院的判决依据是共同危险行为理论。试问：何谓共同危险行为？共同危险行为与共同侵权行为、无意思联络的数人侵权行为有何区别？共同危险行为的构成要件有哪些？共同危险行为的法律后果如何？

二、共同危险行为的法律意义

根据《民法典》第一千一百七十条"二人以上实施危及他人人身、财产安全的行为，其中一人或者数人的行为造成他人损害，能够确定具体侵权人的，由侵权人承担责任；不能确定具体侵权人的，行为人承担连带责任"的规定，共同危险行为人应当就受害人所受到的损害承担连带赔偿责任。共同危险行为，是指数人共同从事有侵害他人权利之危险性的行为造成他人的损害，但是不知道数人中究竟谁是加害人，而令该数人承担连带赔偿责任的情形。[①] 由于在共同危险行为中，部分行为人的行为与损害之间并没有因果关系，本不应承担赔偿责任，但法律为了保护受害人，所以仍按照狭义的共同侵权行为处理，故而共同危险行为也被称为"准共同侵权行为"。[②]

共同危险行为在古罗马法中即有萌芽。在罗马共和国末期，为了确保公众集会场所和交通道路的安全，遂创设"流出投下物诉权"，规定在共同住宅中，全体居民对于流出投下物致人损害，于真正加害人不明时负连带责任。[③] 通说认为共同危险行为制度起源于德国民法，后为各国立法所确认。[④] 我国引入共同危险行为理论始于清末，《大清民律草案》第九百五十条规定，数人因共同侵权行为加害于他人者，共负赔偿的义务。其不能知孰加损害者，亦同。尽管我国原《民法通则》并没有规定共同危险行为，但共同危险行为在我国并不仅仅限于理论上的探讨，法院已经在审判实践中运用共同危险行为理论处理案件。[⑤]

三、共同危险行为与共同侵权行为、无意思联络的数人侵权行为的区别

（一）共同危险行为与共同侵权行为的区别

共同危险行为在责任承担上，应当按照共同侵权行为处理，其法律后果相同。传统民法上一般认为，广义的共同侵权行为包括共同危险行为。但是，严格地说，共同危险行为和共同侵权行为并非同一概念，二者的主要区别在于：

1.在共同侵权的情况下，大都需要意思联络。然而，在共同危险的情况下，必须是不具有意思联络，否则即构成了共同侵权。

---

① 王利明：《侵权行为法归责原则研究》（修订二版），中国政法大学出版社 2004 年版，第 310 页。

② 史尚宽：《债法总论》，中国政法大学出版社 2000 年版，第 173 页。

③ 李木贵等：《共同危险行为之研究》，载《法学丛刊》第 173 期。

④ 黄薇主编：《中华人民共和国民法典释义（下）》，法律出版社 2020 年版，第 2250 页。

⑤ 例如，江苏省高级人民法院于 1995 年 12 月 15 日发布的《关于审理人身损害赔偿案件若干具体问题的意见》（现已失效）第四十五条规定："二人以上共同侵权造成他人人身损害，不能查明谁为侵害人的，应当由全体行为人承担连带责任。"

2. 在共同侵权的情况下，各个行为人的行为可能在时间和地点方面并不具有同一性。而在共同危险行为的情况下，各个行为人的行为必须在时间和地点方面具有同一性。

3. 在共同侵权的情况下，各个侵权行为人是确定的、明确的。而在共同危险的情况下，真正的行为人是不确定的。

4. 从行为与损害结果之间的关系来看，共同侵权的各行为人的行为都确定地造成了损害后果。而各个危险行为人的行为只是可能造成损害后果，其行为与损害后果之间的因果关系是法律推定的，是一种"替代因果关系"。

（二）共同危险行为与无意思联络的数人侵权行为的区别

共同危险行为与无意思联络的数人侵权行为比较相似，二者都不要求共同侵权人在主观上存在共同意思联络，仅要求各侵权人的独立行为共同引发损害。二者的区别主要表现在：

1. 在无意思联络的数人侵权行为中，行为人是确定的。而在共同危险行为的情况下，虽然参与共同危险的行为人是确定的，但真正的行为人是不确定的。

2. 从因果关系的角度来看，在无意思联络的数人侵权行为的情况下，每个人的行为与结果之间的因果关系是确定的。而在共同危险行为的情况下，全部危险行为人的行为与结果之间具有因果关系，而每个具体行为人的行为和损害后果之间的因果关系是法律推定的。

3. 就举证责任而言，对于无意思联络的数人侵权行为来说，每个行为人只要证明自己的行为与结果之间没有因果关系，就可以被免责。而就共同危险行为而言，行为人仅仅证明自己的行为和损害后果之间没有因果关系还不能免责，必须证明谁是真正的行为人才能免责。当然，前述"重庆烟灰缸伤人案"中两户免除赔偿责任，是因为该两户事发时没有在家居住，没有致害行为的可能性。

4. 就责任后果而言，在无意思联络的数人侵权行为的情况下，如果能够确定其行为所造成的具体损害份额，则成立一般的单独侵权，就其损害后果份额承担责任，如不能确定具体的损害份额，则根据各行为人的过错和原因力的大小承担责任。而在共同危险行为中，各行为人承担连带责任。[1]

---

[1] 王利明：《〈最高人民法院关于审理人身损害赔偿案件适用法律若干问题的解释〉中共同危险行为规则评析》，载王利明、公丕祥主编：《人身损害赔偿司法解释若干问题释评》，人民法院出版社 2005 年版。

四、共同危险行为的构成要件

1. 行为人具有复数性。共同危险行为的行为主体必须是二人或二人以上，这是共同危险行为成立的基本条件。共同危险行为人一般由自然人构成，在某些情况下，共同危险行为人也可以由法人构成。

2. 行为具有危险性。行为具有危险性是指数人的行为在客观上有侵害他人财产和人身的可能，正是由于数人实施了危险行为，才导致行为与损害之间存在潜在的因果关系。行为的危险性是一种可能性，因为各行为人的行为没有特定的指向，不指向特定的人，也不指向特定的物。受害人应证明数人的行为具有危险性，这种危险性可以根据行为本身、控制能力以及周围环境加以判断。

3. 行为具有共同性。正是由于数人共同行为，才导致了损害的发生，因此正确认定"共同行为"将有助于理解共同危险行为。在德国民法中，对于共同危险行为中"共同行为"的认定经历了一个从"时空的一致性"到"时空的关联性"再到"推定共同行为"的发展演变过程。"时空的一致性"要求数个行为人的行为不得在时间和空间上产生分离。该认定标准太过严格，就演变为"时空的关联性"，该认定标准只要求各行为人的行为在时间或空间上存在一定的联系即可，例如行为之间的延续可以认为存在时空的关联性。而目前德国的通说更为宽松，只要受害人在因果关系上举证困难，就推定各行为具有共同性。我国立法机关认为，在共同危险制度中，"共同"的含义要求数个行为人的行为必须是在同一时间、同一场所的行为，即"时空上的共同性"。①

4. 数人之间没有共同过错。数人之间是否有共同过错应当是共同危险行为和共同侵权行为的区别之一，若存在共同过错，即使加害人不明也应当作为共同侵权行为，由数人承担连带赔偿责任。该"共同性"是指作为被告的数人共同实施了对他人人身或财产造成危险的行为，强调行为的时空共同性或延续性，而非指共同过错。原因在于：第一，如果认为共同危险行为人承担连带责任是由于共同过失，那么狭义的共同侵权行为与共同危险行为将难以区分。第二，如果认为数人存在共同过失，则无民事行为能力人作为加害人时，则不能构成共同危险行为人，因为无民事行为能力人无从判断其是否具有过错。

5. 因果关系具有择一性。由于共同危险行为导致了现实的、客观的损害结

---

① 黄薇主编：《中华人民共和国民法典解读·侵权责任编》，中国法制出版社 2020 年版，第 244 页。

果，因此具有危险性的行为与损害事实之间有因果关系，该因果关系具有择一性。择一的因果关系，是指数人的行为均有可能导致损害结果的发生，但实际加害人仅为其中的一人或部分人。就共同危险行为而言，实际加害人是无法确定的。如果已经判明谁是加害人，那么该行为就不是共同危险行为，而是一般侵权行为或共同侵权行为。

6.加害人确实无法确定。无法查明实际侵害人时才能适用共同危险制度。如果能够查明，但是比较困难或者大费周折，也不能适用共同危险行为制度。之所以如此，主要是考虑到共同危险行为将使许多并非实际侵害人的被告也将承担连带赔偿责任，因此一定要防止滥用。

五、共同危险行为的责任后果

根据《民法典》第一千一百七十条的规定，共同参与危险行为的人承担连带责任。具体而言：

1.共同危险行为人对受害人的连带责任关系。各国均对此科以连带责任。所谓共同危险行为人对受害人应负的连带责任，是指受害人有权向共同危险行为人中的任何一人或数人请求赔偿全部损失，而任何一个共同危险行为人都有义务向受害人负全部的赔偿责任。连带责任是一种法定的责任，不因共同危险行为人内部的约定而改变。连带责任有利于保护受害人的利益，不仅使受害人的损害赔偿请求简便易行、举证负担较轻，而且使请求权的实现有了充分的法律上的保障。但从结果上看，连带责任无疑加重了行为人的责任。而加重行为人责任的依据何在？有学者以利益分析方法对此作出解释——虽然共同危险行为中数人负连带责任的情形，"对实际上未为加害而未能为证明之人，难免过苛，但若不为赔偿，对被害人，则绝对不利，权衡轻重，法律仍不能不令数人负连带侵权责任"。[①]

2.部分共同危险行为人对受害人承担连带责任后，可否向其他共同危险行为人追偿？对此，实践中存有一定争议，侵权责任编对此也没有规定。此前，原《侵权责任法》第十四条规定："连带责任人根据各自责任大小确定相应的赔偿数额；难以确定责任大小的，平均承担赔偿责任。支付超出自己赔偿数额的连带责任人，有权向其他连带责任人追偿。"此规定内容被《民法典》总则

---

① 王泽鉴：《民法学说与判例研究》（第一册），中国政法大学出版社1998年版，第60页。

编吸收并在"民事责任"一章第一百七十八条中作了规定。因此，既然法律已经明确规定了有关连带责任承担后内部责任如何划分及追偿的规则，就应当适用这一规定，不必再区分是何种原因或者何种侵权行为类型导致承担的连带责任。换言之，本条规定从外部责任上讲，当然具有充分救济受害人的价值导向和政策判断，但从内部责任上看，并不意味着其中一个或者部分侵权行为人承担了全部责任后，其他侵权行为人的责任即告消灭，他们仍应依照上述规定承担相应责任。

共同危险行为人中的一人或者一部分人承担了全部赔偿责任以后，有权向其他应负责而未负责的行为人追偿。在分担的比例上存有"比例分担说"与"平均分担说"，宜采"平均分担说"，除法律或当事人另有约定外，在共同危险行为人的内部责任划分上，一般是平均分担，各人以相等的份额对损害后果负责，对外实行连带责任。

六、对案例 26 的简要评析

在本案中，关键是共同危险行为的举证责任分配原则。因共同危险行为致人损害的侵权诉讼，由实施危险行为的人就其行为与损害结果之间不存在因果关系承担举证责任。据此，共同危险行为的举证责任分配原则为举证责任倒置。即如果共同危险行为人能证明自己没有过错，其行为并不导致受害人损害的发生，则其不承担侵权赔偿责任，否则，应由数个共同危险行为人共同承担连带赔偿责任。适用举证责任倒置，能够减轻受害人举证的负担和困难，有利于受害人救济请求权的行使，能够更有效地制裁民事违法行为，实现法律的实质公正。就本案而言，范某等人均不能举证证明自己没有过错，故应当共同承担连带责任。

第六章

侵权责任的损害赔偿

本章概要

　　有损害必有救济。行为人侵害他人民事权益，应当承担损害赔偿。《民法典》侵权责任编第二章"损害赔偿"主要规定了人身损害赔偿范围、以相同数额确定死亡赔偿金、请求权的转移、侵害人身权益造成财产损失的赔偿、精神损害赔偿、财产损失的计算方式、严重侵犯知识产权的惩罚性赔偿、公平分担损失、赔偿费用支付方式等内容。

　　侵权责任的损害赔偿，是在原《侵权责任法》第二章"责任构成和责任方式"基础上，增、删、改后编纂形成的，有关绝对请求权主要由物权编和人格权编作出规定，侵权责任编主要规定侵权损害赔偿。本编在原《侵权责任法》的基础上对有关规定作了进一步完善：一是完善精神损害赔偿制度，规定了因故意或者重大过失侵害自然人具有人身意义的特定物造成严重精神损害的，被侵权人有权请求精神损害赔偿。二是加强对知识产权的保护，提高侵权违法成本，规定了故意侵害他人知识产权，情节严重的，被侵权人有权请求相应的惩罚性赔偿。

第一节 侵权损害赔偿法律关系主体

一、问题的提出

有损害必有救济。当侵权行为给权利人合法权益造成损害时，必然产生损害赔偿问题。在这种损害赔偿法律关系中，有权请求损害赔偿的人是赔偿权利人；而有义务对受害人进行赔偿的人就是赔偿义务人。[①] 该法律关系中的权利人和义务人就是侵权损害赔偿法律关系的主体。具有民事权利能力的人（包括自然人和法人）以及特定情况下的国家，都可以成为损害赔偿法律关系的主体。传统理论对于损害赔偿的主体通常用"加害人"和"受害人"来表述，但是这样的表述具有一定的局限性。在人身损害侵权责任中，多数情况下有权请求赔偿的人为直接受害人，负担赔偿义务的人为直接加害人。但是，对于前者来讲，如果直接受害人死亡，直接受害人的近亲属或其扶养人都有权请求赔偿；对于后者来讲，也存在多种加害人与责任人主体不一致的情况，如在监护关系、雇佣关系、帮工关系等特定的法律关系中，监护人或雇佣人及被帮工人对于特定情况下被监护人、被雇佣人或帮工人造成的损害承担赔偿责任。尽管要承担责任，但他们却不是直接加害人。因此，《人身损害赔偿解释》中采用了"赔偿权利人"和"赔偿义务人"的概念，外延要大于加害人、受害人，表述十分准确。[②] 侵权行为是事实行为，但侵权行为之债是民事法律关系，即侵权损害赔偿法律关系。在确定侵权责任时，必须厘清损害赔偿法律关系主体，才能正确处理个案。

在研究侵权损害赔偿法律关系主体之前，先看两则案例：

案例 27："遗腹子"是否享有损害赔偿请求权

张某系赵某丈夫，李某、蔡某之子。某年6月17日21时左右，张某饮酒

---

① 何志：《侵权责任判解研究与适用》，人民法院出版社2009年版，第188页。

② 参见最高人民法院民事审判第一庭编著：《最高人民法院人身损害赔偿司法解释理解与适用》，人民法院出版社2022年版，第32页。

后驾驶二轮摩托车行驶至该村龚某住宅门口路段时倒地受伤，经抢救无效死亡。7月11日，交警部门作出交通事故认定书，认定张某饮酒后驾驶二轮摩托车，未戴安全头盔，行驶中未能在确保安全、畅通的原则下通行，负事故的主要责任；龚某未经有关部门许可，占用道路堆放物品，从事非交通活动，负事故的次要责任。8月1日，赵某、李某、蔡某向法院提起诉讼，要求龚某赔偿损失。8月22日，赵某生一女张某某。后赵某以法定代理人身份为张某某申请参加诉讼。

生效裁判认为，张某因交通事故死亡，经公安交警部门认定，龚某负该事故的次要责任，应当承担相应的民事责任。遂判决：龚某赔偿赵某、李某、蔡某、张某某因张某道路交通事故死亡而造成的医疗费、死亡赔偿金、被抚养人生活费等共计27万元及精神损害抚慰金3万元。

案例28：民政部门能否代替无名死者的近亲属主张赔偿权利①

2005年4月2日19时30分许，被告王某胜驾驶三轮运输车，由北向南行驶至某路段时，将一名约65岁的无名男子撞倒在东侧机动车道内，恰遇被告吕某驾驶小轿车由南向北驶经该路段，从该男子身体上碾压而过，致该男子当场死亡。2005年4月20日，交警部门作出交通事故认定书，认定王某胜、吕某对此次交通事故负同等责任，被害无名男子不负事故责任。王某胜的三轮运输车及吕某的小轿车均在保险公司投保了第三者责任险，责任限额分别为5万元和20万元。原告某民政局的工作职责包括对社会流浪乞讨人员实施救助。

法院认为：原告某民政局作为政府负责救助社会流浪乞讨人员的专门机构，与本案被害无名男子之间仅存在行政法律关系，不存在民事法律关系，故不是本案适格的民事诉讼原告，无权就该无名男子的死亡向被告王某胜、吕某和保险公司主张交通事故人身损害赔偿。遂裁定：驳回原告某民政局的起诉。民政局提起上诉，二审法院维持原裁定。

上述案例中，案例27争议的焦点是受害人的子女是在受害人死亡后出生的，侵权行为人是否应当赔偿其作为被抚养人的生活费，也就是说，遗腹子是否可以作为赔偿权利人。案例28争议的焦点则是民政部门能否作为赔偿权利人主张损害赔偿请求权。试问：损害赔偿的权利主体和义务主体如何确定？

---

① 详见《最高人民法院公报》2007年第6期（总第128期）。

二、侵权损害赔偿法律关系的权利主体

《人身损害赔偿解释》第一条规定："因生命、身体、健康遭受侵害，赔偿权利人起诉请求赔偿义务人赔偿物质损害和精神损害的，人民法院应予受理。本条所称'赔偿权利人'，是指因侵权行为或者其他致害原因直接遭受人身损害的受害人以及死亡受害人的近亲属。本条所称'赔偿义务人'，是指因自己或者他人的侵权行为以及其他致害原因依法应当承担民事责任的自然人、法人或者非法人组织。"就赔偿权利人而言，一般仅限于侵权行为的直接受害人，但在特殊情况下，直接受害人之外的第三人也可以成为赔偿权利人。因此，赔偿权利主体分为两类：一类为直接赔偿权利人，该类赔偿权利人为侵权行为损害后果的直接承受者，是因侵权行为而使民事权利受到侵害的人；另一类为间接赔偿权利人，是指侵权行为造成了直接赔偿权利人的损害，因而使权益受到间接损害的赔偿权利人。区分直接赔偿权利人和间接赔偿权利人的意义在于，在法律适用中，不同类型的赔偿权利人享有不同的权利。

（一）直接赔偿权利人（直接受害人）

侵权行为损害后果的直接受害者就是直接赔偿权利人。具体包括下列情形：

1. 直接赔偿权利人。凡是具有实体法上的民事权利能力，又因侵权行为而使其民事权利受到侵害的人，就具有赔偿权利人的资格。有无民事行为能力，涉及的是是否可以自己行使赔偿权利。具有完全民事行为能力的直接赔偿权利人，可以自己行使侵权赔偿请求权，向赔偿义务主体请求赔偿。若直接赔偿权利人无民事行为能力或限制民事行为能力，自己不能行使赔偿请求权，应当由其法定代理人代其行使人身损害赔偿请求权。法定代理人可以作为直接赔偿权利人的诉讼代理人进行诉讼。

2. 多数直接赔偿权利人。一个侵权行为可以有数个直接赔偿权利人，所有的直接赔偿权利人都享有人身损害赔偿请求权，都可以提起人身损害赔偿诉讼。由于有数个直接赔偿权利人，应作为普通共同诉讼进行合并审理，数个直接赔偿权利人都是原告，个别直接赔偿权利人不起诉的，并不影响其他直接赔偿权利人提出赔偿请求。

3. 侵害生命权的直接赔偿权利人。侵害生命权，有双重直接受害人，即已死亡的受害人和为死者治疗、送葬而遭受财产损失和精神损害的近亲属。前者已经死亡，不能行使赔偿权利，后者可以依法行使请求赔偿财产损失和精神损

害的权利。如果为死者支付丧葬费用和生前医疗费用的为死者生前所在的单位或其他社会组织，由于这些丧葬费用也属于因死者的死亡而遭受的财产损失，所以此时死者生前所在的单位或其他社会组织应当可以作为直接赔偿权利人向赔偿义务人请求损害赔偿。

（二）间接赔偿权利人（间接受害人）

间接受害人，是指侵害行为直接指向的对象以外因法律关系或者社会关系的媒介作用受到损害的人。在不法侵害他人致死的情形下，被害人既已死亡，其权利能力即行中止，固无损害赔偿请求权可言，唯其死亡影响其他人的利益甚大，故被害人以外之人受有损害者，亦得请求赔偿，始合情理。《民法典》第一千一百八十一条第一款规定："被侵权人死亡的，其近亲属有权请求侵权人承担侵权责任。被侵权人为组织，该组织分立、合并的，承继权利的组织有权请求侵权人承担侵权责任。"据此，我国法律所保护的间接受害人，不仅包括死亡受害人的近亲属以及其生前依法承担扶养义务的被扶养人，而且包括残疾受害人丧失劳动能力前依法承担扶养义务的被扶养人。因此，立法上所认可的死亡赔偿，赔偿权利人无论是在理论上还是在事实上都应当是死亡受害人的近亲属。[①]

1. 被扶养人。此之所谓扶养，是广义的扶养，包括狭义的扶养即平辈之间的扶养以及长辈对晚辈的抚养和晚辈对长辈的赡养。承担扶养义务的前提，是当事人之间具有法律规定的身份法益。被扶养人包括未满 18 周岁的未成年人以及丧失劳动能力又没有其他生活来源的成年人。

在司法实践中应把握以下几点：一是权利主体包括三类被扶养的亲属。这里的扶养关系是概括的概念，包括我国民法中的赡养、抚养、扶养三种法律关系，不能单纯理解为只有平等扶养关系的亲属。二是权利主体不限于与死者或残疾者有法定扶养关系的权利人，还包括有事实扶养关系的人。三是权利主体还应包括有扶养期待权的人，如胎儿。根据世界立法通例，胎儿应作为权利人。四是对部分丧失劳动能力的残疾者的被扶养人，可赔偿相应的被扶养人生活费。同时，关于如何理解"又无其他生活来源"，其他生活来源不仅包括自己已有的收入，还包括社会保障收入和法定扶养收入等，如果被扶养人是成年人，虽没有劳动能力，但有其他合法收入的，不应考虑赔偿问题。

[①] 最高人民法院民事审判第一庭编著：《最高人民法院人身损害赔偿司法解释理解与适用》，人民法院出版社 2022 年版，第 35 页。

2.近亲属。直接受害人在因侵权损害事故死亡的情形下，其近亲属作为间接受害人享有独立的损害赔偿请求权，就其办理丧葬事宜支出的费用以及因受害人死亡导致的收入损失等财产损害和反射性精神损害，有权作为赔偿权利人请求损害赔偿。关于近亲属的范围及请求权顺位问题，按照《民法典》第一千零四十五条第二款的规定，近亲属的范围是配偶、父母、子女、兄弟姐妹、祖父母、外祖父母、孙子女、外孙子女。死亡赔偿金是对近亲属这些间接受害人的赔偿。我们认为，近亲属作为请求权人也是有先后次序的，即配偶、父母、子女、兄弟姐妹、祖父母、外祖父母、孙子女、外孙子女。从国外的立法例来看，配偶、子女属于近亲属的范围，其他的要么不是，要么属于第二顺位。我国法律对此没有明确，只是规定了近亲属为请求权人，而没有规定顺位问题。但是，最高人民法院侵权责任法研究小组认为，从死亡赔偿金的角度来看，遵守顺位比较合适，即配偶、父母、子女是第一顺位，没有第一顺位的，第二顺位的近亲属才能请求。而且，死亡赔偿金不能作为受害人的遗产看待，受害人的债权人无权就死亡赔偿金主张债权。①

三、侵权损害赔偿法律关系的义务主体

无论损害事故是由人的行为造成还是由自然事实造成，理论上均认为，有损害事故则必有行为人即加害人。②就赔偿义务主体而言，按照自己责任原则，通常为加害人本人。但在某些特殊情况下，也可能由他人承担赔偿责任。因此，损害赔偿的义务主体可分为：因自己的加害行为承担民事责任的人；因他人的侵权行为承担民事责任的人；对其他致害原因依法承担民事责任的人。这里的"人"包括"自然人、法人和非法人组织"。具体而言：

1.直接赔偿义务人。直接赔偿义务人是直接实施侵权行为，造成赔偿权利人损害的人。直接赔偿义务人分为三种。若直接加害人为一人，则为单独的直接赔偿义务人，由其个人承担损害赔偿责任。若为共同侵权行为，则共同加害人为共同赔偿义务人，他们承担连带赔偿责任。在诉讼中，若为必要的共同诉讼，应合并审理。对于共同危险行为，其行为人不是共同加害人，但因共同危险行为的责任形式是连带责任，故共同危险行为人为共同的人身损害赔偿义务

---

① 最高人民法院侵权责任法研究小组编著：《〈中华人民共和国侵权责任法〉条文理解与适用》，人民法院出版社2010年版，第146页。

② 曾世雄：《损害赔偿法原理》，中国政法大学出版社2001年版，第30页。

主体，为共同被告。

2. 替代赔偿义务人。替代责任即为他人的侵权行为承担民事责任。替代责任人，是为他人的行为负责，或者为物件造成的损害负责的赔偿义务人。按照法律规定，一个人应当为他人的侵权行为负责，或者为自己管领下的物件所造成的损害负责，他就是替代责任人，也就是赔偿义务主体。替代赔偿义务人有两种，一种为对人的替代赔偿义务人，另一种为对物的替代赔偿义务人。在对人的替代责任的特殊的侵权责任中，直接造成损害的行为人并不是赔偿义务主体，不直接承担损害赔偿责任，其赔偿义务主体是为直接造成损害的行为人承担损害赔偿责任的替代责任人。在物件侵权责任中，侵权责任法一贯坚持的规则为由物件的所有人、管理人承担损害赔偿责任。因而，致害物件的所有人、管理人是该人身损害赔偿法律关系的赔偿义务主体，是赔偿诉讼中的被告。

替代责任的情形有：法人或非法人组织的工作人员的职务行为，法人或非法人组织为赔偿义务人；雇员在从事雇佣活动中致人损害的行为，雇主为赔偿义务人；雇佣关系以外的第三人造成雇员人身损害的，雇主与该第三人为不真正连带责任主体；帮工人在从事帮工活动中致人损害的，被帮工人为赔偿义务主体；监护人就被监护主体的侵权行为，为赔偿义务主体。

3. 补充赔偿义务人。适用补充赔偿义务的条件为：对他人负有法定的或者约定的安全保障义务的人，由于没有尽到安全保障义务，而使受其保障的人遭受人身损害，在直接赔偿义务人赔偿不能或者赔偿不足的情况下应当由该未尽安全保障义务的人承担补充的赔偿责任。这种因违反安全保障义务而承担补充责任的人，就是补充责任人。《民法典》第一千一百九十八条第二款规定："因第三人的行为造成他人损害的，由第三人承担侵权责任；经营者、管理者或者组织者未尽到安全保障义务的，承担相应的补充责任……"

四、对案例 27、案例 28 的简要评析

1. 对案例 27 的简要评析

《人身损害赔偿解释》第十六条规定，被扶养人生活费计入残疾赔偿金或者死亡赔偿金。《民法典》第一千一百七十九条规定："……造成死亡的，还应当赔偿丧葬费和死亡赔偿金。"在本案中，"死者生前扶养的人"，既包括死者生前实际扶养的人，也包括应当由死者抚养，但因为死亡事故发生，死者尚未抚养的子女，即在张某因事故死亡时，张某某仍是胎儿，为母体的一部分，尚未成为法律上的人，但不能因此而将其排除于被扶养人的范围之外，对其生活

费的主张不予支持，否则势必使其合法权益得不到保护。胎儿出生时有两种情况，即活体或死体。如为死体，则不存在抚养问题；如为活体，则其父母对其负有抚养义务。如其父母一方或双方因他人的侵权行为死亡或伤残，则其受抚养权就会受到侵害。本案中，张某某在诉讼过程中出生，由于其父亲张某因交通事故死亡，张某对其应承担的抚养义务已无法实现，若因此而使其所需的生活费全部由其母亲承担，而对事故负有次要责任的被告却不承担任何责任，显然是不公平的，无疑不利于保护未成年人的合法权益。因此，在诉讼中，张某某的出生，使其成为自然人，完全享有民事权利，自然应当作为赔偿权利人。

2. 对案例 28 的简要评析

在本案中，侵权行为造成身份不明人员死亡时，若没有赔偿权利人或者赔偿权利人不明，有关机关或者单位起诉主张死亡赔偿金的，应否受理？对此，最高人民法院民一庭意见为："因侵权行为导致流浪乞讨人员等身份不明人员死亡，无赔偿权利人或者赔偿权利人不明，在法律未明确授权的情况下，民政部门等行政部门或机构向人民法院提起民事诉讼的，人民法院不予受理；已经受理的，驳回起诉。"[1]该观点被《道路交通损害赔偿解释》第二十三条[2]所吸纳。

第二节 侵权损害赔偿的原则

侵权损害赔偿，是指侵权人实施侵权行为对被侵权人造成损害，依法应承担的以给付金钱或实物为内容的民事责任方式。侵权损害赔偿的根本目的是救济损害，赔偿的根本目的是补偿损失，使受到损害的权利得到救济、恢复权

---

① 最高人民法院民一庭：《侵权行为导致身份不明的受害人死亡，民政部门等行政部门或其他机构是否有权提起民事诉讼》，载最高人民法院民事审判第一庭编：《民事审判指导与参考》2011 年第 2 辑（总第 46 辑），人民法院出版社 2011 年版，第 118 页。

② 《道路交通损害赔偿解释》第二十三条规定："被侵权人因道路交通事故死亡，无近亲属或者近亲属不明，未经法律授权的机关或者有关组织向人民法院起诉主张死亡赔偿金的，人民法院不予受理。侵权人以已向未经法律授权的机关或者有关组织支付死亡赔偿金为理由，请求保险公司在交强险责任限额范围内予以赔偿的，人民法院不予支持。被侵权人因道路交通事故死亡，无近亲属或者近亲属不明，支付被侵权人医疗费、丧葬费等合理费用的单位或者个人，请求保险公司在交强险责任限额范围内予以赔偿的，人民法院应予支持。"

利。① 根据《民法典》侵权责任编第二章"损害赔偿"的规定，侵权损害赔偿可以分为：人身损害赔偿、侵害人身权益造成财产损害赔偿、财产损害赔偿、精神损害赔偿、知识产权惩罚性赔偿。虽然侵权损害赔偿的种类有所不同，但均应当遵循侵权损害赔偿的原则。

一、完全赔偿原则

完全赔偿原则，又称全面赔偿规则，是指侵权行为加害人承担赔偿责任的大小，应当以行为所造成的实际财产损失的大小为依据，予以全部赔偿。换言之，就是赔偿以所造成的实际损害为限，损失多少，赔偿多少。② 完全赔偿是侵权损害赔偿的基本原则，能使受害人的权利在最大的范围内尽可能地得到保护，使受害人的利益得以恢复或充分得以满足。完全赔偿与全额赔偿不同：前者包含了赔偿范围和赔偿数额两个方面的内容，后者仅指赔偿数额；前者包含了人身损害、财产损害和精神损害的赔偿责任范围及数额，后者则只包括对财产损失的赔偿数额。显然，全额赔偿包含于完全赔偿之中。

采用完全赔偿原则，对于侵权行为所造成的损失，不论是直接损失还是间接损失都应当进行赔偿。直接损失又称为所受损害，是指因加害人的侵权行为，而使赔偿权利人现有财产所减少的数额。③ 在财产损害中，直接损失是现有财产的减少，表现为物的丧失和毁损。在人身损害中，医治伤害所支出的医药费等费用是直接损失。在精神损害中，为恢复权利而支出的费用是直接损失。间接损失又称为所失利益，是指受害人本来可以得到的，但是因为侵权行为人的加害行为而丧失的利益。④ 在财产损害中，间接损失是可得利益的丧失；在人身损害中，因误工减少的收入等属于间接损失；在精神损害中，因精神损害而减少收入的利益，则是间接损失。但是，间接损失必须具有合理预见性，是受害人已经预见或者能够预见的利益。例如，伤害他人身体者，不仅应赔偿被害人在治疗上所支出的医疗费，还须填补被害人于健康未恢复前，不能劳作所失之利益。⑤

① 杨立新：《侵权责任法》（第四版），法律出版社 2021 年版，第 199 页。
② 杨立新：《侵权责任法》（第四版），法律出版社 2021 年版，第 200 页。
③ 林诚二：《民法理论与问题研究》，中国政法大学出版社 2000 年版，第 286 页。
④ 林诚二：《民法理论与问题研究》，中国政法大学出版社 2000 年版，第 286 页。
⑤ 梅仲协：《民法要义》，中国政法大学出版社 1998 年版，第 218 页。

当损害发生时，要实现全部赔偿，必须对侵权行为所造成的实际损害进行确定。一般来说，实际损害的确定不能以加害人过错程度的轻重作为依据，也不能以行为的社会危害性的大小作为依据。然而在精神损害赔偿中，加害人的主观过错程度却起着重要的作用，加害人故意或者重大过失是承担较重赔偿责任的重要根据。

完全赔偿原则是为了保护受害人的利益，在计算损害赔偿的范围时必须坚持的一个原则。但是，赔偿的只能是合理的损失，而不包括不合理的损失，如受害人借故增加的开支就不在赔偿范围之内。

二、限定赔偿原则

限定赔偿原则，也称为部分赔偿原则，是指依据法律的特别规定，对于某些侵权损害，加害人对受害人的最高赔偿额有所限定，仅赔偿受害人由于侵权行为所造成损失的一部分的原则。限定赔偿原则是侵权损害赔偿的一个通行原则。根据我国的法律规定，限定赔偿原则主要体现在：海上运输旅客承运人对旅客人身伤亡的赔偿责任限定、海上人身伤亡的海事赔偿责任限定、海上油污损害是否适用赔偿责任限定、铁路旅客运输损害赔偿、国内航空运输旅客身体损害赔偿、侵害著作权损害赔偿、邮件损害赔偿。

三、过失相抵原则

过失相抵，是指在损害赔偿之债中，就损害的发生或者扩大受害人也有过失，法院可依其职权按一定的标准减轻或免除加害人赔偿责任，从而公平合理地分配损害的一种制度。[1] 过失相抵并非指赔偿权利人之过失与赔偿义务人之过失互相抵销。关于过失相抵原则，《民法典》第一千一百七十三条规定："被侵权人对同一损害的发生或者扩大有过错的，可以减轻侵权人的责任。"立法机关称之为"与有过错"，"与"指的是侵权人与被侵权人双方，该制度解决的是在双方均有过错的情况下如何承担责任的问题。[2] 若受害人对于损害的发生存在故意，此时应免除赔偿义务人的赔偿责任；若受害人对于损害的发生存在重大过失，此时应适当减轻赔偿义务人的赔偿责任；若受害人对于损害的发生

---

① 朱卫国：《过失相抵论》，载梁慧星主编：《民事法论丛》（第 4 卷），法律出版社 1996 年版，第 400 页。

② 黄薇主编：《中华人民共和国民法典侵权责任编释义》，法律出版社 2020 年版，第 29 页。

存在一般过失，而加害人对损害的发生为故意，此时不减轻赔偿义务人的赔偿责任。因此并非所有受害人的过错引起损害的发生和扩大，都可导致加害人赔偿责任的减免。

过失相抵原则的法理依据，通常认为是衡平观念及诚实信用原则。凡及于自己之故意或过失所生之损害，非可转嫁于他人，此为自明之理。[①] 人只应对自己之行为负责，对于他人过失行为所生之损害，自不负赔偿责任，否则为衡平原则所不许。且依诚信原则，为使债务完全履行，债权人亦有协助的义务，若债权人因故意或过失使损害扩大，亦为诚信原则所不许。故过失相抵原则，是衡平观念与诚信原则的具体表现。构成过失相抵，就要进行过错比较和原因力比较，最终确定双方各自承担的侵权责任。

四、损益相抵原则

所谓损益相抵，是指受害方基于损失发生的同一原因而获得某种利益时，在其应得的损失赔偿额中，扣除其所得的利益部分。也就是说，侵权行为在造成损失的同时，又使受害人受有利益的，应当根据实际情况，从损害赔偿额中扣除所得利益。关于损益相抵的理论根据，学理上有利益说和禁止得利说两种观点。[②] 利益说认为，计算损害，若将事故未发生的财产状况与事故发生后的财产状况相比，二者之间的差额为赔偿额。利益说的典型代表为德国法，《德国民法典》第 324 条规定，一方因双务合同而负担的给付，因可归责于另一方的事由而致不能的，该方仍保持对待给付的请求权。但其因免除给付而节省的或因将其劳务移作他用而取得的或故意不取得的利益抵作给付。[③] 禁止得利说认为，损害赔偿旨在填补损害，因此赔偿应与损害大小一致，赔偿结果对受害人不应比损害未发生时更为优越。因此，如果受害人因损害的原因事实同时获得了利益，该利益应在损害赔偿计算时予以扣除。[④] 禁止得利说的典型代表是法国法，《法国民法典》第 1149 条规定："对债权人应付损害赔偿，一般应包括债权人所受的损失和所失的或获得的利益。"

作为损害赔偿中一项重要的、普遍适用的原则，我国现行法律没有对损益

---

① 龙显名编著：《私法上人格权之保护》，台湾中华书局 1958 年版，第 117 页。
② 曾世雄：《损害赔偿法原理》，中国政法大学出版社 2001 年版，第 189—190 页。
③ 杜景林、卢谌译：《德国民法典》，中国政法大学出版社 1999 年版，第 71 页。
④ 曾世雄：《损害赔偿法原理》，中国政法大学出版社 2001 年版，第 189—190 页。

相抵进行规定。从损害赔偿的目的来看，赔偿是补偿受害方所遭受的损失，并非为了使受害方受益，若不将受益予以扣除，就有违损害赔偿的目的，因此损益相抵应当得到适用。虽法无明文规定，但司法实践予以认可。

对于侵权法中损益相抵原则的构成要件，一般都采三要件说：一是须有损害赔偿之债成立。损益相抵是确定损害赔偿范围的一项规则，因此损害赔偿之债的成立是前提。二是须受害人受有利益。利益，是指因一定的事实结果，使当事人在财产上或精神上受益。无论是财产上的利益还是精神上的利益，只有在受害人因加害人的行为造成损害的同时，获有新生利益时，始有抵扣之可能。该利益既包括积极利益，又包括消极利益；既包括财产上的利益，又包括非财产上的利益；既包括已经取得的利益，又包括应当取得但因受害人的故意和重大过失而怠于取得的利益。三是损害与利益基于同一侵权行为产生，所获利益与侵权行为之间具有因果关系。在损害发生时，被害人获得何种"利益"，加害人可主张损益相抵，在理论上，最早是损益同源说，该说认为，损益相抵以损害与利益须由同一事故发生为必要。

五、衡平原则

所谓衡平原则，是指在确定损害赔偿范围时，必须考虑双方当事人的实际情况，特别是经济状况，使赔偿责任的确定更为公正合理。司法实践中，在确定侵权赔偿数额时，如果加害人确实存在经济上的困难，法院一般会适当地减少赔偿数额。

衡平原则，是由侵权损害赔偿责任的性质决定的。损害赔偿责任归根结底是一种财产责任，如果加害人经济状况很差，财产很少甚至根本没有财产，令其承担这种责任就不具有现实可能性。而且，现代民法是以人为本的，人的基本权利应该得到应有的尊重和保护，为加害人保留必要的生存资料，也符合民法的人文精神。

在适用衡平原则确定损害赔偿范围大小时，必须遵循下列规则：一是衡平原则的适用以损害赔偿之债已经成立为前提。若赔偿责任的有无尚存疑问，当然就不能直接适用该原则。二是衡平原则只适用于根据过错责任、过错推定责任以及无过错责任确定的侵权损害赔偿之债。如果是根据公平原则承担损害赔偿责任的情形，已经把衡平原则的因素考虑进去了。三是衡平原则应在适用完全赔偿原则、限定赔偿原则、过失相抵原则、损益相抵原则之后再适用。正如有学者所言：没有依据其他赔偿规则确定赔偿的基本范围之前，就适用衡平原则，是不正确的。① 四是衡平原则的适用应当综合考虑各种因素。衡平原则的适用，不仅要考虑经济因素，还要考虑社会因素、伦理因素等；不仅要考虑加害人的情况，还要考虑受害人的情况。五是衡平原则的适用要以为加害人及其家属保留必要生活费为底限。

第三节　人身损害赔偿范围的界定

一、问题的提出

人身损害赔偿是指自然人的生命、健康、身体遭受侵害，造成致死、致伤、致残的后果以及其他损害，要求赔偿义务人以财产赔偿的方法进行救济和保护的侵权法律制度。② 从原《民法通则》及相关司法解释到原《侵权责任法》再到《民法典》等均高度重视人身损害赔偿范围的规定，对赔偿标准作了明确界定。

在研究人身损害赔偿范围的界定之前，先看两则案例：

案例 29：刑事附带民事诉讼中可否主张残疾赔偿金 ③

尹某军与颜某奎同住一小区。2012 年 11 月 26 日 17 时许，双方因小区菜地问题发生口角并撕打，颜某奎持刀将尹某军捅伤。尹某军随后被送往医院治疗，经诊断为：全身多处刀刺伤、左坐骨神经挫伤、右腓总神经损伤。2013 年 8 月 22 日，法院作出刑事判决，颜某奎犯故意伤害罪，判处有期徒刑一年三个月。2014 年 8 月 25 日，尹某军另行提起民事诉讼，请求法院判令颜某奎支付误工费、残疾赔偿金、精神抚慰金。

---

① 杨立新：《侵权责任法》（第四版），法律出版社 2021 年版，第 204 页。

② 何志：《侵权责任判解研究与适用》，人民法院出版社 2009 年版，第 204 页。

③ 详见《最高人民法院公报》2019 年第 3 期（总第 269 期）。该案的裁判摘要为：刑事案件的受害人因犯罪行为受到身体伤害，未提起刑事附带民事诉讼，而是另行提起民事侵权诉讼的，关于残疾赔偿金是否属于物质损失范畴的问题，《刑事诉讼法》及司法解释没有明确规定。刑事案件受害人因犯罪行为造成残疾的，今后的生活和工作必然受到影响，导致劳动能力下降，造成生活成本增加，进而变相地减少物质收入，故残疾赔偿金应属于物质损失的范畴，应予赔偿。

生效裁判认为：尹某军系退休职工，对其误工费的主张，不予支持。关于精神抚慰金，本案颜某奎已因伤害尹某军的犯罪行为被判处有期徒刑一年零三个月，颜某奎被判处刑罚对尹某军是一种精神上的抚慰；且精神抚慰金不属于物质损失的范畴，故对该项诉讼请求不予支持。关于残疾赔偿金，首先，从本案的事实和相关法律规定看，颜某奎的故意伤害行为致尹某军构成十级伤残。侵权行为造成受害人残疾的，侵权人应当赔偿受害人残疾赔偿金。据此，尹某军关于残疾赔偿金的诉讼请求有事实和法律依据。其次，从公平的角度看，犯罪行为对受害人造成的伤害甚至比纯粹的民事侵权造成的伤害更大，如不予支持残疾赔偿金，会导致受害人因遭受犯罪行为侵害得到的赔偿较少而纯粹民事侵权行为的侵害得到的赔偿相对较多，对受害人不公平，支持残疾赔偿金更符合公平原则。最后，从残疾赔偿金的性质看，因侵权行为造成受害人残疾的，必然会对受害人今后的生活和工作造成影响，造成受害人的生活成本增加或者劳动能力下降，进而变相地减少了受害人的物质收入，残疾赔偿金应属于物质损失的范畴。

案例 30：同船遇难能否同等赔偿 ①

2015 年 7 月 14 日，某邦萨那加有限公司所有的"FS SANAGA"轮（利比里亚籍集装箱船）与倪某某所有的"浙三渔 00011"轮（中国三门籍渔船）在宁波象山沿海水域发生碰撞，事故造成"浙三渔 00011"轮沉没，船上 14 名船员全部遇难。遇难船员中，除 1 名船员为城镇户籍外，其余 13 名均为农村户籍。吴某某等 14 名遇难船员家属诉至宁波海事法院，要求某邦萨那加有限公司、倪某某作为碰撞两船的所有人连带承担人身损害赔偿责任，并主张应按照浙江城镇居民人均可支配收入计算死亡赔偿金。

生效裁判认为，14 名遇难船员因"FS SANAGA"轮与"浙三渔 00011"轮碰撞事故遇难，两船互有过失，依据《海商法》第一百六十九条第三款的规定，某邦萨那加有限公司、倪某某作为碰撞船舶所有人应就该碰撞造成的人身伤亡负连带赔偿责任。关于死亡赔偿金计算标准问题，因同一侵权行为造成多人死亡的，可以以相同数额确定死亡赔偿金。案涉事故导致 14 名船员遇难，且无特殊情况排除该条的适用，故对于吴某某等以城镇标准计算死亡赔偿金的主张予以保护。宁波海事法院经核算各项损失后，判决 14 名遇难船员的家属在先

---

① 最高人民法院于 2020 年 6 月 24 日发布的《维护船员合法权益典型案例》。

期已获赔 350 万元的基础上，可再获赔 1166 万元。

上述案例中，案例 29 涉及刑事附带民事诉讼中的人身损害赔偿范围，案例 30 涉及同等赔偿问题。试问：一般人身损害的赔偿范围有哪些？受害人伤残或者死亡的赔偿范围如何界定？

二、一般人身损害的赔偿范围

一般人身损害赔偿，是指因侵权行为人的侵权行为造成受害人的人身损害，但损害程度还没有达到受害人致残或者死亡的后果的损害赔偿。根据《民法典》第一千一百七十九条"侵害他人造成人身损害的，应当赔偿医疗费、护理费、交通费、营养费、住院伙食补助费等为治疗和康复支出的合理费用，以及因误工减少的收入"的规定，一般人身损害的赔偿范围和标准包括：

1. 医疗费。根据《人身损害赔偿解释》第六条的规定，医疗费根据医疗机构出具的医药费、住院费等收款凭证，结合病历和诊断证明等相关证据确定。赔偿义务人对治疗的必要性和合理性有异议的，应当承担相应的举证责任。医疗费的赔偿数额，按照一审法庭辩论终结前实际发生的数额确定。器官功能恢复训练所必要的康复费、适当的整容费以及其他后续治疗费，赔偿权利人可以待实际发生后另行起诉。但根据医疗证明或者鉴定结论确定必然发生的费用，可以与已经发生的医疗费一并予以赔偿。

2. 误工费。根据《人身损害赔偿解释》第七条的规定："误工费根据受害人的误工时间和收入状况确定。误工时间根据受害人接受治疗的医疗机构出具的证明确定。受害人因伤致残持续误工的，误工时间可以计算至定残日前一天。受害人有固定收入的，误工费按照实际减少的收入计算。受害人无固定收入的，按照其最近三年的平均收入计算；受害人不能举证证明其最近三年的平均收入状况的，可以参照受诉法院所在地相同或者相近行业上一年度职工的平均工资计算。"

3. 护理费。根据《人身损害赔偿解释》第八条的规定："护理费根据护理人员的收入状况和护理人数、护理期限确定。护理人员有收入的，参照误工费的规定计算；护理人员没有收入或者雇佣护工的，参照当地护工从事同等级别护理的劳务报酬标准计算。护理人员原则上为一人，但医疗机构或者鉴定机构有明确意见的，可以参照确定护理人员人数。护理期限应计算至受害人恢复生活自理能力时止。受害人因残疾不能恢复生活自理能力的，可以根据其年龄、健康状况等因素确定合理的护理期限，但最长不超过二十年。受害人定残后的护理,应当根据其护理依赖程度并结合配制残疾辅助器具的情况确定护理级别。"

4. 交通费。根据《人身损害赔偿解释》第九条的规定,交通费根据受害人及其必要的陪护人员因就医或者转院治疗实际发生的费用计算。交通费应当以正式票据为凭;有关凭据应当与就医地点、时间、人数、次数相符合。

5. 住宿费。住宿费是受害人本人到外地就医、参加事故处理等必须支出的合理费用,包括:受害人受伤后因医院无床位或其他原因确需候诊,且伤情不允许返回家中或不能返回家中,或往返家中的交通费用高于住宿费的情况下,受害人支出的合理住宿费用。

6. 住院伙食补助费。根据《人身损害赔偿解释》第十条的规定,住院伙食补助费可以参照当地国家机关一般工作人员的出差伙食补助标准予以确定。受害人确有必要到外地治疗,因客观原因不能住院,受害人本人及其陪护人员实际发生的住宿费和伙食费,其合理部分应予赔偿。

7. 必要的营养费。营养费根据受害人伤残情况参照医疗机构的意见确定。

三、受害人伤残的赔偿范围

受害人因伤残的结果部分丧失或者全部丧失劳动能力,不能以劳动维持生计,或者只能通过劳动维持部分生计,因而必须予以赔偿。

在理论上确认劳动能力全部或部分丧失需要得到相应的赔偿,有以下三种学说:(1)收入丧失说,又称所得丧失说。该说认为,损害赔偿的目的在于填补受害人实际所生损害,故受害人纵然丧失或者减少劳动能力,但如未发生实际损害,或者受伤前后的收入并无差别,则不得请求赔偿。计算时,以受害人受伤前后的差额为损害额,以此差额予以赔偿。(2)劳动能力丧失说。该说认为,受害人因身体或者健康受损害,以至丧失或者减少劳动能力本身即为损害,并不限于实际所得的损失,所以,劳动能力丧失即应予以赔偿,而不是收入的差别。(3)生活来源丧失说。该说认为,受害人劳动能力丧失与减少,必致其生活来源丧失,因而,应当赔偿受害人生活补助费,使其生活来源能够恢复。赔偿所救济的,既不是劳动能力丧失的本身,亦不是受害人致残前后的收入差别,而是受害人致残前后生活来源的差额。采用该学说的赔偿标准是比较低的。[1]

---

[1] 参见黄薇主编:《中华人民共和国民法典解读·侵权责任编》,中国法制出版社2020年版,第276—277页。

我国立法和以前的审判实务采生活来源丧失说。原《民法通则》第一百一十九条规定赔偿的就是"残疾者生活补助费"。《民法通则意见》第一百四十六条规定："侵害他人身体致使其丧失全部或者部分劳动能力的，赔偿生活补助费一般应补足到不低于当地居民基本生活的标准。"原《民法通则》和《民法通则意见》规定的标准都较低，对保护因伤致残者不利。

根据收入丧失说，未成年人、待业人员都不存在收入损失，因此，即使致残，也不能获得赔偿。受害人虽然因伤致残，但实际收入没有减少的，也不能获得赔偿。这明显有违社会公平正义。因此，绝对的收入丧失说实际上没有人主张。《人身损害赔偿解释》以劳动能力丧失说为原则，同时也吸收收入丧失说的合理成分，考虑受害人收入丧失与否的实际情况，作为决定残疾赔偿金因素，以平衡当事人双方的利益。[1] 根据《人身损害赔偿解释》第十二条第一款的规定，残疾赔偿金根据受害人丧失劳动能力程度或者伤残等级，按照受诉法院所在地上一年度城镇居民人均可支配收入标准，就是以劳动能力丧失程度作为评价收入减少程度的标准和参数，这显然采取的是劳动能力丧失说。但同时该条第二款又规定："受害人因伤致残但实际收入没有减少，或者伤残等级较轻但造成职业妨害严重影响其劳动就业的，可以对残疾赔偿金作相应调整。"这实际上又斟酌了收入丧失说的合理成分。[2]

劳动能力丧失的赔偿范围和标准具体包括：

1. 残疾赔偿金。《人身损害赔偿解释》第十二条规定："残疾赔偿金根据受害人丧失劳动能力程度或者伤残等级，按照受诉法院所在地上一年度城镇居民人均可支配收入标准，自定残之日起按二十年计算。但六十周岁以上的，年龄每增加一岁减少一年；七十五周岁以上的，按五年计算。受害人因伤致残但实际收入没有减少，或者伤残等级较轻但造成职业妨害严重影响其劳动就业的，可以对残疾赔偿金作相应调整。"由于该解释采取的是收入丧失说，所以残疾赔偿金的性质不是对受害人遭受的精神损害的赔偿，而是对受害人应该得到而没有得到的收入的补偿。

2. 残疾辅助器具费。根据《人身损害赔偿解释》第十三条的规定，残疾辅

---

[1]　参见最高人民法院民事审判第一庭编著：《最高人民法院人身损害赔偿司法解释理解与适用》，人民法院出版社 2022 年版，第 162 页。

[2]　最高人民法院民法典贯彻实施工作领导小组主编：《中华人民共和国民法典侵权责任编理解与适用》，人民法院出版社 2020 年版，第 149 页。

助器具费按照普通适用器具的合理费用标准计算。伤情有特殊需要的，可以参照辅助器具配制机构的意见确定相应的合理费用标准。辅助器具的更换周期和赔偿期限参照配制机构的意见确定。

3. 被扶养人生活费。被扶养人是指受害人依法应当承担扶养义务的未成年人或者丧失劳动能力又无其他生活来源的成年近亲属。被扶养人还有其他扶养人的，赔偿义务人只赔偿受害人依法应当负担的部分。被扶养人有数人的，年赔偿总额累计不超过上一年度城镇居民人均消费支出额。根据《人身损害赔偿解释》第十六条的规定，被扶养人生活费计入残疾赔偿金或者死亡赔偿金。第十七条第一款则规定："被扶养人生活费根据扶养人丧失劳动能力程度，按照受诉法院所在地上一年度城镇居民人均消费支出标准计算。被扶养人为未成年人的，计算至十八周岁；被扶养人无劳动能力又无其他生活来源的，计算二十年。但六十周岁以上的，年龄每增加一岁减少一年；七十五周岁以上的，按五年计算。"

4. 康复费。因康复护理、继续治疗实际发生的必要的康复费，赔偿义务人也应当予以赔偿。确定实际发生的必要的康复费，重点要把握康复护理和继续治疗阶段，哪些康复费是实际发生的，并且是必要的。凡是没有实际发生的，或者虽然实际发生，但不是必要的，赔偿权利人都无权要求赔偿。器官功能恢复训练所必要的康复费，赔偿权利人可以待实际发生后另行起诉。但根据医疗证明或者鉴定结论确定必然发生的费用，可以与已经发生的医疗费一并予以赔偿。

5. 护理费。受害人因康复护理、继续治疗实际发生的必要的护理费，赔偿义务人应当予以赔偿。

6. 后续治疗费。受害人因康复护理、继续治疗实际发生的必要的康复费、护理费、后续治疗费，赔偿义务人应当予以赔偿。器官功能恢复训练所必要的康复费、适当的整容费以及其他后续治疗费，赔偿权利人可以待实际发生后另行起诉。但根据医疗证明或者鉴定结论确定必然发生的费用，可以与已经发生的医疗费一并予以赔偿。

需要特别指出的是，受害人伤残的，赔偿义务人应当从定残之日起对上述六项费用予以赔偿。定残之日前的人身损害，赔偿义务人也应当予以赔偿。

四、受害人死亡的赔偿范围

自然人死亡，其权利能力消灭，法律主体资格不复存在，因此，死者不可能以权利主体资格主张死亡赔偿。此时的赔偿权利人，实际上是死者的近亲属，即间接受害人。对间接受害人而言，对因直接受害人死亡所蒙受的财产损失有两种计算方法，也即两种学说：扶养丧失说和继承丧失说。扶养丧失说认为，应当以被扶养人丧失的生活来源为计算的依据。依据扶养丧失说，受害人死亡后，其生前以法定扶养义务提供给生活费的被扶养人因此失去了生活来源，赔偿义务人对此应予以赔偿。但赔偿的范围是被扶养人的生活费，即只对间接受害人的具体的、直接的、积极的财产损失进行赔偿，除被扶养人生活费外，不承认有其他财产损失。对直接受害人死亡而导致家庭整体收入的减少，因其属于抽象的、间接的、消极的财产损失，而未被纳入扶养丧失说的财产赔偿范围。继承丧失说认为，应当以受害人死亡导致的家庭整体减少的收入作为计算的依据。其理由在于：受害人的个人收入并非全部用于个人消费，除其中个人消费部分外，其余的收入应当用于家庭共同消费或者积累。受害人因人身损害死亡，家庭可以预期其未来生存年限中的收入因此丧失，实际是家庭成员在财产上蒙受的消极损失。依据损害赔偿法原理，消极损失同样应当予以赔偿。[1] 继承丧失说比扶养丧失说对受害人的保护更有利。应该说，死亡赔偿金不是命价，因为一个人的生命无价。按照继承丧失说，被侵权人可能没有被扶养人，但是他通过自己的劳动，会积累财富，这些财富在他死亡后作为遗产由自己的近亲属继承。现在被侵权人死亡，没有财富积累了，要用死亡赔偿金来填补这一损失。[2] 因此，《人身损害赔偿解释》确认死亡赔偿金的性质是对未来收入损失的赔偿，其性质属于财产损失赔偿，而非"精神损害抚慰金"。[3]

根据《民法典》第一千一百八十条的规定，因同一侵权行为造成多人死亡的，可以以相同数额确定死亡赔偿金。据此，以相同数额确定死亡赔偿金原则上仅适用于因同一侵权行为造成多人死亡的案件。对因同一侵权行为造成多人死亡的，只是"可以"以相同数额确定死亡赔偿金，而不是任何因同一侵权行为造成多人死亡的案件都"必须"或者"应当"以相同数额确定死亡赔偿金。至于什么情况下可以，什么情况下不可以，法院可以根据具体案情，综合考虑

[1] 参见最高人民法院民法典贯彻实施工作领导小组主编：《中华人民共和国民法典侵权责任编理解与适用》，人民法院出版社2020年版，第144页。

[2] 杜万华：《杜万华大法官民事商事审判实务演讲录》，人民法院出版社2016年版，第167页。

[3] 最高人民法院民事审判第一庭编著：《最高人民法院人身损害赔偿司法解释理解与适用》，人民法院出版社2022年版，第200页。

各种因素后决定。实践中，原告的态度也是一个重要的考虑因素，多数原告主动请求以相同数额确定死亡赔偿金的，当然可以；原告没有主动请求，但多数原告对法院所提以相同数额确定的死亡赔偿金方案没有异议的，也可以适用这种方式。① 在审判实务中，对于本条的适用可以采取适当从宽的态度，一方面，本条规定可以以相同数额确定死亡赔偿金。"可以"在此应当作原则理解，即没有特殊情况的，均应当适用数额相同的赔偿标准。另一方面，对于同一侵权行为造成多人残疾的，残疾赔偿金也可以参照本条规定按照同一标准进行赔偿。但对于医疗费、护理费等合理费用支出，以及丧葬费支出，其在性质上属于实际已经造成的损失部分，应根据实际损失情况具体计算，支出多少，赔偿多少。②

受害人死亡的赔偿范围和标准具体包括：

1. 丧葬费。根据《人身损害赔偿解释》第十四条的规定："丧葬费按照受诉法院所在地上一年度职工月平均工资标准，以六个月总额计算。"

2. 被扶养人生活费。在侵害生命权致受害人死亡的情况下，被扶养人生活费的赔偿标准和受害人因伤致残情况下被扶养人生活费的标准相同。

3. 死亡赔偿金。《人身损害赔偿解释》第十五条规定："死亡赔偿金按照受诉法院所在地上一年度城镇居民人均可支配收入标准，按二十年计算。但六十周岁以上的，年龄每增加一岁减少一年；七十五周岁以上的，按五年计算。"

4. 交通费。是指受害人的亲属办理丧葬事宜支出的合理交通费。

5. 住宿费。是指受害人的亲属办理丧葬事宜支出的合理的住宿费。住宿费可以参照受害人遭受一般人身损害赔偿范围规定的住宿费的标准计算。

6. 误工费。是指受害人亲属办理丧葬事宜所耽误工作造成的损失。

五、对案例 29、案例 30 的简要评析

1. 对案例 29 的简要评析

一般来说，因人身权利受到犯罪侵犯而遭受的物质损失或者财物被犯罪分

---

① 参见最高人民法院民法典贯彻实施工作领导小组主编：《中华人民共和国民法典侵权责任编理解与适用》，人民法院出版社 2020 年版，第 144 页；黄薇主编：《中华人民共和国民法典解读·侵权责任编》，中国法制出版社 2020 年版，第 283 页。

② 参见最高人民法院民法典贯彻实施工作领导小组主编：《中华人民共和国民法典侵权责任编理解与适用》，人民法院出版社 2020 年版，第 155 页。

子毁坏而遭受的物质损失，属于刑事附带民事诉讼的赔偿范围。因被告人的犯罪行为造成被害人人身损害的，应赔偿医疗费、护理费、交通费、营养费、住院伙食补助费等为治疗和康复支出的合理费用，以及因误工减少的收入。造成被害人残疾的，还应当赔偿辅助器具费和残疾赔偿金；造成被害人死亡的，还应当赔偿丧葬费和死亡赔偿金。但是现实中，即使刑事附带民事诉讼中参照一般人身损害赔偿范围进行了判决，被告人也往往没有赔偿能力，造成新的不稳定因素。因此，司法实践中往往仅判决赔偿直接损失。

2. 对案例 30 的简要评析

本案中，因船舶碰撞事故导致 14 名船员遇难，其中 1 名船员为城镇户籍，根据《民法典》第一千一百八十条关于"因同一侵权行为造成多人死亡的，可以以相同数额确定死亡赔偿金"的规定，结合党中央提出的"改革人身损害赔偿制度、统一城乡居民赔偿标准"的精神，法院最终判决支持 13 名农村户籍遇难船员家属按照城镇标准计算死亡赔偿金的主张，体现了权利平等、以人为本的裁判理念。

第四节　财产损害赔偿范围的界定

一、问题的提出

财产权益包括财产权利和财产利益。财产权利包括物权、债权、知识产权中的财产性权利，继承权和其他投资性权利。财产利益包括纯粹经济利益、占有、商业秘密等。侵害财产权益给被侵权人造成的损失主要是财产损失，侵权人应当就被侵权人的财产损失承担赔偿责任。侵权损害赔偿制度设计的主要目标是补偿受害人的损失，而所谓"补偿"就是要以实际损失的大小为依据，实际损失多少，就赔偿多少。赔偿大于损失，就超出了赔偿的意义；赔偿小于损失，就有碍赔偿功能的实现。[①]

在研究财产损害赔偿范围界定之前，先看两则案例：

---

① 　何志：《侵权责任判解研究与适用》，人民法院出版社 2009 年版，第 194 页。

案例 31：楼道公共排污管道破裂致财产损害，责任由谁承担 ①

原告刘某玲与蔺某芳、梁某恺等 5 人系同一家属院 5 单元西户上下楼邻居关系。刘某玲系 5 单元 102 号房主，蔺某芳等人分别为原告楼上 202、302、402、502、602 号的房主。一天，刘某玲接到梁某恺电话，称其家中有水溢出，刘某玲赶到家中开门后发现房顶漏水，刘某玲给被告蔺某芳打电话后，蔺某芳到家中发现下水管道往上冒污水，坐便器已经冲破，满屋都是污水，同时流到一楼。因返水造成刘某玲家房屋墙皮脱落、地板变形、家具霉变等财产受损，经鉴定和评估合计 4.2 万元。另查明，原告刘某玲房屋系早年装修，家具也系当年购买，至本案漏水之日，家中无人居住已经有七个月左右。

生效裁判认为，本案系因公共排污管道堵塞引起的财产损害赔偿纠纷，由于堵塞物在疏通排污管道的过程中已被冲走无法保留，亦无法通过其他证据确定具体侵权人，因此，本案的处理应参照适用《民法典》第一千二百五十四条的规定，由可能加害的建筑物使用人承担补偿责任，而不是赔偿责任。关于刘某玲对其财产损失是否负有过错，从返水发现的过程和现场视频来看，刘某玲很少居住使用案涉房屋，且刘某玲家中没有出现坐便器返水情况，堵塞点的位置明显不在一楼管道，而应在一楼和二楼的排污管道之间，唯有这样，才能合理解释二楼蔺某芳家中的坐便器出现的返水现象。关于刘某玲因返水所造成的财产损失应如何认定，根据返水时室内照片、视频，以及法院现场勘查可知，返水是从二楼流到刘某玲家，主要造成了刘某玲室内顶面、吊顶、墙面、木地板和家具的浸泡损失，合计为 1.7 万元。关于对可能加害的建筑物使用人的认定，202 号及其楼上住户即蔺某芳等 5 人均未提供证据证明其不可能实施加害行为，故均应承担本案民事责任，5 人分别补偿刘某玲 3400 元。

案例 32：立体停车楼取车致他人车辆受损的责任承担 ②

某日上午，赵某在立体停车楼停放其车辆。录像显示，在 10：59：14 时，赵某将车辆完全停入停车楼车位，打开车辆的双闪灯，并打开车门准备下车。此时在同一小区居住的李某来停车楼取车，录像显示，李某出现在录像画面中

---

① 参见河南省安阳市中级人民法院（2022）豫 05 民终 4635 号民事判决书。
② 参见北京市第一中级人民法院（2022）京 01 民终 7680 号民事判决书。

后，径直走向停车楼，在未做任何观察的情况下，直接按动取车按钮。导致在赵某车辆左上方的停车架下降，造成赵某所停车辆的左前门严重损坏。事故发生后，李某先是跑到赵某的车辆后大声呼喊，然后按下了紧急制动按钮。事发后，赵某的车辆在4S店维修，赵某共支付维修费18112元。

生效裁判认为，李某在停车楼取车前，未对停车楼内的车辆安全状况进行任何观察，导致其未能看到停放在停车楼车位内，车门打开且车尾双闪灯正在闪亮的赵某的车辆。而在事故发生后，其又未能按操作规程要求"立即"按下紧急制动按钮，以避免事故的扩大。综上，对于此次事故的发生，李某在主观上存在疏忽大意的过失，客观上造成赵某车辆受损。即李某的行为已构成对赵某财产权益的侵害，其应对此承担全部责任，赔偿赵某的全部合理损失。

上述案例均涉及财产损害赔偿问题。试问：侵害人身权益造成财产损失的赔偿范围有哪些？财产损害赔偿范围如何界定？

二、侵害人身权益造成财产损失的赔偿范围

伴随着人格权的商品化趋势，名誉权、肖像权、隐私权等人格权，尤其是知名人物的人格权日益具有更大的商业价值，而对这些权利的侵害，会给当事人造成财产损失。[①] 在此情形下，如何确定具体赔偿规则，就成为其中最为重要的问题。对此，《民法典》第一千一百八十二条规定："侵害他人人身权益造成财产损失的，按照被侵权人因此受到的损失或者侵权人因此获得的利益赔偿；被侵权人因此受到的损失以及侵权人因此获得的利益难以确定，被侵权人和侵权人就赔偿数额协商不一致，向人民法院提起诉讼的，由人民法院根据实际情况确定赔偿数额。"据此，侵害人身权益造成财产损失的赔偿范围界定应当遵循：

（一）按照被侵权人受到的损失赔偿

1.侵害他人生命、健康、身体等权益造成财产损失的赔偿范围，一般包括积极的财产损失和可得利益的损失。依照《民法典》第一千一百七十九条的规定，侵害他人造成人身损害的，应当赔偿医疗费、护理费、交通费、营养费、

---

① 最高人民法院民法典贯彻实施工作领导小组主编：《中华人民共和国民法典侵权责任编理解与适用》，人民法院出版社2020年版，第166页。

住院伙食补助费等为治疗和康复支出的合理费用，以及因误工减少的收入。造成残疾的，还应当赔偿辅助器具费和残疾赔偿金；造成死亡的，还应当赔偿丧葬费和死亡赔偿金。具体赔偿项目的计算，参见人身损害赔偿范围的界定。

2. 侵害他人名誉权、荣誉权、姓名权、肖像权和隐私权等人身权益造成的损失，可以根据不同的侵权行为和相关证据具体判断处理，有实际财产损失的，按照实际损失赔偿，没有实际损失的，可以根据法律的相关规定给予救济。[①]

（二）按照侵权人因此获得的利益赔偿

在司法实践中，一些侵害人身权益的行为造成的财产损失难以确定，尤其是在被侵权人的名誉权受损、知识产权被侵害等情况下，很难确定财产损失。被侵权人因此受到的损失以及侵权人因此获得的利益难以确定，被侵权人和侵权人就赔偿数额协商不一致，向法院提起诉讼的，由法院根据实际情况确定赔偿数额。对此：一是在侵权人没有获利或者获利难以计算的情况下，当事人可以就赔偿数额进行协商；二是赋予被侵权人获得赔偿的请求权，侵权人不能因为没有获利或者获利难以计算就不负赔偿责任；三是如何确定赔偿数额由法院根据侵权人的过错程度、具体侵权行为和方式、造成的后果和影响等确定。[②]

三、财产损害赔偿范围的界定

财产损害，是指侵权行为侵害财产权，使财产权的客体遭到破坏，其使用价值和价值的贬损、减少或者完全丧失，或者破坏了财产权人对于财产权客体的支配关系，使财产权人的财产利益受到损失，从而导致权利人拥有的财产价值减少和可得财产利益丧失。[③]确定财产损害赔偿范围，应当以全部赔偿为原则，即财产损害赔偿数额的确定，以客观的财产、财产利益所损失的价值为客观标准，损失多少，赔偿多少。对此，《民法典》第一千一百八十四条规定："侵害他人财产的，财产损失按照损失发生时的市场价格或者其他合理方式计算。"

---

① 黄薇主编：《中华人民共和国民法典解读·侵权责任编》，中国法制出版社 2020 年版，第 288 页。

② 黄薇主编：《中华人民共和国民法典解读·侵权责任编》，中国法制出版社 2020 年版，第 290—291 页。

③ 杨立新：《侵权责任法》（第四版），法律出版社 2021 年版，第 248 页。

（一）财产损失按照"损失发生时的市场价格"计算 [1]

财产损失按照"损失发生时的市场价格"计算，也被称为差额计算法。侵害他人物权的情形，往往会由于物的毁损，导致其市场价值减少，实践中对该损失通常运用差额计算法来确定赔偿数额。差额计算法的计算公式为：损失 = 原物价值 – 残存价值。对此需要把握以下三点：一是原物价值的确定，二是计算时间点的确定，三是残存价值的确定。

1. 关于原物价值。具体来讲，关于原物价值的确定有三种观点：一是通常价格，即一般交易的市场价格，这是一种客观价格。二是特别价格，即依照被侵权人的特别事由而定的价格，例如甲将其市值 5 万元的旧车以 7 万元的价格卖给乙，其特别价格即为 7 万元。三是感情价格，即依照被侵权人的感情而定的价格，例如甲有家传古画一幅，市值为 1000 万元，但其非 2000 万元不愿转让，该画的感情价格即为 2000 万元。本条明确强调市场价格，即选择了第一种标准。

2. 关于计算"市场价格"的时间点。价格以一定的时间为条件。计算损失时应以何时的价格为准，根据损害发生乃至赔偿损失的时间点不同，有不同的时间节点标准。第一种是以损失发生时为准。这一标准相对容易掌握，也具有较高的确定性，但不足之处在于被侵权人获得的赔偿往往是事后的，因时间延迟可能客观上导致其得不偿失，尤其是物价的变化多为上涨，依照这一标准对被侵权人而言难言公平。第二种是以被侵权人请求或者起诉时为准。这种方法有利于对权利的救济，体现了对权利人的尊重和保护，但又对侵权人不公，特别是在价格上涨的情况下，而且这一标准会导致被侵权人拖延主张权利的时间，客观上造成不诚信的情形，有一定的道德风险。第三种是以裁判时为准。这种方法的优点是容易确定相应的市场价格，避免过多的查询，但其缺点也很明显，一方面有可能引发被侵权人拖延主张权利或者拖延诉讼，另一方面裁判时的标准实际上并不确定，无论确定一审判决时，还是二审判决时，甚至再审判决时，都会导致在相应时间节点上的不确定性，从而引发单方甚至双方当事人的不满。第四种是以侵权人实际支付时为准。这种方法更具有不确定性，更容易引发争议。本条沿用了原《侵权责任法》的做法，当然也是实务中常用的做法，即以损失发生时的价格为准计算，这一标准更符合填平损害的赔偿基本

---

[1]　参见最高人民法院民法典贯彻实施工作领导小组主编：《中华人民共和国民法典侵权责任编理解与适用》，人民法院出版社 2020 年版，第 183—185 页。

原理，也符合当事人的可预见性或者可归责性的法理，较为公平合理。按照这一标准计算，规则也较为清晰，对于有关价格上涨或者下跌作为合理市场风险由某一方当事人承担。换言之，即使起诉时或者裁判时该物的市场价格上涨，被侵权人也不能以价格上涨后的物的价值要求赔偿损失；反之，如果起诉时或者裁判时该物的市场价格下跌，侵权人也无权以价格下跌为由要求减少赔偿数额。

3. 关于残存价值的确定。在没有其他合适方法的情况下，残存价值一般要通过鉴定或评估的方式确定。在诉讼中就要根据《民事诉讼法》的规定通过依法启动鉴定或者评估程序进行。在此要注意的是，并非所有的物的价值减损都要通过鉴定或者评估程序进行。通常情况下，对于一些日常物品、饲养动物等，可以运用日常经验法则来确定，或者按照公平原则来确定，尤其是在启动鉴定或者评估程序费用过高，或者鉴定、评估费用与被损害物品价值明显不对等的情况下，更应该考虑这一方法。特别是对于标的物已经灭失的情况，这时被损害物品的残存价值为零，应当认定原物的价格即为损失数额。原物价格能够通过上述损害发生时的市场价格予以认定的，不得启动无实物鉴定程序，避免给当事人造成过重的诉讼负担。

（二）财产损失按照"其他合理方式"计算

按照"其他合理方式"计算财产损失，通常是在被侵害的财产本身没有市场价格可以作为计算标准时作为补充方式来运用的。当价格波动较大时，为了使被侵权人获得充分的救济，法官可以以其他合理方式确定损失。社会不断发展，实践极其复杂，法律没有限定"其他合理方式"的范围，由法官结合具体案情自由裁量。[①]

在司法实践中，对于损害赔偿的数额当事人能否约定的问题，按照意思自治原则的要求，当事人对于财产损害的赔偿数额是可以约定的，这也是当事人和解或者协议解决纠纷的重要方式。在此要注意的是：其一，这一财产损害赔偿的协议，必须具有事后性，在造成财产损害之前就达成此协议，有悖公序良俗，不应予以认可。其二，这一协议内容应体现公平性和自愿性，以胁迫或者欺诈方式达成的协议，依法不具有相应的效力。其三，关于当事人协议或者共

---

① 黄薇主编：《中华人民共和国民法典解读·侵权责任编》，中国法制出版社2020年版，第296页。

同同意的赔偿数额能否作为裁判依据的问题，法律虽然没有明确规定，但在尊重当事人处分权原则的情况下，可以允许采取这一做法。至于当事人撤诉后又达成和解协议的问题，这属于诉讼程序的范畴，应从司法裁判权威性出发，结合案件的不同阶段来进行审查，通常在诉讼阶段不应具有强制执行的效力。①

四、对案例 31、案例 32 的简要评析

1. 对案例 31 的简要评析

根据《民法典》第一千二百五十四条第一款"禁止从建筑物中抛掷物品。从建筑物中抛掷物品或者从建筑物上坠落的物品造成他人损害的，由侵权人依法承担侵权责任；经调查难以确定具体侵权人的，除能够证明自己不是侵权人的外，由可能加害的建筑物使用人给予补偿。可能加害的建筑物使用人补偿后，有权向侵权人追偿"的规定，二楼至六楼共用一根排污管道，住户都存在造成排污管道堵塞的可能性，均属于可能加害的使用人，均应承担补偿责任。因此，受害人楼上的 5 户人家都可能是侵权人，在没有证据证明哪一家是具体侵权人的情况下，只好由各家平均补偿受害人的损失。法院根据受害人的具体损害，判令由可能加害的建筑物使用人承担补偿责任，是正确的。

2. 对案例 32 的简要评析

行为人因过错侵害他人民事权益造成损害的，应当承担侵权责任。停车楼监控录像显示，在李某取车前，赵某的车辆已经处于停车位，车辆开启了双闪灯且驾驶员位置的车门已经打开。赵某车辆的状态处于李某能够及时观察的范围之内，但李某在未对车辆周围环境进行观察并确认安全的情况下，径直按动取车按钮，导致停车架下降并造成赵某车辆左侧受损、左前门严重损坏。且李某在停车架下降期间，并未及时按下紧急制动按钮阻止事故发生。李某未尽到注意义务，存在过错，而赵某在事故发生期间并不存在违反停车操作规范等过错行为。因此，李某应对赵某车辆的损失承担全部赔偿责任。

侵害他人财产的，财产损失按照损失发生时的市场价格或者其他合理方式计算。因车辆受损，赵某支出车辆维修费 18112 元，系赵某的合理财产损失，李某应予赔偿。

① 参见最高人民法院民法典贯彻实施工作领导小组主编：《中华人民共和国民法典侵权责任编理解与适用》，人民法院出版社 2020 年版，第 189 页。

第五节　精神损害赔偿范围的界定

一、问题的提出

所谓"精神损害赔偿"，是指自然人因人身权受到不法侵害，使其人格利益和身份利益受到损害或遭受精神痛苦，受害人本人或者死者近亲属要求侵权人通过财产赔偿等方法进行救济和保护的民事法律制度。[①] 原《民法通则》没有规定精神损害赔偿制度，最高人民法院于 2001 年发布司法解释，对精神损害赔偿作了较为详细的规定，原《侵权责任法》第二十二条从立法上确立了精神损害赔偿制度。《民法典》第一千一百八十三条完善了精神损害赔偿制度，规定："侵害自然人人身权益造成严重精神损害的，被侵权人有权请求精神损害赔偿。因故意或者重大过失侵害自然人具有人身意义的特定物造成严重精神损害的，被侵权人有权请求精神损害赔偿。"该条的规定在原《侵权责任法》第二十二条的基础上进行了修改完善：一是将"他人"修改为"自然人"，明确我国精神损害赔偿的主体只能是自然人。二是将"被侵权人可以请求精神损害赔偿"修改为"被侵权人有权请求精神损害赔偿"，在侵权责任编中统一规范请求权术语的表达。三是扩大了精神损害赔偿适用范围，增加了第二款。[②]

在研究精神损害赔偿范围的界定之前，先看三则案例：

案例 33：银行将"持卡人"纳入不良信用记录是否构成侵害名誉权 [③]

2009 年 5 月 31 日，被告某银行收到一份申请人署名为原告周某芳的信用卡开卡申请表，6 月 18 日，银行审核批准开通了以周某芳为用户的案涉信用卡，申请资料中的信用卡标准审批表上记载"电话与地址匹配""已对本人电

---

① 最高人民法院民事审判第一庭编著：《最高人民法院人身损害赔偿司法解释理解与适用》，人民法院出版社 2022 年版，第 297 页。

② 参见黄薇主编：《中华人民共和国民法典解读·侵权责任编》，中国法制出版社 2020 年版，第 292 页。

③ 详见《最高人民法院公报》2012 年第 9 期（总第 193 期）。

话核实"，信用卡受理登记表上记载"柜面进件""亲见申请人递交并签名""亲见申请材料原件并当场复印"。9 月，周某芳收到案涉信用卡催款通知，获悉该卡已透支，且逾期未还款，周某芳因未办理过案涉信用卡，疑为他人盗用其信息所办，故向公安机关报案。后银行多次向周某芳电话催收案涉信用卡欠款。因案涉信用卡欠款逾期未还，该卡在周某芳的个人信用报告中记载为冻结。2010 年 7 月，为案涉信用卡欠款一事，银行提起诉讼，后又撤回起诉。2011 年 3 月周某芳的个人信用报告中，关于案涉信用卡的不良信用记录已经消除。

生效裁判认为：认定被告银行是否构成名誉侵权，应当根据其有无过错，原告周某芳名誉是否受到损害，以及在过错与损害均存在的情况下两者间有无因果关系等因素加以判断。本案中，银行收到的开卡申请表上申请人签名一栏并非周某芳亲笔签名，显然周某芳并未亲至银行柜台申请开通案涉信用卡，而银行的相关材料上却记载有"亲见申请人递交并签名""已对本人电话核实"等内容，可见银行对案涉信用卡的开通审核未尽到合理的审查义务，存在过错。然而周某芳名誉是否受到损害，应依据其社会评价是否因银行的行为而降低加以判断。本案中，名誉是否受损的争议焦点在于中国人民银行征信系统中的不良信用记录是否会降低周某芳的社会评价。对此，周某芳称征信系统中的不良信用记录对周某芳从事商业活动及其他社会、经济活动造成重大不良影响，银行则称征信系统中的内容对外保密，不会贬低周某芳名誉，结合周某芳提供的个人信用报告上记载查询原因系"本人查询"，而银行提供的个人信用报告上记载查询原因系"贷后管理"，可见查询者包括信用卡的持卡人和发卡行，至于社会公众能否查询，则无从体现。故周某芳主张其名誉因征信系统中的不良信用记录而受到损害，并未提供充分的证据予以证明，法院难以采信。周某芳又称，银行侵犯了其姓名权。对此，法院认为虽然银行在审核过程中存在过错，该过错与实际开卡人的行为共同导致案涉信用卡未经周某芳知情同意就使用了周某芳姓名，但根据本案实际情况，银行消除了周某芳在征信系统中的不良信用记录，并撤回了催收欠款的诉讼，可见并未造成严重后果。综上，被告银行已采取措施停止侵害，消除了原告周某芳的不良信用记录，故周某芳以侵害名誉权、姓名权为由，要求银行赔偿损失，并书面赔礼道歉，依据不足，法院不予支持。

案例 34：婚礼影像资料丢失能否主张精神损害抚慰金①

2019 年 2 月 1 日，周某某、肖某举行婚礼，在某演绎公司处订购了价值 5500 元的婚庆服务，包括主持、摄影、摄像、婚车装饰、灯光租赁、音响、花艺师、婚礼现场、运费等，其中摄影服务费为 600 元。周某某向某演绎公司预付了定金 500 元，婚礼结束后，周某某、肖某支付了全部服务费。而后，某演绎公司将婚礼过程的摄像资料丢失，无法向周某某、肖某交付该资料，周某某、肖某遂要求法院判决返还服务费 5500 元并赔偿精神抚慰金 5 万元。

法院认为，某演绎公司除摄影资料不能交付外，其余服务均已完成，且周某某、肖某未提出异议，故某演绎公司应返还的服务费应当是摄影部分的服务费 600 元，而非全部服务费用。同时，本案诉争的摄像资料记载了周某某、肖某夫妇人生中的重要时刻，有着特殊的纪念意义，由于婚礼过程是不可重复和再现的，该摄影资料记载的内容对于周某某、肖某来说，属于具有人格象征意义的特定纪念物品，某演绎公司未按照双方约定将摄像资料交付给周某某、肖某，造成记录他们婚礼现场场景的载体永久性灭失，某演绎公司的违约行为侵犯了二位新人对其具有人格象征意义的特定纪念物品的所有权，对周某某、肖某造成了精神上的伤害。法院结合某演绎公司的过错程度、承担责任的经济能力、本地平均生活水平综合酌定精神损害抚慰金为 6000 元。

案例 35：王某云诉某摄影公司丢失其送扩的父母生前照片赔偿案②

原告王某云的父母在 1976 年唐山地震中去世，原告就此成为孤儿，当时原告仅 3 岁。原告长大以后多年苦心寻找，才找到其父母免冠照片各一张。原告持该两张照片到被告某摄影公司进行翻版放大，被告收取了原告加工放大费 14.8 元，并开具了取相凭证，约定了取相日期。到期后原告前往取相，被告告知原告照片原版遗失，未能为其翻版放大。事后，被告到原告父亲生前所在单位找到了原告父亲生前的另一张照片。由于被告行为给原告造成了物质上和精神上损失，故原告王某云诉至法院，要求被告赔偿特定物损失及精神损失。

生效裁判认为，原告王某云到被告摄影公司对其父母照片进行翻版放大，

---

① 参见最高人民法院于 2022 年 3 月 15 日发布的《消费者权益保护典型案例》。
② 最高人民法院中国应用法学研究所编：《人民法院案例选》（1998 年第 4 辑），时事出版社 1999 年版，第 82—86 页。

双方形成了合法、有效的加工制作法律关系。被告摄影公司工作严重失误，将照片丢失，给原告王某云造成部分无法挽回的经济损失和精神上的痛苦。被告摄影公司理应赔偿原告特定物损失和精神损害。据此判决被告摄影公司赔偿原告王某云特定物损失和精神损害补偿费 8000 元。

上述案例均涉及精神损害赔偿问题。试问：如何理解精神损害赔偿？精神损害赔偿范围如何界定？如何把握不同类型的精神损害赔偿？如何理解精神损害赔偿的构成要件？刑事附带民事诉讼中能否主张精神损害赔偿？

二、精神损害赔偿的法律意义

精神损害，就是因侵权行为受害者所感受到的精神的、肉体的痛苦。如何理解痛苦的内容，存在不同的学说。最广义说认为，精神损害除包括生理或心理痛苦外，还包括浅层次的不快与不适，此不快和不适虽与财产的减损无关，但并非痛苦。广义的精神损害泛指生理或心理的痛苦。狭义的精神损害仅指基于法律的规定应予赔偿的精神损害。[①] 精神痛苦有两个来源：一是侵害自然人人体的生理损害。当侵权行为侵害身体权、健康权、生命权时，给权利主体造成生理上的损害，使其在精神上产生痛苦。二是侵害自然人心理的心理损害。当侵权行为伤害自然人的民事权利时，进一步侵害了受害人的情绪、感情、思维、意识等活动，导致了权利主体的上述精神活动的障碍，使人产生愤怒、恐惧、焦虑、沮丧、悲伤、抑郁、绝望等不良情绪，造成精神痛苦。

精神损害赔偿具有填补功能、抚慰功能、惩罚功能。[②] 根据《民法典》第一千一百八十三条的规定，精神损害赔偿具有下列特征：

1. 精神损害赔偿的权利主体仅限于自然人。精神活动为自然人所特有，精神损害为精神活动的不良状态，因此精神损害的主体仅限于自然人。法人有人格权，但法人没有自然人特有的心理和精神活动，因此法人不存在精神损害。但是若法人的人格权受到损害，法律也应当予以救济。

2. 精神损害赔偿具有非财产性。侵权责任法所称的损害分为财产损害和非财产损害。如何区分损害是财产损害还是非财产损害，可以从损害结果是否可用金

---

① 曾世雄：《损害赔偿法原理》，中国政法大学出版社 2001 年版，第 294 页。
② 参见最高人民法院民事审判第一庭编著：《最高人民法院人身损害赔偿司法解释理解与适用》，人民法院出版社 2022 年版，第 297—298 页。

钱来衡量的角度考虑，若可用金钱来衡量就为财产损害，若不可则为非财产损害。在非财产损害中，人格权以及其他人身权受到损害引起的痛苦，如社会评价的降低、自由的被拘束以及严重的心理恐惧等，不可用金钱来衡量，则为非财产损害。

3. 精神损害赔偿的发生具有非独立性。传统观点认为，精神损害具有附属性，精神损害常常伴随其他权益损害的产生而产生，或者为财产损害，或者为人身损害，即只有其他权益受损害的事实存在，方有精神利益受损害的后果出现。[1] 各国立法也大多规定只有在具体权益受到损害的情况下，才可以请求精神损害赔偿。如《德国民法典》第 253 条规定，仅在法律所规定的情况下，才能因非财产损害而请求金钱赔偿。因侵害身体、健康、自由或性的自我决定而须赔偿损害的，也可以因非财产损害而请求公平的金钱赔偿。《德国民法典》以及其他法律存在若干条款明确规定了精神损害赔偿的请求权。《瑞士民法典》第 28 条规定，人格关系受不法侵害者，可以请求法院除去其侵害。关于损害赔偿，只有在法律有特别规定时，才可请求给付一定金额作为抚慰金。该法第 29 条第 2 项、第 93 条第 2 项、第 151 条、第 318 条等分别规定了受害人可以请求精神损害赔偿的具体情形。依据《民法典》第一千一百八十三条的规定，侵害自然人人身权益造成严重精神损害的，被侵权人有权请求精神损害赔偿。因故意或者重大过失侵害自然人具有人身意义的特定物造成严重精神损害的，被侵权人有权请求精神损害赔偿。

4. 精神损害赔偿基于受害人受到严重精神损害。精神损害赔偿并非只要侵害他人人身权益，被侵权人就可以获得精神损害赔偿，偶尔的痛苦和不高兴不能认为是严重精神损害。之所以强调"严重"的精神损害，是为了防止精神损害赔偿被滥用。对于"严重"的解释，应当采取容忍限度理论，即超出了社会一般人的容忍限度，就认为是"严重"。[2]

在审判实践中，从如下方面把握"严重后果"：一是凡是造成受害人死亡的，受害人近亲属遭受的精神损害就是严重的精神损害，属于造成严重后果的情形。二是凡是造成受害人残疾的，无论伤残等级如何，受害人所受的精神损害就是严重的精神损害，伤残等级越高，精神损害越严重。三是受害人既没

---

① 郭卫华、常鹏翱等：《中国精神损害赔偿制度研究》，武汉大学出版社 2003 年版，第 62 页。

② 黄薇主编：《中华人民共和国民法典解读・侵权责任编》，中国法制出版社 2020 年版，第 293 页。

有死亡，也没有伤残的，对于造成的精神损害是否属于严重后果的情形，要视具体情形而定。[1] 作者曾审理一起人身损害赔偿纠纷案件，受害人花费医疗费 600 元，一审法院判决精神损害赔偿 3000 元，初看该案判决认为明显不当，经过二审审理，感觉 3000 元的精神损害赔偿并不过分，只有深入具体案件之中，才知道受害人是否遭受了严重的精神损害。

三、精神损害赔偿范围的界定

从比较法上看，大陆法系国家和我国台湾地区规定，生命权、健康权或者名誉权、隐私权等人格权受到侵害的，可以请求精神损害赔偿。根据《日本民法典》第 710 条的规定和法院的判例，在三种情况下可以请求精神损害赔偿：一是侵害他人身体、自由、名誉导致精神损害的。司法实践中，对侵害其他人身权益导致精神损害的，如隐私权、肖像权、信用权、家庭关系等，法官也允许受害人请求精神损害赔偿。二是侵害财产权导致精神损害的。例如侵害他人祖上传下来的财产，或者他人喜爱的宠物导致精神损害的，法院曾判决精神损害赔偿。三是侵害他人生命权导致死者的父母、配偶及子女受到精神损害的。但近几年，日本最高法院也判决，即使受害人未死亡，其近亲属受到与受害人死亡时相同的精神痛苦时，该近亲属也可以请求精神损害赔偿。从总体上讲，日本精神损害赔偿的适用范围越来越广，请求权人越来越多。日本没有法律明确规定如何确定精神损害赔偿额，对法官裁量时应斟酌的事项也没有限制，主要由法官根据个案综合考虑各种因素进行自由裁量。[2]

审判实践中，首先面临的一个重要问题就是精神损害的赔偿范围。精神损害的赔偿范围，一是指主体范围，即何种类型的民事主体（自然人、法人或者其他组织）就其民事权益受到侵害，可以请求赔偿精神损害；二是指客体范围，即何种性质的民事权益受到侵害可以请求赔偿精神损害。要明确这一问题，首先应当明确什么是精神损害。

（一）精神损害赔偿的主体范围

按照大陆法系国家传统的民法理论，因侵权致人损害，其损害后果可以区分

---

① 参见最高人民法院民事审判第一庭编著：《最高人民法院人身损害赔偿司法解释理解与适用》，人民法院出版社 2022 年版，第 308 页。

② 王胜明主编：《中华人民共和国侵权责任法释义》，法律出版社 2010 年版，第 100 页。

为两种形态："财产上损害"和"非财产上损害"。"财产上损害"是指一切有形财产和无形财产所受的损失，包括现有实际财产的减少和可得利益的丧失。其基本特征是损害具有财产上的价值，可以用金钱加以计算。"非财产上损害"相对于财产上损害而言，是指没有直接的财产内容或者不具有财产上价值的损害，其损害本身不能用金钱加以计算。广义说认为，在此意义上，凡属财产损害以外的其他一切形态的损害，包括生理、心理以及超出生理、心理范围的抽象精神利益损害，都是"非财产上损害"，不以民事主体是否具有生物形态的存在和精神感受力为前提。因此，无论自然人、法人，其民事权益遭受侵害时都会发生"非财产上损害"。狭义说认为，"非财产上损害"作为具体的损害结果，首先是指精神痛苦，忧虑、绝望、怨愤、失意、悲伤、缺乏生趣等均为其表现形态，其次还包括肉体痛苦。由于精神和肉体是自然人人格的基本要素，也是自然人享有人格权益的生理和心理基础，因此，狭义说将"非财产上损害"限于自然人人格权益遭受侵害导致精神痛苦和肉体痛苦的情形，并依社会一般观念称之为"精神损害"。

从概念本身的逻辑含义来看，"非财产上损害"应从广义上加以理解，其表现形态有两个方面：（1）以生理、心理的可感受性为前提和基础的具体形态的精神损害，既包括积极意义上的精神损害即精神痛苦和肉体痛苦，又包括消极意义上的精神损害即自然人的知觉丧失与心神丧失，如因身体遭受侵害成为植物人、脑瘫病人，因侵权行为使精神遭受刺激，成为完全丧失民事行为能力的精神病人等。（2）不以生理、心理的可感受性为前提的抽象形态的精神损害，如法人或者非法人组织的名誉贬损，即抽象意义上的精神利益损害。但从损害赔偿的价值理念出发，对"非财产上损害"的金钱赔偿，即通常所说的"精神损害赔偿"，世界各国和地区的立法和判例通常采取狭义说。我国立法亦采取狭义说，《民法典》第一千一百八十三条在精神损害赔偿的主体范围上以自然人为限[1]；但在"精神损害"概念的外延上则修正了传统的狭义说，认定自然人的精神损害既包括积极的精神损害即精神痛苦和肉体痛苦，又包括消极的精神损害即知觉丧失与心神丧失。

（二）精神损害赔偿的客体范围

精神损害赔偿的客体范围，是审判实践中争议的焦点。从立法政策的角度

---

[1] 《精神损害赔偿解释》第四条规定，法人或者非法人组织以名誉权、荣誉权、名称权遭受侵害为由，向人民法院起诉请求精神损害赔偿的，人民法院不予支持。

来看，大陆法系各国对此有两种立法模式：其一是限定主义的立法，明确规定"非财产上损害"以法律规定者为限，可以请求金钱赔偿，即在立法上对"财产上损害"和"非财产上损害"不作出区分，或虽作区分但对精神损害赔偿的范围不作出特别的限制性规定，而是一般规定因过错致人损害的，应负损害赔偿责任。由于精神损害与自然人人格遭受侵害的不利益状态具有较为直接和密切的联系，加之从损害赔偿的价值理念及维护人格尊严的立法价值取向出发，有关国家和地区的民事法律一般都将精神损害的赔偿范围限定为自然人的人身权益直接遭受侵害的情形，对财产权益受到侵害发生的精神损害，原则上不得主张损害赔偿救济。即使采取非限定主义立法模式的国家，其判例和学说也主张对精神损害的赔偿范围加以限制。因为财产权益受到侵害发生的精神损害，属于间接损害，民法理论一般认为，间接损害的发生，其后果往往难以预料，其范围通常也难以确定，如果一律给予赔偿，将会漫无边际。立法和判例上限制赔偿，一方面意在防止过分加重当事人一方的负担；另一方面则充分体现了民事立法和民事司法对个人权利的普遍尊重和维护。非限定主义立法外延过宽，容易造成滥诉，并且会从根本上动摇损害赔偿制度的基本价值理念，为我国立法所不取。从维护人身权利和人格尊严的基本价值目标出发，我国也将精神损害赔偿的客体范围限制为以自然人的人格权益为核心的相关民事权益受到侵害的情形。

四、侵害人格权的精神损害赔偿

《民法典》第九百九十条规定："人格权是民事主体享有的生命权、身体权、健康权、姓名权、名称权、肖像权、名誉权、荣誉权、隐私权等权利。除前款规定的人格权外，自然人享有基于人身自由、人格尊严产生的其他人格权益。"第九百九十一条规定："民事主体的人格权受法律保护，任何组织或者个人不得侵害。"据此，侵害自然人人身权益造成严重精神损害的，被侵权人有权请求损害赔偿。

1.生命权、身体权、健康权，理论上称为"物质性人格权"，是姓名权、肖像权、名誉权、荣誉权等"精神性人格权"赖以存在的前提和物质基础。生命权，就是自然人的生命不被非法剥夺、生命安全不受非法侵害的权利。身体权，是指自主支配身体组织器官及其安全完整不受非法侵害的权利。健康权，是指保持生理、心理机能的完全及其不受非法侵害的权利。生命是自然人个体的生物存在方式，生命、身体是最基本的人格要素，生命、身体、健康则是人之所以为人的最基本的人格利益。《民法典》的规定实现了精神损害赔偿范围从"精神性人格权"向"物质性人格权"的发展，是人格权司法保护的一个重要进步。

2.姓名权、肖像权、名誉权、荣誉权，理论上称为"精神性人格权"。姓名权、肖像权是自然人自主支配和使用其姓名、肖像，并要求他人予以尊重的权利。名誉权是自然人就其才能、品行等人格价值获得社会公正评价并享受其利益的权利。关于荣誉权，其性质历来存在人格权与身份权之争。主张其为人格权的，认为荣誉权是名誉权的一种特殊形态，是国家给予之荣典。实践中，对上述精神性人格权的侵害行为，客观上往往和一定的财产利益或者机会利益联系在一起，成为侵权人牟取利益的手段。因此，侵权人的获利情况，成为确定精神损害抚慰金的斟酌因素，《精神损害赔偿解释》第五条对此予以规定。

3.人身自由权和人格尊严权。人身自由权受到《宪法》《刑法》等公法的保护，《民法典》第九百九十条第二款也专门作出规定予以保护。人身自由权的基本含义，是指自然人的活动不受非法干涉、拘束或者妨碍的权利。它包括身体自由和意志自由两个方面的内容，也是人之所以为人的一般人格利益，因此，理论上认为人身自由权属于一般人格权。侵害身体自由的情形，在消费者保护领域主要表现为强行滞留；一般情形下，侵害人身自由权通常和犯罪行为有关，如非法拘禁、绑架、拐卖以及与性犯罪相联系的藏匿，其行为本身也构成民事侵权。

关于人格尊严权，从一般人格权是具体人格权的权利渊源的意义上来理解，《民法典》第九百九十条规定有其合理性，但其限制了人格尊严作为一般人格权客体的功能发挥，泛化了名誉权作为一项具体人格权的权利内涵。随着《消费者权益保护法》的颁布施行，人格尊严权作为一般人格权在民事活动中的地位得以确认。《消费者权益保护法》第十四条规定："消费者在购买、使用商品和接受服务时，享有人格尊严……得到尊重的权利……"但在审判实践中，对人格尊严权的保护是法院通过宪法民法化的方法在判例中确认的。鉴于一般人格权对自然人人格权利的保护具有特别重要的意义，为贯彻宪法保护一般人格权的原则精神，《民法典》第九百九十条第二款明确规定了人格尊严权，将其扩展到民事活动的普遍适用范围。值得特别指出的是，人格尊严权作为"一般人格权"条款，具有补充法律规定的具体人格权利立法不足的重要作用。但在处理具体案件时，应当优先适用具体人格权的规定，而将人格尊严权作为补充适用条款。《民法典》的规定实现了精神损害赔偿范围从"具体人格权"到"一般人格权"的发展，是人格权司法保护的又一重大进步。

五、身份法益与监护权类型的精神损害赔偿

《精神损害赔偿解释》第二条规定："非法使被监护人脱离监护，导致亲子关系或者近亲属间的亲属关系遭受严重损害，监护人向人民法院起诉请求赔偿精神损害的，人民法院应当依法予以受理。"民法理论认为，民事权利可以分为财产权和人身权两个基本范畴。人身权则包括人格权和身份权。身份权，是以一定身份关系为基础所具有的权利。理论上认为，身份权的实质在于对人的支配，因此，凡是不以对人的支配为内容的民事权利，即使是基于身份关系所产生的权利，也不属于身份权。据此，法定继承权，夫妻或者父母子女之间的扶养请求权，虽以身份关系为前提，但其内容非属对人的支配，均不属于身份权。根据这一理论，存在较大争议的荣誉权，也不属于身份权，因其本质亦不属于对人的支配。荣誉权的客体本身，是国家或社会的权威机构，对民事主体的人格所具有的社会价值给予的褒扬或者荣典。该解释遵从惯例，仍将荣誉权视为人格权。

现代社会，人格独立、自由、平等已成为社会基本的法律价值理念，以对人的支配和约束为内容的身份权，如传统亲属法中的夫权、家长权都不再为法律所认可。但在亲属法的范畴内，为保护亲属关系利益，法律仍然承认一定范围内基于亲属相对关系的身份权，但法律保护的重心已从对人的支配权利的保护发展演变为对特定身份关系利益（包括财产利益和人格利益）的保护。其中最重要的是，基于婚姻家庭关系产生，内涵特定的人格和精神利益的亲权和近亲属范围内的亲属权。

亲权是父母对未成年子女进行监督、保护和管教的权利，其性质属于身份权。亲权的行使虽局限于自然血亲，但其本质上是以自然血亲为基础所形成的一种特定的身份权利，亲子感情的幸福圆满是其固有的人格利益内涵。亲权被侵害，受害人所遭受的通常并不是财产上的损害，而是感情创伤和精神痛苦，即"非财产上损害"。不仅亲权如此，近亲属范围内的亲属权也是如此，作为身份权利，都内含特定的人格和精神利益，其所受损害，同样属于"非财产上损害"。加害人因故意或重大过失侵害上述身份权利，致受害人伦理感情遭受巨大伤害的，应当赔偿受害人的精神损害。

六、侵害死者人格利益的精神损害赔偿

人格利益受到法律的保护是现代侵权责任法的发展趋势，特别是死者的人

格利益也应当受到侵权责任法的保护。若他人以侮辱、诽谤、贬损、丑化或者以违反社会公共利益、社会公德的其他方式对死者的姓名、肖像、名誉、荣誉、隐私进行侵害，死者的近亲属有权向法院诉请精神损害赔偿；非法利用、损害遗体、遗骨，或者以违反社会公共利益、社会公德的其他方式侵害遗体、遗骨的，其近亲属也有权向法院诉请精神损害赔偿。因此在整个民事主体的人格权领域，死者的肖像、姓名、荣誉、名誉、隐私等都是侵权责任法的保护对象。对此，《精神损害赔偿解释》第三条规定："死者的姓名、肖像、名誉、荣誉、隐私、遗体、遗骨等受到侵害，其近亲属向人民法院提起诉讼请求精神损害赔偿的，人民法院应当依法予以支持。"因此，不论是对死者名誉、荣誉、肖像的侵害，还是对死者姓名、隐私的侵害，若近亲属诉请侵权人承担精神损害赔偿责任，必须证明：侵权人的侵害手段极其恶劣，严重违反社会公共利益和社会公德；损害后果极其严重，使死者配偶、父母、子女或者其他近亲属蒙受感情创伤、精神痛苦或者人格贬损。

对死者人格利益的保护，有自力救济和公力救济两种方式。自力救济又称私力救济，是指纠纷主体在没有中立的第三者介入的情形下，依靠自身或其他人的力量解决纠纷，实现权利，如依法采取正当防卫和紧急避险等。公力救济，是指当权利人的权利受到侵害或者有被侵害之虞时，权利人行使诉讼权，诉请法院依民事诉讼和强制执行程序保护自己的权利的措施。在现代文明社会中，公力救济是保护民事权利的主要手段，在能够援用公力救济保护民事权利的场合，排除适用自力救济。

七、特定财产权保护类型的精神损害赔偿

任何权益遭受侵害，都可能发生"财产上损害"和"非财产上损害"。如传家名画被盗，会造成当事人精神痛苦，名誉遭受诋毁，也可能导致业主营业下降，收入减少。财产权利遭受侵害，给财产所有人造成精神损害，当事人能否请求赔偿精神损害？从精神损害赔偿的价值理念和调整功能出发，精神损害的赔偿范围限定在自然人的人身权益直接遭受侵害的情形，对财产权益受到侵害发生的精神损害，原则上不得主张损害赔偿救济。但在审判实践中，法院对财产权遭受侵害导致财产所有人精神损害的特殊情形，也有判决支持当事人精神损害赔偿诉讼请求的若干案例。对此，《民法典》第一千一百八十三条第二款规定，因故意或者重大过失侵害自然人具有人身意义的特定物造成严重精神损害的，被侵权人有权请求精神损害赔偿。

在审判实践中，适用《民法典》第一千一百八十三条第二款时，对其构成要件应从严掌握，只有当侵权人明知是"具有人身意义的特定物"而故意加以侵害，且造成严重精神损害的，才能要求其承担精神损害赔偿。[①] 第一，侵害行为的主观要件是故意或者重大过失。在民法理论中，重大过失基本等同于故意。第二，侵害的客体应当是特定物而非种类物，即"具有人身意义的特定物"[②]。第三，该特定物以精神利益为内容，具有重大感情价值或特定纪念意义。第四，该特定财产具有与特定人格相联系的专属性质或人格象征意义。第五，因侵权行为致该物品永久性灭失或毁损，其损失具有不可逆转的性质。不具备以上构成要件的，仍应当按照损害赔偿法的一般原理，赔偿受害人的实际财产损失。

因侵害财产权利造成财产所有人精神损害，原则上该所有人只能就其财产损害请求赔偿，不得就精神损害请求赔偿，是基于损害赔偿法学区分"直接损失"和"间接损失"的理论。精神损害赔偿的固有含义是对人身非财产损害的赔偿，在侵权的客体或侵害的对象是财产权益而不是人格或者身份权益的情况下，精神损害具有间接损害的性质，即此种损害后果不是由于侵权行为直接侵害所致，而是以被直接侵害的客体为媒介间接造成，客观上往往难以预料。按照损害赔偿的法理，客观上难以预料也难以确定其范围和大小的间接损失不在赔偿之列；如果给予赔偿，将会过分加重侵权人一方的负担，在利益衡量上有失公平。

合同违约损害赔偿是否包括对精神损害的赔偿？合同责任不包括精神损害赔偿责任，为现行法律所确认，也为民法理论所公认。因为违约损害赔偿的基本价值理念，是按照等价交换原则，填补合同一方当事人因对方违约所受损害，与侵权损害赔偿的基本价值理念在本质上并无不同。精神损害如非因加害履行或瑕疵结果损害直接侵害合同一方当事人的人身所致，则仍属间接损害，不能请求损害赔偿。如果因加害履行等违约行为直接造成合同一方当事人人身权益被侵害，则发生合同责任与侵权责任的竞合。在此情形下，受害当事人依《民

[①] 黄薇主编：《中华人民共和国民法典解读·侵权责任编》，中国法制出版社2020年版，第294页。

[②] "具有人身意义的特定物"主要涉及的物品类型为：（1）与近亲属死者相关的特定纪念物品（如遗像、墓碑、骨灰盒、遗物等）；（2）与结婚礼仪相关的特定纪念物品（如录像、照片等）；（3）与家族祖先相关的特定纪念物品（如祖坟、族谱、祠堂等）。参见黄薇主编：《中华人民共和国民法典解读·侵权责任编》，中国法制出版社2020年版，第294页。

法典》第一百八十六条的规定，"因当事人一方的违约行为，损害对方人身权益、财产权益的，受损害方有权选择请求其承担违约责任或者侵权责任"，选择要求对方承担侵权责任的，可根据《民法典》侵权责任编的规定，就所受精神损害要求侵权人承担赔偿责任。如果选择违约责任，则不能请求精神损害赔偿。

八、精神损害赔偿责任的构成要件与赔偿数额的确定

关于精神损害赔偿责任的构成要件，与财产损害赔偿责任的构成要件原则上并无不同，两者同属侵权损害赔偿，故精神损害赔偿责任的成立也应具备以下要件：（1）有损害后果，即因人格权益等有关民事权益遭受侵害，造成受害人"非财产上损害"——包括精神痛苦和肉体痛苦。（2）有违法侵害自然人人格和身份权益的侵权事实。违法性的判断标准，一是直接侵害法定权利，二是以违反社会公共利益或者社会公德（公序良俗）的方式侵害合法的人格利益。（3）侵权事实和损害后果之间具有因果关系。（4）侵权人主观上有故意或者过失，但法律另有规定的除外。需要说明的是，具备以上构成要件，侵权人应当承担相应的民事责任，包括停止侵害、恢复名誉、消除影响、赔礼道歉；但对未造成严重后果，受害人请求赔偿精神损害的，一般不予支持。造成严重后果的，法院根据受害人的请求，可以判令侵权人赔偿相应的精神损害抚慰金。精神损害赔偿只是当事人承担民事责任的一种方式，而责任承担方式与责任的大小存在一定的均衡性。金钱赔偿属于较严重的责任承担方式，自然只有造成较为严重的损害后果时，主张金钱赔偿才属损害与责任相当。这符合平均、正义的司法理念，有利于防止滥诉，节约诉讼成本。对于何种情形属于"未造成严重后果"，何种情形才构成"后果严重"，属于具体个案中的事实判断问题，应由法官结合案件具体情节认定。

精神损害是一种无形损害，本质上不可计量。金钱赔偿并不是给精神损害"明码标价"，两者之间不存在商品货币领域里等价交换的对应关系。但从国家的经济文化发展水平和社会的一般价值观念出发，可以从司法裁判的角度对精神损害的程度、后果和加害行为的可归责性及其道德上的可谴责性作出主观评价，即由审判合议庭行使自由裁量权确定具体案件的赔偿数额。但为了尽量减少或降低自由裁量的主观性和任意性，根据《精神损害赔偿解释》第五条的规定，精神损害的赔偿数额根据以下因素确定：（1）侵权人的过错程度，但是法律另有规定的除外；（2）侵权行为的目的、方式、场合等具体情节；（3）侵权

行为所造成的后果;(4)侵权人的获利情况;(5)侵权人承担责任的经济能力;(6)受理诉讼法院所在地的平均生活水平。

精神损害赔偿的基本功能是补偿受害人的精神损害,抚慰受害人遭受的精神痛苦。精神痛苦的个案差异是比较典型的,统一确定赔偿数额没有科学依据,也难以实现个案的公平正义。赔偿数额只能在个案中斟酌确定,具体平衡。关键是人们对精神损害赔偿数额的合理期待,应当符合社会的经济发展水平和一般价值取向。①

九、刑事附带民事诉讼中不能提起精神损害赔偿②

刑事附带民事诉讼中的精神损害赔偿,是一个存在较大争议的问题。《刑事诉讼法解释》(2021 年 3 月 1 日起施行)第一百七十五条第二款规定:"因受到犯罪侵犯,提起附带民事诉讼或者单独提起民事诉讼要求赔偿精神损失的,人民法院一般不予受理。"而依据《精神损害赔偿解释》的规定,侵害他人生命权、健康权、身体权等人身权益造成严重后果的,侵权人应当承担精神损害赔偿责任。如何理解这两个司法解释之间的关系,涉及如何看待刑事附带民事诉讼和独立民事诉讼的相互关系问题。一种观点认为,刑事附带民事诉讼只赔偿受害人物质损失,不包括精神损害,法有明文规定的,司法解释不能与之相抵触。各地法院亦有一部分同志持这一意见,认为刑事制裁已经起到抚慰受害人的作用,并且刑事被告被判处刑罚后,其个人财产往往不足以支付民事损害赔偿金,即使作出赔偿精神损害的判决,事实上也难以执行。另一种观点则认为,因犯罪而受到刑事制裁,与因侵权而承担民事责任,两者具有完全不同的性质。前者系因犯罪行为危害公法关系,而由犯罪分子承担具有公法性质的法律责任,目的是制裁和惩罚犯罪,防止犯罪行为的发生;后者系因违法行为侵害他人合法权益,而由侵权者对受害人本人承担的私法性质的法律责任,目的是依照等价赔偿原理填补受害人所受损失。两者性质不同,承担责任的对象也不同,即使犯罪行为与民事侵权发生竞合,两种不同性质的责任也不能抵销。民事损害赔偿包括财产损害赔偿和精神损害赔偿两个方面的内容,凡是涉及因

---

① 最高人民法院民事审判第一庭编著:《最高人民法院人身损害赔偿司法解释理解与适用》,人民法院出版社 2022 年版,第 309 页。

② 参见《解读最高人民法院司法解释之民事卷》(上),人民法院出版社 2011 年版,第 291—293 页。

侵权引起的民事损害赔偿，无论通过何种诉讼程序请求损害赔偿救济，损害赔偿的实体内容和价值理念都应当是一致的、平等的，不能因为程序的不同而导致实体权利的不平等。持这一观点的人认为，现行有关民事立法中没有直接出现过"精神损害赔偿"的概念，因此，《刑法》第三十六条和《刑事诉讼法》第一百零一条中也不可能涉及"精神损害赔偿"的规定，但这不能理解为《刑法》和《刑事诉讼法》排除或者否定了刑事附带民事诉讼中的精神损害赔偿，更不能理解为《刑法》和《刑事诉讼法》完全排除了对刑事犯罪分子追究民事责任时包括精神损害赔偿。《刑事诉讼法》第一百零一条第一款规定："被害人由于被告人的犯罪行为而遭受物质损失的，在刑事诉讼过程中，有权提起附带民事诉讼……"该条规定属于授权性规范，其着重于刑事附带民事诉讼的程序设置，表明受害人有权依照这一程序机制提起附带民事诉讼，而非将精神损害赔偿的诉讼请求排除在该程序设置之外。至于民事诉讼的诉权的有无以及诉讼请求的法律基础，应当以《民事诉讼法》以及民法和相关司法解释的规定为依据。

审判实践中对处理该问题形成了两种意见：一种意见认为，我国刑事附带民事诉讼的程序设置，是为了简化诉讼程序，提高诉讼效率。如果刑事附带民事诉讼与独立的民事诉讼适用不同的实体法律规范，受害人就可能宁愿选择独立的民事诉讼，也不愿提起附带民事诉讼，这不仅会导致刑事附带民事诉讼作为一种程序机制的名存实亡，还会增大诉讼成本，使追求效率的程序设计反而导致非效率的结果，违反制度设计的初衷。因此，我国刑事附带民事诉讼的程序机制如果继续存在并发挥其程序功能，其前提应当是尊重附带民事诉讼程序的独立性。另一种意见认为，鉴于我国刑事附带民事诉讼与德国模式较为接近，过去的审判实践和相关法律、司法解释都排除在刑事附带民事诉讼中受理精神损害赔偿请求，故倾向于受害人在刑事附带民事诉讼中提出精神损害赔偿诉讼请求的，法院不予受理；但受害人在刑事诉讼终结后单独提起民事诉讼请求赔偿损失包括精神损害的，法院应当依法予以受理。这样，既与当前审判实践中的普遍做法相一致，也能较好地协调两个司法解释之间的关系。同时，在精神损害抚慰金数额的确定上，应当考虑犯罪分子所受刑罚，并对其个人承担责任的经济能力予以酌定。因为犯罪分子受到刑罚处罚，客观上具有抚慰受害人精神痛苦的反射性作用；侵权人承担责任的经济能力，也是精神损害抚慰金的酌量因素之一。因此，在价值判断上虽然不能否认因犯罪导致受害人精神损害也要承担精神损害赔偿责任，但在确定具体赔偿数额时，要根据损害后果，特别是犯罪分子受到刑罚处罚的情况以及其个人承担责任的经济能力酌情决定赔多赔少甚至不赔（如损害后果较轻、受害人亦有重大过失的情形），以正确引导当事人理性索赔。鉴于该问题目前尚无明确结论，故仍以尊重过去的实践为宜。

十、对案例 33、案例 34、案例 35 的简要评析

1. 对案例 33 的简要评析

在本案中，银行在审核信用卡申请资料时确实存在一定的过错，导致上诉人周某芳的个人信用报告在 2009 年至 2011 年存在不真实的记载。但是，确定银行是否侵害周某芳的名誉权还应当结合损害后果及因果关系进行判断。首先，对于侵权行为的认定。周某芳认为银行将其未还款的记录上传至征信系统就构成了侵权。但是，银行按照国家的相关法律法规及监管要求报送相关信息，其报送的信息也都是源于周某芳名下信用卡的真实欠款记录，并非捏造，不存在虚构事实或侮辱的行为，故不构成对周某芳名誉权的侵害。其次，对于损害后果的认定。名誉权受损害的损害后果应当是周某芳的社会评价降低，但是，中国人民银行征信系统是一个相对封闭的系统，只有本人或者相关政府部门、金融机构因法定事由才能对该系统内的记录进行查询，这些记录并未在不特定的人群中进行传播，从而造成周某芳的社会评价降低，故不能认定存在周某芳名誉受损的后果。鉴于本案中侵权行为与损害后果均不存在，故无须对侵权人的主观过错以及侵权行为与损害后果之间的因果关系进行考察。

2. 对案例 34 的简要评析

婚礼是极具纪念意义的特殊经历，婚礼现场的影像资料是每一对步入婚姻殿堂的夫妇的珍贵资料，具有不可复制性，一旦毁损灭失将不具可逆性，虽然影像资料的丢失未对当事人造成生理上的身体健康及完整性的损害，但是此事件对当事人具有精神上的损害。本案中，某演绎公司将当事人夫妇具有人格象征意义的纪念影像丢失，给二位新人造成了不可弥补的精神损失，应当赔偿一定的精神损害抚慰金。本案的处理既维护了消费者的合法权益，又能促使经营者不断地规范自己的经营活动，共同营造良好有序、值得信赖的营商环境，同时也重视了婚姻家庭文化的建设，对弘扬文明、自由、平等、诚信、友善的社会主义核心价值观具有重要的积极意义。[①]

---

① 参见最高人民法院于 2022 年 3 月 15 日发布的《消费者权益保护典型案例》。

3.对案例 35 的简要评析

在本案中，某摄影公司将原告父母生前照片不慎丢失，给原告精神上造成了严重的创伤。原告父母生前照片对于原告来说，属于具有人身意义的特定物，根据《民法典》第一千一百八十三条第二款"因故意或者重大过失侵害自然人具有人身意义的特定物造成严重精神损害的，被侵权人有权请求精神损害赔偿"的规定，原告有权提起精神损害赔偿。根据《精神损害赔偿解释》第一条的规定，"因人身权益或者具有人身意义的特定物受到侵害，自然人或者其近亲属向人民法院提起诉讼请求精神损害赔偿的，人民法院应当依法予以受理"。本案虽然发生在 20 世纪末期，但法院予以受理并判决支持了原告的诉讼请求，是值得点赞的。

第六节　知识产权惩罚性赔偿的界定

一、问题的提出

惩罚性赔偿也称惩戒性赔偿，是侵权人给付被侵权人超过其实际损害数额的一种金钱赔偿。作为一种集补偿、制裁、遏制等功能于一身的制度，惩罚性赔偿在一些国家和地区得到了广泛运用。[①] 侵权责任法上的惩罚性赔偿具有多重功能：一是具有损害填补功能，这里的损害填补功能相对于填补性的损害赔偿是"二次"的，或者说是查漏补缺的。二是具有类似刑事责任的吓阻或阻却功能。通过判处高额的惩罚性赔偿，吓阻被告与第三人从事相同不法行为。三是具有惩罚功能，对于行为人基于主观恶性从事的损害行为，仅仅靠填补性的损害赔偿很难达到赔偿的目的，应当通过惩罚性赔偿，反映法律对其主观恶性的关注与惩罚。[②]

在研究知识产权惩罚性赔偿之前，先看一则案例：

[①] 黄薇主编：《中华人民共和国民法典解读·侵权责任编》，中国法制出版社 2020 年版，第 297 页。

[②] 参见最高人民法院民法典贯彻实施工作领导小组主编：《中华人民共和国民法典侵权责任编理解与适用》，人民法院出版社 2020 年版，第 191—192 页。

案例 36：涉"惠氏"商标惩罚性赔偿案①

惠氏公司是"惠氏""Wyeth"等注册商标的权利人，惠氏（上海）贸易有限公司（以下简称惠氏上海公司）经许可在中国使用上述商标并进行维权。原广州惠氏宝贝母婴用品有限公司（以下简称原广州惠氏公司）长期大规模生产、销售带有"惠氏""Wyeth""惠氏小狮子"标识的母婴洗护等商品，并通过抢注、受让等方式在洗护用品等类别上获得"惠氏""Wyeth"等商标，在宣传推广中明示或暗示与惠氏公司具有关联关系，并与其他被告以共同经营网上店铺等方式，实施线上线下侵权行为，获利巨大。惠氏公司、惠氏上海公司以原广州惠氏公司等为被告，诉至法院。

一审法院认定侵权成立，判决全额支持了惠氏公司、惠氏上海公司的诉讼请求。各被告均不服，提起上诉。二审法院认为，惠氏公司、惠氏上海公司明确请求适用惩罚性赔偿，根据在案证据可证明的原广州惠氏公司侵权获利情况，按照赔偿基数的 3 倍计算，惠氏公司、惠氏上海公司提出的 3000 万元的诉讼请求应予全额支持。当庭宣判驳回上诉、维持原判。

上述案例适用了知识产权惩罚性赔偿。试问：如何理解知识产权？知识产权惩罚性赔偿如何适用？

二、知识产权的法律意义②

"知识产权"，英文为"Intellectual Property"，德文为"Gestiges Eigentum"，其原意均为"知识（财产）所有权"或者"智慧（财产）所有权"，也称智力成果权。我国台湾地区，则称之为智慧财产权。自原《民法通则》施行以来，法律均规定知识产权属于民事权利，是基于创造性智力成果和工商业标记依法产生的权利的统称。

所谓知识产权，是指公民或法人等主体依据法律的规定，对其从事智力创作或创新活动所产生的知识产品所享有的专有权利，又称为"智力成果权""无形财产权"，主要包括由发明专利、商标以及工业品外观设计等方面组成的工业产权和自然科学、社会科学以及文学、音乐、戏剧、绘画、雕塑、摄影和电影等方面的作品组成的版权（著作权）两部分。具体而言：一是知识产权的客

---

① 2022 年 4 月 21 日《最高人民法院发布 2021 年中国法院 10 大知识产权案件》。
② 参见何志：《民法典·总则判解研究与适用》，中国法制出版社 2020 年版，第 292 页。

体是人的智力成果，有人称之为精神（智慧）的产出物。这种产出物（智力成果）也属于一种无形财产或无体财产，但是它与那种属于物理的产出物的无体财产（如电气）、属于权利的无形财产（如抵押权、商标权）不同，是人的智力活动（大脑的活动）的直接产物。这种智力成果不仅是思想，更是思想的表现。但其又与思想的载体不同。二是权利主体对智力成果是独占的、排他的利用，在这一点上，类似于物权中的所有权，所以过去将之归入财产权。三是权利人从知识产权中取得的利益既有经济性的，也有非经济性的。这两方面结合在一起，不可分。因此，知识产权既与人格权、亲属权（其利益主要是非经济性的）不同，也与财产权（其利益主要是经济性的）不同。

从法律上讲，知识产权的特征表现为：一是地域性，即除签有国际公约或双边、多边协定外，依一国法律取得的权利只能在该国境内有效，受该国法律保护。二是独占性或专有性，即只有权利人才能享有，他人不经权利人许可不得行使。三是时间性，各国法律对知识产权分别规定了一定期限，期满后则权利自动终止。

三、惩罚性赔偿的立法沿革

从域外法上看，关于惩罚性赔偿的适用主要来源于英美法系的实践。在大陆法系中，无论是侵权损害赔偿还是违约损害赔偿，都奉行单纯的补偿性民事法律责任制度，这种补偿既不能小于损失数额，因为赔偿小于损失数额，就使损害得不到完全的救济；也不能超过损失数额，因为赔偿数额超过损失数额，就会给受害人以不当利益。因此，损害赔偿的最高指导原则在于赔偿被害人所受之损害，俾于赔偿之结果，有如损害事故未曾发生者然。而惩罚性赔偿责任的性质实际上是一种私人罚款，是对民事违法行为的惩罚，与私法的补偿性质不相容，如果允许在私法领域中对民事违法行为进行惩罚，必然混淆公法与私法的界限。因而惩罚性赔偿金是不可理解、不可取的。基于这样的理念，大陆法系国家对于有关知识产权侵权行为也不承认惩罚性赔偿。德国法认为损害赔偿的目的在于恢复原状，坚持完全赔偿原则，而不承认惩罚性赔偿。在英美法系，尽管英国和美国产生惩罚性赔偿的时间和具体适用条件有所不同，但其基本理念与大陆法系的态度完全相反，法律认为惩罚性赔偿金是合理的、科学的，因而在法律上确认这种制度。①

---

① 参见最高人民法院民法典贯彻实施工作领导小组主编：《中华人民共和国民法典侵权责任编理解与适用》，人民法院出版社 2020 年版，第 192 页。

　　我国建立起的惩罚性赔偿制度是一个不断完善的过程。起初主要规定在消费者权益保护领域，《消费者权益保护法》第五十五条规定："经营者提供商品或者服务有欺诈行为的，应当按照消费者的要求增加赔偿其受到的损失，增加赔偿的金额为消费者购买商品的价款或者接受服务的费用的三倍；增加赔偿的金额不足五百元的，为五百元。法律另有规定的，依照其规定。经营者明知商品或者服务存在缺陷，仍然向消费者提供，造成消费者或者其他受害人死亡或者健康严重损害的，受害人有权要求经营者依照本法第四十九条、第五十一条等法律规定赔偿损失，并有权要求所受损失二倍以下的惩罚性赔偿。"《食品安全法》第一百四十八条第二款规定了惩罚性赔偿："生产不符合食品安全标准的食品或者经营明知是不符合食品安全标准的食品，消费者除要求赔偿损失外，还可以向生产者或者经营者要求支付价款十倍或者损失三倍的赔偿金；增加赔偿的金额不足一千元的，为一千元。但是，食品的标签、说明书存在不影响食品安全且不会对消费者造成误导的瑕疵的除外。"《著作权法》第五十四条第一款规定："侵犯著作权或者与著作权有关的权利的，侵权人应当按照权利人因此受到的实际损失或者侵权人的违法所得给予赔偿；权利人的实际损失或者侵权人的违法所得难以计算的，可以参照该权利使用费给予赔偿。对故意侵犯著作权或者与著作权有关的权利，情节严重的，可以在按照上述方法确定数额的一倍以上五倍以下给予赔偿。"第二款规定："权利人的实际损失、侵权人的违法所得、权利使用费难以计算的，由人民法院根据侵权行为的情节，判决给予五百元以上五百万元以下的赔偿。"《商标法》第六十三条第一款规定："侵犯商标专用权的赔偿数额，按照权利人因被侵权所受到的实际损失确定；实际损失难以确定的，可以按照侵权人因侵权所获得的利益确定；权利人的损失或者侵权人获得的利益难以确定的，参照该商标许可使用费的倍数合理确定。对恶意侵犯商标专用权，情节严重的，可以在按照上述方法确定数额的一倍以上五倍以下确定赔偿数额。赔偿数额应当包括权利人为制止侵权行为所支付的合理开支。"《专利法》第七十一条第一款规定："侵犯专利权的赔偿数额按照权利人因被侵权所受到的实际损失或者侵权人因侵权所获得的利益确定；权利人的损失或者侵权人获得的利益难以确定的，参照该专利许可使用费的倍数合理确定。对故意侵犯专利权，情节严重的，可以在按照上述方法确定数额的一倍以上五倍以下确定赔偿数额。"第二款规定："权利人的损失、侵权人获得的利益和专利许可使用费均难以确定的，人民法院可以根据专利权的类型、侵权行为的性质和情节等因素，确定给予三万元以上五百万元以下的赔偿。"《电子商务法》第四十二条第三款规定，因通知错误造成电子商务平台内经营者损害的，依法承担民事责任。恶意发出错误通知，造成平台内经营者损失的，加倍承担赔偿责任。

在司法实践中，2003 年《商品房买卖合同解释》第八条和第九条规定了因开发商的原因导致合同目的不能实现或者合同无效或被撤销时买受人请求返还已付购房款及利息、赔偿损失，并可以请求出卖人承担不超过已付购房款一倍的赔偿责任，由此开始在商品房买卖合同中适用惩罚性赔偿规则。[①]《专利纠纷规定》第十五条规定："权利人的损失或者侵权人获得的利益难以确定，有专利许可使用费可以参照的，人民法院可以根据专利权的类型、侵权行为的性质和情节、专利许可的性质、范围、时间等因素，参照该专利许可使用费的倍数合理确定赔偿数额；没有专利许可使用费可以参照或者专利许可使用费明显不合理的，人民法院可以根据专利权的类型、侵权行为的性质和情节等因素，依照专利法第六十五条第二款的规定确定赔偿数额。"

相关的立法规定和司法解释的实践，以及审判实务中的裁判案例，为《民法典》确立侵害知识产权惩罚性赔偿的一般规则提供了有益的、可复制的经验。《民法典》第一千一百八十五条规定："故意侵害他人知识产权，情节严重的，被侵权人有权请求相应的惩罚性赔偿。"在《民法典》中确立知识产权惩罚赔偿制度对于加强知识产权保护具有重要意义，从规则设计上，既体现了与国际接轨的思路，也符合知识产权客体无形性、损害赔偿难以具体确定等实际情况；从功能价值上，可以使知识产权侵权人负担超出其所造成的实际损害的赔偿责任，加大对其惩罚力度，从而有效预防故意或恶意侵害知识产权的行为发生。尤其是在《民法典》这一民事基本法律中对知识产权的惩罚性赔偿予以规定，为各知识产权部门法继续细化规定惩罚性赔偿制度提供了很好的一般规则和上位法支撑，为未来在各个知识产权领域中探索适用惩罚性赔偿提供了坚实基础，也为各个知识产权部门法统一协调规定相关知识产权惩罚性赔偿的构成要件，避免条文冲突提供了基本遵循。[②]

[①] 最高人民法院于 2020 年 12 月 23 日修正《商品房买卖合同解释》时删除了商品房买卖合同适用惩罚性赔偿的规定。

[②] 最高人民法院民法典贯彻实施工作领导小组主编：《中华人民共和国民法典侵权责任编理解与适用》，人民法院出版社 2020 年版，第 197 页。

四、知识产权惩罚性赔偿的司法适用

《民法典》第一千一百八十五条规定，故意侵害他人知识产权，情节严重的，被侵权人有权请求相应的惩罚性赔偿。为保证该条规定在司法实践中"开花结果"，最高人民法院及时发布《知识产权惩罚性赔偿解释》，自 2021 年 3 月 3 日起施行。

1. 厘清"故意"和"恶意"之间的关系。《民法典》规定惩罚性赔偿的主观要件为"故意"，《商标法》第六十三条第一款、《反不正当竞争法》第十七条第三款规定为"恶意"。司法解释认为，"故意"和"恶意"的含义应当是一致的。知识产权作为市场主体对自己智力成果和经营标记、信誉依法享有的专有权利，其权利所有人可以是一人或数人，但使用人或者运用人的人数是不确定的。未经许可使用他人知识产权一般会构成侵权，而此时侵权人对所使用知识产权的权属或者是否取得许可应当是知道的。实践中，构成"故意"还是"恶意"很难严格区分，故对"故意"和"恶意"作一致性解释，防止产生"恶意"适用于商标、不正当竞争领域，而"故意"适用于其他知识产权领域的误解。

根据《知识产权惩罚性赔偿解释》第三条的规定，对于侵害知识产权的故意的认定，人民法院应当综合考虑被侵害知识产权客体类型、权利状态和相关产品知名度、被告与原告或者利害关系人之间的关系等因素。对于下列情形，人民法院可以初步认定被告具有侵害知识产权的故意：（1）被告经原告或者利害关系人通知、警告后，仍继续实施侵权行为的；（2）被告或其法定代表人、管理人是原告或者利害关系人的法定代表人、管理人、实际控制人的；（3）被告与原告或者利害关系人之间存在劳动、劳务、合作、许可、经销、代理、代表等关系，且接触过被侵害的知识产权的；（4）被告与原告或者利害关系人之间有业务往来或者为达成合同等进行过磋商，且接触过被侵害的知识产权的；（5）被告实施盗版、假冒注册商标行为的；（6）其他可以认定为故意的情形。

2. 明晰情节严重的认定标准。情节严重是惩罚性赔偿的构成要件之一，主要针对行为人的手段方式及其造成的后果等客观方面，一般不涉及行为人的主观状态。《知识产权惩罚性赔偿解释》第四条规定，对于侵害知识产权情节严重的认定，人民法院应当综合考虑侵权手段、次数，侵权行为的持续时间、地域范围、规模、后果，侵权人在诉讼中的行为等因素。被告有下列情形的，人民法院可以认定为情节严重：（1）因侵权被行政处罚或者法院裁判承担责任后，再次实施相同或者类似侵权行为的；（2）以侵害知识产权为业；（3）伪造、毁坏

或者隐匿侵权证据；（4）拒不履行保全裁定；（5）侵权获利或者权利人受损巨大；（6）侵权行为可能危害国家安全、公共利益或者人身健康；（7）其他可以认定为情节严重的情形。

3.明确惩罚性赔偿基数的计算方式。关于惩罚性赔偿基数的计算方式，《专利法》第七十一条、《著作权法》第五十四条、《商标法》第六十三条、《反不正当竞争法》第十七条、《种子法》第七十三条都作出了明确规定。《著作权法》《专利法》未规定计算基数的先后次序，《商标法》《反不正当竞争法》《种子法》规定了先后次序。此外，不同法律对惩罚性赔偿是否包括合理开支的规定亦存在不一致之处。为此，《知识产权惩罚性赔偿解释》第五条规定的"法律另有规定的，依照其规定"，是指不同案件类型分别适用所对应的部门法。

为发挥惩罚性赔偿制度遏制侵权的重要作用，立足知识产权审判实际，《知识产权惩罚性赔偿解释》将参考原告的主张和提供的证据所确定的赔偿数额作为基数的一种。同时规定，对于提供虚假账簿、资料的，将依据《民事诉讼法》第一百一十一条（现第一百一十四条）追究法律责任。

原告在一审法庭辩论终结前增加惩罚性赔偿请求的，法院应当准许；在二审中增加惩罚性赔偿请求的，法院可以根据当事人自愿的原则进行调解，调解不成的，告知当事人另行起诉。

4.防止惩罚性赔偿制度被滥用。为确保正确实施知识产权惩罚性赔偿制度，避免实践中的滥用，《知识产权惩罚性赔偿解释》第五条对适用惩罚性赔偿的范围、请求内容和时间、主观要件、客观要件、基数计算、倍数确定等作了明确规定，涵盖了惩罚性赔偿适用的全部要件，提供了明确的操作指引，也给当事人以稳定的预期，确保惩罚性赔偿制度在司法实践中用好、用到位，从裁判规则上为防止惩罚性赔偿制度被滥用提供了保障。

五、对案例 36 的简要评析

本案是法院适用惩罚性赔偿的典型案例。本案通过依法判处惩罚性赔偿，显著提高侵权违法成本，让侵权者得不偿失，让遭受侵权者得到充分救济，让"侵犯知识产权就是盗取他人财产"观念深入人心。[①]

---

① 参见最高人民法院于 2022 年 4 月 21 日发布的《2021 年中国法院 10 大知识产权案件》。

第七节 公平分担损失规则

一、问题的提出

通常情况下，公平责任是指行为人和受害人对损害情况都没有过错，法律也没有规定可以适用无过错原则，法院按照公平原则，考虑到当事人实际情况适用的一种损失分担规则。[①] 但是，由于原《侵权责任法》对公平责任的法条描述过于简单且缺乏相关的司法解释，司法实践中出现了一些滥用公平责任的裁判。为此，《民法典》第一千一百八十六条规定："受害人和行为人对损害的发生都没有过错的，依照法律的规定由双方分担损失。"

在研究公平分担损失规则之前，先看两则案例：

案例 37：电梯劝烟后吸烟人猝死，劝烟人应否承担民事责任

2017 年 5 月 2 日，郑州医生杨某在电梯内劝阻段某抽烟，两人发生争执。10 多分钟后，69 岁的段某突发心脏病死亡。监控视频显示，2017 年 5 月 2 日 9 时 24 分 3 秒，段某在电梯间内吸烟，4 秒后，杨某进入电梯，按了负一楼电梯键。随后，双方开始有语言交流。电梯到达一楼，杨某按了开门键，段某未走出电梯。电梯到达负一楼，二人继续对话。杨某走到电梯门外，段某在电梯门内，双方仍有争执。随后，杨某重新进入电梯，按了一楼的按钮。2017 年 5 月 2 日 9 时 26 分 24 秒，两人走出电梯。2 分钟后，他们走到单元楼门口。段某情绪相对较为激动，杨某比较冷静。2017 年 5 月 2 日 9 时 29 分 6 秒，两人走向物业办公室，至此时，段某的香烟一直未熄灭。段某比较激动，物业工作人员从办公室内出来后，段某情绪更加激动，边说话边向杨某靠近。2 分钟后，杨某被劝离，段某则被劝至物业办公室。没多久，段某突然倒地，不治身亡。

段某的妻子田某随后向法院提起诉讼，要求杨某赔偿 40 余万元。2017 年 9 月 4 日，一审法院判决认定杨某行为与段某的死亡之间并无必然的因果关

---

① 车辉、李敏、叶明怡：《侵权责任法理论与实务》，中国政法大学出版社 2009 年版，第 67 页。

系，但段某确实在与杨某发生言语争执后猝死。依照《侵权责任法》相关规定，受害人和行为人对损害的发生都没有过错的，可根据实际情况由双方分担损失，判决杨某向死者家属补偿1.5万元。田某不服一审判决，提起上诉。二审法院认为，杨某劝阻段某在电梯内吸烟的行为未超出必要限度，属于正当劝阻，没有侵害段某生命权的故意或过失，本身也不会造成段某死亡的结果。段某患有心脏疾病，在未能控制自身情绪的情况下，发作心脏疾病不幸死亡。因此杨某不应承担侵权责任。一审判决杨某补偿死者家属1.5万元，属于适用法律错误。据此判决驳回田某的诉讼请求。

案例38：未成年人同游溺亡，由谁承担责任 [①]

某日上午9时许，年满15周岁的赵某1、李某、赵某2、陈某和张某5人一起到附近的沙河水中游玩，当日11时许，赵某1、李某、赵某2、陈某发现张某溺水，后报警求救，张某不幸溺亡。

一审法院认为，受害人张某作为年满15周岁的限制民事行为能力人，结合其年龄特征和受教育情况，对自己在河道边下水玩耍存在溺水危险有一定的预见能力，并且其父母作为监护人，依法应对其尽到法律规定的监护义务和安全教育及安全保护职责，事故发生的直接原因是张某本人不能正确预见在河中玩耍的危险和监护人疏于监护，此次事故的发生，张某及其监护人应自己承担责任。对其父母要求同游者及其监护人承担赔偿责任的诉讼请求，因并未提供充分有效的证据证明同游的赵某1等人存在故意或者重大过失的行为，且同游5人均是未成年人，对张某的溺水死亡不应当承担赔偿责任。民事法律规范虽然规定了过错赔偿责任原则，但也规定了公平补偿原则。《民法典》第一千一百八十六条规定："受害人和行为人对损害的发生都没有过错的，依照法律的规定由双方分担损失。"中华民族具有互帮互助的传统美德，赵某1等人与张某系同学加好友关系，又因共同在河中游玩时张某溺水死亡，其死亡对家庭影响巨大。考虑以上因素，酌定其分别对死者近亲属的各项损失予以适当补偿1万元。因赵某1等人系未成年人，尚无独立的财产和经济能力承担民事责任，补偿金额由其各自的监护人承担。对死者近亲属诉请的水利局、沙河修防管理段、乡人民政府赔偿其损失的诉讼请求，因案涉河道是自然形成的开发性河道，不属于通常意义上供公众活动和集散的公共场所，亦无须设立安全警

---

① 参见河南省周口市中级人民法院（2022）豫16民终5417号民事判决书。

示标志，以上部门依法不应承担民事责任。

上述案例均涉及能否适用公平分担损失规则问题。试问：公平责任的司法现状如何？如何理解公平分担损失规则的确立？公平分担损失规则如何适用？考量的因素有哪些？

二、公平责任在司法实践中的适用现状

就我国实际情况而言，公平责任原则有其独特的法律价值，能弥补过错责任和无过错责任的不足，一定程度上承担起保险和社会保障制度的任务。但是，公平责任原则又不可否认地存在理论上的模糊性。正如王泽鉴先生在肯定了公平责任原则特殊价值的同时，提出了该原则的两点不尽合理之处："（1）《民法通则》第一百三十二条所谓的根据实际情况，由当事人分担民事责任，主要是就财产状况而言，法律所考虑的不再是当事人的行为，而是当事人的财产，财产之有无多寡由此变成了一项民事责任的归责原则，由有资力的一方当事人承担社会安全制度的任务；（2）在实务上，难免造成法院不审慎认定加害人是否有过失，从事的作业是否具有高度危险性，而基于方便、人情或其他因素从宽适用此项公平条款，致使过失责任和无过失责任不能发挥其应有的规范功能，软化侵权行为法体系。"[①] 原《侵权责任法》第二十四条规定："受害人和行为人对损害的发生都没有过错的，可以根据实际情况，由双方分担损失。"在司法实践中，公平责任亦表现出一些适用上的问题。

1. 公平责任沦为兜底条款。在司法实践中，可能出现行为人无任何理由地承担部分损失，为并不存在的责任买单的情况。也存在部分法院将公平责任视为兜底条款，从宽适用此项公平条款的情况。这种表面的平均使公平责任原则难以如立法初衷所希望的那样达到平衡各方利益的目的。

2. 公平责任并非真的"公平"。从立法背景的角度出发，公平责任是在无过错的情况下由经济等实际情况更占优势的一方对弱势一方的合理补偿。它的特点就是让没有可归责性的"加害人"承担责任，然而，让没有任何过错的人承担责任本身就有失公平。实践中，许多法院仅以双方均无过错作为认定双方分担损失的条件。

---

① 王泽鉴：《民法学说与判例研究》（第六册），中国政法大学出版社 1998 年版，第293 页。

3. 公平责任的法律后果极不确定。从文义来看，"可以根据实际情况，由双方分担损失"。"可以"二字，意味着在符合该条所规定的构成要件时，既可以由双方分担损失，也可以由受害人自行承担损失。而在个案裁判时究竟是否由双方分担损失，则取决于法官如何自由裁量。公平责任是在无法适用一般侵权归责原则的情况下，以损失分担为目的，对遭受损害的弱势一方在"经济上的衡平"①，但从文义来看，在"分担损失"时，所要分担的损失是什么，没有限制，既可以分担物质损害，也可以分担精神损害。但是，公平责任原则理论上只对直接财产损失进行补偿，而在司法实践中，有的判决甚至连精神损害和误工损失也纳入考量之中。公平责任原则的性质决定其"只能够适用损害赔偿一种责任形式。"②因此，要求没有责任的一方承担对方的精神损害，与公平责任的法律理念相悖。

三、公平分担损失规则的确立——依照法律的规定

《民法典》第一千一百八十六条与原《侵权责任法》第二十四条有一定的承继关系，但也有重大变化。相同之处在于：在受害人和行为人对损害的发生都没有过错的情况下的损害分担的规定；不同之处在于：原《侵权责任法》第二十四条可以直接适用的一般性裁判规范，且强调的是"可以根据实际情况，由双方分担损失"。《民法典》第一千一百八十六条则是一个指引性条文，不能直接适用，将法律适用指向法律具体规定的转制规范，将公平责任的适用原则法定化，限制公平责任的适用，以维护以过错责任原则和无过错责任原则构建的侵权责任二元归责体系，成为该条规定的规范目的。③该条"依照法律的规定"中的"法律"，既可以是《民法典》中相关法律条文的规定，也可以是其他法律根据实践需要作出的相应规定。

公平分担损失规则不同于过错责任原则和无过错责任原则。与过错责任原则的主要区别在于：一是过错责任原则以行为人的过错作为承担责任的前提，而公平分担损失的行为人并没有过错。二是承担过错责任以填补受害人全部损失为原则，公平分担损失仅仅是根据实际情况适当给予受害人补偿。与无过错

---

① 李鹏：《论我国侵权责任法的公平责任》，载《法学杂志》2010年第11期。

② 王成：《侵权法归责原则的理念及配置》，载《政治与法律》2009年第1期。

③ 参见邹海林、朱广新主编：《民法典评注：侵权责任编》，中国法制出版社2020年版，第257页。

责任原则的主要区别在于：一是无过错责任原则不问行为人是否有过错，其适用以法律的特殊规定为根据。公平分担损失是行为人没有过错，也不属于法律规定的适用无过错责任原则的情形。二是无过错责任原则仅限于法律有明确规定的情形。公平分担损失规则只是原则规定适用条件，与无过错责任原则的适用没有交集。三是无过错责任原则是填补受害人全部损失或者是法律规定了最高限额。公平分担损失仅是补偿受害人的一部分损失，没有最高额限制。因此，原《侵权责任法》和《民法典》均没有将公平分担损失规定为一项侵权责任归责原则。[①]

公平分担损失规则的适用存在不同认识。有学者认为，无过错责任案件中，责任的构成不考虑行为人的过错，即使行为人和受害人都没有过错，行为人也应该依法承担侵权责任，不发生"由双方分担损失"的问题。只有在适用过错责任原则进行归责的案件中，才存在"由双方分担损失"的适用空间。[②]立法机关认为，公平分担损失规则适用于行为人和受害人对损害的发生均无过错的情况。如果损害由受害人过错造成，应当由其自己负责；如果损害由行为人或者第三人过错造成，应当由行为人或者第三人负责；如果行为人和受害人对损害的发生都有过错，应当根据他们的过错程度和原因力分配责任。确定损失分担，应当考虑行为的手段、情节、损失大小、影响程度、双方当事人的经济状况等实际情况，达到公平合理、及时化解矛盾、妥善解决纠纷、促进社会和谐的目的。[③]

四、公平分担损失规则的适用：无法适用过错和无过错责任救济时才适用

按照侵权责任救济损害的一般逻辑，损害的救济须以侵权责任的成立作为基础和保障。即通过适用过错责任原则、无过错责任原则及其所确立的具体侵权责任构成要件，判定侵权责任的成立，从而实现对损害的救济。从公平分担损失规则的抽象适用范围看，其限定适用于当事人双方均无过错，并且不能适

[①]　黄薇主编：《中华人民共和国民法典解读·侵权责任编》，中国法制出版社2020年版，第303页。

[②]　张新宝：《中华人民共和国民法典侵权责任编理解与适用》，中国法制出版社2020年版，第94页。

[③]　黄薇主编：《中华人民共和国民法典解读·侵权责任编》，中国法制出版社2020年版，第304页。

用过错责任原则和无过错责任原则调整的损害赔偿法律关系。但是，公平分担损失规则是在损害发生的个别情形下，基于公平考虑而对受害人提供救济的特殊法律规则，在损害救济规则的法律地位上，不可能与过错责任原则、无过错责任原则处于同一规范层面，而只是对过错责任和无过错责任适用的补充，体现出辅助性的救济功能。对于无法适用过错和无过错责任救济的损害事件，公平分担损失规则并不具有当然的普遍适用性。否则，就会动摇过错责任原则和无过错责任原则在侵权责任法中的基础性地位，造成损害责任的泛滥，增大民事活动的责任风险，并最终危及民事主体的行为自由。为此，对于公平分担损失规则的适用，须具有法律明确规定。如果没有法律的明确规定，原则上不得适用公平分担损失规则救济损害。①

其实，关于公平分担损失规则的适用规定，显然存在两项明确的事实要件或者说规则适用根据：一是行为人所实施的损害行为与损害后果的发生之间存在一定的因果关系；二是分担损失的民事主体之间存在某种利益上的关联。如果说民法的公平原则是公平分担损失规则的立法价值基础，那么这两个方面的事实要件，则是公平分担损失规则得以适用的事实根据。它们不仅为公平分担损失规则的适用奠定了法律技术基础，而且为损失分担主体的合理确定提供了明确的法律依据。②

根据《民法典》的相关规定，公平分担损失规则的适用主要体现于以下几种情形中：

1. 紧急避险人的损失分担规则。关于紧急避险人的损失分担，首先规定于原《民法通则》之中，然后得到原《侵权责任法》的采纳，之后《民法典》作出了更为准确的表述。原《民法通则》第一百二十九条规定："……如果危险是由自然原因引起的，紧急避险人不承担民事责任或者承担适当的民事责任……"原《侵权责任法》第三十一条规定："……如果危险是由自然原因引起的，紧急避险人不承担责任或者给予适当补偿……"《民法典》第一百八十二条规定："因紧急避险造成损害的，由引起险情发生的人承担民事责任。危险由自然原因引起的，紧急避险人不承担民事责任，可以给予适当补

---

① 何志、侯国跃主编：《侵权责任纠纷裁判依据新释新解》，人民法院出版社2014年版，第83页。

② 何志、侯国跃主编：《侵权责任纠纷裁判依据新释新解》，人民法院出版社2014年版，第87页。

偿。紧急避险采取措施不当或者超过必要的限度，造成不应有的损害的，紧急避险人应当承担适当的民事责任。"依据这一规定，在危险单纯是由自然原因引起，也就是事件当事人均无过错的场合，存在公平损失分担规则的适用可能，由此判定紧急避险人对受害人给予适当的经济补偿。在这一损失分担规则中，较为直接地体现了公平价值的考量。这是因为在由自然原因引起危险的紧急避险事件中，受害人遭受损失显得更为无辜，且在通常情况下紧急避险人有可能通过实施避险行为而避免遭受一定利益的损害，判定紧急避险人对受害人给予一定的经济补偿，更符合民法的公平原则。

2. 见义勇为受益人的分担损失规则。现行民事法律对于受益人分担损失的规则有明确规定者，为见义勇为受益人的适当补偿。《民法典》第一百八十三条规定："因保护他人民事权益使自己受到损害的，由侵权人承担民事责任，受益人可以给予适当补偿。没有侵权人、侵权人逃逸或者无力承担民事责任，受害人请求补偿的，受益人应当给予适当补偿。"据此，只要见义勇为者为保全他人民事权益遭受了损害，而又没有侵权人、不能确定侵权人、侵权人逃逸或者无力赔偿的，即有权请求见义勇为行为的实际受益人给予适当的补偿。

3. 完全民事行为能力人暂时没有意识或行为失控的损失分担规则。根据《民法典》第一千一百九十条第一款的规定，完全民事行为能力人在对其行为暂时没有意识或失去控制造成他人损害的情形下，如果行为人没有过错，原则上即应免除行为人的赔偿责任。但是，在行为人的经济状况明显优于受害人的情况下，完全不对受害人给予一定的损失补偿，显然对受害人不公平，毕竟损害是由其行为所引起的。[1] 因此，基于公平原则并考虑行为人的经济状况，确定由行为人分担一定损失。

《民法典》第一千一百八十八条规定："无民事行为能力人、限制民事行为能力人造成他人损害的，由监护人承担侵权责任。监护人尽到监护职责的，可以减轻其侵权责任。有财产的无民事行为能力人、限制民事行为能力人造成他人损害的，从本人财产中支付赔偿费用；不足部分，由监护人赔偿。"通说认为该条也蕴含着在特别情形下适用公平原则的精神，即在该条规定情形下，监护人即使尽到监护职责也不是免除责任，而要分担部分损失，同时有财产的无民事行为能力人、限制民事行为能力人要先从其财产中支付赔偿费用。在符合上述规定情形时就应当适用公平原则。此外，其他法律对于适用公平原则分担

---

[1] 参见王利明：《侵权责任法研究》（上卷），中国人民大学出版社 2010 年版，第 285 页。

损失有规定的也要适用其规定。[①]

4. 建筑物使用人的损失分担规则。《民法典》第一千二百五十四条第一款规定："禁止从建筑物中抛掷物品。从建筑物中抛掷物品或者从建筑物上坠落的物品造成他人损害的，由侵权人依法承担侵权责任；经调查难以确定具体侵权人的，除能够证明自己不是侵权人的外，由可能加害的建筑物使用人给予补偿。可能加害的建筑物使用人补偿后，有权向侵权人追偿。"这是法律对从建筑物中抛掷物品或者坠落物品造成他人损害，且行为人难以具体确定时的救济规则作出的明确规定。通过这一规定，确立了可能加害的建筑物使用人对于抛掷物、坠落物致害的损失分担规则。

在原《侵权责任法》制定颁布之前，关于抛掷物、坠落物致害的责任问题，民法理论界和司法实务界一直争论不断，各地法院对于具体案件的法律适用及其裁判结果也不尽一致。概括而言，主要存在四种观点：一是主张适用过错推定责任，即推定所有可能加害人存在过错，只要可能加害人不能举证排除其实施加害行为的可能性，则等额承担赔偿责任。体现这一司法观点的典型案例为"重庆烟灰缸伤人案"。在该案中，重庆市民郝某步行至某街 65 号、67 号楼下时，被楼上扔下的玻璃烟灰缸砸中头部致重伤。重庆市第一中级人民法院经审理，根据过错推定原则，判决上述两楼的 20 户住户各赔偿郝某医疗费等 8101.5 元。[②]二是主张适用共同危险责任，即基于所有可能加害人均有实施加害行为的可能性，参照共同危险行为的原理和规则，判定所有可能加害人承担连带赔偿责任。"山东济南菜板坠落伤人案"的省高院再审判决适用了这一责任判定规则。在该案中，受害人被楼上坠落的菜板砸伤，省高院再审时即参照共同危险行为的责任判定规则，判决居住于该楼的 56 户住户承担连带赔偿责任。[③]三是主张适用过错责任，前述"山东济南菜板坠落伤人案"的二审判决，即适用过错责任原则，以原告起诉被告不确定为由，驳回了原告的诉讼请求。[④]四是主张适用《民事诉讼法》的规定，以被告不明确驳回

---

① 最高人民法院民法典贯彻实施工作领导小组主编：《中华人民共和国民法典侵权责任编理解与适用》，人民法院出版社 2020 年版，第 205 页。

② 参见最高人民法院侵权责任法研究小组编著：《〈中华人民共和国侵权责任法〉条文理解与适用》，人民法院出版社 2010 年版，第 579 页。

③ 参见最高人民法院侵权责任法研究小组编著：《〈中华人民共和国侵权责任法〉条文理解与适用》，人民法院出版社 2010 年版，第 580 页。

④ 参见杨立新：《侵权责任法》，法律出版社 2010 年版，第 580 页。

起诉。即以受害人不能举证证明具体加害人为理由，裁定驳回诉讼请求。"山东济南菜板坠落伤人案"即适用过错责任规则，裁定驳回了原告的起诉。该案一审法院认为，原告在起诉中无法确认谁是加害人，缺乏明确具体的被告，且菜板坠落前的位置也不明确，也无法确定所有人和管理人。二审法院以同样理由裁定驳回上诉、维持原裁定，当事人不服提起申诉。对于这一案件的处理，最高人民法院审判监督庭于 2004 年 5 月 18 日以〔2004〕民监他字第 4 号电话答复，同意山东省高级人民法院审判委员会认为一、二审法院裁定驳回起诉不正确，本案应作实体审理的多数意见。最高人民法院相关人员在撰写的对该答复的解读文章中指出，本案属于"非典型的共同危险致人损害情况"，可参考共同危险致人损害的原理进行处理。①

"由可能加害的建筑物使用人给予补偿"，显然否定了上述三种责任判定规则的适用主张。其基本理由在于：第一，在加害人不明的抛掷物、坠落物致害事件中，赔偿责任判定的障碍并非在于加害人的过错认定困难，而是难以确定具体的加害人，也就无法准确判定赔偿责任的主体。从上述案例的判决看，实际上也不涉及过错的推定问题，而是基于各被告均存在实施加害行为的可能性所作出的责任判定，其实质是关于因果关系的推定。第二，在加害人不明的抛掷物、坠落物致害事件中，事实上只有一个加害人，也仅存在一个加害行为。而共同危险行为的基本特征是二人以上共同实施了危及他人人身、财产安全的数个行为。也就是说，各个行为主体及其所实施的危险行为均是确定的，只是各个危险行为造成损害的因果关系，或者对于损害的发生所起的作用即原因力的大小，可能存在难以确定的情况，从而影响责任主体和责任范围的判定。显然，加害人不明的抛掷物、坠落物致害，不符合共同危险行为的基本特征，不能适用共同危险责任规则作为裁判的依据。第三，在加害人不明的抛掷物、坠落物致害事件中适用过错责任原则，势必苛求遭受严重损害的受害人在面临显著举证障碍的客观情况下，对于加害人的确定及损害发生因果关系的认定承担不切实际的证明责任，显然有失公允，有违民法的公平价值追求。有鉴于此，法律采取同情弱者和保护公共安全的立场②，贯彻民法的公平原则，创立了由可能加害的建筑物使用人给予受害人一定经济补偿的损失分担规则。

---

① 参见最高人民法院侵权责任法研究小组编著：《〈中华人民共和国侵权责任法〉条文理解与适用》，人民法院出版社 2010 年版，第 579 页。

② 参见杨立新：《侵权责任法》，法律出版社 2010 年版，第 583 页。

五、公平分担损失规则的考量因素：损害程度、受益范围和经济状况

《民法典》第一千一百八十六条关于公平分担损失规则的规定中，采用了"依照法律的规定由双方分担损失"的条文表述。如何"由双方分担损失"，成为适用公平分担损失规则时必须审查、判断的重要内容。全面理解和把握该条的立法本意，应予确立这样的规范意旨认知，其既是判定适用公平分担损失规则的必要性前提，也是确定分担损失具体数额的合理性根据。特别应当指出的是，立法对于公平分担损失规则的重要适用根据，在采用这样抽象、模糊表述的同时，却未对"由双方分担损失"所包含的法律因素作出一般性和列举性限定，这就使得司法裁判对于"实际情况"的判定，获得了立法所赋予的自由裁量权。从司法实践状况看，由于对"由双方分担损失"的考量因素缺乏必要的规范，的确存在公平分担损失规则被任意扩大适用，形成不公平的司法裁判结果，从而破坏公平分担损失规则法律价值的可能。因此，确有必要遵循民法的公平原则，对"由双方分担损失"所应包含的主要考量因素作出必要而合理的界定。适用公平分担损失规则需要考量的因素如下：

1. 关于损害程度的考量。对于损害程度的考量，应当全面考察损害发生的实际情况。如果仅有单方损害，受害人的损害程度即直接决定着当事人分担损失的必要性[1]；如果存在双方或多方损害，则应当在比较、权衡各方损害程度的基础上，作出是否适用公平损失分担规则的判断。并且对于损害程度的比较，只能在作为损害后果的财产损失层面上进行，才具有合理性和可操作性，也才符合公平分担损失规则的要旨。如果经过权衡，确定一方遭受了较为重大的损失，如果不给予适当的损失分担救济，将明显违背民法的公平原则和社会的正义观念，则应决定适用公平分担损失规则作出相应的裁判。需要指出的是，由于公平分担损失规则的法律功能在于通过合理分散损害实现救济，其本质并非严格意义上的侵权责任判定规则，因此在损害发生以后，如果存在保险赔偿、社会捐助等因素，应在考量损害程度时一并加以考虑。

2. 关于受益范围的考量。从《民法典》的规定及相关司法解释来看，均明确将受益范围作为适用公平分担损失规则时酌情考量的因素。《民法典》第

---

① 参见杨立新：《侵权责任法》，法律出版社 2010 年版，第 168 页。

一百八十三条规定："因保护他人民事权益使自己受到损害的，由侵权人承担民事责任，受益人可以给予适当补偿。没有侵权人、侵权人逃逸或者无力承担民事责任，受害人请求补偿的，受益人应当给予适当补偿。"《人身损害赔偿解释》第五条第一款规定："……被帮工人明确拒绝帮工的，被帮工人不承担赔偿责任，但可以在受益范围内予以适当补偿。"

3. 关于经济状况的考量。当事人的经济状况直接决定着双方对于损害的负担能力，而当事人的损害负担能力对于公平分担损失规则适用的必要性和具体分担数额的合理性判定，具有重要的法律意义。因此，有学者称之为确定"公平责任"所要考虑的基本因素。[①] 最高人民法院专家法官在解读公平分担损失规则的规定时，也认为主要应考虑当事人的经济条件。这里的经济条件包括当事人的实际经济收入、必要的经济支出以及应对家庭和社会承担的经济负担。在考虑当事人经济条件时，应全面考虑双方当事人的经济条件。[②] 因此，对于经济状况的考量，需要从当事人双方的角度进行比较考察。

六、对案例 37、案例 38 的简要评析

1. 对案例 37 的简要评析

公共场所的电梯间禁止吸烟，应该是每个公民应当遵守的公共义务，也算每个公民所应具有的素养。本案中的段某在医院的电梯间吸烟，每个公民都有权制止。杨某对段某在电梯内吸烟的行为予以劝阻合法正当，是自觉维护社会公共秩序和公共利益的行为，并没有任何过错，一审判决判令其分担损失，让正当行使劝阻吸烟权利的公民承担补偿责任，将会挫伤公民依法维护社会公共利益的积极性，既是对社会公共利益的损害，也与民法的立法宗旨相悖，不利于促进社会文明，不利于引导公众共同创造良好的公共环境。二审法院依法改判，树立了法律的尊严，弘扬了社会主义核心价值观。

2. 对案例 38 的简要评析

在死者近亲属的眼里，每个相关同行玩水的少年均有过错，都应当承担赔偿责任；相关的河道职能部门水利局、河道管理部门、乡政府等都存在失职行为，存在过错，都负有安全保障义务，承担相应的侵权责任。年轻的生命"凋

---

① 参见杨立新：《侵权责任法》，法律出版社 2010 年版，第 168 页。

② 最高人民法院侵权责任法研究小组编著：《〈中华人民共和国侵权责任法〉条文理解与适用》，人民法院出版社 2010 年版，第 185 页。

零",实属遗憾。但案件的判决只能依法作出。

根据《民法典》第一千一百八十六条"受害人和行为人对损害的发生都没有过错的,依照法律的规定由双方分担损失"的规定,公平分担损失规则的适用,必须基于法律的规定,法院不得基于司法的自由裁量权而擅自适用。

第七章

监护人责任

本章概要

　　监护人责任，是指在无民事行为能力人、限制民事行为能力人造成他人损害时，由监护人承担侵权民事责任。《民法典》第一千一百八十八条规定了监护人责任：无民事行为能力人、限制民事行为能力人造成他人损害的，由监护人承担侵权责任。监护人尽到监护职责的，可以减轻其侵权责任。有财产的无民事行为能力人、限制民事行为能力人造成他人损害的，从本人财产中支付赔偿费用；不足部分，由监护人赔偿。第一千一百八十九条规定了委托监护责任：无民事行为能力人、限制民事行为能力人造成他人损害，监护人将监护职责委托给他人的，监护人应当承担侵权责任；受托人有过错的，承担相应的责任。委托监护责任是《民法典》侵权责任编在吸收《民法通则意见》的基础上，为了保护被侵权人利益，督促监护人履行监护职责，增加的一项新的法律制度。

第一节　监护人责任 [①]

一、问题的提出

监护人责任，是指无民事行为能力人和限制民事行为能力人造成他人损害时，其监护人承担的民事责任。[②] 监护人责任作为监护制度的内容之一，主要是为了维护社会经济秩序和生活秩序，为了保障受害人的合法权益，使受害人不因侵权人系无侵权责任能力人而得不到救济而设立的制度。[③] 对此，《民法典》第一千一百八十八条规定："无民事行为能力人、限制民事行为能力人造成他人损害的，由监护人承担侵权责任。监护人尽到监护职责的，可以减轻其侵权责任。有财产的无民事行为能力人、限制民事行为能力人造成他人损害的，从本人财产中支付赔偿费用；不足部分，由监护人赔偿。"

在研究监护人责任之前，先看两则案例：

案例 39：未成年人玩耍受伤，谁来承担民事责任 [④]

2021 年 8 月 23 日下午，刘某 1（2012 年 11 月 29 日出生）独自去刘某 3（2011 年 8 月 23 日出生）家玩耍。刘某 3 的母亲李某带刘某 3 和刘某 1 去自家田地里割向日葵，割完后在回家的路上，刘某 1 向刘某 3 要向日葵，刘某 3 没有给，刘某 1 就用脚踢刘某 3，踢在了刘某 3 手里用来割向日葵的刀上，致使刘某 1 受伤，双方家长随即将刘某 1 送往医院，诊断为"踝和足水平多发性肌腱损伤""下肢开放性伤口""腓神经损害"，住院治疗 8 天，各项费用合计 3.1 万元。

[①]　关于自然人监护，参见《民法典》总则编第二章"自然人"中的第二节"监护"，亦可参阅何志：《民法典·总则判解研究与适用》，中国法制出版社 2020 年版，第 62—84 页。

[②]　王利明主编：《中华人民共和国侵权责任法释义》，中国法制出版社 2010 年版，第 139 页。

[③]　何志、侯国跃主编：《侵权责任纠纷裁判依据新释新解》，人民法院出版社 2014 年版，第 177 页。

[④]　详见甘肃省平凉市中级人民法院（2022）甘 08 民终 645 号民事判决书。

生效裁判认为，公民享有生命健康权，侵害他人人身权益的，应当承担民事赔偿责任。本案中，李某在割完向日葵后，应及时将刀安全妥善保管，但其没有，而是将刀交给刘某3持有，致使本案损害结果的发生，未尽到监护责任。故刘某3对刘某1的损失应当承担赔偿责任。但因刘某3系限制民事行为能力人，依照《民法典》第一千一百八十八条第一款规定，"无民事行为能力人、限制民事行为能力人造成他人损害的，由监护人承担侵权责任。监护人尽到监护职责的，可以减轻其侵权责任"，父母是未成年子女的监护人。本案的赔偿主体应为刘某3的父母，对刘某1受伤后产生的合理费用承担主要赔偿责任即60%。刘某1在刘某3拒绝他的要求后，不应用脚踢刘某3，其对损害后果的发生有一定的过错，应当承担次要责任即40%。

案例40：无刑事责任能力人造成他人人身损害，民事责任谁来承担[①]

被告金某与被告朴某系夫妻关系。原告张某被金某用刀扎伤，送往医院治疗，共花费治疗费1.9万元。后经司法鉴定张某构成轻伤二级，鉴定费1500元，原告张某支付。公安部门以涉嫌寻衅滋事罪为由将金某拘留，并于次日通知金某家属即被告朴某。经司法鉴定金某患精神分裂症（病期），无刑事责任能力。原告张某自本案发生后即离职，单位共计赔偿5万元。张某损失包括医疗费1.9万元、住院伙食补助费3600元、误工费1.6万元等。

生效裁判认为，根据法律规定，不能辨认自己行为的成年人为无民事行为能力人。无民事行为能力人、限制民事行为能力人造成他人损害的，由监护人承担侵权责任。监护人尽到监护责任的，可以减轻其侵权责任。有财产的无民事行为能力人、限制民事行为能力人造成他人损害的，从本人财产中支付赔偿费用；不足部分，由监护人赔偿。金某用刀无故将张某划伤，后经鉴定，金某被诊断为精神分裂症（病期），其实施违法行为时，受精神疾病影响，辨认及控制能力丧失，无刑事责任能力。事发时，金某之配偶朴某应当为其第一顺位监护人。金某为独立的自然人主体，本案中依法应先以金某拥有的全部财产作为责任财产对张某予以赔偿，不足部分应由第一顺位的监护人朴某承担赔偿责任。

上述案例均涉及监护人民事责任承担问题。试问：如何理解监护人的归责

① 详见辽宁省抚顺市中级人民法院（2022）辽04民终872号民事判决书。

原则？监护人责任的构成要件包括哪些？监护人如何承担侵权责任？

二、监护人责任的归责原则

民事行为能力是民事主体从事民事活动所具备的资格。自然人的民事行为能力依据其年龄和精神健康状况分为完全民事行为能力、限制民事行为能力和无民事行为能力。监护人责任是针对无民事行为能力人和限制民事行为能力人造成他人损害而需要承担的侵权责任。

被监护人致人损害时监护人责任的归责原则，各国或地区的法律制度不尽相同，主要存在以下几种类型：第一类，过错责任。典型的是《奥地利民法典》，根据《奥地利民法典》的规定，只有受害人证明了监护人在履行监督义务时存在过错的情况下，监护人才承担责任。[1] 第二类，过错推定责任。《德国民法典》第 828 条规定，依照法律规定对因未成年或因精神、肉体上的状况而需要监督者负有实施监督义务的人，就需要监督的人所不法加给第三人的损害，负赔偿义务。监督义务人已尽其监督义务，或在适当地实施监督的情况下损害也会发生的，不负赔偿义务。《日本民法典》第 712 条规定，未成年人给他人造成损害，如果是因为不具备足以辨识自己的行为责任的智能，则不对其行为负赔偿责任。第 714 条规定，在无责任能力人不负责任的情况下，对于无责任能力人给第三人造成的损害，由对于无责任能力人负有法定监督义务的人负赔偿责任。但监督义务人并没有怠于履行其义务，或者即便不怠于履行其义务损害仍不免要发生时，则不在此限。我国台湾地区"民法"第 187 条规定，无民事行为能力人或限制民事行为能力人不法侵害他人之权利者，行为时无识别能力的，由其法定代理人负损害赔偿责任。前项情形，法定代理人如其监督并未疏懈，或纵加以相当之监督，而仍不免发生损害者，不负赔偿责任。这就说明，在德国、日本和我国台湾地区，监护人的责任是以其过错为前提的，但是通过举证责任倒置的方法使该证明责任由监护人承担，因此为过错推定责任。第三类，混合归责原则。《荷兰民法典》根据年龄区分作为监护人的父母的责任，父母对 14 岁以下的孩子之举动给他人造成的损害承担严格责任，14 岁至 16 岁孩子的父母仅对推定的过错承担责任，如果他们能够证明任何人都不能指责他们没有防止该孩子的行为则不承担责任。对于 16 岁至 17 岁的孩子的行为，父母有过错

---

① ［德］冯·巴尔：《欧洲比较侵权行为法》（上），张新宝译，法律出版社 2001 年版，第 189 页。

的才承担责任。①

我国《民法典》第一千一百八十八条规定，无民事行为能力人、限制民事行为能力人造成他人损害的，由监护人承担侵权责任。监护人尽到监护职责的，可以减轻其侵权责任。有财产的无民事行为能力人、限制民事行为能力人造成他人损害的，从本人财产中支付赔偿费用；不足部分，由监护人赔偿。据此，监护人责任是过错责任还是无过错责任，一直以来都有争议。杨立新教授认为，监护人责任不适用无过错责任原则，也不适用过错责任原则，而是适用过错推定原则，并以公平分担损失规则作为补充。②张新宝教授认为，我国监护人责任的归责原则是无过错责任，监护人承担责任不以存在过失为必要。即使监护人尽到了监护职责，也只能减轻其侵权责任而不能免除。因此，监护人责任在采纳无过错责任的同时，引入了一些公平衡量的因素，以此来缓解无过错责任的严格性。③最高人民法院认为，从原《民法通则》到原《侵权责任法》再到《民法典》侵权责任编的规定来看，我国立法对监护人责任采取的是无过错责任原则。与大多数国家的规定不同，监护人未尽监护义务并非监护人责任的成立要件，而只是减轻责任的要件。即使监护人没有疏于、怠于履行监护责任，或者即使尽到监护责任仍然不能避免损害的发生，监护人仍然应当承担民事责任，只是责任程度可以根据具体情况适当减轻，也就是说，监护人尽到监护责任仅是监护人责任的减责事由。④

作者认同监护人责任的归责原则是无过错责任原则。理由是：无过错责任的本质即是不论行为人有无过错，法律明确要求其承担责任的都必须承担责任。我国的监护人责任具有以下几个特点：其一，监护人责任成立不以监护人未尽监护义务为要件；其二，对无民事行为能力人、限制民事行为能力人，并不根据其年龄或认知能力或者是否具有责任能力加以区分，而是统一由其监护人承担其行为所造成的损害赔偿责任；其三，责任主体与行为主体相分离。监护人责任是为他人行为承担的责任，实施侵权行为的是被监护人，而承担责任

---

① ［德］冯·巴尔：《欧洲比较侵权行为法》（上），张新宝译，法律出版社2001年版，第189页。

② 杨立新：《侵权责任法》（第四版），法律出版社2021年版，第279页。

③ 张新宝：《中华人民共和国民法典侵权责任编理解与适用》，中国法制出版社2020年版，第104页。

④ 最高人民法院民法典贯彻实施工作领导小组主编：《中华人民共和国民法典侵权责任编理解与适用》，人民法院出版社2020年版，第220页。

的主体为监护人。

三、监护人责任的构成要件

监护人责任的归责原则是无过错责任原则，决定了监护人责任的构成要件包括：

1. 造成他人损害的主体是作为被监护人的无民事行为能力人、限制民事行为能力人。造成他人损害的不法行为包括两个方面：一是被监护人没有正当理由侵害了他人的合法权益。二是监护人未尽到监护职责的不作为的违法行为。监护人与被监护人的共同违法行为，是构成监护人责任的必要条件。

2. 被监护人造成了他人合法权益的损害。被监护人的民事行为能力虽有所欠缺，但仍可以通过自身的不法行为造成他人损害。根据侵权责任的构成要件，必须有损害才能产生赔偿责任。因此，只有被监护人造成他人损害时，监护人才承担监护责任。

3. 被监护人的行为与受害人的损害之间存在因果关系。因果关系是侵权责任的过滤器，也是所有侵权责任必然要求的构成要件。[1] 对于此种因果关系的判断，与侵权责任构成理论中的因果关系判断相同，在实践中受害人应当对此进行举证，证明其损害是由被监护人的行为所导致的。

四、监护人承担侵权责任

被监护人造成他人损害，应当由监护人承担侵权责任。在司法实践中应当注意的是：

1. 监护人承担的侵权责任在性质上是替代责任。监护人责任是为他人侵权行为承担的责任。在侵权法上，依据实施侵权行为的侵权人与承担侵权责任的责任人是否一致可以区分为他人行为承担责任与自己责任。替代责任是指法律明确规定某些主体为他人（与其有特定的法律关系，如雇佣关系、监护关系、劳动关系等）向第三人实施的侵权行为承担侵权责任。监护人责任即属于替代责任的一种。作为替代责任的监护人责任，要求监护人为实施加害行为的被监护人承担责任，其正当性在于监护人与被监护人之间存在某种特殊身份关系，基于这种身份关系要求监护人采取合理措施，控制、监督、教育被监护人，防

---

[1] 张新宝：《中华人民共和国民法典侵权责任编理解与适用》，中国法制出版社 2020 年版，第 107 页。

止被监护人实施侵权行为造成他人损害。替代责任本质是为他人行为承担责任，因此不以责任人是否尽到注意义务为免责事由，是一种法定责任。

在司法实践中，父母离婚并不影响监护责任。父母离婚后，双方仍然都是未成年人的法定监护人，只是抚养子女的方式发生了改变，一方直接抚养、照顾孩子，另一方承担抚养费用并享有探望子女的权利。当未成年子女侵害他人权益时，同该子女共同生活的一方首先应当承担民事责任，因为未与子女共同生活的一方客观上很难履行监护职责，等于把监护职责委托给直接抚养子女的一方行使。与子女共同生活的一方的监护职责与另一方相比，更为直接和具体，其管教和保护未成年子女的义务也更重。出于对侵权受害人的保护，防止其因直接抚养子女一方的监护人无力承担侵权责任而救济落空，法律特别规定在一方独立承担民事责任确有困难时，未与子女共同生活的一方应共同承担民事责任。

2. 监护人责任的减轻。监护人尽到监护义务仅仅是监护人责任的减轻责任事由，其减轻本来就需要法院根据监护人是否对被监护人进行了管教来衡量，其"减责"本就是法院综合考量监护人尽到的监护义务的"适当"免责。《最高人民法院公报》在马某诉李某、梁某人身损害赔偿纠纷一案中表明了以上观点。该案裁判意见指出：被告李某提供并手执烟花让被告梁某燃放，造成原告马某右眼伤残。依照法律的规定，李某、梁某应当承担侵害他人身体造成损害的民事责任。李某的行为是造成损害的主要原因，应承担主要责任，梁某承担一定责任。鉴于二被告是共同侵权，二被告应承担连带责任。李某、梁某分别为无民事行为能力人与限制民事行为能力人，他们的民事责任应当由其监护人承担。马某在梁某等人发出警告后，仍朝烟花筒内窥看，其行为也是造成损害发生的原因之一，可以适当减轻被告方的民事责任。①

从以上案例来看，法院在司法实践中应当对此种侵权责任的承担问题作如下处理：对于涉及无民事行为能力人、限制民事行为能力人之间的侵权与被侵权，侵权责任由实施侵权行为的无民事行为能力人、限制民事行为能力人的监护人承担，被侵权人系无民事行为能力人、限制民事行为能力人的，其过错等同于监护人过错，适用过失相抵，适当减轻侵权人的侵权责任。

3. 监护人承担完全补充责任。《民法典》第一千一百八十八条第二款规定："有财产的无民事行为能力人、限制民事行为能力人造成他人损害的，从本人

---

① 《最高人民法院公报》1996 年第 1 期（总第 41 期）。

财产中支付赔偿费用；不足部分，由监护人赔偿。"此款规定了在被监护人有财产的特定情况下（即无民事行为能力人、限制民事行为能力人有财产）监护人所承担的"补充责任"。[①]

另外，值得注意的一点是，对"有财产"作何理解？法院在审判实务中对于此处的"有财产"应该界定为被监护人通过自己的劳动报酬（如参加比赛的奖金），继承、赠与等获得的价值较大的动产（如存款、贵重物品）和不动产（如房产）。从被监护人的财产中支付赔偿费用，必须保证被监护人的正常生活和接受教育，不得超过这一限度支付赔偿费用，对被监护人的生活和人格发展保障产生严重不利影响。

五、对案例 39、案例 40 的简要评析

1. 对案例 39 的简要评析

在本案中，侵权人、受害人均已经年满 8 周岁，属于限制民事行为能力人。根据《民法典》第一千一百八十八条第一款"无民事行为能力人、限制民事行为能力人造成他人损害的，由监护人承担侵权责任。监护人尽到监护职责的，可以减轻其侵权责任"的规定，侵权人刘某 3 的不当行为致伤刘某 1，刘某 3 的监护人监护不力，负有赔偿责任。刘某 1 的监护人未尽到监护约束职责，也负有过错。综合双方的过错程度，法院判定侵权人的监护人承担 60% 的民事责任，受害人的监护人承担 40% 的民事责任，责任划分并无不当。

2. 对案例 40 的简要评析

在本案中，侵权人金某虽然致受害人轻伤二级，应当以故意伤害罪被追究刑事责任，但因其没有承担刑事责任的能力，故无须追究刑事责任。

[①] 张新宝教授在分析原《民法通则》第一百三十三条的时候，认为其第二款体现了监护人的补充责任："这里的补充责任，是指先从致人损害的被监护人的财产中支付赔偿费用，其不足部分由监护人承担。如果被监护人的财产足够支付赔偿费用，监护人实际上不承担责任。"杨立新教授也持相同观点。参见张新宝：《侵权责任法》，中国人民大学出版社 2006 年版，第 211 页；杨立新：《侵权法论》，人民法院出版社 2005 年第 3 版，第 435 页。学界对原《民法通则》第一百三十三条第二款的主流解读直接影响人们对原《侵权责任法》第三十二条第二款的解读。如：全国人民代表大会常务委员会法制工作委员会民法室编写的解释认为："在具体承担赔偿责任时，如果被监护人有财产的，应当首先从被监护人的财产中支付赔偿费用，不足的部分再由监护人承担赔偿责任。"参见全国人民代表大会常务委员会法制工作委员会民法室编：《中华人民共和国侵权责任法：条文说明、立法理由及相关规定》，北京大学出版社 2010 年版，第 124 页。

根据《民法典》第一千一百八十八条第一款"无民事行为能力人、限制民事行为能力人造成他人损害的，由监护人承担侵权责任。监护人尽到监护职责的，可以减轻其侵权责任"的规定，金某造成他人损害，应当由金某的监护人朴某承担监护责任，可首先由金某的自身财产承担赔偿责任，不足部分由其监护人朴某承担补充责任。

第二节　委托监护责任

一、问题的提出

原《侵权责任法》没有规定当监护人将监护职责委托给他人时，无民事行为能力人、限制民事行为能力人造成他人损害的，如何承担民事责任。《民法通则意见》第二十二条规定，监护人可以将监护职责部分或者全部委托给他人。因被监护人的侵权行为需要承担民事责任的，应当由监护人承担，但另有约定的除外；被委托人确有过错的，负连带责任。这一规定确定了委托监护中监护人承担无过错责任、受托人在有过错时承担连带责任的规则。《民法典》在该司法解释规定的基础上进行了完善，第一千一百八十九条规定："无民事行为能力人、限制民事行为能力人造成他人损害，监护人将监护职责委托给他人的，监护人应当承担侵权责任；受托人有过错的，承担相应的责任。"

在研究委托监护责任之前，先看一则案例：

案例41：小学生在受托监护期间受损，责任如何承担[①]

被告李某和刘某在某小学东侧小区共同开设一家温馨宿舍，主要招收上学住宿的学生，提供食宿。原告就读于该小学，经同学韩某介绍入住温馨宿舍，双方口头约定每月缴纳食宿费用330元，包括一日三餐及住宿费用。一日，原告柳某和韩某等人吃过午饭后一起到墙外玩耍，在翻墙的过程中原告柳某的胳膊摔伤，受伤后二被告将其送往医院住院治疗，花费医疗费1.6万元。后原告自行委托司法鉴定又花费医疗费1万元，认定构成八级伤残，护理期限60日。

---

① 参见黑龙江省绥化市中级人民法院（2017）黑12民终714号民事判决书。

原告诉至法院，要求二被告共同赔偿原告各项费用共计 12 万元的 70% 即 8.4
万元。

生效裁判认为，被告李某、刘某共同开设温馨宿舍，性质为提供食宿，原
告柳某每月花费 330 元入住该宿舍，二被告为其提供食宿，原、被告之间形成
了一种合同关系，由于原告是未成年人，二被告有保障其安全的义务，二被
告未尽到安全保障义务，致使原告受到伤害。在本案中，原告柳某已满 11 周
岁，对自己的基本日常行为有一定的认知能力，对其受到伤害存在过错，双方
应根据各自的过错程度承担相应的民事责任。本院综合本案案情认定原告承担
40% 责任，被告因疏于安全管理，应承担 60% 责任。

上述案例涉及委托监护责任问题。试问：如何理解委托监护责任？被监护
人致人损害时如何承担侵权责任？

二、委托监护责任的法律意义

委托监护是监护人委托他人代为履行监护职责，是一种双方的民事法律行
为，是被监护人的监护人与受托人之间关于受托人为委托人履行监护职责、处
理监护事务的协议，须有监护人委托与受委托人接受委托的意思表示一致才能
成立。[1] 委托监护第三人之间的委托协议一旦成立，受托人即负有依约定为委
托人履行监护职责的义务；委托人负有依约定支付必要费用的义务，如果合同
中约定了支付报酬的内容，则还应当向受托人支付办理受托事务的报酬。委托
人和受托人任何一方违反义务，都应当向对方承担违约责任。但是，被监护人
造成他人损害，即便监护人将监护职责委托给他人，仍然要承担侵权责任。当
然，受托人有过错的，要承担相应的责任。

《民法通则意见》第二十二条对委托监护责任作了规定，但该司法解释存在
如下问题：一是"另有约定的除外"为监护人规避监护人责任提供了借口，不
利于监护人责任的承担，且"约定"具有对内性，不能对抗被侵权人的损害赔
偿请求；二是监护人是承担监护责任的第一责任人，享有履行监护职责产生的
权利。承担义务时要求其"确有过错的，负连带责任"，过分强调了对被侵权人

---

① 黄薇主编：《中华人民共和国民法典解读·侵权责任编》，中国法制出版社 2020 年版，
第 314 页。

的保护而没有平衡委托人与受托人的利益，使监护的权利与义务失衡。[①] 依据《民法典》第一千一百八十九条的规定，无民事行为能力人、限制民事行为能力人造成他人损害，监护人将监护职责委托给他人的，监护人应当承担侵权责任。这意味着，实行监护人责任首负原则。除了监护人外，如果受托人有过错的，也要承担相应的责任。此处的"相应"，需要根据具体的个案依法自由裁量。

三、委托监护中被监护人致人损害的侵权责任

在委托监护责任中，被监护人致人损害的侵权责任原则上由监护人承担，受托人有过错的承担相应的责任。具体而言：[②]

1. 监护人的责任。监护权作为一种身份权，以义务为中心，而不以权利为中心。在监护人将监护职责委托给他人的场合，如果被监护人造成了他人的损害，由于受托人只是协助监护人履行监护职责，并不改变原监护人的地位，监护权并未因委托监护而发生转移，监护义务仍属于监护人，故仍应由监护人对被监护人造成的损害承担侵权责任。对于监护人对被监护人的侵权行为承担侵权责任的法理依据，存在监护理论说、控制理论说、危险理论说等多种学说，我国立法采大陆法系的监护理论说。因为监护职责的存在，监护人应对被监护人采取合理措施，监督被监护人的行为，防止其对他人利益造成损害。当监护人未尽到监护职责所要求的监督义务，致使被监护人侵害他人人身财产权益时，监护人应当就其监督过失承担赔偿责任。监护人承担的这种赔偿责任，其性质是完全责任、替代责任，责任的范围、赔偿费用的支付仍适用《民法典》第一千一百八十八条关于监护人责任的规定。

2. 受托人的责任。被监护人致人损害时，受托监护人应否承担侵权责任，如何承担侵权责任？委托监护产生的根本原因在于监护障碍的出现，对于代为履行监护义务的受托监护人，合同义务的全面履行要求其代监护人对未成年人进行较为细致、全面的照管，受托监护人因代为履行监护职责而在一定程度上获得了对被监护人行为的控制能力，承担了对被监护人的监督义务和对第三人权益的注意义务。如果受托监护人在被监护人实施侵害行为时，具有对被监护

---

① 黄薇主编：《中华人民共和国民法典解读·侵权责任编》，中国法制出版社 2020 年版，第 314 页。

② 参见最高人民法院民法典贯彻实施工作领导小组主编：《中华人民共和国民法典侵权责任编理解与适用》，人民法院出版社 2020 年版，第 227—228 页。

人的控制能力却疏于监督，并由此导致被监护人的行为造成他人损害，应认定受托监护人对被监护人致人损害结果的发生具有过错。受托监护人怠于监护的消极行为与被监护人的行为叠加，造成了对第三人的损害，故损害结果的发生与受托监护人的过错行为之间具有法律上的因果关系。据此，受托监护人应为其疏于履行监护责任的消极行为造成损害后果的发生承担过错侵权责任。受托监护人所承担的侵权责任，性质上属于自己责任、过错责任。由于受托监护人所承担的侵权责任是自己责任、过错责任，则承担责任的范围应根据受托监护人的过错大小、过错与损害结果之间的原因力予以认定。因此，"受托人有过错的，承担相应的责任"的规定，应理解为与受托人的过错及原因力相适应的按份责任。

另外，关于监护责任与教育机构或精神病医院的教育、管理职责竞合情形下的"监护人"责任承担问题。无民事行为能力人、限制民事行为能力人在学校、幼儿园或者精神病医院学习、生活、治疗期间，致他人损害的，其侵权责任的承担主体会因无民事行为能力人、限制民事行为能力人实施侵权行为时是否因不在监护人"管辖"控制范围内而有所改变？学校、医院等社会服务机构未尽安全保障义务又应承担什么责任？对此，监护是基于身份关系产生的民事法律关系。无论是未成年人还是没有辨别能力的精神病人，法律对其监护人的范围都是有明确规定的，监护关系不容随意设立或变更。故监护人将未成年人送至学校学习或是将精神病人送至精神病医院医治，其监护职责都不会随之而转移给学校或医院。未成年人或精神病人在学校或医院发生的侵权行为，其侵权责任依然应该由其监护人承担。学校、医院等社会服务机构因接收学生、收治病人，在客观上对未成年人、精神病人有教育、管理、保护的义务，如果学校或医院没有尽到相应义务的，应当承担与其过错相适应的责任。

四、对案例 41 的简要评析

在本案中，受害人柳某与李某、刘某之间已形成了委托监护法律关系，柳某在委托监护期间身体受伤，应认定李某、刘某未对柳某尽到委托监护责任。根据《民法典》第一千一百八十九条"无民事行为能力人、限制民事行为能力人造成他人损害，监护人将监护职责委托给他人的，监护人应当承担侵权责任；受托人有过错的，承担相应的责任"的规定，李某、刘某在监护期间未能尽到监护责任，致使柳某身体受伤，应承担相应的民事责任。法院根据双方的过错，划分适当的比例承担相应的民事责任，并无不当。

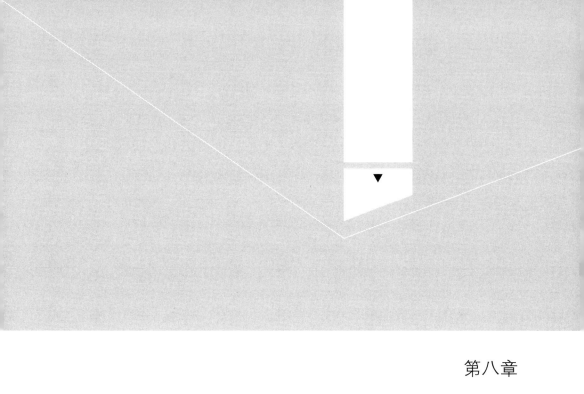

第八章

用人者的侵权责任

本章概要

　　用人者的侵权责任，是一种特殊的侵权责任。其特殊性主要体现于两个方面：一是责任性质主要是替代责任。在被用人者致人损害的情形下，由用人者承担侵权责任，即行为主体与责任主体发生分离，属于一种替代责任。二是适用特殊的归责原则。依据《民法典》的规定，用人者侵权责任的构成不以过错为要件，既不要求受害人举证证明用人者具有过错，也未对用人者的过错进行法律推定的规则设计，因此应当确认其适用的归责原则是无过错责任原则。当然，需要指出的是，个人提供劳务一方因劳务受到损害的，接受劳务的一方对其所承担的侵权责任，应当适用过错责任原则，以此来处理提供劳务一方与接受劳务一方的侵权责任。

　　根据用人者侵权责任适用无过错责任的归责原则，用人者侵权责任的构成要件应当包括：一是违法行为。即须被用人者在执行工作任务或者提供劳务过程中，实施了侵害他人人身或者财产等合法权益的行为。二是损害事实。即要求受害人因被用人者执行工作任务或者提供劳务的违法行为，遭受了人身或者财产等合法权益的实际损害。三是因果关系。即被用人者执行工作任务或者提供劳务的违法行为，与受害人所遭受的人身或者财产等损害之间存在引起与被引起的因果关系。由于用人者侵权责任适用无过错责任原则，因而对其侵权责任的成立，无须考究行为人是否存在过错。

第一节　单位用工的侵权责任

一、问题的提出

单位用工责任，是指用人单位的工作人员因执行工作任务造成他人损害，由用人单位作为侵权责任主体，为其工作人员的致害行为承担损害赔偿责任的一种特殊侵权责任。在原《侵权责任法》公布施行以前，单位用工责任在民法理论和司法实践中一般被称为职务侵权责任。[①] 原《侵权责任法》施行之后，一般称之为单位用工的侵权责任、单位用工致害责任、单位用工责任、用人单位责任等，大同小异，没有质的区别。由于工作人员是为用人单位工作，用人单位可以从工作人员身上获取一定的利益，因此，工作人员因工作所产生的风险，需要由用人单位承担。对此，《民法典》第一千一百九十一条第一款规定："用人单位的工作人员因执行工作任务造成他人损害的，由用人单位承担侵权责任。用人单位承担侵权责任后，可以向有故意或者重大过失的工作人员追偿。"该条款的规定，在原《侵权责任法》的基础上增加了"用人单位承担侵权责任后，可以向有故意或者重大过失的工作人员追偿"。

在研究单位用工的侵权责任之前，先看一则案例：

案例 42：执行工作任务致人损害，民事责任由谁承担[②]

2021 年 5 月 9 日 18 时 16 分许，冀某驾驶电动三轮车与杨某驾驶的叉车相撞，致使冀某受伤。冀某受伤后被送往医院，住院治疗 39 天。杨某为某顺物流服务部（系个人独资企业）的雇员。经司法鉴定认定：冀某脾脏切除术后构成八级伤残；多发肋骨骨折构成十级伤残；伤后误工期 150 日等。原告冀某因本次受伤造成的损失为 55 万元，主张精神损害赔偿金 1 万元。

[①]　何志、侯国跃主编：《侵权责任纠纷裁判依据新释新解》，人民法院出版社 2014 年版，第 186 页。

[②]　参见山东省潍坊市中级人民法院（2022）鲁 07 民终 9180 号民事判决书。

生效裁判认为，公民的生命权、身体权、健康权受到法律的保护。冀某驾驶电动三轮车与杨某驾驶的叉车相撞造成冀某受伤。杨某驾驶叉车卸完货物返回时未及时降落货叉，而是在行驶过程中降落，且未将货叉降落至安全操作规范的标准之内，并且在经过视线盲区时未控制车速注意躲避来往车辆。杨某发现冀某由对面驶来时采取紧急刹车，即双方相撞时杨某驾驶的叉车处于静止状态，但冀某车速过快，为躲避叉车导致电动三轮车侧翻，撞到货叉上受伤。综上，考虑到原、被告双方对于本案事故的过错程度，酌情认定冀某与某顺物流服务部承担责任的比例为4:6。根据《民法典》第一千一百九十一条第一款"用人单位的工作人员因执行工作任务造成他人损害的，由用人单位承担侵权责任"的规定，本案中，杨某为某顺物流服务部的雇员，工作时造成冀某受伤，故应当由某顺物流服务部对冀某的损失承担责任。

上述案例涉及侵权人执行工作任务致人损害。试问：如何理解单位用工侵权责任的归责原则？其构成要件如何？如何理解"执行工作任务"和"工作人员"？单位用工自身损害如何处理？单位用工因故意或者重大过失致人损害时，单位承担侵权责任之后如何行使追偿权？

二、单位用工侵权责任的归责原则

单位用工侵权责任的归责原则存在不同学说：一是过错责任说。认为法人和非法人组织及其工作人员在行使职权时，因过错造成他人合法权益受到损害的，才承担赔偿责任，如德国、日本和我国台湾地区。二是过错推定说。认为单位用工侵权责任就是一种替代责任，是由单位对其工作人员的侵权行为代负责任，而替代责任属于过错推定责任。[1] 三是无过错责任说。法国民法规定，雇员在受雇的职务中造成的损害，雇主应该负侵权责任。英美法系国家雇主也多承担无过错责任，雇主不能通过举证自己没有选任或者指示过失而免责。[2]

从无过错责任原则的历史发展来看，要求法人承担无过错责任原则基于以下理由：（1）法人组织通过其工作人员扩大了活动的范围，从而对社会公众产生了更多的潜在危险，法人组织理应承担更多的社会义务，体现权利义务相一致原则。（2）法人组织通过其工作人员的行为获取更多的财富，理应对其工

---

① 杨立新：《侵权法论》（第三版），人民法院出版社2005年版，第427页。

② 黄薇主编：《中华人民共和国民法典释义》（下），法律出版社2020年版，第2303页。

作人员在为其创造财富过程中造成他人的损害承担责任，体现风险与收益成比例原则。（3）法人工作人员在执行职务过程中造成他人损害时，因行为人自身经济实力较差，往往无力赔偿。此种情况下，与其让受害人承担法人工作人员因无力赔偿而得不到赔偿的风险，不如让更具经济实力的法人组织承担责任。（4）法人组织既有权利，也有义务对其工作人员进行监督和管理，而法人对其工作人员的监督、管理不力往往是造成他人损害的主要原因。在很多情况下，如果法人能够尽到监督管理职责，则可以避免损害的发生。因此，法人应当对其工作人员的行为承担无过错责任。

根据对立法机关立意的解读，《民法典》第一千一百九十一条第一款规定的用人单位责任属于无过错责任，其目的是适用无过错责任原则，有利于减少或避免用人单位侵权行为的发生，促进用人单位提高技术及管理水平，最终促进社会生产力的发展；有利于切实保护受害人的合法权益，使受害人的损害赔偿请求权更容易实现，受到损害的权利能及时得到救济。[1] 据此，我国对用人单位采取的是无过错责任，只要工作人员实施侵权行为造成他人的损害，用人单位就要首先承担赔偿责任。用人单位不能通过证明自己在选任或者监督方面尽到了相应的义务来免除自己的责任。[2]

三、单位用工侵权责任的构成要件

单位用工侵权责任的构成要件，应当具备下列条件：

1. 必须具有用工单位的工作人员执行职务的行为。作为被法律承认的民事活动主体，法人或非法人组织的行为都将产生法律上的效果。因为法人或非法人组织的意志都是通过其工作人员实现的，所以也只有工作人员执行职务的行为，才是产生责任的前提和基础。另外，从法理上说，法律所直接规范的是法律主体的行为，只有行为才能对社会、对他人产生影响，也只有行为才能成为法律评判的对象。如果没有法人或非法人组织的工作人员执行职务的行为，无论如何都不能要求单位承担侵权责任。

2. 法人或非法人组织的工作人员执行职务行为造成了损害事实。是否具有

---

[1] 最高人民法院民法典贯彻实施工作领导小组主编：《中华人民共和国民法典侵权责任编理解与适用》，人民法院出版社 2020 年版，第 237 页。

[2] 黄薇主编：《中华人民共和国民法典解读·侵权责任编》，中国法制出版社 2020 年版，第 321 页。

工作人员执行职务的行为是确定法人和非法人组织侵权责任的第一步，在此基础上还要看执行职务的行为是否造成了他人损害。有损害才有救济，如果一个人的行为没有造成任何单位和个人的损害，显然不能要求其承担责任。当然，与一般侵权行为一样，此处的损害应当作更为广义的理解，既包括物质的损害，也包括精神的损害；既包括有形的损害，也包括无形的损害；既包括已经产生的损害，也包括将要产生的损害。需要说明，在行为人的行为对他人造成危险时，传统侵权责任法也认为此种危险构成法律意义上的损害，允许受害人提起要求消除危险之诉，以避免自身遭受损害。

3. 工作人员职务行为与损害事实具有因果关系。所谓因果关系即要求法人或非法人组织的工作人员履行职务的行为与造成他人的损害之间具有因果关系，此种因果关系不是主观设想的，而应当是客观存在的。对于因果关系是否存在的认定，应当坚持相当因果关系原则，而不应当采取严格的必然因果关系标准。这是因为采用严格的必然因果关系标准不利于对受害人权益的保护。

4. 工作人员主观上具有故意或者过失。用工单位侵权行为采用何种归责原则，理论上尚有争议。所谓归责原则即责任承担者承担责任的依据。在法人和非法人组织的侵权责任中，责任主体是法人或非法人组织，其承担责任的根据是其工作人员因过错造成了他人损害。无论单位在选任、监督、管理其工作人员上是否存在过错，单位都应当就其工作人员的过错承担责任。对于承担责任的法人或非法人组织而言，应当采取的是无过错责任。至于单位在选任、监督、管理上是否具有过错，只是划分法人与其工作人员责任的根据。

四、关于"执行工作任务"的认定

根据《民法典》第一千一百九十一条第一款的规定，用人单位只对工作人员执行工作任务造成他人损害的行为承担侵权责任。非因执行工作任务造成他人损害，用人单位不承担侵权责任。因此，"因执行工作任务造成他人损害"，就成为用人单位承担侵权责任的前提条件和核心要素。[1] 在司法实践中，关键在于对工作人员致人损害的行为是否属于"执行工作任务"行为的审查判断。

在以前的相关侵权责任法论述中，"执行工作任务"通常被表述为"履行职务"或者"执行职务"。关于"执行工作任务"行为的认定，民法学理上存

---

[1] 参见黄薇主编：《中华人民共和国民法典解读·侵权责任编》，中国法制出版社2020年版，第321页。

在三种观点①：一是用人单位主观说，即以用人单位的意思表示为标准，执行职务的范围应依用人单位的指示内容或者安排的工作职责来决定。只有执行用人单位指示内容或者安排工作职责范围内的事务，才能认定为"执行工作任务"的行为。二是工作人员主观说，即以工作人员的主观意愿为标准，如果工作人员是为用人单位的利益而实施某个行为，就属于"执行工作任务"的行为。三是工作人员行为客观说，即以工作人员实施行为的外在表现形态为标准，如果行为在客观上表现为与用人单位的指示内容或者安排的工作职责相一致，就应当认定为"执行工作任务"的行为。民法理论与司法实务认为，用人单位主观说可能导致认定为"执行工作任务"行为的范围过窄，工作人员主观说则使得"执行工作任务"的行为范围又过于宽泛。从法律规范的公平价值和司法裁判的适用便利考量，应当采纳工作人员行为客观说作为确立裁判规则的法理根据。最高人民法院制定的相关司法解释规定表明了采纳工作人员行为客观说的立场，即主张只要"行为本身表现为履行职务或者客观上与履行职务有内在联系，对受害人而言即属职务行为"。②法律虽然对"执行工作任务"的判断标准没有作出明确规定，但从有利于保护受害人的角度考虑，解释上均认为在判断工作人员的致害行为是否属于"执行工作任务"行为时，应当采用工作人员行为客观说的标准。③

在审判实践中，判断工作人员的侵权行为是否属于执行职务范围，在判断工作人员的侵权行为是否属于执行工作任务的范围时，除一般原则外，还必须考虑其他特殊因素，如行为的内容、时间、地点、场合、行为之名义（以用人单位名义或以个人名义）、行为的受益人（为用人单位受益或个人受益），以及是否与用人单位意志有关联等。例如，工作人员在执行职务中，以执行职务的方法，故意致害他人，以达到个人不法目的，虽然其内在动机是出于个人的目的，但其行为与职务有着内在联系，因此也应认为是执行职务的行为，属于用人单位侵权行为，应由用人单位承担侵权责任。④

---

① 参见张新宝：《侵权责任法原理》，法律出版社 2005 年版，第 303—304 页。

② 《解读最高人民法院司法解释之民事卷》（上），人民法院出版社 2011 年版，第 314 页。

③ 参见王利明：《侵权责任法研究》（下卷），中国人民大学出版社 2011 年版，第 99 页；梁慧星：《中国民事立法评说：民法典、物权法、侵权责任法》，法律出版社 2010 年版，第 364 页。

④ 最高人民法院民法典贯彻实施工作领导小组主编：《中华人民共和国民法典侵权责任编理解与适用》，人民法院出版社 2020 年版，第 239—240 页。

在司法实践中，应当特别注意以下两个问题的处理[1]：一是工作人员超越职权范围以用人单位名义实施的行为致人损害，用人单位仍应承担侵权责任。这是因为工作人员的行为即使超出职权范围，但从行为的客观形式上也不能为受害人所认知，从外观上看仍是执行用人单位职务的行为。例如，某公司指派采购员驾车去甲商场采购，其途中听说乙商场价格更便宜，遂改道去乙商场，途中致伤他人，即为适例。二是工作人员以用人单位名义实施了超出用人单位经营范围致人损害的行为，用人单位仍应承担侵权责任。其理由在于，经市场监督管理部门登记核准的经营范围，只是判断用人单位经营活动是否合法的依据，不能成为判断工作人员的行为是否属于职务行为的根据。

值得注意的是，国家机关以及工作人员因履行公职行为造成他人损害的，适用《国家赔偿法》的规定，由国家机关承担国家赔偿责任。国家机关及其工作人员在为了国家机关正常运转所进行的民事活动中侵害他人合法权益的，应当由国家机关承担民事侵权责任。

在审判实践中，应当将下列行为排除于执行职务行为之外[2]：（1）明显超越职权的行为。工作人员的行为明显超越其职责范围，既可能在客观表现上与其执行职务不存在内在联系，也有可能与用人单位的利益不符，则不能认定为执行职务的行为，用人单位不应承担侵权责任。（2）擅自委托的行为。工作人员未经授权，擅自将自己担负的工作任务委托给他人完成，使得用人单位无法对受托人进行合理的选任和有效的监督、管理，如果让用人单位为受托人致害的行为承担侵权责任，既对用人单位有失公平，也与单位用工侵权责任的基本法理不符。（3）违反禁令的行为。工作人员违反用人单位规章制度明令禁止的行为，不仅违反了用人单位的管理规定，也与工作人员执行职务缺乏内在的联系，甚至极易侵害用人单位的利益，如果仍然将其认定为"执行工作任务"的行为，则显失公平。（4）借用机会的行为。工作人员利用职务便利，借执行工作任务之机处理私人事务致人损害的行为，不仅侵害了用人单位的利益，也与执行职务缺少内在联系，因而应当将其排除于"执行工作任务"行为之外。

---

① 参见最高人民法院侵权责任法研究小组编著：《〈中华人民共和国侵权责任法〉条文理解与适用》，人民法院出版社 2010 年版，第 250 页。

② 参见张新宝：《侵权责任法原理》，法律出版社 2005 年版，第 304 页。

五、关于"工作人员"的认定

在责任构成方面，单位用工致害责任须以其工作人员的行为构成侵权为前提。也就是说，用人单位承担侵权责任，须工作人员执行工作任务致人损害的行为本身构成侵权，否则用人单位即不承担侵权责任。[①] 而行为人的"工作人员"身份，则是连接工作人员行为与用人单位侵权责任的重要法律结点。因此，在司法实践中，正确认定行为人的"工作人员"身份，对于准确适用单位用工侵权责任具有重要意义。一般认为，单位用工致害责任中的"工作人员"，是指与用人单位存在劳动关系的自然人。而在实践中，劳动关系与用工关系并不完全等同。劳动关系只是认定用工关系的基础，用工关系较之于劳动关系更为宽泛，即使没有形成劳动法上的劳动关系，但是双方形成了实际的指示、服从等关系，也可以认定用工关系的存在。[②]

在实践中，临时聘用人员能否认定为"工作人员"，不无疑问。一种观点认为，单位用工侵权责任规范中所指的"工作人员"，只能是与用工单位订立了劳动合同的人员，即劳动法意义上的劳动者，当然不应包括临时受聘人员。另一种观点则认为，规范意旨在于通过追究用人单位的侵权责任，实现对受害人合法权益的切实保护，如果将"工作人员"的范围限定于劳动法意义上的劳动者，就会制约单位用工侵权责任功能的发挥。并且，法律只规定了单位用工和个人用工两种侵权责任类型，如果将临时聘用人员排除于"工作人员"之外，若发生临时聘用人员致人损害行为，就势必缺少相应的侵权责任规范调整，从而形成法律规范漏洞，对受害人的保护不利。因此，应当基于立法本意对"工作人员"的范围作出扩张解释，既包括与用工单位签订劳动合同的正式员工，也包括临时聘用人员。[③] 司法实务所采用的观点与第二种观点一致，认为"工作人员"比劳动者的范围更加宽泛，应当包括但不限于劳动者，还当然包括公务员、参照公务员进行管理的其他工作人员、事业单位实行聘任制的人员等；不仅包括一般工作人员，还包括用人单位的法定代表人、负责人、公司董事、

[①] 参见最高人民法院侵权责任法研究小组编著：《〈中华人民共和国侵权责任法〉条文理解与适用》，人民法院出版社 2010 年版，第 247 页。

[②] 参见王利明：《侵权责任法研究》（下卷），中国人民大学出版社 2011 年版，第 102 页。

[③] 参见全国人民代表大会常务委员会法制工作委员会民法室编：《中华人民共和国侵权责任法条文说明、立法理由及相关规定》，北京大学出版社 2010 年版，第 132 页。

监事、经理等；不仅包括正式在编人员，还包括临时雇用人员。[1]

六、工作人员因执行工作任务而受到伤害的处理

关于工作人员因执行工作任务而自己受到伤害的处理，《民法典》侵权责任编没有作出规定。有观点认为，用人单位应当依法为其工作人员缴纳社会保险（含工伤保险），当其工作人员因执行工作任务而受到伤害时，该工作人员应当被认定为工伤，从而享受工伤保险待遇。因此受到伤害的工作人员不能对用人单位提起民事损害赔偿诉讼，而应当依照《工伤保险条例》的规定，向工伤保险机构请求工伤保险赔偿。

最高人民法院认为，应根据具体案情具体分析。在工作人员因工作而自己受到损害的场合，存在两种情况，法律适用各不相同。一种情况是用人单位无过错，工作人员发生工伤事故是其自身劳动保护意识不强或本身违反操作规程导致的，如劳动纪律松弛、安全意识淡薄、违法操作规程等，此时，劳动者只能按工伤保险待遇标准获得赔偿。按照《工伤保险条例》的规定，用人单位须为劳动者缴纳工伤保险，对用人单位而言，虽然这种保险是强制性社会保险，但其直接目的是为用人单位设立的责任保险，因此，工伤职工可以责任保险的受益人身份获得工伤保险赔付。用人单位虽在工伤事故中不存在过错，但工伤赔偿遵循无错归责原则，故工伤职工仍享有工伤赔偿的请求权。另一种情况是用人单位对工伤事故的造成存在重大过错，如管理不善、强迫加班等，此时，劳动者不仅构成工伤，而且用人单位对劳动者也构成一般民事侵权。这种情况下，劳动者既有获得工伤保险待遇的权利，也有获得民事赔偿的权利。当劳动者享受了工伤保险待遇后，用人单位不能因为保险赔付而免责，仍需承担民事损害赔偿责任。需要注意的是，因工伤赔偿与民事侵权系同一主体（用人单位），此种情况下应当贯彻工伤保险赔偿优先的原则，即劳动者应当优先请求工伤保险赔偿，然后再向用人单位主张工伤保险与民事赔偿差额部分的赔偿及要求给予精神损害赔偿等民事侵权责任。应当注意，劳动者不享有选择权，即劳动者不能先向用人单位主张民事侵权责任，然后再主张工伤保险赔偿。[2]

---

[1]　参见最高人民法院侵权责任法研究小组编著：《〈中华人民共和国侵权责任法〉条文理解与适用》，人民法院出版社2010年版，第245页。

[2]　参见最高人民法院民法典贯彻实施工作领导小组主编：《中华人民共和国民法典侵权责任法理解与适用》，人民法院出版社2020年版，第245页。

七、用人单位承担侵权责任后享有追偿权

关于用人单位承担侵权责任后能否向工作人员追偿，原《侵权责任法》第三十四条没有作出规定，《民法典》侵权责任编增加了用人单位追偿权的规定，即用人单位承担侵权责任后，可以向有故意或者重大过失的工作人员追偿。一是虽然原《侵权责任法》第三十四条没有规定用人单位的追偿权，但立法机关认为这不影响用人单位依照法律规定，或者根据双方约定行使追偿权，如果用人单位和工作人员对能否追偿、追偿多少有争议的，可以向法院提起诉讼，由法院根据具体情况公平解决。《民法典》增加规定用人单位的追偿权，使这一问题得以明确，避免争议。二是用人单位只能向因故意或者重大过失造成损害的工作人员追偿，这体现了内部求偿关系中的过错原则，如果工作人员对损害的发生不存在故意或者重大过失，仅是一般或轻微过失，或者没有过错，即便工作人员致人损害的行为成立侵权行为，用人单位承担责任后也不能向轻微过失或者无过失的工作人员追偿。对用人单位追偿权作出此种限制，是为了达到保障劳动者权益与兼顾公平的平衡。三是追偿权作为一种权利，用人单位既可以行使，也可以放弃。[①]

考虑到用人单位与工作人员的经济实力对比以及双方关系，法院应严格限制用人单位追偿的数额。用人单位对外承担侵权责任是基于侵权关系，而用人单位向其工作人员追偿则是基于双方间的内部契约关系。因此，应根据具体行为人对损害发生的过错程度和行为性质来判断该工作人员所应承担的责任。实践中要防止两种错误倾向：一是用人单位将经营风险转嫁给其有过错的工作人员；二是在用人单位有监督管理过失的情况下，让有过错的工作人员承担大部分责任。审判实践中，只有在工作人员有故意或者重大过失，且该行为超出了法律赋予的职权或单位的授权范围时，用人单位才享有向工作人员追偿的权利。[②]

八、对案例 42 的简要评析

在本案中，冀某驾驶电动三轮车与杨某驾驶的叉车相撞，发生交通事故，

---

① 参见最高人民法院民法典贯彻实施工作领导小组主编：《中华人民共和国民法典侵权责任法理解与适用》，人民法院出版社 2020 年版，第 238—239 页。

② 参见最高人民法院民法典贯彻实施工作领导小组主编：《中华人民共和国民法典侵权责任法理解与适用》，人民法院出版社 2020 年版，第 243 页。

适用的是过错责任原则，法院根据双方在事故中的过错情况，酌情认定冀某承担 40% 责任、杨某承担 60% 责任。由于杨某系在执行工作任务过程中造成他人损害，根据《民法典》第一千一百九十一条第一款的规定，用人单位的工作人员因执行工作任务造成他人损害的，由用人单位承担侵权责任。本案的民事责任应当由某顺物流服务部承担。

当然，从事故的发生来看，杨某存在重大过失，某顺物流服务部对受害人承担民事责任后，可依法向杨某行使追偿权。至于追偿多少，还需要根据个案情形来具体确定。

第二节　劳务派遣用工的侵权责任

一、问题的提出

劳务派遣，是指劳务派遣机构与员工签订劳务派遣合同后，将工作人员派遣到用工单位工作。① 其典型特征是工作人员的聘用与工作人员的使用发生分离，被派遣的工作人员不与实际用工单位签订劳动合同成立劳动关系，而是与劳务派遣单位存在劳动合同关系，但不直接向劳务派遣单位提供劳务。自《劳动合同法》公布施行以来，劳务派遣的用工形式在实践中得到广泛运用，被派遣的工作人员在劳务派遣期间因执行工作任务致人损害的现象也频繁发生，急需制定相应的侵权责任规范为司法调整提供裁判依据。为满足这一社会现实需要，原《侵权责任法》第三十四条第二款对劳务派遣用工致害责任作出了相应规定："劳务派遣期间，被派遣的工作人员因执行工作任务造成他人损害的，由接受劳务派遣的用工单位承担侵权责任；劳务派遣单位有过错的，承担相应的补充责任。"《民法典》第一千一百九十一条第二款基本沿用了该条款的规定，为实践中发生的劳务派遣期间工作人员致人损害的司法调整提供了明确的法律依据。

在研究劳务派遣用工的侵权责任之前，先看一则案例：

---

① 黄薇主编：《中华人民共和国民法典解读·侵权责任编》，中国法制出版社 2020 年版，第 322 页。

案例 43：劳务派遣期间致人损害，由谁承担侵权责任 [①]

某山公司根据与某生堂公司建立的劳务派遣合同关系，将保安员周某 1 派遣到某生堂公司提供安保服务工作。某日 10 时许，在某生堂公司担任保安员的周某 1 到楼顶去拿干粉灭火器。周某 1 从顶层下来时，灭火器脱手掉落在楼道内，干粉从灭火器内喷出，被出来查看楼道动向的裴某 1、梁某吸入体内致伤。事发当日，裴某 1 被送至医院进行治疗，产生医疗费 8831 元，后续复诊及到药店买药产生医疗费 1630 元。

生效裁判认为，劳务派遣期间，被派遣的工作人员因执行工作任务造成他人损害的，由接受劳务派遣的用工单位承担侵权责任；劳务派遣单位有过错的，承担相应的责任。本案中，某生堂公司作为接受劳务派遣的用工单位应当承担侵权责任。某山公司未履行相应安保培训义务，对于被派遣工作人员因执行工作任务造成裴某 1 损害亦存在过错，对此应当承担相应责任。裴某 1 在整个事件中无过错，不承担责任。法院结合对损害发生的过错程度，确定由某生堂公司承担 70% 责任，某山公司承担 30% 责任。

上述案例涉及劳务派遣人员在工作过程中致人损害的赔偿问题。试问：如何理解劳务派遣用工侵权责任的法律性质？劳务派遣用工侵权责任的承担方式如何？

二、劳务派遣用工侵权责任的法律性质

劳务派遣用工存在三方主体，包括劳务派遣单位即用人单位、实际用工单位和被派遣劳动者；存在两个合同关系，即劳务派遣单位与工作人员之间的劳动合同关系，以及劳务派遣单位与用工单位之间的劳务派遣合同关系。可见，劳务派遣关系中的"用人"与"用工"发生了分离，被派遣的工作人员不与用工单位签订劳动合同，不建立劳动关系，而是与劳务派遣单位存在劳动关系，但却被派遣至用工单位劳动，如此便产生了"有关系没劳动，有劳动没关系"的局面，这不仅是劳务派遣法律关系的显著特征，也在一定程度上增加了劳务派遣关系的复杂性。[②]

[①] 详见北京市第二中级人民法院（2022）京 02 民终 6554 号民事判决书。

[②] 最高人民法院民法典贯彻实施工作领导小组主编：《中华人民共和国民法典侵权责任编理解与适用》，人民法院出版社 2020 年版，第 241 页。

根据《民法典》第一千一百九十一条第二款的规定，劳务派遣用工致害责任包括实际用工单位的侵权责任和劳务派遣单位的侵权责任。虽然这两种责任同时规定于一个法律规范之中，也都是因工作人员执行工作任务致人损害而承担侵权责任，但是法律性质却存在显著区别。在劳务派遣期间，实际用工单位基于与劳务派遣单位签订的劳务派遣合同，拥有对被派遣工作人员的实际控制权，被派遣工作人员是在实际用工单位的指示、监督和管理之下执行工作任务。除与被派遣工作人员不存在劳动合同关系，不是劳动法意义上的用人单位外，其在对工作人员的实际指挥控制这一点上与用人单位并无不同。而实际指挥控制是各种用工形式中的稳定因素和共同的核心内容，也是判断侵权责任承担者的主要依据。[①] 其对被派遣工作人员因执行工作任务致人损害所承担的侵权责任，与第一千一百九十一条第一款所规定的用人单位责任的法理根据和事实基础应属一致，因此在法律性质上也应当是无过错责任。[②]

根据《民法典》第一千一百九十一条第二款的规定，劳务派遣单位侵权责任的成立，须以劳务派遣单位具有过错为要件，这就清楚表明了劳务派遣单位对被派遣的工作人员因执行工作任务致人损害的行为所承担的侵权责任，当属一般过错责任无疑。依据立法本意和司法实践状况，劳务派遣单位的过错主要体现为对工作人员选任方面的过错。[③]

在司法实践中，劳务外包与劳务派遣的区别在于：劳务外包一般是按照事先确定的劳务单价根据外包单位完成的工作量结算，其合同标的一般是"事"；劳务派遣一般是按照派遣的时间和费用标准，根据约定派遣的人数结算费用，其合同标的一般是"人"。即在劳务外包中，用工单位买的是"劳务"，而在劳务派遣中，用工单位买的是"劳动力"。劳动力的直接载体是劳动者，强调的是劳动过程且与劳动者不可分割；而劳务则强调的是劳动结果，因此可与劳动者相对分离。

[①] 参见最高人民法院侵权责任法研究小组编著：《〈中华人民共和国侵权责任法〉条文理解与适用》，人民法院出版社 2010 年版，第 253 页。

[②] 参见最高人民法院民法典贯彻实施工作领导小组主编：《中华人民共和国民法典侵权责任编理解与适用》，人民法院出版社 2020 年版，第 242 页。

[③] 参见最高人民法院民法典贯彻实施工作领导小组主编：《中华人民共和国民法典侵权责任编理解与适用》，人民法院出版社 2020 年版，第 243 页。

三、劳务派遣用工侵权责任的承担方式

根据原《侵权责任法》第三十四条第二款的规定，被派遣的工作人员因执行工作任务造成他人损害的，由接受劳务派遣的用工单位承担侵权责任；劳务派遣单位有过错的，承担相应的补充责任。《民法典》侵权责任编基本沿用了原《侵权责任法》第三十四条第二款的立法思路，但将劳务派遣单位的责任修改为"相应的责任"，而不再是"补充责任"。[①] 根据《民法典》第一千一百九十一条第二款的规定，劳务派遣单位所承担的过错责任并非直接责任，而是"相应的责任"。

1. 从归责原则上看，劳务用工单位承担的是无过错责任，而劳务派遣单位承担的则是过错责任。立法规定由劳务用工单位承担无过错责任主要是基于以下考虑：劳务派遣单位将劳动者派至用工单位后，劳动过程是在用工单位的管理安排下进行的，被派遣劳动者要根据用工单位的指挥监督从事生产工作，并要遵守用工单位的工作规则、规章制度，即用工单位对其工作人员的工作进行实际指挥控制。而实际指挥控制是各种用工形式中的稳定因素和共同的核心内容，也是判断侵权责任承担者的主要依据。劳务派遣单位将劳动者派至用工单位后，就不再对劳动者的具体活动进行指挥和监督，被派遣劳动者在用工单位的指挥监督下从事劳动，劳动者与用工单位之间的关系实质正是实际指挥控制与监督的关系。因此，用工单位应当承担被派遣劳动者职务活动中致人损害的无过错责任。

劳务派遣单位在归责原则上承担的是过错责任。劳务派遣单位的过错主要是指选任方面的过错。因劳务派遣"用人"和"用工"分离的先天属性，导致劳务派遣单位对被派遣劳动者失去了实际指挥控制和监督权，但劳务派遣单位如同用工单位的人事部门，负有对被派遣劳动者的选任责任，即在招聘、录用被派遣劳动者时，应当对该劳动者的健康状况、能力、资格以及对用工单位所任职务能否胜任进行详尽的考察。因此，劳务派遣单位对派遣劳动者因执行工作任务致人损害承担的责任，是因选任不当而承担的相应的过错责任。

2. 在责任形态上，劳务用工单位责任与劳务派遣单位责任属于共同责任。需要注意的是，原《侵权责任法》规定的劳务派遣单位责任是"相应的补充责

[①]　最高人民法院民法典贯彻实施工作领导小组主编：《中华人民共和国民法典侵权责任编理解与适用》，人民法院出版社2020年版，第242页。

任"，而《民法典》规定的是"相应的责任"，删去了"补充"二字。在《民法典》侵权责任编编纂时，对劳务派遣中工作人员致人损害时劳务派遣单位与劳务用工单位的责任形态问题，曾存在较大争议：一种观点认为应坚持补充责任这种不真正连带关系，另一种观点认为劳务派遣单位与劳务用工单位之间应承担连带责任。其实，"相应的责任"在文义上并没有清晰地表达这一责任的性质是什么，但从条文内容的前后变化来看，不宜再将劳务派遣单位的侵权责任理解为补充责任，理解为按份责任可能更为妥当，即劳务派遣单位根据其过错大小，承担与过错相应的按份责任。既然是按份责任，劳务派遣单位就不再是第二顺位的责任，而是第一顺位责任，但只是在劳务派遣单位存在过错的情况下才承担责任，如果其没有过错，则应由劳务用工单位承担全部侵权责任。[1]

审判实践中经常遇到劳务派遣单位与用工单位就工作人员侵权的责任承担进行了约定的情况，需要明确该约定的效力如何认定。其实，劳务派遣单位与用工单位在劳务派遣协议中约定由一方单独承担或者由双方按比例对外承担侵权责任，该约定应当得到尊重，其效力应当得到认可，不能因约定内容与本条规定不同而随意反悔。因劳务派遣单位与用工单位之间基于劳务派遣协议所产生的是民事合同关系，根据民法意思自治原则，只要不违反法律、行政法规的强制性规定，该约定当然有效。从现实角度而言，由于双方就其工作人员造成的外部侵权责任进行了约定，该约定能够更准确地反映某一具体劳务派遣关系中的实际情况，更能为双方当事人所接受，也更有利于纠纷的解决。当然，该约定的效力应当仅及于劳务派遣单位与用工单位之间，不得对抗受害人。实践中还应注意一点，除劳务派遣单位与用工单位事先在劳务派遣协议中就侵权责任分担进行约定外，在实际侵权行为发生后，如果劳务派遣单位与用工单位就侵权责任分担能够达成协议，对该协议的效力仍应予以确认。毕竟，对受害人而言，只要损害能够获得相应赔偿，其并不关心具体赔偿人及赔偿比例。[2]

四、对案例 43 的简要评析

在本案中，周某 1 被某山公司派遣至某生堂公司担任保安员，在执行工

---

[1] 参见最高人民法院民法典贯彻实施工作领导小组主编：《中华人民共和国民法典侵权责任编理解与适用》，人民法院出版社 2020 年版，第 242—243 页。

[2] 最高人民法院民法典贯彻实施工作领导小组主编：《中华人民共和国民法典侵权责任编理解与适用》，人民法院出版社 2020 年版，第 246 页。

作任务过程中，周某1所拿干粉灭火器脱手掉落在楼道内，致裴某1受伤。根据《民法典》第一千一百九十一条第二款"劳务派遣期间，被派遣的工作人员因执行工作任务造成他人损害的，由接受劳务派遣的用工单位承担侵权责任；劳务派遣单位有过错的，承担相应的责任"的规定，周某1致人损害的侵权责任应当由接受劳务派遣的某生堂公司承担。同时，某山公司没有对派遣人员进行必要的业务培训，具有一定的过错，判决承担30%的侵权责任，并无不当。

第三节　个人劳务关系中的侵权责任

一、问题的提出

个人之间形成劳务关系的情况越来越多，由此产生的侵权责任纠纷屡见不鲜，需要法律作出明确的规定。《民法典》第一千一百九十二条第一款规定："个人之间形成劳务关系，提供劳务一方因劳务造成他人损害的，由接受劳务一方承担侵权责任。接受劳务一方承担侵权责任后，可以向有故意或者重大过失的提供劳务一方追偿。提供劳务一方因劳务受到损害的，根据双方各自的过错承担相应的责任。"第二款规定："提供劳务期间，因第三人的行为造成提供劳务一方损害的，提供劳务一方有权请求第三人承担侵权责任，也有权请求接受劳务一方给予补偿。接受劳务一方补偿后，可以向第三人追偿。"该条在原《侵权责任法》第三十五条的基础上作了两处修改：一是增加规定了"接受劳务一方承担侵权责任后，可以向有故意或者重大过失的提供劳务一方追偿"；二是增加规定了第二款。该条与《民法典》第一千一百九十一条本质上都是关于雇主侵权责任的规定。考虑到我国当前的社会经济状况和劳动法律制度，立法机关对用人单位侵权责任和个人劳务侵权责任作了区分规定。[1]

在研究个人劳务关系中的侵权责任之前，先看两则案例：

---

[1]　最高人民法院民法典贯彻实施工作领导小组主编：《中华人民共和国民法典侵权责任编理解与适用》，人民法院出版社2020年版，第247页。

案例 44：学生实习期间自身受到损害，民事责任如何承担[①]

李某系工商学校 2011 级模具专业学生。2013 年 7 月 8 日，李某、工商学校、某士公司三方签订《学生实习协议书》，约定经李某与某士公司双向选择，李某自愿到某士公司实习，期限自 2013 年 7 月 8 日起至 2014 年 6 月 25 日止；实习期间，某士公司支付李某的实习津贴，按国家规定的每周不超过 40 小时计，每月人民币 1800 元至 2000 元。2013 年 11 月 2 日 11 时许，李某在某士公司加班操作数控折边机，在更换模具时不慎踩到开关，致使机器截断其右手第 2—5 指。李某随即被送至医院急诊治疗，共花费医疗费 88001 元。后经司法鉴定：李某构成十级伤残，伤后休息 180 日、护理 90 日、营养 60 日。事发后，某士公司为李某垫付医疗费等费用合计 78738 元。

生效裁判认为，依据三方当事人庭审中的一致确认，事发当日李某确实系周六加班，且带教老师未陪同加班。对于李某在此次加班过程中因操作危险工作设备所受之伤害，各方承担责任如下：首先，某士公司系李某实习期间的直接管理人，对李某如何从事实习工作能够支配和安排，并能够对工作过程实施监督和管理，综合考量某士公司与李某之间支配与被支配的地位、劳动所创造经济利益的归属、某士公司应当承担的劳动保护以及劳动风险控制与防范的职责，某士公司应当对本案李某所受之损害承担主要赔偿责任即 80%；其次，工商学校作为李某实习期间的间接管理人，虽无法直接支配李某的工作，但其作为职业教育机构应当清楚学生参与实习工作的危险性，可以通过对学生的安全教育以及与实习单位的沟通协商，控制和防范风险，然而，工商学校在清楚实习单位不得安排实习生加班规定的情况下，本可以通过加强对学生的安全教育以及与实习单位明确约定等方式予以防范，实际上却放任实习生加班情形的存在，因此，工商学校未尽到其职责，考虑到工商学校无法直接支配李某在某士公司的具体工作，故工商学校应当对李某所受损害承担次要责任即 20%；最后，李某作为实习生，其一般过失不能减轻某士公司及工商学校所应承担的赔偿责任。

案例 45：提供劳务期间遭受第三人侵害，民事责任如何承担[②]

李某忠在施工现场从事水泥搅拌车上料工作时，被郭某波驾驶的水泥搅拌

---

① 详见《最高人民法院公报》2015 年第 12 期（总第 230 期）。

② 详见吉林省长春市中级人民法院（2022）吉 01 民终 856 号民事判决书。

车撞伤，致使李某忠胫腓骨干骨折，住院 50 天。司法鉴定意见为：误工期评定为 180 日、护理期评定为 90 日、营养期评定为 90 日。本次外伤两次手术费约需 1 万元。经计算，李某忠的合理经济损失应为 11 万元。

生效裁判认为，行为人因过错侵害他人民事权益造成损害的，应当承担侵权责任。郭某波作为直接侵权人应当承担相应赔偿责任，原、被告均未举证证明本案被告梁某与郭某波及李某忠为雇佣关系，本案不予认定，若有其他证据，可另案告诉主张权利。李某忠作为完全民事行为能力人，在从事水泥搅拌车相关工作时没有完全尽到安全注意义务，预见性不够，造成此次事件发生，为此李某忠应当承担相应的责任，以承担 30% 的责任较为适宜。

上述案例均涉及提供劳务期间自身受到损害如何确定侵权责任的问题。试问：如何理解劳务关系与劳动关系？因提供劳务造成他人损害如何承担侵权责任？提供劳务一方因劳务致使自己受到损害的侵权责任如何承担？提供劳务期间受到第三人侵害的侵权责任如何承担？

二、劳务关系与劳动关系

劳务关系，是指提供劳务一方为接受劳务一方提供劳务服务，由接受劳务一方按照约定支付报酬而建立的一种民事权利义务关系。[①]个人之间所形成的"劳务关系"，实质上就是理论和实践中通常所说的"雇佣关系"和"帮工关系"，而"提供劳务一方"与"雇员""帮工人"，"接受劳务一方"与"雇主""被帮工人"，在含义上也无本质差别。[②]

劳务关系不同于劳动关系，主要表现在：[③]

1. 劳务关系由民法调整。企业和个体经济组织与形成劳动关系的劳动者之间的劳动关系，由劳动法规范和调整。

2. 劳务关系的主体可以是两个自然人或者自然人与单位，但《民法典》第

---

① 黄薇主编：《中华人民共和国民法典解读·侵权责任编》，中国法制出版社 2020 年版，第 324 页。

② 参见最高人民法院侵权责任法研究小组编著：《〈中华人民共和国侵权责任法〉条文理解与适用》，人民法院出版社 2010 年版，第 258 页。

③ 参见黄薇主编：《中华人民共和国民法典解读·侵权责任编》，中国法制出版社 2020 年版，第 324—325 页；最高人民法院民法典贯彻实施工作领导小组主编：《中华人民共和国民法典侵权责任编理解与适用》，人民法院出版社 2020 年版，第 247—248 页。

一千一百九十二条仅调整个人之间形成的劳务关系。劳动关系中的一方应是符合法定条件的用人单位，另一方必须是符合劳动年龄条件，且具有与履行劳动合同义务相适应的能力的自然人。

3. 劳务关系中，提供劳务一方不是接受劳务一方的职工，双方不存在隶属关系。劳动关系中，用人单位与员工之间存在隶属关系。

4. 劳务关系中，接受劳务一方可以不承担提供劳务一方的社会保险。劳动关系中，用人单位必须按照相关规定为职工购买社会保险。

5. 劳务关系中，接受劳务一方有权中断劳务关系，用人单位没有对职工处分等权利。劳动关系中，用人单位对职工违反用人单位劳动纪律和规章制度等行为，有权依法进行处理。

6. 劳务关系中，报酬完全由双方当事人协商确定。劳动关系中，用人单位对职工有工资、奖金等方面的分配权利。

三、因提供劳务造成他人损害的侵权责任

《民法典》第一千一百九十二条第一款规定："个人之间形成劳务关系，提供劳务一方因劳务造成他人损害的，由接受劳务一方承担侵权责任。接受劳务一方承担侵权责任后，可以向有故意或者重大过失的提供劳务一方追偿……"该条款明确规定了因提供劳务造成他人损害的侵权责任。该侵权责任通常被称为雇主责任，即指雇主对雇员在从事雇佣活动中致人损害，或者自己遭受损害所应承担的侵权赔偿责任。民法学界通常所说的雇主责任，仅指雇员致害责任，即雇主对雇员因从事雇佣活动致人损害所应承担的侵权责任。[1]

雇主对雇员的行为承担侵权责任，各国民事立法均普遍确立。在大陆法系国家，《德国民法典》第831条规定："使用他人执行事务者，就该他人因执行事务不法加于第三人之损害，负赔偿责任。使用人于选任雇员及关于装置机器或器具或指挥事务之执行之际已尽交易上必要之注意，或纵加注意仍不免发生损害者，使用人不负赔偿责任。"《法国民法典》第1384条对雇主的侵权责任作了规定，即"主人或雇主对其仆人及雇员因执行职务所造成的损害，应负赔偿的责任"。英美法系国家，在近代就建立起雇主就其雇员的行为承担侵权责任的原则，雇员在履行自己的职责过程中，所实施的任何行为均被看作根

---

[1] 参见张新宝：《侵权责任法原理》，法律出版社 2005 年 3 月第 1 版，第 294 页。

据其雇主的命令所实施的行为，因此雇员的行为就好似其雇主本人所实施的行为一样。到 20 世纪，英美法律已经建立起这样的原则：雇主应当就其雇员的行为承担侵权责任，此种责任被称为替代责任，也被称为加诸雇主身上的过失。

因提供劳务造成他人损害侵权责任的归责原则。适用何种归责原则，存在适用无过错责任原则、过错责任原则、过错推定责任原则的争议。[①] 主流观点认为，提供劳务一方因劳务造成他人损害的，由接受劳务一方承担侵权责任，此种责任为无过错责任、替代责任。只要提供劳务一方因劳务造成他人损害的行为构成侵权，接受劳务一方就应承担侵权责任，而不问接受劳务一方是否存在过错。雇员是雇主手臂的延伸，雇员的行为是雇主权利的扩张，雇员的行为自然可被看作雇主自己的行为。基于报偿责任原理，雇员所从事的雇佣活动是为雇主的利益，因此，按照现代民法利益、风险、责任一致的原则，雇佣活动中所产生的风险应由雇主承担，而不是由雇员承担。[②]

关于"因劳务"的认定。在《民法典》第一千一百九十二条关于个人用工责任的规定，使用了"因劳务"的精练表述，这一表述的含义在解释上应与《民法典》第一千一百九十一条中的"执行工作任务"相当，即通常所说的执行职务行为。正确判断提供劳务一方的行为是否属于执行职务的行为，是准确适用个人用工责任的关键和核心。对于判断职务行为的标准，一方面，从主观上要求雇员的行为以雇主的授权或指示为基础，并在其范围内从事劳务行为，在雇佣期间雇主享有对雇员行为加以控制的权力，雇员主观上也是为雇主的利益而从事工作；另一方面，从客观上又要求即使雇员的行为超出授权的范围，但其表现形式是履行职务或与履行职务有内在联系的，也应视为执行职务的行为。这一规定既考虑了雇员主观意思，又对其客观行为加以判断，构成了一个主客观相结合的标准，既合理划分了雇佣关系的范围，又能顾及对受害人利益的保护，在实践中颇具典型性和可操作性。[③] 最高人民法院针对于某梅、王某刚诉布某额、沈某峰、康某泽人身损害赔偿纠纷申诉案所阐述的处理意见，即体现

---

① 参见何志：《侵权责任判解研究与适用》，人民法院出版社 2009 年版，第 563—565 页。

② 最高人民法院民法典贯彻实施工作领导小组主编：《中华人民共和国民法典侵权责任编理解与适用》，人民法院出版社 2020 年版，第 248 页。

③ 参见最高人民法院侵权责任法研究小组编著：《〈中华人民共和国侵权责任法〉条文理解与适用》，人民法院出版社 2010 年版，第 260 页。

了对这一司法解释规定的适用精神。对于该案的申诉,最高人民法院指出:帮工事故是在帮工活动期间发生的,帮工人遭受人身损害与帮工活动存在因果关系。本案申诉人于某梅的丈夫王某印应邀自愿为沈某峰无偿帮工之后,回家途中发生意外事故死亡,与帮工活动之间不存在因果关系,因此不属于帮工事故。①

接受劳务一方承担侵权责任后,可以向有故意或者重大过失的提供劳务一方追偿,解决了接受劳务一方与提供劳务一方的内部求偿问题。但在外部关系中,对受害人而言,侵权责任主体仍是唯一的接受劳务一方。雇主对外承担转承责任是基于侵权关系,而雇主向雇员追偿是基于双方间的契约关系。应根据雇员对损害发生的过错程度来判断雇员应承担的责任。要防止两种错误倾向,一是雇主将经营的风险转嫁给雇员;二是在雇主有监督管理之失的情况下,让雇员承担大部分责任。在雇佣关系中,雇员相对于雇主来说在经济上处于弱势地位。雇员的收入是依靠雇主开出的工资,其从事雇佣活动是为了谋生。而雇主使用雇员为其工作是为了追求经济利益,对由此而产生的经营风险,除非雇员有故意或重大过失,否则雇主应对此负责。同时,雇主对外承担的替代责任,有可能包含了雇主和雇员的混合过错,在确定赔偿数额时,应比较双方过错的程度,根据雇主和雇员的受益情况和经济状况来确定。② 因此,个人之间形成的劳务关系,双方经济能力都较为有限,接受劳务一方对外承担责任后,原则上是可以向有过错的提供劳务一方追偿的,但仅限于提供劳务一方存在故意或者重大过失。③

四、提供劳务一方因劳务致使自己受到损害的侵权责任

《民法典》第一千一百九十二条第一款规定:"……提供劳务一方因劳务受到损害的,根据双方各自的过错承担相应的责任。"据此,提供劳务一方因劳务受到损害的,双方当事人承担侵权责任的归责原则是过错责任原则。该规定

---

① 参见刘京川:《帮工人在帮工结束后返回途中意外死亡,被帮工人是否应承担赔偿责任》,载最高人民法院立案庭编:《立案工作指导》2010年第4辑(总第27辑),人民法院出版社2011年版,第160—161页。

② 张新宝:《侵权责任法原理》,中国人民大学出版社2005年版,第300页。

③ 参见黄薇主编:《中华人民共和国民法典解读·侵权责任编》,中国法制出版社2020年版,第326页。

与工作人员在用人单位遭受损害的规定有所不同。根据国务院颁布的《工伤保险条例》的规定，用人单位依照该条例参加工伤保险，为本单位全部职工或者雇工缴纳工伤保险费。工作人员在工作过程中受到工伤损害的，用人单位原则上承担无过错责任。只要工作人员是因工作遭受事故伤害或者患职业病的，职工就可以依照相关规定获得医疗救治和经济补偿。

由于"个人之间形成劳务关系"，不属于依法应当参加工伤保险统筹的情形，提供劳务一方受到损害后，不能适用《工伤保险条例》。个人之间的劳务关系的损害，与雇主情形下的损害不一样，个人之间的劳务，提供劳务一方有较大的自主权，不像雇主对雇员的控制力那么强。造成损害的，接受劳务一方承担无过错责任太重。提供劳务一方因劳务受到损害的，不宜采取无过错责任原则，要求接受劳务一方无条件地承担赔偿责任。因此，个人之间形成劳务关系因劳务遭受损害的，双方根据各自的过错承担责任，比较公平，也符合现实的做法。[①] 如法院在王某诉江苏某维橡塑科技有限公司、某工业职业技术学院人身损害赔偿纠纷案中认为，学生在校外企业实习期间进行与其所学知识内容相关的实际操作，不应认定为学生与企业之间存在劳动关系。学生在实习过程中受到的伤害，应按一般民事侵权纠纷处理，根据有关侵权的法律规定，由学生、学校、企业按过错程度承担相应的责任。[②]

在司法实践中，2003年《人身损害赔偿解释》第十一条规定，只要雇员在从事雇佣活动中遭受人身损害，雇主就应当承担赔偿责任，而无须问雇主是否存在过错，采取的无过错责任原则。而从原《侵权责任法》第三十五条到《民法典》第一千一百九十二条的规定，均采取了过错责任原则。因此，对于个人劳务关系中提供劳务一方自身受到损害的情况，必须按照过错责任原则处理。

五、提供劳务一方在劳务期间遭受第三人侵害的责任承担

因第三人的行为造成提供劳务一方损害的民事责任如何承担？原《侵权责任法》第三十五条并没有规定，对此问题，立法机关认为，《民法典》第一千一百七十五条规定，损害是因第三人造成的，第三人应当承担侵权责任。

① 参见黄薇主编：《中华人民共和国民法典解读·侵权责任编》，中国法制出版社2020年版，第327页。

② 详见《最高人民法院公报》2014年第7期（总第213期）。

在个人之间形成的劳务关系中，因第三人的行为造成提供劳务一方损害，第三人应当承担侵权责任，没有疑问。关键是提供劳务一方在为接受劳务一方工作过程中受伤的，能否请求接受劳务一方承担责任。[①] 对此，《民法典》第一千一百九十二条第二款规定，提供劳务期间，因第三人的行为造成提供劳务一方损害的，提供劳务一方有权请求第三人承担侵权责任，也有权请求接受劳务一方给予补偿。接受劳务一方补偿后，可以向第三人追偿。由此可见，实施侵权行为的第三人与接受劳务一方的关系为不真正连带责任。[②]

相对于作为受害人的提供劳务一方，接受劳务一方与第三人承担不真正连带责任，提供劳务一方可以向两者中的任何一方进行主张，有一方进行赔偿的，提供劳务一方的相应请求权消灭。第三人作为直接侵权行为人是最终的责任承担者，接受劳务一方对提供劳务一方予以赔偿后，就其赔偿部分有权向第三人追偿。

因此，个人之间形成劳务关系，提供劳务一方提供劳务期间，因第三人的行为造成提供劳务一方损害的，提供劳务一方有权请求第三人承担侵权责任，也有权请求接受劳务一方给予补偿；接受劳务一方补偿后，可以向第三人追偿。实施侵权行为的第三人与接受劳务一方承担不真正连带责任，接受劳务一方承担赔偿责任后，对第三人享有代位求偿权。

六、对案例 44、案例 45 的简要评析

1. 对案例 44 的简要评析

本案中，三方当事人为受害人李某、工商学校、某士公司，李某系工商学校的学生，按照学校的安排到某士公司实习，李某与某士公司之间形成提供劳务法律关系。李某在提供劳务期间自身受到了人身损害，根据《民法典》第一千一百九十二条第一款"……提供劳务一方因劳务受到损害的，根据双方各自的过错承担相应的责任"的规定，应当适用过错责任原则。法院认定接受劳务一方的某士公司承担 80% 的赔偿责任，认定工商学校因教育、管理不到位存在一定过错，承担 20% 的赔偿责任，认定受害人李某不存在重大过失，依

---

① 参见黄薇主编：《中华人民共和国民法典解读·侵权责任编》，中国法制出版社 2020 年版，第 327 页。

② 参见何志：《民法典·总则判解研究与适用》，中国法制出版社 2020 年版，第 487—492 页。

法不承担民事责任。该案的裁判体现了较高的艺术性，克服了"机械司法"的弊端，纠正了一审裁判不当认定受害人承担 20% 的过错责任。

2. 对案例 45 的简要评析

在本案中，根据《民法典》第一千一百九十二条第二款的规定，提供劳务期间，因第三人的行为造成提供劳务一方损害的，提供劳务一方有权请求第三人承担侵权责任，也有权请求接受劳务一方给予补偿。接受劳务一方补偿后，可以向第三人追偿。本案中，郭某波作为实际侵权人，为李某忠损害后果的终局责任人，受害人完全有权要求郭某波承担侵权责任，可以不要求接受劳务一方承担无过错责任。

当然，提供劳务期间遭受第三人侵权，其归责原则适用过错责任原则。本案中，李某忠作为完全民事行为能力人，在案涉工地从事水泥搅拌车上料工作过程中，未对自身安全尽到足够的注意义务，应当自行承担部分民事责任。

第四节　民事赔偿与工伤保险赔偿

一、问题的提出

工伤引起的赔偿分为工伤保险赔偿和侵权损害赔偿。《人身损害赔偿解释》第三条规定："依法应当参加工伤保险统筹的用人单位的劳动者，因工伤事故遭受人身损害，劳动者或者其近亲属向人民法院起诉请求用人单位承担民事赔偿责任的，告知其按《工伤保险条例》的规定处理。因用人单位以外的第三人侵权造成劳动者人身损害，赔偿权利人请求第三人承担民事赔偿责任的，人民法院应予支持。"该规定明确了参加工伤统筹的单位，如果发生工伤事故，应根据《工伤保险条例》的规定，自事故伤害发生之日或者被诊断、鉴定为职业病之日起 30 日内，向统筹地区社会保险行政部门提出工伤认定申请。对个人而言，工伤认定的申请时限为事故伤害发生之日起或被确诊为职业病之日起 1 年内。同时，司法解释明确了工伤事故补偿与一般人身损害赔偿的差异，规定了工伤事故补偿的法律适用问题。

在研究民事赔偿与工伤保险赔偿之前，先看一则案例：

案例 46: 工伤赔偿与第三人侵权赔偿能否 "双重" 主张 [1]

原告杨某伟系宝冶公司职工。2000 年 10 月 16 日，被告二十冶公司职工在工作过程中违规作业，从高处抛掷钢管，将正在现场从事工作的杨某伟头部砸伤，致其重度颅脑外伤、外伤性尿崩症等。根据伤情鉴定，杨某伟因工致残程度四级。杨某伟与二十冶公司发生工伤保险赔偿纠纷，经仲裁和法院判决，二十冶公司已就杨某伟的工伤事故承担了一定的费用。根据司法鉴定结论，杨某伟需要护理 12 个月、营养 8 个月。杨某伟受伤前月平均工资为 1523 元，受伤后减为 1005 元。杨某伟之子张某皓出生于 1996 年 10 月 24 日，系未成年人。杨某伟之母金某琴出生于 1948 年 5 月 3 日，57 周岁，系肢体残疾人。虽然原告所在单位宝冶公司按规定承担了一定费用，但原告的损害系由被告的侵权行为所致，被告应承担赔偿责任。

生效裁判认为：结合本案的实际情况，虽然受害人杨某伟获得了其所在单位宝冶公司的工伤保险赔偿，但并不因此而减免二十冶公司的侵权损害赔偿责任。二十冶公司作为本案事故的侵权行为人必须依法承担相应的侵权赔偿责任。杨某伟作为工伤事故中的受伤职工和侵权行为的受害人，有权获得双重赔偿，二十冶公司的侵权赔偿责任并未因此而有所加重。据此判决：被告二十冶公司赔偿原告杨某伟各项费用共计 223920 元。

在上述案例中，因用人单位宝冶公司以外的第三人二十冶公司侵权造成人身损害，赔偿权利人杨某伟在获得工伤赔偿后，仍有权请求第三人二十冶公司承担民事赔偿责任。试问：何谓工伤？工伤事故责任的构成要件如何？工伤保险赔偿与侵权损害赔偿的关系如何？

二、工伤概说

工伤，又称职业伤害，是指职业危险因素给处在劳动过程中的劳动者造成的伤害，包括急性伤害和慢性伤害。急性伤害即因工伤亡。慢性伤害亦称职业病，指劳动者在生产劳动及其他职业性活动中，因接触职业有毒有害物质和在不良气候、恶劣卫生条件下工作而引起的并由国家主管部门明文规定的疾病。最初的工伤仅仅指劳动者在工作中因工作环境、工作条件的不良等原因发生意

---

[1] 详见《最高人民法院公报》2006 年第 8 期（总第 118 期）。

外事故而造成的伤害。"工伤"一词，最初指"由于工作直接或间接引起的伤害事故"。随着时间推移，各国又把职业病纳入工伤范畴，包括职业病在内的工伤，从一般疾病中分离出来，为的是强调这种伤害主要与用人单位或雇主的责任相关，与劳动者本人关系不大，打有很重的职业烙印。1952年，国际劳工组织在《社会保障最低标准公约》中，用"职业伤害"代替工伤，职业伤害的范围包括工伤事故造成的伤害和职业病所造成的伤害，我国传统上一直将其称为工伤。

工伤保险，又称职业伤害保险或工伤补偿，是指劳动者因工伤致残或死亡，造成暂时或永久丧失劳动能力时，劳动者及其家属有权根据法律从国家或者社会获得物质帮助的社会保险制度。工伤保险从根本上说是社会保险制度中的重要组成部分，工伤保险立法具有强烈的社会法功能，通过工伤保险使受到职业伤害的劳动者及时获得医疗救治、生活保障、经济补偿和职业康复，并分散雇主在工伤补偿方面的风险责任，这已成为世界各国通行的做法。

根据《工伤保险条例》第十四条的规定，职工有下列情形之一的，应当认定为工伤：（1）在工作时间和工作场所内，因工作原因受到事故伤害的；（2）工作时间前后在工作场所内，从事与工作有关的预备性或者收尾性工作受到事故伤害的；（3）在工作时间和工作场所内，因履行工作职责受到暴力等意外伤害的；（4）患职业病的；（5）因工外出期间，由于工作原因受到伤害或者发生事故下落不明的；（6）在上下班途中，受到非本人主要责任的交通事故或者城市轨道交通、客运轮渡、火车事故伤害的；（7）法律、行政法规规定应当认定为工伤的其他情形。

根据《工伤保险条例》第十五条第一款的规定，职工有下列情形之一的，视同工伤：（1）在工作时间和工作岗位，突发疾病死亡或者在48小时之内经抢救无效死亡的；（2）在抢险救灾等维护国家利益、公共利益活动中受到伤害的；（3）职工原在军队服役，因战、因公负伤致残，已取得革命伤残军人证，到用人单位后旧伤复发的。

根据《工伤保险条例》第十六条的规定，职工有下列情形之一的，不得认定为工伤或者视同工伤：（1）故意犯罪的；（2）醉酒或者吸毒的；（3）自残或者自杀的。

三、工伤事故责任的构成要件

确定工伤事故的损害赔偿责任适用无过错责任原则，是各国立法通例。构成工伤事故责任必须具备下列要件：

1.职工与企业或雇主之间必须存在劳动关系。劳动关系是指用人单位与劳动者运用劳动能力实现劳动的过程中形成的一种社会关系。其主体是确定的，即一方是用人单位，另一方必然是劳动者。遇有个体工商户雇请帮工的情形，则个体工商户属于用人单位的范畴。按照《劳动法》的规定，建立劳动关系须签订书面劳动合同；劳动合同的内容包括七项必备条款和双方自主协商的约定条款。用人单位和职工之间存在劳动合同，是构成工伤事故责任的必要要件，有劳动关系的劳动者，才有构成工伤事故的可能，没有劳动关系的劳动者，无论受何伤害，都不属工伤事故，不构成工伤事故的保险责任或者赔偿责任。建立劳动法律关系，原则上应以书面形式为必要。即使用人单位与职工之间没有签订书面劳动合同而建立了事实劳动关系，也应当确认这种劳动关系，使职工的权利受到保护。

2.职工必须存在人身损害的事实。工伤事故的损害事实，是职工人身遭受损害的客观事实，不包括财产损害和其他利益的损害。职工的身体权、健康权、生命权，都在劳动保险的范围之内，都是工伤事故侵害的客体。在确定工伤事故责任的时候，应当进行工伤认定和劳动能力鉴定。工伤认定的意义在于确定是否构成工伤事故责任，而劳动能力鉴定则是为了确定工伤职工享受何种工伤待遇。因此，只要将职工的人身伤害认定为工伤，即具备工伤事故损害事实的要件。

3.职工遭受的人身损害必须是在履行工作职责的过程中发生的。一是职工是在履行工作职责过程中致自己伤亡，而非他人伤亡。二是职工所受伤害包括执行职务行为所致，也包括在执行职务过程中因其他原因所致，如机器故障、他人疏忽等原因造成的工伤。

4.事故与职工人身损害之间存在因果关系。事故是职工人身损害的原因，一般应当要求其因果关系为必然因果关系，即劳动者的损害事实必须是事故直接造成的，否则不构成工伤事故的损害赔偿责任。但是，事故与损害之间具有相当因果关系的，应当认定为有因果关系。如事故致职工身体损伤，没有直接造成死亡的后果，但是职工受到伤害之后因破伤风病毒感染致死，事故与伤害之间具有直接因果关系，与死亡之间具有相当因果关系，因而应当认定事故与死亡之间具有法律上的因果关系，构成工伤事故责任。

四、工伤保险赔偿与侵权损害赔偿的关系

劳动者因工伤事故致使生命权、健康权、身体权受到损害的，可以通过工

伤保险机构获得工伤保险赔付。除此之外，劳动者是否还享有侵权损害赔偿？其实质涉及工伤保险与人身损害赔偿的关系。对此，世界各国主要有四种基本模式：（1）取代模式。以工伤保险补偿完全取代侵权法上的损害赔偿。以德国为代表，实行此种模式的还有法国、瑞士、挪威等国。（2）择一模式。允许被害人在工伤保险补偿与侵权责任法上的损害赔偿之间任选一种。英国和其他英联邦国家早期的雇员赔偿法一度采取此种模式，但因其固有的缺陷后来被废止。（3）兼得模式。被害人对于侵权责任法上的损害赔偿与工伤保险可以同时请求，英国为典型，我国台湾地区也采取此种模式。（4）补充模式。受害人可以同时请求侵权责任法上的损害赔偿与社会强制保险，但是所得总额不得超出其所受损害的总额，日本为此种立法模式的代表。①

《人身损害赔偿解释》采取了一般工伤的取代模式和第三人侵权造成工伤的兼得模式并存的方式。当用人单位作为侵权人时，该解释第三条第一款规定的是一般工伤的取代模式，即以工伤保险取代侵权赔偿。受害人主张用人单位承担请求损害赔偿责任的，法院不予受理，并告知其按照《工伤保险条例》的规定处理。当第三人是侵权人时，该条第二款规定："因用人单位以外的第三人侵权造成劳动者人身损害，赔偿权利人请求第三人承担民事赔偿责任的，人民法院应予支持。"该规定即为第三人侵权造成工伤的兼得模式。

在司法实践中，处理工伤保险赔偿与侵权损害赔偿的责任问题，可按下列情形处理：

1. 用人单位的人身损害赔偿责任。工伤保险赔偿相对于人身损害赔偿责任而言，具有特殊的优点：工伤保险实行用人单位无过错责任，并且不考虑劳动者是否有过错，只要发生工伤，工伤保险经办机构就应给予赔偿；工伤保险还有利于劳资关系和谐，避免劳资冲突和纠纷。因此，用人单位通过缴纳保险费的方式承担责任，对用人单位和劳动者双方都有利。所以，发生工伤事故，工伤职工应当按照《工伤保险条例》的规定享受工伤保险待遇。但是，如果用人单位没有缴纳工伤保险基金，或者仅依据工伤保险待遇不能使受害职工得到全面救济，那么受害人就可以依据民法的基本规定，请求用人单位提供救济。当然，如果劳动者没有订立劳动合同或者劳动合同已经失效，在工作中遭受损害，无法请求工伤保险补偿，对此，受害人有权要求用人单位承担工伤事故赔偿责

①　参见最高人民法院民事审判第一庭编著：《最高人民法院人身损害赔偿司法解释理解与适用》，人民法院出版社2022年版，第77—81页。

任。在发生工伤事故后，用人单位对人身损害赔偿责任的承担应当区分为参加工伤保险统筹的用人单位的人身损害赔偿责任与未参加工伤保险统筹的用人单位的人身损害赔偿责任。

（1）参加工伤保险统筹的用人单位的人身损害赔偿责任。正因为工伤事故既有侵权行为的性质，又有劳动保险的性质，通说认为，在这种情况下如果可以选择，则工伤保险就没有意义了，而工伤保险是解决工伤事故的最好方法，可以及时解决纠纷，因此应当首先按照工伤保险责任纠纷处理。这就是工伤保险责任优先原则，即发生了工伤事故，用人单位参加工伤保险统筹的，应当先向保险人要求赔偿。也就是因侵权行为遭受人身损害，经社会保险行政部门确认为工伤，如果侵权人是用人单位或者受雇于同一用人单位的其他劳动者，受害人应当申请工伤保险赔偿。《人身损害赔偿解释》第三条第一款对此作了规定。同时，由于工伤保险给付的性质是补偿性质，可能存在不能充分填补受害劳动者损害的可能。因此，如果在工伤保险赔偿后损害依然不能满足的，受害人有权请求侵权人承担侵权损害赔偿责任，法院应予受理，但在计算赔偿时应当扣除其已获得的工伤保险补偿。

（2）未参加工伤保险统筹的用人单位的人身损害赔偿责任。发生工伤事故后，对未参加工伤保险统筹的用人单位的人身损害赔偿责任，受害劳动者当然无法请求工伤保险给付，此时就应当赋予其人身损害赔偿请求权。如果受害人向法院起诉，法院应当受理，并根据《工伤保险条例》的规定确定受害人的损害，在法律适用上可以参照前述意见，实现对受害人权益的保护。

2. 用人单位以外的第三人的人身损害赔偿责任。劳动者在工伤事故中造成了自己的人身损害，但是事故不是劳动者的原因引起的，而是由于用人单位以外的第三人的责任引起的。按照责任应当由直接责任者负责的原则，造成劳动者人身损害的行为人是用人单位之外的第三人的，应当由该第三人承担人身损害赔偿责任。因第三人侵权赔偿与工伤赔偿机制在法律上是并行不悖的，故从学理上理解，受害人有可能得到双重赔偿。因为人身损害不能简单比照财产损失，基于人的伦理价值，人身损害赔偿并不受填平原则的限制，受害人即使得到双重赔偿也不能认为适用法律错误。①

---

① 最高人民法院民事审判第一庭编著:《最高人民法院人身损害赔偿司法解释理解与适用》，人民法院出版社 2022 年版，第 87 页。

五、对案例 46 的简要评析

《人身损害赔偿解释》第三条第一款规定："依法应当参加工伤保险统筹的用人单位的劳动者，因工伤事故遭受人身损害，劳动者或者其近亲属向人民法院起诉请求用人单位承担民事赔偿责任的，告知其按《工伤保险条例》的规定处理。"该规定规范的是劳动者与用人单位之间的工伤保险关系，因此发生争议的应当按照《工伤保险条例》的规定处理。另外，该规定从另一个角度明确了发生工伤的职工只能按照《工伤保险条例》的规定要求工伤保险待遇，不能再以人身损害为由向用人单位提出人身损害赔偿。该条第二款规定："因用人单位以外的第三人侵权造成劳动者人身损害，赔偿权利人请求第三人承担民事赔偿责任的，人民法院应予支持。"该款规范的是用人单位以外的侵权人与被侵权职工之间的民事法律关系，明确规定劳动者有权向第三人提起人身损害赔偿。

就本案而言，杨某伟与宝冶公司之间存在劳动关系，在劳动过程中发生了自身的损害，作为劳动者的杨某伟有权获得用人单位宝冶公司的工伤保险赔偿。同时，由于杨某伟的人身损害系第三人二十冶公司的侵权造成，依据上述司法解释的规定，杨某伟以侵权赔偿之诉请求二十冶公司承担人身损害赔偿责任，无疑是有法律依据的，应当予以支持。

第五节　无偿帮工中的侵权责任

一、问题的提出

常言道"一个好汉三个帮"。在现实生活和司法实践中，为他人无偿提供劳务的帮工现象非常普遍，尤其是农村在办理红白喜事、自建农房、农忙抢收抢种时，亲朋好友、邻里族人之间相互帮工，颇为常见，由此引发了大量的无偿帮工损害纠纷。对此，《人身损害赔偿解释》第四条规定："无偿提供劳务的帮工人，在从事帮工活动中致人损害的，被帮工人应当承担赔偿责任。被帮工人承担赔偿责任后向有故意或者重大过失的帮工人追偿的，人民法院应予支持。被帮工人明确拒绝帮工的，不承担赔偿责任。"

在研究无偿帮工中的侵权责任之前，先看一则案例：

案例 47：无雇佣关系前提下的帮忙行为，可否认定为无偿帮工 [1]

2002 年 6 月 6 日，原告朱某胜以被告某平公司从业人员的身份参加了液化气从业人员消防培训班。2002 年年底，被告换气点因未参加年检而停止经营。此后，原告一直从事为客户接送液化气罐等业务而获取报酬。2003 年 8 月 5 日，原告在被告换气点等候业务时，被告的客户钱某英称其家液化气打不着火，要求派人维修。原告得知后表示该客户家的液化气瓶是他检测的，该换气点负责人当即表示："是你检测的，那你就去。"原告故前往该客户家进行维修，在维修中不慎发生燃烧事故，原告及钱某英均被烧伤。经鉴定原告伤情为九级伤残，原告因此花去医药费 5952 元。

生效裁判认为：关于原告朱某胜与被告某平公司之间是雇佣关系还是帮工关系的问题。首先，帮工关系是指帮工人无偿为他人处理事务从而与他人形成的法律关系。雇佣关系则是指根据当事人的约定，一方定期或不定期地为对方提供劳务，由对方给付报酬的法律关系。由此可见，帮工关系与雇佣关系存在明显不同。一方面，雇佣关系具有有偿性，帮工关系具有无偿性；另一方面，在雇佣关系中，受雇人是在特定的工作时间内、在雇佣人的监督和控制下进行劳务活动，而在帮工关系中，帮工人进行劳务活动时具有自主性。其次，原告与被告之间构成帮工关系。成立帮工关系是构成帮工风险责任的基础。本案原告与被告之间的帮工关系是基于特殊的要约承诺方式形成的。原告表示客户钱某英家的液化气瓶是他检测的，这句话本身只是对客观事实的叙述，并没有明确表示原告要求负责上门维修，不属于具有帮工意愿的要约。但负责人随后作出的让原告负责上门维修的表示，则是以请求原告为其处理事务为内容的要约。原告并非被告雇员，让原告去维修，实际上是请求原告帮工。原告随后前往客户家维修的行为，可以认定是以实际行动对该要约作出的承诺，且被告的负责人对原告的承诺行为没有作出明确的拒绝。因此，原告与被告之间形成了帮工关系。帮工人因帮工活动遭受人身损害的，被帮工人应当承担赔偿责任。被帮工人明确拒绝帮工的，不承担赔偿责任，但可以在受益范围内予以适当补偿。根据本案事实，原告确实是在为被告的客户进行维修的过程中，因发生液化气燃烧事故而受伤，即原告遭受人身损

---

[1]　详见《最高人民法院公报》2007 年第 5 期（总第 126 期）。

害与为被告帮工具有因果关系。因此，被告应当对原告因帮工遭受的人身损害承担赔偿责任。原告朱某胜在维修过程中因操作不当而引发了液化气燃烧事故，自身具有过失，可以减轻被告的赔偿责任。根据本案的案情，被告应承担的赔偿责任酌定为原告全部损失的 50%。

在上述案例中，争议焦点是双方是否形成帮工关系。试问：何谓无偿帮工？无偿帮工损害赔偿责任特征如何？无偿帮工与雇佣劳动的区别如何？无偿帮工损害赔偿责任的构成要件如何？无偿帮工致人损害赔偿责任如何承担？帮工人自身遭受损害赔偿责任如何承担？

二、无偿帮工损害赔偿责任的法律意义

无偿帮工，是指为了满足被帮工人生产或生活等方面的需要，不以追求报酬为目的，为被帮工人无偿提供劳务进行帮工。帮工致人损害的赔偿责任，是指帮工人在从事帮工活动的过程中，导致无偿帮工关系之外的第三人生命权、健康权、身体权损害，由被帮工人承担赔偿责任。无偿帮工人在帮工活动中致人损害的，由被帮工人承担侵权赔偿责任，与《民法典》第一千一百九十一条第一款、第一千一百九十二条规定的由用人单位或者接受劳务一方承担侵权责任的精神相一致。[①]

无偿帮工损害赔偿责任的基本特征表现在：

1. 无偿帮工所遭受的人身损害发生在特定的无偿帮工活动中。一般认为，只要无偿帮工人在主观上是为了被帮工人的需要，客观上无偿为被帮工人提供了劳务，就应当算作无偿帮工。

2. 无偿帮工人与被帮工人之间存在无偿帮工关系。在无偿帮工损害赔偿法律关系中，赔偿权利人只能是自然人，而赔偿义务人，即被帮工人，可以是自然人，也可以是法人或者非法人组织。

3. 无偿帮工人请求赔偿不以被帮工人受益为要件。只要被帮工人不明确拒绝，就应当承担无偿帮工损害赔偿责任，只有在被帮工人明确拒绝帮工的情况下，才在受益范围内承担适当的补偿责任。

---

① 参见最高人民法院民事审判第一庭编著：《最高人民法院人身损害赔偿司法解释理解与适用》，人民法院出版社 2022 年版，第 95 页。

三、无偿帮工与雇佣劳动的区别

在司法实践中，无偿帮工与雇佣劳动相互混淆的现象颇多，一是受害人主张是雇佣劳动关系，而相对人主张是无偿帮工；二是司法人员也往往将无偿帮工与雇佣劳动等同。其实，无偿帮工和雇佣劳动的确存在明显差异：

1.无偿帮工的双方之间没有雇佣关系，既没有合同来明确双方之间的权利义务，也没有事实上的雇佣劳动关系。如果双方存在雇佣劳动关系，则适用《人身损害赔偿解释》关于雇佣劳动关系的法律责任，而不适用无偿帮工关系的法律责任。

2.无偿帮工合同是无偿的，而雇佣合同[①]是有偿的。雇佣劳动关系中，雇员可以从雇主处获得一定的经济利益，如工资和奖金等，而无偿帮工中被帮工人则不需要支付报酬。

3.无偿帮工合同是单务合同，而雇佣合同是双务合同。所谓单务合同，就是指合同当事人仅有一方负担给付义务的合同，或者双方的给付并不构成对待给付的合同。帮工活动中，帮工人为被帮工人提供劳务只是单方给付，被帮工人虽然可能要提供饮食等，但是，被帮工人的给付并不构成对待给付，所以，帮工合同属于单务合同。而在雇佣合同中，受雇人须依约提供劳务，雇佣人须依约支付报酬，双方当事人都负有义务，并且双方的义务具有对价性，任何一方从对方取得权利均须付出对价，所以，雇佣合同是双务合同。

区分雇佣劳动关系和无偿帮工关系，其目的是区分二者承担的不同责任。在一般情况下，雇员侵权和无偿帮工致人损害，雇主和被帮工人均承担替代责任。在雇员和帮工人故意或重大过失的情况下，雇主和雇员、被帮工人和帮工人均承担连带责任。但是，在无偿帮工关系中，如果被帮工人明确拒绝帮工，对帮工人在帮工过程中致人损害的，原则上不承担责任。而在雇佣劳动关系中，只要是在雇佣劳动的过程中致人损害，雇主责任是不能免除的，只是根据情况认定承担什么样的责任而已。鉴于此，区分雇佣劳动关系和无偿帮工关系是有必要的。

四、无偿帮工损害赔偿责任的构成要件

无偿帮工损害赔偿责任的构成，应当符合下列要件：

[①] 雇佣合同，即提供劳务者合同，该合同并无法律明确规定，属于作者命名的无名合同。

1. 无偿帮工活动的客观存在。构成无偿帮工损害赔偿责任，必须存在无偿帮工活动。无偿帮工的形成方式有两种，一是被帮工人主动提出帮工，无偿帮工人同意为之帮工。二是无偿帮工人主动去帮工，被帮工人未拒绝无偿帮工人的帮工。

2. 存在无偿帮工人遭受自身损害，或无偿帮工人致使第三人遭受损害的事实。

3. 无偿帮工活动与损害事实之间具有因果关系。只要无偿帮工人在帮工活动中为完成帮工活动致第三人损害的，或者帮工人在帮工活动中因为完成帮工活动受到损害的，就应当认定为有因果关系。若帮工活动尚未开始，或者帮工过程中帮工人去办个人私事，或者帮工活动终了后第三人或帮工人受到的损害，与帮工活动均不具有因果关系，因而不构成无偿帮工损害赔偿责任。

4. 无偿帮工活动的认定，应当从无偿帮工人着手从事帮工活动开始，直到帮工活动结束。无偿帮工的损害赔偿责任是一种特殊的损害赔偿责任，除了帮工人作为连带责任人承担责任要求故意或重大过失外，不要求作为责任人的被帮工人主观上有过错，因为无偿帮工活动致人损害赔偿责任的归责原则是无过错责任。

五、无偿帮工致人损害的赔偿责任

《人身损害赔偿解释》第四条规定："无偿提供劳务的帮工人，在从事帮工活动中致人损害的，被帮工人应当承担赔偿责任。被帮工人承担赔偿责任后向有故意或者重大过失的帮工人追偿的，人民法院应予支持。被帮工人明确拒绝帮工的，不承担赔偿责任。"无偿帮工人帮工行为致人损害的赔偿责任与雇员在执行职务中致人损害赔偿责任的规定完全一致，即采纳了无过错责任原则。被帮工人并不能通过证明自己没有选任或者监督的过失来获得免责。《人身损害赔偿解释》规定了无偿帮工致人损害的三种情形，即帮工人一般过失致人损害、帮工人故意或重大过失致人损害和被帮工人拒绝帮工的情况下帮工人致人损害。根据这三种致人损害的情形，责任承担方式可分为被帮工人替代责任和被帮工人不承担责任。

1. 被帮工人的替代责任。在帮工人无偿为被帮工人提供劳务，在从事帮工活动中致人损害，且帮工人不存在故意或重大过失的情况下，被帮工人承担替代责任，即该损害应由被帮工人承担。这种责任是无过错责任，只要无偿帮工人在从事帮工活动中致人损害，被帮工人就应当承担赔偿责任。

2. 被帮工人不承担责任。如果被帮工人明确拒绝了帮工活动，则对帮工的行为不承担赔偿责任。被帮工人不承担责任，并不意味着受害人就不能得到赔偿请求，此种情况下，责任完全由帮工人自己承担。

六、帮工人受到损害的赔偿责任

帮工人受到损害的赔偿责任，是指帮工人在从事帮工活动的过程中，生命权、健康权、身体权受到损害的，被帮工人对受害帮工人所承担的赔偿或适当补偿的责任。《人身损害赔偿解释》第五条规定："无偿提供劳务的帮工人因帮工活动遭受人身损害的，根据帮工人和被帮工人各自的过错承担相应的责任；被帮工人明确拒绝帮工的，被帮工人不承担赔偿责任，但可以在受益范围内予以适当补偿。帮工人在帮工活动中因第三人的行为遭受人身损害的，有权请求第三人承担赔偿责任，也有权请求被帮工人予以适当补偿。被帮工人补偿后，可以向第三人追偿。"帮工人由于帮工受到的损害责任可以分为两种情形：

1. 帮工人为被帮工人无偿提供帮工，造成损害，应当由被帮工人根据其过错承担相应的赔偿责任。被帮工人未明确拒绝帮工的，视为被帮工人与帮工人之间产生了一种个人劳务关系，根据《民法典》第一千一百九十二条第一款"提供劳务一方因劳务受到损害的，根据双方各自的过错承担相应的责任"，由帮工人与被帮工人根据其过错承担相应的民事责任。

在无偿帮工活动的认定上，应当注意无偿帮工活动的内容必须是正当的、合法的活动，目的是满足生产或生活的物质需要，谋求合法的物质或精神利益。谋求非法利益的无偿帮工活动，不具有构成无偿帮工损害赔偿责任的可能。

若在帮工活动中，无偿帮工人的损害是由第三人造成的，则应当由第三人直接承担损害赔偿责任。若第三人无法确定或没有赔偿能力，被帮工人应当对无偿帮工人进行适当的补偿，这种补偿不受被帮工人受益范围的限制。

2. 被帮工人明确拒绝帮工的，原则上不承担赔偿责任，但是在受益范围内予以适当补偿。被帮工人明确拒绝帮工的，虽然被帮工人与帮工人之间不产生特定的关系，但毕竟被帮工人会从帮工人的帮工活动中受益，因此在特定的条件下也应当承担一定的责任。首先，被帮工人作为受益人"可以"适当补偿而不是"必须"适当补偿，是否"可以"适当补偿完全由法官自由裁量，该裁量必须视受益人的受益情形而定。如果受益人受益有限、无经济能力，就可以不予适当补偿。其次，适当补偿，是被帮工人对帮工人所作的适当的经济补偿，只能在实际损失的范围内，承担一定程度的部分损失，要根据对方的损害情况，发生困难的程度和负担能力，以及公平的要求予以确定。

七、对案例 47 的简要评析

在本案中，原告朱某胜的人身受到损害是客观事实，但某平公司是否承担责任及如何承担责任，取决于朱某胜与钱某英、某平公司之间的关系。原告朱某胜为客户接送液化气罐等业务获取报酬，钱某英系某平公司的客户，朱某胜为钱某英检测液化气并不收取报酬，纯粹是无偿帮工关系，即朱某胜为换气点帮工，而换气点系某平公司的下属单位，等同于朱某胜为某平公司帮工，在帮工过程中由于朱某胜自身具有过失，应当承担一定责任。根据《人身损害赔偿解释》第五条第一款"无偿提供劳务的帮工人因帮工活动遭受人身损害的，根据帮工人和被帮工人各自的过错承担相应的责任"的规定，法院判决帮工人与被帮工人各自根据其过错承担 50% 的民事责任。

第六节　定作人的侵权责任

一、问题的提出

承揽合同是承揽人按照定作人的要求完成工作，交付工作成果，定作人给付报酬的合同。承揽人在完成工作过程中造成第三人损害或者自己损害时，定作人如何承担责任？对此，《民法典》第一千一百九十三条规定："承揽人在完成工作过程中造成第三人损害或者自己损害的，定作人不承担侵权责任。但是，定作人对定作、指示或者选任有过错的，应当承担相应的责任。"

在研究定作人的侵权责任之前，先看一则案例：

案例 48：定作人有过失应当担责[①]

某正公司购买的钢管由某物流公司负责运输，通过电话联系起重吊装公司卢某负责卸货。某日，物流公司的驾驶员杨某在某正公司承建的工地驾驶车辆，因起重吊装公司的驾驶员胡某操作不当，钢管滑落，砸到杨某腿部。杨某受伤

---

① 详见江苏省南京市中级人民法院（2020）苏 01 民终 6907 号民事判决书。

后被送入医院治疗，经司法鉴定：杨某因外伤致左胫腓骨远端粉碎性骨折伴移位，左踝关节功能丧失达 50% 以上，符合十级伤残；杨某三期评定为误工 180日、护理 90 日、营养 90 日。随后，杨某与卢某订立侵权事故赔偿协议，约定卢某一次性赔偿杨某 14.5 万元。

生效裁判认为，承揽人在完成工作过程中造成第三人损害或者自己损害的，定作人不承担侵权责任。但是，定作人对定作、指示或者选任有过错的，应当承担相应的责任。某正公司购买钢管并委托起重吊装公司卸货，双方形成承揽合同关系。审理中，杨某未提供某正公司存在上述过错情形的证据，故对其要求某正公司承担赔偿责任的主张，不予支持。据此判决驳回杨某的诉讼请求。

在上述案例中，判决的依据是承揽人在完成工作过程中对第三人造成损害或者造成自身损害的，定作人不承担赔偿责任。试问：承揽合同与雇佣合同有何区别？定作人指示过失责任的构成要件如何？定作人指示过失责任的承担方式如何？

二、承揽合同与雇佣合同的区别

从理论上看，学者对承揽合同的定义基本一致。我国台湾地区学者史尚宽先生认为："当事人双方约定一方为他方完成工作，他方俟工作完成给付报酬之契约。"[1] 我国大陆学者一般认为，承揽合同是指一方为他人完成一定的工作并支付工作成果，他方支付报酬的合同。[2] 两者相比，其区别在于：我国大陆学者不强调报酬的给付时间，而我国台湾地区学者则强调报酬应在工作成果交付之后才支付。

我国《民法典》第七百七十条第一款对承揽合同的定义作了明确规定："承揽合同是承揽人按照定作人的要求完成工作，交付工作成果，定作人支付报酬的合同。"从《民法典》的规定来看，并没有对报酬的实际支付时间作明确限制，这既符合合同自由原则的精神，又符合实际情况，因为现实生活中，很多承揽合同都不是在工作完成后支付报酬的。

---

[1] 史尚宽：《债法各论》，中国政法大学出版社 2000 年版，第 319 页。

[2] 王家福主编：《中国民法学·民法债权》，法律出版社 1991 年版，第 692 页；郭明瑞、王轶：《合同法新论·合同分则》，中国政法大学出版社 1997 年版，第 215 页。

在承揽合同中，合同双方的主体分别称为承揽人和定作人。完成工作并交付工作成果的一方称为承揽人，接受工作成果并支付报酬的一方称为定作人。同时，承揽人按照定作人的要求应交付的工作成果，称为定作物。承揽人和定作人可以是法人或者非法人组织，也可以是自然人。

承揽合同与雇佣合同相比，也有相似之处。因为承揽合同中承揽人要以自己的技术、条件为定作人完成一定的工作，因此是提供一种劳务。而雇佣合同中受雇人同样要按照雇佣人的要求而为一定的工作，要向雇佣人提供一定的劳务。正是因为二者存在这些相似之处，所以在实践中，关于特定合同属于承揽合同还是雇佣合同，往往会引起争议。比如，农民甲建造房屋，将工程交给乙。乙又召集若干熟人共同参与建造。后来丙在建造房屋时不慎从脚手架跌下受伤。丙在要求赔偿时，乙称丙与甲形成了雇佣关系，应当由甲来承担赔偿责任。为区分这两种不同的合同，就需要弄清楚二者之间的区别：

1. 承揽合同与雇佣合同的标的物不同。承揽合同中，定作人所要求的不仅仅是承揽人应以自己的技能、设备为一定的工作，而且还要求这种工作有成果，并将这种成果交付给定作人。即承揽合同的标的物是包含了承揽人特定技能的工作成果。而雇佣合同的标的物只是受雇人提供的劳务本身，受雇人只要按照约定的要求完成劳动，就已经尽到了合同义务，而无论这种劳动有无特定的成果。雇佣人也只能要求受雇人依约定提供劳务，而不能要求受雇人的劳动必须有成果。

2. 承揽合同与雇佣合同中双方当事人的地位不同。承揽合同中当事人的地位平等。定作人与承揽人之间不存在指挥与听从的关系，定作人虽可以检查、监督承揽人的工作，但也只能是防止承揽人将主要工作交由他人完成或不依约进行工作等违约行为发生，而并非直接指挥承揽人为或不为某些行为。雇佣合同中当事人的地位则不同。在雇佣合同中，受雇人处于从属地位，要听从雇佣人的指挥，雇佣人与受雇人之间是一种指挥与听从、管理与被管理的关系，而不是完全平等的关系。受雇人要完全听从雇佣人安排进行劳动，才能获得劳动报酬。

3. 在两种合同中，在工作过程中发生损害的责任负担者不同。在承揽合同中，承揽人工作期间因工作致他人损害的，定作人不负责任，而由承揽人承担责任，这是一般的原则。而在雇佣合同中，因受雇人是由雇佣人指挥，听从雇佣人的安排而劳动的，所以由此劳动而致他人的人身或财产受到损害的，应由雇佣人对此承担责任。

4. 由于两种合同对标的物的要求不同，所以两种合同中的提供劳务方取得报酬的要求也不同。在承揽合同中，承揽人要依约定完成工作，并将工作成果交付给定作人，才能请求定作人支付报酬。而在雇佣合同中，受雇人只要依雇佣人指示完成了一定的工作，付出了劳动，就可以请求雇佣人支付报酬。

在司法实践中，具体到个案是承揽关系还是雇佣关系时，可结合如下因素综合分析判定：一是当事人之间是否存在控制、支配和从属关系；二是是否由一方指定工作场所、提供劳动工具或设备、限定工作时间；三是是定期给付劳动报酬还是一次性结算劳动报酬；四是是继续性提供劳务还是一次性提供劳动成果；五是当事人一方提供的劳动是其独立的业务或者经营活动还是构成相对方的业务或者经营活动的组成部分。如果当事人之间存在控制、支配和从属关系，由一方指定工作场所，提供劳动工具或设备，限定工作时间，定期给付劳动报酬，所提供的劳动是接受劳务一方生产经营活动的组成部分，可以认定为雇佣。反之，则应当认定为承揽。①

三、定作人指示过失责任的构成要件

由于在承揽关系中，承揽人自己承担责任，承揽人在完成工作过程中对第三人造成损害或者造成自身损害的，定作人原则上不承担责任，但并非只要是承揽关系，任何时候定作人都不承担责任。如果定作人对定作、指示或者选任有过错，则应承担相应的责任。定作人过失责任也称定作人指示过失责任，是指在承揽人因执行承揽工作造成他人损害应当承担侵权责任时，原则上定作人对此不负侵权损害赔偿责任，但是，如果在定作人存在定作或指示过失，承揽人依据定作人的定作或者指示执行承揽事项的行为造成他人损害又应当承担侵权责任的情况下，定作人应当承担相应责任。定作人过失包括三种情况：定作过失、指示过失和选任过失。所谓定作过失，是指定作人委托加工、制作的定作物本身具有高度危险性或不法性。所谓指示过失，是指定作人在定作物的制作方法上所作出的指示有明显的过错，如指示承揽人用危险的方法制作或者强迫承揽人违反规律蛮干。所谓选任过失，是指定作人对承揽人的选择具有明显过错，如明知承揽人没有从业资格而选任。

大陆法系原本没有定作人指示过失责任这种侵权行为类型，《日本民法典》借鉴英美侵权行为法中的独立承揽人责任的规定，将定作人过失责任引入大陆法系。中华人民共和国成立以前的民法对此有规定，但是后来的立法和司法实

---

① 最高人民法院民法典贯彻实施工作领导小组主编：《中华人民共和国民法典侵权责任编理解与适用》，人民法院出版社2020年版，第257页。

践没有规定这种侵权行为。《民法典》吸收了《人身损害赔偿解释》的规定，借鉴理论研究成果，规定了定作人指示过失的侵权责任。

构成定作人指示过失的侵权责任，必须具备下列要件：

1. 定作人存在过失。定作人的定作、指示或者选任有过失，即依法承担相应的民事责任。

2. 承揽人须执行定作人就定作、指示或者选任有过失的承揽事项。承揽事项，狭义上仅指承揽合同关系，但在定作人指示过失责任中对此不应作狭义理解，不应局限于承揽合同，还应包括承揽加工、建筑承包等合同所约定的内容，泛指依合同约定，一方为另一方完成某种行为的情况。承揽事项原则上依当事人的合同约定，定作人就其有过失的部分承揽负责。

3. 须承揽人有不法侵害他人或者造成本人损害的行为。承揽人在执行定作、指示时，该定作行为侵害他人的合法权益，即侵害行为是承揽人的行为，该行为违法。如果承揽人按照定作人的错误指示而造成自己的损害，也构成定作人的责任。至于承揽人是否须有主观的责任要件，要因定作人独立负责或共同负责而有所不同。定作人独立负责时，无须承揽人有过失。原因是定作人的这种责任不是为承揽人的侵权行为负责，而是为自己的过错承担责任，因此承揽人无须有主观的责任要件，只要有客观的违法要件即可。如果定作人和承揽人对造成的损害都有过错，则应当共同承担责任。

4. 须有承揽关系之外的第三人或承揽人自身的损害事实。损害事实的发生，应是承揽关系之外的第三人或承揽人自身的损害，这是一般的要件。但行为与损害间的因果关系，在定作人独立负责时，则须其损害与定作人于定作、指示或者选任上的过失有相当因果关系；定作人与承揽人共同负责时，其损害一般须与承揽人的行为有相当因果关系，而与定作人于定作、指示或者选任的过失有条件的因果关系，即定作、指示或者选任过失为损害发生的条件即可。

四、定作人指示过失责任的承担方式

定作人指示过失责任是一种替代责任，替代责任是责任人与行为人相分离，行为人致人损害，而责任人承担赔偿责任的特殊侵权责任。定作人责任也是这样，但定作人责任与一般的替代责任有所不同：一般的替代责任是损害发生之后，受害人直接向责任人请求赔偿，而不是向行为人请求。例如雇主替代赔偿责任，雇员执行职务致人损害，受害人的请求权直接指向雇主，当雇员有过错时，雇主在赔偿了受害人的损失之后，再向雇员求偿。定作人责任则不是这样，

受害人受到损害后，要证明定作人定作、指示或者选任具有过失，才可向定作人请求赔偿；受害人无法证明定作人具有过失，则只能向承揽人请求赔偿。

定作人指示过失责任的承担方式，可分为下列情形：

1. 定作人承担替代赔偿责任。当损害是由定作人具有定作、指示或选任过失，而承揽人毫无过失而发生时，属于典型的替代责任形式，即责任人为定作人，由定作人承担全部赔偿责任；承揽人为行为人，不承担任何责任。定作人指示过失责任的举证责任由受害人承担，即定作人定作、指示或者选任的过失，由受害人证明。承揽人认为定作人有过失时，为免除或减轻自己的责任，也可以举证证明定作人的过失。关于定作人指示过失责任的当事人资格，在定作人承担替代责任时，受害人为原告，定作人为被告，承揽人可列为第三人。

2. 定作人与承揽人共同承担连带赔偿责任。承揽人执行承揽事项不法侵害他人权利，虽然由于定作人的定作、指示或者选任有过失，但承揽人亦有故意或过失的，则系定作人与承揽人共同侵权，应当依《民法典》第一千一百六十八条之规定，承担连带赔偿责任。双方承担责任份额的大小，应依各自的过错轻重和原因大小确定。

3. 承揽人单独承担赔偿责任。承揽人因执行承揽事项，不法侵害他人权利，如果定作人的定作、指示或者选任并无过失，则由该承揽人单独负责，与定作人无关。如果定作人的定作、指示或者选任有过失，但承揽人不依定作人的定作、指示或者选任，别出心裁，致加害于第三人，则损害的发生与定作人的过失没有因果关系，即有过失而不具有原因力，定作人不负责任，由承揽人承担赔偿责任。

五、对案例 48 的简要评析

根据《民法典》第一千一百九十三条的规定，承揽人在完成工作过程中造成第三人损害或者自己损害的，定作人不承担侵权责任。但是，定作人对定作、指示或者选任有过错的，应当承担相应的责任。本案中，某正公司作为定作人，将钢管卸货任务交给专业公司，其在承揽人的选任上没有过错，不应对专业公司工作人员对杨某造成的损害承担赔偿责任。同时，在本案中，受害人杨某与侵权人卢某就侵权赔偿事宜达成了协议，侵权人一次性赔偿受害人 14.5 万元，应该说双方的损害赔偿就此画上了句号。受害人在没有撤销该赔偿协议的情况下，没有权利再提起赔偿诉讼。因此，法院只能判决驳回其诉讼请求。

第九章

网络侵权责任

本章概要

　　网络侵权责任，是指网络用户、网络服务提供者利用网络侵害他人民事权益的，应当承担侵权责任。《民法典》关于网络侵权责任在原《侵权责任法》的基础上作了重大变化：一是完善了网络服务提供者侵权补救措施与责任承担：网络用户利用网络服务实施侵权行为的，权利人有权通知网络服务提供者采取删除、屏蔽、断开链接等必要措施。通知应当包括构成侵权的初步证据及权利人的真实身份信息。网络服务提供者接到通知后，应当及时将该通知转送相关网络用户，并根据构成侵权的初步证据和服务类型采取必要措施；未及时采取必要措施的，对损害的扩大部分与该网络用户承担连带责任。权利人因错误通知造成网络用户或者网络服务提供者损害的，应当承担侵权责任。法律另有规定的，依照其规定。二是增加了不侵权声明：网络用户接到转送的通知后，可以向网络服务提供者提交不存在侵权行为的声明。声明应当包括不存在侵权行为的初步证据及网络用户的真实身份信息。网络服务提供者接到声明后，应当将该声明转送发出通知的权利人，并告知其可以向有关部门投诉或者向法院提起诉讼。网络服务提供者在转送声明到达权利人后的合理期限内，未收到权利人已经投诉或者提起诉讼通知的，应当及时终止所采取的措施。三是增加规定了网络服务提供者的连带责任：网络服务提供者知道或者应当知道网络用户利用其网络服务侵害他人民事权益，未采取必要措施的，与该网络用户承担连带责任。

第一节 网络侵权责任概说

一、问题的提出

网络侵权，是指发生在互联网上的各种侵害他人民事权益的行为，它不是指侵害某种特定权利（利益）的具体侵权行为，也不属于在构成要件方面具有某种特殊性的特殊侵权行为，而是指发生于互联网空间的侵权行为，包括网络用户侵权责任和网络服务提供者侵权责任。[①] 随着互联网的快速发展，网络侵权行为越来越复杂，《民法典》侵权责任编为了更好地保护权利人的合法权益，同时平衡网络用户和网络服务提供者之间的利益，细化了网络侵权责任的具体规则。

在研究网络侵权责任之前，先看一则案例：

案例 49：网络服务提供者怠于履行义务应否承担侵权责任 [②]

原告蔡某明作为政协委员公开发表假日改革提案后，引起社会舆论关注。有网络用户于某度贴吧中开设的"蔡某明吧"内，发表了具有侮辱、诽谤性质的文字和图片信息，且蔡某明的手机号码、家庭电话等个人信息也被公布。某度公司在"某度贴吧"首页分别规定了使用某度贴吧的基本规则和投诉方式及规则。其中规定，任何用户发现贴吧帖子内容涉嫌侮辱或诽谤他人，侵害他人合法权益或违反贴吧协议的，有权按贴吧投诉规则进行投诉。蔡某明委托梁某燕以电话方式与某度公司就案涉贴吧进行交涉，但某度公司未予处理，梁某燕又申请担任"蔡某明贴吧"管理员，未获通过，后梁某燕发信息给贴吧管理组申请删除该贴吧侵权帖子，但该管理组未予答复。2009 年 10 月 13 日，蔡某明委托律师向某度公司发送律师函要求该公司履行法定义务、删除侵权言论并

[①] 最高人民法院民法典贯彻实施工作领导小组主编：《中华人民共和国民法典侵权责任编理解与适用》，人民法院出版社 2020 年版，第 261 页。

[②] 参见最高人民法院于 2014 年 10 月 9 日公布的 8 起利用网络侵害人身权益典型案例。

关闭"蔡某明吧"。某度公司在收到该律师函后，删除了"蔡某明吧"中涉嫌侵权的帖文。蔡某明起诉某度公司请求删除侵权信息，关闭"蔡某明吧"，披露发布侵权信息的网络用户的个人信息并赔偿损失。

一审法院认为，某度贴吧服务是以特定的电子交互形式为网络用户提供信息发布条件的网络服务，法律并未科以网络服务商对贴吧内的帖子进行逐一审查的法律义务，因此，不能因在网络服务商提供的电子公告服务中出现了涉嫌侵犯个人民事权益的事实就当然推定其应当"知道"该侵权事实。根据《互联网电子公告服务管理规定》（现已失效），网络服务商仅需对其电子公告平台上发布的涉嫌侵害私人权益的侵权信息承担事前提示及事后监管的义务，提供权利人方便投诉的渠道并保证该投诉渠道的有效性。某度公司已尽到了法定的事前提示和提供有效投诉渠道的事后监管义务，未违反法定注意义务。某度公司在 2009 年 10 月 15 日收到蔡某明律师函后，立即对侵权信息进行了删除处理，不承担侵权责任。由于某度公司已经删除了侵权信息并采取了屏蔽措施防止新的侵权信息发布，蔡某明继续要求某度公司关闭案涉贴吧于法无据，且蔡某明因公众关注的假日改革事件而被动成为公众人物，成为公众关注的焦点，出于舆论监督及言论自由的考虑，应当允许公众通过各种渠道发表不同的声音，只要不对蔡某明本人进行恶意的人身攻击及侮辱即可。

二审法院认为，某度公司在收到梁某燕投诉后未及时采取相应措施，直至蔡某明委托律师发出正式的律师函，才采取删除信息等措施，在梁某燕投诉后和蔡某明发出正式律师函前这一时间段怠于履行事后监管的义务，致使网络用户侵犯蔡某明的损害后果扩大，应当承担相应侵权责任。根据本案具体情况，某度公司应当赔偿蔡某明精神抚慰金 10 万元。

上述案例涉及网络服务提供者的侵权责任问题。试问：如何理解网络侵权责任的程序规则？网络侵权责任的归责原则如何？网络用户、网络服务提供者利用网络侵害他人民事权益的情形有哪些？

二、网络侵权责任的程序规则

互联网具有广泛联结与任意联结、无中心性与开放性、信息传播的交互性与阶段性等特点，这些特点决定了对网络侵权的管辖与取证方式应当适用特殊的程序规则。

（一）特殊的管辖规则

就一般侵权行为而言，《民事诉讼法》第二十九条规定："因侵权行为提起的诉讼，由侵权行为地或者被告住所地人民法院管辖。"《民事诉讼法解释》第二十四条规定："民事诉讼法第二十九条规定的侵权行为地，包括侵权行为实施地、侵权结果发生地。"但是，就网络侵权责任的管辖问题，《民事诉讼法解释》第二十五条规定："信息网络侵权行为实施地包括实施被诉侵权行为的计算机等信息设备所在地，侵权结果发生地包括被侵权人住所地。"同时，《最高人民法院关于审理侵害信息网络传播权民事纠纷案件适用法律若干问题的规定》第十五条规定："侵害信息网络传播权民事纠纷案件由侵权行为地或者被告住所地人民法院管辖。侵权行为地包括实施被诉侵权行为的网络服务器、计算机终端等设备所在地。侵权行为地和被告住所地均难以确定或者在境外的，原告发现侵权内容的计算机终端等设备所在地可以视为侵权行为地。"

司法实践中应当注意：首先，与一般侵权行为地域管辖规则不同的是，网络侵权的地域管辖区分了顺位，第一顺位是侵权行为地或者被告住所地人民法院，第二顺位是原告发现侵权内容的计算机终端等设备所在地。只有在侵权行为地和被告住所地难以确定时，才能将原告发现侵权内容的计算机终端等设备所在地视为侵权行为地。其次，实践中，"为上传作品提供存储服务的网络服务器放置地点可认定为实施被诉侵权行为的网络服务器所在地；直接上传作品的用户计算机终端等设备所在地可认定为实施被诉侵权行为的计算机终端等设备所在地。一般而言，可根据网络服务提供者的住所地或者经营场所来认定服务器的放置地点，但被告以服务器托管等理由提出异议的，则被告应举证证明服务器放置地点"。[①]

（二）特殊的取证方式

在网络侵权中，被侵权人举证面临种种困难：一是网站的网页总在不断更新，发表在网页上的侵权信息随时可能被新的信息取而代之。这样就给原告证明存在加害行为带来了困难。二是网页可以仿制，即使原告出示具有侵权信息的某家网站的网页备份，被告也可能主张网页是仿制的，从而否认其侵权责任。

---

① 浙江省高级人民法院课题组：《关于网络著作权侵权纠纷案件法律适用的调研》，载《法律适用》2009 年第 12 期。

三是互联网是通过"0""1"严格符号表达信息内容的，通常情况下只需要轻轻点击一下鼠标，电子文件的内容就会因此而改变，从而导致证据消失。而且这种行为不像传统书面材料那样容易留下痕迹，比较隐蔽。因此，一些被侵权人为解决举证困难的问题，采取了"陷阱取证"的方式，其合法性一直存有争议。

《最高人民法院公报》在北大某正公司、某楼研究所与某术天力公司、某术公司计算机软件著作权侵权纠纷案①中认可了这种取证方式。该案中，北大某正公司在未取得其他能够证明某术天力公司、某术公司侵犯其软件著作权证据的情况下，派其员工在外租用民房，化名购买某术天力公司、某术公司代理销售的激光照排机，并主动提出购买盗版某正软件的要求，以取得某术天力公司、某术公司侵犯其软件著作权的证据。二审法院认为，北大某正公司购买激光照排机是假，欲获取某术天力公司、某术公司销售盗版某正软件的证据是真。北大某正公司的此种取证方式并非获取某术天力公司、某术公司侵权证据的唯一方式，此种取证方式有违公平原则，一旦被广泛利用，将对正常的市场秩序造成破坏，故对该取证方式不予认可。但最高人民法院在提审本案时指出，北大某正公司通过这种取证方式，"不仅取得了某术天力公司现场安装盗版某正软件的证据，而且获取了其向其他客户销售盗版软件，实施同类侵权行为的证据和证据线索，其目的并无不正当性，其行为并未损害社会公共利益和他人合法权益。加之计算机软件著作权侵权行为具有隐蔽性较强、取证难度大等特点，采取该取证方式，有利于解决此类案件取证难问题，起到威慑和遏制侵权行为的作用，也符合依法加强知识产权保护的法律精神。此外，北大某正公司采取的取证方式亦未侵犯某术公司、某术天力公司的合法权益。据此，本案涉及的取证方式合法有效，对其获取证据所证明的事实应作为定案根据"。②最高人民法院通过本案阐明，在网络侵权案件中，基于侵权行为隐蔽性较强、取证难度大的特点，采取"陷阱取证"的方式，如果并未损害社会公共利益和他人合法权益，则所取得的证据应予采信。

三、网络侵权责任的归责原则

确定网络服务提供者的侵权责任，应以其在侵权行为过程中所处的地位和

---

① 详见最高人民法院（2006）民三提字第 1 号民事判决书。
② 参见《最高人民法院公报》2006 年第 11 期（总第 121 期）。

所起的作用为基点，综合考虑其从业环境的特殊性和复杂性，确定合理的归责原则。对于网络服务提供者的侵权责任归责原则有两种学说：一种是以德国[①]、希腊[②]为代表的无过错责任说；一种是传统的过错责任说。适用无过错责任原则具有一定的不合理性，应当采用过错责任原则作为网络服务提供者的侵权责任归责原则。《民法典》第一千一百九十四条明确规定："网络用户、网络服务提供者利用网络侵害他人民事权益的，应当承担侵权责任。法律另有规定的，依照其规定。"[③]

过错责任原则是侵权责任归责的一般原则，在我国侵权责任法中占据主导地位。在确定网络服务提供者的侵权责任归责原则时，应当适用过错责任原则，理由如下：

1. 根据我国现行法律的规定，对于网络侵权行为，过错责任原则应是认定从业者承担侵权责任与否的一般原则。《民法典》第一千一百九十七条规定："网络服务提供者知道或者应当知道网络用户利用其网络服务侵害他人民事权益，未采取必要措施的，与该网络用户承担连带责任。"网络服务提供者与网络用户承担连带责任的主观构成要件为"知道或者应当知道"，采用的是过错责任。[④] 根据上述规定，当网络服务提供者明知信息源提供者通过网络实施侵犯他人权利的行为时，应与该信息源提供者承担共同侵权责任。由于要求网络服务提供者承担侵权责任的前提是"明知"，因此适用过错责任原则确凿无疑。如果网络服务提供者不知道信息源提供者的行为侵犯了他人的权利，但在权利人提出确有证据的警告后，则意味着网络服务提供者开始"知道"侵权行为的存在，若此时网络服务提供者仍不采取措施消除或减轻侵权后果，应与该信息

---

① 德国 1997 年《信息与通讯服务法》规定，网络服务提供者必须按照德国法的一般法律原则承担侵权责任，不存在责任的豁免和限制。所谓一般法律原则是指《德国著作权法》第 97 条第 1 款的规定："受侵害人可诉请对于有再次复发危险的侵权行为，现在就采用下达禁令的救济；如果侵权系出于故意或出于过失，还可同时诉请获得损害赔偿。"

② 希腊 1993 年《版权法》规定，无论侵权行为是否出于故意或过失，作者或其他权利人均有权要求侵权一方从未经许可的使用获利中，支付法定赔偿额，或支付其侵权所得的利润。

③ 该条在《侵权责任法》第三十六条第一款的基础上增加了"法律另有规定的，依照其规定"，是为了与《著作权法》《专利法》《商标法》《电子商务法》等法律衔接，根据侵害客体的不同，适用不同的法律规定和归责原则。黄薇主编：《中华人民共和国民法典解读·侵权责任编》，中国法制出版社 2020 年版，第 333 页。

④ 黄薇主编：《中华人民共和国民法典解读·侵权责任编》，中国法制出版社 2020 年版，第 343 页。

源提供者承担共同侵权责任，此时还是以"知道"为要件，应适用过错责任原则。如果网络服务提供者不知道信息源提供者实施侵犯他人权利的行为，权利人也没有提出确有证据的警告，则网络服务提供者不应承担侵权责任。

2. 从证明网络服务提供者过错存在的特殊性来看，应适用过错责任原则。若网络服务提供者主观过错很明显，权利人很容易证明行为人的过错；但若网络服务提供者只是帮助或纵容侵权行为的发生，其过错就比较隐蔽。此时，权利人应当采用特殊的标准证明网络服务提供者存在过错，该标准的特殊性体现为"权利人有效的警告"+"网络服务提供者的控制能力"，二者缺一不可。权利人有效的警告体现在：权利人应当对自己的权利具有注意的义务，当确有证据证明直接侵权人存在侵权行为时，可以不经过诉讼程序，直接向网络服务提供者提出警告，要求其采取一定的措施避免或控制损害的发生和进一步扩大。权利人向网络服务提供者提出了警告，同时又出示了身份证明、权属证明及侵权情况证明的，认为权利人履行的警告行为有效。网络服务提供者的控制能力体现在：网络服务提供者确有能力采取一定的措施避免或控制损害的发生或进一步扩大，该措施可以是删除被控侵权信息或者阻止网络用户对该被控侵权信息的进一步访问。

若权利人对网络服务提供者进行了有效的警告，而网络服务提供者因无力采取措施避免或控制损害的发生或进一步扩大而不作为，视为其不存在过错，不需承担侵权责任；若权利人对网络服务提供者进行了无效的警告，即使网络服务提供者有能力采取一定的措施却不作为，也视为不存在过错，不需承担侵权责任；只有权利人对网络服务提供者进行了有效的警告，而网络服务提供者又有一定的控制能力却不作为的情况下，才认为其存在过错，需承担侵权责任。对于网络服务提供者来讲，只要在从业时尽到了一般的注意义务，并且在权利人提出了有效的警告后，及时采取措施控制了损害的进一步发生，就不认为存在过错，不需承担法律责任。该法律责任既包括侵权责任，也包括与信息源提供者之间的许可使用合同的违约责任。即使权利人指控侵权不实，信息源提供者因网络服务提供者删除内容等措施遭受了损失，该损失也应由提出警告的人承担赔偿责任，网络服务提供者不需承担任何责任。

四、网络用户利用网络侵害他人民事权益

网络用户利用网络侵害他人民事权益，主要可以分为如下情形：

1. 侵害人格权。《网络侵害人身权益规定》第一条规定，利用信息网络侵

害人身权益民事纠纷案件，是指利用信息网络侵害他人姓名权、名称权、名誉权、荣誉权、肖像权、隐私权等人身权益引起的纠纷案件。因此，盗用或者假冒他人姓名，侵害姓名权；未经许可使用他人肖像，侵害肖像权；发表攻击、诽谤他人的文章，侵害名誉权；非法侵入他人电脑、非法截取他人传输的信息、擅自披露他人个人信息、大量发送垃圾邮件，侵害隐私权和个人信息受保护的权利。

网络空间虽是虚拟空间，但并不是虚幻的，而是依赖于现实社会的客观存在，因此，网络中依然存在且大量存在侵犯人格权的违法行为。"我国早在1996年4月便出现了首例在互联网上侵犯公民姓名权的案件。"[①]实践中，就人格权而言，受网络冲击最大的是隐私权与名誉权，如引发社会激辩的"人肉搜索第一案"[②]等。考察这些案件的裁判思路，一般认为，虽然网络的发展形成了新的网络隐私，但从其仍然具有隐私的基本特征和传统隐私基本内容的角度来看，网络隐私并没有超出传统隐私的范畴。反过来说，网络侵权纠纷受传统侵权责任法规范调整。

2. 侵害财产利益。基于网络活动的便捷性，通过网络侵害财产利益的情形较为常见，如窃取他人网络银行账户中的资金，而最典型的是侵害网络虚拟财产，如网络游戏装备、虚拟货币等。

3. 侵害知识产权。主要表现为侵犯他人著作权、商标权和专利权等知识产权。侵害著作权的情形，如擅自将他人作品进行数字化传输，规避技术措施，侵犯数据库等；侵害商标权的情形，如在网站上使用他人商标，故意使消费者误以为该网站为商标权人的网站，恶意抢注与他人商标相同或相类似的域名等；侵害专利权的情形，如未经专利人授权，在网站上销售专利产品。

五、网络服务提供者利用网络侵害他人民事权益

网络服务提供者是一个概括性表述，既包括提供接入、缓存、信息存储空间、搜索以及链接等服务类型的技术服务提供者，也包括主动向网络银行提供

---

① 参见曹诗权：《论网络侵权》，载《云南大学学报》（法学版）2003年第1期。
② 该案一审判决为北京市朝阳区人民法院（2008）朝民初字第10930号民事判决，二审判决为北京市第二中级人民法院（2009）二中民终字第5603号民事判决。相关评论可参见胡凌：《评"人肉搜索"第一案的三个初审判决》，载《法律适用》2009年第7期；刘义军、刘海东：《"人肉搜索"侵犯他人隐私权和名誉权的法律适用》，载《法律适用》2010年第7期。

内容的内容服务提供者，还包括在电子商务中向交易双方或者多方提供网络经营场所、交易撮合、信息发布等服务，供交易双方或者多方独立开展交易活动的电子商务平台经营者。①

从立法者的解释来看，《民法典》第一千一百九十四条所称"网络服务提供者"的内涵较广，应包括网络技术服务提供者和网络内容服务提供者。所谓网络技术服务提供者，主要是指提供接入、缓存、信息存储空间、搜索以及链接等服务类型的网络主体，其不直接向网络用户提供信息。所谓网络内容服务提供者，是指主动向网络用户提供内容的网络主体，其法律地位与出版社相同，应当对所上传内容的真实性与合法性负责。这两类网络服务提供者有着本质的区别。对于网络技术服务提供者，其只提供通道或者平台，本身并不对传输或存储的信息进行主动编辑、组织或者修改，全部内容都由网络用户提供。而对于网络内容服务提供者，其自身直接向网络用户提供内容或者产品服务，其提供的内容和产品是该网络服务提供者自己主动编辑、组织、修改或提供的。据此，立法对这两种行为规定了不同的规制模式。对于那些提供内容和产品服务的网络服务提供者而言，由于其网站的信息内容都是该网络服务提供者自己主动编辑、组织和提供的，当然应由该网络服务提供者自己负责，造成侵害他人权益的，如捏造虚假事实诽谤他人、发布侵犯著作权的影视作品等，应该承担直接侵权责任。对于那些提供网络接入或者平台服务的网络服务提供者，除符合《民法典》第一千一百九十五条、第一千一百九十六条、第一千一百九十七条的规定外，技术服务提供者一般无须对网络用户提供的信息侵犯他人民事权益承担责任，但技术服务提供者如果主动实施侵权行为，如破坏他人技术保护措施、利用技术手段攻击他人网络、窃取他人个人信息等，也要依据本条承担侵权责任。②

六、对案例 49 的简要评析

本案涉及网络服务提供者的责任边界问题，在三个方面具有参考意义：一是通知人通知的方式及效果与网络服务提供者公示的方式存在关联，只要通知

---

① 黄薇主编：《中华人民共和国民法典解读·侵权责任编》，中国法制出版社 2020 年版，第 332 页。

② 参见最高人民法院民法典贯彻实施工作领导小组主编：《中华人民共和国民法典侵权责任编理解与适用》，人民法院出版社 2020 年版，第 263—264 页。

人满足了网络服务提供者公示的通知方式，网络服务提供者就应当采取必要措施。二审法院认定原告委托的代理人投诉至原告律师函送达之间这一段期间的责任由某度公司承担，即以此为前提。二是判断网络服务提供者是否知道网络用户网络服务侵害他人权益，不能仅以其提供的服务中出现了侵权事实就当然推定其应当"知道"。三是要注意把握对公众人物的监督、表达自由与侵权之间的界限，实现两者之间的平衡，一、二审法院对删除"蔡某明吧"的诉讼请求不予支持，利益衡量妥当。[①]

第二节 网络侵权中的"通知—删除"制度

一、问题的提出

"通知—删除"，首先规定在美国《千禧年数字版权法》中，被侵权人在获知侵权事实后，可以向提供信息存储空间和信息定位服务的网络服务提供者发出符合《千禧年数字版权法》规定的侵权通知，网络服务提供者在接到侵权通知后，应当迅速移除或者屏蔽对侵权信息的访问。[②]原《侵权责任法》第三十六条第二款、第三款在立法上确立了"通知—删除"制度，《民法典》第一千一百九十五条规定："网络用户利用网络服务实施侵权行为的，权利人有权通知网络服务提供者采取删除、屏蔽、断开链接等必要措施。通知应当包括构成侵权的初步证据及权利人的真实身份信息。网络服务提供者接到通知后，应当及时将该通知转送相关网络用户，并根据构成侵权的初步证据和服务类型采取必要措施；未及时采取必要措施的，对损害的扩大部分与该网络用户承担连带责任。权利人因错误通知造成网络用户或者网络服务提供者损害的，应当承担侵权责任。法律另有规定的，依照其规定。"该条规定在沿袭原《侵权责任法》第三十六条第二款规定的基础上，作了以下修改：一是将被侵权人修改为权利人；二是在"通知—删除"程序中增加规定权利人通知所包含的必要信

---

① 最高人民法院于 2014 年 10 月 9 日公布的 8 起利用网络侵害人身权益典型案例。

② 黄薇主编：《中华人民共和国民法典解读·侵权责任编》，中国法制出版社 2020 年版，第 334 页。

息；三是增加规定网络服务提供者接到通知后的及时转送义务；四是增加规定
权利人错误通知的侵权责任。

在研究网络侵权中的"通知—删除"制度之前，先看两则案例：

案例 50：本案能否认定被侵权人发出了"有效通知"①

2009 年 1 月 16 日，某易烤公司及其法定代表人李某熙共同向国家知识产
权局申请了名称为"红外线加热烹调装置"的发明专利，并于 2014 年 11 月 5
日获得授权。2015 年 1 月 29 日，某易烤公司的委托代理机构向公证处申请证
据保全公证，其委托代理人王某先、时某在公证处监督下，操作计算机登入某
猫网在某仕德公司经营的一家名为"某心康旗舰店"的网上店铺购买了售价为
388 元的 3D 烧烤炉，并拷贝了该网店经营者的营业执照信息。同年 2 月 4 日，
时某在公证处监督下接收了寄件人名称为"某心康旗舰店"的快递包裹一个，
内有韩文包装的 3D 烧烤炉及赠品、手写收据联和中文使用说明书、保修卡。
公证员对整个证据保全过程进行了公证并制作了公证书。同年 2 月 10 日，某
易烤公司委托案外人张某军向某宝网知识产权保护平台上传了包含专利侵权分
析报告和技术特征比对表在内的投诉材料，但某宝网最终没有审核通过。同年
5 月 5 日，某猫网的运营方某猫公司向公证处申请证据保全公证，在某猫网"某
心康旗舰店"搜索"某心康 3D 烧烤炉韩式家用不粘电烤炉无烟烤肉机电烤盘
铁板烧烤肉锅"，显示没有搜索到符合条件的商品。

浙江省金华市中级人民法院于 2015 年 8 月 12 日作出（2015）浙金知民初
字第 148 号民事判决：一、某仕德公司立即停止销售侵犯该具有发明专利权的
产品的行为；二、某仕德公司于判决生效之日起 10 日内赔偿某易烤公司经济
损失 15 万元；三、某猫公司对上述第二项中某仕德公司赔偿金额的 5 万元承
担连带赔偿责任；四、驳回某易烤公司的其他诉讼请求。一审宣判后，某猫公
司不服，提起上诉。二审法院判决：驳回上诉，维持原判。

---

① 详见最高人民法院指导案例 83 号。该案裁判要点：(1) 网络用户利用网络服务实施侵
权行为，被侵权人依据侵权责任法向网络服务提供者所发出的要求其采取必要措施的通知，包含
被侵权人身份情况、权属凭证、侵权人网络地址、侵权事实初步证据等内容的，即属有效通知。
网络服务提供者自行设定的投诉规则，不得影响权利人依法维护其自身合法权利。(2) 原《侵权
责任法》第三十六条第二款所规定的网络服务提供者接到通知后所应采取的必要措施包括但不限
于删除、屏蔽、断开链接。"必要措施"应遵循审慎、合理的原则，根据所侵害权利的性质、侵
权的具体情形和技术条件等综合确定。

案例 51：微博侵权，能否获得 1200 万元的"天价"赔偿 ①

2010 年 5 月 25 日至 27 日，某智软件（北京）有限公司董事长周某祎在其某浪、某狐、某易等微博上发表多篇博文，内容涉及"揭开某山公司面皮""微点案""某山软件破坏 360 卫士"等。某山公司认为这些微博虚构事实、恶意诽谤，诋毁原告商业信誉及产品信誉，且经网络和平面媒体报道后，造成某山公司社会评价的降低。因此，请求周某祎停止侵害，在某浪、某狐、某易微博首页发布致歉声明并赔偿经济损失 1200 万元。

一审法院认为，微博的特点在于寥言片语、即时表达对人对事所感所想，是分享自我的感性平台，与正式媒体相比，微博上的言论随意性更强、主观色彩更加浓厚，对其言论自由的把握尺度也更宽。考虑到微博影响受众不特定性、广泛性的"自媒体"特性，对微博言论是否构成侵权，应当综合考量发言人的具体身份、言论的具体内容、相关语境、受众的具体情况、言论所引发或可能引发的具体后果等加以判断。周某祎作为某山公司的竞争对手某虎 360 公司的董事长，且是某浪微博认证的加"V"公众人物，拥有更多的受众及更大的话语权，应当承担比普通民众更大的注意义务，对竞争对手发表评论性言论时，应更加克制，避免损害对方商誉。一审法院认为，周某祎利用微博作为"微博营销"的平台，密集发表针对某山软件的不正当、不合理评价，目的在于通过诋毁某山软件的商业信誉和商品声誉，削弱对方的竞争力，从而使自己任职的公司在竞争中取得优势地位，具有侵权的主观故意，其行为势必造成某山公司社会评价的降低，侵犯了某山公司的名誉权，应承担停止侵权、赔礼道歉、消除影响并赔偿损失的责任。但某山公司并无证据证明其股价下跌与周某祎微博言论的关联性，判决周某祎停止侵权、删除相关微博文章，在某浪、某狐、某易微博首页发表致歉声明，并赔偿经济损失 8 万元。二审法院改判赔偿经济损失 5 万元。

上述案例均涉及网络责任问题。试问：通知的要件有哪些？网络服务提供者的义务责任限制、责任形态有哪些？错误通知的侵权责任如何处理？

---

① 最高人民法院于 2014 年 10 月 9 日公布的 8 起利用网络侵害人身权益典型案例。该案裁判要点：微博言论是否侵权应当结合博主的身份、言论的内容及主观目的等因素综合认定。公众人物应当承担更多的注意义务。

二、通知的要件

通知规则，也称为提示规则或"通知—删除"规则[①]，是指当网络用户利用网络服务实施侵权行为时，如果网络服务提供者不知道侵权行为的存在，则只有在受害人通知网络服务提供者侵权行为存在，并要求其采取必要措施以后，网络服务提供者才有义务采取必要措施以避免损害的发生或扩大。根据该规则，尽管网络服务提供者没有直接实施侵权行为，但仍可能因不作为而承担侵权责任。例如，某人上传了侵害他人名誉权的文章，被侵权人通知网站该侵权行为的存在，但网站没有采取或没有及时采取措施有效避免损害的发生，就构成了侵权。

作为处理网络侵权的一般规则，通知规则不仅能够为权利人提供及时有效的救济途径，还为网络内容提供者界定了行为的界限。通知规则的功能如下：第一，只有在被侵权人对网络服务提供者进行了有效的通知，而网络服务提供者又有一定的控制能力却不作为的情况下，才认为其存在过错，需承担侵权责任。因此，通知规则的功能之一在于免除网络服务提供者的事先审查义务，对网络信息进行事先审查，首先存在事实不能。因为从网络媒体的特点和性质来看，网络上的信息是海量的，网络服务提供者不可能一一鉴别每一项信息是否构成侵权。[②]事实上，人们在网上发表的无数网络信息中，真正侵害他人权利的情形毕竟是少数。如果要求网络服务提供者承担普遍审查义务，不仅审查成本高昂，而且存在可操作性障碍。对绝大多数正常的网络言论的审查本身也是一种劳动浪费，其结果将导致网络服务提供者运营成本激增，并最终转嫁给用户。[③]第二，有利于促使被侵权人对自己的权利更加上心，当确有证据证明直接侵权人存在侵权行为时，可以不经过诉讼程序，直接向网络服务提供者提出警告，要求其采取一定的措施避免或控制损害的发生和进一步扩大。权利人向网络服务提供者提出了警告，同时又出示了身份证明、权属证明及侵权情况证

[①] 吴伟光：《视频网站在用户版权侵权中的责任承担——有限的安全港与动态中的平衡》，载《知识产权》2008 年第 4 期。

[②] 参见王利明：《中国民法典学者建议稿及立法理由·侵权行为编》，法律出版社 2005 年版，第 92 页。

[③] 高圣平主编：《中华人民共和国侵权责任法立法争点、立法例及经典案例》，北京大学出版社 2010 年版，第 441 页。

明的，认为权利人履行的警告行为有效。网络服务提供者的控制能力体现在：网络服务提供者确有能力采取一定的措施避免或控制损害的发生或进一步扩大，该措施可以是删除被控侵权信息或者阻止网络用户对该被控侵权信息的进一步访问。第三，通知规则具有固定的程序，在降低成本的同时便利了受害人对网络服务提供者主张责任，从而有利于实现受害人的救济。[1] 也就是说，通知规则给受害人提供了一条明确的法律救济途径，让权利救济有章可循。第四，如果将网上发布的任何信息都纳入事先审查的范围，就会导致许多信息难以及时在网络上发布，影响信息的发布和传播。[2] 综上，网络服务提供者对侵权信息进行处理，是由"通知—删除"规则所产生的义务，而不是事先审查的义务。这一规定，与美国《千禧年数字版权法》中"通知—删除"的"避风港"原则以及欧盟《电子商务指令》强调不对网络服务提供者科以信息监控义务，在立法精神上相通。[3]

对于网络服务提供者来说，只要其在从业时尽到了一般的注意义务，并且在被侵权人提出了有效的通知后，及时采取措施控制了损害的进一步发生，就不认为存在过错，不需承担法律责任，因此有效的通知非常关键。被侵权人以书面形式或者网络服务提供者公示的方式向网络服务提供者发出的通知，包含下列内容的，法院应当认定有效：通知人的姓名（名称）和联系方式；要求采取必要措施的网络地址或者足以准确定位侵权内容的相关信息；通知人要求删除相关信息的理由。被侵权人发送的通知未满足上述条件，网络服务提供者主张免除责任的，法院应予支持。

有效通知的构成要件有形式要件和实质要件。关于形式要件，网络服务提供者接到权利人以书信、传真、电子邮件等方式提交的通知，未及时采取删除、屏蔽、断开链接等必要措施的，法院应当认定其明知相关侵害信息网络传播行为。根据该规定，所谓书面形式，包括书信、传真、电子邮件等方式。书面形式有利于证据的保存，不易在事后发生争议。《网络侵害人身权益规定》除要求被侵权人提交通知的方式为书面形式外，还增加了网络服务提供者公示的通

---

① 黄慧敏：《安全港真的安全吗？——从美国 DMCA 第 512 条安全港条款看我国网络服务提供商责任限制之设计》，载《万国法律》2007 年 6 月。

② 谢鸿飞：《言论自由与权利保护的艰难调和——〈侵权责任法〉中网络侵权规则之解读》，载《检察风云》2010 年第 3 期。

③ 参见蔡颖雯、郑晓鹏编著：《最高人民法院侵权责任法司法解释精释精解》，中国法制出版社 2016 年版，第 309—310 页。

知方式。也就是说，有的网站要求受害人按照一定的格式提出通知的内容。如果这些格式要求符合常理，并不会给通知者造成不必要的负担，也是可以的。

实质要件如下：第一，通知网络服务提供者主体适格。发出通知的主体仅限于被侵权人以及被侵权人的代理人，其他人不能作为通知的主体。第二，通知的内容必须明确。一般认为通知应包含下列三项内容：通知人的姓名或名称、联系方式和地址；侵权的网站名称、页面，以便网络服务提供者查找并采取措施；通知人要求删除的理由。虽然发出通知是被侵权人的权利，但为了防止权利人滥用通知权利，网络服务提供者有权要求受害人在发出通知时提供必要的证据，证明网络用户确已利用网络实施了侵权。毕竟，相较于那些较为明显侵权的信息，有些涉嫌侵权的行为，仅凭网络服务提供者有限的专业能力确实难以作出准确的判断。① 是否构成侵权是依一般人的理解判断，还是听取专家意见？一般认为，对于通知中的证据，应当由具备一定法律专业知识的人士来予以判断，并作出处理意见。网络服务提供者都有自己的法务人员，可以进行通知适格的判断。只要按照一般的法律常识来判断可能构成侵权，网络服务提供者就应当采取必要的措施，如道歉、删除、屏蔽等。如果不能满足上述要求，可以认为受害人并没有发出有效的通知，且不能推定网络服务提供者知道侵权信息存在。②

三、网络服务提供者的义务

权利人一旦发出合格通知，就触发了网络服务提供者的义务。根据《民法典》第一千一百九十五条第二款的规定，网络服务提供者接到通知后，应当及时将该通知转送相关网络用户，并根据构成侵权的初步证据和服务类型采取必要措施。

"通知—删除"程序并非孤立，而是与其他制度配合而生的，权利人有权发出通知主张权利，要求网络服务提供者采取相应措施，转送相关网络用户，使其知晓，要求其作出回应。

《网络侵害人身权益规定》第四条规定："人民法院适用民法典第一千一百

---

① 梅夏英、刘明：《网络服务提供者侵权中的提示规则》，载《法学杂志》2010年第6期。

② 梅夏英、刘明：《网络侵权中通知规则的适用标准及效果解释》，载《烟台大学学报》（哲学社会科学版）2013年第3期。

九十五条第二款的规定，认定网络服务提供者采取的删除、屏蔽、断开链接等
必要措施是否及时，应当根据网络服务的类型和性质、有效通知的形式和准确
程度、网络信息侵害权益的类型和程度等因素综合判断。"具体来说，被侵权
人进行通知后，网络服务提供者就有义务审查核实相关信息是否侵权，然后
根据通知人的要求对侵权的信息及时采取删除、屏蔽、断开链接等必要措施。
"及时"强调"合理期限"，即要求网络服务提供者在接到通知人的侵权通知后
的合理期限内采取合理的技术措施，以防止侵权行为损害后果的不当扩大。该
期限可以根据网络服务的形式、侵权行为的内容、受害人遭受损害的情况等多
种因素来判断。对于具体情形下"及时"的认定，要根据技术上的可能性具体
确定。① 另外，还要考虑保护受害人的民事权益、采取措施的难度大小等。也
就是说，是否构成"及时"，应由法官通过案件的基本情况综合考虑技术信息、
管理方式等因素加以判断。采取"必要措施"强调侵权行为的有效阻却，或者
删除、屏蔽，或者断开链接等。网络服务提供者可以要求通知人就通知书的真
实性作出承诺，也可以将通知人的通知提交给网络用户，要求网络用户作出答
复。如果网络用户认为其行为不构成侵权，不允许网络服务提供者采取必要措
施，网络服务提供者要自行承担可能构成侵权的风险。

四、网络服务提供者的责任限制和责任形态②

　　网络服务提供者的责任限制体现在，如果网络服务提供者在收到权利人的
通知之后未及时采取必要措施，或者采取的措施不合理，造成损害结果的扩大，
网络服务提供者只对因此造成的损害的扩大部分与实施直接侵权行为的网络用
户承担连带责任。这是因为，经过权利人的通知，网络服务提供者对网络用户
的侵权行为已经明知，其接到该通知后未及时采取必要措施的，属于对网络用
户侵权行为的放任，具有间接故意，视同共同侵权行为，应当与侵权的网络用
户就损害扩大的部分，与网络用户承担连带责任。网络服务提供者所承担的这
种连带责任是间接侵权责任、中间责任，网络服务提供者在承担责任后可以向
网络用户进行追偿。

---

①　王利明主编：《中华人民共和国侵权责任法释义》，中国法制出版社2010年版，第160页。
②　参见最高人民法院民法典贯彻实施工作领导小组主编：《中华人民共和国民法典侵权责任编理解与适用》，人民法院出版社2020年版，第270—271页。

之所以作出这种责任限制，主要考虑的是：网络服务提供者的主要作用在于为信息交流提供技术支撑，提供的是一种平台或者通道服务，它对于信息的传送、信息的内容以及信息的接收通常并不进行主动组织、筛选和审查；此外，对于网络上海量的信息而言，筛选和审查也超出了网络服务提供者的能力范围。为了保障网络服务提供者能够正常开展平台或者通道服务，免遭莫名其妙的纠纷困扰和不可预见的责任风险，保障网络整体的顺利运营，为其设置"避风港"和责任限制是必要的。

何谓"损害的扩大部分"？应以网络服务提供者被通知之后确定，凡是被通知之后造成的损害，就是损害的扩大部分。网络用户侵权行为实施之后被侵权人通知网络服务提供者的，当然是视通知之后的损害为扩大的损害。如果网络用户实施侵权行为之时或者之前，网络服务提供者就明知其侵权行为的，则应适用《民法典》第一千一百九十七条规定，由网络服务提供者与网络用户就被侵权人的全部损害承担连带责任。

五、错误通知的侵权责任

依据《民法典》第一千一百九十五条第三款的规定，权利人因错误通知造成网络用户或者网络服务提供者损害的，应当承担侵权责任。

网络用户在网络上通过播放视频、发表文章、发送照片图像等形式，正常行使自己的宣传、说明、提示、意见、建议、批评等法律没有禁止性规定的权利，通知人由于对上述网络用户发出的各类信息发生认知错误，以致错误地向网络服务提供者发出通知，要求其采取删除等措施。简言之，就是通知人将不构成侵权的网络信息误认为构成侵权，向网络服务提供者发出错误删除通知。这种错误删除通知是通知人承担侵权责任的先决条件，如果是网络用户起诉主张发出通知一方的通知错误的，则只有在通知一方举证证明网络信息构成侵权的前提下才能证明通知正确。[1]

由于错误通知导致网络用户发布的信息被错误删除，侵害了网络用户的何种权益？错误通知的通知人侵犯了网络用户在网上发表信息、表达言论的自由。从现行法律规定来看，网络用户在网络上发表信息、表达言论的自由尚不能归属于某种具体的人格权，但这并不妨碍其成为保护对象。错误通知导致错

---

① 参见最高人民法院民事审判第一庭编著：《最高人民法院利用网络侵害人身权益司法解释理解与适用》，人民法院出版社 2014 年版，第 130 页。

误删除，妨碍了网络用户的表达自由，在现行法律框架下，可将此种权益归属于《民法典》第四编所规定的人格权。

因错误通知导致网络服务提供者何种损害？由于网络用户与网络服务提供者存在服务合同关系，网络服务提供者可能因错误删除而向网络用户承担违约责任，由此产生的损害应由错误通知的通知人承担。[①]

《网络侵害人身权益规定》第十一条规定："网络用户或者网络服务提供者侵害他人人身权益，造成财产损失或者严重精神损害，被侵权人依据民法典第一千一百八十二条（侵害他人人身权益造成财产损失的，按照被侵权人因此受到的损失或者侵权人因此获得的利益赔偿；被侵权人因此受到的损失以及侵权人因此获得的利益难以确定，被侵权人和侵权人就赔偿数额协商不一致，向人民法院提起诉讼的，由人民法院根据实际情况确定赔偿数额）和第一千一百八十三条（侵害自然人人身权益造成严重精神损害的，被侵权人有权请求精神损害赔偿。因故意或者重大过失侵害自然人具有人身意义的特定物造成严重精神损害的，被侵权人有权请求精神损害赔偿）的规定，请求其承担赔偿责任的，人民法院应予支持。"第十二条规定："被侵权人为制止侵权行为所支付的合理开支，可以认定为民法典第一千一百八十二条规定的财产损失。合理开支包括被侵权人或者委托代理人对侵权行为进行调查、取证的合理费用。人民法院根据当事人的请求和具体案情，可以将符合国家有关部门规定的律师费用计算在赔偿范围内。被侵权人因人身权益受侵害造成的财产损失以及侵权人因此获得的利益难以确定的，人民法院可以根据具体案情在 50 万元以下的范围内确定赔偿数额。"

六、对案例 50、案例 51 的简要评析

1. 对案例 50 的简要评析

在本案中，法院判决认定某仕德公司案涉行为构成专利侵权。关于某猫公司在本案中是否构成共同侵权，网络用户利用网络服务实施侵权行为的，被侵权人有权通知网络服务提供者采取删除、屏蔽、断开链接等必要措施。网络服务提供者接到通知后未及时采取必要措施的，对损害的扩大部分与该网络用户承担连带责任。针对权利人发现网络用户利用网络服务提供者的服务实施侵权

---

① 参见最高人民法院民法典贯彻实施工作领导小组主编：《中华人民共和国民法典侵权责任编理解与适用》，人民法院出版社 2020 年版，第 272 页。

行为后"通知"网络服务提供者采取必要措施，以防止侵权后果不当扩大的情形，同时还明确界定了此种情形下网络服务提供者所应承担的义务范围及责任构成。本案中，某猫公司案涉被诉侵权行为是否构成侵权应结合对某猫公司的主体性质、某易烤公司"通知"的有效性以及某猫公司在接到某易烤公司的"通知"后是否应当采取措施及所采取的措施的必要性和及时性等加以综合考量。

某猫公司依法持有增值电信业务经营许可证，系信息发布平台的服务提供商，其在本案中为某仕德公司经营的"某心康旗舰店"销售案涉被诉侵权产品提供网络技术服务，符合《民法典》第一千一百九十六条第二款所规定"网络服务提供者接到声明后，应当将该声明转送发出通知的权利人，并告知其可以向有关部门投诉或者向人民法院提起诉讼。网络服务提供者在转送声明到达权利人后的合理期限内，未收到权利人已经投诉或者提起诉讼通知的，应当及时终止所采取的措施"的网络服务提供者的主体条件。该条款所涉及的"通知"是认定网络服务提供者是否存在过错及应否就危害结果的不当扩大承担连带责任的条件。"通知"是指被侵权人就他人利用网络服务商的服务实施侵权行为的事实向网络服务提供者所发出的要求其采取必要技术措施，以防止侵权行为进一步扩大的行为。"通知"既可以是口头的，也可以是书面的。通常，"通知"内容应当包括权利人身份情况、权属凭证、证明侵权事实的初步证据以及指向明确的被诉侵权人网络地址等材料。符合上述条件的，即应视为有效通知。某易烤公司案涉投诉通知符合"通知"的基本要件，属有效通知。

网络服务提供者接到通知后所应采取的必要措施包括但不限于删除、屏蔽、断开链接。"必要措施"应根据所侵害权利的性质、侵权的具体情形和技术条件等加以综合确定。本案中，在确定某易烤公司的投诉行为合法有效之后，需要判断某猫公司在接受投诉材料之后的处理是否审慎、合理。法院认为，本案系侵害发明专利权纠纷。某猫公司作为电子商务网络服务平台的提供者，基于其公司对于发明专利侵权判断的主观能力、侵权投诉胜诉概率以及利益平衡等因素的考量，并不必然要求某猫公司在接受投诉后对被投诉商品立即采取删除和屏蔽措施，对被诉商品采取的必要措施应当秉承审慎、合理原则，以免损害被投诉人的合法权益。但是将有效的投诉通知材料转达被投诉人并通知被投诉人申辩当属某猫公司应当采取的必要措施之一。否则权利人的投诉行为将失去任何意义，权利人的维权行为也将难以实现。网络服务平台提供者应保证有效投诉信息传递的顺畅，而不应成为投诉信息的黑洞。被投诉人对于其生产或销售的商品是否侵权，以及是否应主动自行停止被诉行为，自会作出相应的判断及应对。而某猫公司未履行上述基本义务的结果导致被投诉人未收到任何警示从而造成损害后果的扩大。至于某猫公司在某易烤公司起诉后即对被诉商品采取删除和屏蔽措施，当属审慎、合理。因此，某猫公司在接到某易烤公司的通知后未及时采取必要措施，对损害的扩大部分应与某仕德公司承担连带责任。①

2. 对案例 51 的简要评析

微博与正式媒体相比，言论随意性更强、主观色彩更加浓厚，对言论自由的把握尺度也更宽。考虑到微博影响受众不特定性、广泛性的"自媒体"特性，对微博言论是否构成侵权，应当综合考量发言人的具体身份、言论的具体内容、相关语境、受众的具体情况、言论所引发或可能引发的具体后果等加以综合判断。

对于微博撰写、发表文章引起的名誉权纠纷，认定构成违法行为的标准有两个，一是反映的问题是否属实；二是是否有侮辱他人人格的内容。两个标准符合一个即可认定为违法行为。但是如何判断反映的问题是否属实以及是否侮辱他人的人格，法律没有明确规定，这需要法官自由心证，灵活处理。

本案是利用微博侵害企业名誉权的案件。首先，一、二审法院根据微博这一"自媒体"的特征，认为把握微博言论是否侵权的尺度要适度宽松，体现了与互联网技术发展相结合的审判思路。其次，一、二审法院都认为，微博言论是否侵权应当结合博主的身份、言论的内容及主观目的等因素综合认定。公众人物应当承担更多的注意义务，这一判断与侵权法的基本理念相契合。本案在利用网络侵害经营主体商业信誉、商品或服务的社会评价的现象逐步增加的背景下，更具启示意义。②

第三节　网络侵权中的"反通知"制度

一、问题的提出

原《侵权责任法》第三十六条并没有规定"反通知"制度，在《民法典》

---

① 参见最高人民法院指导案例 83 号。
② 参见最高人民法院于 2014 年 10 月 9 日公布的 8 起利用网络侵害人身权益典型案例。

侵权责任编编纂过程中，"反通知"制度被《民法典》侵权责任编吸收。《民法典》第一千一百九十六条规定："网络用户接到转送的通知后，可以向网络服务提供者提交不存在侵权行为的声明。声明应当包括不存在侵权行为的初步证据及网络用户的真实身份信息。网络服务提供者接到声明后，应当将该声明转送发出通知的权利人，并告知其可以向有关部门投诉或者向人民法院提起诉讼。网络服务提供者在转送声明到达权利人后的合理期限内，未收到权利人已经投诉或者提起诉讼通知的，应当及时终止所采取的措施。"《民法典》设置"反通知"制度，及时赋予网络用户以抗辩的权利。未经正当程序，仅凭自称权利人的一纸通知，就将涉嫌侵权的信息从网络上予以取下，是对网络用户合法权益的重大限制，若不对权利人的权利加以适当限制，将会对信息自由流动构成极大威胁。由此，为了平衡和保障网络用户的合法权益，增加了"反通知"制度。[①]

在研究网络侵权中的"反通知"制度之前，先看一则案例：

案例 52：本案是否符合"反通知"要求 [②]

某询公司与某伊娜多公司签订 4 份《专卖店购销合同书》，由某伊娜多公司授权某询公司在 2014 年 8 月 26 日至 2018 年 8 月 25 日期间经营某伊娜多旗下化妆品。合同到期后，双方业务关系继续存续，最后一笔交易时间为 2019 年 4 月 24 日。2019 年 3 月 15 日，某伊娜多公司向某宝公司投诉，认为某询公司网店销售的"某伊娜多眼部卸妆液 50ml"是假货，并提供了其出具的鉴定报告，指出产品正品与假货包装不同之处。某宝公司通知某询公司并要求某询公司在收到投诉通知的 3 个工作日内提供凭证进行申诉。3 月 18 日，某宝公司认为某询公司超时未申诉，对某询公司网店进行处罚。2019 年 4 月 30 日，某伊娜多公司向某宝公司投诉，认为某询公司网店销售的"某伊娜多 DX 优化灵芝露乳霜玉露眼霜中小样大集合"是假货，并提供了其出具的鉴定报告，指出产品正品与假货包装不同之处。某宝公司通知某询公司并要求某询公司在收到投诉通知的 3 个工作日内提供凭证进行申诉。5 月 3 日，某宝公司对某询公司网店进行处罚。5 月 5 日，某询公司向某宝公司进行申诉，某宝公司认为某询公司提供的购销合同不完整，合同期限也未延续至 2019 年，发票显示的购

---

① 黄薇主编：《中华人民共和国民法典解读·侵权责任编》，中国法制出版社 2020 年版，第 340 页。

② 详见上海市第一中级人民法院（2020）沪 01 民终 4923 号民事判决书。

买方非网店经营者，发货单无公司盖章，故某询公司的申诉不成立。

生效裁判认为，第一，某伊娜多公司并非恶意投诉。《电子商务法》第四十二条第三款规定，知识产权权利人恶意发出错误侵权通知，造成平台内经营者损失的，加倍承担赔偿责任。一审法院认定某伊娜多公司的投诉为错误投诉。对此，某伊娜多公司未予上诉；某询公司则认为该错误投诉系恶意发出，恶意的具体表现为：伪造投诉材料、以相同方式多次投诉、在没有确凿证据的情况下发起投诉。二审法院认可一审法院关于错误投诉的认定，但对恶意投诉持否定意见。第二，某宝公司采取的措施并无不当。依据法律的规定，采取措施的前提系权利人发出有效的侵权通知，包括构成侵权的初步证据及权利人真实身份信息。本案中，某伊娜多公司向某宝公司发出的通知中已包含其真实身份信息，所以双方争议的焦点在于某伊娜多公司所提供的投诉材料是否满足初步证据的要求。某伊娜多公司提供的投诉材料已就具体的侵权行为进行了说明。对于初步证据的证明标准，法院认为可采"一般可能性"标准（具体理由同后文不侵权声明证据的证明标准），即排除明显不构成侵权的侵权通知，以一般判断能力相信有侵权可能即可。因此，尽管某伊娜多公司在诉讼中被发现投诉的材料存在瑕疵，但并不影响其满足初步证据的要求。某宝公司据此采取临时性的必要措施，并无不当。第三，某宝公司是否应承担侵权责任。法律未作特别规定的，则应按侵权构成的一般规定进行判断，即审核是否存在主观过错、侵权行为、损害后果及因果关系。在某询公司提供初步证据后，其不侵权声明应为有效，但某宝公司未告知权利人应向有关部门投诉或者向法院起诉，且未依法及时终止已采取的必要措施，其行为不符合法律的规定。据此判决：某伊娜多公司赔偿某询公司 10 万元；某宝公司赔偿某询公司 6 万元。

上述案例涉及"反通知"的认定问题。试问：如何理解收到转送通知的网络用户可以提交不存在侵权行为的声明？网络服务提供者有哪些义务？如何承担民事责任？

二、收到转送通知的网络用户可以提交不存在侵权行为的声明

网络用户利用网络服务实施侵权行为的，权利人有权通知网络服务提供者采取删除、屏蔽、断开链接等必要措施。依据《民法典》第一千一百九十六条的规定，网络服务提供者接到通知后应当及时将该通知转送相关网络用户。网络用户接到转送的通知后，可以向网络服务提供者提交不存在侵权行为的声明。

声明应当包括不存在侵权行为的初步证据及网络用户的真实身份信息。

"不存在侵权行为的初步证据"包括：通知所指的侵权事实不存在或者不真实；尽管存在相关事实，但是不构成侵权，或者不具有承担侵权责任的抗辩事由。

根据《民法典》第一千一百九十五条、第一千一百九十六条的规定，网络用户行使反通知权，具体规则如下：

1. 当权利人行使通知权，主张网络用户发布的信息构成侵权责任，要求网络服务提供者采取删除、屏蔽、断开链接等必要措施时，网络服务提供者将权利人的通知转送网络用户，网络用户接到该通知后，即享有反通知权。

2. 网络用户在行使反通知权时，可以向网络服务提供者提交不存在侵权行为的声明，声明应当包括不存在侵权行为的初步证据，也应当包括网络用户的真实身份信息，否则不发生反通知的效果；网络服务提供者在接到网络用户的反通知声明后，应当将该声明转送发出通知的权利人，并告知其可以向有关部门投诉或者向法院提起诉讼。

3. 网络服务提供者在转送声明到达权利人后的合理期限内，未收到权利人已经投诉或者提起诉讼通知的，应当及时终止对网络用户发布的信息所采取的删除、屏蔽或者断开链接等必要措施。

三、网络服务提供者的义务

依据《民法典》第一千一百九十六条第二款的规定，网络服务提供者负有转送声明的义务和恢复义务。网络用户向网络服务提供者作出不构成侵权的声明后，网络服务提供者作为网络用户的合同相对方，有义务将该声明转送发出通知的权利人，以使发出通知的权利人知晓网络用户的抗辩主张，同时，网络服务提供者也有义务告知发出通知的权利人可以向有关部门投诉或者向法院提起诉讼。若发出通知的权利人在接到网络用户的声明后及时提起了诉讼或者向有关部门投诉，则表明其不认可网络用户不构成侵权的声明，此时网络服务提供者无须恢复其基于侵权通知而采取的删除信息、断开链接等措施；但若发出通知的权利人接到网络用户不构成侵权的声明后，在合理期限内未向有关部门投诉或者向法院起诉，则为保障网络用户的合法权益，网络服务提供者应当及时终止所采取的措施，立即恢复被删除的网络信息，或者恢复被断开的链接，否则其可能构成对网络用户的违约。

如何理解"合理期限"？这个问题立法没有作出明确规定，如果按照 3 年诉讼时效期间来认定，可能太长，具体应该限定为多长时间，还有待司法实践予以确定。[1]

四、网络服务提供者的连带责任

根据《民法典》第一千一百九十七条的规定，网络服务提供者知道或者应当知道网络用户利用其网络服务侵害他人民事权益，未采取必要措施的，与该网络用户承担连带责任。据此，网络服务提供者与网络用户承担连带责任的主观构成要件为"知道或者应当知道"，采用的是过错责任。[2]

如何理解"知道或者应当知道"？"知道"，是指一个正常的、理性的人认识到某一事实的存在的主观状态。网络服务提供者认识到网络用户利用其网络服务侵害他人民事权益，则负有及时采取必要措施、制止侵权行为的保护义务，未采取必要措施，实际上是放任了侵害结果的发生，因此应与实施直接侵权的网络用户承担连带责任。"知道"是一种主观认知状态，必须通过客观化的方式才能得到证明。证明网络服务提供者知道网络用户利用其网络服务侵害他人民事权益的直接证据包括网络服务提供者的工作人员明确承认、有关文件中有明确记载等。但是，这类直接证据通常难以为外人获得。在司法实践中，除了有明确的证据表明网络服务提供者确实已经知道之外，还可以通过间接证据推定其有极大的可能已经知道，这种证明方法也被称为"推定知道"或者"有理由知道"。"推定知道"与"应当知道"并非同一概念。"应当知道"，是指一个正常的、理性的人在负有某种注意义务而且具有注意能力的情况下，将能够认识到某一事实的存在。注意义务，是指行为人采取合理的注意而避免给他人的人身或财产造成损害的义务。可见，"应当知道"是以行为人负有某种注意义务为前提的，而"知道"则表明行为人并不负有此种注意义务。[3]

《网络侵害人身权益规定》第六条对网络服务提供者"知道"网络用户利用其网络服务实施侵权行为的判断标准作出了指引性规定。依据该条规定，法

[1] 最高人民法院民法典贯彻实施工作领导小组主编：《中华人民共和国民法典侵权责任编理解与适用》，人民法院出版社 2020 年版，第 276 页。

[2] 黄薇主编：《中华人民共和国民法典解读·侵权责任编》，中国法制出版社 2020 年版，第 343 页。

[3] 最高人民法院民法典贯彻实施工作领导小组主编：《中华人民共和国民法典侵权责任编理解与适用》，人民法院出版社 2020 年版，第 279 页。

院依据《民法典》第一千一百九十七条认定网络服务提供者是否"知道或者应当知道",应当综合考虑下列因素:(1)网络服务提供者是否以人工或者自动方式对侵权网络信息以推荐、排名、选择、编辑、整理、修改等方式作出处理;(2)网络服务提供者应当具备的管理信息的能力,以及所提供服务的性质、方式及其引发侵权的可能性大小;(3)该网络信息侵害人身权益的类型及明显程度;(4)该网络信息的社会影响程度或者一定时间内的浏览量;(5)网络服务提供者采取预防侵权措施的技术可能性及其是否采取了相应的合理措施;(6)网络服务提供者是否针对同一网络用户的重复侵权行为或者同一侵权信息采取了相应的合理措施;(7)与本案相关的其他因素。该条归纳了认定网络服务提供者"知道"的7种判断因素,包括网络服务提供者是否对侵权网络信息作出处理,应当具备的管理信息的能力,所提供服务的性质、方式及其引发侵权的可能性大小,采取预防侵权措施的技术可能性及其是否采取了相应的合理措施,该网络信息侵害民事权益的类型及明显程度,网络信息的社会影响程度或者一定时间内的浏览量等方面的因素。

如何理解网络服务提供者与网络用户承担连带责任?如果网络服务提供者明知网络用户利用其网络服务实施侵权行为,却不采取必要措施,可以认定为构成帮助侵权,应当对全部损害与网络用户承担连带责任。如果网络服务提供者实际上并不知道网络用户利用其网络服务实施侵权行为,而是疏于管理,没有意识到这种侵权行为的存在,则只应对应当知道而没有知道侵权行为之时起的损害与网络用户承担连带侵权责任,之前的损害应当由网络用户独立承担责任。①

五、对案例52的简要评析

法律并未对初步证据的具体证明标准予以明确规定,各电子商务平台经营者在审核侵权通知或不侵权声明的初步证据时实际扮演着"评判者"的角色。一般而言,电子商务争议中有关不侵权声明初步证据的证明标准应低于高度盖然性标准,宜采"一般可能性"标准。主要考量的因素有:其一,对不侵权声明的审核系是否终止必要措施的前置程序,故电子商务平台经营者同样应基于审慎合理的原则对不侵权声明所附证据进行审核,提供证据并不直接等同于提

---

① 参见王胜明主编:《〈中华人民共和国侵权责任法〉条文解释与立法背景》,人民法院出版社2010年版,第155—156页。

交了初步证据。其二，立法采用"初步证据"的表述，故证明标准应与"初步"相对，不应过高。其三，从通知与反通知的制度设计来看，对初步证据进行审核是启动转送动作的前置程序，而非对侵权与否的实体裁断，故其证明标准应低于民事诉讼证明标准。综上考量，兼顾各方利益，"一般可能性"标准是现阶段较适合电子商务平台经营者判断不侵权声明初步证据的证明标准，即排除明显不能证明行为合法性的证据，可令一般理性人相信存在不侵权的可能性。

依据《电子商务法》第三十二条、第四十一条之规定，电子商务平台经营者应当遵循公开、公平、公正的原则，制定平台服务协议和交易规则，应当建立知识产权保护规则，与知识产权权利人加强合作，依法保护知识产权，故某宝公司依法可制定有关知识产权保护的自治规则。当平台内经营者在平台上注册后，双方形成合同关系，这意味着平台内经营者接受平台的自治规则及依据该自治规则可能实施的处罚。在民法上，基于团体协议，团体组织享有一种自治性质的惩罚机制。据此，对于违反自治规则的用户或成员，平台可以采取信用评级降级、屏蔽、除名等惩罚措施。当平台自治规则并不存在违反法律规定，或者其他有违公序良俗等无效情形时，司法应尽可能尊重平台的自治。因此，上述自治规则经某宝公司公示公开，应属有效，对平台内经营者有约束力。某宝公司采取的对应措施系基于自治规则中的"售假行为"处置条款，有其合同依据，且无违反法律规定或有违公序良俗等无效情形，故法院对某宝公司基于平台规则采取的必要措施予以确认。

无论是《电子商务法》第四十三条还是《民法典》第一千一百九十六条，都并未对未履行转送、告知、终止措施的责任进行明确规定。从立法目的来看，系通过程序设置甄别出可能的错误通知并及时予以终止，以平等保护权利人和被投诉人的利益。因此，若某宝公司依法履行转送、告知、终止措施，自能避免本案错误投诉的发生，其不需承担责任。某询公司所主张的侵权行为本质为某宝公司未能及时终止错误投诉，进而对其造成损害。法律未作特别规定的，则应按侵权构成的一般规定进行判断，因此某宝公司对其未能及时终止错误投诉的行为承担责任，尚须满足其主观具有过错这一条件。

第十章

违反安全保障义务的侵权责任

本章概要

安全保障义务，是指自然人、法人或者非法人组织因为与他人存在某种特殊关系，而依法负有的使他人的人身或财产免受侵害的义务。违反该义务，因而直接或者间接地造成他人人身或者财产权益损害，应当承担损害赔偿责任。《民法典》第一千一百九十八条规定：宾馆、商场、银行、车站、机场、体育场馆、娱乐场所等经营场所、公共场所的经营者、管理者或者群众性活动的组织者，未尽到安全保障义务，造成他人损害的，应当承担侵权责任。因第三人的行为造成他人损害的，由第三人承担侵权责任；经营者、管理者或者组织者未尽到安全保障义务的，承担相应的补充责任。经营者、管理者或者组织者承担补充责任后，可以向第三人追偿。

第一节　安全保障义务的界定

一、问题的提出

《民法典》第一千一百九十八条规定："宾馆、商场、银行、车站、机场、体育场馆、娱乐场所等经营场所、公共场所的经营者、管理者或者群众性活动的组织者，未尽到安全保障义务，造成他人损害的，应当承担侵权责任。因第三人的行为造成他人损害的，由第三人承担侵权责任；经营者、管理者或者组织者未尽到安全保障义务的，承担相应的补充责任。经营者、管理者或者组织者承担补充责任后，可以向第三人追偿。"该条规定对原《侵权责任法》第三十七条进行了修改，修改的内容主要体现在两方面：一是对第一款的修改，在列举式中增加了机场、体育场馆这两类典型的公共场所，另外将安全保障义务主体表述由原来的"公共场所的管理人"调整为"经营场所、公共场所的经营者、管理者"。二是第二款增加规定了安全保障义务主体在承担相应的补充责任后，有权向实施了直接侵权行为的第三人追偿。

在研究安全保障义务的界定之前，先看一则案例：

案例 53：擅自进入"禁区"受损，管理人应否承担责任 [①]

2017 年 1 月 16 日，卢沟桥派出所接李某某 110 报警，称支某 3 外出遛狗未归，怀疑支某 3 掉在冰里了。接警后该所民警赶到现场开展查找工作，于当晚在永定河拦河闸自西向东第二闸门前消力池内发现一男子死亡，经家属确认为支某 3。发现死者时永定河拦河闸南侧消力池内池水表面结冰，冰面高度与消力池池壁边缘基本持平，消力池外河道无水。公安部门鉴定结论为：该人符合溺水死亡，不属于刑事案件。支某 3 遗体被发现的地点为永定河拦河闸下游方向闸西侧消力

[①] 参见最高人民法院指导案例 141 号：支某 1 等诉北京市永定河管理处生命权、健康权、身体权纠纷案。该案裁判要点为：消力池属于禁止公众进入的水利工程设施，不属于法律规定的"公共场所"。消力池的管理人和所有人采取了合理的安全提示和防护措施，完全民事行为能力人擅自进入造成自身损害，请求管理人和所有人承担赔偿责任的，法院不予支持。

池，消力池系卢沟桥分洪枢纽水利工程（拦河闸）的组成部分。永定河卢沟桥分洪枢纽工程的日常管理、维护和运行由北京市永定河管理处负责。北京市水务局称事发地点周边安装了防护栏杆，在多处醒目位置设置了多个警示标牌，标牌注明管理单位为"北京市永定河管理处"。支某3的父母支某1、马某某，妻子李某某和女儿支某2向法院起诉，请求判处北京市永定河管理处承担损害赔偿责任。

生效裁判认为：首先，本案并不适用侵权责任法中安全保障义务条款。安全保障义务所保护的人与义务人之间常常存在较为紧密的关系，包括缔约磋商关系、合同法律关系等，违反安全保障义务的侵权行为是负有安全保障义务的人由于没有履行合理范围内的安全保障义务而实施的侵权行为。根据查明的事实，支某3溺亡地点位于永定河拦河闸侧面消力池。从性质上看，消力池系永定河拦河闸的一部分，属于水利工程设施的范畴，并非对外开放的冰场；从位置上来看，消力池位于拦河闸下方的永定河河道的中间处；从抵达路径来看，抵达消力池的正常路径，需要从永定河的沿河河堤下楼梯到达河道，再从永定河河道步行至拦河闸下方，因此无论是从消力池的性质、消力池所处位置还是抵达消力池的路径而言，均难以认定消力池属于公共场所。北京市永定河管理处也不是群众性活动的组织者，原告请求判令其未尽安全保障义务，与法相悖。其次，从侵权责任的构成上看，一方主张承担侵权责任，应就另一方存在违法行为、主观过错、损害后果且违法行为与损害后果之间具有因果关系等侵权责任构成要件承担举证责任。永定河道并非正常的活动、通行场所，依据一般常识即可知无论是进入河道或进入冰面的行为，均容易发生危及人身的危险，此类对危险后果的预见性，不需要专业知识就可知晓。支某3在明知进入河道、冰面行走存在风险的情况下，仍进入该区域并导致自身溺亡，其主观上符合过于自信的过失，应自行承担相应的损害后果。成年人应当是自身安危的第一责任人，不能把自己的安危寄托在国家相关机构的无时无刻的提醒之下，户外活动应趋利避害，不随意进入非群众活动场所是每一个公民应自觉遵守的行为规范。综上，北京市永定河管理处对支某3的死亡发生无过错，不应承担赔偿责任。据此，法院判决驳回了原告的全部诉讼请求。①

① 最高人民法院指导案例141号明确指出：因支某3意外溺亡，造成支某1、马某某老年丧子，支某2年幼丧父，其家庭遇境遇令人同情，法院对此予以理解，但是赔偿的责任方是否构成侵权则需法律上严格界定及证据上的支持，不能以情感或结果责任主义为导向将损失交由不构成侵权的他方承担。

上述案例涉及安全保障义务的界定问题。试问：如何理解安全保障义务的法理基础？安全保障义务的内容有哪些？如何界定安全保障义务的义务主体与权利主体？如何理解安全保障义务的请求权基础？

二、安全保障义务的法理基础

根据《民法典》第一千一百九十八条的规定，安全保障义务主要是指宾馆、商场、银行、车站、机场、体育场馆、娱乐场所等经营场所、公共场所的经营者、管理者或者群众性活动的组织者，所负有的合理限度范围内的保护他人人身和财产安全的义务。[①] 典型的大陆法系国家法律中对安全保障义务都没有作出一般性规定，而是通过判例来确立，其适用领域较为广泛。德国存在"交往安全义务"的概念，法国相类似的概念是"保安义务"，日本使用"安全关照义务"的概念。在英美法系中，与安全保障义务相类似的一个概念是"注意义务"。[②] 安全保障义务的法理基础是社会活动安全注意义务。社会活动安全注意义务是由诚实信用原则派生而来的，它来源于德国法院法官从判例中发展起来的社会活动安全注意义务或者一般安全注意义务的理论。社会活动安全注意义务原指维持交通安全，如房屋所有人就其所在地之石级任其坍塌，或于交通之处不设路灯，致他人因此受损害者。[③] 其后扩张于其他社会交往活动，以强调在社会生活上应负防范危害的义务，具体指"在自己与有责任的领域内，从事或持续特定危险的，负有义务的人采取必要的、具有期待可能性的防范措施，保护第三人免于危险"的义务。[④] 在德国早期这方面的判决中，较多涉及《德国民法典》第 836 条有关建筑物倒塌的规定，但之后与《法国民法典》第 823 条第 1 款有着密切联系。社会活动安全注意义务在德国发展之初，目的在于解决不作为的归属问题，一方面借以补充《法国民法典》第 823 条第 1 款规范作为义务的功能，另一方面使作为和不作为责任实际上得以区别。只不过人们发现，即使在处理"作为"的问题，尤其是在处理"直接侵害"的第 823 条第 1 款保

---

① 黄薇主编：《中华人民共和国民法典侵权责任编释义》，法律出版社 2020 年版，第 106 页。

② 参见黄薇主编：《中华人民共和国民法典侵权责任编释义》，法律出版社 2020 年版，第 104—105 页。

③ 王泽鉴：《侵权行为法》（第一册），中国政法大学出版社 2001 年版，第 94 页。

④ 林美惠：《交易安全义务和我国侵权行为法体系之调整》，载《月旦法学》第 80 期，第 252 页。

护的权利和法益时，特别是当问题涉及"不容许的危险"时，社会活动安全注意义务仍有发挥作用的余地。事实上，正如同社会活动安全注意义务被广泛承认是一种"习惯法"的产物一样，不作为责任也是通过实务界以无数判例发展而形成的产物。[①]

安全保障义务的法理基础主要有以下几个方面：

1. 从危险控制理论角度来说，工业革命之后，人们遭受外来的危险，多数源于危险活动的开展，因此针对这些危险活动发生的不幸事故，基于社会允许加害人从事这样的危险事业，而且加害人从这些危险作业中获得利润的"报偿思想"，而责令危险的控制者承担损害赔偿责任。此时，侵权责任法要解决的不是不法行为带来的损害，或者对行为人进行道德上的谴责，而是在发生了危险行为所导致的不幸结果时，应如何合理分配损害的问题。因此，即使行为人毫无过失可言，也缺乏道德上的非难性，但基于"分配正义"的要求，仍须负损害赔偿责任。[②] 从事社会危险活动，会使第三人处于这种危险之中，但是人类社会是一个交往频繁的社会，这种活动是人们日常生活所需要的，并不能以法律禁止。因为加害人从事了这样的活动，可以推断他对活动危险性的了解要超出一般人，同时，他离危险源也更近，更有可能采取必要的措施（如警示、说明、劝告、救助）防止损害的发生或减轻损害。在属于不作为责任原始形态的对他人侵权行为之责任领域内，监督者控制潜在危险的义务通常来源于他对危险源的控制能力。[③] 根据危险控制理论，科以行为人安全保障义务。例如，甲在其门前挖水沟，那么他只需要在附近立一个告示牌或者在夜间打开路灯或者干脆将水沟四周围起来，就可以防止夜晚有行人摔落沟中。法律不可能要求社会上的每个人时时刻刻都十分小心谨慎，以免自己遭到不测。如果法律苛求每个公民太高的谨慎注意标准，必然导致人人自危，提心吊胆，怨声载道，那将是一个没有丝毫人文关怀的社会。

2. 从收益与风险相一致的角度来说，那些从危险源中获取利润的人经常被认为是有制止危险义务的人，根据收益与风险相一致的原则，经营者应当对服

---

① 林美惠：《交易安全义务和我国侵权行为法体系之调整》，载《月旦法学》第80期，第252页。

② 张新宝、唐青林：《经营者对服务场所的安全保障义务》，载《法学研究》2003年第3期。

③ 参见［德］冯·巴尔：《欧洲比较侵权行为法》（下），焦美华译，张新宝审校，法律出版社2001年版，第269页。

务场所的安全承担保障义务。服务场所的经营者所从事的是一种营利性的活动，能够从中得到收益，尽管有的消费者并不一定接受服务支付费用，而只是参观甚至路过，但是，作为整体的消费者群体，无疑会向经营者支付费用而使其获利。如果每个经营者都做到为消费者提供安全保障，虽然可能暂时会增加经营成本，但也会增加和促进整个社会的安全和秩序，改善消费环境，促进消费者走出家门进行消费的兴趣，这样反过来又增进了消费，从而有利于经营者作为一个整体获得更大、更长远的利益，这最终还是有利于经营者。可见法律要求这个义务是合理的，经营者应当为每一位潜在的消费者尽到安全保障方面的义务。

3. 从经济学角度来说，由经营者承担这一义务更加具有经济性。如果一个损失可能发生，那么由谁避免该损失发生的成本最低，就由谁来承担这项责任。

4. 从社会学角度来说，根据现代公司社会责任理论，公司（经营者）不能仅仅以最大限度地为股东赚钱作为自己唯一存在的目的，也应当最大限度地增加股东利益之外其他所有社会利益，包括消费者利益、职工利益、债权人利益、中小竞争者利益、当地社区利益、环境利益、社会弱者利益及整个社会公共利益。强化公司（经营者）社会责任的理论依据在于公司的经济力量及其推动社会权实现的社会义务。公司的社会责任与人权中的社会权，尤其是与消费者权利紧密相连。服务场所是整个社会的一个重要构成部分，如果每个服务场所都安全、可靠、无危险，作为社会成员的消费者就会走到哪里都感到有安全感。经营者作为社会的一个重要组成部分，而且往往是强势群体，应该尽到这个社会义务，为社会公益作出自己应有的贡献。出于强化经营者对消费者的社会责任的目的，应当规定经营者要对其服务场所的安全负责。

5. 从比较法的角度来说，现今世界各国在消费者保护立法中侧重于保护消费者，纷纷在立法中规定消费者的安全权。1985 年联合国大会通过的《联合国保护消费者准则》，把"保护消费者的健康和安全不受危害"列为首要条款。从这个角度来看，我国消费者保护立法规定经营者对服务场所安全保障义务是合理的。

三、安全保障义务的内容

安全保障义务内容的确定，是判断经营者是否需要承担赔偿责任的标尺，即经营者需要履行哪些义务，才能视为其已经尽到了注意义务而不需要承担赔偿责任。民法理论认为，需要尽适当注意义务却没有尽这种义务，就具有民法上的过错，就应当承担过错的民事赔偿责任。经营者安全保障义务包括以下几个方面：

（一）人的方面的安全保障

经营者对于可能出现的危险应当采取必要的安全防范措施，配备数量足够的、合格的安全保障人员。《娱乐场所管理条例》第二十六条规定，娱乐场所应当与保安服务企业签订保安服务合同，配备专业保安人员；不得聘用其他人员从事保安工作。同样，银行、证券公司也应当在其交易场所设置保安人员；游泳场馆应当在池边设置救生人员，且配备的救生员经过培训合格，持证上岗；根据规定，对电梯操作人员要进行培训、考核，实行持证上岗制度；必须安排消防值班人员、防火巡查员，而且消防值班人员、防火巡查员不得脱岗等。

（二）物的方面的安全保障

服务场所使用的建筑物、配套服务设施、设备应当安全可靠，有国家强制标准的应当符合强制标准的要求，没有国家强制标准的，应当符合行业标准或者达到进行此等经营所需要达到的安全标准。

1. 在建筑物的主体结构方面的安全要求。经营者所使用的建筑物应当符合《建筑法》《建设工程质量管理条例》的规定，在投入经营使用前必须经过建筑行政主管部门验收合格等。

2. 符合消防方面的法律法规。这方面的法规一般要求经营者在服务场所内配备必要的消防设备并保证其一直处于良好的状态。《消防法》第十五条规定："公众聚集场所投入使用、营业前消防安全检查实行告知承诺管理。公众聚集场所在投入使用、营业前，建设单位或者使用单位应当向场所所在地的县级以上地方人民政府消防救援机构申请消防安全检查，作出场所符合消防技术标准和管理规定的承诺，提交规定的材料，并对其承诺和材料的真实性负责。消防救援机构对申请人提交的材料进行审查；申请材料齐全、符合法定形式的，应当予以许可。消防救援机构应当根据消防技术标准和管理规定，及时对作出承诺的公众聚集场所进行核查。申请人选择不采用告知承诺方式办理的，消防救援机构应当自受理申请之日起十个工作日内，根据消防技术标准和管理规定，对该场所进行检查。经检查符合消防安全要求的，应当予以许可。公众聚集场所未经消防救援机构许可的，不得投入使用、营业。消防安全检查的具体办法，由国务院应急管理部门制定。"

3.符合经营场所的电梯安全的特别要求。如《互联网上网服务营业场所管理条例》第二十四条规定："互联网上网服务营业场所经营单位应当依法履行信息网络安全、治安和消防安全职责，并遵守下列规定：（1）禁止明火照明和吸烟并悬挂禁止吸烟标志；（2）禁止带入和存放易燃、易爆物品；（3）不得安装固定的封闭门窗栅栏；（4）营业期间禁止封堵或者锁闭门窗、安全疏散通道和安全出口；（5）不得擅自停止实施安全技术措施。"

物的方面的安全保障要求，可以由有关行政主管部门在经营者开业前进行审查，判断是否达到有关安全标准，作为其能否开业的一个重要条件。除了要求硬件设备符合安全要求的静态的义务外，建筑物、相关配套设施还必须有经营者经常的、勤勉的维护，使它们一直处于良好的运行状态。这是对经营者的动态要求。它要求在整个运营的过程中，服务场所的建筑物、相关配套设施一直符合安全标准。比如电梯要经常性地维护才能运转正常；灭火器材要及时换药粉；安全出口不能上锁；安全出口不能被占用、堆放物品，影响疏散通道的畅通；消防栓、灭火器材不能被遮挡、压埋。只有这样才能在硬件方面给消费者一个安全的消费环境。

（三）软件方面的安全保障

1.消除内部的不安全因素，为消费者创造一个安全的消费环境。经营者向消费者提供的服务内容和服务过程应当是安全的，如果服务内容存在对消费者人身或财产造成损害的危险，或者服务的过程存在对消费者人身或财产造成损害的危险，就属于内部不安全因素。比如公共交通工具和浴池等没有定期消毒，引起传染病的传播等。

2.防范外部不安全因素，制止来自第三方对消费者的侵害。主要是指通过经营者工作人员的服务工作，照顾、保护消费者的人身、财产安全不致遭受来自第三人的侵害。要求配备保安人员是一个硬件要素，而要求保安人员在日常工作中认真积极地履行保护义务，防御来自第三方的侵害，不懈怠，不脱岗，不在执行保安工作时醉酒、睡觉等，则是软件方面的要求。

3.不安全因素的提示、说明、劝告、协助义务。经营者应当对各种可能出现的伤害和意外情况等作出明显的警示，比如刚刚做过清洁的地板较滑，应当明确警示"地板未干，小心滑倒"；桑拿浴、浴室应当具有"醉酒者和精神病人，皮肤病、传染病患者禁止入内"字样的警示。这样的警示或者是保护消费者安全所必要，或者是公共利益之要求。经营者对于可能出现的危险应当对消费者进行合理的说明，对于有违安全警示的消费者应当进行劝告，必要时通知公安部门采取必要的强制措施。对于已经或者正在发生的危险，经营者应当进行积极的救助，以避免损害的发生或者减少损失。当消费者在经营者的服务场所受到外来侵袭发生危险时，经营者的保安及其他工作人员，应当采取适当的措施避免或减少损失的发生。

另外，还有较多的法律法规规定了经营者的特别义务。比如公共场所发生火灾时，经营者的现场工作人员有组织、引导在场群众疏散的义务。如果该公共场所的现场工作人员不履行组织、引导在场群众疏散的义务，造成人员伤亡，尚不构成犯罪的，处15日以下拘留。宾馆、饭店各楼层值班人员，在发生火灾的情况下，必须负责引导住客迅速安全转移。另外，为了避免由于消费者人数太多在发生危险时不能及时逃生，还规定餐厅、舞厅、酒吧以及游乐场、礼堂、影剧院和体育馆等公共场所，都必须按额定人数售票，场内不得超员。

四、安全保障义务的义务主体的界定

合理确定安全保障义务的义务主体范围，既要以人为本，对社会生活中可能发生危险的场所或者活动，要求行为人履行必要的防范损害发生的义务，充分保护广大人民群众的人身和财产安全；又要考虑我国国情，从促进社会和谐稳定的目的出发，不能盲目地扩大安全保障义务主体的范围，避免引发过多社会纠纷；同时还要处理好未尽到安全保障义务的侵权行为与其他侵权行为之间的关系，避免或者减少相关法律规定间的冲突或者竞合。① 《民法典》第一千一百九十八条规定的义务主体包括两类：

1. 宾馆、商场、银行、车站、机场、体育场馆、娱乐场所等经营场所、公共场所的经营者、管理者。公共场所包括以公众为对象进行商业性经营的场所，也包括对公众提供服务的场所。除《民法典》第一千一百九十八条列举的宾馆、商场、银行、车站、机场、体育场馆、娱乐场所等以外，码头、公园、餐厅等也都属于公共场所。

2. 群众性活动的组织者。群众性活动，是指法人或者非法人组织面向社会公众举办的参加人数较多的活动，比如体育比赛活动，演唱会、音乐会等文艺演出活动，展览、展销等活动，游园、灯会、庙会、花会、焰火晚会等活动，

---

① 黄薇主编：《中华人民共和国民法典解读·侵权责任编》，中国法制出版社2020年版，第348页。

人才招聘会、现场开奖的彩票销售等活动。根据最高人民法院的观点，这两类主体的共同特点是："对该场所具有事实上的控制力。"① 而且这种控制力不以有偿（交易）为必要，只要这两类主体所从事的活动具备了与社会公众接触的主动性和客观上的可能性、现实性即可。② "比如一些群众性活动的组织者，其对该活动并不具有经济利益，但其仍然应承担一定的安全保障义务。"③

五、安全保障义务对应的权利主体的界定

安全保障义务所保护的对象与安全保障义务人之间应存在某种关系。通常认为，只有在法律明确规定、合同约定或者存在先前行为的情况下，安全保障义务才得以启动。这是因为，认定责任人是否应当履行安全保障义务，必须严格把握条件，否则将使人动辄得咎，社会将陷入不安定状态。④

《民法典》第一千一百九十八条将安全保障义务的权利主体规定为"他人"，没有明确具体的范围。王泽鉴先生认为："经营旅馆饭店，开启来往交通，引起正当信赖，对于进出旅馆，利用其设施之人，包括住宿客人的访客，进入旅馆准备订约者及其他人，应注意防范危险的发生，如清除楼梯的油渍，维护电梯的安全，照明通往停车场的通道，尤其是于火灾、地震或其他事故时的通知协助。此项防范危险义务，并应及于住宿旅客的来访妻儿、亲友等。不能认为KTV失火时，仅需通知与其有契约关系的客人，而不必告知其他宾客；医院失火时，仅需通知与医院有契约关系的病人，而不必告知陪伴的妻儿；百货公司失火时，仅需通知与其订有契约的顾客，而不必通知其他逛百货公司之人。"⑤ 最高人民法院法官则将安全保障义务对应的权利主体概括为："不仅包括经营活动的消费者、潜在的消费者以及其他进入经营活动场所的人，还包括虽无交易关系，但出于合乎情理的方式进入可被特定主体控制的对社会而言具有某种

① 最高人民法院民事审判第一庭编著：《最高人民法院人身损害赔偿司法解释的理解与适用》，人民法院出版社2004年版，第115页。
② 参见最高人民法院民事审判第一庭编著：《最高人民法院人身损害赔偿司法解释的理解与适用》，人民法院出版社2004年版，第113页。
③ 最高人民法院侵权责任法研究小组编著：《〈中华人民共和国侵权责任法〉条文理解与适用》，人民法院出版社2010年版，第272页。
④ 最高人民法院民法典贯彻实施工作领导小组主编：《中华人民共和国民法典侵权责任编理解与适用》，人民法院出版社2020年版，第285页。
⑤ 王泽鉴：《侵权行为法》（第一册），中国政法大学出版社2001年版，第95页。

开放性的场所的人。如穿行地铁（地下通道）过街的行人。"① 简言之，只要是合法进入者，均受安全保障义务的保护。至于"非法进入者"，由于其行为超出了安全保障义务人的预见范围，故原则上不受安全保障义务的保护。

六、违反安全保障义务的请求权基础

关于安全保障义务的性质，民法学界存在不同的认识。一是附随义务说。此种观点认为，安全保障义务属于附随义务，安全保障义务主体与受害人订有契约，其所负有的安全保障义务依契约产生。二是法定义务说。此种观点认为，从我国立法实践来看，法律、行政法规大量地规定了各种情况下应承担安全保障义务的具体情形，而此种义务应当被视为一种法定的义务。三是竞合说。此种观点认为安全保障义务的基本性质有两种，一为法定义务，二为合同义务。事实上，这两种义务是竞合的。尽管在实践中，大量的安全保障义务既存在于侵权责任中，也存在于合同责任中，但自《人身损害赔偿解释》以来的立法和司法解释已经将违反安全保障义务的责任明确纳入侵权责任救济的范围。据此，将安全保障义务认为是一种侵权责任法层面的法定义务，较为妥当。②

安全保障义务权利主体包括消费者、潜在消费者以及其他合法进入者。就潜在消费者以及其他合法进入者而言，安全保障义务系法定义务，如安全保障义务人违反该义务的，潜在消费者以及其他合法进入者只能请求侵权损害赔偿。但就消费者而言，由于其与安全保障义务人之间存在消费合同关系，安全保障义务人承担的安全保障义务就具有双重性质，一是法定义务，二是合同义务。违反安全保障义务的，既构成侵权责任，也构成违约责任，从而发生责任竞合。对此，由赔偿权利人进行选择，选择一个最有利于自己的请求权行使，救济自己的权利。《最高人民法院公报》在江宁县东山镇副业公司与江苏省南京机场高速公路管理处损害赔偿纠纷上诉案中指出："副业公司履行了交纳车辆通行费的义务以后，即享有使用高速公路并安全通行的权利。高速公路管理处与副业公司之间因收支费用的行为而形成了有偿使用高速公路的民事合同关系。高速公路管理处在收取费用后不能及时清除路上障碍物，致使副业公司

---

① 最高人民法院民事审判第一庭编著：《最高人民法院人身损害赔偿司法解释的理解与适用》，人民法院出版社 2004 年版，第 115 页。

② 最高人民法院民法典贯彻实施工作领导小组主编：《中华人民共和国民法典侵权责任编理解与适用》，人民法院出版社 2020 年版，第 287 页。

的车辆在通过时发生事故，既是不作为的侵权行为，也是不履行保障公路安全畅通义务的违约行为。在第三人没有被追查出来的情况下，副业公司根据合同相对性原则起诉高速公路管理处，主张由没有尽到保障公路完好、安全、畅通义务的高速公路管理处先行赔偿，是合法的。"① 简言之，安全保障义务人未履行安全保障义务的，消费者既可以提起侵权之诉，也可以提起违约之诉。《最高人民法院公报》谢某星、赖某兰诉某阳城旅游池有限公司服务合同纠纷案中，虽然法院最终以违反合同附随义务为由判决经营者承担责任，但在判决书中明确承认了此类案件存在请求权竞合，受害人可以选择行使侵权请求权。② 此外，被学者称为"法院第一次适用违反安全保障义务概念作出成功判决"③的王某毅、张某霞诉上海某河宾馆赔偿纠纷案④，也以违约责任作为判决被告承担赔偿责任的依据。

七、对案例 53 的简要评析

根据《民法典》第一千一百九十八条第一款"宾馆、商场、银行、车站、机场、体育场馆、娱乐场所等经营场所、公共场所的经营者、管理者或者群众性活动的组织者……"的内容可知，安全保障义务人责任存在地理空间上的限制，即以公众为对象进行商业性经营的场所，包括为公众提供服务的场所。在司法实践中，除已列举的宾馆、商场、银行、车站、机场、体育场馆、娱乐场所等，还包括码头、公园、餐厅等，以及面向社会公众举办的参加人数较多的活动场域等。活动场域之地，往往就是公共场所或营业场所。就本案而言，其所涉及的消力池，从性质上来看，是永定河拦河闸的一部分，属水利工程设施的范畴，而非对外开放的冰场；从位置上来看，位于拦河闸下方的永定河河道的中间处；从抵达路径来看，抵达消力池的正常路径，需要从永定河的沿河河堤下楼梯到达河道，再从永定河河道步行至拦河闸下方。可以说，无论是从消力池的性质、消力池所处位置还是抵达消力池的路径看，均难以认定消力池属于公共场所。而且北京市永定河管理处也并非群众性活动的组织者，因此，法院认定原告关于北京市永定河管理处负有安全保障义务的主张

---

① 《最高人民法院公报》2000 年第 1 期（总第 51 期）。
② 《最高人民法院公报》2003 年第 6 期（总第 86 期）。
③ 参见杨立新：《侵权责任法》，法律出版社 2010 年版，第 271 页。
④ 《最高人民法院公报》2001 年第 2 期（总第 70 期）。

不成立，从而判决驳回原告的全部诉讼请求。

第二节　违反安全保障义务侵权责任的构成

一、问题的提出

违反安全保障义务的责任构成，主要涉及归责原则、违反义务的判断标准、因果关系的认定方法、责任类型等问题。先看两则案例：

案例 54：提供场地未对产品审查，应否承担过错责任 ①

被告孙某芳是某日用品经营部个体业主，该经营部系某科技集团的加盟店，被告李某系该科技集团公司销售经理。原告刘某珍曾在该经营部购买保健产品。2013 年 3 月 22 日，李某携带 3 台数码经络治疗仪至孙某芳开设的经营部进行指导。孙某芳遂联系刘某珍。在指导过程中，李某向刘某珍介绍数码经络治疗仪具有通经络的功效，并对刘某珍使用了数码经络治疗仪，即将数码经络治疗仪贴在手腕内关穴，在此过程中李某同时要求刘某珍大量饮用温白开水，后刘某珍感觉不适，并有呕吐现象。当日下午，刘某珍再次至经营部使用数码经络治疗仪并继续大量饮用温开水。晚上刘某珍又感不适，并被送至医院治疗，入院诊断为"水中毒；电解质代谢紊乱；癫痫持续状态"。2013 年 3 月 30 日，刘某珍出院，起诉至法院，要求两被告赔偿各项损失合计 39556 元。另查明，指导使用数码经络治疗仪系被告李某个人行为。

生效裁判认为，公民的健康权受法律保护。本案中，被告李某指导原告刘某珍使用未经注册的产品，在指导过程中既未明确告知刘某珍使用该产品的特殊情况和注意事项，又进行了要求刘某珍大量饮水等不恰当的指导，导致此次事故的发生，应当承担主要过错责任。被告孙某芳作为召集人和指导场地的提供者，未设立该数码经络治疗仪与其经营的产品无任何关系的区别性标志，且

---

① 详见《最高人民法院公报》2019 年第 1 期（总第 267 期）。该案裁判要旨为：经营日常生活用品的个体店主允许他人在其经营场所内从事产品宣传服务时，其作为场地提供者，应对所宣传的产品及服务的合法性、适当性进行必要的审查，若未尽此义务，造成他人损害的，应当依法承担相应的过错责任。

在此过程中提供辅助性服务，依法亦应承担相应的法律责任。根据两被告各自的过错程度，酌定由李某负担刘某珍合法损失的 65%，孙某芳负担 35%。

案例 55：刷卡进地铁站时被挤伤的民事责任由谁承担 ①

2012 年 6 月 29 日，原告高某玉携带一名免票儿童在被告地铁公司所属地铁站乘车，原告刷卡进站时腹部与进站闸机扇门接触后受伤，当日即到医院就诊。经诊断，原告系腹部闭合伤、急性弥漫性腹膜炎、回肠穿孔等疾病，施行回肠双造口等治疗。原告在医院诊治，共计住院治疗 53 天。经司法鉴定：原告构成九级伤残，护理期限以伤后 120 日为宜，营养期限以伤后 120 日为宜。原告诉请各项费用：医疗费 36362 元、护理费 12000 元、住院伙食补助费 1060 元、营养费 1800 元、交通费 800 元、残疾赔偿金 59354 元、精神损害抚慰金 10000 元。

生效裁判认为：公民的生命健康权受法律保护。本案中，被告地铁公司作为地铁站和检票闸机的管理人，应当在乘客进站乘车过程中履行相应的安全保障义务，其不仅要保证闸机的正常运行，还要对乘客进站时安全通过闸机的方式进行必要的引导，并配备相应的设施使免票乘客能够正常通行。若被告因未履行上述义务而导致乘客受伤，则应当承担相应的侵权责任。本案被告仅在票务通告中告知乘客车票使用等票务问题，但未对免票乘客及其随行人员如何安全进站进行合理的安排和管理，导致原告高某玉携带免票儿童刷卡进站时，在无法得知安全进站方式的情况下与闸机接触后受伤，故原告的受伤与被告未尽到安全保障义务存在因果关系，被告应当对原告的受伤承担相应的侵权责任。地铁闸机扇门的开合是其正常的工作原理，原告在刷卡验票后其同行儿童已经通过闸机的情况下，欲通过闸机时未仔细观察扇门的闭合情况，未尽到必要的观察和注意义务，故对其自身的损伤存在过失，也应当承担一定的责任。结合本案原、被告的过错程度等因素，法院认定被告对原告的损伤承担 70% 的责任，原告自担 30% 的责任，被告共计赔偿原告 84473 元。

上述案例涉及安全保障义务侵权责任的构成问题。试问：如何理解归责原则与过错证明？如何把握违反安全保障义务的判断标准？因果关系如何认定？

---

① 详见《最高人民法院公报》2015 年第 9 期（总第 227 期）。

二、归责原则与过错证明

对于违反安全保障义务的侵权责任究竟应当适用何种归责原则，学术界存在争议。张新宝教授主张适用过错责任原则[①]，杨立新教授则认为应当适用过错推定责任原则。[②] 最高人民法院明确指出，违反安全保障义务的侵权责任是一种过错责任。[③] 其理由在于，首先，站在解释论的立场，"无论是安全保障义务的直接责任还是补充责任，都以未尽到安全保障义务为条件。这就意味着，如果安全保障义务人尽到了安全保障义务，就可以免除责任。因此，本条规定的违反安全保障义务的侵权责任本质上是一种过错责任"。[④] "仍应由受害人一方承担安全保障义务人具有过错的证明责任。"[⑤] 其次，站在立法论的立场，"设定安全保障义务的目的在于平衡利益和分配社会正义。因此，应当清楚地认识并正确地把握好这种平衡作用的力量。在对受害人提供必要的保护的同时，不能不考虑对安全保障义务人科以过重的责任所带来的消极作用。随着现代社会经济的发展，每个人都需要与社会不断发生形式各异的交往。这些交往大多数是通过参与一定的社会活动来完成的。如果过于严格地使大量的社会活动主体不得不时常面对巨额的损害赔偿，势必极大地增加其成本与风险，那么最终受到损害的将是社会本身。这不符合侵权责任法的制度目的。"[⑥] 因此，违反安全保障义务的侵权责任适用过错责任原则，是最佳选择。

在适用过错责任原则处理违反安全保障义务的侵权纠纷时，需要注意以下两点：一是对"过错"的证明标准不应要求过高。"此类纠纷毕竟异于普通的加害侵权行为纠纷，对受害人的举证不可要求过高，受害人对安全保障义务人

---

①　张新宝：《中华人民共和国民法典侵权责任编理解与适用》，中国法制出版社 2020 年版，第 140 页。

②　杨立新：《侵权责任法》（第四版），法律出版社 2021 年版，第 327 页。

③　最高人民法院民法典贯彻实施工作领导小组主编：《中华人民共和国民法典侵权责任编理解与适用》，人民法院出版社 2020 年版，第 288 页。

④　陈现杰主编：《中华人民共和国侵权责任法条文精义与案例解析》，中国法制出版社 2010 年版，第 130 页。

⑤　最高人民法院民事审判第一庭编著：《最高人民法院人身损害赔偿司法解释的理解与适用》，人民法院出版社 2004 年版，第 105 页。

⑥　最高人民法院民事审判第一庭编著：《最高人民法院人身损害赔偿司法解释的理解与适用》，人民法院出版社 2004 年版，第 104 页。

存在疏于保障义务过错的举证只要达到一定的客观认同度就可以了。"[1] 二是对"过错"的认定应坚持"客观化"的方法。"司法实践中，被侵权人受到损害通常是义务人未尽到安全保障义务的情势证据之一，因而安全保障义务人往往需要对自己尽到了相应的安全保障义务承担主观证明责任。"[2] 换言之，"受害人在请求损害赔偿的时候，只要基于其所受损害的事实提出赔偿义务人负有符合社会一般价值判断所认同的安全保障义务（这应当是一个基础性和初步的要求），安全保障义务人则应就其已尽到与其所从事社会活动相适应的安全保障义务进行反证和抗辩。如此方能兼顾过错责任原则的适用与利益平衡。"[3]

三、违反安全保障义务的判断标准

判断安全保障义务主体是否履行了安全保障义务，可以从以下五个方面加以把握：[4]

1. 法定标准。法律、法规对于安全保障的内容有直接规定的，应当以法律、法规的规定内容作为判断的标准和依据。

2. 行业标准。在法律、法规没有明确规定的情况下，安全保障义务应当达到同行业所应当达到的通常注意义务。由于安全保障义务主体一般是某一行业的经营者、管理者，其往往具备行业要求的相关专业资质、管理能力，其对安全保障注意义务的履行应当高于对普通人的标准，即要达到与其专业管理能力相匹配的程度。比如物业管理公司对于物业周边消防安全隐患的清除，游乐场经营者对于游乐设施、特殊器材的专业维护等。

如果没有法定标准，"则应根据社会普遍公认的安全注意标准，例如行业惯例等来衡量"。[5] 在《最高人民法院公报》马某等诉某南都酒店等人身损害赔

---

① 最高人民法院民事审判第一庭编著：《最高人民法院人身损害赔偿司法解释的理解与适用》，人民法院出版社 2004 年版，第 105 页。

② 陈现杰主编：《中华人民共和国侵权责任法条文精义与案例解析》，中国法制出版社 2010 年版，第 130 页。

③ 最高人民法院民事审判第一庭编著：《最高人民法院人身损害赔偿司法解释的理解与适用》，人民法院出版社 2004 年版，第 106 页。

④ 最高人民法院民法典贯彻实施工作领导小组主编：《中华人民共和国民法典侵权责任编理解与适用》，人民法院出版社 2020 年版，第 289 页。

⑤ 陈现杰主编：《中华人民共和国侵权责任法条文精义与案例解析》，中国法制出版社 2010 年版，第 131 页。

偿纠纷案 ① 中，由于缺乏法定标准，受诉法院遂以社会生活常识作为判断标准。受诉法院在该案中指出："某南都酒店作为案涉房屋的出租人、管理者，某泰证券公司、某泰证券营业部作为在该房屋内经营证券业务的经营者，其安全保障义务只能在合理限度内履行。案涉房屋内没有通向平台的门，常人据此应当能判断窗外平台是不允许进入的。加之 207 室的窗户还有限位器限制窗户开启的幅度，正常情况下人们不可能通过窗口到达平台。就正常认知水平而言，无论是某南都酒店还是某泰证券公司、某泰证券营业部，都无法预料室内人员会动用工具卸开限位器翻窗到达平台。因此，要求某南都酒店、某泰证券公司、某泰证券营业部对 207 室窗外平台的危险性再予警示，超出了安全保障义务的合理限度。"该案例表明，在缺乏法定标准的情况下，安全保障义务应限定在合理限度范围内，该合理限度范围应当根据一般生活常识来确定。在安全保障义务人已经尽到在合理限度范围内的安全保障义务的前提下，具有完全民事行为能力的人因为自身判断错误导致损害事实发生的，后果由行为人自己承担。

3. 合同标准。尽管安全保障义务是侵权责任法层面的法定义务，但不能否认的是，如果合同约定一方负有对另一方的安全保障的义务，则安全保障义务也来源于合同的约定。因此，合同约定的标准也是判断安全保障义务人是否尽到相应义务的一种依据。如果合同仅对安全保障义务作出泛泛的约定，此时，应当以能够实现订立合同目的即以保障当事人人身、财产安全的合理标准进行解释。"安全保障义务，对义务人而言是应当承担的最基本的法定义务，是应当达到的最低要求。当事人可以自愿作出高于其标准的约定，但不得通过约定免除该安全保障义务或者降低其标准。"②

4. 善良管理人的标准。如果法律没有规定确定的标准，那么是否履行了安全保障义务，可以按照善良管理人的标准确定。在比较法上，美国侵权行为法中，对于受邀请而进入土地利益范围的人，土地所有人或者占有人应当承担的安全保障义务是要保证受邀请人的合理性安全。在法国，有判例认为，在欠缺法定的作为义务的情况下，行为人是否对他人负有积极作为的义务，应根据善良家风的判断标准加以确定。这种标准与德国法上的"交易上必要之注意"相当，都是要以交易上的一般观念，认为具有相当知识经验的人，对于一定事件

① 《最高人民法院公报》2006 年第 11 期（总第 121 期）。

② 最高人民法院侵权责任法研究小组编著:《〈中华人民共和国侵权责任法〉条文理解与适用》，人民法院出版社 2010 年版，第 274—275 页。

的所用注意作为标准，客观地加以认定。行为人有无尽此注意义务的知识和经验，以及其向来对于事务所用的注意程度，均不过问。

5. 特别标准。根据保障权利的特点和目的，在一些场合，对安全保障义务的要求应采取特殊标准。比如对于未成年人的安全保障义务，因未成年人心智发育不健全，认知和自我保护能力较弱，因此应当采用较成年人权益保护更高的标准。对于未成年人的安全保障义务，应当采取较高的标准。"如果在经营活动或社会活动领域，存在对儿童具有诱惑力的危险时，经营者或者社会活动组织者必须履行最高的安全保障义务，应当采取的保障措施包括消除危险，使之不能发生；使未成年人与该危险隔绝，令其无法接触这个危险；采取其他措施，保障不对儿童造成损害。"[1] 在《最高人民法院公报》黄某森诉广州市白云区某溪小学、广东省某茂铁路国际旅行社等人身损害赔偿纠纷案[2] 中，由于受害人是在校的小学生，受诉法院就适用了特别标准。最高人民法院指出："1800多名未成年的学生，到一个相对陌生的地点参加活动，是否会出现场面混乱，发生学生争吵、打架、追逐等情况，是否会因学生对景区内设施不熟悉、使用不当而发生事故，大量的未成年学生在一个相对集中的区域进行放风筝的活动，是否会因为缺乏经验或者其他原因，发生风筝断线失控而伤及学生或其他游客身体等情况，作为专业教育机构，某溪小学应当预见也是完全能够预见的。某溪小学本应就应当预见的事故风险采取必要的安全防范措施，但在春游开始后，某溪小学没有安排老师跟班全程陪同学生进行游览活动，对学生进行管理和保护，并对导游服务进行监督、协调，而是安排老师脱离学生在景区内进行自由活动，将学生完全交由缺乏教育、管理、保护未成年人经验的导游带领。这种安排显然违背了学校对学生应尽的管理和保护义务。"并据此判定，原告黄某森在春游活动中被风筝支架扎伤左眼，造成终身残疾，某溪小学对此具有过错，在无法查明直接侵权人的情况下，某溪小学对原告受伤的后果应承担全部责任。

四、因果关系的认定方法

在违反安全保障义务的侵权责任构成中，安全保障义务人未尽义务的行为

---

[1] 最高人民法院侵权责任法研究小组编著：《〈中华人民共和国侵权责任法〉条文理解与适用》，人民法院出版社 2010 年版，第 274 页。

[2] 《最高人民法院公报》2008 年第 9 期（总第 143 期）。

与受保护人的损害之间，应当具有引起与被引起的因果关系。不过，由于这类侵权行为属于不作为的侵权，要求受害人证明不作为行为与损害后果之间存在因果关系具有一定的难度，在多数案件中，安全保障义务违反人之不作为只是加大了损害发生的盖然性，而不具有确定性。因此，最高人民法院法官建议，应当采取假设模式，"从'如果义务人尽到了应有的安全保障义务，实施了应当实施的作为行为，损害后果是否可以减轻或者免除'的假设入手"[①]，判断是否存在因果关系。若回答是肯定的，则应认定二者之间具有因果关系，若回答是否定的，该因果关系就不存在。也有学者建议参考英美法系中的"近因关系"以及"法律上的因果关系"理论。前者当中的近因，实际上是法律规则要求加害行为与损害后果之间存在一个公平、正义的"法律上的近因"，其标准可以从相当性、可预见性、危险性以及直接结果性等方面考虑。后者关注的并非事实本身（尽管其以事实上的因果关系为前提），而是法律的规定、立法政策以及社会福利和公平正义等价值方面的要素。[②]

五、对案例 54、案例 55 的简要评析

1. 对案例 54 的简要评析

在本案中，孙某芳作为个体店主，联系刘某珍到该店接受服务，作为召集人和指导场地的提供者，其对李某在其店内进行的所谓治疗的合法性、适当性应有基本的审查义务。孙某芳不仅对李某的仪器未行审查，且提供烧水的辅助性服务，主观存在一定过错，客观上其行为与刘某珍的损害后果亦有关联，因此，法院判决让孙某芳承担次要赔偿责任。

在本案中，李某利用孙某芳提供的场所，未尽到必要的审查义务，亦违反了对顾客的人身安全保障义务，具有明显的过错，应当承担适当的赔偿责任。

2. 对案例 55 的简要评析

根据《民法典》第一千一百九十八条第一款的规定，宾馆、商场、银行、车站、机场、体育场馆、娱乐场所等经营场所、公共场所的经营者、管理者或者群众性活动的组织者，未尽到安全保障义务，造成他人损害的，应当承担侵

[①] 最高人民法院民事审判第一庭编著：《最高人民法院人身损害赔偿司法解释的理解与适用》，人民法院出版社 2004 年版，第 107 页。

[②] 关于"近因关系"以及"法律上的因果关系"理论的论述，参见张新宝：《侵权责任法原理》，中国人民大学出版社 2005 年版，第 61—62 页。

权责任。因此，安全保障义务是公共场所或公共设施管理人的一种法定义务，且依据过错责任原则承担侵权责任。安全保障义务人既要保障其管理的场所或设施的安全性，也要对在场所内活动或使用设施的人进行必要的警告、指示说明、通知及提供必要的帮助，以预防侵害的发生。地铁公司主要以自动检票闸机控制乘客的进出站，如果地铁公司未对免票乘客及其随行人员如何安全通过闸机进行合理的安排和管理，由此导致乘客在无法得知安全通行方式的情况下受伤，则应认定地铁公司作为公共场所的管理者未尽到安全保障义务，应当对乘客的损失承担相应的侵权责任。因此，生效裁判根据当事人双方的过错，认定地铁公司承担 70% 的赔偿责任。

需要特别强调的是，安全保障义务人的过错责任一般不超过受害人受到损害所造成损失的 40% 为宜。除非个案有特殊情形的，可以酌定提高。换言之，安全保障义务人承担的侵权责任要与其过错程度相匹配。

第三节　违反安全保障义务的责任承担

一、问题的提出

违反安全保障义务的侵权责任本质上是一种过错责任，应由受害人一方承担安全保障义务人具有过错的证明责任，但是对证明标准不应要求过高，受害人对安全保障义务人存在疏于保障义务过错的举证，只要达到一定的客观认同度即可。对于违反安全保障义务的判断标准，可以参照法定标准、一般标准、特别标准、约定标准分别确定。

在研究违反安全保障义务的责任承担之前，先看两则案例：

案例 56：擅自上树采摘杨梅致死的民事责任由谁承担 [①]

案涉某村为国家 3A 级旅游景区，不收门票，该村内河堤旁边栽种有杨梅

[①] 详见最高人民法院指导案例 140 号，该案裁判要点为：公共场所经营管理者的安全保障义务，应限于合理限度范围内，与其管理和控制能力相适应。完全民事行为能力人因私自攀爬景区内果树采摘果实而不慎跌落致其自身损害，主张经营管理者承担赔偿责任的，法院不予支持。

树，该村村委会系杨梅树的所有人。杨梅树仅为观赏用途，村委会未向村民或游客提供杨梅采摘旅游项目。吴某某系该村村民，其私自上树采摘杨梅不慎从树上跌落受伤。随后，村委会主任拨打120救助，在急救车到来之前又有村民将吴某某送往市区医院治疗，吴某某于摔倒当日经抢救无效死亡。吴某某子女李某某等人以村委会未尽安全保障义务为由起诉村委会承担赔偿责任共计60余万元。

生效裁判认为，安全保障义务内容的确定应限于管理人的管理和控制能力范围之内。案涉景区属于开放式景区，未向村民或游客提供采摘杨梅的旅游项目，杨梅树本身并无安全隐患，若要求村委会对景区内的所有树木加以围蔽、设置警示标志或采取其他防护措施，显然超过善良管理人的注意标准。吴某某作为完全民事行为能力的成年人，应当充分预见攀爬杨梅树采摘杨梅的危险性，并自觉规避此类危险行为。吴某某私自爬树采摘杨梅，不仅违反了该村村规民约中关于村民要自觉维护村集体的各项财产利益的村民行为准则，也违反了爱护公物、文明出行的社会公德，有悖公序良俗。吴某某坠落受伤系其自身过失行为所致，村委会难以预见并防止吴某某私自爬树可能产生的后果，不应认为村委会未尽安全保障义务。事故发生后，村委会亦未怠于组织救治。吴某某因私自爬树采摘杨梅不慎坠亡，后果令人痛惜，但村委会对吴某某的死亡不存在过错，不应承担赔偿责任。

案例 57：溜冰与逆行者相撞致伤的民事责任如何承担[①]

孔某在网上购买了某溜冰场的2小时畅玩溜冰券，于2019年12月29日前往该溜冰场滑冰。当日下午4点半左右，孔某在滑行中摔倒，被安某的冰鞋刀割伤。事发后，孔某自行前往医院手术治疗，医疗费用1.3万元。事发现场的监控视频显示，孔某在溜冰场靠近场地边缘的区域逆时针方向滑行，安某向孔某方向顺时针滑行，二人相向而行，孔某在距离安某约一个身位的距离时，突然向前摔倒，手部与安某的冰鞋刀接触受伤。当时孔某未佩戴手部护具。视频中的其他滑冰者都是逆时针滑行，安某逆时针滑行一段后，向右侧转身顺时针滑行至场地边缘区域，此时其附近的滑冰者与安某的滑行方向均相反。

生效裁判认为：该溜冰场已经在冰场的显著位置提示按指定方向滑行，安某顺时针滑行朝向在场地边缘区域逆时针滑行人群，应当意识到逆行可能给其

---

① 北京市第三中级人民法院（2022）京03民终10313号民事判决书。

他人造成危险，安某没有尽到普通人的注意义务，在主观上有重大过失。关于溜冰场是否尽到安全保障义务。结合溜冰场提交的证据及孔某、安某的质证意见，两段事发时的监控录像中，溜冰场现场秩序较为良好，并没有明显的混乱，且溜冰场又通过多种途径、方式告知入场人员滑冰具有一定的危险性，需阅读、遵守《溜冰须知》，佩戴手套等安全护具，已经尽到提醒、告知的义务。因第三人的行为造成他人损害的，由第三人承担侵权责任；宾馆、商场、银行、车站、机场、娱乐场所等经营场所、公共场所的经营者、管理者或者群众性活动的组织者未尽到安全保障义务的，承担相应的补充责任。经营者、管理者或者组织者承担补充责任后，可以向第三人追偿。自愿参加具有一定风险的文体活动，因其他参加者的行为受到损害的，受害人不得请求其他参加者承担侵权责任；但是，其他参加者对损害的发生有故意或者重大过失的除外。本案中，孔某自愿参加的滑冰是一项具有一定危险性的运动，参与该运动的人应当意识到该运动具有风险并自甘风险。然而，虽然孔某在滑冰中摔倒，但安某在逆时针滑行的人群中顺时针滑行，主观上有重大过失，其加害行为与损害结果之间存在相当因果关系，符合侵权的构成要件，应当承担本次事故的主要责任。本案结合案件具体情况，酌定孔某承担30%的责任，安某承担70%的责任。该溜冰场对于突发安全事件无完备的救助措施、必要的救护人员和物资，在履行安全保障义务上存在一定瑕疵，根据法律规定，应当承担补充责任，法院酌定其承担10%的补充责任。

上述案例中，当事人争议的焦点是安全保障义务人是否有过错，应不应该承担侵权责任。试问：在没有第三人介入情形下安全保障义务人如何承担侵权责任？在有第三人介入情形下安全保障义务人如何承担侵权责任？是否享有追偿权？

二、无第三人介入的侵权责任——直接责任

《民法典》第一千一百九十八条第一款规定："宾馆、商场、银行、车站、机场、体育场馆、娱乐场所等经营场所、公共场所的经营者、管理者或者群众性活动的组织者，未尽到安全保障义务，造成他人损害的，应当承担侵权责任。"换言之，在没有第三人侵权行为介入的情况下，安全保障义务人因违反义务导致被保护人遭受侵害的，应当自行承担赔偿责任，即自己责任。这种责任类型属于直接责任，"就是违法行为人对自己实施的行为所造成的他人人身

损害和财产损害的后果由自己承担侵权责任的侵权责任形态"。① 最高人民法院法官指出，"这种责任的构成要件是：安全保障义务人未采取能够预防或消除危险的必要措施，因而违反了安全保障义务；被侵权人因为安全保障义务人未履行义务而受到了损害；不存在第三人行为的介入，即义务人违反安全保障义务构成了损害的直接原因"。②

如《最高人民法院公报》发布的"范某生等诉淮安电信分公司淮阴区电信局、淮安市淮阴区公路管理站人身损害赔偿纠纷案"③，该案中，因道路拓宽导致电杆位于路面仅 35 厘米的路基上，且路面与路基基本持平。范某金酒后驾驶摩托车撞上路边电杆，经医院抢救无效死亡。受诉法院指出：就电信局而言，根据有关规定，在公路、公路用地范围内禁止设置电杆及其他有碍通行的设施。公路因社会发展需求拓宽后相对位移于路面的电杆必须及时移开。被告电信局作为案涉电杆的产权单位，知道也应该知道案涉电杆位于公路用地范围内，存在安全隐患，本应及时迁移，但电信局并未迁移，应承担未尽管理和注意义务而产生的相应赔偿责任。就受害人而言，范某金酒后驾车，直接导致本案损害后果的发生，对此应承担主要责任。遂判决电信局承担 40% 的赔偿责任。该案例是典型的无第三人介入的侵权责任，由于管理人未及时、主动地关注自身管理之物的变化状况，造成他人损害，故应承担直接责任。当然，考虑到受害人有过失，安全保障义务人只应在自身过失范围内承担责任，而非全额的赔偿责任。

三、有第三人介入的侵权责任——补充责任

《民法典》第一千一百九十八条第二款规定："因第三人的行为造成他人损害的，由第三人承担侵权责任；经营者、管理者或者组织者未尽到安全保障义务的，承担相应的补充责任。经营者、管理者或者组织者承担补充责任后，可以向第三人追偿。"在理解上应当认为，在第三人介入侵权的情形下，如果安全保障义务人尽到了安全保障义务的，则由第三人单独承担责任，安全保障义务人无须承担责任；如安全保障义务人有过错的，在第三人承担责任的基础之上，安全保障义务人还应承担相应的补充赔偿责任。

---

① 杨立新：《侵权责任法》（第四版），法律出版社 2021 年版，第 334 页。
② 陈现杰主编：《中华人民共和国侵权责任法条文精义与案例解析》，中国法制出版社 2010 年版，第 129 页。
③ 《最高人民法院公报》2011 年第 11 期（总第 181 期）。

补充责任的构成要件是：第一，第三人的加害行为是损害结果发生的直接原因；第二，安全保障义务主体未采取防范或制止第三人的加害行为或者防止损害后果进一步扩大的必要措施，因而未尽到安全保障义务；第三，安全保障义务主体未尽安全保障义务，客观上为损害的发生或扩大提供了便利和条件，因而在未尽安全保障义务与损害结果的发生之间建立起了间接的因果关系。[①]该条款规定的补充责任应作如下理解：

1. 是对直接责任人的补充。在安全保障义务主体的补充责任中，直接实施加害行为的第三人才是受害人所受损害的直接原因和终极原因，因此第三人应当对其行为所造成的损害承担全部责任。安全保障义务主体未尽安全保障义务的行为只是损害发生的间接原因。法律规定由安全保障义务主体承担责任，为受害人获得充分赔偿提供了另一种途径和保障，因而是一种对直接责任人的补充。"典型的补充责任形态是两个责任人之间的责任顺序问题，处于第一顺位上的责任人被称为直接责任人，相应地，处于第二顺位上的责任人被称为补充责任人。"[②]因此，认定安全保障义务违反人的责任属于第二顺位的责任，才符合补充责任的本质特征。

2. 第三人的直接侵权责任和安全保障义务主体的补充责任有先后顺序。所谓"对直接责任人的补充"，表现在责任形态上，也就是对直接责任人应当承担的法律责任的补充。在直接责任人已经承担全部赔偿责任的情况下，补充责任就会因"无从补充"而失去存在的价值。因此，将安全保障义务违反人的责任界定为第二顺位的责任，更为合理。先由第三人承担侵权责任，在无法找到第三人或者第三人没有能力全部承担赔偿责任时，才由安全保障义务主体承担侵权责任。如果第三人已经全部承担侵权责任，则安全保障义务主体不再承担侵权责任。

3. 该条款规定的补充责任有"相应的"这一限定词。[③]相应的补充责任是

---

① 最高人民法院民法典贯彻实施工作领导小组主编：《中华人民共和国民法典侵权责任编理解与适用》，人民法院出版社 2020 年版，第 291 页。

② 王竹：《论补充责任在〈侵权责任法〉上的确立与扩展适用——兼评〈侵权责任法草案〉（二次审议稿）第 14 条及相关条文》，载《法学》2009 年第 9 期。

③ 对该"相应的补充责任"，最高人民法院民一庭集体讨论的结论是"从事住宿、餐饮、娱乐等经营活动的经营者，负有安全保障义务。在经营场所内，因第三人介入导致损害结果发生的，有过错的经营者（安全保障义务人）应当承担相应的赔偿责任。但在确定该责任承担的范围时，不能动辄科以针对损害的全部赔偿责任，应视义务违反人能够防止或者制止损害的范围而定"，载《中国民事审判前沿》2005 年第 1 集（总第 1 集）。

指对于第三人没有承担的侵权责任，安全保障义务主体并非完全承担，而是在与其安全保障能力和过错程度范围内承担相匹配的补充赔偿责任。

　　在很多情况下，即使安全保障义务人竭尽全力，也无法杜绝损害后果的发生，这与公安机关无法根除违法犯罪行为同理。安全保障义务不是无限义务，而是尽可能防止损害发生或减轻损害后果的义务，安全保障义务人未履行该义务，也只应在能够防止或者制止损害的范围内承担补充赔偿责任。这意味着，安全保障义务人补充赔偿责任的总额，不是以直接侵权人应当承担的赔偿责任的总额为限，而是以其过错行为应当承担的赔偿责任总额为限。两者可能一致，例如，在安全保障义务人已尽到安全保障义务，损害结果根本不会发生的情形下，则安全保障义务人应承担的责任范围与直接侵权人应承担的责任范围完全一致。但许多情形下，安全保障义务人的赔偿责任范围要小于直接侵权人的赔偿责任范围。尤其是第三人故意犯罪致人损害的情形，犯罪者往往利用安全保障义务人在安全保障方面的缺陷达到其犯罪目的，安全保障义务人虽难辞其咎，但故意犯罪的恶劣性质所产生的恶劣后果，使两者在赔偿责任的范围上不能完全一致。此时，安全保障义务人的补充赔偿就自己责任而言，是完全赔偿，就补充直接侵权人责任而言，则不是完全赔偿。[1]

四、安全保障义务主体的追偿权

　　关于安全保障义务主体有无追偿权的问题，一直存在支持论与反对论两种观点。支持论从最佳预防效果、利益平衡原则、补充责任制度设计目的等角度证成其观点。反对论则认为，违反安全保障义务与损害后果之间存在因果关系，安全保障义务主体因自己过错承担责任理所应当，况且立法对补充责任的责任承担范围和比例进行了限定，已经考虑了与安全保障义务主体过错程度保持平衡，符合比例原则，故无必要再赋予其追偿权。[2]《民法典》侵权责任编采纳支持论的立场，明确规定了安全保障义务主体承担相应的补充责任后，可以向第三人追偿。

　　对此，《民法典》第一千一百九十八条第二款规定："……经营者、管理者

---

[1] 　何志、侯国跃主编：《侵权责任纠纷裁判依据新释新解》，人民法院出版社2014年版，第161页。

[2] 　最高人民法院民法典贯彻实施工作领导小组主编：《中华人民共和国民法典侵权责任编理解与适用》，人民法院出版社2020年版，第292页。

或者组织者承担补充责任后，可以向第三人追偿。"该规定明确增加了安全保障义务主体因第三人的侵权造成他人损害承担了补充责任后享有追偿权。立法机关认为，这既符合不真正连带责任的法理（第三人距离损害更近，属于终局责任人，安全保障义务人可以向其追偿），又有利于避免司法中的争议，为实践中出现的具体案例提供法律依据。①

五、对案例 56、案例 57 的简要评析

1. 对案例 56 的简要评析

《民法典》第一千一百九十八条第一款规定，宾馆、商场、银行、车站、机场、体育场馆、娱乐场所等经营场所、公共场所的经营者、管理者或者群众性活动的组织者，未尽到安全保障义务，造成他人损害的，应当承担侵权责任。据此，安全保障义务人包括两类：一是宾馆、商场、银行、车站、机场、体育场馆、娱乐场所等经营场所、公共场所的经营者、管理者；二是群众性活动的组织者。因此，不能盲目地扩大安全保障义务人的范围。就本案例而言，安全保障义务内容的确定应限于景区管理人管理和控制能力的合理范围之内。某村景区属于开放式景区，未向村民或游客提供采摘杨梅的活动，杨梅树本身并无安全隐患，若要求某村村委会对景区内的所有树木加以围蔽、设置警示标志或采取其他防护措施，显然超过善良管理人的注意标准。因而，某村村委会并未违反安全保障义务，无须承担侵权责任。

本案是人民法院依职权再审改判不文明出行人自行承担损害后果的案件。再审判决旗帜鲜明地表明，司法可以同情弱者，但对于违背社会公德和公序良俗的行为不予鼓励、不予保护，如果"谁闹谁有理""谁伤谁有理"，则公民共建文明社会的道德责任感将受到打击，长此以往，社会的道德水准将大打折扣。本案再审判决明确对吴某某的不文明出行行为作出了否定性评价，改判吴某某对坠亡后果自行担责，倡导社会公众遵守规则、文明出行、爱护公物、保护环境，共建共享与新时代相匹配的社会文明，取得了良好的社会效果。②

---

① 黄薇主编：《中华人民共和国民法典解读·侵权责任编》，中国法制出版社 2020 年版，第 351 页。

② 最高人民法院于 2020 年 5 月 13 日发布的《人民法院大力弘扬社会主义核心价值观十大典型民事案例》。

2. 对案例 57 的简要评析

根据《民法典》第一千一百六十五条第一款的规定，行为人因过错侵害他人民事权益造成损害的，应当承担侵权责任。第一千一百七十三条规定，被侵权人对同一损害的发生或者扩大有过错的，可以减轻侵权人的责任。第一千一百七十六条第一款规定，自愿参加具有一定风险的文体活动，因其他参加者的行为受到损害的，受害人不得请求其他参加者承担侵权责任；但是，其他参加者对损害的发生有故意或者重大过失的除外。本案中，孔某在某溜冰场靠近场地边缘的区域逆时针方向滑行，安某向孔某方向顺时针滑行，二人相向而行，孔某在距离安某约一个身位的距离时，突然向前摔倒，手部与安某的冰鞋刀接触受伤。孔某逆时针滑行，而安某顺时针滑行朝向在场地边缘区域的逆时针滑行人群，其应当意识到逆行可能给其他人造成危险，但其继续逆行，放任有可能发生的损害，没有尽到普通人的注意义务，应认定其在主观上存在主要过错，安某应当承担主要侵权责任。孔某作为完全民事行为能力人，亦应意识到滑冰系一项具有较高风险的体育活动，更应注意防范危险的发生，留意周边环境安全，增强自我保护意识，谨防摔倒受伤，孔某自身未尽谨慎注意义务亦是其遭受损害的原因。因此，法院酌定孔某承担 30% 的责任，安某承担 70% 的责任。

根据《民法典》第一千一百九十八条第二款的规定，因第三人的行为造成他人损害的，由第三人承担侵权责任；经营者、管理者或者组织者未尽到安全保障义务的，承担相应的补充责任。经营者、管理者或者组织者承担补充责任后，可以向第三人追偿。本案中，该溜冰场通过多种途径对入场人员在滑冰活动中可能面临的风险、应当遵循的规则以及为防止危险发生应采取的必要措施进行了明确提示和告知，可以认定其已经尽到提醒、告知的义务。此外，冰雪运动场所应当根据要求配备符合安全需要的救护人员、巡逻员、巡场员等安全责任人员，配备安全经营必需的救护设备和器材，该溜冰场对于突发安全事件缺乏完备的救助措施、必要的救护人员和物资，在履行安全保障义务上存在一定瑕疵，法院据此认定溜冰场承担 10% 的补充责任。

第十一章

教育机构的侵权责任

本章概要

　　教育机构的侵权责任，是指无民事行为能力人和限制民事行为能力人在教育机构的教育、教学活动中或者在其负有管理责任的校舍、场地、其他教育设施、生活设施中，由于教育机构未尽教育、管理职责，遭受损害或者致他人损害的，教育机构应当承担的与其过错相适应的侵权责任。一是教育机构对无民事行为能力人承担过错推定责任：无民事行为能力人在幼儿园、学校或者其他教育机构学习、生活期间受到人身损害的，幼儿园、学校或者其他教育机构应当承担侵权责任；但是，能够证明尽到教育、管理职责的，不承担侵权责任。二是教育机构对限制民事行为能力人承担过错责任：限制民事行为能力人在学校或者其他教育机构学习、生活期间受到人身损害，学校或者其他教育机构未尽到教育、管理职责的，应当承担侵权责任。三是教育机构对第三人侵权承担相应的补充责任：无民事行为能力人或者限制民事行为能力人在幼儿园、学校或者其他教育机构学习、生活期间，受到幼儿园、学校或者其他教育机构以外的第三人人身损害的，由第三人承担侵权责任；幼儿园、学校或者其他教育机构未尽到管理职责的，承担相应的补充责任。幼儿园、学校或者其他教育机构承担补充责任后，可以向第三人追偿。

第一节 教育机构侵权责任概说

一、问题的提出

《民法典》所规定的"幼儿园",通常是指对 3 周岁以上学龄前幼儿实施保育和教育的机构等。"学校",是指国家或者社会力量举办的全日制的中小学（含特殊教育学校）、各类中等职业学校、高等学校等。"其他教育机构",是指少年宫以及电化教育机构等。[①] 教育机构的侵权责任,是指在幼儿园、学校和其他教育机构的教育、教学活动中或者在其负有管理责任的校舍、场地、其他教育设施、生活设施中,由于幼儿园、学校或者其他教育机构未尽教育、管理职责,致使学习或者生活的无民事行为能力人和限制民事行为能力人遭受损害或者致他人损害的,幼儿园、学校或者其他教育机构应当承担的与其过错相适应的侵权责任。[②] 教育机构的侵权责任,可以分为教育机构的直接责任和补充责任。

在研究教育机构侵权责任概说之前,先看一则案例:

案例 58:幼儿在滑梯上玩耍受损,教育机构应否承担责任[③]

尚某 1 和刘某 1 事发时均不满 8 周岁,系无民事行为能力的未成年人。某书吧系个体工商户,经营者王某涛。尚某 1 和刘某 1 均系某书吧托管的孩子,某日中午,某书吧的 3 名老师带领托管的孩子到附近小区的游乐设施进行课外活动,在孩子们玩滑梯时,刘某 1 与尚某 1 相撞,致使尚某 1 从滑梯上掉下摔伤。尚某 1 诉称其被刘某 1 从滑梯上推下受伤;刘某 1 辩称其系正常滑行,尚某 1 系逆向攀爬滑梯,相撞后掉下摔伤。事发后,尚某 1 当日被送到医院就诊,

---

① 黄薇主编:《中华人民共和国民法典解读·侵权责任编》,中国法制出版社 2020 年版,第 352 页。

② 黄薇主编:《中华人民共和国民法典解读·侵权责任编》,中国法制出版社 2020 年版,第 352 页。

③ 参见辽宁省鞍山市中级人民法院（2022）辽 03 民终 3155 号民事判决书。

经诊断为右肱骨髁上骨折，医疗费用 1.5 万元。

生效裁判认为：公民的身体健康权受法律保护。侵害公民身体造成伤害的，应当赔偿所花医疗费、因误工减少的收入、残疾者生活补助等费用。无民事行为能力人、限制民事行为能力人造成他人损害的，由监护人承担侵权责任，监护人尽到监护责任的，可以减轻其侵权责任。无民事行为能力人在幼儿园、学校或者其他教育机构学习、生活期间受到人身损害的，幼儿园、学校或者其他教育机构应当承担侵权责任。本案中，侵权行为发生时，尚某 1、刘某 1 均未满 8 周岁，属于无民事行为能力人，认知能力和行为能力欠缺。某书吧作为未满 8 周岁无民事行为能力人的教育管理机构，对无民事行为能力学生的管理义务相对较高，尤其在课外活动期间，更应当全程尽到充分的管理、注意义务，及时避免和消除相应的危险，更不能以事发突然来排除其特定时间内的充分管理义务。事发时，某书吧将学生组织到书吧外的小区开放活动区，尚某 1 沿滑梯向上逆向爬行，某书吧的管理人员未能及时制止、消除危险，且活动区域系视频监控盲区，故应认定某书吧未尽到充分的管理、注意义务，对尚某 1 受到的伤害应承担赔偿责任。据此判决某书吧（经营者王某涛）赔偿尚某 1 各项费用合计 2.6 万元。

上述案例涉及教育机构的侵权责任问题。试问：如何理解教育机构承担责任的法律性质？如何理解教育机构侵权责任的归责原则？

二、教育机构承担责任的法律性质

对于教育机构承担责任的法律性质，存在不同观点：一是监护责任说。该说认为，学校与学生之间是一种监护与被监护的关系。学生由于认知能力的限制，需要有监护人对其进行教育和保护。家长将学生送到学校学习，由学校负责管理其在学校期间的学习与生活（尤其是一些完全封闭的全日制寄读学校），家长对子女的监护责任自然地转移到了学校。因此，只要学生在学校期间受到伤害，就可视情况决定学校适当地承担民事赔偿责任。二是合同责任说。该说认为，学校与学生之间应当是一种合同关系和知识传授与接受的关系。学生交纳学习费用到学校学习，学校则收取学费，履行传授知识的义务。既然是一种合同关系，则学校对学生在校期间受到的伤害是否承担责任，主要应当审查该伤害是否由学校的违约行为引起。如果是由于学校违约而导致学生受到伤害，学校当然应当承担责任，否则，学校不承担责任。三是教育关系说。该说认为，学生与学校之间是一种教育关系。根据《教育法》《未成年人保护法》的规定，学校对未成年学生负有教育、管理和保护的义务，也明确规定学校负有教育、管理、保护学生方面的义务和责任。这些规定说明，学校与学生之间既不是学校承担监护人管理义务的监护关系，也不是平等主体之间的合同关系，而是教育关系与管理、保护关系的统一。

作者认为，学校与学生之间的法律关系，大致可推定为准教育行政关系，既区别于纯粹的教育行政关系，也区别于民事法律关系，是学校对学生的教育、管理和保护的法律关系。教育、管理和保护构成这一法律关系的基本内容，学校对学生有教育、管理的权利，同时对学生有保护的义务；学生有接受教育、管理的义务，享有受保护的权利。在教育关系中，学校发生履行教育、管理和保护义务的过错，致使学生受到人身伤害，或者伤害他人，应对损害的发生承担法律责任。这种责任既有教育法的性质，也有民法的性质，应当以民事责任为主。

在民办民营学校中，双方合同中明确约定在某些情形下学校必须承担相应的违约责任时，依据其约定处理；没有约定时，应当按照义务教育学校及公立学校承担赔偿责任的规定处理。义务教育学校及公立学校与学生之间则应该是一种由法律（主要是行政法）直接规定的特殊的教育、管理及保护等权利义务关系。而在义务教育学校及公立学校应承担赔偿责任时，应该按照相关法律的直接规定处理。当然，在学校或其教师故意侵害学生的人身权利时，就会出现普通侵权责任与上述两种责任的竞合，此时可以由学生选择对其有利的责任性质来向学校主张权利。[①]

三、教育机构承担责任的归责原则

对于教育机构承担责任的归责原则，大陆法系存在不同的立法例。一种是过错推定的立法例，如德国、希腊和日本等采用该种立法例。另一种是过错的立法例，如法国、比利时和意大利等采用该种立法例。而在我国存在两种观点。一种观点认为学校对在校未成年学生应承担监护职责，或者认为未成年学生的父母将学生送到学校后，监护权发生了转移。因监护责任在我国法律中被规定为一种无过错责任，学校应承担无过错责任，即使学校没有过错，也要承担赔

---

① 何志：《侵权责任判解研究与适用》，人民法院出版社 2009 年版，第 541—543 页。

偿责任。另一种观点认为，学校与学生之间是教育与受教育的关系，学校对学生负有教育、管理和保护的职责，这也是法定义务，根本不可能存在监护职责。故学校应承担过错责任。

2003年《人身损害赔偿解释》第七条 [1] 中，教育机构承担侵权责任采用的是过错责任原则。原《侵权责任法》采取区分原则，根据未成年人的民事行为能力的不同，规定过错原则或者过错推定责任原则，《民法典》沿袭了原《侵权责任法》的上述精神，即第一千一百九十九条关于无民事行为能力人在幼儿园、学校或者其他教育机构学习、生活期间受到人身损害的，采用过错推定原则。同时，根据《民法典》第一千二百条规定，限制民事行为能力人在学校或者其他教育机构学习、生活期间受到人身损害，学校或者其他教育机构承担的侵权责任采用过错责任原则。

对于无民事行为能力人在教育机构受到损害，教育机构承担侵权责任的归责原则是过错推定原则。一方面，无民事行为能力人智力发育不成熟，对事物的认知和判断存在明显欠缺，其不能辨认或者不能充分理解自己行为的后果，对他们的保护必须强调最高的注意义务，所以，幼儿园、学校或者其他教育机构对无民事行为能力人的注意义务和责任比限制民事行为能力人要更重。另一方面，无民事行为能力人在幼儿园、学校或者其他教育机构学习、生活期间，脱离了监护人的管理范围，而他们自身认知能力欠缺，此时要让无民事行为能力人或者其监护人来证明学校的过错，对受害一方过于苛责。因此，采用过错推定原则，学校通过举证证明已经尽到了相当的注意并且实施了合理的行为就可以免责，符合公平原则。 [2]

对于限制民事行为能力人在教育机构受到损害，教育机构承担侵权责任的归责原则是过错责任原则。限制民事行为能力人在意思能力、辨别能力方面发展得更加成熟，对于危险事物也有一定的预防和控制能力。对于此类纠纷，如果仍然适用过错推定原则，对于教育机构而言责任太重，不利于平衡保护未成年人合法权益和维护教育机构的正常教学秩序和管理秩序。据此，《民法典》

---

[1] 2003年《人身损害赔偿解释》第七条规定："对未成年人依法负有教育、管理、保护义务的学校、幼儿园或者其他教育机构，未尽职责范围内的相关义务致使未成年人遭受人身损害，或者未成年人致他人人身损害的，应当承担与其过错相应的赔偿责任。第三人侵权致未成年人遭受人身损害的，应当承担赔偿责任。学校、幼儿园等教育机构有过错的，应当承担相应的补充赔偿责任。"

[2] 参见最高人民法院民法典贯彻实施工作领导小组主编：《中华人民共和国民法典侵权责任编理解与适用》，人民法院出版社2020年版，第298页。

规定教育机构承担侵权责任的归责原则为过错责任。如果限制民事行为能力人及其监护人不能举证证明学校或者其他教育机构未尽到教育、管理职责，则学校或者其他教育机构不承担侵权责任。[①]

四、对案例 58 的简要评析

《民法典》第一千一百九十九条规定，无民事行为能力人在幼儿园、学校或者其他教育机构学习、生活期间受到人身损害的，幼儿园、学校或者其他教育机构应当承担侵权责任；但是，能够证明尽到教育、管理职责的，不承担侵权责任。本案中，某书吧是从事图书阅读服务、课后托管服务的机构，刘某 1、尚某 1 均为某书吧托管的学生，在损害发生时二人均未满 8 周岁，属于无民事行为能力人。某书吧作为教育机构，应当提交证据证明在尚某 1 受伤的过程中其已尽到了教育和管理的职责，否则应对尚某 1 的损失承担侵权赔偿责任。某书吧安排入托孩子参加课外活动，其间虽派出工作人员到现场看护，但在入托孩子在滑梯上玩耍时未尽到看护职责，且在日常管理中缺乏对入托孩子的安全教育，在此情况下并不能举证证明其已尽到了教育管理职责，应当承担侵权责任。

第二节 教育机构承担侵权责任的直接责任

一、问题的提出

《民法典》第一千一百九十九条规定，无民事行为能力人在幼儿园、学校或者其他教育机构学习、生活期间受到人身损害的，幼儿园、学校或者其他教育机构应当承担侵权责任；但是，能够证明尽到教育、管理职责的，不承担侵权责任。第一千二百条规定，限制民事行为能力人在学校或者其他教育机构学习、生活期间受到人身损害，学校或者其他教育机构未尽到教育、管理职责的，应当承担侵权责任。上述规定，均明确了教育机构承担侵权责任的直接责任。

在研究教育机构承担侵权责任的直接责任之前，先看一则案例：

---

① 参见最高人民法院民法典贯彻实施工作领导小组主编：《中华人民共和国民法典侵权责任编理解与适用》，人民法院出版社 2020 年版，第 302 页。

案例 59：学生打闹致伤，教育机构应否承担赔偿责任 [①]

张某 1 与陈某 2 均系限制民事行为能力人，二人一同在王某全家中学习书法。1 月 6 日，在学习书法中途休息期间，张某 1 与陈某 2 打闹，双双倒地，张某 1 受伤。张某 1 受伤后，由陈某 2 母亲将其送回家中。后张某 1 的伤情经诊断为左侧肱骨髁上骨折，构成十级伤残。张某 1 的医疗费、残疾赔偿金等各项合理损失为 11.5 万元。

一审法院认为，本案系健康权纠纷。张某 1 与陈某 2 系限制民事行为能力人，张某 1 与陈某 2 在学习书法休息时打闹，双双倒地导致张某 1 受伤，属于《民法典》第一千二百条"限制民事行为能力人在学校或者其他教育机构学习、生活期间受到人身损害，学校或者其他教育机构未尽到教育、管理职责的，应当承担侵权责任"的情形。本案中，王某全招收学生在其家中学习书法，在课间休息期间离开学习地点到厨房倒水，未尽到管理职责，应承担相应的责任。根据《民法典》第一千一百八十八条第一款"无民事行为能力人、限制民事行为能力人造成他人损害的，由监护人承担侵权责任"的规定，结合张某 1 提供的录音证据可以认定张某 1 先将陈某 2 摔倒，后陈某 2 将张某 1 摔倒时导致张某 1 受伤，张某 1 的损失应由陈某 2 监护人承担侵权责任；张某 1 对此次事件的发生亦存在过错，其自身应承担一定的责任。综上，酌定由王某全承担 10% 的赔偿责任，由陈某 2 监护人承担 30% 的赔偿责任，由张某 1 自行承担 60% 的责任。二审法院改判为：陈某 2 监护人承担 20% 的赔偿责任，张某 1 自行承担 20% 的责任，王某全承担 60% 的赔偿责任。

上述案例涉及教育机构承担侵权责任问题。试问：如何理解教育机构承担侵权责任的直接责任？

二、教育机构承担侵权责任的直接责任的理解与适用

无民事行为能力人、限制民事行为能力人在教育机构学习、生活期间，受到人身损害，根据《民法典》第一千一百九十九条、第一千二百条的规定，强调的是"人身损害"，即指无民事行为能力人生命、健康、身体受到不法侵害造成人身伤亡，不包括无民事行为能力人遭受的财产损害。此处规定的损害不

[①] 参见吉林省白山市中级人民法院（2022）吉 06 民终 775 号民事判决书。

包括财产损害的主要考虑是，我国法律、行政法规、部门规章等规范性法律文件对教育机构的教育、管理职责主要强调的是对学生、未成年人等的人身权益的保护，如果要求学校对财产损失亦应同人身损害一般承担责任，对教育机构科以的责任太重。

幼儿园、学校及其他教育机构应当证明其已经尽到教育、管理职责，否则就应承担侵权责任。所谓教育职责，是指依法保护无民事行为能力人或者限制民事行为能力人以及避免其侵害他人的所应尽的职责，主要强调在安全防范、事故防范以及不损害他人等方面的教育。所谓管理职责，是指教育机构对与无民事行为能力人或者限制民事行为能力人的人身安全有关的事务依法应尽到的妥善管理的职责。包括建立安保制度，提供各种安全的场所设施，以及在组织的活动中尽到安全保护的义务。

在实践中，判断学校到底有没有过错，可以从两个方面具体分析：第一，现有法律法规的规定是判断学校有无过错的直接依据。主要的法律依据有：《教育法》第三十条，《教师法》第八条，《未成年人保护法》第三章"学校保护"等。如果学校违反了上述法律、法规、规章的规定，则认定学校有过错，反之则认为学校没有过错。第二，在实践中，学校主要承担了对学生的管理、教育、保护三大义务。学校是否认真履行了这三项义务，是判断学校有无过错的重要依据。

学校应当承担责任的情形有：教职员工侮辱、殴打、体罚或者变相体罚学生的；教职员工擅离工作岗位，或虽在工作岗位，但未履行职责或者违反工作要求、操作规程的；学校组织教育教学活动，未按规定对学生进行必要的安全教育的；学校组织教育教学活动，未采取必要的安全防护措施的；学校向学生提供的食品、饮用水以及玩具、文具或者其他物品不符合国家卫生、安全标准的；学校对特殊体质的学生未采取特殊保护措施的；事故发生后，学校未及时采取相应措施致使伤害扩大的；学校使用的教育教学和生活设施、设备不符合国家安全标准的；学校的场地、房屋和设备等维护管理不当的；应当由学校承担责任的其他情形。

学校不承担责任的情形有：学生自行上学、放学途中发生的伤害事故；学生擅自离校发生的伤害事故；学生自行到校活动或者放学后滞留学校期间发生、学校管理并无不当的伤害事故；学生有特定疾病或者异常心理状态，学校不知道或者难于知道，学生突发疾病后，学校及时采取了救护措施的；学生自杀、自伤，学校管理并无不当的；学生自身或者学生之间原因造成，学校管理并无不当的；学校和学生以外的第三人造成，学校管理并无不当的；教职员工在校外与其职务无关的个人行为引起的；不可抗力以及不应当由学校承担责任的其他情形。

三、对案例 59 的简要评析

根据《民法典》第一千二百条的规定，限制民事行为能力人在学校或者其他教育机构学习、生活期间受到人身损害，学校或者其他教育机构未尽到教育、管理职责的，应当承担侵权责任。王某全在家中招收限制民事行为能力的学生学习书法，因此王某全应对其招收的学生尽到安全管理职责。而王某全未能提供证据证明其对张某 1 与陈某 2 的打闹行为予以有效制止，致使张某 1 与陈某 2 双双倒地导致张某 1 受伤的后果，因此王某全未尽到管理职责，对张某 1 的损失应承担主要的赔偿责任。

嬉闹，是孩子们的天性，倒地受伤并非孩子们的"故意"所为，致残更不是孩子们所要的结局。因此，孩子们何错之有？根据《民法典》第一千一百八十八条第一款的规定，无民事行为能力人、限制民事行为能力人造成他人损害的，由监护人承担侵权责任。监护人责任是一种法定责任，是一种无过错责任。因此，二审法院结合案件具体情况，判定由陈某 2 监护人承担20%的赔偿责任，由张某 1 自行承担20%的责任，王某全承担60%的赔偿责任。

第三节　教育机构承担侵权责任的补充责任

一、问题的提出

无民事行为能力人、限制民事行为能力人在教育机构遭受第三人侵害时，教育机构是否应当承担侵权责任？对此，《民法典》第一千二百零一条规定，无民事行为能力人或者限制民事行为能力人在幼儿园、学校或者其他教育机构学习、生活期间，受到幼儿园、学校或者其他教育机构以外的第三人人身损害的，由第三人承担侵权责任；幼儿园、学校或者其他教育机构未尽到管理职责的，承担相应的补充责任。幼儿园、学校或者其他教育机构承担补充责任后，可以向第三人追偿。据此，明确了教育机构承担侵权责任——补充责任。

在研究教育机构承担侵权责任的补充责任之前，先看一则案例：

案例 60：中学生"约架"受伤，教育机构应否承担补充责任 [①]

大树公司系补习培训机构，贾某 1 与李某 1 均为该处补习学生。2021 年 4 月 1 日中午，贾某 1 因与李某 1 为下棋发生矛盾而向李某 1 "约架"，地点选择在寝室，邀同学见证。贾某 1 两次将李某 1 摔倒后要求李某 1 攻击自己，李某 1 遂上前与贾某 1 扭在一起。贾某 1 站立不稳倒地，导致右手受伤。大树公司知道后立即将贾某 1 送到医院检查并通知其监护人贾某 2。经诊断，贾某 1 右手损伤为"右桡骨远端不全性骨折"，贾某 1 因受伤自己支付医疗费 567.4 元。

生效裁判认为，贾某 1 受伤地点是在大树公司提供的学生寝室，起因是贾某 1 向同学李某 1 挑衅"约架"。作为初中生，贾某 1 对自己"约架"的行为具有判断能力，因此导致损害，贾某 1 应当承担主要责任、李某 1 承担次要责任。根据双方的行为，对贾某 1 的损失，一审法院认定贾某 1 自行承担 70%、李某 1 承担 30% 即 170.22 元。发生"约架"的时间是在中午，大树公司没有尽到监督学生休息、及时发现"约架"行为的义务。依照《民法典》第一千二百零一条的规定，无民事行为能力人或者限制民事行为能力人在幼儿园、学校或者其他教育机构学习、生活期间，受到幼儿园、学校或者其他教育机构以外的第三人人身损害的，由第三人承担侵权责任；幼儿园、学校或者其他教育机构未尽到管理职责的，承担相应的补充责任。幼儿园、学校或者其他教育机构承担补充责任后，可以向第三人追偿，大树公司应当对李某 1 承担的部分承担补充责任。

上述案例涉及第三人介入情形下教育机构如何承担侵权责任问题。试问：教育机构对第三人介入承担补充责任的法理依据如何？教育机构对第三人承担侵权责任的构成要件如何？如何确定教育机构的补充责任？

二、教育机构对第三人侵权承担补充责任的法理依据

一般认为，在违反安全保障义务的侵权行为中，违反安全保障义务的一方当事人承担的侵权责任，就是补充责任。学校作为教育机构，依法对学生实行

[①]　参见贵州省遵义市中级人民法院（2021）黔 03 民终 7852 号民事判决书。

教育、管理和保护职责，学校对学生同样存在安全保障义务，而学校对安全保障义务的违反，应当承担补偿责任。

教育机构的安全保障义务与《民法典》第一千一百九十八条所规定的一般安全保障义务相比，属于特别规定。两者区别在于：一是安全保障对象不同。教育机构安全保障义务并非针对所有类型的民事主体，而是专门针对在教育机构学习、生活的无民事行为能力人、限制民事行为能力人。二是保护的权益范围不同。教育机构的安全保障义务保护权益限于人身损害。一般安全保障义务的保护权益包括人身损害和财产损害。三是安全保障义务的内容不同。安全保障义务主要体现了对他人的注意义务。教育机构虽然负有安全保障义务，但负有的是管理职责。鉴于《民法典》第一千二百零一条规定属于安全保障义务的特别规定，根据特别法优于一般法的法律适用原则，当无民事行为能力人、限制民事行为能力人在教育机构因第三人侵权遭受人身损害时，应当适用本规定。[①]

三、教育机构因第三人侵权承担责任的构成要件[②]

1.教育机构以外的第三人实施直接侵权行为。教育机构以外的第三人不包括在教育机构学习、生活的无民事行为能力人或限制民事行为能力人，也不包括教育机构教职员工。除了与学校等教育机构存在雇佣关系、劳务关系或者教育、管理和保护关系的人之外的人，是本条规定的第三人。第三人对在教育机构学习、生活的无民事行为能力人、限制民事行为能力人实施侵权行为，是损害发生的直接原因，该第三人是直接侵权人。

2.无民事行为能力人、限制民事行为能力人在教育机构学习、生活期间人身权益受到损害。损害必须是在教育机构学习和生活期间所遭受的人身损害。其一，遭受损害的受害人必须是在该教育机构接受学习教育的无民事行为能力人或者限制民事行为能力人。其二，受害人必须是在该教育机构学习、生活期间遭受损害。其三，本法规定的损害即只限于无民事行为能力人、限制民事行为能力人的人身损害，不包括财产损失。

---

① 参见最高人民法院民法典贯彻实施工作领导小组主编：《中华人民共和国民法典侵权责任编理解与适用》，人民法院出版社 2020 年版，第 304—305 页。

② 参见最高人民法院民法典贯彻实施工作领导小组主编：《中华人民共和国民法典侵权责任编理解与适用》，人民法院出版社 2020 年版，第 305—306 页。

3. 教育机构未尽到管理职责。教育机构对因第三人的原因引起侵权行为没有尽到管理职责，主要表现为教育机构不作为。对于学校等教育机构而言，作为的义务来源主要有两个：一是当事人的约定，例如私立幼儿园或者全日制幼儿园与入托儿童家长之间的特别约定；二是法律的规定，如前所述，根据法律、行政法规、部门规章的相关规定，教育机构对无民事行为能力人、限制民事行为能力人应当承担相应的教育、管理职责，这些职责有的时候表现为对无民事行为能力人、限制民事行为能力人的保护义务。需要说明的是，关于教育机构未尽管理职责的举证责任的问题，是统一适用过错原则还是采取区分原则，《民法典》第一千一百九十九条、第一千二百条所规定的学校等教育机构的举证责任，对无民事行为能力人和限制民事行为能力人作出了区别对待。在第三人侵权时，学校等教育机构是否尽到管理职责的举证责任需考虑的因素与前述条款并无二致，在无民事行为能力人被第三人侵害场合，学校等教育机构未尽管理职责的证明责任应当由教育机构承担。在限制民事行为能力人受第三人侵害的场合，教育机构未尽管理职责的证明责任应当由原告承担。

4. 学校等教育机构的行为与损害后果之间存在因果关系。应当看到，在学校等教育机构承担责任的情形中，第三人实施了直接侵害行为，而学校等教育机构实施的是间接侵害行为，间接侵害行为是直接侵害行为造成损害后果的条件。因此，在因果关系上，应当着眼于学校等教育机构尽到了应尽的管理职责、实施了其应当实施的作为义务是否可以避免或者减轻损害后果的角度作出判断。这就需要综合损害发生的时间、地点，学校等教育机构采取避免损害发生措施的充分性、必要性等因素综合考虑。

四、教育机构补充责任的实现顺序

根据《民法典》规定，因第三人的行为造成无民事行为能力人或限制民事行为能力人人身损害，首先应当由实施了直接侵权行为的第三人承担责任。如果教育机构没有尽到管理职责，应承担相应的补充责任。

教育机构承担相应的补充责任，意味着应当先由实施了直接侵权行为的第三人承担责任，如果无法查明第三人或者第三人没有足够的赔偿能力，教育机构应当在第二顺位承担补充责任。此外，"相应的"意味着教育机构补充责任比例应根据其过错程度确定，在该比例范围内，最终确定补充责任的范围。

按照过错责任原则的基本含义，侵害未成年人人身的行为是由教育机构之外的第三人进入学校或者在学校组织的校外活动中造成的，第三人应对自己的过错行为承担赔偿责任，这应该是一个基本原则。因为，在校园伤害事件中，实施积极加害行为的是第三人，学校仅是违反了职责范围内的安全保障义务而在一定程度上给予了第三人以可乘之机。所以，从过错程度上来看，第三人的过错明显要重于学校，其理应对损害结果承担直接责任和终局责任，第三人有能力赔偿时，则不存在学校的补充赔偿问题。

如果因为学校没有尽到职责范围内的安全注意义务，履行教育、管理、保护职责不到位，给实施侵权的第三人以可乘之机，使得针对未成年学生的加害行为发生并产生一定的损害后果，学校应承担补充赔偿责任。学校承担补充责任的范围，应当与其尽到职责范围内的教育、管理、保护义务能够防止或制止的损害范围相一致。另外，当赔偿义务人赔偿能力不足时，则由学校在赔偿义务人应承担的赔偿责任范围内补充赔偿。当然，具体补充赔偿的数额大小则由法官权衡案件整体情况自由裁量。

在一定情况下，人身受到损害的未成年学生有权向直接实施侵权行为的第三人主张权利，也有权向学校主张赔偿权利。但学校的这种责任是一种补充赔偿责任，不是连带责任。换言之，在不能确定直接侵权的第三人或者直接侵权的第三人没有能力承担赔偿责任时，学校有义务承担补充赔偿责任，但这种补充赔偿责任则成为一种替代责任。

五、对案例 60 的简要评析

根据《民法典》第一千二百零一条的规定，无民事行为能力人或者限制民事行为能力人在幼儿园、学校或者其他教育机构学习、生活期间，受到幼儿园、学校或者其他教育机构以外的第三人人身损害的，由第三人承担侵权责任；幼儿园、学校或者其他教育机构未尽到管理职责的，承担相应的补充责任。幼儿园、学校或者其他教育机构承担补充责任后，可以向第三人追偿。在本案中，事发时贾某 1 已经是初中学生，具有一定的认识、辨别和控制能力，但贾某 1 对李某 1 存在"约架"的行为，其主观上存在明显的过错，法院判令贾某 1 自身承担主要责任并无不当。由于贾某 1 受伤系由大树公司之外的第三人造成，大树公司对李某 1 承担的部分承担补充责任，也是正确的。

第十二章

产品责任

本章概要

　　产品责任是产品存在缺陷发生侵权，造成他人损害，生产者、销售者等所应当承担的侵权责任，而不是指合同中的产品质量不合格的民事责任。"缺陷"并非指产品有瑕疵，而是指产品质量不好达到危害人民生命和财产安全的程度。[①]

　　《民法典》侵权责任编第四章"产品责任"，共计七个条文，主要规定了生产者、销售者、运输者、仓储者及第三人等承担产品责任的归责原则及侵权责任，被侵权人的索赔途径、先行赔偿人的追偿权，被侵权人有权要求生产者、销售者承担侵权责任，对已投入流通后发现缺陷产品的警示、召回等补救措施即侵权责任，故意生产、销售缺陷产品的惩罚性赔偿等。

---

　　① 黄薇主编：《中华人民共和国民法典解读·侵权责任编》，中国法制出版社2020年版，第364页。

第一节　产品责任的归责原则

一、问题的提出

产品责任，是指产品存在缺陷发生侵权，造成他人损害，生产者、销售者等所应当承担的侵权责任，而不是指合同中的产品质量不合格的民事责任。"缺陷"并非指产品有瑕疵，而是指产品质量不好达到危害人民生命和财产安全的程度。[①] 所谓产品责任的归责原则，是指产品损害事故发生后，法律是以行为人的主观过错还是以发生的客观损害事实作为价值判断标准从而确定行为人是否承担赔偿责任和承担怎样的赔偿责任。简单地说，就是据以确定行为人主观过错是否为产品责任构成要件的原则。[②] 产品责任的归责原则是产品责任构成要件的前提和基础，其贯穿于产品责任法的始终，是解决产品责任问题的重要理论依据。

在研究产品责任的归责原则之前，先看一则案例：

案例 61：厨房燃气爆炸，燃气公司应否承担民事责任 [③]

2015 年 7 月 11 日 13 时 6 分，南京市某小区五号楼 207 室厨房内发生爆燃事故，原告张某梅在做饭过程中被爆燃气体烧伤，送往医院急诊，并于同日住院治疗，入院诊断为：全身多处火焰烧伤 60%TBSA Ⅱ—Ⅲ度，吸入性损伤，住院期间行"双侧小腿清创植皮＋头皮左下肢取皮术"，住院 53 天后于 2015 年 9 月 2 日出院。事故发生后，消防大队于 2015 年 7 月 17 日前往火灾现场勘验，并出具火灾事故认定书认定："此次火灾起火部位位于 207 室厨房灶台处，起火原因为大量泄漏的可燃气体与空气混合形成爆炸性混合物，遇激发能源引

[①]　黄薇主编：《中华人民共和国民法典解读·侵权责任编》，中国法制出版社 2020 年版，第 364 页。

[②]　涂昌波：《产品责任的法律界定》，载《法学》1995 年第 2 期。

[③]　详见《最高人民法院公报》2019 年第 9 期（总第 275 期）。该案裁判摘要为：燃气经营企业仅以发放用户手册等方式进行安全风险的书面告知，而未能在发现安全隐患后作出具体、明确的警示，以保证消费者清楚认知到危险的存在从而避免危险后果发生的，应就未积极履行安保义务所导致的消费者的损害后果承担侵权责任。

发爆燃。"原告方申请司法鉴定，鉴定意见为：致残程度评定为八级；被鉴定人张某梅伤后的误工期为 180 日，护理期为 90 日，营养期为 90 日。

生效裁判认为：在本案中，爆炸确系由于液化石油气罐中的液化石油气泄漏造成，而非被告某华公司提供的天然气泄漏所致。燃气经营企业不仅应当向燃气用户持续、稳定、安全供应符合国家质量标准的燃气，指导燃气用户安全用气，并对燃气设施定期进行安全检查，还应当建立健全燃气安全评估和风险管理体系，发现燃气安全事故隐患的，应当及时采取措施消除隐患。与原告张某梅相比，对于在同一室内同时存放和使用两种独立气源的安全风险，某华公司显然具备更强的判断能力，故其应当承担与该种判断能力相匹配的安全保障义务。同时，某华公司向用气人发放客户使用手册的行为，虽然能够证明其已履行了作为燃气经营企业的告知义务，但在发现罐装液化石油气后，某华公司未能采取进一步的措施防范事故的发生，存在一定的过错。被告某华公司未能尽到充分的安全保障义务，综合全案事实结合张某梅合理损失 455702 元，酌定某华公司承担 15% 的赔偿责任，即赔偿原告张某梅 68355 元。

上述案例涉及产品责任问题。试问：如何理解产品责任？如何理解产品责任归责原则？产品责任与产品质量有何不同？

二、产品责任概说

根据《产品质量法》第二十六条的规定，生产者应当对其生产的产品质量负责。产品质量应当符合下列要求：（1）不存在危及人身、财产安全的不合理的危险，有保障人体健康和人身、财产安全的国家标准、行业标准的，应当符合该标准；（2）具备产品应当具备的使用性能，但是，对产品存在使用性能的瑕疵作出说明的除外；（3）符合在产品或者其包装上注明采用的产品标准，符合以产品说明、实物样品等方式表明的质量状况。该条款对产品质量规定了三项要求，不符合要求的为不合格产品，因产品质量不合格而引起的责任称为产品质量责任。产品质量责任，又称产品责任[①]，是指因产品质量不符合国家的

[①] 产品责任这一概念有广义与狭义两种理解，广义的理解既包括产品有缺陷致人损害所应承担的民事责任（侵权责任），也包括产品质量不合格所引起的不适当履行合同的责任（违约责任）；狭义的理解仅指侵权责任。参见张新宝：《侵权责任法原理》，中国人民大学出版社 2005 年版，第 385 页。

有关法规、质量标准以及合同规定的产品适用、安全和其他特性的要求，给用户造成损失后，由产品的生产者和销售者所承担的民事责任。这里的损失既包括不合格产品对用户的经济效益的影响，也包括不合格产品给用户及他人的人身和财产造成的损害。因此，这种民事责任既包括了违反合同的民事责任，即产品质量违约责任，又包括了因产品质量问题而引起的一种特殊的损害赔偿责任，即产品质量侵权责任。

由于产品质量侵权责任造成他人财产、人身损害的，行为人还可能承担行政或刑事责任，但这并不是说产品质量侵权责任同时也是行政责任和刑事责任；只有在侵权行为确实给他人造成财产损失时，行为人才负财产内容的民事责任。而产品质量违约责任是基于合同关系发生的，是一种财产责任，产品质量违约责任则只要有一方违约，不论是否已给对方造成经济损失，都要承担民事责任。承担的方式如继续履行合同、支付违约金等都具有财产内容。

我国民法学者一般认为产品责任是一种特殊的侵权责任。[1]作者持赞同意见。产品责任作为一种特殊侵权责任，具有两层含义：（1）它是一种侵权责任而不是一种违反合同的责任。我国的产品责任是独立于违约责任的一种侵权责任。它不以加害人与受害人之间存在合同关系为前提，而是基于产品缺陷造成他人损害这一事实而产生的，它是对法律（或者说法定义务）的直接违反而产生的法律责任。因此，无论是与缺陷产品的生产者或销售者有直接合同关系的消费者、用户，还是其他第三人，因使用缺陷产品造成人身伤害或财产损失，受害人均可要求赔偿。（2）它是一种特殊侵权责任而不同于其他一般侵权责任，其特殊性主要表现在归责原则的适用方面。普通侵权责任适用过错责任原则，而作为特殊侵权责任的产品责任，则大多适用无过错责任或者严格责任的归责原则，受害人无须证明加害人有无过错，而只需要证明产品的缺陷、损害、有缺陷的产品之使用与损害之间的因果关系。

在产品侵权责任中，最重要的是确定承担责任的主体问题。在产品侵权责任中，第一位的责任主体就是生产者和销售者。依各国通例，是依照受到缺陷产品损害的受害人的主张确定。受害人可以起诉生产者，也可以起诉销售者。销售者和生产者只要被起诉，不论其是不是产品中缺陷的形成之人，只要消费者取得的产品确实存在缺陷，那么被起诉的一方就应当承担侵权民事责任。因此，受害人可以向产品的生产者要求赔偿，也可以向产品的销售者要求赔偿。

---

[1] 参见王利明：《侵权责任法研究》（第二版），中国人民大学出版社2016年版，第218页。

产品侵权责任的最终承担者，应当是产品缺陷的造成者，若产品缺陷是由生产者造成的，销售者承担赔偿责任后，有权向生产者追偿；若产品缺陷是由销售者造成的，生产者承担赔偿责任后，有权向销售者追偿。造成损害的产品存在缺陷，有时候也可能是由运输者或者仓储者的行为导致的。根据过错原则，行为人必须对自己的过错产生的损害负责，因此针对运输者和仓储者的行为造成的产品缺陷导致的他人人身、财产损失，损害赔偿的责任就最终地要由运输者或者仓储者承担。为了充分保护受害人的利益，在此时，其仍然可以起诉生产者或销售者，生产者、销售者承担赔偿责任后，可以再向有过错的运输者、仓储者行使追偿权。

若数人生产的同类产品因缺陷造成损害，不能确定致害产品的生产者的，就构成了共同危险行为。按照共同危险行为的规则，应当由生产这种产品的数人承担连带责任。但是，产品致害的情况与一般的共同危险行为不同，按照各自产品在市场份额中所占的比例承担侵权责任比较合理。所谓市场份额责任，就是在决定每一个生产商所应承担的责任时，根据一定时期内各个生产商投入市场的某种产品的数量与同种产品的市场总量之比例来确定。

《产品质量法》与《民法典》的关系。《产品质量法》的第二章、第三章、第五章属于公法，第四章属于私法。第四章第四十一条至第四十六条关于严格产品责任的规定，与《民法典》侵权责任编规定的"产品责任"，属于特别法与普通法的关系。按照特别法优先适用的原则，法院裁判产品责任案件应当优先适用《产品质量法》的规定。

《产品质量法》与《消费者权益保护法》的关系。《消费者权益保护法》包括三部分：消费者政策法；消费者合同法；消费者安全法。《产品质量法》是消费者安全法的重要部分。其目的和任务是通过确保产品质量以保障消费者人身安全，救济因产品缺陷导致人身安全遭受损害的消费者，制裁生产销售不合格产品的违法行为人。

三、产品责任归责原则的发展过程

在现代社会，经济得以长足发展，在科技进步、工商业繁荣、人们充分享受现代社会文明成果的同时，各种产品致害案件日渐增多。对产品责任的归责原则，各国和地区经历从合同责任到过失责任，再发展到现在的无过错责任的过程。

1. 产品制造者的责任。即因产品存在缺陷造成他人人身、缺陷产品以外的其他财产损害的，由生产者承担赔偿责任。1932年英国上议院在多诺霍诉史蒂文森案[①]中确立了一个原则，即制造商对有缺陷的产品造成的损害承担过错责任。在该原则适用一段时间后，弊端逐渐显现，过错责任要求受害人承担较重的举证责任，而受害人要想证明生产者生产存在过错是非常困难的。为了进一步保护消费者的利益，从20世纪70年代开始，英国司法大臣、法制委员会等立法部门开始对产品责任制度进行反思，不断提出改进建议或者提出研究报告，尝试在产品责任领域建立无过错责任原则。尽管无过错责任原则的适用在当时的英国立法界尚存争议，但在司法实践中，该原则已经得到了普遍适用。现在，各国立法都规定产品制造者的责任为无过错责任。《欧共体产品责任指令》(85/374号)第1条规定："生产者对因其产品的缺陷造成的损害应承担赔偿责任。"《日本制造物责任法》第3条规定："制造业者等……因其所交付之物的缺陷损害他人的生命、身体或财产时，对所生损害承担损害赔偿责任。"我国《产品质量法》第四十一条也作了类似规定。

2. 销售者的责任。在20世纪之前，对标的物品质的担保是一种明示的担保，该种担保责任的基础是双方当事人之间的明确约定，即产品的销售者应当向消费者作出承诺，产品质量符合说明或陈述时所承诺的标准，若不合格，消费者可以请求退货或赔偿；后来，明示担保发展为默示担保，表现为对于交付标的物的合同履行行为，不论债务人是否作出明示担保，都应承担标的物的瑕疵担保责任，即使当事人之间无合同约定，也不能免除和限制这种义务，如果其出售的产品造成了使用人的人身和财产损害，销售者应负违反担保的责任。但是，若将产品责任限定为一种违约担保责任，其保护范围则仅限于与出卖人有契约关系的使用人，这样会对第三人不利。《美国统一商法典》第2章第318条对担保的保护范围作了扩展："如果能合理地认为买者的亲属、家庭佣人或客人等自然人将会使用、消费出售的产品或受到这些产品的影响，那么卖者明示或默示的担保应扩大到这些人。"但如果缺陷产品的使用造成了上述主体之外的人受到伤害，出卖人是否应承担责任？《美国侵权行为法重述》第402A

---

① 1928年8月26日，多诺霍偕其友到苏格兰一家咖啡馆，其朋友为其购买了一瓶姜汁啤酒，侍者为多诺霍倒酒时，因酒瓶是不透明的，多诺霍并未发现有什么异样，仍放心饮用。其后，当其朋友再为其添酒之际，突然浮出腐败的蜗牛躯体。多诺霍看到这些，想到刚才所饮的不洁之物，深感震惊，随即便昏厥过去，而且还得了严重的胃肠炎，使其健康蒙受损害。于是她起诉生产者史蒂文森要求赔偿损失。

条就上述问题作出了回答，即使产品的使用人或消费者未向销售者购买该产品，或者未与销售者缔结任何契约关系，销售者仍应就产品的缺陷情况最终致使用人或消费者或其财产受到的实体伤害承担责任。可以认为，产品责任的性质从违约责任逐渐发展为侵权责任，该种责任形式的出现扩大了赔偿权利人的范围，若缺陷产品造成了第三人的损害，第三人就可以通过提起侵权损害赔偿保护自己的权益。

四、产品责任的归责原则

我国法律历来重视产品责任。原《民法通则》第一百二十二条规定，因产品质量不合格造成他人财产、人身损害的，产品制造者、销售者应当承担侵权责任。运输者、仓储者对此负有责任的，产品制造者、销售者有权要求赔偿损失。《产品质量法》第四十一条第一款规定，因产品存在缺陷造成人身、缺陷产品以外的其他财产损害的，生产者应当承担侵权责任。第四十二条第一款规定，由于销售者的过错使产品存在缺陷，造成人身、他人财产损害的，销售者应当承担赔偿责任。

《侵权责任法》制定过程中，对于产品责任应采用何种归责原则，有较大争议：无过错责任原则、过错责任原则、过错推定原则，以及既适用无过错责任原则也适用过错责任原则，以无过错责任原则为主。《侵权责任法》最终采用了无过错责任原则作为归责原则。[1]《民法典》侵权责任编第一千二百零二条规定："因产品存在缺陷造成他人损害的，生产者应当承担侵权责任。"显然，对于生产者来说，其承担无过错责任。

对于销售者来说，其承担过错责任还是无过错责任，存在争议。有观点认为，应采用过错责任原则，有观点认为，应采用无过错责任原则。其实，《民法典》第一千二百零三条规定："因产品存在缺陷造成他人损害的，被侵权人可以向产品的生产者请求赔偿，也可以向产品的销售者请求赔偿。产品缺陷由生产者造成的，销售者赔偿后，有权向生产者追偿。因销售者的过错使产品存在缺陷的，生产者赔偿后，有权向销售者追偿。"该条规定确立的并非销售者责任的归责原则，而是销售者与生产者内部分担规则，从归责原则上看，销售

者承担的是无过错责任。[①] 根据《民法典》第一千二百零四条的规定，因为第三人的原因使产品存在缺陷，造成他人损害的，销售者仍然应当对受害人承担侵权责任。因此，第三人的原因不能成为销售者免除责任的事由，充分体现了销售者对产品责任承担无过错责任。

五、产品责任与产品质量的区别

产品责任的发生必须以缺陷产品的存在为前提，而产品缺陷多因产品质量引起。产品责任与产品质量既有关联，更有不同：

1. 调整的法律关系不同。产品质量关系包括两个方面：一是产品质量监督管理关系。即各级产品质量监管部门与生产者、销售者之间在产品质量监督管理活动中产生的管理与被管理的关系。二是产品质量责任关系。即生产者、销售者与消费者之间在产品质量方面的权利义务关系及由此产生的责任等方面的关系。产品责任法律关系仅包括后者，即生产者、销售者与消费者之间产生的法律关系。

2. 纠纷类型不同。产品质量纠纷涉及类型广泛，包括一切因为产品质量问题而产生的纠纷类型，如在经济往来中发生的合同纠纷，因产品质量问题发生的侵权纠纷，以及因产品质量而发生的行政纠纷。产品责任纠纷一般认为属于侵权纠纷。

3. 产品危险性不同。构成产品责任以产品具有缺陷为前提，而产品质量并无此要求。在司法实践中，涉及产品质量和产品责任纠纷中，常见的关于产品危险性的描述性词语有：产品质量不合格、产品缺陷、产品瑕疵等。[②]

六、对案例 61 的简要评析

在本案中，爆炸并非由于被告某华公司所安装的设备及某华公司的供气行为所引起，但并不必然得出某华公司无须承担任何责任的结论。安全保障义务是安全保障义务人负担的保障他人人身安全和财产安全的注意义务。义务人应

---

① 立法机构认为，生产者和销售者承担产品责任的原则是不同的，生产者承担无过错责任，销售者承担过错责任。黄薇主编：《中华人民共和国民法典侵权责任编释义》，法律出版社 2020 年版，第 122 页。

② 唐柏树、龙翼飞主编：《侵权责任法审判前沿问题与案例指导》，中国法制出版社 2011 年版，第 216 页。

当遵守法律规定、行业规范以及当事人之间的约定，尽到谨慎的注意义务，在合理的限度范围内避免损害的发生或者降低损害发生的可能性。在判断义务人在何种限度内承担安全保障义务时，要考虑义务人预防、控制损害的能力，在能力范围内能够预见及避免的危险，安全保障义务人应当尽力避免、加以控制，否则便存在过错。本案中，首先，经消防大队勘验，事发现场橱柜内的液化石油气所接软管通至灶台下方的橱柜内，软管呈现开放状态。某华公司作为安装燃气管道和燃气器具的专业性公司，在从事上述安装、验收服务过程中，理应发现该用户厨房内原先使用的罐装液化石油气。与原告张某梅相比，对于在同一室内同时存放和使用两种独立气源的安全风险，某华公司显然具备更强的判断能力，故其应当承担与该种判断能力相匹配的安全保障义务。其次，某华公司向用气人发放客户使用手册的行为，虽然能够证明其已履行了作为燃气经营企业的告知义务，但在发现罐装液化石油气后，某华公司未能采取进一步的措施防范事故的发生。法院认为，某华公司虽无权将液化石油气罐收走或者移到户外，但至少可以做到将液化石油气罐移出原存放点或者在灶具附近加贴明显的警示标志，用这一类的行为向包括户主在内的任何潜在的使用厨房的人明示，液化石油气罐已不能正常使用，至少引起他人警醒。[1]

第二节　产品责任的构成要件

一、问题的提出

由于《产品质量法》对产品质量侵权责任采取了无过错责任原则和过错责任原则的二元归责原则，作为无过错责任原则的构成要件包括：产品存在缺陷；造成损害后果；产品缺陷与损害之间存在因果关系。作为过错责任原则的构成要件，除前三个要件之外，还应当包括导致产品缺陷是由销售者的过错所致。

研究产品责任的构成要件之前，先看一则案例：

---

[1] 详见《最高人民法院公报》2019 年第 9 期（总第 275 期）。

案例 62：原告车辆受损能否证明系被告油品质量所致 ①

2017 年 11 月 3 日，原告驾驶其所有的轿车至被告加油站加油，被告工作人员加了 430 元的 95 号汽油。该车在加油使用几天后，车辆仪表上废气监控灯报警。同月 22 日原告将该车送至某公司检测。经检测，发现该车发动机电子设备中有 PO42000：尾气催化净化器系统、汽缸列 1 作用过低的故障存储；三元催化器、氧传感器、火花塞表面有不明白色物质。经分析判断，上述故障因白色物质与发动机工作时的燃烧有关。维修人员口头告知上述故障可能系加了不合格汽油造成，建议原告更换三元催化器、火花塞、氧传感器、喷油嘴并清洗油箱。后对该车进行维修，共计 17 天，原告支出维修费 28743 元。在该车维修期间，原告支付小汽车替代使用租金 13600 元。

生效裁判认为：原告主张其于 2017 年 11 月 3 日驾驶轿车至被告加油站加油的事实成立。原告提交的车辆维修《诊断证明》载明："三元催化器、氧传感器、火花塞表面有不明白色物质。据此判断白色物质与发动机工作时的燃烧相关。"由此，可确认原告车辆受损部位与汽油的质量高度关联。另产品质量监督检验研究院出具的《检验报告》证实：从被告处提取并送检的 95 号汽油样品经检验不合格，结合同一时段有多名消费者（含原告）针对油品问题投诉被告加油站，依据民事诉讼高度盖然性的证明标准，认定原告车辆受损与被告向其出售的油品不合格之间存在因果关系。被告虽对此不予认可，但未提交充足的证据予以反驳。据此判决被告返还原告加油费 430 元，并赔偿车辆维修费 28743 元。原告主张的租车费 13600 元，并非原告因车辆受损必然造成的损失，不予支持。

上述案例涉及加油站的油品质量问题，进而引发产品责任纠纷。试问：如何理解产品责任的构成要件？

---

① 详见《最高人民法院公报》2020 年第 12 期（总第 290 期）。该案裁判摘要为：消费者主张因购买缺陷产品而导致财产损害，但未保留消费凭证的，法院应结合交易产品及金额、交易习惯、当事人的陈述、相关的物证、书证等证据，综合认定消费者与销售者之间是否存在买卖合同关系。在此基础上，依据民事诉讼证明标准和民事诉讼证据规则，合理划分消费者和销售者的举证责任。如果产品缺陷与损害结果之间在通常情形下存在关联性，可认定二者之间具有因果关系。

二、产品责任构成要件——产品存在缺陷

就产品侵权责任而言，不论是制造者的责任还是销售者的责任，都与缺陷产品相关，因此，如何界定"缺陷产品"至关重要。《产品质量法》第四十六条规定："本法所称缺陷，是指产品存在危及人身、他人财产安全的不合理的危险；产品有保障人体健康和人身、财产安全的国家标准、行业标准的，是指不符合该标准。"关于产品，《产品质量法》第二条第二款作了规定："本法所称的产品是指经过加工、制作，用于销售的产品。"可以认为"经过加工制作"和"进入流通领域"是构成产品必备的两个条件，未经过加工制作的自然物或不能进入流通领域的，不是产品。缺陷产品可以分为设计缺陷、制造缺陷和使用说明或警示缺陷。设计缺陷是指具体产品的产生符合设计意图，但设计本身存在安全性能的不合理；制造缺陷是指与该产品的设计意图相背离的物理状况[1]，主要表现为产品不符合其应具备的性能、用途等，一般而言，产品制造缺陷的出现是个别现象；使用说明或警示缺陷是指由于产品制造者对产品的使用或危险没有作出必要的说明与警告，对使用者构成不合理危险。根据该规定，认定产品缺陷的方法有：

1. 不合法。产品不符合有关保障人体健康和人身、财产安全的国家标准或行业标准的，即可被认定为有缺陷。但是，反过来并不成立，或者说，产品的合法性并不意味着产品没有缺陷。最高人民法院在东莞市某海海运有限公司与舟山市某陀螺金船舶修造有限公司、常州市某特涂料有限公司因船舶修理损害赔偿纠纷一案[2]中指出，《产品质量法》关于生产者的产品质量责任和义务作出规定：易碎、易燃、易爆、有毒、有腐蚀性、有放射性等危险物品以及储运中不能倒置和其他有特殊要求的产品，其包装质量必须符合相应要求，依照国家有关规定作出警示标志或者中文警示说明，标明储运注意事项。国务院《危险化学品安全管理条例》第十五条第一款规定："危险化学品生产企业应当提供与其生产的危险化学品相符的化学品安全技术说明书，并在危险化学品包装（包括外包装件）上粘贴或者拴挂与包装内危险化学品相符的化学品安全标签。化学品安全技术说明书和化学品安全标签所载明的内容应当符合国家标准的要

---

[1]　许传玺主编：《侵权法重述第三版：产品责任》，肖永平等译，法律出版社2006年版，第2页。

[2]　参见最高人民法院〔2008〕民提字第59号民事判决书。

求。"国家技术监督局批准的《化学品安全技术说明书编写规定》《化学品安全标签编写规定》两个国家标准专门对化学品安全技术说明书、化学品安全标签应当具备的格式和内容作出了详细规定。涂料公司在产品说明书中的"施工注意事项及安全措施"表明了产品的易燃易爆性,并详细记载了保持有效通风及防火防爆等防范事故发生的具体措施,但是涂料公司没有按照前述规定,在其生产的案涉油漆上作出充分的警示标志和警示说明。其在产品说明书中记载的警示内容所达到的警示效果,显然低于按照国家标准制作的化学品安全技术说明书和化学品安全标签。涂料公司的过错也是促成本案爆炸事故的一个因素。一、二审判决认定其对爆炸事故承担相应的赔偿责任并无不当。

2. 具有不合理危险。如果没有保障人体健康和人身、财产安全的国家标准或行业标准,则"不合理危险"是认定产品是否存在缺陷的关键性因素。产品缺陷分为设计缺陷、制造缺陷和警示缺陷。设计缺陷指产品设计的结构、配方等方面存在不合理的危险。制造缺陷指产品因原材料或配件在物理学上存在缺陷,或在装配成最终产品时出现某种错误,使产品具有不合理的危险性。警示缺陷,又叫作标示缺陷,是指经营者对其产品没有提供适当的警示与说明。

《中国审判案例要览》指出:谢某萍购买的热饮是上诉人某快餐店经过加工、制作而出售给被上诉人谢某萍的,属于我国《产品质量法》调整的产品。本案的热饮产品存在缺陷。结合本案事实,缺陷主要是指经营(警示)缺陷和设计缺陷。就警示缺陷而言,根据我国《消费者权益保护法》第十八条第一款之规定:"经营者应当保证其提供的商品或者服务符合保障人身、财产安全的要求。对可能危及人身、财产安全的商品和服务,应当向消费者作出真实的说明和明确的警示……"上诉人虽在销售给被上诉人的热饮杯壁上写有"小心热饮烫口,请勿用吸管"的警示,但该警示没有明确表示该产品所具有的危险的性质与程度,也没有提供足够的避免危险发生的方法。由于上诉人未能明确揭露热饮的高温可能严重烫人,因此,其产品警示是不充分的。就设计缺陷而言,从上诉人(原审被告)在二审时提供的证据来看,上诉人认为用水温为80℃左右的水冲调粉料,在该温度下冲调可以使粉料充分溶解,而且认为热饮的温度规定没有国家标准、行业标准和地方标准。法院认为,虽然双方当事人在庭审中对热饮的温度无任何国家标准、行业标准和地方标准均表示认可,但是由于上诉人某快餐店出售的热饮确实造成了被上诉人谢某萍双大腿前侧烫伤的严重后果,如果上诉人某快餐店在出售时能适当调低热饮的温度,就完全可以避免本案损害结果的发生，同时，这种做法也符合快餐行业热饮"即买即饮"的特征，由此可以推定，上诉人某快餐店的产品存在设计上的缺陷。[①]

当国家标准和行业标准不存在时，产品是否存在不合理的危险就成为认定产品缺陷的关键。"不合理的危险"在法律上是一个不确定的概念，需要法官结合具体的案情，并根据当事人的陈述和提供的证据，正确行使自由裁量权，进而作出公正的裁判。

产品存在合理的危险是不构成产品缺陷的，在没有国家标准和行业标准的前提下，如何判断合理的危险与不合理的危险亦是一个难题。此时，应该考虑适用一般标准，即一个具备通常知识的消费者在正常情况下对一件产品所应具备的安全性的合理期待，如果产品欠缺通常应有的安全性，即是存在不合理的危险。另外，判断具有合理危险的产品是否存在缺陷还应当考虑产品的结构设计和产品说明书提供的基本操作规范。若产品的结构设计已经足以保障使用者在遵守产品说明书的基本操作规范的情况下避免合理危险的发生，则该产品不存在缺陷。

三、产品责任构成要件——损害事实

缺陷产品造成受害人损害的事实，所致缺陷产品的使用人或者第三人因缺陷产品造成损害的客观存在。损害事实包括人身损害和财产损害。具体而言：

1. 人身损害。缺陷产品导致人身损害包括致人死亡和致人伤害两种情况，致人伤害又包括一般伤害和致人残疾。根据《产品质量法》第四十四条第一款的规定，因产品存在缺陷造成受害人人身伤害的，侵害人应当赔偿医疗费、治疗期间的护理费、因误工减少的收入等费用；造成残疾的，还应当支付残疾者生活自助具费、生活补助费、残疾赔偿金以及由其扶养的人所必需的生活费等费用；造成受害人死亡的，并应当支付丧葬费、死亡赔偿金以及由死者生前扶养的人所必需的生活费等费用。

2. 财产损害。《产品质量法》第四十四条第二款规定："因产品存在缺陷造成受害人财产损失的，侵害人应当恢复原状或者折价赔偿。受害人因此遭受其他重大损失的，侵害人应当赔偿损失。"此款规定所指的财产损失，既应包括直接损失，也应包括间接损失，但财产损失不是缺陷产品本身价金的损失，而

---

① 详见浙江省绍兴市中级人民法院（2001）绍中民终字第 510 号民事判决书。

是价金之外的损失。财产损失应当是缺陷产品所造成的实际损失，其范围不得任意扩大或缩小。受害人应对损失之存在及其范围负举证责任。对于财产损失，可恢复原状或折价赔偿。财产损害，既包括缺陷产品以外的其他财产的损害，也包括缺陷产品本身的损害，这有利于及时、便捷地保护用户、消费者的合法权益。[1]

根据《产品质量法》第四十一条"因产品存在缺陷造成人身、缺陷产品以外的其他财产损害的，生产者应当承担赔偿责任"的规定，缺陷产品本身的损害，不在赔偿范围之内。此系采纳《美国侵权法第二次重述》第 402A 条、《美国严格产品责任法》和《欧共体产品责任指令》（EC 指令）第 9 条的经验，与1989 年的德国《产品责任法》第 1 条第 1 款、1994 年的日本《制造责任法》第 3 条第 2 句的规定相同。其立法理由是：缺陷产品本身的损害，属于纯粹经济上损失，应依合同法上的瑕疵担保责任加以救济。

3. 精神损害赔偿。根据《民法典》第一千一百八十三条的规定，侵害自然人人身权益造成严重精神损害的，被侵权人有权请求精神损害赔偿。因故意或者重大过失侵害自然人具有人身意义的特定物造成严重精神损害的，被侵权人有权请求精神损害赔偿。因此，因产品质量造成自然人人身损害或者特定物损害的，自然人有权请求侵权精神损害赔偿。

四、产品责任归责原则——因果关系

产品责任中的因果关系，是指产品的缺陷与受害人损害事实之间存在引起与被引起的关系。在产品责任案件中，因果关系是指产品之缺陷与受害人之损害之间的相互关系，前者为原因，后者为结果。在一般侵权案件中，原则上是"谁主张，谁举证"。产品责任是一种特殊的侵权责任，考虑到用户、消费者与生产者之间存在信息上的不对称，特别是具有高科技产品致害原因不易证明等特点，通常要求生产者就产品缺陷不存在，或缺陷与损害之间不存在因果关系举证。如果生产者不能举证证明，则认定产品存在缺陷及缺陷与损害之间存在因果关系。[2] 具体而言：

---

[1] 黄薇主编：《中华人民共和国民法典解读·侵权责任编》，中国法制出版社 2020 年版，第 367 页。

[2] 黄薇主编：《中华人民共和国民法典解读·侵权责任编》，中国法制出版社 2020 年版，第 368 页。

1. 产品缺陷的证明。"产品缺陷"是产品责任的前提，也是确定产品责任的关键所在。司法实践中，受害人要证明产品存在缺陷实际上存在较大的困难。经过实践的探索，由原告证明产品存在缺陷的举证分配原则并不否认在特定的情形下可以推定产品存在缺陷以及推定产品和损害之间存在事实上和法律上的因果关系；但这只是认定缺陷的一种方式，并没有改变举证分配的原则。如根据事物自身的逻辑、规律或者人们通常的预期，产品本来应该具有一定的安全性能，而产品却不具有此种性能而在使用过程中造成损害，由此可以推定产品存在危及人身或财产的不合理危险，即产品存在缺陷。例如，汽车的安全气囊在剧烈撞击下应该会自动打开，但撞击发生后仅有一侧打开，导致另一侧的乘客发生损害；又如，正常情况下，啤酒瓶倒地应不会产生剧烈爆炸，但事实上啤酒瓶却爆炸并产生许多碎片把原告眼睛击伤等。这些情况下都可以采取推定的方式来认定缺陷和因果关系。[1] 换言之，对于产品缺陷，一般的司法认定原则是：只要发生了与产品缺陷有关的人身或者其他财产损害，生产者又不能证明产品不存在缺陷，则生产者就应当承担赔偿责任。

《最高人民法院公报》在陈某金、林某鑫诉某菱公司产品质量法纠纷案中指出：《产品质量法》第二十九条（现第四十一条）就是原《民法通则》第一百零六条第三款所指的法律规定的无过错责任，这是一种特殊的民事侵权责任。产品责任的无过错归责表现在，只要发生了与产品缺陷有关的人身或者其他财产损害，生产者就应当承担赔偿责任。上诉人陈某金、林某鑫主张林某圻是在乘坐被上诉人某菱公司生产的某菱吉普车时，因前挡风玻璃在行驶途中突然爆裂而被震伤致猝死，满足产品产生了问题、造成人身伤害、损害事实与产品发生的问题之间存在必然因果关系等三个要件，足以支持陈某金、林某鑫的主张。[2]

2. 产品责任案件中因果关系的认定。产品责任因果关系的证明与一般侵权责任因果关系的证明有所不同。一般而言，受害人只要证明损害的发生是因使用和消费产品引起的，法官往往根据案件实际情况推定因果关系成立，除非产品的生产者、销售者能够证明因果关系不存在。如果生产者、销售者不能证明损害的发生与产品缺陷无关，即可认定因果关系成立。这是因为产品缺陷涉及

---

① 参见国家法官学院、中国人民大学法学院编：《中国审判案例要览》（2006 年民事审判案例卷），中国人民大学出版社 2007 年版，第 216 页。

② 参见《最高人民法院公报》2001 年第 2 期（总第 64 期）。

复杂的技术问题，要求受害人完全证明因果关系是不现实的。

3.产品责任的免责事由证明。因缺陷产品致人损害的侵权诉讼，由产品的生产者就法律规定的免责事由承担举证责任。其真正的含义是产品的生产者在产品责任的举证中承担的是缺陷产品符合法律规定的免责事由的举证，该举证责任适用的前提是，产品已经被证明存在缺陷，产品的生产者如果想要免责，就必须提供证据证明该缺陷属于法律规定的免责事由，如果生产者无法提出证据证明，就应当承担损害赔偿责任。而产品缺陷的证明，损害事实的证明以及损害事实同产品缺陷间因果关系的初步证明都应由被侵权人完成，否则被侵权人的诉讼请求将难以得到支持。

五、对案例 62 的简要评析

在本案中，原告到被告的加油站加油后，其车辆仪表上废气监控灯报警，并经过有关部门检测，故障可能是因加了不合格的汽油所致。同时，被告的加油站在当时时段出现了不少投诉其汽油质量存在问题，经抽检确实存在质量问题，且被告加油站不能举证证明其汽油不存在质量问题，则应当认定加油站的汽油存在质量问题，该问题汽油与原告车辆受损存在因果关系，被告加油站应当承担产品责任，即产品质量侵权责任。因此，法院判决被告加油站返还加油款项，并赔偿车辆修理费用。

法院裁判并没有支持原告请求的租赁车辆的资金问题，车辆修理 17 天，原告租赁车辆费用 13600 元，这并非必须产生的费用。原告负有防止损失扩大的义务，因此，法院没有支持该项诉讼请求。

第三节　产品责任的责任承担

一、问题的提出

根据《民法典》的有关规定，因产品存在缺陷造成他人损害的，生产者应当承担侵权责任。因产品存在缺陷造成他人损害的，被侵权人可以向产品的生产者请求赔偿，也可以向产品的销售者请求赔偿。产品缺陷由生产者造成的，销售者赔偿后，有权向生产者追偿。因销售者的过错使产品存在缺陷的，生产者赔偿后，有权向销售者追偿。当然，因运输者、仓储者等第三人的过错使产品存在缺陷，造成他人损害的，产品的生产者、销售者赔偿后，有权向第三人追偿。

在研究产品责任的责任承担之前，先看一则案例：

案例63：车辆维修时零部件断裂造成维修人致残的责任承担 ①

2013年7月15日，被告王某将其驾驶的案涉车辆送至东南维修站进行水箱维修。因该车水箱位于驾驶室下部，在该修理站维修工原告马某法将驾驶室举升起来，进入驾驶室下面修理水箱的过程中，案涉车辆的驾驶室举升缸轴座托架总成突然断裂，导致驾驶室落下将其砸伤。马某法住院治疗17天，共花费医疗费89989元。经该院治疗诊断为：创伤性截瘫，腰1椎体爆裂性骨折。案涉车辆生产厂商为被告某公司，该车系被告某安公司于2010年9月18日购买，案涉车辆自购买后未进行过改装。事故发生之时，该车已进行了正常的年检，并办理了道路运输证。

生效裁判认为：公民的生命健康权受法律保护。此案中，原告马某法所受之伤害系案涉车辆的举升缸轴座托架总成零部件断裂后驾驶室向后倾倒所致，各方当事人对该事实并无异议，法院予以确认。该案的争议焦点在于，案涉车辆的举升缸轴座托架总成零部件断裂是由什么原因导致的。对此，被告某公司应承担举证责任证明其生产的案涉车辆和零部件为合格产品，但其提供的车辆检测的合格证及零部件理化检验报告等证据均系某公司内部自行出具，且经法庭释明后，其并未对案涉车辆举升缸轴座托架总成零部件的断裂原因申请司法鉴定，故应推定为案涉车辆举升缸轴座托架总成零部件存在产品质量缺陷。原告受伤与某公司生产的案涉车辆存在产品质量缺陷具有因果关系，某公司应对马某法的受伤承担民事责任。被告王某、某安公司将具有水箱故障的案涉车辆交由东南维修站进行维修，双方形成了事实上的承揽法律合同关系。承揽人在完成工作过程中对第三人造成损害或者造成自身损害的，定作人不承担赔偿责任。故原告马某法要求王某、某安公司对其因伤造成的损失承担连带赔偿责任的诉讼请求，不予支持。

---

① 详见《最高人民法院公报》2015年第12期（总第230期）。该案裁判要旨为：生产者应对其法定免责事由承担举证责任，其自行出具的产品质量检验合格报告不能成为其免责之法定事由。生产者不提供证据证明其产品符合质量标准的，应对受害者承担侵权赔偿责任。

上述案例涉及产品责任的承担问题。试问：如何认定产品责任的责任主体？产品责任的责任方式如何？产品质量侵权责任的免责事由有哪些？产品责任的诉讼时效如何认定？

二、产品责任的责任主体

由于产品责任的归责原则是无过错责任原则，所以产品责任的责任主体是生产者、销售者。当然，因运输者、仓储者等第三人的过错使产品存在缺陷，造成他人损害的，运输者、仓储者等第三人亦可成为责任主体。《民法典》第一千二百零三条规定："因产品存在缺陷造成他人损害的，被侵权人可以向产品的生产者请求赔偿，也可以向产品的销售者请求赔偿。产品缺陷由生产者造成的，销售者赔偿后，有权向生产者追偿。因销售者的过错使产品存在缺陷的，生产者赔偿后，有权向销售者追偿。"

产品生产者与销售者的不真正连带责任。《产品质量法》第四十三条规定："因产品存在缺陷造成人身、他人财产损害的，受害人可以向产品的生产者要求赔偿，也可以向产品的销售者要求赔偿。属于产品的生产者的责任，产品的销售者赔偿的，产品的销售者有权向产品的生产者追偿。属于产品的销售者的责任，产品的生产者赔偿的，产品的生产者有权向产品的销售者追偿。"

根据以上规定，产品生产者与销售者之间的责任性质为不真正连带责任。因产品缺陷受到损害的人，可以向生产者要求赔偿，也可以向销售者要求赔偿。即无论产品的缺陷是生产者的责任还是销售者的责任，受害人都可以选择向生产者或者销售者要求赔偿，也可以以生产者、销售者为共同被告要求赔偿。生产者或销售者均不享有赔偿顺位抗辩权。这样规定，有利于保护作为弱者一方的消费者。

因而，生产者承担无过错责任和销售者承担过错责任只适用于生产者和销售者内部彼此之间的责任划分。相对于产品的使用人来说，产品责任对外适用的是无过错责任原则，即生产者和销售者在产品责任中对外适用无过错责任的归责原则。因此，产品责任一经成立，销售者和生产者应当对被侵权人的损失承担连带责任。在这种情况下，即使销售者和生产者举证证明自己对损害后果不存在过错，亦不能够免责。在赔偿被侵权人的损失之后，销售者和生产者之间有一个责任的终局承担问题，这时才会适用上述理解的针对销售者和生产者的归责原则问题，具体来说，生产者承担无过错责任，销售者承担过错责任。产品缺陷由生产者造成的，销售者赔偿后，有权向生产者追偿。产品缺陷由销售者的过错造成，生产者赔偿后，有权向销售者追偿。若销售者不能指明缺陷产品的生产者，也不能指明缺陷产品的供货者，销售者将承担终局的侵权责任。

运输者、仓储者等第三人的赔偿责任。《民法典》第一千二百零四条规定："因运输者、仓储者等第三人的过错使产品存在缺陷，造成他人损害的，产品的生产者、销售者赔偿后，有权向第三人追偿。"以上规定明确了第三人承担产品责任的构成要件和追偿条件。由于运输者、仓储者等第三人的过错使产品存在缺陷，造成他人损害的，产品的销售者和生产者承担了责任后，对运输者、仓储者等第三人享有追偿权。

生产者、销售者对运输者、仓储者等第三人享有追偿权须满足下列条件：产品缺陷致人损害；产品存在缺陷是运输者、仓储者等第三人的行为所致；运输者、仓储者等第三人存在过错；生产者、销售者已实际承担损害赔偿责任。

如何处理第三人的诉讼地位？首先，运输者、仓储者等第三人的过错以及产品生产者、销售者对第三人享有的追偿权，不能作为生产者、销售者用以对抗受害人的理由。换言之，第三人的原因并不能导致生产者、销售者免责，而只是使生产者和销售者产生对第三人追偿的权利。其次，受害人要求生产者或销售者赔偿以及生产者、销售者向第三人追偿，可以并案处理也可以分案处理，具体来说，如果并案处理，受害人为原告，生产者和销售者为被告，运输者、仓储者等第三人为诉讼上无独立请求权的第三人；如果分案处理，则受害人为原告，生产者和销售者为被告，该案审理完结后，在另案中，生产者和销售者为原告，运输者、仓储者等第三人为被告。

三、产品责任的责任方式

根据《民法典》第一千二百零五条的规定，因产品缺陷危及他人人身、财产安全的，被侵权人有权请求生产者、销售者承担停止侵害、排除妨碍、消除危险等侵权责任。第一千二百零六条规定，产品投入流通后发现存在缺陷的，生产者、销售者应当及时采取停止销售、警示、召回等补救措施；未及时采取补救措施或者补救措施不力造成损害扩大的，对扩大的损害也应当承担侵权责任。依据前款规定采取召回措施的，生产者、销售者应当负担被侵权人因此支出的必要费用。第一千二百零七条规定，明知产品存在缺陷仍然生产、销售，或者没有依据前条规定采取有效补救措施，造成他人死亡或者健康严重损害的，被侵权人有权请求相应的惩罚性赔偿。

1.排除妨碍、消除危险。产品存在缺陷可能危及他人人身、财产安全时侵权人的责任承担方式，主要包括排除妨碍、消除危险等。赋予被侵权人请求侵权人排除妨碍、消除危险的请求权，可以及时制止正在进行中的侵权行为，避免损害的扩大，对各方当事人而言都意义重大。这种排除妨碍、消除危险责任的构成要件与一般的产品责任的构成要件不同，它不要求产品使用人遭受到实际的损失，也不要求该损失与损害后果之间存在因果关系，更不要求生产者或是销售者存在过错，只要满足产品存在缺陷，该缺陷可能危及他人的财产、人身安全即可。

2. 跟踪观察义务的内容。《民法典》第一千二百零六条的规定，明确了产品使用人要求生产者、销售者对缺陷产品采取停止销售、警示和召回等补救措施的请求权基础。产品投入流通后发现存在的"缺陷"，包括依照科技水平进步原来不能认为是缺陷现在构成缺陷的情形和依照当时科学水平就能认定为缺陷而由于过错没有发现的缺陷。本条规定在充分救济产品使用人的同时，也充分发挥了现代侵权责任法的预防功能（防止实际损害的扩大）。生产者对缺陷产品采取停止销售、警示和召回等补救措施的义务，即为产品跟踪观察义务。此时生产者、销售者要承担的赔偿责任并不是产品制造缺陷或设计缺陷所导致的损害，而是没有尽到相应的售后警示和召回等义务所导致的损失。跟踪观察义务的确立，通过对售出产品的跟踪观察、记录、及时警示以及召回可以在很大程度上避免因为产品存在制造缺陷、设计缺陷或警示缺陷以及发展风险所可能招致的实际损失的发生。

跟踪观察的义务主体是生产者，销售者包括批发商、分销商等对制造商负有协助的义务，但对外部而言，生产者和销售者在违反跟踪观察义务时，应该对消费者承担连带责任。生产者与销售者承担跟踪观察义务所对应的权利主体自然就是消费者，不仅包括直接购买产品的人，还应包括其他使用产品的第三人。具体而言，跟踪观察义务的内容包括停止销售、售后警示、产品召回及其他补救措施（如跟踪监视）等。[1]

3. 惩罚性赔偿。根据损害赔偿功能的不同，可以将其分为补偿性赔偿与惩罚性赔偿。补偿性赔偿是指，旨在使受害人回复到人身或财产未受到侵害之前所处的状态而给予的赔偿。[2] 惩罚性赔偿是指超过实际损害的范围判决加害人

---

[1] 最高人民法院民法典贯彻实施工作领导小组主编：《中华人民共和国民法典侵权责任编理解与适用》，人民法院出版社 2020 年版，第 340—341 页。

[2] 程啸：《侵权行为法总论》，中国人民大学出版社 2008 年版，第 416 页。

或者对损害负有赔偿义务的人对受害人予以额外的金钱赔偿，以示对加害人的惩罚。广义的惩罚性赔偿包括精神损害赔偿，狭义的惩罚性赔偿则只是法律对特定情况下的加害行为规定的具有惩罚性的金钱赔偿。[1]这里显然指的是后者。惩罚性赔偿的目的是对加害人或其他赔偿义务人进行惩罚、遏制，从而弥补补偿性赔偿责任威慑与遏制不法行为功能不足的缺陷。[2]惩罚性赔偿是指行为人恶意实施某种行为，或者对该行为有重大过失时，以对行为人实施惩罚和追求一般抑制效果为目的，法院在判令行为人支付通常赔偿金的同时，还可以判令行为人支付受害人高于实际损失的赔偿金。惩罚性赔偿不仅宣示了对侵权行为人行为的否定性评价，而且旨在制止行为人再实施侵权行为，并且有可能进一步制止其他人效仿这种行为。

《民法典》第一千二百零七条规定："明知产品存在缺陷仍然生产、销售，或者没有依据前条规定采取有效补救措施，造成他人死亡或者健康严重损害的，被侵权人有权请求相应的惩罚性赔偿。"这一规定确立了产品责任领域的惩罚性赔偿制度。根据该规定，惩罚性赔偿责任的构成要件包括：一是侵权人具有主观故意。明知是缺陷产品仍然生产或者销售，没有采取有效补救措施，造成他人死亡或者健康严重损害。二是要有损害事实。该损害事实不是一般的损害事实，而应当是造成严重损害的事实，即造成他人死亡或者健康受到严重损害。三是要有因果关系。即被侵权人的死亡或者健康严重损害是因为侵权人生产或者销售的缺陷产品造成的，或者生产者、销售者没有采取有效补救措施。具备上述条件，被侵权人有权请求相应的惩罚性赔偿。这里的"相应"，主要是指被侵权人要求的惩罚赔偿金的数额应当与侵权人的恶意相当，应当与侵权人造成的损害后果相当，与对侵权人威慑相当，具体赔偿数额由人民法院根据个案具体判断。[3]

四、产品质量侵权责任的免责事由

虽然产品的制造者和销售者承担无过错责任，但并不代表产品侵权的赔偿义务主体没有免责的可能性。对于产品的制造者来说，只要能够证明下列三种

---

[1]　张新宝：《侵权责任法原理》，中国人民大学出版社 2005 年版，第 469—470 页。

[2]　程啸：《侵权行为法总论》，中国人民大学出版社 2008 年版，第 417 页。

[3]　参见黄薇主编：《中华人民共和国民法典解读·侵权责任编》，中国法制出版社 2020 年版，第 376—377 页。

情形之一的，就不需承担侵权责任：其一，未将产品投入流通的；其二，产品投入流通时，引起损害的缺陷尚不存在的；其三，将产品投入流通时的科学技术水平尚不能发现缺陷的存在的。[①]除上述三种情形外，《欧共体产品责任指令》（85/374号）第7条还列举的情形有：产品不是生产者为供销售或具有经济目的的其他供应方式而生产，也不是在生产者的营业活动过程中所产生或供应；产品的缺陷因遵守公权者所颁布的强行规定而产生以及在零配件生产者的情形，零配件的缺陷源于使用该零配件的产品的设计或该产品生产者的指示。若"产品不是生产者为供销售或具有经济目的的其他供应方式而生产，也不是在生产者的营业活动过程中所产生或供应"，则此"产品"不能称为"产品"，就不属于产品侵权的范畴。若"产品的缺陷因遵守公权者所颁布的强行规定而产生"，就可以认为产品不存在缺陷，免除生产者的赔偿责任吗？例如，我国是世界啤酒生产和消费的大国，啤酒瓶爆炸伤人事故频频发生。为了保证啤酒行业的健康发展，原国家技术监督局和中国轻工业联合会联合着手修订啤酒瓶强制性国家标准，通过加强对生产和流通领域啤酒瓶回收重复使用的控制，保证装酒的瓶子质量，最终能保护消费者的人身安全。[②]但是采用上述啤酒瓶强制性国家标准后，仍发生啤酒瓶爆炸伤人事故，作者认为，此时不能免除啤酒生产商的赔偿责任。贯彻强制性国家标准只能表明产品制造者没有过错，而无过错责任归责原则的适用恰恰不能以行为人证明自己没有过错而免责。

除上述情形之外，若产品的制造者或销售者能够证明消费者不当使用产品，而产品本身没有缺陷，也可以免除法律责任。"不当使用"既包括消费者违反产品的特定用途、特定目的及操作方法，不按产品的说明进行产品的使用、保管，也包括消费者擅自改装产品导致损害的情形。至于消费者明知产品存在缺陷而购买、使用的，是否可以免除赔偿义务人的责任？产品存在缺陷本不应在市场流通，但消费者"明知是缺陷产品而购买、使用"可以认为是受害人甘冒风险，而受害人甘冒风险可以作为赔偿义务人的免责事由。但甘冒风险作为抗辩条款的适用必须具备下列几个条件：产品本身仍具有一定的使用价值；不

---

① 参见我国《产品质量法》第四十一条；《日本制造物责任法》第4条；《欧共体产品责任指令》（85/374号）第7条的（a）（b）（e）3项。

② 新的啤酒瓶标准对耐内压力、抗冲击、壁厚等作了明确规定，同时要求啤酒生产企业对新啤酒瓶和回收瓶建立进厂的抽检制度；每件产品应在瓶底以上20毫米范围内打有专用标记"B"，以表明是盛装啤酒的专用瓶；在瓶子规定的位置上要标明生产年季等。

违反国家安全、卫生、环境保护、计量等法规的要求；经主管部门同意并且在产品及包装显著位置标明"处理品"字样。[①] 如果不具备上述条件，即使消费者明知是缺陷产品而购买、使用，导致了损害，也不能免除制造者或销售者的责任。[②]

五、产品责任的诉讼时效

《民法典》总则编规定了一般民事权利保护的诉讼时效期间，即《民法典》第一百八十八条第一款规定："向人民法院请求保护民事权利的诉讼时效期间为三年。法律另有规定的，依照其规定。诉讼时效期间自权利人知道或者应当知道权利受到损害以及义务人之日起计算。法律另有规定的，依照其规定。但是，自权利受到损害之日起超过二十年的，人民法院不予保护，有特殊情况的，人民法院可以根据权利人的申请决定延长。"《产品质量法》第四十五条规定："因产品存在缺陷造成损害要求赔偿的诉讼时效期间为二年，自当事人知道或者应当知道其权益受到损害时起计算。因产品存在缺陷造成损害要求赔偿的请求权，在造成损害的缺陷产品交付最初消费者满十年丧失；但是，尚未超过明示的安全使用期的除外。"那么，因产品责任而产生的损害赔偿请求权的诉讼时效期间适用两年还是三年的诉讼时效期间？

原《民法总则》于2017年10月1日起施行，已经将一般的诉讼时效期间修改为3年，2018年修正《产品质量法》时这一诉讼时效期间的规则仍未改变。基于"法律另有规定的，依照其规定"的"特别法优于普通法"的法律适用原则，涉及产品责任的诉讼时效期间应当按照《产品质量法》的有关规定进行。

六、对案例 63 的简要评析

在本案中，车辆所有人某安公司的司机王某因水箱故障将车辆送至东南维修站进行维修，此时某安公司与东南维修站之间形成了承揽合同法律关系。在维修过程中，因水箱零部件断裂致使维修人员受到人身损害，并不是定作人某安公司指示错误导致马某法受到损害。因此，王某、某安公司不承担赔偿责任。

在马某法修理案涉车辆水箱的过程中，该车辆驾驶室举升缸轴座托架总成

---

① 魏彬：《中国民事审判教程》，四川人民出版社1994年版，第239—240页。
② 参见蔡颖雯主编：《侵权法原理精要与实务指南》，人民法院出版社2008年版，第377—379页。

突然断裂,导致驾驶室落下将马某法砸伤。《产品质量法》第四十六条规定,产品缺陷是指产品存在危及人身、他人财产安全的不合理的危险;产品有保障人体健康和人身、财产安全的国家标准、行业标准的,是指不符合该标准。国家标准和行业标准是产品应当符合的最低标准,符合"标准"的产品,也存在具有不合理危险的可能性。本案中,驾驶室举升缸轴座托架总成突然断裂,导致驾驶室落下致马某法受伤。某公司应对该零件断裂原因提供证据,以证明该零件断裂并非产品固有缺陷或由其他原因造成,但某公司没有对零件断裂原因提供证据及申请鉴定,应当承担举证不能的法律后果。由此,法院认定该零件断裂属于产品缺陷,某公司应当承担赔偿责任。

第十三章

机动车交通事故责任

本章概要

　　交通事故，是指车辆在道路上因过错或者意外造成的人身伤亡或者财产损失的事件。[1] 机动车交通事故责任，是因机动车交通事故导致他人人身或者财产的损害，机动车一方所应承担的侵权责任。

　　《民法典》侵权责任编第五章"机动车交通事故责任"共计十个条文，主要规定了机动车发生交通事故造成损害承担赔偿责任的原则；因租赁、借用等情形下机动车所有人、管理人与使用人不是同一人时，发生交通事故后如何承担赔偿责任；以买卖等方式转让并交付机动车但未办理登记，发生交通事故后如何承担赔偿责任；以挂靠形式从事道路运输经营活动的机动车发生交通事故造成损害如何承担赔偿责任；未经允许驾驶他人机动车发生交通事故造成损害如何承担赔偿责任；机动车发生交通事故造成损

――――――――――

　　① 黄薇主编:《中华人民共和国民法典解读·侵权责任编》，中国法制出版社2020年版，第78页。

害的赔偿顺序；以买卖或者其他方式转让拼装或者已达到报废标准的机动车，发生交通事故造成损害如何承担责任；盗窃、抢劫或者抢夺的机动车发生交通事故造成损害的如何承担赔偿责任；强制保险责任限额内垫付抢救费用的追偿权；机动车驾驶人发生交通事故后逃逸的责任承担；好意同乘情形下的责任承担。

本章将结合《道路交通损害赔偿解释》的有关规定，对机动车交通事故责任主体、赔偿范围、责任承担、诉讼程序等作出进一步的阐释。

第一节 机动车交通事故责任概说

一、问题的提出

近年来，机动车保有量和驾驶人数量的飞速增长，导致因交通事故引发的案件数量也大幅增加。此类案件涉及人民群众的基本人身财产权益，如何迅速妥当审理此类案件、及时化解矛盾、保护道路交通事故的各方参与人尤其是受害人的合法权益，是人民法院践行为民司法的必然要求。[①]《民法典》侵权责任编第五章"机动车交通事故责任"在原《侵权责任法》第六章"机动车交通事故责任"的基础上，吸收了《道路交通损害赔偿解释》的有益经验，完善了机动车交通事故责任。

在研究机动车交通事故责任之前，先看一则案例：

案例 64：本案道路交通事故侵权责任的归责原则如何认定[②]

2009 年 6 月 17 日 17 时 30 分左右，被告某汽运公司雇佣的驾驶员鲍某许驾驶重型半挂货车，沿沪宁高速公路由东向西行驶至汤山出口匝道附近，因左前轮爆胎致其车失控向左撞断中心隔离岛两侧护栏冲入逆向车道，与由西向东正常行驶至此的由原告葛某斐之父葛某国驾驶的轿车相撞后，货车又撞断逆向车道边缘（南侧）防护栏方停住车。该事故导致葛某斐之母史某娟当场死亡，其他 3 人受伤，车辆、路产受损。公安机关交通管理部门认定该起事故属于交

[①] 《最高人民法院民一庭负责人就〈关于审理道路交通事故损害赔偿案件适用法律若干问题的解释〉答记者问》，载《人民法院报》2012 年 12 月 21 日。

[②] 详见《最高人民法院公报》2010 年第 11 期（总第 169 期）。该案裁判摘要为：交通事故认定书是公安机关处理交通事故，作出行政决定所依据的主要证据，虽然可以在民事诉讼中作为证据使用，但由于交通事故认定结论的依据是相应行政法规，运用的归责原则具有特殊性，与民事诉讼中关于侵权行为认定的法律依据、归责原则有所区别。交通事故责任不完全等同于民事法律赔偿责任，因此，交通事故认定书不能作为民事侵权损害赔偿案件责任分配的唯一依据。行为人在侵权行为中的过错程度，应当结合案件实际情况，根据民事诉讼的归责原则进行综合认定。

通意外事故。

生效裁判认为，公民的生命健康权及财产权受法律保护。《道路交通安全法》第七十六条规定："机动车发生交通事故造成人身伤亡、财产损失的，由保险公司在机动车第三者责任强制保险责任限额范围内予以赔偿；不足的部分，按照下列规定承担赔偿责任：（一）机动车之间发生交通事故的，由有过错的一方承担赔偿责任；双方都有过错的，按照各自过错的比例分担责任……"本案中，虽然公安机关交通管理部门认定案涉事故属于交通意外事故，但是交通意外事故并不等同于民法上的意外事件，交通事故责任并不等同于民事法律赔偿责任。民事侵权赔偿责任的分配不应当单纯以交通事故责任认定书认定的交通事故责任划分来确定，而应当从损害行为、损害后果、行为与后果之间的因果关系及主观方面的过错程度等方面综合考虑。《道路交通安全法》第二十一条规定："驾驶人驾驶机动车上道路行驶前，应当对机动车的安全技术性能进行认真检查；不得驾驶安全设施不全或者机件不符合技术标准等具有安全隐患的机动车。"本案中，鲍某许在驾驶车辆码表已损坏的情况下，仍将具有安全隐患的车辆驶入高速公路，主观上具有过失。案涉车辆发生爆胎后，鲍某许在车辆制动、路面情况均正常且车辆系空载的情况下，未能采取有效的合理措施，导致车辆撞断隔离带护栏后冲入逆向车道，与正常行驶的葛某国驾驶的车辆发生碰撞，致使葛某斐受伤。鲍某许的不当行为与损害事实的发生存在因果关系，其主观上亦存在一定过失，葛某国驾车系正常行驶，主观上不存在任何过错。鲍某许系汽运公司雇用的司机，案发时正在履行职务，因此案涉事故的法律后果应当由汽运公司负担，汽运公司应对葛某斐受伤后的合理经济损失承担全部赔偿责任。

上述案例涉及机动车交通事故责任问题。试问：如何理解机动车交通事故侵权责任的归责原则？道路交通损害赔偿责任的法理依据如何？交通肇事后受害人请求损害赔偿应当如何处理？机动车在道路以外通行所造成的损害赔偿如何进行？

二、机动车交通事故侵权责任的归责原则

《道路交通安全法》第七十六条规定，机动车发生交通事故造成人身伤亡、财产损失的，由保险公司在机动车第三者责任强制保险责任限额范围内予以赔偿；不足的部分，按照下列规定承担赔偿责任：（1）机动车之间发生交通事故

的，由有过错的一方承担赔偿责任；双方都有过错的，按照各自过错的比例分担责任。（2）机动车与非机动车驾驶人、行人之间发生交通事故，非机动车驾驶人、行人没有过错的，由机动车一方承担赔偿责任；有证据证明非机动车驾驶人、行人有过错的，根据过错程度适当减轻机动车一方的赔偿责任；机动车一方没有过错的，承担不超过百分之十的赔偿责任。交通事故的损失是由非机动车驾驶人、行人故意碰撞机动车造成的，机动车一方不承担赔偿责任。

发生交通事故，首先由承保交强险的保险公司在交强险责任限额范围内对第三人承担赔偿责任。对此，在交强险限额范围内适用无过错责任原则。理由在于，交强险与商业保险不同，是一种政策性保险，目的在于使受害人能依法得到赔偿，促进道路交通安全。从特点上看，其具有强制性。主体上，所有的机动车都强制订立，不能选择。内容上，合同条款及最低投保金额固定，不得由当事人变更。其还具有公益性，不以营利为目的。《交强险条例》第六条第一款明确规定，国务院保险监督管理机构按照机动车交通事故责任强制保险业务总体上不盈利不亏损的原则审批保险费率。正因为交强险的性质，只要发生机动车交通事故，无论机动车一方是否有过错，交强险均应予以赔偿。这意味着，发生交通事故后，无须先行确定双方的过错和责任。[1]

在交强险不足以赔偿的部分，区分机动车之间以及机动车与行人、非机动车之间发生交通事故两种情形。该两种情形分别适用不同的归责原则。机动车之间发生交通事故适用过错原则，由过错一方承担赔偿责任，都有过错的按照比例原则分担责任。机动车与行人、非机动车之间发生交通事故则适用无过错原则，由机动车一方承担责任。虽然机动车与行人、非机动车之间发生交通事故适用无过错原则，但如果行人、非机动车有过错的，应减轻机动车一方责任。行人、非机动车的过错应根据《道路交通安全法》规定的安全注意义务结合行为人的行为能力予以认定。此外，如果机动车一方能够证明没有任何过错，则承担不超过10%的责任。也有观点认为，机动车与行人、非机动车之间发生交通事故的归责原则，是一种过错推定责任而非无过错责任，因为机动车一方可以通过证明自己无责而减轻自己的责任。[2]但总的来看，由于《道路交通安全法》将机动车行驶视为危险活动，而机动车一方无过错并不能免责，只能减

---

[1] 郎胜主编：《中华人民共和国道路交通安全法释义》，法律出版社2003年版，第171页。

[2] 参见黄薇主编：《中华人民共和国民法典解读·侵权责任编》，中国法制出版社2020年版，第381页。

轻责任，因此机动车与非机动车、行人之间发生交通事故的归责原则更符合无过错责任原则的特点。[1]

《道路交通安全法》第七十六条第二款还规定了机动车交通事故的免责事由，即如果损失是非机动车驾驶人、行人故意碰撞机动车造成的，则机动车一方不承担赔偿责任。这是因为，该种情况下机动车的危险性并非造成损失的原因，通过特殊侵权责任的规定也不具有可避免性，故无科以责任的基础。需要注意的是，该免责事由仅限于故意一种形态，若非机动车驾驶人和行人存在重大过失，也只能减轻机动车一方责任而不能免除其责任。还需注意的是，非机动车和行人的故意通常指受害人自杀、自残或"碰瓷儿"等使自己造成人身伤害的故意，而非违反《道路交通安全法》安全注意义务的故意。比如故意闯红灯的行为，虽然存在违反《道路交通安全法》义务的故意，但并无造成自身人身伤害的故意，此时若发生机动车交通事故，造成闯红灯的非机动车、行人损失，只能减轻而不能免除机动车一方责任。[2]

三、道路交通损害赔偿责任的法理依据

道路交通损害赔偿责任的法理依据在于风险开启理论、风险控制理论和报偿理论。前者是指机动车的运行对其作为环境（人和财产）具有高度危险，从而开启、控制和支配这一"危险源"即机动车之运行的车辆所有人、管理人和使用人应当承担民事责任；后者是指利益之所属即责任之所归，故从机动车运行中受益的人也应对机动车所致损害承担责任。[3] 因此，审判实践中大都认同以运行支配与运行利益归属的"二元说"。最高人民法院法官解释：根据危险责任思想和报偿责任理论来确定机动车损害赔偿的责任主体，具体操作就是通过"运行支配"和"运行利益"两项标准加以把握。所谓运行支配通常是指，可以在事实上支配管领机动车之运行的地位。而所谓运行利益，一般认为是指因机动车运行而产生的利益。换言之，某人是否属于机动车损害赔偿责任的主

---

① 最高人民法院民法典贯彻实施工作领导小组主编：《中华人民共和国民法典侵权责任编理解与适用》，人民法院出版社 2020 年版，第 361 页。

② 最高人民法院民法典贯彻实施工作领导小组主编：《中华人民共和国民法典侵权责任编理解与适用》，人民法院出版社 2020 年版，第 361 页。

③ 最高人民法院民事审判第一庭编著：《最高人民法院关于道路交通损害赔偿司法解释理解与适用》，人民法院出版社 2012 年版，第 27 页。

体，要从其是否对该机动车的运行于事实上位于支配管理的地位和是否从机动车的运行中获得了利益两个方面加以判明。进一步说，某人是否为机动车损害赔偿的责任主体，以该人与机动车之间是否有运行支配和运行利益的关联性加以确定。① 国外的立法在界定道路交通损害赔偿责任主体时，基本上也都以运行支配与运行利益作为基准。②

最高人民法院在最近几年作出的相关司法解释中也同样体现了以运行支配与运行利益作为认定道路交通损害赔偿责任主体的基本原则。《最高人民法院关于被盗机动车辆肇事后由谁承担损害赔偿责任问题的批复》（法释〔1999〕13 号）（现已失效）规定："使用盗窃的机动车辆肇事，造成被害人物质损失的，肇事人应当依法承担损害赔偿责任，被盗机动车辆的所有人不承担损害赔偿责任。"在被盗机动车辆肇事的情况下，最高人民法院的司法解释对名义车主即所有人的范围作了限缩解释，排除了被盗机动车辆的名义车主承担损害赔偿责任的可能性。《最高人民法院关于购买人使用分期付款购买的车辆从事运输，因交通事故造成他人财产损失保留车辆所有权的出卖方不应承担民事责任的批复》（法释〔2000〕38 号）规定："采用分期付款方式购车，出卖方在购买方付清全部车款前保留车辆所有权的，购买方以自己名义与他人订立货物运输合同并使用该车运输时，因交通事故造成他人财产损失的，出卖方不承担民事责任。"该司法解释同样也将名义车主排除在承担赔偿责任之外。这是因为，车辆的行驶和运营在购买人的控制之下，保留车辆所有权的出卖方既不能支配车辆的行驶和运营，也不能从车辆运营中获得任何利益，根据运行支配和运行利益的理论，保留车辆所有权的出卖方不承担民事责任。特别需要强调的是，最高人民法院于 2001 年 12 月 31 日公布的《关于连环购车未办理过户手续，原车主是否对机动车发生交通事故致人损害承担责任的请示的批复》（〔2001〕民一他字第 32 号）中，直接贯彻了运行支配与运行利益理论，认为"连环购车

---

① 杨永清：《解读〈关于连环购车未办理过户手续原车主是否对机动车交通事故致人损害承担责任的复函〉》，载《解读最高人民法院请示与答复》，人民法院出版社 2004 年版，第 119 页。

② 日本民法学界通说认为，机动车的运行供用者的判断应从运行支配与运行利益两项基准上把握。所谓运行供用者是指机动车的运行支配与运行利益的归属者。运行支配是指可以在事实上支配管领机动车之运行的地位。而所谓运行利益，一般认为限于因运行本身而产生的利益。换言之，某人是否属于运行供用者，要从其是否因对该机动车的运行于事实上位于支配管理的地位和是否从该机动车的运行本身中获得了利益两个方面加以判断。参见李薇：《日本机动车事故损害赔偿法律制度研究》，法律出版社 1997 年版，第 29 页。

未办理过户手续，因车辆已交付，原车主既不能支配该车的营运，也不能从该车的营运中获得利益，故原车主不应对机动车发生交通事故致人损害承担责任。但是，连环购车未办理过户手续的行为，违反有关行政管理法规的，应受其规定的调整"。

四、刑事附带民事案件应当适用《道路交通损害赔偿解释》

实践中，发生因违章行车造成多人死伤的重特大交通事故时，肇事司机因触犯刑律被依法提起公诉，事故受害人或其家属同时提起民事诉讼，请求包括精神损害赔偿在内的民事赔偿，形成刑事附带民事案件，在法律适用上，案件的刑事部分理应依照刑事法律处理，民事部分是否适用《道路交通损害赔偿解释》，该解释没有规定。最高人民法院民一庭认为，对于该解释施行后审结的一、二审案件，办案中应当适用该解释的理由是：

1. 从法理上讲，这类案件构成刑事犯罪与民事侵权的竞合。所谓竞合，是指同一行为同时产生两种以上责任，包括行政责任、刑事责任和民事责任。肇事司机既要承担刑事责任又要承担民事责任（单位司机应由单位承担民事责任），刑事责任是国家为维护社会公共秩序对违反刑法的公民设定的责任，民事责任是国家对平等主体之间为填补侵权所遭受的损失而设定的责任，一种是公法意义上的责任，另一种是私法意义上的责任，两者是相互独立、并行不悖的，不可相互替代。因为从公法的角度，即使肇事司机被判处死刑，也不能填补私法意义上的受害人所遭受的损失。故在处理刑事附带民事纠纷时应当适用该解释，并不因肇事司机被判刑而可以免除其民事责任。

2. 从立法上讲，《民法典》第一百八十七条规定："民事主体因同一行为应当承担民事责任、行政责任和刑事责任的，承担行政责任或者刑事责任不影响承担民事责任；民事主体的财产不足以支付的，优先用于承担民事责任。"由此可以得出两个结论：（1）上述三种责任彼此独立，不能互相抵销；（2）民事侵权之债优先受偿。刑事附带民事案件与单独提起诉讼的民事案件，没有本质区别，故在审理此类案件时参照适用该解释，不违反法律精神。

3. 从司法实践来看，处理交通肇事刑事附带民事案件，适用民事司法解释审理刑事附带民事案件取得了良好效果。但这仅限于交通肇事类刑事附带民事诉讼案件，或者单独提起的道路交通事故侵权责任纠纷的民事案件。其他类的刑事附带民事诉讼案件，不得参照民事侵权类司法解释处理。

五、机动车在道路以外通行所造成的损害参照《道路交通损害赔偿解释》

社会生活中，常见的机动车事故是发生在道路上的交通事故，但在道路以外的地方也时有发生。对此，《道路交通损害赔偿解释》第二十五条规定："机动车在道路以外的地方通行时引发的损害赔偿案件，可以参照适用本解释的规定。"在审判实践中应当注意下列问题：[①]

1. "道路以外的地方"的界定。《道路交通安全法》第一百一十九条第一项规定，"道路"，是指公路、城市道路和虽在单位管辖范围但允许社会机动车通行的地方，包括广场、公共停车场等用于公众通行的场所。一般认为，在日常生活中，较为常见的能通行机动车的"道路以外的地方"主要包括：（1）自建自管未列入规划的城市巷弄或村间路，或者自行修建并自行负责管理的路面；（2）用于田间耕作的农村铺设的水泥路、沥青路、砂石路等机耕路；（3）村民宅前宅后建造的路段或自然通车形成的路面；（4）封闭式住宅小区内楼群之间的路面；（5）机关、团体、单位的内部路面，厂矿、企事业单位、火车站、机场、港口、货场内的专用路面；（6）撤村建居后尚未移交公安交通部门管理的路段；（7）晾晒作物的场院内；（8）断路施工而且未竣工或已竣工未移交公安交通部门管理的路段等。

2. "参照"处理机动车道路外事故。虽然该条解释所规定的对机动车在道路之外的地方通行发生损害赔偿案件，参照解释的规定处理，仅是从法院在案件审理中对事故侵权责任的认定角度作出的规定，包括赔偿权利人和义务人的确定、侵权责任的构成、共同侵权行为、赔偿范围、交强险赔偿责任等。但综合目前的法律法规规定看，机动车在道路之外的地方通行发生的损害赔偿，在公安部门对事故现场的勘查、责任的认定，保险公司对交强险的赔付，法院对侵权责任的认定等方面，已经形成一个较为完整的链条，确保了此类事故损害赔偿纠纷得到依法解决。

3. 机动车处于"通行"状态下发生的事故。在实践中，应当注意该条解释规定的参照适用情形，不仅是机动车发生事故的地点在道路以外，还应当符合发生事故的机动车处于"通行"状态的条件。在机动车停放在道路以外的地方，或者机动车处于停车状态下的施工作业等情况下发生的事故，则不属于依照本

---

① 参见最高人民法院民事审判第一庭编著：《最高人民法院关于道路交通损害赔偿司法解释理解与适用》，人民法院出版社 2012 年版，第 370—372 页。

条规定应当参照适用本解释的情况，应当结合具体案件情况，确定适用《民法典》侵权责任编等法律中的相关规定。

六、对案例 64 的简要评析

在本案中，交通事故认定书本身并非行政决定，而是公安机关处理交通事故，作出行政决定所依据的主要证据。交通事故认定书中交通事故责任的认定，主要依据《道路交通安全法》《道路交通安全法实施条例》等法律、行政法规，在分析判断交通事故责任认定时，与民事审判中分析判断侵权案件适用全部民事法规进行分析有所区别，而且，认定交通事故责任的归责原则与民事诉讼中侵权案件的归责原则不完全相同。《道路交通安全法实施条例》第九十一条规定："公安机关交通管理部门应当根据交通事故当事人的行为对发生交通事故所起的作用以及过错的严重程度，确定当事人的责任。"从交通事故认定书划分责任的依据看，公安机关交通管理部门认定交通事故的责任有两个因素，即行为人对交通事故所起的作用和过错的严重程度。前述条款中的"作用"与"过错"并列，与民法中的"过错"不是同一概念，在交通事故中，行为人有同等的过错不一定承担同等的责任，过错大的不一定是交通事故的主要责任人。《道路交通安全法实施条例》第九十二条规定："发生交通事故后当事人逃逸的，逃逸的当事人承担全部责任。但是，有证据证明对方当事人也有过错的，可以减轻责任。当事人故意破坏、伪造现场、毁灭证据的，承担全部责任。"该规定中，此类交通事故归责的依据不是发生侵权行为时的过错大小，而是侵权行为发生后的其他违法行为。因此，公安机关交通管理部门进行交通事故责任认定时归责方法与民法上的归责原则存在区别。此外，在举证责任负担、责任人的范围等方面，交通事故责任认定也与民事诉讼存在不同之处。同时，《道路交通损害赔偿解释》第二十四条规定："公安机关交通管理部门制作的交通事故认定书，人民法院应依法审查并确认其相应的证明力，但有相反证据推翻的除外。"综上，交通事故认定书是公安机关处理交通事故，作出行政决定所依据的主要证据，虽然可以在民事诉讼中作为证据使用，但由于交通事故认定与民事诉讼中关于侵权行为认定的法律依据、归责原则有所区别，同时，交通事故责任也不等同于民事法律赔偿责任，因此，交通事故认定书不能作为民事侵权损害赔偿责任分配的唯一依据，行为人在侵权行为中的过错程度，应当结合案情，全面分析全部证据，根据民事诉讼的归责原则进行综合认定。

本案中，鲍某许在驾驶车辆码表已损坏的情况下，违反《道路交通安全法》的规定，将具有安全隐患的车辆驶入高速公路。肇事车辆发生爆胎后，鲍某许在车辆制动、路面情况均正常且车辆系空载的情况下，未能采取有效的合理措施，导致车辆撞断隔离带护栏后冲入逆向车道，与正常行驶的葛某国驾驶的车辆发生碰撞，致使车内葛某斐受伤。该起事故的发生并非不能预见，事故后果并非不可避免。因此，应当认定鲍某许有过错，其不当行为与损害事实的发生存在因果关系，葛某国驾驶的车辆正常行驶，车内的葛某斐无过错，不应当承担民事责任。

第二节　道路交通损害赔偿责任主体的司法认定

一、问题的提出

责任主体的确定是道路交通损害赔偿案件的重中之重，不仅涉及由谁承担侵权责任，受害人的损害由谁赔偿、能否得到赔偿的问题，还关系到侵权责任法有效制裁侵权行为、预防交通事故发生这一功能能否实现的问题。因此，这是《道路交通损害赔偿解释》要解决的核心问题之一。在侵权责任主体的确定规则上，该解释主要依据了以下原则和精神：一是原则上由机动车的运行支配和运行利益的享有者承担责任，由所有人或管理人承担过错责任。这主要针对借用、租赁、转让、非盗抢等情形下擅自驾驶他人机动车发生交通事故的场合。所有人或管理人的过错主要表现为对机动车安全、技术性能的疏于维护，对使用人驾驶资质和驾驶能力的疏于注意等情形。二是针对一系列违法情形下的机动车的所有人或管理人，从加大对受害人的保护、减少交通事故的发生风险、制裁违法行为的角度，规定由相关范围内的违法行为人承担连带责任，例如套牌车、拼装车、报废车等情形下的责任主体的确定规则。三是以《民法典》侵权责任编的规定为法律依据，对道路交通事故发生的原因作出区分，以相关主体所负担的法定注意义务为基本的判断因素，确定多因一果情形下的责任主体。例如，道路管理、维护缺陷导致交通事故的责任主体的认定，道路设计、维护缺陷导致交通事故的责任主体的确定规则等。总而言之，在道路交通事故责任主体的确定方面，《道路交通损害赔偿解释》紧紧围绕侵权责任法的填补损失功能、制裁功能、预防功能等立法目的，合理妥当地确定相关的责任主体。①

在研究道路交通损害赔偿责任主体之前，先看三则案例：

案例 65：机动车号牌出借他人套牌使用应当承担连带责任②

2008 年 11 月 25 日 5 时 30 分许，被告林某东驾驶套牌的鲁 F×× 号牌货车在高速公路某段行驶时，与同向行驶的被告周某平驾驶的客车相撞，两车冲下路基，客车翻滚致车内乘客冯某菊当场死亡。经交警部门认定，货车司机林某东负主要责任，客车司机周某平负次要责任，冯某菊不负事故责任。鲁F×× 号牌在车辆管理部门登记的货车并非肇事货车，该号牌登记货车的所有人系被告某山公司，实际所有人系被告卫某平，该货车在被告保险公司投保机动车第三者责任强制保险。套牌使用鲁 F×× 号牌的货车（肇事货车）实际所有人为被告卫某辉，林某东系卫某辉雇佣的司机。据车辆管理部门登记信息反映，鲁 F×× 号牌货车自 2004 年 4 月 26 日至 2008 年 7 月 2 日，先后 15 次被以损坏或灭失为由申请补领号牌和行驶证。2007 年 8 月 23 日卫某辉申请补领行驶证的申请表上有某山公司的签章。事发后，某山公司曾派人到交警部门处理相关事宜。审理中，卫某辉表示，卫某平对套牌事宜知情并收取套牌费，事发后卫某辉还向卫某平借用鲁 F×× 号牌货车的保单去处理事故，保单仍在卫某辉处。

发生事故的客车的登记所有人系被告朱某明，但该车辆几经转手，现实际所有人系周某平，朱某明对该客车既不支配也未从该车运营中获益。被告某飞公司系周某平的雇主，但事发时周某平并非履行职务。该客车在人保公司投保了机动车第三者责任强制保险。

法院生效裁判认为：根据本案交通事故责任认定，肇事货车司机林某东负事故主要责任，而卫某辉是肇事货车的实际所有人，也是林某东的雇主，故卫某辉和林某东应就本案事故损失连带承担主要赔偿责任。保险公司承保的鲁

---

① 《最高人民法院民一庭负责人就〈关于审理道路交通事故损害赔偿案件适用法律若干问题的解释〉答记者问》，载《人民法院报》2012 年 12 月 21 日。

② 参见最高人民法院指导案例 19 号，裁判要点为：机动车所有人或者管理人将机动车号牌出借他人套牌使用，或者明知他人套牌使用其机动车号牌不予制止，套牌机动车发生交通事故造成他人损害的，机动车所有人或者管理人应当与套牌机动车所有人或者管理人承担连带责任。

F××号牌货车并非实际肇事货车，其也不知道鲁F××号牌被肇事货车套牌，故保险公司对本案事故不承担赔偿责任。根据交通事故责任认定，本案客车司机周某平对事故负次要责任，周某平也是该客车的实际所有人，故周某平应对本案事故损失承担次要赔偿责任。朱某明虽系该客车的登记所有人，但该客车已几经转手，朱某明既不支配该车，也未从该车运营中获益，故其对本案事故不承担责任。周某平虽受雇于某飞公司，但本案事发时周某平并非在为某飞公司履行职务，故某飞公司对本案亦不承担责任。至于承保该客车的人保公司，因死者冯某菊系车内人员，依法不适用机动车交通事故责任强制保险，故人保公司对本案不承担责任。另外，卫某辉和林某东一方、周某平一方虽各自应承担的责任比例有所不同，但事故的发生系两方的共同侵权行为所致，故卫某辉、林某东对于周某平的应负责任份额，周某平对于卫某辉、林某东的应负责任份额，均应互负连带责任。

鲁F××号牌货车的登记所有人某山公司和实际所有人卫某平，明知卫某辉等人套用自己的机动车号牌而不予阻止，且提供方便，纵容套牌货车在公路上行驶，某山公司与卫某平的行为已属于出借机动车号牌给他人使用的情形，该行为违反了《道路交通安全法》等有关机动车管理的法律规定。将机动车号牌出借他人套牌使用，将会纵容不符合安全技术标准的机动车通过套牌在道路上行驶，增加道路交通的危险性，危及公共安全。套牌机动车发生交通事故造成损害，号牌出借人同样存在过错，对于肇事的套牌车一方应负的赔偿责任，号牌出借人应当承担连带责任。故某山公司和卫某平应对卫某辉与林某东一方的赔偿责任份额承担连带责任。

案例66：未经允许驾驶他人机动车造成损害的责任承担 [①]

陈某系唐某车行里的员工，唐某的轿车平时停放在车行里，钥匙也留在车行。某日晚上，陈某将车辆开出停在酒吧外面，与熊某到酒吧玩耍，中途熊某提出需驾车先送朋友回家，从陈某那里拿走车钥匙驾驶该车，车辆失控碰撞在大道河沿护栏上，致使车辆和河沿护栏受损，经交警认定，熊某负事故的全部责任。由于熊某没有驾驶证，保险公司不予赔偿，熊某自行联系修理厂对该车进行了修理并交给唐某，唐某认为该车没有修好，诉至原审法院。诉讼中唐某对车辆贬值和维修价格向原审法院申请评估该车维修的材料费、工时费，在新

---

① 参见云南省昭通市中级人民法院（2022）云06民终1954号民事判决书。

车价基础上贬值 30% 即 20700 元。

生效裁判认为,《民法典》第一千二百一十二条规定,未经允许驾驶他人机动车,发生交通事故造成损害,属于该机动车一方责任的,由机动车使用人承担赔偿责任;机动车所有人、管理人对损害的发生有过错的,承担相应的赔偿责任。《道路交通损害赔偿解释》第一条规定:"机动车发生交通事故造成损害,机动车所有人或者管理人有下列情形之一,人民法院应当认定其对损害的发生有过错,并适用民法典第一千二百零九条的规定确定其相应的赔偿责任:……(二)知道或者应当知道驾驶人无驾驶资格或者未取得相应驾驶资格的;……(四)其他应当认定机动车所有人或者管理人有过错的。"该案的道路交通事故认定书认定熊某承担事故的全部责任,各方当事人对本案交通事故责任的划分均无异议;机动车属于危险性较高的交通工具,唐某作为该车的所有人应当妥善保管,但唐某将车辆及钥匙放在车行,导致车行员工陈某将车辆开出,唐某存在管理不善的过错,应承担 20% 的责任;陈某对熊某没有驾驶资格疏于审查而将车辆借其驾驶,也存在一定过错,应承担 20% 的责任,熊某没有取得驾驶资格而驾驶车辆导致发生交通事故,存在主要过错,应承担事故的主要责任即 60%;同时,唐某请求支付车辆的贬值损失,没有法律依据,不予支持。

案例 67:好意同乘期间驾驶员致同乘人损害的责任承担[①]

2019 年 3 月 29 日,徐某驾驶非营运的小型汽车在某县建设西路与某大道交叉路口,与蒋某某驾驶的小型汽车发生碰撞,致两车损坏,沈某某受伤。事故发生时,沈某某无偿搭乘徐某驾驶的车辆。该事故经公安局交警部门认定:蒋某某、徐某负事故的同等责任,沈某某无责任。事故发生后,沈某某住院治疗 18 天,后经鉴定构成九级伤残。蒋某某驾驶的小型汽车在某保险公司投保了交强险和商业三者险 100 万元,事故发生在保险期限内。沈某某起诉请求判令徐某、蒋某某和某保险公司赔偿医疗费等各项费用。

生效裁判认为,本案是机动车之间发生的交通事故纠纷,蒋某某、徐某负事故的同等责任,沈某某无责任,蒋某某、徐某应向沈某某承担相应赔偿责任。因蒋某某驾驶的机动车在某保险公司投保了交强险及商业三者险 100 万元,故

---

① 最高人民法院于 2022 年 2 月 23 日发布的《第二批人民法院大力弘扬社会主义核心价值典型民事案例》。

沈某某的损失由某保险公司首先在交强险保险合同约定的范围内予以赔偿。超出交强险部分根据蒋某某在交通事故中的责任由某保险公司在商业三者险合同约定的范围内按 50% 比例予以赔偿；徐某驾驶非营运机动车允许沈某某无偿搭乘同行，发生交通事故并造成沈某某受伤，徐某在事故中虽有责任，但与沈某某系好意搭乘关系，依法应当减轻其赔偿责任，故对不属于保险范围内的损失部分酌定由徐某按 70% 比例予以赔偿。

上述案例涉及机动车交通事故责任主体问题。试问：结合《民法典》侵权责任编第五章"机动车交通事故责任"和司法解释的规定，如何确定机动车交通事故责任主体？

二、出租、出借等机动车所有人、管理人过错的司法认定

在租赁、借用等基于所有人或者管理人的意思转移机动车的占有、使用而导致所有人或者管理人和使用人分离的情形下，机动车的使用人是能够最有效地控制机动车危险的，并直接享受机动车因运行而产生的利益，故《民法典》第一千二百零九条明确将机动车所有人、管理人规定为责任主体："因租赁、借用等情形机动车所有人、管理人与使用人不是同一人时，发生交通事故造成损害，属于该机动车一方责任的，由机动车使用人承担赔偿责任；机动车所有人、管理人对损害的发生有过错的，承担相应的赔偿责任。"该条中的"使用人"不仅包括承租人、管理人、借用人，还包括机动车出质期间的质权人、维修期间的维修人、由他人保管期间的保管人等。[1] 而在此种情形下，所有人或者管理人对机动车不再具有直接的、绝对的支配力，也不再享有机动车运行带来的利益，应当根据过错程度承担相应的责任。[2]

为统一裁判标准指导审判实践，《道路交通损害赔偿解释》第一条详细规定了认定机动车所有人或者管理人过错的几种具体情形："机动车发生交通事故造成损害，机动车所有人或者管理人有下列情形之一，人民法院应当认定其对损害的发生有过错，并适用民法典第一千二百零九条的规定确定其相应的赔

---

① 黄薇主编：《中华人民共和国民法典解读·侵权责任编》，中国法制出版社 2020 年版，第 384 页。

② 参见最高人民法院民事审判第一庭编著：《最高人民法院关于道路交通损害赔偿司法解释理解与适用》，人民法院出版社 2012 年版，第 27 页。

偿责任：（一）知道或者应当知道机动车存在缺陷，且该缺陷是交通事故发生原因之一的；（二）知道或者应当知道驾驶人无驾驶资格或者未取得相应驾驶资格的；（三）知道或者应当知道驾驶人因饮酒、服用国家管制的精神药品或者麻醉药品，或者患有妨碍安全驾驶机动车的疾病等依法不能驾驶机动车的；（四）其他应当认定机动车所有人或者管理人有过错的。"[①] 具体而言：

（一）知道或者应当知道机动车存在缺陷，且该缺陷是交通事故发生原因之一的

机动车属于《产品质量法》上的产品，因此可以根据该法第四十六条"本法所称缺陷，是指产品存在危及人身、他人财产安全的不合理的危险；产品有保障人体健康和人身、财产安全的国家标准、行业标准的，是指不符合该标准"的规定，判断机动车是否存在缺陷。

当然，不能以产品责任中对产品的生产者、销售者的标准来要求机动车所有人或者管理人，而应以与机动车所有人或者管理人知识背景等条件相同的人关于机动车缺陷的认识水平来认定其是否知道或者应当知道机动车存在缺陷。因此，应当注意查明具体案件中机动车所有人或者管理人对有关机动车技术、性能等专业技术知识的了解程度，区分不同机动车所有人或者管理人应当知道机动车缺陷的注意义务水平。一般而言，在机动车所有人或者管理人将机动车通过租赁、借用等形式交给他人使用时，其所负有的义务应当是对机动车是否具备上道路行驶的基本安全条件进行检查的义务，该义务以机动车所有人自己作为驾驶人驾驶机动车上道路行驶时所负有的基本安全条件的注意义务为标准。值得注意的是，机动车存在缺陷构成机动车所有人或者管理人过错的，还需要认定机动车缺陷是交通事故发生的原因，该机动车缺陷与交通事故的发生并致人损害之间存在因果关系。该因果关系应由被侵权人承担证明责任。[②]

[①] 本条所称的"机动车管理人"，特指在机动车管理人与所有人分离的情况下，通过机动车所有人的委托、租赁、借用等合法方式取得对机动车的占有、支配或者收益，并因将该机动车再行通过出租、出借等方式交由他人使用而对机动车上道路行驶负有与相同情形下的机动车所有人相同的注意义务的人。最高人民法院民事审判第一庭编著：《最高人民法院关于道路交通损害赔偿司法解释理解与适用》，人民法院出版社2012年版，第27页。

[②] 参见最高人民法院民事审判第一庭编著：《最高人民法院关于道路交通损害赔偿司法解释理解与适用》，人民法院出版社2012年版，第30—31页。

（二）知道或者应当知道驾驶人无驾驶资格或者未取得相应驾驶资格的

驾驶人不具备驾驶资格，或者不具备相应车型的驾驶资格，驾驶机动车上路行驶就是违法行为。由于未经法律规定的部门认定其驾驶机动车或相应车型机动车的能力水平，行为人驾驶机动车在道路上行驶将很有可能对自身及他人造成危险，从而危害公共道路交通安全，具有较大的社会危害性。如果机动车所有人或者管理人知道或应当知道驾驶人无驾驶资格或未取得相应驾驶资格而出租、出借机动车的，虽然没有实际支配车辆，但在该机动车的驾驶行为与发生交通事故有因果关系时，就对该交通事故的发生具有一定的原因力，客观上增大了机动车对周围环境的危险性，增加了交通事故发生的可能性，故应认定对发生交通事故具有过错，应当对机动车交通事故致人损害承担相应的赔偿责任。

需要说明的是，该解释所说的驾驶人，是指发生交通事故时实际驾驶机动车的人。无驾驶资格包括未取得机动车驾驶证的、参加了机动车驾驶证考试但尚未核发机动车驾驶证的、机动车驾驶证已超过有效期限的、机动车驾驶证被暂扣的、机动车驾驶证被吊销或注销的等情形。[①]

（三）知道或者应当知道驾驶人因饮酒、服用国家管制的精神药品或者麻醉药品，或者患有妨碍安全驾驶机动车的疾病等依法不能驾驶机动车的

法律对于饮酒、服用国家管制的精神药品或者麻醉药品，或者患有妨碍安全驾驶机动车的疾病，或者过度疲劳影响安全驾驶的情形下驾驶机动车等都是禁止的，驾驶人在上述情形下驾驶机动车具有较大的社会危险性，是违法行为。机动车所有人或者管理人知道或应当知道驾驶人具有上述情形之一而仍将其所有的机动车出租、出借的，无疑在客观上增加了机动车对周围环境的危险性，对交通事故的发生具有一定的原因力，故应当认定机动车所有人或管理人对发生交通事故具有过错，并承担相应的民事责任。[②]

[①]　参见最高人民法院民事审判第一庭编著：《最高人民法院关于道路交通损害赔偿司法解释理解与适用》，人民法院出版社2012年版，第32页。

[②]　参见最高人民法院民事审判第一庭编著：《最高人民法院关于道路交通损害赔偿司法解释理解与适用》，人民法院出版社2012年版，第33页。

（四）其他应当认定机动车所有人或者管理人有过错的

本项是出于逻辑周延的考虑而规定的兜底条款。对于前面所述的三种情形外的机动车所有人或者管理人存在过错的情形，应当根据案件的具体情况加以认定。

对于过错的判断标准，应因故意和过失而有所不同。故意是一个主观概念，并且由于故意的主观恶性与可非难性大，因此对于故意的认定，一般采用主观标准。对于过失，从归责意义上讲，民事过失的核心不在于行为人是出于疏忽或懈怠而使其对行为结果未能预见或未加注意，关键在于行为人违反对他人的注意义务并造成对他人的损害。实践中，对于过失的判断应注意根据客观标准，同时适当考虑行为人自身的情况：看是否尽到一个合理、谨慎的人所应当具有的注意义务，是否尽到法律、法规、专业操作规程等规范所确定的注意义务。①

值得注意的是，判断机动车所有人或者管理人的过错标准在租赁和使用情形下应有所不同。在判断出租人的过错时应比出借人更为严格，因租赁为有偿，出租人往往可以通过定价机制等转移风险，很多出租人是专业的经营者，在专业知识、危险防范能力等方面也往往高于出借人。②

三、分期付款保留所有权机动车发生交通损害赔偿的责任主体

根据《民法典》第六百三十四条的规定，分期付款买卖是一种特殊的买卖形式，是买受人将其应付的总价款按照一定期限分批向出卖人支付的买卖。由于分期付款买卖中，出卖人须先交付标的物，买受人于受领标的物后分若干次付款，出卖人有收不到价款的风险。因此在交易实践中，当事人双方就分期付款买卖常有所有权保留的特约，即在分期付款买卖合同中，买受人虽先占有、使用标的物，但在双方当事人约定的特定条件（通常是价款的部分或全部清偿）成就之前，出卖人仍保留标的物所有权，待条件成就后，再将所有权转移给买受人。

机动车的分期付款买卖中，由于在买受人没有履行支付价款或者其他义务

---

① 参见最高人民法院民事审判第一庭编著：《最高人民法院关于道路交通损害赔偿司法解释理解与适用》，人民法院出版社 2012 年版，第 36—37 页。

② 参见最高人民法院民事审判第一庭编著：《最高人民法院关于道路交通损害赔偿司法解释理解与适用》，人民法院出版社 2012 年版，第 38 页。

之前，机动车的所有权仍属于出卖人，因此公安机关登记的车主以及行驶证上记载的车主都是出卖人。当买受人在为自己的利益而驾驶机动车发生交通事故致人损害时，就发生究竟是由买受人承担责任还是由出卖人与买受人承担连带赔偿责任的问题。依据《最高人民法院关于购买人使用分期付款购买的车辆从事运输因交通事故造成他人财产损失保留车辆所有权的出卖方不应承担民事责任的批复》，"采取分期付款方式购车，出卖方在购买方付清全部车款前保留车辆所有权的，购买方以自己名义与他人订立货物运输合同并使用该车运输时，因交通事故造成他人财产损失的，出卖方不承担民事责任"。正如立法机关所言，即使在附所有权保留特别约定的分期付款买卖机动车的情形下，如果机动车已交付购买人，虽然出卖人仍保留机动车所有权，但并不影响购买人取得机动车的实际支配和使用收益。因此，在发生道路交通事故后，应当由购买人承担赔偿责任，保留机动车所有权的出卖人不承担赔偿责任。[1]

这是由于：一是出卖人对购买人造成的交通事故没有过错，其保留所有权的行为与交通事故之间也不存在因果关系。二是分期付款买卖中出卖方保留所有权的行为实质上只是对债的担保方式，出卖人保留的只是名义上的所有权，对机动车的占有、使用、收益的都是买受人。[2]三是从比较法上来看，也认为分期付款买卖的买受人应独立承担交通肇事损害的赔偿责任。例如，日本的判例认为，在附所有权保留特约按月付款出售机动车的场合，只要没有特殊的情况，不过是为了确保价金债权而保留所有权的，那么一旦机动车交付了买主使用，出卖人就不构成运行供用者。但是，在公司成员分期付款购买公司的汽车，供业务上使用，并由公司负担汽油费等的场合，法院认为公司仍然是运行供用者。[3]

四、擅自驾驶他人车辆发生交通损害赔偿的责任主体

未经允许驾驶他人机动车情形下发生交通事故，赔偿责任主体应当如何确

---

[1] 黄薇主编：《中华人民共和国民法典解读·侵权责任编》，中国法制出版社 2020 年版，第 387 页。

[2] 王治平：《解读〈关于购买人使用分期付款购买的车辆从事运输因交通事故造成他人财产损失保留车辆所有权的出卖方不应承担民事责任的批复〉》，载李国光主编：《解读最高人民法院司法解释·民事卷》（1997—2002），人民法院出版社 2003 年版，第 42 页。

[3] 于敏：《机动车损害赔偿责任与过失相抵——法律公平的本质及其实现过程》，法律出版社 2005 年版，第 53 页。

定？对此，《民法典》第一千二百一十二条规定："未经允许驾驶他人机动车，发生交通事故造成损害，属于该机动车一方责任的，由机动车使用人承担赔偿责任；机动车所有人、管理人对损害的发生有过错的，承担相应的赔偿责任，但是本章另有规定的除外。"该条中"对损害的发生有过错"可理解为机动车所有人、管理人没有履行一般人应有的谨慎注意义务。[①]擅自驾驶当属机动车所有人、管理人与使用人分离。本条延续使用人承担责任的一般规则，仍规定由机动车使用人承担责任。理由除自己责任、营运支配和营运利益之外，根据举轻以明重的规则，在出租、出借等基于所有人的意思而使用他人机动车时，使用人尚且需要承担赔偿责任，未经所有人同意的擅自驾驶，使用人更应承担赔偿责任。[②]

擅自驾驶符合机动车所有人、管理人与使用人分离，但又与租赁、出借造成的分离明显不同。这一不同主要体现在分离的原因及所有人、管理人对分离使用的主观态度上。根据擅自驾驶人与机动车所有人、管理人的关系，可以将擅自驾驶分为三种形态：一是特定关系下的擅自驾驶，比如亲戚、朋友；二是基于合同或授权占有但未经允许的擅自驾驶，比如维修人员；三是缺乏直接联系的完全陌生的人的擅自驾驶。这三种情况下，特定关系人的擅自驾驶可能并不违背当事人意思，或使用行为的合法性可以获得追认，但后两种情况，违背所有者、管理人的意思，在发生交通事故的情况下难以获得追认。根据上述造成分离的不同原因，结合所有人、管理人的主观意愿，在擅自驾驶时，评价机动车所有人、管理人的责任和过错，应当依序把握以下几个原则：[③]

擅自驾驶情形下，机动车所有人、管理人的责任为按份责任。本条规定的相应赔偿责任，针对的是机动车所有人、管理人对于造成擅自驾驶及事故发生的过错，这一过错并不具有共同侵权的特征，机动车所有人、管理人仅在原因力的程度上承担一定的按份责任。

擅自驾驶情形下，机动车所有人、管理人的过错主要表现为对妥善管理义务的违反。在出租、出借机动车的情形下，所有人、管理人基于自己的意思交

[①] 黄薇主编：《中华人民共和国民法典解读·侵权责任编》，中国法制出版社2020年版，第391页。

[②] 最高人民法院民法典贯彻实施工作领导小组主编：《中华人民共和国民法典侵权责任编理解与适用》，人民法院出版社2020年版，第382页。

[③] 最高人民法院民法典贯彻实施工作领导小组主编：《中华人民共和国民法典侵权责任编理解与适用》，人民法院出版社2020年版，第382—383页。

付机动车给第三人，对危险的发生具有预见性，对使用人的驾驶能力负有审查的义务，对出借机动车的性能负有维护的义务。违反这些义务，构成出租、出借人的过错。但擅自驾驶时，所有人、管理人无从了解擅自驾驶人的情况，不具有甄选的条件。擅自驾驶人在什么条件、什么情况下使用机动车，机动车所有人、管理人也无法预见，要求其确保机动车适于驾驶也缺乏合理性。当然，若机动车处于日常使用过程中，本身就因维护不当而存在缺陷，而事故发生又系机动车缺陷造成，机动车所有人、管理人仍应对此承担相应责任。

擅自驾驶情形下，机动车所有人、管理人对特定关系人负有更严格的注意义务。当擅自驾驶人是机动车所有人、管理人的家庭成员、朋友、同事等特定关系人时，所有人、管理人随意弃置车辆和车钥匙的，应当认为其在保管车辆上存在过错。发生事故时，应当比陌生人擅自驾驶承担更多的责任。

五、挂靠机动车发生交通损害赔偿的责任主体

机动车挂靠从事运输经营活动，是指为了交通运营过程中的方便，将车辆登记于某个具有运输经营权资质的经营主体名下，以该主体的名义进行运营，并由挂靠者向被挂靠主体支付一定费用的形式。[①] 以挂靠形式从事运输经营活动的情形在现实中确实比较普遍。其主要特征是，挂靠人为了满足车辆运输经营管理上的需要，将自己出资购买的机动车挂靠于某个具有运输经营权的企业，由该企业为挂靠车主代办各种法律手续，并以该企业的名义对外进行运输经营。以挂靠形式进行运输经营，在实践中产生了较多的弊端，一是违反了《道路运输条例》等行政法规的规定，使国家通过运输经营许可证的形式加强安全管理、规范市场经营秩序的管理目的落空。二是以挂靠形式从事运输经营机动车，被挂靠企业有经营之名而无经营之实，疏于对驾驶人员的培训，疏于对机动车运行安全的管理，极大地增加了道路交通的安全隐患，对于其他道路交通参与人的人身财产权益造成了较大的风险。三是挂靠经营方式下，挂靠人的资力往往比较薄弱，从而导致交通事故发生后，受害人难以得到及时、充分的赔偿，权益难以得到保护，引发诸多社会矛盾。

实践中，对于挂靠人发生交通事故时，被挂靠单位是否需要承担责任以及如何承担责任，也存在很大的争议，司法实践中的主要做法有如下几种：第一

---

① 黄薇主编：《中华人民共和国民法典解读·侵权责任编》，中国法制出版社 2020 年版，第 388 页。

种做法，挂靠人与被挂靠单位承担连带赔偿责任；第二种做法，原则上应由挂靠人承担责任，但是如果被挂靠单位收取了费用，则其应在该费用范围内就损害与挂靠人承担连带责任；第三种做法，仅由挂靠人承担责任，被挂靠人不承担任何赔偿责任。[①] 为了统一法律适用，《民法典》第一千二百一十一条规定："以挂靠形式从事道路运输经营活动的机动车，发生交通事故造成损害，属于该机动车一方责任的，由挂靠人和被挂靠人承担连带责任。"这主要基于：第一，被挂靠主体接受车辆挂靠，应当对该车辆有没有从事运输活动的能力进行核查和负责，从而控制风险；并且与挂靠机动车明确约定机动车发生交通事故造成损害时责任如何承担。第二，在车辆挂靠时，有可能使乘客或者托运人因信赖被挂靠主体的管理能力及责任能力，而对挂靠机动车产生信赖，对这种信赖应当保护，被挂靠主体因为信赖而有责任。第三，区分经营性挂靠与行政强制性挂靠作出不同规定，可能导致受害人举证不能，而被挂靠人往往事先采取各种措施以便在诉讼中提出各项证据，证明自己未收取任何费用而达到免责的目的。因此，"由挂靠人和被挂靠人承担连带责任"，从解决实际赔偿问题的角度出发，有利于保护受害人，让受害人能够得到及时有效的赔偿，具有合理性。[②]

由于被挂靠人与挂靠人对外系承担连带责任，在实体权利和程序权利上，受害人既可以要求被挂靠人承担责任，也可以要求挂靠人承担责任。但实践中，挂靠关系并非公之于众，受害人难以知悉挂靠的存在与否。受害人仅起诉被挂靠人承担责任的，受害人无须证明被挂靠人和挂靠人之间的内部关系。作为名义运营人，被挂靠人当然承担赔偿责任。若被挂靠人提出挂靠关系予以抗辩，请求追加挂靠人为共同被告的，原则上应征求原告即受害人的意见，受害人不同意追加为被告的，从有利于查明事实及挂靠人与被挂靠人之间纠纷一并解决的角度，可以追加挂靠人为第三人。《民法典》第一百七十八条第一款明确规定，二人以上依法承担连带责任的，权利人有权请求部分或者全部连带责任人承担责任。共同侵权责任并非必要共同诉讼，而是学者所主张的类似共同诉讼，即如果当事人选择一同起诉或被诉的，法律关系对全体共同诉讼人必须合一确

---

① 各种不同做法，均有不同高级人民法院的指导意见。详见最高人民法院民事审判第一庭编著：《最高人民法院关于道路交通损害赔偿司法解释理解与适用》，人民法院出版社2012年版，第49页。

② 黄薇主编：《中华人民共和国民法典解读·侵权责任编》，中国法制出版社2020年版，第388页。

定，不得为不同的判决。此外，从诉讼法的基本原则出发，也应当尊重当事人的诉讼权利及意思自治，因此追加为第三人更为合适。[①]

六、转让并交付但未办理登记的机动车侵权责任

根据《道路交通安全法》第十二条的规定，机动车所有权发生转移的，应当办理相应的登记。在现实生活中，存在机动车已经通过买卖、赠与等方式转让，并且向买受人交付，但是没有办理登记手续，甚至还存在连环转让机动车都没有办理登记的情形。在此情形下，发生机动车交通事故时如何承担侵权责任？对此，《民法典》第一千二百一十条规定，当事人之间已经以买卖或者其他方式转让并交付机动车但是未办理登记，发生交通事故造成损害，属于该机动车一方责任的，由受让人承担赔偿责任。对于该条应当从如下方面理解适用：

1. 在机动车强制保险责任限额范围内先行赔偿。根据《民法典》第一千二百一十三条的规定，机动车发生交通事故造成损害，属于该机动车一方责任的，先由承保机动车强制保险的保险人在强制保险责任限额范围内予以赔偿；不足部分，由承保机动车商业保险的保险人按照保险合同的约定予以赔偿；仍然不足或者没有投保机动车商业保险的，由侵权人赔偿。

2. 根据运营支配和运营利益相一致原则，应当由受让人承担赔偿责任。当事人之间已经以买卖、赠与等方式转让并交付机动车但未办理登记的，原机动车所有人已经不是真正的所有人，更不是机动车的占有人，不具有机动车的实质所有权，丧失了对机动车的运营支配的能力，不具有防范事故发生的控制力。在发生机动车事故后，仍然要求其承担赔偿责任，是不合理、不公平的。赔偿义务人应当由买受人、受赠人等对机动车运行有实质影响力和支配力的机动车的实际所有人、占有人承担。[②]

3. 该条中的"交付"主要是指"实际交付"。物权理论中的拟制交付有简易交付、指示交付和占有改定等区分，简易交付可以适用该条的规则；指示交付中第三人不将机动车交付给受让人，受让人无法实际控制机动车；占有改定中，出让人仍然继续占有该机动车，受让人无法实际控制机动车。但是，我国

---

① 最高人民法院民法典贯彻实施工作领导小组主编：《中华人民共和国民法典侵权责任编理解与适用》，人民法院出版社 2020 年版，第 379—380 页。

② 黄薇主编：《中华人民共和国民法典解读·侵权责任编》，中国法制出版社 2020 年版，第 387 页。

法律中并未出现实际交付、简易交付、指示交付和占有改定这些学理术语。因此，该条的"交付"主要是指"实际交付"。[①]

现实中存在机动车交通事故造成损害后，为规避赔偿责任，签订虚假机动车买卖合同，转移责任给无赔偿能力的虚假受让人的情形，以至于被侵权人的合法权益遭受损害。此种情况，属于恶意串通损害第三人利益的情形，法院应当在查明案件基本事实的基础上，依法适用《民法典》第一百五十四条之规定，确认合同无效，及时救济被侵权人利益。

七、连环购车情形下机动车道路交通损害赔偿的责任主体

在机动车所有权发生转移时，因节省费用、以物抵债等多种原因未及时办理机动车所有权转移登记的情形可谓常见，结果导致了机动车的名义所有人与实际所有人不一致的情形。一旦机动车造成他人损害，应由何人承担责任，实践中有不同的理解。为此，《道路交通损害赔偿解释》第二条规定："被多次转让但是未办理登记的机动车发生交通事故造成损害，属于该机动车一方责任，当事人请求由最后一次转让并交付的受让人承担赔偿责任的，人民法院应予支持。"在审判实践中，应当从如下方面理解适用：

1. 该条规定的法律依据。（1）以动产物权的变动和风险转移看，《民法典》第二百二十四条，"动产物权的设立和转让，自交付时发生效力，但是法律另有规定的除外"，第二百二十五条，"船舶、航空器和机动车等的物权的设立、变更、转让和消灭，未经登记，不得对抗善意第三人"，均规定了财产所有权从交付时起转移。车辆买卖属动产买卖，所有权及风险的转移应以动产的规则制约，机动车未办理过户只是违反了关于车辆登记的行政法律法规，但对所有权的转移没有丝毫影响，物权转移的效力仍应适用《民法典》第二百二十四条，自交付时起发生所有权转移的法律效力，原所有人自然丧失所有权，机动车转让未办理过户登记，只是不能对抗善意第三人，并不影响买卖合同的效力。根据相关风险转移的理论，动产的风险转移自交付时起转移，机动车买卖交付后原所有人不应对交付后的侵权风险承担赔偿责任。（2）从运行支配和运行利益理论看，车辆所有人一般被认为是运行支配人和运行利益的归属者，由机动车所有人承担损害赔偿责任是国际通例。机动车转卖未过户的情形下，原车主将

---

① 黄薇主编：《中华人民共和国民法典解读·侵权责任编》，中国法制出版社2020年版，第387页。

机动车交付给买受人后，权利义务随之一并转移，车辆发生交通事故，应由实际支配车辆运行或者取得运行利益的买方承担损害赔偿责任，如由原车主承担责任，不仅显失公平，也有悖于权利义务相一致的原则。

综上，《道路交通损害赔偿解释》第二条自始至终贯彻了《民法典》第一千二百一十条"当事人之间已经以买卖或者其他方式转让并交付机动车但是未办理登记，发生交通事故造成损害，属于该机动车一方责任的，由受让人承担赔偿责任"的规定精神。

2. 如何理解"最后一次转让并交付"。在多次转让机动车情形下，一旦发生道路交通事故，机动车一方要承担赔偿责任，具体该由谁承担责任？该解释在受让人前面加了"最后一次转让并交付"的限定。具体应把握三点：（1）"最后一次转让并交付"中的"最后一次"针对的是在机动车交通事故发生前的最后一次因转让而交付。（2）"最后一次转让并交付"中"转让"的对象是所有权且无须以有偿转让为前提。既包括有偿的机动车买卖，又包括无偿获得机动车的情形。（3）"最后一次转让并交付"中"交付"强调的是实际控制，而非观念交付。该条并非强调法律意义上的交付，而是强调实际控制，即对机动车进行"运行支配"和享有"运行利益"。[①]

3. 如何理解"受让人承担赔偿责任"。（1）受让人并非一律承担责任，而应区分不同情形分别适用不同的法律规定。该解释规定当事人有权向最后一次转让并交付机动车的受让人请求承担赔偿责任。这里的"受让人"应扩大理解为"受让人一方"，而不一定是受让人本人。[②]如果最后一次因受让交付而取得机动车所有权的受让人通过租赁、借用等方式将机动车交给他人使用，则其自己也因此处于既不控制又不受益状态，此时应适用《民法典》第一千二百零九条的规定处理。当受让人保有的机动车因盗抢而失去对机动车的控制，发生交通事故时，适用《民法典》第一千二百一十五条的规定。（2）受让人在交强险责任限额范围外承担赔偿责任。被多次转让机动车发生道路交通事故造成他人损害，属于机动车一方责任的，首先应由保险公司在交强险责任限额范围内予以赔偿。对于不足部分，再由受让人承担赔偿责任。

[①]　详见最高人民法院民事审判第一庭编著：《最高人民法院关于道路交通损害赔偿司法解释理解与适用》，人民法院出版社2012年版，第61—64页。

[②]　最高人民法院民事审判第一庭编著：《最高人民法院关于道路交通损害赔偿司法解释理解与适用》，人民法院出版社2012年版，第64页。

4.审判实践中应当注意的问题。

（1）被多次转让的机动车没有投保交强险的处理。不论是机动车未主动参加或续保交强险，还是因故保险公司单方解除交强险合同，受让人对机动车未投保交强险的结果都有一定过错。既然最终结果都是受让人因缺乏有效合同依据，而无法要求保险公司支付交强险限额内的保险赔偿金，那么从充分保护受害人合法权益出发，由受让人承担交强险责任限额范围内的赔偿责任就是应有之义。[①] 对此，《道路交通损害赔偿解释》第十六条规定："未依法投保交强险的机动车发生交通事故造成损害，当事人请求投保义务人在交强险责任限额范围内予以赔偿的，人民法院应予支持。投保义务人和侵权人不是同一人，当事人请求投保义务人和侵权人在交强险责任限额范围内承担相应责任的，人民法院应予支持。"

（2）当事人请求机动车登记所有人、其他受让人承担赔偿责任的处理。审判实务中，部分当事人可能基于最后一次转让并交付的受让人没有赔偿能力、无法找到或者最大程度得到赔偿救济等考虑，在起诉时将机动车登记所有人、其他受让人列为被告，要求其承担连带责任。对此应区分不同情形加以处理：首先，应原则上允许当事人追加最后一次转让中受让人的前手为被告。为了规避承担事故赔偿责任，部分肇事的受让人可能会在事故发生后，将机动车进行虚假转让（把机动车转让合同时间提前到交通事故发生之前），将责任转嫁给没有偿付能力的虚假受让人。这就需要将前手转让人追加为被告，方便法院查明真相。若原告有证据证明虚假转让，则应判令真正的最后一次转让并交付的受让人承担赔偿责任。当然，在原告无法证明虚假转让或机动车本身为依法禁止行驶的机动车时，一般不宜判令作为共同被告的前手承担连带责任。[②] 其次，从防止欺诈、充分保护被害人合法权益出发，应适当加大机动车转让人的证明责任。就证明责任分配监督而言，应适当提高转让人以机动车已转让交付来主张免责的证明标准。如主张仅有机动车转让合同，转让人、受让人陈述或者受让人无法查明或下落不明等缺乏其他证据证明情形下，机动车所有人不能充分举证证明机动车已经转让交付，自己确实已不支配机动车，也不享有运行利益

---

① 最高人民法院民事审判第一庭编著：《最高人民法院关于道路交通损害赔偿司法解释理解与适用》，人民法院出版社 2012 年版，第 66 页。

② 最高人民法院民事审判第一庭编著：《最高人民法院关于道路交通损害赔偿司法解释理解与适用》，人民法院出版社 2012 年版，第 66—67 页。

时，转让人作为机动车的所有人仍应承担赔偿责任。[①]

（3）当被多次转让的机动车是依法禁止行驶的机动车、被盗抢的机动车时的处理。首先，《民法典》第一千二百一十四条及《道路交通损害赔偿解释》第四条已经明确规定了依法禁止行驶的机动车发生交通事故，应由所有转让人和受让人承担连带责任。因而，在此种情形下，《民法典》第一千二百一十四条及《道路交通损害赔偿解释》第四条应予以优先适用。如果当事人具有上述情形，仍以该解释第二条作为请求权基础，则法院可从保护被害人合法权益、节约诉讼资源角度出发，在庭审时予以释明。其次，《民法典》第一千二百一十五条已经明确规定了由盗抢人承担赔偿责任，而不是机动车所有人承担赔偿责任。若盗抢人将所盗抢的机动车再次转让，就符合《道路交通损害赔偿解释》第二条所规范的情形，此时，当事人可以基于该条规定选择由最后一次转让并交付的受让人承担赔偿责任。

八、套牌车情形下机动车道路交通损害赔偿的责任主体

所谓套牌车，就是没有按照正常法律程序到交管部门领取牌证，而是通过仿制、拼接等技术手段制造与别人车辆同样的车牌，甚至包括他人的行驶证也一并复制的机动车。[②]套牌车产生的主要原因是套牌行为人为了逃避相关的税费和规避公安交通管理部门的监管、处罚。同时，此行为严重侵害被套牌机动车所有人的合法利益，放大了被侵权人求偿不能的风险。因此，《道路交通损害赔偿解释》第三条规定："套牌机动车发生交通事故造成损害，属于该机动车一方责任，当事人请求由套牌机动车的所有人或者管理人承担赔偿责任的，人民法院应予支持；被套牌机动车所有人或者管理人同意套牌的，应当与套牌机动车的所有人或者管理人承担连带责任。"审判实践中，应当从如下方面理解适用：

1.套牌机动车的所有人或者管理人的责任范围。该条解释之所以强调"属于机动车一方责任"，旨在说明：（1）审判实践中，套牌机动车投保交强险的情况极少，但不排除其可能性。因此，若套牌机动车已经投保了交强险，先由

---

① 最高人民法院民事审判第一庭编著:《最高人民法院关于道路交通损害赔偿司法解释理解与适用》，人民法院出版社2012年版，第67页。

② 最高人民法院民事审判第一庭编著:《最高人民法院关于道路交通损害赔偿司法解释理解与适用》，人民法院出版社2012年版，第68页。

其交强险保险公司在责任限额范围内承担赔偿责任。（2）在交强险责任限额范围之外的损失，也并非无条件地由套牌机动车所有人或者管理人承担全部赔偿责任，仍应当按照《道路交通安全法》第七十六条第一款规定的不同归责基础，确定套牌机动车一方应承担的责任。①

2. 如何理解被套牌机动车所有人或者管理人的"同意"。司法实践中，虽然大多数情况下被套牌机动车所有人或者管理人对他人套牌其机动车的情形并不知情，但也存在被套牌机动车所有人或者管理人知道他人套牌而不明确表示反对的现象。例如：基于个人之间的情谊而允许他人套牌；基于有偿使用而让他人套牌。司法解释将被套牌机动车所有人或者管理人承担连带责任的条件限定在"同意套牌"的范畴。

关于"同意"的理解，应当把握：（1）"同意"的范畴。司法实践中，经常出现两种被套牌机动车所有人同意套牌的情形："自己套牌自己""同意他人套牌自己"。前一种情形，套牌与被套牌机动车所有人为同一人，其承担责任的主体并无不同。后一种情形，因套牌机动车所有人与被套牌机动车所有人或者管理人并非同一人，因而产生对套牌机动车一方的责任划分问题，符合该解释所规定的情形。（2）有偿套牌"同意"的证明。在有偿套牌的情形下，被套牌机动车所有人或者管理人与套牌机动车所有人或者管理人之间就套牌问题一般都有书面协议约定，此时完成"同意"的证明责任相对简单，被侵权人或套牌机动车所有人只要能对此举证加以证明即可。当套牌机动车所有人或者管理人向被套牌机动车所有人或者管理人提出有偿套牌意思表示后，被套牌机动车所有人或者管理人对此未置可否时，应区分情况处理：若被套牌机动车所有人或者管理人未对套牌事宜明确表示反对，则不能仅凭此而认定其已经同意。除非已经收取了套牌机动车所有人支付的"套牌费"或已实施了协助套牌行为，才可考虑认定被套牌机动车所有人或者管理人对套牌已经默示同意。至于被套牌机动车所有人或者管理人的同意是事先同意或事后追认同意，在所不问。（3）无偿套牌"同意"的证明。在基于情谊同意的情形中，被套牌机动车所有人或者管理人的同意表示并非民法上所言意思表示。从对受害人的权益保护、被套牌机动车所有人或者管理人疏于防范以及以私法手段实现公法禁止套牌行为的目的出发，法院在认定情谊情形下的"同意"时，不应使原告的证明标准

① 最高人民法院民事审判第一庭编著：《最高人民法院关于道路交通损害赔偿司法解释理解与适用》，人民法院出版社 2012 年版，第 71—72 页。

过高、证明责任过重。一般而言，只要被侵权人提供的证据能够证明被套牌机动车所有人或者管理人知道或者应当知道套牌行为实施人的真实身份而未及时采取救济措施即可。①

被套牌机动车所有人或者管理人与套牌机动车所有人或者管理人承担连带责任的依据在于：（1）通过对受偿不能风险的合理分配，有利于受害人合法利益得到及时充分的维护。（2）连带责任不仅能够服务于充分保护受害人的目的，而且具有促进公法目的实现的功能。（3）被套牌机动车所有人或者管理人的同意行为违反了保护他人的法律，应承担连带赔偿责任。②最高人民法院于2013年11月8日发布的指导案例19号赵某明等诉烟台市福山区汽车运输公司、卫某平等机动车交通事故责任纠纷案中指出：机动车所有人或者管理人将机动车号牌出借他人套牌使用，或者明知他人套牌使用其机动车号牌不予制止，套牌机动车发生交通事故造成他人损害的，机动车所有人或者管理人应当与套牌机动车所有人或者管理人承担连带责任。鲁F××号牌货车的登记所有人某山公司和实际所有人卫某平，明知卫某辉等人套用自己的机动车号牌而不予阻止，且提供方便，纵容套牌货车在公路上行驶，某山公司与卫某平的行为已属于出借机动车号牌给他人使用的情形，该行为违反了《道路交通安全法》等有关机动车管理的法律规定。将机动车号牌出借他人套牌使用，将会纵容不符合安全技术标准的机动车通过套牌在道路上行驶，增加道路交通的危险性，危及公共安全。套牌机动车发生交通事故造成损害，号牌出借人同样存在过错，对于肇事的套牌车一方应负的赔偿责任，号牌出借人应当承担连带责任。故某山公司和卫某平应对卫某辉与林某东一方的赔偿责任份额承担连带责任。

3. 审判实践中应当注意的问题。（1）因租赁、借用等原因造成套牌机动车所有人与使用人不一致时，由谁承担该机动车一方的责任。当套牌机动车因租赁、借用等情形被他人实际控制和受益时，套牌机动车的实际使用人应承担机动车一方的赔偿责任。但因套牌车大多没有进行正常年检，无法借此判断该车安全性能是否达标，属于具有安全隐患的机动车，仍将套牌车出租或出借给他人的，意味着其未尽到应有的注意义务，根据《民法典》第一千二百零九条的

---

① 参见最高人民法院民事审判第一庭编著：《最高人民法院关于道路交通损害赔偿司法解释理解与适用》，人民法院出版社2012年版，第73—75页。

② 参见最高人民法院民事审判第一庭编著：《最高人民法院关于道路交通损害赔偿司法解释理解与适用》，人民法院出版社2012年版，第75—76页。

规定，承担相应的赔偿责任。在实践中，若套牌机动车所有人主张套牌机动车已经出租或出借给第三人，而第三人则以证人证言形式予以认可，为了防止套牌机动车所有人实现其恶意串通损害受害人的目的，法院应对该证人证言的证明力严格把关。[①]（2）套牌机动车在被盗抢期间发生交通事故造成损害时，由于该机动车所有人或者使用人没有实际控制该机动车，对损害发生没有过错，没有类推适用《民法典》第一千二百零九条和该解释的余地。[②]（3）被套牌机动车所有人与套牌机动车所有人均无法证明交通事故发生时，其机动车不在现场的，应当如何处理？对此，可以考虑将证明责任分配给套牌机动车所有人或者管理人。如果其不能举证证明该损害后果是由被套牌机动车所有人或者管理人造成，则应对被侵权人承担赔偿责任。这是由于：让套牌机动车所有人承担证明责任体现了对其套牌违法行为的否定性评价；对损害承担赔偿责任，没有超出套牌机动车所有人实施套牌行为时的心理预期；被套牌机动车所有人或者管理人对其机动车被套牌并不知情，也未同意，对损害后果不存在主观过错。[③]

九、多次转让拼装或报废机动车道路交通损害赔偿的责任主体

关于拼装车、已达到报废标准的机动车发生交通事故后的损害赔偿责任，《民法典》第一千二百一十四条已经明确规定由转让人和受让人承担连带责任。但是，现实中更多的情形是，发生交通事故时，肇事的拼装车、报废车已经经过多次转让，此时，责任主体应当如何确定，需要根据《民法典》第一千二百一十四条的规定予以明确。《道路交通损害赔偿解释》第四条规定："拼装车、已达到报废标准的机动车或者依法禁止行驶的其他机动车被多次转让，并发生交通事故造成损害，当事人请求由所有的转让人和受让人承担连带责任的，人民法院应予支持。"出于对拼装车、报废车转让行为的违法性，依法禁止行驶机动车的高度危险性和保护受害人合法权益等因素的考量，只要转让拼装车、已达到报废标准的机动车，或者基于道路行驶目的转让依法禁止行

---

① 参见最高人民法院民事审判第一庭编著：《最高人民法院关于道路交通损害赔偿司法解释理解与适用》，人民法院出版社 2012 年版，第 77—78 页。

② 参见最高人民法院民事审判第一庭编著：《最高人民法院关于道路交通损害赔偿司法解释理解与适用》，人民法院出版社 2012 年版，第 79 页。

③ 参见最高人民法院民事审判第一庭编著：《最高人民法院关于道路交通损害赔偿司法解释理解与适用》，人民法院出版社 2012 年版，第 80 页。

驶的其他机动车，无论经过几次转让，所有转让人与受让人均应承担连带责任。①

如何理解"依法禁止行驶的其他机动车"？特指因不符合国家有关机动车运行安全技术条件被依法禁止行驶的机动车。实践中，因排污未达标而报废的机动车，不属于严格意义上的报废机动车，包括没有环保标志的机动车，不能适用该条解释。无故不参加年检的机动车发生交通事故时，转让人应举证证明该未年检的机动车在转让时不存在不符合国家机动车安全技术标准的情形，否则就应与受让人一起承担连带责任。关于改装机动车的问题。对为提高机动车舒适性、美观性而对机动车所作的改动，如不违反国家机动车安全技术条件，一般不会降低机动车行驶中的安全性，该改装就不属于依法禁止行驶的机动车范畴。至于为了提高机动车动力性能而对机动车核心部件的改动，则应严格遵守相应国家机动车运行安全技术标准，一旦认定该改装车达不到该解释标准，就应认定其为非法改装机动车，属于该解释规范的对象范畴。②

如何理解该条解释中连带责任的主体范围？既然属于转让人实施的都是同一性质的违法转让行为，那么对该类行为的法律评价就应采一致标准。如果只让最后一次的转让人与受让人承担连带责任，则意味着同样的行为，有不同的法律评价。让所有的转让人承担连带责任并未超越《民法典》第一千二百一十四条的语义解释，因此解释明确了所有的转让人。当然，该条解释中的转让应当作广义理解，不限于买卖，还包括赠与、互易等法律行为，不限于现实交付，还包括观念交付（简易交付、占有改定、指示交付等）。③

连带责任还区分为对外效力与对内效力。对外效力上，转让人与受让人承担连带责任，意味着被侵权人可以向部分转让人或受让人请求赔偿部分或者全部损失，被请求的责任人不得以超出自己的责任份额为由对抗被侵权人的请求。而内部效力上，连带责任人根据各自责任大小确定相应的赔偿数额，难以确定责任大小的，平均承担责任。支付超出自己赔偿数额的连带责任人，有权向其他连带责任人追偿。确定转让人和受让人各自的责任大小，需要综合各自的过错程度及客观行为与损害后果之间的原因力。比如，机动车具有牌照、年

---

① 最高人民法院民法典贯彻实施工作领导小组主编：《中华人民共和国民法典侵权责任编理解与适用》，人民法院出版社2020年版，第393页。

② 参见最高人民法院民事审判第一庭编著：《最高人民法院关于道路交通损害赔偿司法解释理解与适用》，人民法院出版社2012年版，第86—91页。

③ 参见最高人民法院民事审判第一庭编著：《最高人民法院关于道路交通损害赔偿司法解释理解与适用》，人民法院出版社2012年版，第91页。

检合格证明，受让人在过户登记前难以从外观上判断是否为拼装车或报废车，并无主观上的过错，应认定转让人承担主要责任。又如，交通事故的发生完全是因受让人作为驾驶人醉酒驾驶，此时应由受让人承担主要责任。转让人和受让人的过错程度及原因力均不能确定时，则应平均承担责任。①

十、驾驶培训活动中道路交通损害赔偿的责任主体

未取得驾驶资格的受训人员在驾驶培训活动过程中造成第三人损害时，谁应当成为赔偿责任主体，需要明确的规定。对此，《道路交通损害赔偿解释》第五条规定："接受机动车驾驶培训的人员，在培训活动中驾驶机动车发生交通事故造成损害，属于该机动车一方责任，当事人请求驾驶培训单位承担赔偿责任的，人民法院应予支持。"之所以如此规定，是由于受训人员在培训活动中尚未取得驾驶资格、难以有效控制机动车，且培训单位从事的是经营活动，因此，发生交通事故造成第三人损害，应当由驾驶培训单位承担责任。②

依据运行利益和运行控制理论分析，驾驶培训机构对于用于培训活动中的机动车既能够通过其雇员即教练员控制该车的运行，同时也可以通过这种运行获得利益，其利益已经包含在驾校学员所缴纳的培训费中。虽然驾驶培训中的受训人也从本次驾驶活动中获益，但其并非能够控制所驾驶机动车的人，驾驶培训机构是机动车的实际控制人。因此，根据运行利益与运行支配并结合驾驶培训自身的特点，驾驶培训机构应当对驾驶培训中发生交通事故造成的损害承担赔偿责任。

审判实践中值得注意的是，机动车陪练过程中发生交通事故造成损害的，对于由驾驶人承担责任还是由陪练机构承担责任，存在争议。最高人民法院民一庭认为：在机动车陪练过程中发生交通事故应当由驾驶人承担赔偿责任；陪练人对损害的发生有过错的，承担相应的赔偿责任。这是因为，在机动车陪练过程中，驾驶人已经获得驾驶证照，其对于机动车有独立的控制能力，自然应当对事故承担责任。但如果陪练人对损害的发生有过错的，应当承担与过错程

---

① 最高人民法院民法典贯彻实施工作领导小组主编：《中华人民共和国民法典侵权责任编理解与适用》，人民法院出版社 2020 年版，第 394 页。

② 最高人民法院民事审判第一庭编著：《最高人民法院关于道路交通损害赔偿司法解释理解与适用》，人民法院出版社 2012 年版，第 96 页。

度相适应的责任。^①

十一、试乘过程中发生交通损害赔偿的责任主体

司法实践中,各地法院对试乘服务提供者是否对试乘过程中发生的交通事故造成的损害承担责任处理不一,为统一裁判尺度,《道路交通损害赔偿解释》第六条规定:"机动车试乘过程中发生交通事故造成试乘人损害,当事人请求提供试乘服务者承担赔偿责任的,人民法院应予支持。试乘人有过错的,应当减轻提供试乘服务者的赔偿责任。"应当从如下方面理解适用:

1. 提供试乘服务者承担责任的性质。关于提供试乘服务者的责任看法不一:不承担责任、重大过失才承担责任、区分有偿与无偿的责任不同、适用无过错责任。^②最高人民法院民一庭认为:依据侵权责任法的规定,试乘服务提供者应对试乘者承担过错责任。侵权行为适用的一般原则即为过错责任原则,除非法律有明确规定的,才能适用无过错责任原则,不能随意扩大无过错原则的适用范围。^③

2. 试乘中发生的损害赔偿的请求权基础。对于试乘中发生的损害,试乘者基于何种请求权向试乘服务提供者主张权利,存在不同学说:运营合同修正说、买卖合同附随义务说、侵权责任说、合同关系与前期关系竞合说。^④其实,各种学说从不同角度阐述了试乘的特质,的确存在责任的竞合问题。就试乘关系而言,试乘者和提供试乘服务者之间就试乘单独形成了合意。在此意义上,两者之间存在合同关系。试乘中所发生的机动车交通事故受到《道路交通安全法》等相关法律的制约与调整,试乘服务提供者同时对试乘者承担侵权责任法上的注意义务,未尽到此义务,亦应承担侵权责任。^⑤

---

① 最高人民法院民事审判第一庭编著:《最高人民法院关于道路交通损害赔偿司法解释理解与适用》,人民法院出版社2012年版,第99页。

② 各种不同观点,详见最高人民法院民事审判第一庭编著:《最高人民法院关于道路交通损害赔偿司法解释理解与适用》,人民法院出版社2012年版,第103页。

③ 最高人民法院民事审判第一庭编著:《最高人民法院关于道路交通损害赔偿司法解释理解与适用》,人民法院出版社2012年版,第105页。

④ 详见最高人民法院民事审判第一庭编著:《最高人民法院关于道路交通损害赔偿司法解释理解与适用》,人民法院出版社2012年版,第106—107页。

⑤ 最高人民法院民事审判第一庭编著:《最高人民法院关于道路交通损害赔偿司法解释理解与适用》,人民法院出版社2012年版,第107页。

3.试乘过程中受到损害的责任承担。试乘过程中因交通事故造成的损害，应当适用《道路交通安全法》和《民法典》侵权责任编的一般规定。如果是对方车辆的责任，首先由对方机动车所投保的保险公司在交强险责任限额范围内予以赔偿；保险赔付不足部分，才涉及试乘服务提供者的赔偿责任问题。应当适用《道路交通安全法》第七十六条的规定，即试乘服务提供者承担责任的前提条件是交通事故己方车辆负有责任，如果是机动车之间发生碰撞，对方机动车负全责，则试乘服务提供者无须承担赔偿责任。若属于试乘车辆的责任，则应根据不同情形，作出具体认定。若试乘机动车的驾驶员是机动车试乘服务提供者提供的，应当由试乘服务提供者承担责任。①

十二、好意同乘的责任承担

不同学者对好意同乘有不同的定义。根据好意同乘的共识性基本特征，好意同乘是指驾驶人基于善意互助或友情帮助而允许他人无偿搭乘的行为。比如顺路捎带朋友、同事，应陌生人请求搭载陌生人等。无偿性、利他性、非拘束性是好意同乘的重要特征。②关于好意同乘的性质，学界主要存在三种观点：第一种观点是好意施惠行为说，认为好意人是基于善意的愿望，同意同乘人免费乘车的请求。好意同乘关系中只有两方主体，一方是提供搭乘车辆的施惠人，另一方是接受施惠的搭乘人。并且好意同乘中的车辆必须是不具备营运资质的车辆，在经过施惠人的同意后，搭乘人才可免费搭车，施惠人没有营利目的，完全出于好意，让搭乘人纯粹受益而不需要付出相应的对价。第二种观点是同乘致损说，认为好意同乘中的车辆可以是营运车辆也可以是非营运车辆，但是否构成好意同乘取决于搭乘行为本身是否具有无偿性。如果是有偿搭乘则不得认定为好意同乘，而属于一般的民事客运合同；如果是搭乘人仅仅基于答谢而馈赠礼物或者负担油费，仍然属于好意同乘。第三种观点是纯无偿搭乘说，认为好意同乘中不能有给付行为的发生，即使是搭乘人出于谢意或者其他目的给予相应的对价，都不应认定为好意同乘。③

---

① 最高人民法院民事审判第一庭编著：《最高人民法院关于道路交通损害赔偿司法解释理解与适用》，人民法院出版社2012年版，第108页。

② 最高人民法院民法典贯彻实施工作领导小组主编：《中华人民共和国民法典侵权责任编理解与适用》，人民法院出版社2020年版，第402页。

③ 黄薇主编：《中华人民共和国民法典释义》（下），法律出版社2020年版，第2357页。

好意同乘情形下的民事责任如何承担？对此，《民法典》第一千二百一十七条规定："非营运机动车发生交通事故造成无偿搭乘人损害，属于该机动车一方责任的，应当减轻其赔偿责任，但是机动车使用人有故意或者重大过失的除外。"应当从如下方面理解适用：

1. 好意同乘适用过错责任原则。就我国立法体系而言，过错原则是侵权行为适用的一般原则。除非法律有明确的规定，才能适用无过错原则，不能随意扩大无过错原则的适用范围。从《道路交通安全法》的立法本意来看，其第七十六条将交通事故中的机动车一方评价为物理上的强者，机动车一方对于非机动车一方、行人所承担的责任要比机动车之间的责任更为严格。而机动车一方的驾驶人和乘车人之间，并非不对等关系，理应适用一般侵权规则，即适用过错责任原则。因此，对好意同乘适用过错责任原则，一方面有助于减少乃至避免"好心办坏事"现象的发生，另一方面也能将情谊行为引导到一个健康运行的轨道上来，推动人与人之间的相互关爱。[1]

2. 减轻责任的理由。首先，好意同乘既然属于好意，如果不减轻被搭乘人的责任，有违民事活动应尊重公序良俗、社会公德的原则。其次，出现交通事故后，往往驾驶人自己受伤、车辆受损，于此情况下还要求驾驶人对无偿搭乘人尽到严格的注意义务，完全赔偿无偿搭乘人损失，有些苛求。实践中，如果让做好事的人反而得不到好的结果，这其实与公序良俗原则相违背。[2]

3. 只能减轻而不能免除机动车一方的责任。好意同乘者无偿搭乘的行为并不意味着由其自甘冒险，机动车使用人对好意同乘者的注意义务不因无偿而完全不存在，只是不同于无偿客运合同或者无偿委托合同中的注意义务。因此，好意同乘中发生交通事故造成无偿搭乘人损害，适用该机动车一方责任的，应当减轻其赔偿责任，却不可完全免除，在鼓励人际友善利他与承担法律责任方面寻求平衡。[3]当然，好意同乘中，如果机动车使用人有故意或者重大过失的，不减轻其对无偿搭乘人的赔偿责任。

---

[1]　最高人民法院民法典贯彻实施工作领导小组主编：《中华人民共和国民法典侵权责任编理解与适用》，人民法院出版社 2020 年版，第 408 页。

[2]　黄薇主编：《中华人民共和国民法典解读·侵权责任编》，中国法制出版社 2020 年版，第 405 页。

[3]　黄薇主编：《中华人民共和国民法典解读·侵权责任编》，中国法制出版社 2020 年版，第 405 页。

十三、机动车缺陷导致交通损害赔偿的责任主体

针对日益增多的涉及机动车缺陷的道路交通损害赔偿案件，司法解释将处理此类纠纷案件的法律适用依据指向《民法典》第七编第四章产品责任的规定。《道路交通损害赔偿解释》第九条规定："机动车存在产品缺陷导致交通事故造成损害，当事人请求生产者或者销售者依照民法典第七编第四章的规定承担赔偿责任的，人民法院应予支持。"在日常生活中，通常道路上行驶用于运输人员或货物，或者进行某项专业作业的机动车均是在机械化生产设备上制造出来、具有固定形态、投入流通领域并以营利为目的转移给所有人或者使用人使用的物品，属于侵权责任法中产品责任制度下典型的产品范畴，因此，基于侵权责任法上的因果关系认定原则，由机动车自身缺陷造成交通事故致损责任，应当属于产品责任的范畴，因此应当适用《民法典》侵权责任编关于产品责任的规定。

产品责任的归责原则是确定产品责任归属的准则，是要求行为人承担产品责任的根据、标准和理由。就机动车生产者的产品责任而言，《民法典》第一千二百零二条明确规定："因产品存在缺陷造成他人损害的，生产者应当承担侵权责任。"从其表述上看，该条规定非常明确，没有包含过错要件，生产者承担的是无过错责任。因此，机动车生产者的产品责任是无过错责任。机动车销售者的产品责任问题，应当适用无过错责任。对于销售者产品责任，应当区分内外部关系加以理解。根据《民法典》第一千二百零三条的规定，因机动车缺陷致损的被侵权人可以自主选择起诉生产者或者销售者，除法定免责事由外，只要机动车缺陷致损，生产者或者销售者即应承担赔偿责任，而不能以机动车缺陷非自身造成为由进行抗辩，即适用无过错责任原则。同时，该条解释还赋予了销售者在承担责任后可向直接行为人追偿的权利，从某种意义上看，销售者如果是非直接侵权人，其所承担的责任是中间责任，其承担这种中间责任时采用的是无过错责任原则，但面临最终责任时却采用过错责任原则，因此销售者不能用这种责任的抗辩事由拒绝承担中间责任。至于生产者向销售者的追偿，则体现的是生产者和销售者之间产品责任承担的内部关系，在机动车缺陷是由销售者的过错造成的情形下，承担了中间责任的生产者可向应当承担最终责任的销售者进行追偿，此时适用的是过错责任原则。

机动车缺陷造成交通事故致人损害责任的构成要件包括：（1）机动车具有缺陷。机动车的缺陷应以《产品质量法》第四十六条的规定为基本判断标准。

机动车存在缺陷，即其存在"不合理危险"，对"不合理危险"的判断，应当综合各种因素进行，综合考虑机动车的一般用途、正常使用方式、标示、原材料等内在特征、使用时间等因素。机动车缺陷情形导致的交通损害赔偿案件，主要和机动车的制定系统、转向系统、行驶系统、动力控制系统等机动车的行使的控制、影响驾驶员驾驶操作的系统、部件、总成等有关。（2）有损害事实的发生。（3）机动车缺陷与损害事实之间存在因果关系。该因果关系通常是由被侵权人证明，其需要提供相应证据以证明损害是由于使用具有缺陷的机动车所致。当然，产品责任是一种特殊的侵权责任，考虑到用户、消费者等当事人与生产者、销售者之间存在信息上的不对称，被侵权人对因果关系的证明责任到此为止，如果侵权人认为其不应承担侵权责任，则其应就存在法律规定的免责事由承担举证责任。①

机动车生产者不承担产品责任的情形主要有：（1）产品尚未投入流通。（2）产品投入流通领域时引起损害的缺陷尚不存在。（3）产品投入流通时的科学技术水平尚不能发现。判断机动车缺陷情形是否为投入流通时的科学水平不能发现的，应当以当时整个社会所具有的科学技术水平来认定，不能依据生产者自身所掌握的科学技术来认定。当机动车的生产者、销售者违反《民法典》第一千二百零六条规定的警示、召回等补救义务时，机动车的生产者、销售者不能以机动车投入流通时的科学技术水平尚不能发现缺陷存在为由而免责。

十四、多辆机动车发生交通损害赔偿的责任主体

关于二人以上分别实施侵权行为的责任承担问题，《民法典》第一千一百七十条规定的共同危险行为为连带责任，第一千一百七十一条规定的每个行为人的行为均足以造成全部损害的为连带责任，第一千一百七十二条规定的能够确定责任大小的为按份责任。在多辆机动车发生交通事故造成第三人损害的情形下，上述三种形式均有可能出现。对此，《道路交通损害赔偿解释》第十条规定："多辆机动车发生交通事故造成第三人损害，当事人请求多个侵权人承担赔偿责任的，人民法院应当区分不同情况，依照民法典第一千一百七十条、第一千一百七十一条、第一千一百七十二条的规定，确定侵权人承担连带责任或者按份责任。"

---

① 详见最高人民法院民事审判第一庭编著：《最高人民法院关于道路交通损害赔偿司法解释理解与适用》，人民法院出版社 2012 年版，第 158—160 页。

1. 关于《民法典》第一千一百七十条规定的适用问题。《民法典》第一千一百七十条规定："二人以上实施危及他人人身、财产安全的行为，其中一人或者数人的行为造成他人损害，能够确定具体侵权人的，由侵权人承担责任；不能确定具体侵权人的，行为人承担连带责任。"该条规定的是共同危险作为的侵权责任承担方式，具体是指数人的危险行为均具有对他人的合法权益造成损害的可能性，但对于实际造成的损害又无法查明是危险行为中的何人所为，法律为保护被侵权人的利益，将数个行为人视为侵权行为人并且承担连带责任。

将《民法典》第一千一百七十条规定，结合数个机动车致人损害的情形，其构成要件进一步明确为：在主体上存在没有意思联络的数个机动车主体；数辆机动车分别发生了危险行为；一人或者数人的行为已造成损害后果；具体的加害机动车无法查明。

2. 关于《民法典》第一千一百七十一条规定的适用问题。《民法典》第一千一百七十一条规定："二人以上分别实施侵权行为造成同一损害，每个人的侵权行为都足以造成全部损害的，行为人承担连带责任。"该规定有助于受害人获得足额赔偿，利益得到更充分的保护。

根据《民法典》第一千一百七十一条的规定，结合该条解释的规定，关于数个机动车致人损害的案件纠纷，其构成要件进一步明确为：机动车主体的复数性，且数个机动车主体之间既没有共同的故意，也不存在共同的过失；造成他人损害结果，且此种损害结果是不可分的；某个机动车的加害行为都足以造成他人全部的损害结果；等价因果关系下各个机动车责任人的责任承担是连带责任。至于超出份额属于追偿问题。

3. 关于《民法典》第一千一百七十二条规定的适用问题。《民法典》第一千一百七十二条规定："二人以上分别实施侵权行为造成同一损害，能够确定责任大小的，各自承担相应的责任；难以确定责任大小的，平均承担责任。"该条是关于无意思联络共同侵权情形下责任承担的规定。

结合《民法典》第一千一百七十二条的规定，数个机动车致人损害的具体构成要件为：在主体上要求存在数个机动车致他人损害且数个机动车主体之间没有意思联络；造成同一损害后果；各个机动车的加害行为均不足以单独导致该同一损害后果的发生。

十五、盗抢机动车交通损害赔偿主体的确定

机动车被盗窃、抢劫或者抢夺，是机动车所有人与机动车相分离的形态之

一。驾驶被盗窃、抢劫或者抢夺的机动车，又是擅自驾驶中最极端的情形。对此，《民法典》第一千二百一十五条规定："盗窃、抢劫或者抢夺的机动车发生交通事故造成损害的，由盗窃人、抢劫人或者抢夺人承担赔偿责任。盗窃人、抢劫人或者抢夺人与机动车使用人不是同一人，发生交通事故造成损害，属于该机动车一方责任的，由盗窃人、抢劫人或者抢夺人与机动车使用人承担连带责任。保险人在机动车强制保险责任限额范围内垫付抢救费用的，有权向交通事故责任人追偿。"

1. 机动车所有人、管理人责任的免除，由盗抢人承担责任。机动车被盗抢，也将发生所有、管理与使用分离的情形。但该分离，并非基于机动车所有人、管理人的过错或意愿而发生。诚如此前已经阐释的风险控制理论，机动车被盗抢，机动车所有人、管理人非因自己意愿，也非因自己过错脱离了对机动车的控制，对此后的交通事故既无法预见也无法预防，对交通事故的发生不存在过错，自然不应承担责任。实践中，机动车发生交通事故，所有人、管理人主张盗抢免责的，应注意严格审查相关证据，确认盗抢的相关事实。已经进入刑事程序的，应根据先刑后民原则，通过刑事程序中对证据的认定与固定，查明肇事机动车是否属于盗抢物。

2. 盗抢人与使用人不是同一人，发生交通事故造成损害，属于该机动车一方责任的，由盗窃人、抢劫人或者抢夺人与机动车使用人承担连带责任。这里规定的"机动车使用人"，指的是盗窃人、抢劫人或者抢夺人将机动车出售、出租、借用、赠送，从而实际使用该机动车的人。一般而言，驾驶机动车发生交通事故属于该机动车一方责任的，应当由机动车使用人承担赔偿责任。但是，为了惩罚盗窃人、抢劫人或者抢夺人的行为，使他们不能逃脱法律的制裁，让其承担连带赔偿责任。[①]

原《侵权责任法》第五十二条规定，盗抢机动车造成交通事故的，由盗抢人承担赔偿责任。这是因为，一般而言，盗抢机动车具有即时性、紧迫性，盗抢人即为驾驶人。盗抢人对机动车的行驶与风险具有控制力，对损害后果应承担责任。然而，在盗抢人与使用人不一致的情况下，应当由谁承担责任，原《侵权责任法》并未明确规定。根据机动车使用人承担责任的一般原则，在盗抢人与驾驶人不一致的情况下，驾驶、使用盗抢车辆的人，对发生交通事故造成的

---

① 黄薇主编：《中华人民共和国民法典解读·侵权责任编》，中国法制出版社 2020 年版，第 398—399 页。

损害应当承担责任。但若仅由使用人承担责任，不法盗抢机动车的人反而不承担责任，既不符合公平原则，也不符合风险控制理论。此外，盗抢人以触犯刑法之行为，非法控制他人机动车，并允许他人驾驶车辆，是造成风险和事故的直接原因。况且，一般而言，盗抢人与驾驶人对车辆为被盗抢皆为明知，驾驶被盗抢车辆也通常是为了继续进行不法行为。因此，本条在原《侵权责任法》的基础上规定，由盗抢人与使用人共同承担连带责任，既符合使用人承担责任的一般原则，也能更好地惩戒盗抢行为人。

3. 保险人的追偿权及赔付范围。在机动车被盗抢期间肇事发生交通事故，为保障受害人的权利，保险公司仍需要在交强险限额内垫付抢救费用。当然，对保险人究竟是仅负担垫付抢救费用，还是仍应在交强险限额内对他人的人身伤亡和财产损失先行赔付，存在争议。司法实践盗抢后造成交通事故的，交强险不应仅限于垫付抢救费用。理由在于以下几个方面：第一，交强险的目的在于公益而非商业盈利，应当优先保障受害人权利。第二，交强险免责的唯一事由是受害人故意，无论机动车的过错和责任大小，只要并非受害人故意造成自身伤亡和财产损失，交强险应当赔付。第三，在未发生盗抢的情况下，交强险尚且需要赔付受害人的损失，若因盗抢而免除其赔付责任，对无辜的受害人缺乏公平性，有违交强险的目的和价值。[1]

十六、肇事后逃逸责任及受害人救济

机动车肇事逃逸，是指发生道路交通事故后，道路交通事故当事人为逃避法律追究，驾驶车辆或者遗弃车辆逃离道路交通事故现场的行为。[2] 行为人之所以在肇事后逃逸，通常是行为人对造成交通事故有过错，负有一定的责任。对此，《民法典》第一千二百一十六条规定："机动车驾驶人发生交通事故后逃逸，该机动车参加强制保险的，由保险人在机动车强制保险责任限额范围内予以赔偿；机动车不明、该机动车未参加强制保险或者抢救费用超过机动车强制保险责任限额，需要支付被侵权人人身伤亡的抢救、丧葬等费用的，由道路交通事故社会救助基金垫付。道路交通事故社会救助基金垫付后，其管理机构有

---

[1] 参见最高人民法院民法典贯彻实施工作领导小组主编：《中华人民共和国民法典侵权责任编理解与适用》，人民法院出版社 2020 年版，第 397 页。

[2] 黄薇主编：《中华人民共和国民法典解读·侵权责任编》，中国法制出版社 2020 年版，第 400 页。

权向交通事故责任人追偿。"据此，应当从如下方面理解适用：

1. 机动车驾驶人发生交通事故后逃逸，该机动车参加强制保险的，由保险人在机动车强制保险责任限额范围内予以赔偿。这一规定表明，发生交通事故的机动车参加了机动车强制保险，并且发生交通事故后能够确定机动车的，由保险公司在机动车强制保险责任限额范围内予以赔偿。

2. 机动车不明、该机动车未参加强制保险或者抢救费用超过机动车强制保险责任限额，需要支付被侵权人人身伤亡的抢救、丧葬等费用的，由道路交通事故社会救助基金垫付。

机动车肇事后逃逸，与一般性的机动车肇事造成的损害后果有所差异。根据机动车能否查明以及参保交强险的情况，肇事后逃逸的后果，大致可以分为三类：一是机动车驾驶人驾车逃逸，难以查明具体肇事的机动车辆；二是肇事机动车没有参保机动车交强险；三是抢救费用超过机动车交强险限额。因此，肇事逃逸的机动车参加了强制保险，强制保险先行赔付后仍不足以支付被侵权人人身伤亡的抢救、丧葬费用的，由道路交通事故社会救助基金先行垫付全部费用。[①]

3. 道路交通事故社会救助基金的追偿权。道路交通事故社会救助基金垫付后，其管理机构有权向交通事故责任人追偿。为体现公平原则，引导机动车参加强制保险，道路交通事故社会救助基金垫付被侵权人人身伤亡的抢救、丧葬等费用后，其管理机构有权向逃逸的机动车驾驶人、应当购买而未购买强制责任保险的机动车所有人或者管理人等交通事故责任人追偿。

十七、对案例 65、案例 66、案例 67 的简要评析

1. 对案例 65 的简要评析

套牌车社会危险性极大，必须用司法裁判的手段促进实现公法上的管理功能，即应确立这样的规则，套牌车发生事故造成损害，同意套牌的机动车所有人应当承担连带责任。司法实践中，虽然大多数情况下被套牌机动车所有人或者管理人对他人套牌其机动车的情形并不知情，但也存在被套牌机动车所有人或者管理人知道他人套牌而不明确表示反对的现象。诸如：基于个人之间的情谊而允许他人套牌；基于有偿使用而让他人套牌。司法解释将被套牌机动车

[①] 参见最高人民法院民法典贯彻实施工作领导小组主编：《中华人民共和国民法典侵权责任编理解与适用》，人民法院出版社 2020 年版，第 399 页。

所有人或者管理人承担连带责任的条件限定在"同意套牌"的范畴。

被套牌机动车所有人或者管理人与套牌机动车所有人或者管理人承担连带责任的依据。司法解释规定承担连带责任的理由在于：（1）通过对受偿不能风险的合理分配，有利于受害人合法利益得到及时充分的维护。（2）连带责任不仅能够服务于充分保护受害人的目的，而且具有促进公法目的实现的功能。（3）被套牌机动车所有人或者管理人的同意行为违反了保护他人的法律，应承担连带赔偿责任。

被套牌机动车所有人与套牌机动车所有人均无法证明交通事故发生时，其机动车不在现场时，应当如何处理？对此，可以考虑将证明责任分配给套牌机动车所有人或者管理人。如果其不能举证证明该损害后果是由被套牌机动车所有人或者管理人造成，则应对被侵权人承担赔偿责任。这是由于：让套牌机动车所有人承担证明责任体现了对其套牌违法行为的否定性评价；对损害承担赔偿责任，没有超出套牌机动车所有人实施套牌行为时的心理预期；被套牌机动车所有人或者管理人对其机动车被套牌并不知情，也未同意，对损害后果不存在主观过错。①

本指导案例裁判要点将机动车所有人和管理人都纳入承担连带责任的主体，合理地规定了责任主体的范围，有利于加强被侵权人请求权的保护，提高被侵权人获得赔偿的可能性。责任主体涵盖所有人和管理人，不仅包括机动车号牌出借方的机动车所有人、管理人，也包括套牌机动车的所有人、管理人。②

2. 对案例 66 的简要评析

本案的情形，在司法实践中比较常见。本案的事故，基于机动车车主唐某、擅自出借人陈某、擅自驾驶人熊某的共同过错，酿成了一起单方事故。在本案中，车主唐某应当将机动车的钥匙妥善保管，不给他人擅自驾驶车辆的"可乘之机"，因此，法院认定唐某承担 20% 的民事责任。陈某擅自驾驶他人机动车，又将机动车让没有驾驶资格的熊某驾驶，可谓"错上加错"，因此，法院认定陈某承担 20% 的过错责任。作为肇事者的熊某，无证驾驶，本

---

① 参见最高人民法院民事审判第一庭编著：《最高人民法院关于道路交通损害赔偿司法解释理解与适用》，人民法院出版社 2012 年版，第 80 页。

② 石磊：《〈赵春明等诉烟台市福山区汽车运输公司、卫德平等机动车交通事故责任纠纷案〉的理解与参照》，载《人民司法》2014 年第 6 期。

身就"大错特错"，是造成单方事故的"罪魁祸首"，故法院判令其承担60%的事故责任。

在本案中，《道路交通损害赔偿解释》第十二条规定："因道路交通事故造成下列财产损失，当事人请求侵权人赔偿的，人民法院应予支持：（一）维修被损坏车辆所支出的费用、车辆所载物品的损失、车辆施救费用；（二）因车辆灭失或者无法修复，为购买交通事故发生时与被损坏车辆价值相当的车辆重置费用；（三）依法从事货物运输、旅客运输等经营性活动的车辆，因无法从事相应经营活动所产生的合理停运损失；（四）非经营性车辆因无法继续使用，所产生的通常替代性交通工具的合理费用。"言外之意，车主唐某请求侵权人承担车辆的贬值损害，没有法律依据，不能支持。

3. 对案例67的简要评析

好意同乘是指行为人出于助人的善意允许他人免费搭乘自己车辆的行为。好意同乘作为一种善意施惠、助人为乐的行为，是互帮互助的中华民族传统美德的生动体现。如果在好意同乘过程中车辆发生交通事故造成搭乘人损害，让驾驶人承担全部责任，有失公平，也不利于鼓励人民群众善意助人。《民法典》第一千二百一十七条规定："非营运机动车发生交通事故造成无偿搭乘人损害，属于该机动车一方责任的，应当减轻其赔偿责任，但是机动车使用人有故意或者重大过失的除外。"本案通过溯及适用《民法典》的规定，既保护了无偿搭乘人的合法权益，也弘扬了我国助人为乐的传统美德，维护了民事主体之间的信赖关系，有利于倡导友善、文明、和谐的社会主义核心价值观。①

第三节　道路瑕疵引发道路交通
损害赔偿责任主体的认定

一、问题的提出

由于道路管理维护缺陷导致的损害赔偿案例早已出现，王某凤诉千阳县

---

① 最高人民法院于2022年2月23日发布的《第二批人民法院大力弘扬社会主义核心价值典型民事案例》。

公路管理段人身损害赔偿案①，被学者称为"我国司法实践正式确认道路管理瑕疵赔偿责任的第一个判例"。② 随着道路建设速度的加快，车辆的不断增加，道路管理维护缺陷导致交通损害赔偿纠纷呈上升趋势。因立法中对由于道路管理维护缺陷导致交通事故的责任性质、责任主体、归责原则、责任构成要件、免责事由等规定并不完善，理论界分歧较大。同时，因各地法院裁判不一，迫切需要统一司法。对此，《道路交通损害赔偿解释》第七条、第八条分别作出了相关规定。

在研究道路瑕疵引发道路交通损害赔偿责任主体的认定之前，先看一则案例：

案例 68：羊只进入高速公路与车辆相撞，由谁承担责任③

2021 年 10 月 20 日 17 时许，吴某驾驶小型轿车，沿延长高速长白山方向行驶至 93 公里附近时，车辆与道上的羊相撞，造成车辆受损、无路产损失、无人员受伤的道路交通事故。11 月 5 日，某汽车修理部出具吉林增值税电子普通发票 3 张，发票价税合计 29680 元。

一审法院认为：《道路交通损害赔偿解释》第七条第一款规定"因道路管理维护缺陷导致机动车发生交通事故造成损害，当事人请求道路管理者承担相应赔偿责任的，人民法院应予支持。但道路管理者能够证明已经依照法律、法规、规章的规定，或者按照国家标准、行业标准、地方标准的要求尽到安全防护、警示等管理维护义务的除外"。本案中吴某作为交费通行的车主，与收费的高速公路运营管理者某高集团之间，形成事实上的高速公路服务合同关系，

---

① 详见《最高人民法院公报》1990 年第 2 期。1988 年 7 月 15 日，原告王某凤之夫马某智骑自行车行至千阳县电力局门前的公路时，突遇大风把公路旁的护路树吹断。马某智躲避不及，被断树砸中头部，经抢救无效死亡。这段公路及路旁树木属千阳县公路管理段管辖。路旁树木因受黄斑星天牛危害，有虫株率达 79%，每株树平均虫口密度达 26 个，部分树木枯死已 3 年之久。经千阳县公路管理段逐级向上请示，陕西省公路局批准，由宝鸡公路管理总段给千阳县公路管理段下达了采伐路旁虫害护路树的文件。由于被告对采伐枯树一事未采取任何积极措施，致使发生上述事故。一审法院认为：千阳县公路管理段不履行自己的职责，导致危害结果发生，是有过错的。依照原《民法通则》第一百二十六条、第一百一十九条规定，判决：被告千阳县公路管理段赔偿原告王某凤生活费 7020 元，丧葬费 500 元，自行车修理费 50 元，死者医药费 14.23 元。宣判后，被告千阳县公路管理段不服判决，提起上诉。二审法院驳回上诉，维持原判。

② 梁慧星：《道路管理瑕疵的赔偿责任》，载《法学研究》1991 年第 5 期。

③ 详见吉林省延边朝鲜族自治州中级人民法院（2022）吉 24 民终 2069 号民事判决书。

某高集团对其收费并准许通过的车辆负有安全保障义务，即对收费公路及沿线设施进行日常检查、维护，排除道路安全隐患，虽然某高集团提供巡查记录主张其在事故当天已经履行巡查义务，但并未能防止羊只进入高速公路，仍导致案涉车辆与羊只相撞发生交通事故，且某高集团认为导致事故的羊只为居民饲养羊只应由羊只所有人赔偿的情况下，并没有追查羊只所有人的记录，其提供的证据不足以证明其已尽到安全维护和警示的管理维护义务，故某高集团仍应向吴某承担29680元的赔偿责任。

某高集团不服一审判决，提起上诉。二审法院认为，吴某驾驶机动车行驶在高速公路，应当充分注意行车安全，考虑到其行驶在完全封闭的高速公路，对于高速公路设施环境处于完好、安全状态具有较高的信赖这一因素，对于此次事故应承担次要责任，以30%为宜。某高集团作为案涉高速公路的管理者，未尽到保障行车安全的义务，应承担此次事故的主要责任，以70%为宜。据此改判某高集团赔偿吴某20776元。

上述案例，涉及因道路管理存在瑕疵而引发的道路交通事故。试问：道路瑕疵，诸如道路管理、维护缺陷导致交通事故的责任主体如何认定？道路堆放物、倾倒物导致交通事故的责任主体如何认定？道路设计、维护缺陷导致交通事故的责任主体如何确定？

二、道路管理维护缺陷导致交通损害赔偿的责任主体

道路管理维护缺陷导致交通事故发生，其侵权责任如何承担？对此，《道路交通损害赔偿解释》第七条规定："因道路管理维护缺陷导致机动车发生交通事故造成损害，当事人请求道路管理者承担相应赔偿责任的，人民法院应予支持。但道路管理者能够证明已经依照法律、法规、规章的规定，或者按照国家标准、行业标准、地方标准的要求尽到安全防护、警示等管理维护义务的除外。依法不得进入高速公路的车辆、行人，进入高速公路发生交通事故造成自身损害，当事人请求高速公路管理者承担赔偿责任的，适用民法典第一千二百四十三条的规定。"该条规定表明，在道路交通事故中，因道路管理者的管理维护缺陷造成交通事故或者构成交通事故的原因之一的，道路管理者也应承担相应的赔偿责任，主要是道路管理者违反安全防护、警示义务应当承担的责任。至于与道路管理者主体不一致的道路所有人的责任依据侵权责任法

或其他法律解决。[①] 该条所称道路，指公共通行的道路，既包括通行机动车的道路，也包括人行道路，广场、停车场等可供公共通行的场地、建筑区划内属于业主共有但允许不特定的公众通行的道路都属于公共道路。[②]

（一）因道路维护、管理缺陷造成交通损害赔偿的责任性质

因道路管理、维护缺陷导致的交通事故，赔偿权利人与道路管理者之间应适用国家赔偿法还是民事赔偿？道路管理者承担的责任是国家赔偿责任还是民事责任？诉讼程序上应适用民事诉讼程序还是行政赔偿诉讼程序？对此，《道路交通损害赔偿解释》第七条将道路管理维护缺陷导致交通事故致害道路管理者的赔偿责任定位为民事责任，归入与构筑物适用同一的民事侵权归责原则。其理由：

1.《国家赔偿法》及行政赔偿诉讼程序中并未规定道路管理维护缺陷赔偿的内容及程序，即我国立法机关并未将包括道路管理维护缺陷导致交通事故在内的公有公共设施致害赔偿纳入国家赔偿范围。有损害必有救济，这是现代法治国家的一项重要原则，对于道路管理瑕疵致害赔偿责任在内的公有公共设施致害自然不能例外。《民法典》第一千一百九十一条规定，用人单位的工作人员因执行工作任务造成他人损害的，由用人单位承担侵权责任。用人单位承担侵权责任后，可以向有故意或者重大过失的工作人员追偿。因此，对于道路管理维护缺陷致害赔偿通过民事程序予以救济是有法律依据的。

2. 从世界大多数国家立法例来看，国家赔偿责任实际上已作为特殊侵权责任融入民事赔偿责任之中。因此，因道路管理维护缺陷导致交通事故致害赔偿责任可根据《民法典》侵权责任编关于特殊侵权行为的立法精神，适用有关规定。

3. 现代社会大量的公共服务进入市场，公有公共设施致害通过民事赔偿的方式解决符合市场经济的要求。我国对公共设施，如道路管理已趋于企业化，因公有公共设施的设置或管理瑕疵而产生的损害赔偿属于私权范畴，国家不负赔偿责任。

① 最高人民法院民事审判第一庭编著：《最高人民法院关于道路交通损害赔偿司法解释理解与适用》，人民法院出版社 2012 年版，第 113 页。

② 全国人民代表大会常务委员会法制工作委员会民法室编：《中华人民共和国侵权责任法条文说明、立法理由及相关规定》，北京大学出版社 2010 年版，第 358 页。

（二）道路管理者的责任主体范围

对于道路管理者的范围及其承担的责任，应结合我国道路管理的现状，以相应的法律、法规为依据进行判断和确定。

我国对于道路管理采取多层级、多元化管理模式，不同的道路由不同的管理者进行管理。经营性公路的道路管理者，为公路经营企业；政府还贷公路，公路管理机构或其依法成立的公路企业法人为道路管理者；非收费公路，公路管理机构为本解释所指的道路管理者。公路管理者的界定，即因公路管理维护情形致害责任的主体界定，要依照法律、行政法规、规章、地方性法规等，按照对公共道路实际支配和控制、负有法定管理职责的角度判断，实现权责一致。[①]

（三）道路管理维护缺陷致害的归责原则及举证责任分配

该条解释规定，道路管理者对于因道路管理维护缺陷导致机动车发生交通事故造成损害的，应推定道路管理者具有过错，道路管理者不能证明其没有过错的，应该承担相应的赔偿责任。之所以如此规定，是由于：

1. 道路管理者因道路管理维护缺陷致害赔偿适用过错推定责任具有法律依据。《民法典》第一千二百五十三条明确规定，建筑物、构筑物或者其他设施及其搁置物、悬挂物发生脱落、坠落造成他人损害，所有人、管理人或者使用人不能证明自己没有过错的，应当承担侵权责任。道路既然属于构筑物范围，就应该适用侵权责任法中物件损害责任的归责原则。

2. 过错推定责任本质上是一种过错责任，道路管理者亦应为其过错程度负责任。作为道路管理者，有关法律法规明确规定了道路管理者的管理警示灯义务，道路管理者违反了这些法律法规明确规定的义务，即过错侵权责任法上的过错。

3. 道路管理者承担过错推定责任符合《民法典》侵权责任编"以保护被侵权人为中心"的立法思路。同时，该解释并不过分加重道路管理者的责任。

（四）对《道路交通损害赔偿解释》第七条第二款的理解

该条第二款规定，依法不得进入高速公路的车辆、行人，进入高速公路发

---

① 详见最高人民法院民事审判第一庭编著：《最高人民法院关于道路交通损害赔偿司法解释理解与适用》，人民法院出版社 2012 年版，第 117—118 页。

生交通事故造成自身损害,当事人请求高速公路管理者承担赔偿责任的,适用《民法典》第一千二百四十三条的规定。该条规定,未经许可进入高度危险活动区域或者高度危险物存放区域受到损害,管理人已经采取安全措施并尽到警示义务的,可以减轻或者不承担责任。

该解释将高速公路视为《民法典》第一千二百四十三条规定的高度危险场所,其本意是依法不得进入高速公路的车辆、行人,进入高速公路发生交通事故造成自身损害,高速公路管理者已经采取安全措施并尽到警示义务的,高速公路管理者可以减轻或者不承担责任。具体包括两层含义:一是高速公路管理者应因其高速公路为高度危险场所承担高度危险责任,即无过错责任;二是法律明确规定了高速公路管理者高度危险责任的减免事由,即已经采取安全措施并尽到警示义务的,可以减轻或者不承担责任。

高速公路管理者减轻或者免除责任事由及适用条件。高速公路管理者已经采取安全措施并尽到警示义务,如果行为人不顾高度危险活动区域的警示标志而擅自闯入,并因为区域的高度危险活动而遭受损害,受害人要自己承担风险。高速公路管理者要减轻或不承担责任,必须符合下列条件:(1)应有行人、非机动车或者按照道路交通安全法规定的设计最高时速低于70公里的机动车,未经许可进入高速公路。(2)受害人受到损害。(3)高速公路管理者已经采取措施并尽到警示义务。①

(五)审判实践中应当注意的问题

1.应注意不宜盲目扩大道路管理者的范围及义务标准。面对数量急剧上升的道路交通损害赔偿案件,法院除了运用法律公正、理性地对受害人利益充分救济外,在审判实务中不能随意扩大道路管理者的义务。轻率地裁判道路管理者承担过重的法律责任,以免对社会产生误导,鼓励日后针对道路管理者转移交通事故责任,甚至导致与道路毫无关系的人身损害责任的道德风险事件产生。值得注意的是,公安机关交通管理部门不能纳入道路管理者的范围,其行使职能是典型的行政行为,是行政管理职权,与界定的道路管理者并不相符。②

---

① 详见最高人民法院民事审判第一庭编著:《最高人民法院关于道路交通损害赔偿司法解释理解与适用》,人民法院出版社2012年版,第123—124页。

② 详见最高人民法院民事审判第一庭编著:《最高人民法院关于道路交通损害赔偿司法解释理解与适用》,人民法院出版社2012年版,第124—125页。

2. 高速公路高度危险责任应当注意的问题。在审判实践中应当注意：（1）如果违法进入高速公路的车辆或者行人以非正常的方式闯入或潜入高速公路，而高速公路管理者已尽到安全保障警示义务，造成违法进入的车辆或行人自身损害的，其行为是损害后果发生的唯一原因，从而可以免除高速公路管理者的责任。（2）如果违法进入高速公路的车辆或者行人以非正常的方式闯入或潜入高速公路，而高速公路管理者未尽到安全保障警示义务造成违法进入的车辆或行人自身损害的，可以减轻但不能免除高速公路管理者的责任，如高速公路的护网破损导致行人进入而发生事故。（3）高速公路管理者减轻或不承担责任的前提是当事人非法擅自进入高速公路，对于损害发生有过错。如拖拉机以平常的方式进入高速公路，则高速公路管理者未尽到安全保障警示义务的过错是显而易见的，应当承担主要责任。未成年人擅自进入高速公路并造成自身损害，不能以自甘冒险免除管理者的责任，否则受害人不能得到充分的赔偿，不利于保护未成年人。[①]

三、道路建造、设计缺陷导致交通事故的责任主体

道路安全系数不达标、路面交通安全标志不全等道路设计或施工缺陷，成为道路交通事故发生的重要原因。为规范处理此类纠纷，《道路交通损害赔偿解释》第八条作出了明确规定："未按照法律、法规、规章或者国家标准、行业标准、地方标准的强制性规定设计、施工，致使道路存在缺陷并造成交通事故，当事人请求建设单位与施工单位承担相应赔偿责任的，人民法院应予支持。"在审判实践中应当从如下方面理解适用：

1. 道路建造、设计缺陷导致交通事故责任的性质与依据。一般认为，道路属于构筑物的一种。构筑物与建筑物、其他设施一起构成了侵权责任法中的物件致人损害责任中的"物件"。从因果关系的视角看，在因道路设计、施工致使道路存在缺陷造成交通事故的情形下，交通事故的发生只是损害结果发生的事实载体自无疑问，而此时如果能够认定没有道路缺陷的存在，损害结果将不会发生，并且道路存在缺陷使得机动车在正常行驶过程中也会导致损害结果的发生，或者在一定程度上增加了损害结果发生的可能性，那么，该道路缺陷与损害结果就有法律上的因果关系。因此，建设单位与施工单位能够成为道路建造、设

---

① 最高人民法院民事审判第一庭编著：《最高人民法院关于道路交通损害赔偿司法解释理解与适用》，人民法院出版社 2012 年版，第 125 页。

计缺陷责任主体，当事人请求其承担相应赔偿责任的，法院应予支持。

2.道路建造、设计缺陷导致道路交通事故责任的构成要件。依据该条规定，其构成要件包括：（1）道路本身是发生交通事故致人损害的原因或原因之一。道路本身有缺陷与损害结果之间存在因果关系，就可以认定造成该损害结果的原因是道路本身。（2）必须是由于道路缺陷而造成他人损害。①

3.道路建造、设计缺陷导致交通事故的责任主体。依据该条解释规定，道路建造、设计缺陷导致交通事故的责任主体是建设单位、施工单位。为了保护被侵权人的利益，该条解释规定由建设单位与施工单位在相应的赔偿责任范围内承担连带责任。

4.道路建造、设计缺陷导致交通事故责任的归责原则。该条解释规定的道路建造、设计缺陷导致交通事故责任的归责原则与《民法典》第一千二百五十三条所规定的侵权责任的归责原则是相同的。《民法典》第一千二百五十三条的表述采用的是典型的无过错责任的表述方式，即只要发生构筑物因建造、设计缺陷倒塌致人损害的事实，无论建设单位与施工单位对此是否存在过错，均应当承担赔偿责任。

5.道路建造、设计缺陷导致交通事故责任的范围。如何确定"相应"赔偿责任？该条规定情形下发生交通事故的，包括两种情形：一是纯粹由于道路缺陷导致交通事故的发生，即排除了驾驶人或行人违章、解除存在缺陷等其他电子交通事故发生的因素；二是道路缺陷和其他因素共同造成交通事故发生。前一种情形，道路缺陷是导致交通事故发生的唯一原因，故建设单位、施工单位对损害后果发生应负全部责任。后一种情形，属于无意思联络的数人侵权，在其构成累积因果关系表现的无意思联络数人侵权时，建设单位、施工单位与其他责任人应对损害后果发生负全部责任。在其构成部分因果关系表现的无意思联络数人侵权时，能够确定责任大小的，建设单位、施工单位根据道路缺陷与损害后果的原因力比例承担连带责任，难以确定责任大小的，建设单位、施工单位与其他责任主体平均承担赔偿责任。

四、对案例 68 的简要评析

根据《道路交通损害赔偿解释》第七条"因道路管理维护缺陷导致机动车

---

① 最高人民法院民事审判第一庭编著：《最高人民法院关于道路交通损害赔偿司法解释理解与适用》，人民法院出版社 2012 年版，第 145 页。

发生交通事故造成损害，当事人请求道路管理者承担相应赔偿责任的，人民法院应予支持。但道路管理者能够证明已经依照法律、法规、规章的规定，或者按照国家标准、行业标准、地方标准的要求尽到安全防护、警示等管理维护义务的除外"的规定，高速公路管理者对高速公路行驶车辆负有安全保障义务，高速公路管理者有保持高速公路的良好技术状态，提供高效、安全的运行环境的责任，因道路管理维护缺陷导致机动车发生交通事故造成损害，高速公路管理人应承担相应赔偿责任。本案中，吴某的车辆与道上羊只相撞，造成车辆受损、无路产损失、无人员伤亡的道路交通事故，某高集团系事发高速公路路段的管理者，未及时发现并驱逐该羊只确保道路安全、畅通，足以证明某高集团在高速公路维护、管理上存在瑕疵，某高集团对案涉交通事故造成的损失存在过错，依法应承担相应的赔偿责任，即 70% 为宜。吴某驾驶机动车行驶在高速公路，应当充分注意行车安全，考虑到其行驶在完全封闭的高速公路，对于高速公路设施环境处于完好、安全状态具有较高的信赖这一因素，对于此次事故应承担次要责任，以 30% 为宜。

第四节　道路交通损害赔偿范围的司法认定

一、问题的提出

《民法典》侵权责任编第二章"损害赔偿"对侵害他人人身财产权益的赔偿范围作出了原则性的规定。但是，在道路交通损害赔偿案件中，仍然需要就若干问题作出进一步明确的规定。一是《道路交通安全法》第七十六条规定的"人身伤亡"和"财产损失"是依据何种标准划分的，而这种划分标准是确定道路交通损害赔偿范围的前提性问题；二是依据此种划分标准，精神损害赔偿应当归属于何种损失范围之内、精神损害赔偿是否应当在交强险中赔偿以及在交强险中的赔偿次序问题；三是财产损失在实践中包括哪些具体损失类型以及财产损失在交强险中的赔偿范围问题。围绕上述问题，《道路交通损害赔偿解释》主要考虑了两个方面的因素：一是要重视对人身损害的赔偿，这不仅是生命权、健康权等人身权益在法律体系和权利结构上的优先性所决定的，更是司法保障民生的具体体现；二是在此前提下，应当注意赔偿范围与道路交通参与人行为自由的平衡，赔偿范围如果过大，会造成道路交通的各方参与人负担过重，限制了其行为自由。①

《道路交通安全法》第七十六条及《交强险条例》第三条所规定的"人身伤亡"和"财产损失"，是根据交通事故的损害客体不同而区分的，即分别对应道路交通事故侵害人身权益所造成的损失和侵害财产权益所造成的损失，而非对应民法上的物质损失和非物质损失（即精神损害）的概念。②因此，《道路交通损害赔偿解释》为了具体明确，第十一条规定："道路交通安全法第七十六条规定的'人身伤亡'，是指机动车发生交通事故侵害被侵权人的生命权、身体权、健康权等人身权益所造成的损害，包括民法典第一千一百七十九条和第一千一百八十三条规定的各项损害。道路交通安全法第七十六条规定的'财产损失'，是指因机动车发生交通事故侵害被侵权人的财产权益所造成的损失。"

在研究道路交通损害赔偿范围之前，先看一则案例：

案例 69：本案死者的近亲属的各项赔偿请求能否支持③

2021 年 9 月 1 日 17 时许，被告白某堂驾驶小型轿车行驶至某中学后门附近路段时，与道路北侧行人王某志相撞，王某志摔倒过程中将行人刘某撞倒，致刘某受伤。刘某受伤后即被送往医院治疗，因急性特重型颅脑损伤引起心功能应激性急剧下降，最终致循环衰竭死亡，医疗费共计 111962 元。经事故认定，被告白某堂负事故全部责任，王某志与刘某不承担责任。刘某出生于 1952 年，系退休职工。原告周某盈与刘某系夫妻关系，二人生育原告刘某娟、刘某博，刘某娟系肢体、精神一级残疾人，未婚，由周某盈、刘某扶养。

生效裁判认为，公民的合法民事权益受法律保护。行为人因过错侵害他人民事权益的，应当承担侵权责任。本案交通事故发生过程及造成损害后果的事实清楚，经交警部门认定，被告白某堂负事故全部责任，原告无责任，双方当事人均无异议，可以作为确定当事人民事赔偿责任的依据，被告白某堂应承担侵权责任。对于原告因交通事故造成的损失，依照《民法典》第

---

① 《最高人民法院民一庭负责人就〈关于审理道路交通事故损害赔偿案件适用法律若干问题的解释〉答记者问》，载《人民法院报》2012 年 12 月 21 日。

② 最高人民法院民事审判第一庭编著：《最高人民法院关于道路交通损害赔偿司法解释理解与适用》，人民法院出版社 2012 年版，第 179 页。

③ 详见陕西省商洛市中级人民法院（2022）陕 10 民终 235 号民事判决书。

一千二百一十三条之规定，应首先由被告保险公司在机动车交通事故责任强制保险责任限额范围内予以赔偿，超出交强险责任限额部分在第三者责任险赔偿限额内根据保险合同予以赔偿，不足部分由被告白某堂赔偿。原告各项损失确定为：1. 医疗费 111962 元；2. 护理费 743 元；3. 住院伙食补助费 210 元；4. 营养费 210 元；5. 死亡赔偿金 416548 元，并依照《人身损害赔偿解释》第十六条之规定，将被扶养人生活费计入死亡赔偿金，原告刘某娟系肢体、精神一级残疾人，抚养费为 228660 元，将被扶养人生活费计入死亡赔偿金后共计 645208 元；6. 丧葬费 35994 元；7. 精神损害抚慰金酌定 50000 元。上述费用均由保险公司负担。

上述案例，当事人双方争议焦点是赔偿项目计算是否正确。试问：如何界定人身损害和财产损害？人身损害赔偿范围、精神损害赔偿如何认定？财产损失范围如何界定？

二、正确界定人身损害与财产损害的区分

从侵权行为侵害的客体进行划分，将侵权行为区分为侵害人身权的侵权行为和侵害财产权的侵权行为。一般而言，侵害人身权益的侵权责任相较于侵害财产权益的民事责任，具有如下特点：（1）侵害人身权益造成的损害后果表现为人身伤害和人格利益的损害。其可以表现为一般的无形的人格利益损害。其中不具有或不直接具有财产利益。也可以表现为财产的损失，如《民法典》第一千一百七十九条所规定的医疗费、护理费、交通费等为治疗和康复支出的合理费用。（2）侵害人身权益的后果往往难以用金钱计算损失，而侵害财产权益的后果基于填补损失的原则，比较容易计算。①

无论是《道路交通安全法》还是《交强险条例》中的人身伤亡和财产损失，都是从侵权客体的角度进行分类，这种法律规定并不等于在结果上的救济规定。目前我国的法律体系中，只有对人身权客体造成的侵害才可以适用精神损害赔偿，而对于财产损害不存在精神损耗内容的救济模式。而对于《道路交通安全法》《交强险条例》中的人身伤亡来说，是基于侵权客体进行规定的。在侵害客体为人身权益的情况下，其救济意义上的赔偿责任则显然涵盖了《民

---

① 最高人民法院民事审判第一庭编著：《最高人民法院关于道路交通损害赔偿司法解释理解与适用》，人民法院出版社 2012 年版，第 180 页。

法典》第一千一百七十九条、第一千一百八十三条规定的赔偿范围及项目。兼而有之，在机动车发生交通事故造成第三人人身权益损害的情况下，既可能产生死亡赔偿金、残疾赔偿金、被抚养人生活费等财产损失的侵害救济方式，也可能存在赔偿权利人精神损耗的侵权损害救济方式。[①]

三、人身损害的赔偿范围

《民法典》第一千一百七十九条规定："侵害他人造成人身损害的，应当赔偿医疗费、护理费、交通费、营养费、住院伙食补助费等为治疗和康复支出的合理费用，以及因误工减少的收入。造成残疾的，还应当赔偿辅助器具费和残疾赔偿金；造成死亡的，还应当赔偿丧葬费和死亡赔偿金。"该条规定了侵害人身权益的赔偿项目，但并未规定相应的赔偿标准。因此，审判实践中仍应按照《人身损害赔偿解释》规定的赔偿项目和标准计算。

四、精神损害赔偿的司法认定

《民法典》第一千一百八十三条第一款规定："侵害自然人人身权益造成严重精神损害的，被侵权人有权请求精神损害赔偿。"依据该规定并结合道路交通损害赔偿，在实践中应当注意下列问题：

1.《民法典》第一千一百七十九条规定的赔偿范围能否包含第一千一百八十三条规定的精神损害赔偿问题。在道路交通损害赔偿案件中，一些法院基于已经支持了死亡赔偿金或者残疾赔偿金而不支持精神损害赔偿的诉讼请求，失之偏颇。这是由于：（1）从精神损害赔偿的性质来看，目前对于精神损害赔偿的适用范围仅限定为"人身权益受损"。通常来说，侵权责任法意义上的损害赔偿是指当事人一方因其行为给对方造成损害时应承担的民事责任，具体可分为物质损害赔偿和精神损害赔偿，物质损害赔偿根据受侵害客体不同，又可分为人身损害赔偿和财产损害赔偿。从《民法典》侵权责任编的规定来看，精神损害赔偿仅适用于人身权益受损，而财产权益受损不能适用。因此，《道路交通损害赔偿解释》第十三条明确将精神损害赔偿同人身损害所产生的物质损害赔偿区分开来。（2）从《民法典》侵权责任编规定体系来看，第一千一百七十九条明确规定了对于人身损害的各种赔偿责任问题，又在第一千一百八十三条规定

---

① 最高人民法院民事审判第一庭编著：《最高人民法院关于道路交通损害赔偿司法解释理解与适用》，人民法院出版社 2012 年版，第 181 页。

了侵害他人人身权益，造成严重精神损害的，被侵权人可以请求精神损害赔偿，从而在立法上明确区分了人身损害赔偿中的物质性损害赔偿和精神性损害赔偿。因而，第一千一百七十九条规定的赔偿范围不能涵盖第一千一百八十三条规定的精神损害赔偿。

2. 交强险应否赔偿精神损害。由于《道路交通安全法》《交强险条例》中规定的"人身伤亡"是指侵害人身权益的损失，根据原《侵权责任法》的规定，侵害人身权益的损失又包括物质损失和精神损害。因此，《道路交通安全法》《交强险条例》所采用的"人身伤亡"的概念本身即说明，交强险应当赔偿精神损害。①

3. 精神损害赔偿中的"严重"的标准认定。依据《民法典》第一千一百八十三条的规定，需要造成"严重"的精神损害才予以赔偿。对于"严重"的标准在道路交通损害赔偿案件中如何把握？原则上，只有达到伤残等级标准，才能请求精神损害赔偿，而在没有达到伤残等级标准的精神损害是否构成后果严重，则应视情况而定，但要从严把握。②

五、财产损失范围的司法认定

侵害他人财产的，财产损失按照损失发生时的市场价格或者其他方式计算。该条仅规定了财产损失的计算方式，并未明确规定损失赔偿的具体范围。因此，各地法院对交通事故造成的财产损失的赔偿范围裁判不一，亟须统一。《道路交通损害赔偿解释》第十二条规定："因道路交通事故造成下列财产损失，当事人请求侵权人赔偿的，人民法院应予支持：（一）维修被损坏车辆所支出的费用、车辆所载物品的损失、车辆施救费用；（二）因车辆灭失或者无法修复，为购买交通事故发生时与被损坏车辆价值相当的车辆重置费用；（三）依法从事货物运输、旅客运输等经营性活动的车辆，因无法从事相应经营活动所产生的合理停运损失；（四）非经营性车辆因无法继续使用，所产生的通常替代性交通工具的合理费用。"在理解适用该条时应当注意下列问题：

1. 适用条件。该条规定所指的财产损失范围，是根据侵权责任法的一般原

---

① 最高人民法院民事审判第一庭编著：《最高人民法院关于道路交通损害赔偿司法解释理解与适用》，人民法院出版社 2012 年版，第 186 页。

② 最高人民法院民事审判第一庭编著：《最高人民法院关于道路交通损害赔偿司法解释理解与适用》，人民法院出版社 2012 年版，第 187 页。

理确定的财产损害赔偿范围，与交强险限额内财产损失赔偿范围适用条件不同。该条中，"侵权人"是指依法应当承担损害赔偿责任的机动车一方，"当事人"是指依法享有损害赔偿请求权的机动车一方或非机动车一方。依据《交强险条例》第三十一条规定，保险公司可以向被保险人赔偿保险金，也可以直接向受害人赔偿保险金。因此，受害人对承保交强险的保险公司有直接的赔偿请求权。因此，当事人请求侵权人赔偿修理费用、车上物品损失、施救费用以及重置费用时，如果没有超过交强险财产损失责任限额，人民法院直接判决由保险公司承担赔偿责任即可。该条适用的情况主要在交强险责任限额不足赔偿时，受害人对侵权人享有损害赔偿请求权。①

2. 对于修理费用、所载物品损失以及施救费用、重置费用可赔偿性的理解。车辆毁损、所载物品损失，属于实际发生的损害，且系交通事故直接引发，侵权行为与损害存在直接因果关系，在行为人存在过错时，该部分损害属于可赔偿性损害，自无疑问。修理费用应限制在合理的范围内，如果维修费用高于物的实际价值，将给加害人造成不合理的负担，则应当排除恢复原状的赔偿方式的适用。至于施救费用是侵权行为直接导致的财产损失，应当予以赔偿。重置费用与修理费用只是针对损害的不同情况而设。物之损害，有毁灭和毁损，相对应地，作为损害赔偿原则的"恢复原状"责任方式也有不同，在毁损情形下，由于被侵害的物尚能修复，故产生的是修理费用；在毁灭情形下，"恢复原状"表现的只能是"重置"，采用金钱支付方式，也符合"折价赔偿"的相关规定。②

3. 对合理停运损失可赔偿性的理解。如果受害人以被损车辆正用于货物运输或者旅客运输经营活动，要求赔偿被损车辆修复期间的停运损失的，交通事故责任者应当予以赔偿。③当然，停运损失不仅限于合法范围内，也要限于合理范围内。要考虑：（1）车辆的停运时间。一般应以车辆实际维修或重置的时间来计算停运损失，以期贯彻全部赔偿原则，但要对扩大部分的损失不予支持。（2）损失的具体范围。损失不应再包括因停运而造成的其他损失，如因停运导致对第三人违约而支付的违约金，因为两者的关系较远，同时也避免加重侵权

---

① 最高人民法院民事审判第一庭编著：《最高人民法院关于道路交通损害赔偿司法解释理解与适用》，人民法院出版社 2012 年版，第 195 页。

② 最高人民法院民事审判第一庭编著：《最高人民法院关于道路交通损害赔偿司法解释理解与适用》，人民法院出版社 2012 年版，第 196 页。

③ 参见《最高人民法院关于交通事故中的财产损失是否包括被损车辆停运损失问题的批复》（法释［1999］5 号）（现已失效）。

人负担。在具体计算停运损失的数额时，要考虑受害人的运营成本、运营能力、近期平均利润等案件具体情况，综合确定停运损失。[①]

4. 对使用中断损失可赔偿性的理解。使用中断是指物部分受损，在维修期间因使用利益丧失而产生的相关损失。使用中断损失的可赔偿性基础在于，一个物的随时的使用可能性是有市场价值的，因而在维修期间所有人的该财产体现在这一部分上的价值就减少了。该解释对非经营性车辆与经营性车辆同等对待，将单纯使用中断的损失列为可赔偿性损害范围。对于使用中断的时间，可参照经营性车辆停运损失时间的确定原则来认定。由于被侵权人在通常替代性交通工具选择上有较大的随意性，替代性交通工具支出金额高低悬殊，因此要以诚实信用为原则，遵循必要性、合理性原则，根据事故车辆本身的价值大小和一般使用用途等来确定"通常替代性交通工具"。[②]

六、对案例 69 的简要评析

在本案中，根据《民法典》第一千一百七十九条的规定，侵害他人造成人身损害的，应当赔偿医疗费、护理费、交通费、营养费、住院伙食补助费等为治疗和康复支出的合理费用，以及因误工减少的收入。造成残疾的，还应当赔偿辅助器具费和残疾赔偿金；造成死亡的，还应当赔偿丧葬费和死亡赔偿金。法院据此计算的各项费用于法有据，是正确的。

关于精神损害抚慰金的赔偿问题。《民法典》第一千一百八十三条第一款规定，侵害自然人人身权益造成严重精神损害的，被侵权人有权请求精神损害赔偿。《道路交通损害赔偿解释》第十一条第一款规定："道路交通安全法第七十六条规定的'人身伤亡'，是指机动车发生交通事故侵害被侵权人的生命权、身体权、健康权等人身权益所造成的损害，包括民法典第一千一百七十九条和第一千一百八十三条规定的各项损害。"本案系因交通肇事犯罪行为导致的民事赔偿诉讼，虽系刑事附带民事诉讼，但依据上述法律、司法解释的规定，精神损害抚慰金属于本案赔偿项目，且本起事故致刘某受伤死亡，给死者近亲属的精神造成严重伤害，因此法院支持了精神损害抚慰金。

[①]　最高人民法院民事审判第一庭编著：《最高人民法院关于道路交通损害赔偿司法解释理解与适用》，人民法院出版社 2012 年版，第 197—198 页。

[②]　最高人民法院民事审判第一庭编著：《最高人民法院关于道路交通损害赔偿司法解释理解与适用》，人民法院出版社 2012 年版，第 198—199 页。

第五节　道路交通损害赔偿责任承担的司法处理

一、问题的提出

由于保险制度的介入，相较于其他侵权案件来说，道路交通损害赔偿案件的法律关系更为复杂，在裁判依据上需要统一和明确。解决这个问题，需要辨明交强险与商业险各自的功能定位。《道路交通损害赔偿解释》所采纳的基本原则是，依据《道路交通安全法》第七十六条的规定，我国的交强险制度更加强调交强险的基本保障功能，更为重视对受害人损失的填补功能，相应地，交强险在其责任限额范围内与侵权责任在一定程度上相互分离。因此，发生交通事故后，应当首先由交强险在其责任限额范围内（包括分项限额）予以赔偿。与交强险相对应，商业三者险是机动车的所有人或管理人为了分散因机动车运行所可能导致的侵权责任而购买的保险，在功能上，该保险更加注重对机动车所有人或管理人风险的分散，与交强险不能等同视之。同时，我国的商业三者险是以交强险赔偿之后，被保险人依法应当承担的侵权责任为保险标的的，因此，商业三者险所形成的法律关系，就必须以《保险法》和商业三者险合同为基本的裁判依据。所以，《道路交通损害赔偿解释》明确规定了实体上的处理顺序，即在确定交强险保险公司的赔偿责任之后，再确定侵权人（被保险人）依法应当承担的侵权责任，然后根据商业三者险合同的约定和《保险法》的相关规定确定商业三者险保险公司的赔偿范围。最后，再由侵权人依照《民法典》的相关规定承担剩余的侵权责任。[①]

在研究道路交通损害责任承担之前，先看三则案例：

案例 70：本案的交强险与第三者商业险如何确定赔偿顺序 [②]

2021 年 11 月 2 日 16 时 58 分，被告唐某元驾驶轿车沿解放大街由北向南

[①]　《最高人民法院民一庭负责人就〈关于审理道路交通事故损害赔偿案件适用法律若干问题的解释〉答记者问》，载《人民法院报》2012 年 12 月 21 日。

[②]　参见辽宁省阜新市中级人民法院（2022）辽 09 民终 2089 号民事判决书。

行驶至解放大街中国银行门前，与沿人行横道由西向东步行横过解放大街的原告张某梅发生交通事故，造成张某梅受伤的后果。此次事故经认定唐某元负事故全部责任，张某梅无责任。当日，张某梅入住医院治疗，被诊断为左足4、5跖骨粉碎性骨折；双肘、腰部、髋部、左小腿软组织挫伤，长期医嘱为二级护理。原告住院177天，共支付医疗费54524元。经法医司法鉴定：被鉴定人张某梅的伤情，误工期为150日、护理期为60日、营养期为90日。案涉轿车所有权人为王某兴，被告唐某元借用该车辆时发生此次事故。该车辆在被告大地A保险投保机动车交通事故责任强制保险，其中死亡伤残赔偿限额180000元、医疗费用赔偿限额18000元、财产损失赔偿限额2000元；在被告大地B保险投保机动车第三者责任保险，责任限额1000000元，事故发生在保险责任期间内。

生效裁判认为，被告唐某元驾驶轿车与原告张某梅发生交通事故，造成张某梅受伤的后果，此次事故唐某元负事故全部责任，张某梅无责任。案涉车辆在被告大地A保险投保机动车交通事故责任强制保险和大地B保险机动车第三者责任保险，事故发生在保险期限内，属于保险责任。故张某梅的合理损失，首先应由大地A保险在其承保的机动车交通事故责任强制保险限额内赔偿，不足部分由大地B保险在其机动车第三者责任保险限额内赔偿，再不足部分，由车辆实际使用人唐某元赔偿。据此判决：被告大地A保险赔偿原告张某梅49308元；被告大地B保险赔偿原告张某梅48074元。

案例71：保险公司能否向无证驾驶人行使追偿权 ①

2019年11月13日19时10分许，夏某驾驶二轮电动车沿道路由北向南行驶与祁某建停放于公路西侧的正三轮摩托车相擦，致夏某受伤、二轮电动车受损的道路交通事故。次日，交警部门认定夏某与祁某建负本起事故的同等责任。2021年3月29日，夏某以祁某建及保险公司为被告提起诉讼。经审理，法院认为，夏某与祁某建承担本起事故的同等责任，案涉车辆在保险公司投保了交强险，虽然祁某建无有效驾驶证，但保险公司应当在交强险范围内先行承担赔偿责任，故其在交强险范围内赔偿夏某89262元，超出部分68992元，由祁某建承担60%，即41395元。据此判决：保险公司赔偿夏某各项损失合计89262元；祁某建赔偿夏某各项损失合计41395元。同年7月9日，保险公司

① 参见江苏省泰州市中级人民法院（2022）苏12民终1570号民事判决书。

转账给夏某 88262 元。

一审法院认为，本案中，保险公司作为承保案涉正三轮摩托车交强险的保险人，在事故发生后，根据生效的法律文书已在交强险范围内赔偿事故受害人夏某 88262 元，根据《道路交通损害赔偿解释》第十五条"有下列情形之一导致第三人人身损害，当事人请求保险公司在交强险责任限额范围内予以赔偿，人民法院应予支持：（一）驾驶人未取得驾驶资格或者未取得相应驾驶资格的；……保险公司在赔偿范围内向侵权人主张追偿权的，人民法院应予支持……"的规定，保险公司有权向祁某建追偿。但根据《民法典》规定，人身损害赔偿以过错责任为基本原则，侵权人承担的是与自身过错相对应的赔偿责任。鉴于交警部门认定祁某建负案涉事故的同等责任，生效判决书判决祁某建承担事故责任的 60%，则保险公司应在祁某建承担的责任限额内进行追偿，即保险公司的追偿限额为 52957.2 元，对保险公司超出该限额部分的诉讼请求，不予支持。保险公司不服一审判决，提起上诉。二审法院改判保险公司对垫付的保险金享有全部的追偿权。

案例 72：投保义务人与侵权人应否共同承担侵权责任 [①]

2021 年 10 月 12 日 14 时，谢某驾驶轻型栏板货车沿 340 省道由西向东行驶至 20 千米路段时，与张某驾驶小型轿车相撞后，又与黎某华驾驶的小型普通客车相撞，造成三车和张某的手机受损、张某受伤的交通事故。2021 年 10 月 15 日，道路交通事故认定书认定，谢某承担此事故的全部责任，张某无责任。张某受伤后，住院治疗 5 天，共花费医疗费用 2296.42 元。经价格评估报告书评估张某的小型轿车因事故造成的价格损失为 21600 元（残值未抵扣），该车残值为 2200 元，苹果手机因事故造成的价格损失为 1600 元（残值未抵扣），该手机残值为 30 元，张某为此支出鉴定费 1160 元。谢某驾驶的轻型栏板货车登记于严某名下，事故发生时该车辆未购买交强险。

生效裁判认为，行为人因过错侵害他人民事权益造成损害的，应当承担侵权责任。谢某驾驶机动车存在违反道路交通安全法的行为，对事故承担全部责任，因此，谢某应对其侵害张某民事权益所造成的损害承担侵权责任，对张某因该次交通事故所受损失承担全部赔偿责任。《道路交通损害赔偿解释》第十六条规定："未依法投保交强险的机动车发生交通事故造成损害，当

[①] 湖北省荆门市中级人民法院（2022）鄂 08 民终 1032 号民事判决书。

事人请求投保义务人在交强险责任限额范围内予以赔偿的，人民法院应予支持。投保义务人和侵权人不是同一人，当事人请求投保义务人和侵权人在交强险责任限额范围内承担相应责任的，人民法院应予支持。"谢某借用严某所有的轻型栏板货车发生交通事故造成损害，且该车辆在事故发生时未投保交强险，严某应当在交强险责任限额范围内与谢某承担连带赔偿责任。据此判决：谢某、严某赔偿张某经济损失 4546 元，并互负连带责任；谢某赔偿张某经济损失 21240 元。

上述案例均涉及道路交通损害赔偿责任承担问题。试问：如何处理交强险、商业险和侵权责任赔偿次序？交强险第三人的范围如何认定？违法驾驶情形下交强险保险公司如何承担责任及实现追偿权？未投保交强险如何承担侵权责任？违法拒保、拖延承保、违法解除交强险合同时如何承担责任？多车相撞后交强险保险公司如何承担责任？多个被侵权人对交强险限额如何进行分配？未履行告知义务时交强险保险公司如何承担责任？交强险人身伤亡保险金请求权能否转让？

二、交强险、商业险和侵权责任赔偿次序的司法认定

实践中，不少机动车既投保了机动车强制保险，又投保了商业保险，当发生道路交通事故造成损害时，如何确定机动车强制保险与商业保险的赔偿次序？对此，《民法典》第一千二百一十三条明确规定："机动车发生交通事故造成损害，属于该机动车一方责任的，先由承保机动车强制保险的保险人在强制保险责任限额范围内予以赔偿；不足部分，由承保机动车商业保险的保险人按照保险合同的约定予以赔偿；仍然不足或者没有投保机动车商业保险的，由侵权人赔偿。"《道路交通损害赔偿解释》第十三条规定："同时投保机动车第三者责任强制保险（以下简称'交强险'）和第三者责任商业保险（以下简称'商业三者险'）的机动车发生交通事故造成损害，当事人同时起诉侵权人和保险公司的，人民法院应当依照民法典第一千二百一十三条的规定，确定赔偿责任。被侵权人或者其近亲属请求承保交强险的保险公司优先赔偿精神损害的，人民法院应予支持。"该条是关于道路交通事故责任赔偿顺序的总体性规定。基本原则是，按照先由交强险公司赔付，再由商业险公司赔付，最后由侵权责任人赔偿的顺序处理。该赔偿顺序符合我国交强险和商业险的制度设计，也与实践中的理赔规则一致。应当从如下几个方面理解适用：

1. 适用的前提条件：当事人同时起诉侵权人、交强险和商业三者险的保险公司。适用《民法典》第一千二百一十三条存在一个前提条件，即当事人同时起诉侵权人、交强险和商业三者险保险公司。根据现行法律规定，如果机动车发生交通事故造成损害的，法院也将依法追加交强险的保险公司进入诉讼。与此不同的是，如果当事人未选择向承保商业三者险的保险公司以及侵权人主张权利的，法院无权追加其进入诉讼。为避免造成司法解释与相关法律规定冲突的印象，该条增加了此前提性条件的规定内容，即当事人必须同时起诉两类主体即侵权人和保险公司，人民法院才会按照该顺序确定赔偿责任。

2. 对先由承保交强险的保险公司在责任限额范围内予以赔偿问题的理解。从世界范围来看，交强险的功能定位及其与侵权责任法的关系模式可以区分为责任保险模式和基本保障模式。责任保险模式的主要特点是，以侵权责任为基础，强调交强险在本质上是责任保险的一种，即对被保险人依法应当向第三人承担的侵权责任为保险标的保险，在理念上，更为强调交强险分担被保险人损失的功能。基本保障模式保险的特点则是，更加重视交强险的基本社会保障功能，在不同程度上使之与侵权责任相互分离，在理念上更为强调交强险对受害人的损害填补功能。站在解释论的立场上，我国现行法更加强调交强险的基本保障管理，更加重视交强险对受害人损失的填补功能，采纳的是基本保障模式。其理由：（1）《道路交通安全法》第七十六条第一款前半段规定保险公司在交强险责任限额范围内对受害人予以赔偿，并没有明确保险公司的赔偿义务是以被保险人的侵权责任为前提。（2）从《交强险条例》第一条规定的内容来看，其将交强险的首要功能定位于"保障机动车道路交通事故审理依法得到赔偿"，并未提及交强险的风险分散功能。因此，与侵权责任脱钩的基本保障模式更有利于该目的的实现。如果采取责任保险模式，关于侵权责任的成立与否和大小问题必将成为当事人争诉不休的问题。（3）无论机动车一方是否承担侵权责任，保险公司都在相应的责任限额内进行赔付。这一赔付规则说明，目前的理赔实务也遵循了责任限额内保险赔付与侵权责任脱钩的原则。如果按照责任保险的模式，逻辑上的结论应是，先确定机动车一方的责任及其责任大小，保险公司在机动车一方应当承担的责任范围内进行赔付而非目前的赔付规则。①

---

① 最高人民法院民事审判第一庭编著：《最高人民法院关于道路交通损害赔偿司法解释理解与适用》，人民法院出版社 2012 年版，第 208—213 页。

　　"责任限额范围内"应如何理解？分项限额应否遵守？所谓分项限额，是指按照《交强险条例》的规定，交强险限额区分为有责限额和无责限额，"有责"和"无责"是指被保险人在交通事故中是否有责任。同时，在这两个限额下，根据交通事故所造成的损失类型的不同，又将限额区分为死亡伤残赔偿限额、医疗费用赔偿限额以及财产损失赔偿限额。① 由此，保险公司在实践中理赔时，如被保险人无责任，则在无责任限额内的相应分项限额内赔付；如被保险人有责任，则在有责限额内的相应分项限额内赔付。②

　　对于上述分项限额问题，理论界和实务界一直存在争议。对此问题，最高人民法院民一庭认为，分项限额与交强险采取的基本保障模式并无必然联系。换言之，交强险的基本保障功能并不必然导致分项限额具有不合理性，甚至恰好相反。因为，在基本保障模式下，交强险的保障范围更多地取决于费率水平、事故率、道路交通状况、保险业的经营管理水平、保险市场的发展程度乃至于人们的道路交通安全意识。进而言之，保障范围的大小与一国所欲投入的损失填补成本息息相关，而并不取决于法律上的逻辑。交强险责任限额范围内与侵权责任相互脱钩的做法，在逻辑上也并不必然会产生责任限额范围内的所有损失都应当由保险予以赔付的结论。事实上，正如多数国家或地区的立法及实践所彰显的那样，在更为重视交强险的基本保障功能、损失填补功能的理念下，保险限额内的赔偿范围也是逐步扩大但始终是有限制的，并非一蹴而就的。在费率水平确定的情况下，采取基本保障模式的交强险的赔偿范围更多取决于事故率等因素，《交强险条例》中将责任限额区分为有责限额、无责限额以及各自限额下的细分限额，其合理性就只有从整个制度所涉及的纷繁复杂的多个因素综合考虑，而不应当仅仅是受害人的保护或法律逻辑。由上述分析可知，在评价分项限额是否合理的问题上，司法判断所赖以立足的解释论立场往往就不够用了，因为，对这一问题的评价，需要对全国范围内的道路交通状况作出评

---

　　① 根据《中国银保监会关于调整交强险责任限额和费率浮动系数的公告》（2020年9月9日），"在中华人民共和国境内（不含港、澳、台地区），被保险人在使用被保险机动车过程中发生交通事故，致使受害人遭受人身伤亡或者财产损失，依法应当由被保险人承担的损害赔偿责任，每次事故责任限额为：死亡伤残赔偿限额18万元，医疗费用赔偿限额1.8万元，财产损失赔偿限额0.2万元。被保险人无责任时，死亡伤残赔偿限额1.8万元，医疗费用赔偿限额1800元，财产损失赔偿限额100元"。
　　② 最高人民法院民事审判第一庭编著：《最高人民法院关于道路交通损害赔偿司法解释理解与适用》，人民法院出版社2012年版，第214页。

估，需要对事故率作出统计及预测，需要就赔偿范围的变化对费率水平的影响进行计算，需要就费率水平的变化与民众的接受度进行预测，而这些恰恰是司法机构所不具有的能力。显然，在分项限额的问题上，涉及如此深入的专业问题和政策把握问题，由行政机关作出判断更加妥当，道路交通安全法将交强险制度授权给国务院，也正是这种判断的当然结论，而司法判断则鞭长莫及。因此，从现行法的规定、分项限额问题所涉及的因素及其影响、司法权的特点来看，该问题不属于司法判断的范围而应由立法来决策。在目前的立法和国情下，法院在审理涉及交强险的交通损害赔偿案件时，应当遵循分项限额的规定。①

3. 对承保商业三者险保险公司赔偿规则的理解。在交强险保险公司赔偿之后，首先明确侵权责任的成立及范围，在此基础上确定商业三者险保险公司的赔偿范围。该条第一款第二项明确规定"不足部分，由承保商业三者险的保险公司根据保险合同予以赔偿"，其含义是商业三者险保险公司承担责任的基础是保险合同，作为签订合同一方的当事人，保险公司只需承担合同约定内的义务。通常，商业保险合同中会就被保险人发生事故的情况、种类、损失认定等问题作出具体明确的约定，而且要在事故成因、就损害赔偿数额应当负担的责任比例等都有结论的基础上，保险公司才会就被保险人的出险予以赔付。因此，一旦出现符合该条规定情形的交通事故，交强险在其限额内先行予以赔付之后，承保商业三者险的保险公司不是就其余损害无条件在责任限额内进行赔偿，而是首先要确定侵权责任的性质，明确加害人基于侵权行为所应承担的赔偿范围，在此基础和范围内才涉及不足部分由商业险保险公司赔偿的问题。商业险保险公司赔偿之后的剩余部分，由侵权人承担。

由于商业三者险保险合同系当事人自愿订立，其数额、范围都由当事人约定。值得一提的是，商业三者险保险公司承担的赔偿义务，与基于交强险所承担的赔偿义务存在诸多不同之处。首先，从两种保险合同的合同目的看，投保

---

① 最高人民法院民事审判第一庭编著：《最高人民法院关于道路交通损害赔偿司法解释理解与适用》，人民法院出版社 2012 年版，第 215—216 页。《最高人民法院关于在道路交通事故损害赔偿纠纷案件中机动车交通事故责任强制保险中的分项限额能否突破的请示的答复》（〔2012〕民一他字第 17 号）对此作出了回应："根据《中华人民共和国道路交通安全法》第十七条、《机动车交通事故责任强制保险条例》第二十三条，机动车发生交通事故后，受害人请求承保机动车第三者责任强制保险的保险公司对超出机动车第三者责任强制保险分项限额范围的损失予以赔偿的，人民法院不予支持。"

人购买商业三者险是希望在发生道路交通事故后，能够获得保险公司的赔偿，以转嫁或者分担自己的风险。而交强险制度的设计初衷，在于保护受害人，被保险人的风险分散则居次要地位。其次，从请求权主体上讲，只要发生交通事故，受害人基于法律规定有权直接向承保交强险的保险公司主张权利。而通常情况下，基于合同相对性原理，往往允许商业三者险的被保险人向保险公司主张权利，除了特殊情形下诸如怠于履行追偿权利才允许受害人直接向保险公司要求赔偿。另外，抗辩权的行使，与交强险不同的是，商业三者险的保险公司对被保险人的抗辩权可以依法向被侵权人行使。[①]

4. 交强险中精神损害赔偿与物质损害赔偿的相关问题。机动车所有人既投保交强险，又投保商业三者险的，当交强险赔偿限额不足以赔偿受害人死亡或者伤残损失时，由于商业三者险对精神损害不予赔偿（另有约定的除外），就产生了精神损害赔偿金在交强险中是否应予赔偿以及其与财产损失赔偿先后顺序如何确认的问题。依据法律、行政法规没有明确将精神损害排除的情况下，依据法解释学规则，交强险应当赔偿精神损害。[②]

在现行法尚无明确规定的情况下，精神损害赔偿与财产损害赔偿（或称物质损害赔偿）在交强险中的赔偿次序，应当由请求权人选择行使。[③]这与最高人民法院此前出具的意见一脉相承。《最高人民法院关于财保六安市分公司与李福国等道路交通事故人身损害赔偿纠纷请示的复函》（〔2008〕民一他字第25号复函）指出："精神损害赔偿与物资损害赔偿在强制责任保险限额中的赔偿次序，请求权人有权进行选择。请求权人选择优先赔偿精神损害，对物资损害赔偿不足部分由商业第三者责任险赔偿。"

三、交强险第三人范围的司法认定

从《交强险条例》第三条、第二十一条规定的文义解释来看，其中的"受害人"，是指本车人员、被保险人以外的受害人。依据《交强险条例》第

---

① 最高人民法院民事审判第一庭编著：《最高人民法院关于道路交通损害赔偿司法解释理解与适用》，人民法院出版社 2012 年版，第 217 页。

② 详见最高人民法院民事审判第一庭编著：《最高人民法院关于道路交通损害赔偿司法解释理解与适用》，人民法院出版社 2012 年版，第 218—219 页。

③ 详见最高人民法院民事审判第一庭编著：《最高人民法院关于道路交通损害赔偿司法解释理解与适用》，人民法院出版社 2012 年版，第 220—221 页。

四十二条规定，被保险人是指投保人及其允许的合法驾驶人。因此，从文义解释来看，"第三者"不包括投保人。但本车的实际驾驶人不是投保人。非车上人员的投保人受到本车损害，能否获得交强险赔偿的问题极为突出。对此，《道路交通损害赔偿解释》第十四条规定："投保人允许的驾驶人驾驶机动车致使投保人遭受损害，当事人请求承保交强险的保险公司在责任限额范围内予以赔偿的，人民法院应予支持，但投保人为本车上人员的除外。"在审判实践中应当从如下方面理解适用：

1."被保险人"在交通事故发生时才最终确定。发生保险事故时，保险金的请求权主体是被保险人，只有在投保人就是被保险人时，其才有权请求保险金。因此，被保险人并不是任何情况下均是投保人。在交强险中，如果本车实际驾驶人不是投保人（如投保人允许的合法驾驶人），被保险人就不是投保人而是本车实际驾驶人，投保人与其他普通第三人一样，对机动车的危险失去控制力，也可以成为"交强险"赔偿的受害人。因此，交强险中的所谓"被保险人"是需要特定化的概念，只有在交通事故发生时才能确定。[1]

2.投保人允许的驾驶人不限于"合法"的情况。《交强险条例》第一条明确规定，"为了保障机动车道路交通事故受害人依法得到赔偿"，因此从受害人的角度看，不管驾驶人是合法驾驶还是违法驾驶，受害人及时、有效的赔偿应得到充分保障；而且，从风险控制的角度看，机动车作为高速运行的危险物，对所有其外的不特定第三人均可能产生危险，而这种危险对于受害人是不可控制的，不能因为驾驶人是合法还是非法的不同导致受害人得到赔偿的差别。[2]

3.该条规定与《民法典》第一千二百零九条适用中的协调问题。该条司法解释仅是针对交强险范围内赔偿问题所作的规定，而《民法典》第一千二百零九条"机动车所有人、管理人对损害的发生有过错的，承担相应的赔偿责任"是针对交强险限额外的不足部分而言的。在所有人有过错时，并不存在"自己赔自己"的问题，而是不能从行为人（实际驾驶人）处获得全部赔偿，即因自己的过错造成自己损害，无权请求他人赔偿。

4.实践中其他"第三者"范围问题。司法实践中，特殊情形还有很多，比

---

[1] 最高人民法院民事审判第一庭编著：《最高人民法院关于道路交通损害赔偿司法解释理解与适用》，人民法院出版社 2012 年版，第 227 页。

[2] 最高人民法院民事审判第一庭编著：《最高人民法院关于道路交通损害赔偿司法解释理解与适用》，人民法院出版社 2012 年版，第 229 页。

如车上人员下车休息时，被疏忽的驾驶人撞伤等。司法解释虽未规定，但倾向认为应当纳入交强险赔偿范围。理由是：（1）从目的解释看，《交强险条例》的主要目的是保障受害人能够得到及时有效的补偿，因此，因交通事故受到损害的人员应尽量纳入"第三者"范围；（2）从对危险的控制力看，上述人员与其他普通"第三者"对机动车危险的控制力并无实质差别，均处于弱势地位。再如，车上的司乘人员发生交通事故时先摔出车外，后被车碾压致死的情况，有人认为，交强险合同中所涉及的"第三者"和"车上人员"均为在特定时空条件下的临时性身份，即"第三者"与"车上人员"均不是永久的、固定不变的身份，二者可以因特定时空条件的变化而转化。因保险车辆发生意外事故而受害的人，如果在事故发生前是保险车辆的车上人员，事故发生时已经置身于保险车辆之下，则属于"第三者"。至于何种原因导致该人员在事故发生时置身于保险车辆之下，不影响其"第三者"的身份。此时，车上人员"转化"为第三人，交强险应予赔偿。最高人民法院民一庭认为，"车上人员"与"车外人员"的区别是比较固定的，因交通事故的撞击等原因导致车上人员脱离本车的，不存在"转化"为第三人的问题，上述人员仍属于"车上人员"，不应由交强险予以赔偿。至于驾驶人下车查看车辆状况时，被未熄火的车辆碾压致死的情形，争议更大。这种情况，驾驶人本人就是被保险人，且对机动车有实际的控制力时，因行为人自己行为造成自身受损害，对其赔偿不符合我国交强险的规定，倾向认为，在现有法律规定下，这种情况下的驾驶人不属于"第三者"。[①]

四、违法驾车情形下交强险保险公司的责任承担及追偿权

关于醉酒驾驶、无证驾驶、吸毒后驾驶以及被保险人故意制造交通事故的几种违法情形，发生交通事故后交强险保险公司的责任和侵权人的责任如何承担，在实践中存在争议。对此，《道路交通损害赔偿解释》第十五条规定："有下列情形之一导致第三人人身损害，当事人请求保险公司在交强险责任限额范围内予以赔偿，人民法院应予支持：（一）驾驶人未取得驾驶资格或者未取得相应驾驶资格的；（二）醉酒、服用国家管制的精神药品或者麻醉药品后驾驶机动车发生交通事故的；（三）驾驶人故意制造交通事故的。保险公司在赔偿范围内向侵权人主张追偿权的，人民法院应予支持。追偿权的诉讼时效期间自

---

① 最高人民法院民事审判第一庭编著：《最高人民法院关于道路交通损害赔偿司法解释理解与适用》，人民法院出版社 2012 年版，第 232 页。

保险公司实际赔偿之日起计算。"

审判实践中，有观点认为，这几种违法情形下保险公司不应当承担交强险的赔偿责任，否则就放纵了此类违法行为，不利于制裁侵权人，不利于提高驾驶人的注意义务。《道路交通损害赔偿解释》未采纳这种观点，原因在于：（1）交强险的首要功能在于对受害人的保护，因而具有安定社会的功能，而侵权人风险分散的功能则居于次要地位。因此，这些违法情形下保险公司对第三人承担赔偿责任，符合交强险制度的目的。在此意义上，前述观点未能准确把握我国交强险的功能定位。（2）保险公司承担赔偿责任后可以向侵权人追偿，并不会造成放纵违法行为人的后果。并且，保险公司的追偿能力与受害人相比，显然处于更有利的地位，更有利于实现制裁违法行为的目的。（3）由保险公司先行赔偿，再对侵权人追偿的处理方式更有利于实现交强险保护受害人权益、填补受害人损失的功能。如果此类违法情形下，交强险保险公司不承担赔偿责任，则显然受害人权益的保护在不少场合将难以实现。（4）《道路交通安全法》第七十六条规定，机动车发生交通事故后，先由交强险的保险公司在交强险责任限额范围内予以赔偿，并未将这些违法情形排除在外。（5）《交强险条例》第二十二条虽然规定了醉酒驾驶、无证驾驶、机动车被盗抢期间肇事、被保险人故意制造交通事故等几种违法情形下交强险保险公司仅垫付抢救费用且不赔偿财产损失，但《民法典》并未完全采纳该观点，该法第一千二百一十五条仅规定机动车被盗抢期间发生交通事故的，交强险保险公司可以免除赔偿责任，只承担垫付抢救费用的责任。这说明，侵权责任法对于其他几种情形的评价与对机动车被盗抢期间发生交通事故情形的评价有所不同，这也是《道路交通损害赔偿解释》关于这个问题规定的主要法律基础。（6）从其他国家或地区的立法及实践来看，例如德国、日本、韩国以及我国台湾地区等，都采纳了交强险保险公司在此类情形下先承担赔偿责任，再向侵权人追偿的处理思路。基于上述理由，《道路交通损害赔偿解释》规定，在醉酒驾驶、无证驾驶或吸毒后驾驶以及被保险人故意制造交通事故等几种违法情形下，交强险保险公司仍应当在其责任限额范围内承担赔偿责任，保险公司赔偿后有权向侵权人追偿。但是，考虑到人身损害问题在实践中更为突出以及交强险所承担的基本保障功能等因素，《道路交通损害赔偿解释》将该规则的适用限制在"人身损害"的范围之内。①

---

① 参见《最高人民法院民一庭负责人就〈关于审理道路交通事故损害赔偿案件适用法律若干问题的解释〉答记者问》，载《人民法院报》2012 年 12 月 21 日。

交强险保险公司的追偿权问题。该条解释明确了保险公司在赔偿范围内向侵权人主张追偿权的，法院应予支持。这主要是考虑到：一方面，由交通损害的严重过错方承担终局赔偿责任，符合现行法的精神。另一方面，从目前交强险的实际运营状况看，交强险还不是一种完全的社会保险，需要考虑运营的成本和费率计算的实际问题，明确保险公司的追偿权，有利于降低其运营成本，从而避免谨慎守法的机动车驾驶人为违法驾驶者分担违法成本。保险公司在已经实际向受害人支付保险金的前提下，才能向侵权人行使追偿权，保险公司可以直接向侵权人主张追偿，也可以通过向法院起诉的方式行使追偿权，其追偿权的诉讼时效，应当适用《民法典》第一百八十八条关于一般诉讼时效期间的规定，确定为 3 年。

受害人在侵权人和保险公司间求偿问题。驾驶人存在违法情形导致交通事故的情况下，在受害人向人民法院起诉请求交强险保险公司予以赔偿时，应当注意区分不同情况具体分析：（1）受害人已经从侵权人处获得全部或部分赔偿的处理。该条所规定的保险公司的赔偿责任，应当理解为受害人对向侵权人请求赔偿或向保险公司请求赔偿具有选择权。在受害人已经从侵权人处获得全部赔偿的情况下，其无权再向保险公司请求赔偿；在受害人从侵权人处获得部分赔偿的情况下，保险公司可以在赔偿时相应扣减。（2）交强险保险公司的赔偿不足以弥补受害人全部损失的处理。受害人就未从保险公司取得赔偿的部分，应有权向侵权人请求。在诉讼中，受害人通常也会将侵权人和保险公司一同告上法院。交强险责任限额之外的损失，受害人当然有权要求侵权人赔偿。法院也应分别确定侵权人和保险公司的赔偿数额。（3）受害人全部或部分放弃对侵权人人身损害赔偿请求的处理。应当从交强险作为法定的强制保险的特点出发，将受害人放弃对侵权人赔偿请求的意思表示，解释为仅在受害人与侵权人之间发生法律效果，而在受害人与保险公司之间不发生法律效果。交强险保险公司对受害人的赔偿责任，不能因受害人对侵权人损害赔偿的放弃而免除。当然，保险公司承担责任之后依法享有追偿权。[①]

五、未投保交强险的责任承担

在审判实践中，就导致一个较为突出的问题，即未投保交强险的机动车发

---

① 最高人民法院民事审判第一庭编著：《最高人民法院关于道路交通损害赔偿司法解释理解与适用》，人民法院出版社 2012 年版，第 241—243 页。

生交通事故的责任承担问题。对此，《道路交通损害赔偿解释》第十六条规定："未依法投保交强险的机动车发生交通事故造成损害，当事人请求投保义务人在交强险责任限额范围内予以赔偿的，人民法院应予支持。投保义务人和侵权人不是同一人，当事人请求投保义务人和侵权人在交强险责任限额范围内承担相应责任的，人民法院应予支持。"

该条的规定主要基于以下理由：（1）依据道路交通安全法的规定，交强险在一定范围内与侵权责任分离，导致交强险的赔偿范围并非以侵权责任的成立及其范围为主要依据，即使在遵守交强险分项责任限额的前提下也是如此。这就说明，投保交强险的机动车导致第三人遭受损害，在赔偿范围上，第三人所得到的赔偿要比未投保交强险情形下直接按照侵权责任规则处理所获得的赔偿要多，有的时候甚至多很多。这就为未投保交强险的机动车发生交通事故的责任承担问题作出专门规定奠定了现实基础。（2）《道路交通安全法》《交强险条例》明确规定机动车的所有人或管理人应当依法投保交强险，这些法律、行政法规的规定具有强烈的保护不特定第三人的立法目的。投保义务人未投保交强险的行为显然违反了以保护他人为目的的法律，因而具有显著的违法性。（3）投保义务人未投保交强险的行为侵害了第三人从交强险中获得赔偿的利益，该利益属于侵权责任法的保护范围。

实践中，还有一个较为突出的问题是，投保义务人和实际驾驶人不一致的情形下，交强险责任限额范围内的赔偿责任如何承担？《道路交通损害赔偿解释》对此也予以了明确，即由投保义务人和实际驾驶人在交强险责任限额范围内承担连带责任，超出责任限额范围之外的部分，再依照侵权责任法的规定确定赔偿责任。之所以如此规定，主要原因在于，根据《道路交通安全法》的规定，驾驶人驾驶机动车有注意交强险标志的义务，未放置保险标志的机动车不能上路行驶，所以，实际驾驶人和投保义务人都存在违法行为。发生交通事故后，第三人不能从交强险中获得赔偿的损失是由投保义务人与实际驾驶人共同造成的。因此，投保义务人与实际驾驶人应在交强险责任限额范围内对第三人承担连带赔偿责任。

《道路交通损害赔偿解释》关于未投保交强险的责任承担的规定，符合侵权责任法的规定及其理论，也是对审判实务的经验总结。在社会效果上，该规定一方面充分保护了受害人（第三人）的合法权益，另一方面，也有利于通过私法的手段促使投保义务人积极履行交强险的投保、续保义务，有利于驾驶人切实承担交通法律法规所规定的注意义务，有力地促进道路交通秩序的良性发展。[1]

机动车转让时，未投保交强险，转让后发生交通事故的，责任如何承担？因该条规定的责任主体是投保义务人，在机动车转让并交付后，无论是否进行过户登记。由于机动车的所有人和管理人都为受让人，故发生交通事故后未投保交强险的责任应当由受让人承担。[2]

六、违法拒保、拖延承保、违法解除交强险合同的责任

未参加机动车强制保险的情形，时常发生，既有机动车所有人或者管理人的责任，也有保险公司方面的责任。前者情形，司法解释已经作出了规定，后者如何处理？《道路交通损害赔偿解释》第十七条规定："具有从事交强险业务资格的保险公司违法拒绝承保、拖延承保或者违法解除交强险合同，投保义务人在向第三人承担赔偿责任后，请求该保险公司在交强险责任限额范围内承担相应赔偿责任的，人民法院应予支持。"该条对违法拒保、拖延承保、违法解除交强险合同的民事责任作出了规定。在审判实践中，应当把握好如下问题：

1. 保险公司承担民事责任的性质及依据。（1）保险公司违法拒保、拖延承保的责任性质和依据。《交强险条例》第十条第一款规定："投保人在投保时应当选择具备从事机动车交通事故责任强制保险业务资格的保险公司，被选择的保险公司不得拒绝或者拖延承保。"就一般合同而言，如果未缔结合同的原因存在于合同一方当事人，则有过错的一方当事人应该承担缔约过失责任。保险公司违法拒保、拖延承保应当承担缔约过失责任的理由：一是强制缔约是《交强险条例》规定的保险公司的法定义务，该义务从性质上说属于先合同义务。一旦投保人提出投保意向，双方就开始产生一定的信赖，合同即进入缔约磋商阶段，继而产生了法定的权利义务关系。二是《交强险条例》规定即将缔约行为违法，在民事责任问题上，可以适用诚实信用原则。三是将拒绝缔约的损失赔偿范围界定在保险金请求权范围，体现了法律对这一特定的缔约过失行为的加重。该条是对缔约过失责任补偿性的突破，其效果就是使有着缔约过失的保

---

① 《最高人民法院民一庭负责人就〈关于审理道路交通事故损害赔偿案件适用法律若干问题的解释〉答记者问》，载《人民法院报》2012 年 12 月 21 日。

② 最高人民法院民事审判第一庭编著：《最高人民法院关于道路交通损害赔偿司法解释理解与适用》，人民法院出版社 2012 年版，第 252 页。

险公司承担了彻底违约的法律后果。①（2）保险公司违法解除交强险合同。从法律位阶上看，尽管《交强险条例》在第十四条规定了合同解除的事由，交强险合同双方依然需要遵守保险法等法律法规的相关规定。违法解除合同从字面意义上看就是违反了法律法规的规定而解除合同。从适用法律上看，如果保险公司解除合同的事由不在法律法规及相关司法解释之内，基本可以认定为违法解除合同。保险人违法解除合同将直接导致合同效力终止的法律效果。而该条规定的法律效果，是保险人都将因此承担完全的违约责任。

2.违法拒保的认定。拒保是指一些保险公司常因在某些地方或某些情况下有引起风险增加的可能性而拒绝提供保险保障。现实生活中，拒绝承保的方式主要表现为：明示或暗示拒绝承保；限量发行，控制投保总量；强行搭售其他险种。从法律适用方面，违法拒保行为应当符合：明确的拒绝承保的意思表示；违法；拒保的意思表示必须在合理期限内明确作出。②

违法拒保责任的发生首先要求投保义务人依法投保，如果投保义务人怠于履行该义务，则不会发生本条规定的责任。而一旦投保义务人依法投保，保险公司就应该受到该行为的约束，并承担相应的义务。违反这一义务，保险公司就应该承担相应责任。但是，如果投保义务人利用保险公司作出的违法拒绝而长时间不投保交强险，是否仍能依据本条判决由保险公司承担交强险项下的赔偿责任呢？此时投保义务人已经违反了其投保交强险的义务，即使保险人曾经拒绝过投保义务人，也不能免除投保人的该项义务。在投保义务人和保险人均存在过错的情况下，应当根据各自的过错承担相应的责任，而不能完全引用本条作为保险公司承担全部责任的依据。③

3.违法拖延承保的认定。拖延承保有两种情形：一是迟延对投保义务人的投保进行承诺；二是在交强险合同中约定迟延履行保障义务。迟延的判断，应当参照一般人的标准。拖延承保的规定最初针对的是保险责任期间和保险合同有效期间不一致的情形。对于某些交强险合同，合同已经生效，但是保险责任期间却并没有开始计算，从而导致某些机动车在特定的一段期限内没有交强险

---

① 参见最高人民法院民事审判第一庭编著：《最高人民法院关于道路交通损害赔偿司法解释理解与适用》，人民法院出版社 2012 年版，第 255—257 页。

② 参见最高人民法院民事审判第一庭编著：《最高人民法院关于道路交通损害赔偿司法解释理解与适用》，人民法院出版社 2012 年版，第 255—259 页。

③ 最高人民法院民事审判第一庭编著：《最高人民法院关于道路交通损害赔偿司法解释理解与适用》，人民法院出版社 2012 年版，第 264 页。

保障，发生"脱保"。现实生活中，因为机动车"脱保"而产生了不少纠纷。2009 年 3 月 25 日原保监会下发了《关于加强机动车交强险承保工作管理的通知》，明确规定交强险实行"即时生效"制，从而终结了之前交强险与商业险一样"零时起保"的做法。①

4. 违法解除交强险合同的认定。为了保护处于弱势地位的投保人的利益，《保险法》第十五条规定在一般情况下只有投保人才能解除合同，保险人原则上不能解除合同。交强险则更具有特殊性，《交强险条例》第十四条规定交强险保险人的解除权只有一种：投保人未履行如实告知义务，影响承保的，保险公司有解除权。告知义务的范围和违反程度问题将是保险公司行使解除权的关键。从《交强险条例》的相关规定来看，对投保人的要求是比较高的，保险公司可以比较容易地引用相关条款，主张投保人未尽到告知义务，从而行使合同解除权。这显然与设置交强险的目的背道而驰，与其社会保障功能背道而驰。但是《保险法》第十六条的规定在一定程度上弥补了这一问题。由于违反告知义务可能是一般意义上的过失行为所致，若投保人因一般疏忽大意的过失或因事实上的不知晓而未告知，保险人即可以行使解除权，也不符合法律的公平原则。因此，具体适用法律时，可以引用《保险法》第十六条，仅在故意和重大过失的情况下，投保人未告知，保险公司可以行使解除权。而一般过失行为，保险公司则不能解除。这样才符合意思自治和现代民法的要求。因此，在认定保险公司解除交强险合同是否合法的问题上，不能仅仅依据《交强险条例》的相关内容，还应该结合《保险法》第十六条的规定，综合进行裁判。②

5. 交强险脱保而商业车险未脱保的，应如何处理。在保险诉讼实务中，有些当事人同时投保了交强险和商业三者险，在发生保险事故时却发现交强险已经过了保险责任期间，到保险公司要求理赔，保险公司告知其损失未超过交强险限额，故保险公司拒绝在商业第三者责任险内予以理赔，由此发生纠纷。对于此类问题的解决将会有新的视角。依本司法解释规定，未按照国家规定投保交强险的机动车，发生交通事故造成损害的，由交强险的投保义务人在交强险责任限额范围内予以赔偿。投保义务人和行为人不一致的，由投保义务人和行

---

① 参见最高人民法院民事审判第一庭编著：《最高人民法院关于道路交通损害赔偿司法解释理解与适用》，人民法院出版社 2012 年版，第 259—260 页。

② 参见最高人民法院民事审判第一庭编著：《最高人民法院关于道路交通损害赔偿司法解释理解与适用》，人民法院出版社 2012 年版，第 260—262 页。

为人在交强险责任限额内承担连带赔偿责任，不足部分，按照《道路交通安全法》第七十六条和原《侵权责任法》的有关规定承担赔偿责任。但是对于保险公司存在明显违法行为的，比如保险公司未尽说明义务，未提示保险期间等，则可以依照相应的条文由保险公司承担不利的法律后果。[①]

七、多车相撞后交强险保险公司的责任承担

多辆机动车发生交通事故造成第三人损害，承保交强险的保险公司应当如何承担责任？对此，《道路交通损害赔偿解释》第十八条规定："多辆机动车发生交通事故造成第三人损害，损失超出各机动车交强险责任限额之和的，由各保险公司在各自责任限额范围内承担赔偿责任；损失未超出各机动车交强险责任限额之和，当事人请求由各保险公司按照其责任限额与责任限额之和的比例承担赔偿责任的，人民法院应予支持。依法分别投保交强险的牵引车和挂车连接使用时发生交通事故造成第三人损害，当事人请求由各保险公司在各自的责任限额范围内平均赔偿的，人民法院应予支持。多辆机动车发生交通事故造成第三人损害，其中部分机动车未投保交强险，当事人请求先由已承保交强险的保险公司在责任限额范围内予以赔偿的，人民法院应予支持。保险公司就超出其应承担的部分向未投保交强险的投保义务人或者侵权人行使追偿权的，人民法院应予支持。"在审判实践中应当注意下列问题：

（一）已投保交强险的多辆机动车发生交通事故时交强险的赔付规则

本条第一款解决已投保交强险的多辆机动车发生交通事故时，保险公司应当如何承担赔付责任的问题。本条第一款所确定的规则与目前我国交强险的理赔实务是一致的。主要区分为以下几种情况：[②]

1.两辆或多辆机动车发生交通事故，不涉及人身伤亡和车外财产损失。两辆或多辆机动车互碰，未造成人身伤亡和车外财产损失的，具体可区分为以下几种具体情形：（1）两辆机动车互碰，两车均有责。此时，由于不涉及两辆机动车的共同第三人，因此双方机动车交强险均在交强险财产损失赔偿限额内，

---

① 最高人民法院民事审判第一庭编著：《最高人民法院关于道路交通损害赔偿司法解释理解与适用》，人民法院出版社 2012 年版，第 263 页。

② 参见最高人民法院民事审判第一庭编著：《最高人民法院关于道路交通损害赔偿司法解释理解与适用》，人民法院出版社 2012 年版，第 267—272 页。

按实际损失承担对方机动车的损害赔偿责任。（2）两辆机动车互碰，一车全责、一车无责。此时，则由承保各机动车交强险的保险公司在各自限额内对对方的损失承担赔偿责任。（3）多辆机动车互碰，部分有责（含全责）、部分无责。涉及多辆机动车的交通事故，总的原则是各方机动车按其适用的交强险分项赔偿限额占各分项限额之和的比例，对受害人的各分项损失进行分摊。

某分项核定损失承担金额 = 该分项损失金额 ×（适用的交强险该分项赔偿限额 ÷ 各致害方交强险该分项赔偿限额之和）。

2. 两辆或多辆机动车发生交通事故，造成车外财产损失。此种情形下，交强险的赔付规则是：有责方在其适用的交强险财产损失赔偿限额内，对各方车辆损失和车外财产损失承担相应的损害赔偿责任。所有无责方视为一个整体，在各自交强险无责任财产损失赔偿限额内对有责方损失按平均分摊的方式承担损害赔偿责任。

3. 两辆或多辆机动车发生事故，造成人员伤亡。此种情形下，如果是机动车均为有责的，赔付规则可以简化为各机动车在交强险限额内按照平均分摊的方式赔付；如果部分有责、部分无责，由于此时无责机动车的交强险也要在无责视为伤残、医疗费用的限额内对受害人人身伤亡的损失进行赔付，故各交强险的赔付数额应按照各机动车交强险赔偿限额占总额赔偿限额的比例计算。

（二）牵引车和挂车连接使用发生交通事故交强险的赔付规则

牵引车与挂车连接使用发生事故时，将连接使用的牵引车和挂车在某个具体的交通事故的责任应当是一致的，从而交强险保险公司在赔付上相对简单，即在各自责任限额内平均承担。

（三）多车事故下部分机动车未投保的处理规则 [①]

1. 未投保交强险时机动车一方的责任承担。依据《道路交通损害赔偿解释》第十七条的规定，依法应投保交强险的投保义务人或侵权人应当在交强险责任限额范围内对受害人承担赔偿责任。在多车事故情形下，未投保交强险的部分机动车的投保义务人或侵权人在责任性质上和责任范围内亦应如此处理。

---

① 参见最高人民法院民事审判第一庭编著：《最高人民法院关于道路交通损害赔偿司法解释理解与适用》，人民法院出版社 2012 年版，第 275—284 页。

2. 多车事故情形下，先由已承保交强险的保险公司在责任限额内予以赔偿。主要基于：一是交强险的功能定位及其与侵权责任的各项，决定了多车事故情形下应由已承保交强险的保险公司先予赔偿。二是由已承保交强险的保险公司先予赔偿符合交强险的立法目的，有利于审理及时得到补偿。

3. 多车事故情形下，已承保交强险保险公司先予赔付及其追偿权的计算方式。该条第三款规定先由已承保交强险的保险公司对第三人先予赔付，但需要注意的是，首先，这里的第三人是指多辆机动车共同的第三人，如果仅是未投保机动车一方的第三人，则显然已承保交强险的保险公司不应承担未投保交强险机动车一方的先予赔付责任；其次，这里仍然应当遵守目前分项限额的规定。换言之，已承保交强险的保险公司在其责任限额内实行穷尽原则。这与目前理赔实务中对部分车辆未投保交强险的，视同投保机动车参与计算的方式有所不同。

（四）追偿权的行使与部分情形下的抵销

该条第三款规定，"保险公司就超出其应承担的部分向未投保交强险的投保义务人或者侵权人行使追偿权的，人民法院应予支持"，其中，"超出其应承担的部分"是指已承保交强险的保险公司向第三人赔付的数额超出了其在所有机动车都投保交强险情形下所应赔付的数额。这就意味着，并非只要有机动车未投保交强险，已投保交强险的机动车的保险公司就一定有追偿权。原因在于，在有些情形下，已投保交强险的机动车的保险公司对外赔付的数额并未发生变化，只是在多个受害人之间的分配比例发生了变化，在这些情形下，已承保交强险的保险公司赔付后即无追偿权。

在计算追偿权的数额时，基本的原则是：分别计算部分机动车未投交强险时各保险公司的赔偿数额和所有机动车都已投交强险时各保险公司的赔偿数额，两者之差即为保险公司追偿权的数额。关于追偿权的行使方式，在多车事故情形下，实践中会产生保险公司对投保义务人或侵权人行使的追偿权与该保险公司对投保义务人或侵权人的保险金赔付义务相抵销的情形。[①]

八、多个被侵权人对交强险限额的分配规则

同一交通事故多个被侵权人的情形下，交强险如何分配？对此，《道路交

[①] 最高人民法院民事审判第一庭编著：《最高人民法院关于道路交通损害赔偿司法解释理解与适用》，人民法院出版社 2012 年版，第 284 页。

通损害赔偿解释》第十九条规定："同一交通事故的多个被侵权人同时起诉的，人民法院应当按照各被侵权人的损失比例确定交强险的赔偿数额。"之所以如此规定，是基于兼顾各方当事人利益，最大程度上保障各被侵权人公平获得赔偿的基本原则。

同一交通事故的多个被侵权人同时起诉的，由于交强险的分项限额不能突破，故人民法院计算某个被侵权人从交强险限额中应获得的赔偿数额时，就应该按照不同的损失项目在各自的分项限额范围内分别计算，而不是按照某个被侵权人的总损失来计算。①

多个被侵权人分别在同一法院起诉的，法院应当将案件合并审理。多个被侵权人分别在不同法院起诉且均有管辖权的，可由最先受理的法院管辖，后受理的法院将案件移交（或释明后当事人自动撤诉）先受理的法院合并审理。如不同法院之间分别审理，则应加强沟通协调，并参照该条解释的规定尽可能同时判决。②

九、未履行告知义务时交强险保险公司的责任承担

机动车所有权人的变更、机动车改装等情形下，交强险保险公司是否担责？对此，《道路交通损害赔偿解释》第二十条规定："机动车所有权在交强险合同有效期内发生变动，保险公司在交通事故发生后，以该机动车未办理交强险合同变更手续为由主张免除赔偿责任的，人民法院不予支持。机动车在交强险合同有效期内发生改装、使用性质改变等导致危险程度增加的情形，发生交通事故后，当事人请求保险公司在责任限额范围内予以赔偿的，人民法院应予支持。前款情形下，保险公司另行起诉请求投保义务人按照重新核定后的保险费标准补足当期保险费的，人民法院应予支持。"在审判实践中应当从如下方面理解适用：

（一）当事人未办理机动车所有权变更手续不影响保险公司的赔偿责任

现实中，机动车因转让易主而发生所有权转移，承保的保险公司常以"应

---

① 最高人民法院民事审判第一庭编著:《最高人民法院关于道路交通损害赔偿司法解释理解与适用》，人民法院出版社 2012 年版，第 293 页。

② 最高人民法院民事审判第一庭编著:《最高人民法院关于道路交通损害赔偿司法解释理解与适用》，人民法院出版社 2012 年版，第 295 页。

当办理而未办理合同变更手续"为由拒赔。保险公司的这种主张并无法律依据。理由如下：[①]

1. 保险公司免责要有明确的法定理由和依据，《交强险条例》第十八条虽然规定机动车所有权转移后应当办理交强险合同变更手续，但这并非一个免责条款，即该规定并非赋予了保险公司的解除权或者免除了其赔付义务。《保险法》第四十九条第一款规定，保险标的转让的，保险标的的受让人承继被保险人的权利和义务，也就是说，保险标的转让的，保险合同即已自动变更，保险标的的受让人自然承继被保险人的权利和义务。

2. 如果从合同权利义务转让的角度来看，机动车转让，交强险合同的当事人也会发生变更，属于债权债务的概括转移。债务转移应当经债权人同意，未经同意，债务转让部分不生效，而债权转让部分则对债务人不发生效力。如果仍然从保险合同的角度来看机动车所有权人与保险公司的关系，显然所有权人在转让时已经购买了保险，投保人的主要义务已经履行完毕，交强险合同项下转让的主要是权利，即在发生交通事故时要求保险人支付保险金的权利。于此场合，虽然没有通知债务人即保险公司，但是保险金的请求本身即可视为通知，至于变更手续，应当看作一种通知的形式，与口头通知并无实质的差别。

3. 交强险对车不对人的投保机制决定了交强险合同主体变更并不属于重要事项，具体而言，交强险是对物而非对人，因为它是对机动车这个危险物所造成的第三人损失的保险，而非对某个人的保险，因此，即使不办理变更手续，只要被保险机动车存在，保险公司都应当承担责任。换言之，交强险的立法目的和初衷是保护受害人的利益，《交强险条例》凸显的是将机动车保险从"随人主义"向"随车主义"的转变，即只要被保险的车辆肇事，除法定免责情形外，保险公司就应当赔付，即使车辆转让未办理保险合同变更手续，保险公司仍应赔付。

从上述分析可以得出如下结论，机动车所有权在交强险有效期内发生变动，保险公司在交通事故发生后，以该机动车未办理交强险合同变更手续为由主张免除赔偿责任的，人民法院不应予以支持。

（二）机动车改装、使用性质变更等不影响保险公司的赔偿责任

机动车改装或者使用性质改变后，要变更保险合同，这是由于危险性很可

---

① 最高人民法院民事审判第一庭编著：《最高人民法院关于道路交通损害赔偿司法解释理解与适用》，人民法院出版社 2012 年版，第 301—302 页。

能增加，风险也随之加大，因此投保人必须到保险公司进行变更，重新核实保费，否则就属于未履行如实告知义务。其法律后果表现为：一是保险公司享有合同解除权；二是保险人对于合同解除前发生的保险事故，不承担赔偿或者给付保险金的责任。

交强险投保人违反告知义务时，保险公司的合同解除权仍然受到严格限制。由于交强险是一种强制保险，故交强险合同的解除不同于一般保险合同的解除，即只有法定解除，无约定解除。这是由于，国家设立交强险制度，并非追求商业利益，而是保障道路交通事故中受害人的损害补偿，虽然由保险公司以业务承保的形式运作，但实质体现了社会救助和社会保障的性质和功能。相应地，交强险合同也区别于一般保险合同，从合同订立到实际履行，更多体现强制性的国家意志，合同自由原则受到极大限制。因此，为保证立法目的的实现，必须对交强险合同的解除作严格限制。如果当事人可以自由约定解除权，或者依据其他法律关于普通合同或者商业保险合同的规定来解除合同，强制保险关系将面临随时终止的可能，其结果是使社会公众暴露在交通事故的巨大风险中，从而使法定强制的社会救助和损害补偿功能失去意义。因此，机动车在交强险合同有效期内发生改装、使用性质改变等导致危险程度增加的情形，投保人未通知保险公司的，违反了投保人的如实告知义务。但是，由于保险公司的解除权依法受到了严格的限制。故出现上述情形的，发生交通事故后，当事人请求保险公司在责任限额范围内予以赔偿的，法院应该支持。但是，在此种情形下，保险公司另行起诉请求投保义务人按照重新核定后的保险费标准补足当期保险费的，法院也应予以支持。①

十、交强险人身伤亡保险金请求权的转让禁止

人身伤亡保险金请求权，特指根据《交强险条例》，由被保险人、受害人或死亡受害人近亲属对承保交强险的保险公司主张的保险金请求权。这一请求权实际上包含两个请求权，一是被保险人的保险金请求权，二是受害人或死亡受害人近亲属的赔偿请求权，被保险人的侵权行为使得受害人及其近亲属依法取得了侵权赔偿请求权，其价值表现为保险金请求权的实现。《道路交通安全法》《交强险条例》为了保障受害人或死亡受害人近亲属得到切实救济，特别

---

① 最高人民法院民事审判第一庭编著：《最高人民法院关于道路交通损害赔偿司法解释理解与适用》，人民法院出版社 2012 年版，第 306 页。

规定保险公司可以对受害人或死亡者近亲属直接赔付保险金，因此取得了保险金请求权。[①]

人身伤亡保险金请求权能否转让？对此，《道路交通损害赔偿解释》第二十一条规定："当事人主张交强险人身伤亡保险金请求权转让或者设定担保的行为无效的，人民法院应予支持。"这是由于在责任保险中，不应存在被保险人保险金请求权的转让：（1）责任保险的赔偿通常是直接支付给第三方受害人的，如果允许其转让，会损害受害人利益，违反了责任保险的目的，并进而使不特定第三人利益受损，违反了公共利益。（2）责任保险的保险收益在损失发生前，不是可以确定的数额，无法转让。在损失发生后，已经产生了责任保险赔偿的请求权人，该保险收益不可能由被保险人转让。（3）人身伤亡保险金请求权不得转让的法理主要在于该权利依附于人身权而存在，无人身权损害就无该项请求权，既然人身权无法转让，由此产生的损害赔偿请求权也无从转让。[②]

依据该条解释规定，人身伤亡保险金请求权不能作为权利质押的标的。这是由于：保险金请求权具有不确定性，无法变现以实现担保债权；质权人无法通过占有保单来控制保险金请求权；"交强险"质押不是保单质押。因此，人身伤亡保险金请求权设定担保的，其担保无效。[③]

赔偿权利人对交强险承保公司所享有的人身伤亡保险金请求权不得转让或提供担保，是否意味着对于交强险项下的财产损失保险金请求权可以转让或以之提供担保？交强险项下的财产损失保险从其性质上看是一种责任保险，其目的是弥补受害人的财产损失。在责任保险中，不应存在被保险人保险金请求权的转让。

十一、对案例 70、案例 71、案例 72 的简要评析

1. 对案例 70 的简要评析

根据《民法典》第一千二百一十三条的规定，机动车发生交通事故造成损

---

① 最高人民法院民事审判第一庭编著：《最高人民法院关于道路交通损害赔偿司法解释理解与适用》，人民法院出版社 2012 年版，第 312—313 页。

② 最高人民法院民事审判第一庭编著：《最高人民法院关于道路交通损害赔偿司法解释理解与适用》，人民法院出版社 2012 年版，第 315—316 页。

③ 最高人民法院民事审判第一庭编著：《最高人民法院关于道路交通损害赔偿司法解释理解与适用》，人民法院出版社 2012 年版，第 318 页。

害，属于该机动车一方责任的，先由承保机动车强制保险的保险人在强制保险责任限额范围内予以赔偿；不足部分，由承保机动车商业保险的保险人按照保险合同的约定予以赔偿；仍然不足或者没有投保机动车商业保险的，由侵权人赔偿。本案中，该交通事故经交警部门认定，唐某元负事故全部责任，张某梅无责任。案涉事故车辆在大地 A 保险投保机动车交通事故责任强制保险，在大地 B 保险投保机动车第三者责任保险，且事故发生在保险期限内，属于保险责任。为此，张某梅的合理损失，首先应由大地 A 保险在其承保的机动车交通事故责任强制保险限额内赔偿，不足部分由大地 B 保险在其投保的机动车第三者责任保险限额内赔偿，再不足部分，由车辆实际使用人唐某元赔偿。

2. 对案例 71 的简要评析

根据《道路交通安全法》第七十六条的规定，机动车发生交通事故造成人身伤亡、财产损失的，由保险公司在机动车第三者责任强制保险责任限额范围内予以赔偿。《道路交通损害赔偿解释》第十六条第一款规定，未依法投保交强险的机动车发生交通事故造成损害，当事人请求投保义务人在交强险责任限额范围内予以赔偿的，法院应予支持。因此说，无论交通事故侵权人是否投保有交强险，侵权人均需要在交强险责任限额内承担全额赔偿责任，且不以事故责任划分为前提。区别只在于投保交强险的情形下，交强险内的全额赔偿责任由保险公司代为承担；未投保交强险的情形下，全额赔偿责任由侵权人自行承担。

二审法院改判全额追偿是正确的。从交强险制度的立法目的来看，无证驾驶的情况下，保险公司在交强险限额内先行赔偿是为了及时有效地对交通事故受害人损失给予救济，而不是对无证驾驶侵权人的损失予以分担。在无证驾驶情形下，保险公司在交强险范围内所承担的并非因侵权行为所产生的侵权责任，而是依照法律规定所承担的法定的赔偿责任，是一种无过错责任，在赔偿时适用无过错责任原则。因此，保险公司在向侵权人追偿时也应按照无过错责任原则，依赔偿的金额全额向侵权人追偿。若保险公司在追偿时，对其追偿范围以"事故责任划分"给予限制，保险公司仅能部分追偿，无疑会降低无证驾驶者的违法成本，纵容无证驾驶等严重违法行为，保险公司有权就已经赔付夏某的金额向祁某建追偿。

根据《交强险条例》第十条和第十一条规定，对承保的保险公司而言，投保人在投保交强险时是否具有驾驶资格，保险公司不负有审核义务。无证驾驶情形下，保险公司的追偿权系基于法律明确规定，而非保险合同约定，并非实践中误认为投保时保险公司未审查其是否具有驾驶资格,未履行告知义务,不得享有追偿权。

3. 对案例 72 的简要评析

根据《道路交通损害赔偿解释》第十六条规定,未依法投保交强险的机动车发生交通事故造成损害,当事人请求投保义务人在交强险责任限额范围内予以赔偿的,法院应予支持。投保义务人和侵权人不是同一人,当事人请求投保义务人和侵权人在交强险责任限额范围内承担相应责任的,法院应予支持。本案中,严某系轻型栏板货车的所有人,也是交强险投保义务人。但本案事故发生时,严某并未为该车购买交强险。因受害人张某已请求投保人义务人严某和侵权人谢某共同承担赔偿责任,故对受害人张某的损害,应由投保人义务人严某和侵权人谢某在交强险责任限额范围内承担连带责任。

第六节　道路交通损害赔偿纠纷案件的诉讼程序

关于道路交通损害赔偿纠纷案件的诉讼程序问题,《道路交通损害赔偿解释》规定了保险公司的诉讼地位、无名死者死亡赔偿金的请求权主体以及交通事故认定书的证明力问题。

一、保险公司的诉讼地位

保险公司的诉讼地位,司法实践的做法不一:第一种观点认为,保险公司应当作为共同被告。其依据是保险公司对受害人的直接赔付义务,保险公司在侵权法律关系中是直接的被告。第二种观点认为,保险公司在道路交通事故人身损害赔偿诉讼中对其诉讼标的没有独立的请求权,但处理结果有法律上的利害关系,应当属于无独立请求权的第三人。第三种观点认为,保险公司的诉讼地位取决于原告即受害人的选择,受害人有权决定保险公司为被告或者第三人的诉讼地位。对此,《道路交通损害赔偿解释》第二十二条规定:"人民法院审理道路交通事故损害赔偿案件,应当将承保交强险的保险公司列为共同被告。但该保险公司已经在交强险责任限额范围内予以赔偿且当事人无异议的除外。人民法院审理道路交通事故损害赔偿案件,当事人请求将承保商业三者险的保险公司列为共同被告的,人民法院应予准许。"

　　道路交通损害赔偿案件中，交强险保险公司作为应当追加的被告参加诉讼，但如果保险公司已经作出赔偿且当事人无异议的除外。作出这一规定，主要基于以下理由：（1）《道路交通安全法》第七十六条规定的第三人（受害人）对保险公司享有的直接请求权，决定了保险公司可以作为被告。（2）道路交通损害赔偿案件的实体法律关系决定了应当将交强险保险公司作为共同被告。道路交通损害赔偿案件中，可能并存三种法律关系，即第三人（受害人）与保险公司之间的保险金请求关系、第三人（受害人）基于侵权责任与侵权人之间的损害赔偿关系以及侵权人（被保险人）对受害人作出赔偿后被保险人与保险人的保险金请求关系。虽然从实体法律关系的角度看，第三人（受害人）对保险公司或侵权人（被保险人）的请求权可分别行使，但是在进入诉讼这一特定的场景之下，将会发生如下问题：首先，机动车是交通事故发生的参与方或原因之一，这一要件事实既是保险公司承担赔偿责任的要件事实，也是侵权人承担侵权责任的要件事实。在诉讼中，法院就该要件事实的认定，存在合一确定之必要。其次，由于侵权责任是在交强险赔偿之后才确定，如果不追加保险公司作为共同被告，侵权人侵权责任的范围即无法准确认定。再次，如果不追加保险公司，在侵权人（被保险人）另行起诉保险公司的后诉中，被保险机动车是否为交通事故的参与方或原因之一仍然是重要的争点之一，由于保险公司未参与前诉的诉讼程序，其诉讼权利也难以得到保障。最后，将交强险保险公司作为共同被告不会造成诉讼过分迟延。依据现在的技术条件，查明事故参与方机动车投保交强险的情况很容易实现，并且，客观上，侵权人的侵权责任被保险公司所分担，因诉讼引发的抵触情绪、因赔偿数额较大的畏难情绪会在一定程度上降低，也有利于诉讼的推进。所以，将交强险保险公司作为应当追加的共同被告有利于诉讼的迅速进行，不会造成诉讼的过分迟延。[①]

　　同时投保商业三者险的，如当事人请求，法院应当将商业三者险的保险公司列为共同被告。该规定主要基于以下理由：（1）一次性解决纠纷，减少当事人诉累的需要。司法实践中，就受害人的损失填补问题，往往需要受害人先起诉交强险保险公司和侵权人，该诉讼确定交强险的赔偿范围和侵权人的赔偿范围后，再由被保险人（侵权人）另行起诉商业三者险保险公司，就交强险赔偿范围之外的侵权责任部分请求商业三者险保险公司赔偿，此种处理模式显然增

---

　　① 最高人民法院民一庭负责人就〈关于审理道路交通事故损害赔偿案件适用法律若干问题的解释〉答记者问》，载《人民法院报》2012 年 12 月 21 日。

加了当事人的诉讼负担，将一个诉讼能够解决的受害人的损失填补问题分为两个诉讼解决，徒增诉累。（2）商业险保险合同是以交强险赔偿范围之外的赔偿责任为保险标的，换言之，只有交强险的赔偿范围确定，商业三者险的赔偿范围才确定，交强险保险公司的赔付责任和商业三者险保险公司的赔付责任具有较为紧密的关联性。在实践中，多数机动车的交强险和商业三者险是在一个保险公司投保，此种情形下，两者的关联性更为密切。并且，在案件审理过程中遵循交强险先赔偿，再根据侵权责任和商业三者险合同确定保险公司的赔偿责任，最后确定侵权人自己承担的赔偿责任这一顺序，并不会出现法律关系过于复杂、案件难以处理、诉讼过分迟延的情况。（3）根据《保险法》第六十五条的规定，商业三者险中的第三者在被保险人怠于请求保险金时有直接请求权。这里的"怠于"，在受害人已经起诉请求赔偿而被保险人尚未请求商业三者险保险公司赔偿的情况下，被保险人即处于懈怠状态。因此，将商业三者险合并审理符合保险法的规定。（4）合并审理有利于避免就相同争议点重复审理，提高诉讼效率。在商业三者险合同纠纷中，保险公司往往需要根据具体情况就侵权人（被保险人）是否承担责任、承担责任的范围提出异议、行使相应的抗辩权，从而导致在商业三者险合同纠纷中，审理法院大多需要就侵权责任的范围等问题作出判断，容易造成就相同争议点重复审理的现象。另外，商业三者险的保险公司进入同一诉讼，也有利于其在该诉讼中行使合同上的抗辩权。

当然，将商业三者险保险公司作为共同被告一并处理，需要注意两个方面的问题：一是实体法律关系上，应当依据《保险法》和保险合同的约定认定当事人的权利义务，这一点与交强险存在较大的差别；二是在诉讼程序上，应当特别注意保障商业三者险保险公司的诉讼权利。商业三者险保险公司一方面在侵权责任的成立与范围、交强险保险公司的赔偿范围等问题上与侵权人存有共同的诉讼利益，另一方面与侵权人（被保险人）也存在利益冲突，即商业三者险保险公司有权依据保险合同的约定对侵权人（被保险人）行使相应的合同权利，如抗辩权等，两者之间还存在对立关系。因此，法院在合并处理商业三者险纠纷的程序中，应当高度重视商业三者险保险公司基于合同的实体权利，并给予这些实体权利在诉讼中的程序保障。①

商业三者险保险合同的仲裁条款能否约束第三人（受害人）？对此，最高

---

① 《最高人民法院民一庭负责人就〈关于审理道路交通事故损害赔偿案件适用法律若干问题的解释〉答记者问》，载《人民法院报》2012年12月21日。

人民法院民一庭认为，商业三者险合同条款不能约束第三人。这是由于：（1）《保险法》第六十五条规定第三人的直接请求权是将商业三者险保险公司作为共同被告的实体法基础。（2）根据合同相对性原理，商业三者险合同的仲裁条款应当只约束当事人即保险人与保险公司，而对合同当事人以外的人无约束力。（3）承认商业三者险合同的仲裁条款约束第三人，将增加当事人的诉累，并有可能损害第三人的利益。①

二、无名死者死亡赔偿金的请求权主体

被侵权人因道路交通事故死亡，在其无近亲属或近亲属不明时，损害赔偿案件的主体范围、内容范围争议很大，裁判不一。对此，《道路交通损害赔偿解释》第二十三条规定："被侵权人因道路交通事故死亡，无近亲属或者近亲属不明，未经法律授权的机关或者有关组织向人民法院起诉主张死亡赔偿金的，人民法院不予受理。侵权人以已向未经法律授权的机关或者有关组织支付死亡赔偿金为理由，请求保险公司在交强险责任限额范围内予以赔偿的，人民法院不予支持。被侵权人因道路交通事故死亡，无近亲属或者近亲属不明，支付被侵权人医疗费、丧葬费等合理费用的单位或者个人，请求保险公司在交强险责任限额范围内予以赔偿的，人民法院应予支持。"在审判实践中应当从如下方面理解适用：

（一）关于无名死者死亡赔偿金的请求权主体问题

最高人民法院民一庭认为：在被侵权人因道路交通事故死亡后，无近亲属或近亲属不明时，包括民政部门、道路交通事故社会救助基金管理机构等未经法律授权的机关或者组织无权向人民法院起诉，主张死亡赔偿金。② 这主要基于：③

1. 死亡赔偿金的实体法性质决定了其请求权主体范围。《人身损害赔偿解释》均采纳了继承丧失说，即受害人因人身伤害死亡，家庭可以预期的其未来

---

① 最高人民法院民事审判第一庭编著：《最高人民法院关于道路交通损害赔偿司法解释理解与适用》，人民法院出版社2012年版，第341页。

② 最高人民法院民事审判第一庭编著：《最高人民法院关于道路交通损害赔偿司法解释理解与适用》，人民法院出版社2012年版，第346页。

③ 最高人民法院民事审判第一庭编著：《最高人民法院关于道路交通损害赔偿司法解释理解与适用》，人民法院出版社2012年版，第346—353页。

的收入因此减少或丧失，使家庭成员在财产上蒙受的消极损失。这种未来收入的构成，既包括受害人用于个人的消费支出，也包括其扶养人因此丧失的扶养费的损失。从侵权法理论来看，损害赔偿的请求权主体即赔偿权利人为其权益受到侵害之人，包括直接受害人和间接受害人。直接受害人主要指因侵权行为导致其人身、财产权益受损之人，也是侵权行为所直接指向的对象。而间接受害人是指侵权行为直接指向的对象以外因法律关系或者社会关系的媒介作用受到损害的人。间接受害人所受"损害"，是一种以计算上的差额为表现形式的单纯的经济利益损失和反射性精神损害。在侵权行为导致受害人死亡的情况下，间接受害人包括受害人的近亲属以及被扶养人，该损害赔偿是对受害人近亲属或者被扶养人因受害人死亡导致的生活资源减少和丧失的赔偿，这种观点，既为原《侵权责任法》施行前的司法解释所确定，也被原《侵权责任法》所承认。《民法典》同样规定，被侵权人死亡的，其近亲属有权请求侵权人承担侵权责任。该条明确规定将请求权赋予死者的近亲属。自然人因交通事故遭受人身损害死亡，其权利能力消失，法律主体资格不复存在，因此，死者不可能以权利主体资格主张死亡赔偿，此时的赔偿权利人，应是死者的近亲属，即间接受害人。

2. 公法的特征决定了未经法律授权的有关组织无权代替无名死者主张死亡赔偿金。依照公法的基本原理，"法无明文规定不能为"，现行法律法规均无明文规定民政部门、道路交通事故社会救助基金管理机构享有此项职权。《最高人民法院公报》在高淳县民政局诉王某胜、吕某等交通事故人身损害赔偿纠纷案中指出：因交通事故引发的人身损害赔偿案件中，死亡受害人为城市生活无着的流浪乞讨人员，经公安部门刊发启事未发现其近亲属，政府民政部门作为原告提起民事诉讼，要求赔偿义务人承担赔偿责任的，因民政部门不是法律规定的赔偿权利人，与案件不存在民事权利义务关系，且其法定职责不包括代表或代替城市生活无着的流浪乞讨人员提起民事诉讼，故民政部门不是案件的适格诉讼主体，其起诉应不予受理。① 该裁判依据表明了最高人民法院的司法立场。

3. 程序法的要求决定了民政部门、道路交通事故社会救助基金管理机构等不能成为适格原告。在道路交通事故"无名死者"纠纷中，检察机关、民政部门、道路交通事故社会救助基金管理机构等以自己的名义起诉主张死亡赔偿金，难以认定其与诉讼标的之间的牵连，亦难以确认其与争议的案件有直接的

---

① 《最高人民法院公报》2007 年第 6 期（总第 128 期）。

关联。同时，该类案件亦不能纳入民事诉讼法所规定的公益诉讼中，不属于环境污染和侵害众多消费者合法权益的行为。

（二）对该条第二款的理解

侵权人以已向民政部门、道路交通事故社会救助基金管理机构等未经法律授权的机关或者有关组织支付死亡赔偿金为由请求保险公司在交强险责任限额范围内予以赔偿的，人民法院不予支持。主要理由是：

1. 被侵权人因道路交通事故死亡，无近亲属或近亲属不明时，民政部门、道路交通事故社会救助基金管理机构无权代为起诉主张死亡赔偿金，也没有取得死亡赔偿金的法律依据。

2. 对于无名死者案件中侵权人向民政部门、道路交通事故社会救助基金管理机构等未经法律授权的机关或者有关组织支付死亡赔偿金的做法，因其自身没有法律依据，侵权人转而请求保险公司支付死亡赔偿金的，人民法院不应予以支持。[1]

（三）对该条第三款的理解

有关单位和个人为道路交通事故"无名死者"支付医疗费、丧葬费等合理费用的行为，其支付可以视为民法上的无因管理，即没有法定的或者约定的义务，为避免他人利益受损失进行管理或者服务的，有权要求受益人偿付由此而支付的必要费用，依此，在道路交通损害赔偿案件中，上述单位或个人，有权向保险公司要求在交强险的责任限额范围内赔偿其实际支付的医疗费、丧葬费。[2]

三、交通事故认定书的证明力

交通事故认定，是公安机关交通管理部门根据交通事故现场勘验、检查、调查情况和有关检验、鉴定结论，对交通事故的基本事实、成因和当事人的责任作出的具体认定。《道路交通安全法实施条例》规定"公安机关交通管理部

---

[1] 最高人民法院民事审判第一庭编著：《最高人民法院关于道路交通损害赔偿司法解释理解与适用》，人民法院出版社 2012 年版，第 353 页。

[2] 最高人民法院民事审判第一庭编著：《最高人民法院关于道路交通损害赔偿司法解释理解与适用》，人民法院出版社 2012 年版，第 354 页。

门应当根据交通事故当事人的行为对发生交通事故所起的作用以及过错的严重程度，确定当事人的责任"认定交通事故责任，必须依法确认事故中各方当事人的法定义务；依法确认各方当事人法定义务的优先原则；确认各方当事人的行为在交通事故中的作用和过错的严重程度；根据各方当事人的行为在交通事故中的作用和过错的严重程度确认不同的交通事故责任。交通事故认定书的证明力如何？对此，《道路交通损害赔偿解释》第二十四条规定："公安机关交通管理部门制作的交通事故认定书，人民法院应依法审查并确认其相应的证明力，但有相反证据推翻的除外。"

交通事故认定书在民事诉讼中的性质是证据，其证据属性应为书证。（1）《道路交通安全法》第七十三条规定了交通事故认定书的性质为处理交通事故的证据。（2）交通事故认定书在民事诉讼中，不具有鉴定结论或者勘验笔录的属性。（3）书证是以其记载的内容证明案件事实的物品或材料，以其记载的内容发挥证明作用是书证的本质特征。因此，交通事故认定书在证据属性上应当为书证，这种认识符合书证的特征和交通事故认定书的特点。① 因此，交通事故认定书并非当然作为民事诉讼中认定案件事实的依据作为交通损害赔偿案件中的证据，其应当经过质证后，由人民法院审查确定其证据能力和证明力。

在交通损害赔偿案件的审理中，对交通事故认定书的审查应当根据公文书证的规则进行。具体而言：（1）交通事故认定书推定为真实，援引交通事故认定书的当事人只需提出交通事故认定书的原件或者公安交通管理部确认的副本，不负有对交通事故认定书真实性的证明责任。对方当事人对交通事故认定书的真实性有疑问、提出异议的，人民法院应当依职权进行调查。（2）当事人可以提出相反证据推翻交通事故认定书，但其应当对交通事故认定书内容不真实负有证明责任，即挑战交通事故认定书的当事人，其所提供的证据应当达到能够证明交通事故认定书内容不真实的状态，如果只是使交通事故认定书的内容处于真假难辨、真伪不明的状态，其并未完成证明义务，人民法院仍然应当依据交通事故认定书认定案件事实。②

关于交通事故认定书的效力问题，《最高人民法院公报》在葛某斐诉沈丘

---

① 最高人民法院民事审判第一庭编著：《最高人民法院关于道路交通损害赔偿司法解释理解与适用》，人民法院出版社 2012 年版，第 364 页。

② 最高人民法院民事审判第一庭编著：《最高人民法院关于道路交通损害赔偿司法解释理解与适用》，人民法院出版社 2012 年版，第 367 页。

县汽车运输有限公司、中国人民财产保险股份有限公司周口市分公司、中国人民财产保险股份有限公司沈丘支公司道路交通损害赔偿纠纷案中就明确了交通事故认定书的定性和效力。该案判决书指出：交通事故认定书是公安机关处理交通事故，作出行政决定所依据的主要证据，虽然可以在民事诉讼中作为证据使用，但由于交通事故认定与民事诉讼中关于侵权行为认定的法律依据、归责原则有所区别，同时，交通事故责任也不等同于民事法律赔偿责任，因此，交通事故认定书不能作为民事侵权损害赔偿责任分配的唯一依据，行为人在侵权行为中的过错程度，应当结合案情，全面分析全部证据，根据民事诉讼的归责原则进行综合认定。本案中，鲍某许在驾驶车辆码表已损坏的情况下，违反《道路交通安全法》第二十一条的规定，将具有安全隐患的车辆驶入高速公路。肇事车辆发生爆胎后，鲍某许在车辆制动、路面情况均正常且车辆系空载的情况下，未能采取有效的合理措施，导致车辆撞断隔离带护栏后冲入逆向车道，与葛某国驾驶的正常行驶车辆发生碰撞，致使车内被上诉人葛某斐受伤。该起事故的发生并非不能预见，事故后果并非不可避免。因此，应当认定鲍某许有过错，其不当行为与损害事实的发生存在因果关系，葛某国驾驶的车辆正常行驶，车内的葛某斐无过错。[①]本案对交通事故认定书的正确定性对于我国法院审理道路交通案件具有指导性作用。

实践中，还有一些案件是交警部门未能作出交通事故责任认定书的，应如何认定各方当事人的民事责任？对此，最高人民法院民一庭意见认为，机动车发生交通事故，对于交警部门认为事实不清，双方的过错无法判明，也无法确定事故责任的，法院应当审查现场勘验笔录等交通事故案件的全部相关证据，按照《道路交通安全法》和《道路交通安全法实施条例》的相关规定，综合运用逻辑推理和日常生活经验，对交通事故发生的事实以及各方当事人有无过错进行判断并作出认定，以确定各方当事人的民事责任。[②]

[①] 《最高人民法院公报》2010 年第 11 期（总第 169 期）。

[②] 最高人民法院民一庭编：《民事审判指导与参考》（2009 年第 1 辑，总第 37 辑），法律出版社 2009 年版，第 154 页。

第十四章

医疗损害责任

本章概要

医疗损害责任，是患者在诊疗活动过程中受到损害，医疗机构医务人员有过错的，由医疗机构承担的侵权责任。《民法典》侵权责任编第六章"医疗损害责任"共计十一个条文作了相关规定，这里的"损害"指的是依照本法规定，医疗机构应当承担侵权责任的患者损害，不包括实施正常的医疗行为无法避免的患者肌体损伤或者功能障碍。[①]

本章主要规定了医疗损害责任归责原则，医疗机构说明义务和患者知情同意权，紧急情况下实施医疗措施，医务人员过错造成损害由医疗机构赔偿，推定医疗机构有过错的情形，因药品、消毒产品、医疗器械的缺陷、输入不合格的血液造成患者损害的损害赔偿请求权，医疗机构不承担赔偿责任的情形，医疗机构对病历的义务及患者对病历的权利，患者隐私和个

---

① 黄薇主编：《中华人民共和国民法典解读·侵权责任编》，中国法制出版社2020年版，第407页。

人信息保护，医疗机构及其医务人员不得违反诊疗规范实施不必要检查，维护医疗机构及其医务人员合法权益等内容。该章遵循的指导原则是"要妥善处理医疗纠纷，界定医疗损害责任，切实保护患者的合法权益，也要保护医务人员的合法权益，促进医学科学的进步和医药卫生事业的发展"。①

---

① 黄薇主编:《中华人民共和国民法典解读·侵权责任编》，中国法制出版社 2020 年版，第 407 页。

第一节　医疗损害责任概说

一、问题的提出

医疗损害责任，是患者在诊疗活动过程中受到损害，医疗机构或者医务人员有过错的，由医疗机构承担的侵权责任。《民法典》侵权责任编在原《侵权责任法》关于"医疗损害责任"规定的基础上没有作大幅度修改，是基于：现行制度较为完备成熟，实践中没有太大问题；医疗损害责任涉及医患双方的权利义务关系，制度的修改需要极其谨慎。[①] 众所周知，随着人类文明的进步，医疗在人们生活中的地位越来越重要，医院成为更多生命旅程开始与结束的站台。从神农尝百草、秦始皇造"长生不老"药开始，人们一直在努力寻求医疗科学对自然生命的延长，但是，医疗事业发展到今天，医患纠纷却是个不争的现实社会问题。

在研究医疗损害责任概说之前，先看两则案例：

案例 73：医疗机构无过错，患者索赔无理被驳回

6 月 22 日，原告姜某因胃疼到被告某市医院就诊，诊断为：胆囊炎、胆结石、胆绞疼。医生建议住院治疗，原告拒绝住院。在该院门诊治疗过程中，原告出现了畏寒发热症状。经过医院的及时对症处理，原告的这些症状消失，但胆囊区仍然疼痛。当天晚上原告因胆囊炎择期手术而住进被告医院。经过治疗，原告的病情缓解。因恐惧手术，原告于 6 月 26 日自动出院。

生效裁判认为，原告姜某因患胆囊炎、胆结石、胆绞疼在被告医院门诊治疗过程中，出现了畏寒发热反应，被告当即采取了对症处理，并使原告恢复正常体征，医院对原告的治疗并不存在过错，未造成损害。原告因胆囊炎需要手术治疗的费用，由其自行负担；原告请求后续治疗费用的理由不能成

[①] 黄薇主编：《中华人民共和国民法典解读·侵权责任编》，中国法制出版社 2020 年版，第 407 页。

立。原告请求赔偿精神损失费 10000 元，因没有证据证实被告给原告的医疗行为造成必须给予精神损害赔偿的后果，不予支持。遂判决：驳回原告姜某的诉讼请求。

案例 74：医疗机构在诊疗过程中存在过错的责任承担 [①]

原告姚某安系死者刘某的丈夫，死者刘某系原告姚某波、姚某丽、姚某母亲。2021 年 1 月 21 日早晨 7 时许，刘某因头痛、胃疼、恶心到村医李某良处就诊。李某良告知到医院就诊。原告姚某波陪同刘某于当日上午到医院就诊，接诊医生为刘某开具头颅 CT 检查，该项检查缴费时间为 11：17：13。刘某在等待检查结果期间，于 13：56 因意识丧失、呼吸停止被抬入抢救室进行抢救，后抢救无效死亡。刘某住院医疗费 42196 元，原告实际支付 14118 元。原告申请对被告的医疗行为是否存在过错及过错参与度进行鉴定。经鉴定：医院在对被鉴定人的诊疗过程中存在过错，该过错与被鉴定人的损害后果有因果关系，属次要原因。原告支付鉴定费 18000 元。

生效裁判认为，《民法典》第一千二百一十八条规定："患者在诊疗活动中受到损害，医疗机构或者其医务人员有过错的，由医疗机构承担赔偿责任。"本案根据鉴定结论：医院在对被鉴定人的诊疗过程中存在过错，该过错与被鉴定人的损害后果有因果关系，属次要原因。故被告应当承担赔偿责任。根据损害事实和被告的过错程度，该院酌定被告按照 40% 的比例承担赔偿责任。原告的合理经济损失为：医疗费 14118 元、丧葬费 44237 元、死亡赔偿金 215255 元、精神损害抚慰金 50000 元，合计 323610 元，被告按 40% 承担为 129444 元；鉴定费 18000 元，由被告全额承担。

上述两则案例，一则案例是医疗机构没有过错，无须承担责任；一则是医疗机构存在过错，需要承担一定的侵权责任。试问：如何理解医疗损害责任的归责原则？其构成要件如何？医疗损害的举证责任如何分配？

二、医疗损害责任的归责原则

医疗损害责任的归责原则，境外立法例主要是按照过错责任原则处理，如

德国、法国、日本、美国等。①《德国民法典》第 823 条规定，适用一般的过错责任原则，即原则上由患者承担举证责任，患者需要证明医师没有遵守相应的标准、医师的诊疗行为存在过错、医师的过错诊疗行为与损害后果之间具有因果关系。只有当医师存在重大诊疗过失时才实行举证责任转换。一些国家将医疗侵权归入专家责任范畴，如英美法系国家的不当执业概念包含医生、律师、会计师的失职行为，《奥地利民法典》对专家责任作了规定，适用范围包括医疗侵权。无论是适用侵权法的一般条款，还是适用专家责任，过错原则都是解决医疗侵权的基本原则。我国台湾地区"医疗法"第八十二条规定："医疗机构及其医事人员因执行业务致病人损害，以故意或过失为限，负损害赔偿责任。"依该条的立法目的以及文义解释，显然已经改变其原来"消费者保护法"第七条规定的原则，使医疗侵权责任转变为过错责任。

在原《侵权责任法》施行后，医疗损害责任适用过错责任的归责原则，改变了审判实践中较长时间内采取的过错推定原则；有关损害赔偿责任的承担，也不再区分是否构成医疗事故，而统一适用原《侵权责任法》有关责任构成、损害赔偿等规定。换言之，原《侵权责任法》和《医疗事故处理条例》之间属于上位法和下位法的关系，按照上位法优于下位法的基本原理，《医疗事故处理条例》与原《侵权责任法》相冲突的规定不能再适用，其中最根本的就是医疗损害赔偿责任的承担问题，《医疗事故处理条例》不能再适用，而应统一适用原《侵权责任法》第十六条的规定。据此，《民法典》沿用原《侵权责任法》在上述问题上的规定当然也要予以统一适用。

疾病的发生有患者原因，疾病的治疗需要患者配合，在诊疗纠纷中不能适用无过错责任，但一律实行过错推定，将助长保守医疗，不利于医学科学进步。因此，对诊疗活动引起的纠纷，宜适用一般过错责任。医疗机构及其医务人员有过错的，医疗机构才承担赔偿责任。②因此，医疗机构有过错的，应当对患方承担赔偿责任。正如《最高人民法院民一庭负责人就审理医疗纠纷案件的法律适用问题答记者问》所指出：如果患者的生命或者身体健康因为医疗机构的过错行为受到了损害，致害人就应当对患者受到的损害承担赔偿责任。在有的

---

① 黄薇主编：《中华人民共和国民法典解读·侵权责任编》，中国法制出版社 2020 年版，第 408 页。

② 黄薇主编：《中华人民共和国民法典解读·侵权责任编》，中国法制出版社 2020 年版，第 409 页。

情况下，虽然患者身体因医疗机构的过错行为受到了损害，但是经过鉴定医疗机构的行为不构成医疗事故的，当然不能作为医疗事故进行处理。但医疗机构仍应当对患者身体受到的损害承担医疗过失致人损害的民事赔偿责任。不能因为医疗机构的过错行为不构成医疗事故，就不对受害人的损害承担赔偿责任。公民的生命健康权是人的最基本的权利，尊重保护人的权利是我国宪法和法律确定的基本原则。不论什么性质的侵权行为，只要损害了公民的生命、健康，就应当给予经济赔偿，这既是我国法律给受害人基本的救济方式，也是宪法中关于保护人的基本权利的具体体现。

合理规定医疗损害责任，必须充分考虑诊疗活动特点。诊疗活动的主要特点有：（1）未知性。医学是一门探索性、经验性的学科，直至今天，我们对许多疾病的发生原因还不了解，已知发病原因的，也有一半难以治愈，对许多药品副作用的认识非常有限。（2）特异性。人体的基因不同，体质不同，情绪不同，所处环境不同，因此患者疾病表现、治疗效果也不同。如大家熟知的青霉素，有人过敏，有人不过敏，即使青霉素皮试过关，也不排除有过敏反应的可能。（3）专业性。医务人员是救死扶伤的白衣天使，据了解，培养一名专科医师至少需要 15 年时间。原卫生部《医疗机构诊疗科目名录》中，一级科目有 32 类，二级科目有 130 类。[①]

应该说，过错责任原则可以很好地平衡受害患者、医疗机构和全体患者三者之间的利益关系。过错责任原则作为调整受害患者、医疗机构和全体患者之间利益关系的最好平衡器，其作用表现在：一是没有医疗过失，医疗机构就没有责任；二是医疗机构仅就自己的医疗过失所造成的损害承担赔偿责任，对于他人的过失，医疗机构不承担责任；三是基于医疗过失与其他侵权责任中的故意或过失相比的非严重程度，应当适当限制精神损害抚慰金的赔偿数额，不能赔偿过高。[②]

当然，在特殊情形下医疗损害责任适用过错推定责任原则。《民法典》第一千二百二十二条规定，患者在诊疗活动中受到损害，有下列情形之一的，推定医疗机构有过错：（1）违反法律、行政法规、规章以及其他有关诊疗规范的

---

① 黄薇主编：《中华人民共和国民法典解读·侵权责任编》，中国法制出版社 2020 年版，第 409 页。

② 参见王利明主编：《侵权责任法裁判要旨与审判实务》，人民法院出版社 2010 年版，第 411 页。

规定；（2）隐匿或者拒绝提供与纠纷有关的病历资料；（3）遗失、伪造、篡改或者违法销毁病历资料。

三、医疗损害责任构成要件的司法认定

根据《民法典》第一千二百一十八条"患者在诊疗活动中受到损害，医疗机构或者其医务人员有过错的，由医疗机构承担赔偿责任"的规定，医疗损害侵权责任的构成要件有四个：一是医疗机构和医疗人员的诊疗行为；二是患者的损害；三是诊疗行为与损害后果之间的因果关系；四是医务人员的过错。

（一）医疗行为

医疗损害责任仅限于医疗机构的诊疗行为引发的损害。非医疗机构的诊疗行为所损害（如医院房屋倒塌致害）以及医务人员在实施诊疗行为中遭受损害，均不属于医疗损害责任之救济范围。

《民法典》第一千二百二十七条规定："医疗机构及其医务人员不得违反诊疗规范实施不必要的检查。"该条所针对的"不必要的检查"是社会上比较关注的"过度检查"问题。判断"检查"是否为"不必要"，标准是是否符合诊疗规范即诊疗需求。①

在司法实践中，区分过度诊疗还是适度诊疗，相对客观的标准就是是否符合诊疗规范。诊疗护理规范是判断医疗机构是否实施过度诊疗的标尺。适度医疗应考虑以下几方面的因素：（1）符合患者实际需求。实际需求应因人而异、因地而异，诊疗应考虑患者病情、承受能力等方面因素。（2）疗效是最好的，既非"过"，亦非"不及"。（3）经济耗费是最小的。（4）对患者的侵害是最小的，无伤害，或伤害最小，无痛苦或痛苦最小。（5）便捷的。如果双方有约定，那么，适度治疗就是依约治疗，但约定不能违反法律的强制性规定，也不能违反公序良俗。但多数情况下，因对医术的一无所知，患者无法就合同的具体条款和医方作详细约定，只和医方形成一种事实上的合同关系，此种情况下的适度医疗一般是指医方依据法律、行政法规、规章、诊疗护理规范、常规以及其他因医患关系所应负有的合理诊疗、注意等义务所施行的治疗。需要注意的是，因医疗行业的特殊性尤其是疾病的不确定性、治疗方法的多元性等原因，适度

---

① 黄薇主编：《中华人民共和国民法典侵权责任编释义》，法律出版社 2020 年版，第 171 页。

医疗和过度医疗并没有一个明确的界限，医师掌握有较大的自由裁量权。因此，对其认定是十分困难的，需要有专业的医疗鉴定机构予以鉴定确认。只有明显违反了法定或约定义务，背离适度医疗要求，提供了超量的医疗服务并导致较严重的医疗损害时，才可认定是过度医疗。医疗过度侵权承担民事责任的方式主要包括停止侵害、排除妨碍、消除危险、恢复原状（指重新治愈康复）、赔偿损失、消除影响、恢复名誉、赔礼道歉等，以赔偿损失为主。过度医疗的赔偿，应当将因过度医疗增加的患者的经济负担和因过度医疗行为给患者造成的额外的人身损害与原发疾病以及治疗原发疾病的费用相区别。分两种情况：第一，过度医疗没有造成新的人身伤害，或过度医疗和新的人身伤害的形成没有因果关系，只是医疗费用不合理增加。此时，应先确定在正常情况下治疗此种疾病所应采取的措施，包括用药、检查和手术等，然后核定大致的医疗费用。没有其他合理理由，明显超出这一标准的部分，可以认定为不合理费用，应予赔偿。第二，造成新的人身伤害的，包括产生新的疾病，原有病情恶化甚至死亡。此时应首先明确新的人身伤害的产生和过度医疗有没有因果关系，包括必然因果关系和相当因果关系。如果有因果关系，那么因新的人身伤害产生的一切费用包括衍生疾病治疗费用等，都应赔偿。①

（二）医疗过错

1. 患方的过错证明责任。根据《民法典》第一千二百一十八条和第一千二百一十二条的规定，应该由患者举证证明诊疗活动违反法律、行政法规、规章以及其他有关诊疗规范的规定。证明到什么程度才可以推定医疗机构有过错呢？最高人民法院侵权责任法研究小组认为，一般要分两种情况，一是医疗机构违反法律、行政法规、规章以及其他有关诊疗规范的事实十分清楚，具有一般医学科学知识的人都可以确信医疗机构存在过错的，法院可以直接推定医疗机构存在过错。二是需要鉴定，由鉴定机构出具鉴定结论来证明医疗机构违反法律、行政法规、规章以及其他有关诊疗规范的规定。由于举证主体和证明标准上的变化，患者原则上要承担第一次鉴定费用。因为举证责任在患者，患者就有申请鉴定的义务，如果不申请鉴定，有可能要承担举证不能的法律后果。医疗机构对第一次鉴定结论不服，申请重新鉴定的，鉴定费用原则上由申请人

---

① 参见最高人民法院侵权责任法研究小组编著：《〈中华人民共和国侵权责任法〉条文理解与适用》，人民法院出版社2010年版，第445—447页。

承担。另外，从理论上讲，在鉴定得不出结论的情况下，患者要承担举证不能的不利法律后果。如果经鉴定无法得出医疗机构违反法律、行政法规、规章以及其他有关诊疗规范的规定的结论，由于法律上将举证责任分配给患者，此时患者要承担举证不能的不利后果。[①]

2. 医务人员违反注意义务的判断标准。所谓医务人员违反注意义务的判断标准，就是指医务人员在诊疗活动中应当达到的医疗水准。医务人员在实施特定医疗行为时，不得低于其行为时临床上应有的医疗水准；否则，医务人员就违反了其应负的注意义务，而存在医疗上的过失，如果造成就诊人员死亡或者严重损害就诊人身体健康的，就有可能构成医疗事故，引起对患者的侵权责任。可见，医疗水准直接关系到医师注意义务的认定。

对于医务人员应当达到的医疗水准法律规定得比较抽象，《民法典》第一千二百二十一条只是规定医务人员应当尽到"当时的医疗水平相应的诊疗义务"，这就牵涉到对"当时的医疗水平"怎么理解的问题。正确界定医务人员的医疗水准以及与其注意义务的对应关系，可以从以下几个方面把握：（1）医疗水准的时间性和地域性。医学的不断进步会带动医疗水准的不断上升，因而时间不同，医疗水准也具有差异。另外，各地的医疗水准并不都是随着医学的进步而同步提升，有的地区发展较快，有的地区发展慢些。因此，我们应当注意医疗水准这种时间和地域上的差异，在认定医务人员有无违反注意义务时，应当考虑医疗机构的客观条件及其医务人员的平均水平，根据其实施医疗行为时所处的特定地域的医疗水准来认定。（2）医疗水准与医务人员资质。在认定医师的注意义务时，专科医师和全科医师一般应当以不同的医疗水准为基准。另外，医疗机构的资质也有很大差异，也在一定程度上影响对医务人员注意义务的医疗水准。按照《民法典》第一千二百二十一条的规定，医务人员在诊疗活动中要尽到与当时的医疗水平相应的诊疗义务。随着医学科学的发展，当时被认为是很困难的问题，现在可能已经变得很简单了，所以按照当时的医疗水平难以诊治的，医疗机构可以免责或者减轻责任。[②]

《民法典》第一千二百二十一条"医务人员在诊疗活动中未尽到与当时的

---

① 参见最高人民法院侵权责任法研究小组编著：《〈中华人民共和国侵权责任法〉条文理解与适用》，人民法院出版社 2010 年版，第 412—413 页。

② 参见最高人民法院侵权责任法研究小组编著：《〈中华人民共和国侵权责任法〉条文理解与适用》，人民法院出版社 2010 年版，第 409—410 页、第 424 页。

医疗水平相应的诊疗义务，造成患者损害的，医疗机构应当承担赔偿责任"的规定，是解决医务人员过错的问题。立法机关认为，医务人员的诊疗行为有行政法规、规章和医疗行为的操作规程，这些应当普遍遵守，全国皆准。诊疗行为是否有过错，不因医疗机构处在何地、医疗机构资质如何而不同。判断是否尽到诊疗义务，应当以诊疗行为发生时的诊疗水平为参照才公平合理。[①]

推定医疗机构有过错的情形。患者在诊疗活动中受到损害，医疗机构或者其医务人员有过错的，由医疗机构承担赔偿责任。在特定情形下可以直接推定医疗机构有过错，即根据《民法典》第一千二百二十二条的规定，患者在诊疗活动中受到损害，有下列情形之一的，推定医疗机构有过错：（1）违反法律、行政法规、规章以及其他有关诊疗规范的规定；（2）隐匿或者拒绝提供与纠纷有关的病历资料；（3）遗失、伪造、篡改或者违法销毁病历资料。上述情形，医疗机构可以提出反证，证明自己没有过错，就不需要承担赔偿责任。上述第一种情形是医疗机构存在过错的表面证据，并且是一种很强的表面证据，应当推定医疗机构存在过错。第二种、第三种情形反映了医疗机构的恶意，直接推定医疗机构存在过错。

3. 是否尽到知情同意义务证明。如果医疗机构以尽到《民法典》第一千二百一十九条第一款规定的知情同意义务作为抗辩理由的，医疗机构有义务提交证据进行证明。

（三）医疗损害

现代侵权法要求侵权行为成立的前提条件是发生现实的损害，侵权行为损害赔偿请求权以实际损害作为成立要件，只有遭受损害才可能获得赔偿，因此要求诊疗行为必须造成患者损害。医疗损害责任中的损害，是指医疗机构及其医务人员在医疗活动中造成患者遭受的不利益。医疗损害责任中的损害主要包括：（1）患者的生命权、健康权或者身体权受到侵害，使患者的生命丧失或者人身健康遭到损害；（2）因侵害患者生命权、健康权、身体权受损害之后造成的财产损失包括为医治损害所支出的合理费用、误工费等；（3）因人身损害造成患者及其近亲属的精神痛苦之损害。

[①] 参见黄薇主编：《中华人民共和国民法典解读·侵权责任编》，中国法制出版社 2020 年版，第 418 页。

（四）因果关系

医疗损害责任和其他侵权责任一样，以因果关系作为责任成立的必备要件。医疗损害责任中的因果关系是指医疗机构及其医务人员的诊疗行为与患者遭受的损害之间具有引起与被引起的关系。《民法典》第一千二百一十八条所指"患者在诊疗活动中受到损害"，即是要求医疗机构及其医务人员的诊疗行为与患者的损害之间具有因果关系，医疗机构才承担赔偿责任。

四、医疗损害责任纠纷的举证分配

正确看待一般过错责任原则可能给患方带来的不利，是十分重要的问题。虽然一般过错责任原则上将医疗过错的举证责任分配给了患方，但从以下四个方面来看，患方未必就会比过去受到更多的不公正对待：（1）立法已在条文中体现医疗过错的客观化（后详），在一定程度上缓和了医方之举证困难。（2）医疗过错的特殊性及其对医疗鉴定的依赖性，决定医方举证还是患方举证往往没有实质性区别。据我们对医疗纠纷的司法实践的观察，关于医疗过错的认定，由于高度的专业性，法院常常依赖医疗过错的鉴定结论来判断。在过去如此，在现在和将来也一定如此。这样一来，就医疗过错的证明，是医方举证还是患方举证，其实并没有实质性差别，形式意义上的差别是在诉讼中举证一方负有申请鉴定并预付鉴定费用的义务。故而，可以肯定，在医疗过错的认定中，如何获得公正及科学的医疗过错鉴定结论才是问题的关键。过去如此，现在和将来也是这样。由此，医疗鉴定体制的改革、医疗鉴定方法的革新、医疗鉴定结论的分析及采信至关重要，但却并非侵权责任法所能承受之重。（3）无论是一般过错责任还是推定过错责任，患方均须对其与医疗机构之间存在医疗关系及受损害的事实承担举证责任。（4）即便适用一般过错责任原则，也不意味着患方需要就一切事项进行举证。下列事项，应当由医方举证：其一，如患方在诉讼中对实施诊疗行为的个别医务人员之执业资格有异议的，则医方对医务人员执业资格负有举证责任；其二，如果医疗机构以尽到知情同意义务作为抗辩理由的，医疗机构应当提交证据进行证明；其三，医方以免责事由进行抗辩事由的，应当承担举证责任。[①]

[①]　参见何志、侯国跃主编：《侵权责任纠纷裁判依据新释新解》，人民法院出版社 2014 年版，第 272 页。

《医疗损害责任解释》第四条规定："患者依据民法典第一千二百一十八条规定主张医疗机构承担赔偿责任的，应当提交到该医疗机构就诊、受到损害的证据。患者无法提交医疗机构或者其医务人员有过错、诊疗行为与损害之间具有因果关系的证据，依法提出医疗损害鉴定申请的，人民法院应予准许。医疗机构主张不承担责任的，应当就民法典第一千二百二十四条第一款规定情形等抗辩事由承担举证证明责任。"该条规定以构建和维护和谐医患关系为出发点，在大量实证调研和借鉴域外经验做法的基础上，为避免因举证责任分配不当而导致双方实体权利义务显著失衡而激化医患矛盾的问题，充分考虑患者存在医学专业性不足等客观障碍，对患者进行了适当的举证责任缓和。首先，在实践中对于出现的把手术刀、棉纱等遗落在患者身体中，或者诊断为左肾有病却将右肾切除等显而易见的过错，亦无须再由患者进一步提供证明医方有过错的证据，即视为患者一方已经完成了举证证明责任，此即事实自证规则。本章规定诊疗损害责任为过错责任的同时，规定在违反诊疗法规规范，隐匿或者拒绝提供病历资料，遗失、伪造篡改或者销毁病历资料三种情形下推定诊疗行为有过错。这从某种意义上讲，也是对患者举证证明责任的缓和。其次，对于医疗损害过错及因果关系的举证，本质上还是一个专业判断问题，核心在于谁来申请鉴定的问题，《医疗损害责任解释》第四条即明确了对于患者无法提供证据证明医疗一方有过错和因果关系的，可以通过申请鉴定的方式予以证明，这无疑也是从诉讼程序上对患者一方采取的缓和其举证责任的方法。在此需要注意的是，这一患者申请鉴定的规定不宜理解为排他性规定，即将申请鉴定的权利或者义务都限定在患者一方。最后，免责、减责的情形作为抗辩事由，独立于请求权基础事实。在患者主张诊疗损害侵权赔偿时，医疗机构关于免责、减责事由的主张系抗辩性事实主张，产生独立的举证责任。[①]

五、对案例 73、案例 74 的简要评析

1. 对案例 73 的简要评析

这是作者经办的一个案件，在本案中，姜某诉医院因医疗损害责任纠纷，一是患者姜某应当提供证据证明因医院的医疗行为而给其造成的损害事实，就本案而言，姜某并没有提供所遭受的损害，无损害即无救济。二是如果姜某举

[①] 参见最高人民法院民法典贯彻实施工作领导小组主编：《中华人民共和国民法典侵权责任编理解与适用》，人民法院出版社 2020 年版，第 424 页。

证证明医疗机构存在过错并造成了损害，则作为医疗机构需要承担举证责任转移的证明责任，即对医疗行为不存在过错进行举证责任证明。因此，本案的姜某可谓滥用诉权。

2. 对案例 74 的简要评析

《民法典》第一千二百一十八条规定，患者在诊疗活动中受到损害，医疗机构或者其医务人员有过错的，由医疗机构承担赔偿责任。因此，医疗机构是否承担侵权责任，关键是看医疗机构是否存在过错。本案中，经司法鉴定：医院在对被鉴定人即死者的诊疗过程中存在过错，该过错与被鉴定人的损害后果有因果关系，属次要原因。该鉴定意见明确了医院在诊疗活动过程中存在过错，应当承担侵权责任。而承担多大的侵权责任，应当与其过错相适应。鉴定结论是医院责任属于次要责任，次要责任是多大，需要根据个案，由法官正当行使自由裁量权。就本案而言，法院判决医院承担 40% 的赔偿责任，该比例并未超过次要责任的比例范围。

第二节　医方的告知说明义务与患者的知情同意权

一、问题的提出

医方告知说明义务与患者知情同意，是医患关系的"死结"。如众所周知的李某云母婴双亡案[①]，是一起典型的因告知义务与知情同意之间的冲突而引发的悲剧。现行法律、行政法规、规章中规定了有关医务人员告知说明义务和患者知情同意权的内容，这些规定普遍为医疗机构的诊疗活动所遵循，并取得了良好的实践效果。《民法典》第一千二百一十九条对此作了规定："医务人员在诊疗活动中应当向患者说明病情和医疗措施。需要实施手术、特殊检查、特殊治疗的，医务人员应当及时向患者具体说明医疗风险、替代医疗方案等情况，并取得其明确同意；不能或者不宜向患者说明的，应当向患者的近亲属说明，

---

① 2007 年 11 月 21 日，怀孕 9 个月的李某云因呼吸困难，在同居男子肖某军的陪同下赴北京某医院检查，医生检查发现孕妇及胎儿均生命垂危。由于肖某军多次拒绝在手术单上签字，最终孕妇及体内胎儿不治身亡。事后肖某军坚持认为责任在院方，而当地卫生局表示医院已尽责。

并取得其明确同意。医务人员未尽到前款义务，造成患者损害的，医疗机构应当承担赔偿责任。"

在研究医方的告知说明义务与患者的知情同意权之前，先看一则案例：

案例75：患者知情同意实施有风险的医疗行为，其风险责任自负①

7月24日12时15分，原告方某凯因左小腿被搅拌机绞伤，入住被告甲医院的外科一区治疗。经诊断，方某凯的左胫腓骨开放性骨折，左小腿软组织严重挫裂伤。同日下午1时许，经方某凯的亲属签字同意，甲医院为方某凯施行"清创术＋左胫骨钢板内固定术"及"左小腿石膏后托外固定术"。8月1日，方某凯要求出院，经劝阻无效，在方某凯的亲属立下"自动出院，后果自负"的字据后，甲医院给其办理了离院手续。8月1日上午10时25分，原告方某凯入住乙医院的外科治疗。8月13日，乙医院为方某凯行植皮术，10月5日行扩创、病灶清除、去除钢板、石膏托外固定术，术中发现方某凯的伤口内留有煤砂泥。10月13日，原告方某凯从乙医院出院后，再次入住被告甲医院的外科治疗。经诊断，方某凯的左小腿重度开放性复合伤并感染、左胫腓骨骨折并骨髓炎。10月21日，甲医院为方某凯施行"扩创、骨折复位加外固定术、植骨术"中，见一约5×3×0.3厘米的死骨。术后，甲医院为方某凯施行抗炎、引流等综合治疗，使伤口愈合，方某凯于12月24日出院。

生效裁判认为，医疗是有一定风险的事业。法律只追究医务人员因医疗过错行为应承担的责任。对医生为患者利益考虑实施的风险医疗行为，法律持宽容的态度。有风险的医疗行为如果是在征得患者及其亲属同意后实施的，风险责任应由患者及其亲属承担。以这样的原则解决医患纠纷，有利于医务人员救死扶伤，有利于医务人员的医疗技术。最终有利于患者的健康，有利于社会的进步。在本案中，方某凯的左小腿不仅是Ⅲ型a类较重的开放性骨折，而且外伤面积较大，局部肌肉组织毁损污染严重，胫腓骨骨折断端的髓腔内有泥沙填塞。从为患者负责的角度出发，甲医院在征求患者及其亲属的同意后，选择了对医务人员来说风险最大的方案，并小心、谨慎地予以实施，其治疗措施、步骤、方法均符合医疗规范的要求。第一次手术后的感染，与伤情复杂有直接关系。方某凯又在术后极易感染期间立下"自动出院，后果自负"的字据出院，

---

① 参见《最高人民法院公报》2004年第2期（总第76期）。该案的裁判要旨为：医方的说明义务与患者的知情同意权。

增加了感染的机会，以至因并发骨髓炎、骨头坏死第二次入院。骨髓炎、骨头坏死、骨折断端的融合，以及第二次手术后过早过激活动造成的再度骨折，是方某凯左小腿短缩的直接原因，与甲医院的植骨术无关。据此判决驳回原告方某凯的诉讼请求。

上述案例，是一起典型的知情同意权纠纷。试问：如何理解医方的告知说明义务、患者的知情同意权？紧急情况下如何处理医方说明告知和患者的知情同意？如何解决医方的说明告知与患者的知情同意之间的冲突？

二、医方的告知说明义务

医方的告知说明义务来源于患者享有的知情同意权。正是由于患者享有知情同意权，医方才应当对患者履行告知说明义务。正因为如此，法律认可受害人同意、自愿承受危险是阻却侵权行为不法性的原因之一。"受害人明确同意对其实施加害行为，并且自愿承担损害后果的，行为人不承担民事责任。加害行为超过受害人同意范围的，行为人应当承担相应的民事责任。""受害人自愿承担损害的内容违反法律或者社会公共道德的，不得免除行为人的民事责任。"[1]在医疗领域，创设告知义务是因为具有侵袭性的医疗行为必须获得正当性基础，而患者的知情同意权就是阻却侵袭性医疗行为违法性的法定事由。

我国最早涉及医疗机构告知义务和患方的知情同意权的法律、法规是《医疗机构管理条例》及其实施细则。1994年《医疗机构管理条例》第三十三条规定："医疗机构施行手术、特殊检查或者特殊治疗时，必须征得患者同意，并应当取得其家属或者关系人同意并签字；无法取得患者意见时，应当取得家属或者关系人同意并签字；无法取得患者意见又无家属或者关系人在场，或者遇到其他特殊情况时，经治医师应当提出医疗处置方案，在取得医疗机构负责人或者被授权负责人员的批准后实施。"很明显，1994年《医疗机构管理条例》提到了患者的同意问题，但并没有直接提出患者的知情同意权，当然也没有提到医疗机构的告知义务。但不久以后颁布的《医疗机构管理条例实施细则》部分地改变了这种状况，明确规定了医疗机构的告知义务和患者的知情权。其第六十二条规定："医疗机构应当尊重患者对自己的病情、诊断、治疗的知情权

---

[1]　王利明主编：《中国民法典学者建议稿及立法理由·侵权行为法编》，法律出版社2005年版，第26页。

利。在实施手术、特殊检查、特殊治疗时，应当向患者作必要的解释。因实施保护性医疗措施不宜向患者说明情况的，应当将有关情况通知患者家属。"第六十一条规定："医疗机构在诊疗活动中，应当对患者实行保护性医疗措施，并取得患者家属和有关人员的配合。"但是，上述条文仅仅规定了医疗机构的说明义务和患者的知情权，而没有规定医疗机构获得患者同意的义务和患者的选择权。2002年《医疗事故处理条例》第十一条规定："在医疗活动中，医疗机构及其医务人员应当将患者的病情、医疗措施、医疗风险等如实告知患者，及时解答其咨询；但是，应当避免对患者产生不利后果。"

《民法典》第一千二百一十九条基本沿用了原《侵权责任法》第五十五条的规定，但在有关要求上作了突出强调：一是有关说明义务的履行，必须是"具体说明"，即相关说明内容要针对病情，事项要具体，不宜采取笼统的、含糊的说明，这对说明义务的规范化具有积极作用。二是取得患者一方同意不再硬性要求是书面形式，但应当取得其"明确"同意，此"同意"的意思表示应该是清楚明确的，有关证据的证明也要达到此要求。三是将"不宜向患者说明的"修改为"不能或者不宜向患者说明的"。①

医方的告知义务的范围主要是对患者作出决定具有决定性影响的信息。这些信息主要包括：一是全面告知。让医院将手术可能发生的不良后果、并发症和风险如实告知患者，如麻醉意外，尽管造成患者死亡的概率只有几十万分之一，仍然应当告知患者。二是通俗告知。医院向患者告知的目的是让患者知情，如果都是专业术语，患者无法理解，也就没有达到告知的目的。三是精确告知。医院的告知应当严谨、完整，不能有歧义。医院不仅要将不良后果产生的原因告诉患者，而且要将可能产生的不良后果告知患者。此外，手术同意书中的用语不能有歧义，或者出现多种解释。四是真实告知。医院向患者传达的信息既不能夸大疗效，也不能隐瞒不良后果。

确定医务人员履行说明义务标准的根本点应该从患者的角度出发，即对患者行使知情同意权所必须掌握的信息是否足以使其作出正当合理的判断为标准。因此，决定是否向患者说明某一特定医疗风险信息的标准是其对患者决策是否具有实质性影响，即所有潜在影响患者决策的风险都必须披露。这一标准平衡了医务人员和患者之间的权利义务关系，既要求医务人员应当根据患者病

---

① 最高人民法院民法典贯彻实施工作领导小组主编：《中华人民共和国民法典侵权责任编理解与适用》，人民法院出版社2020年版，第429页。

情及诊疗的需要充分履行说明义务，又避免了医务人员承担过多的患者对告知的期望义务。这一标准从总体上有利于保护患者的合法权益，能够保证患者知情同意权正当合理的实现。[①] 对此，《医疗损害责任解释》第五条第二款规定，实施手术、特殊检查、特殊治疗的，医疗机构应当承担说明义务并取得患者或者患者近亲属明确同意，但属于《民法典》第一千二百二十条规定情形的除外。医疗机构提交患者或者患者近亲属明确同意证据的，法院可以认定医疗机构尽到说明义务，但患者有相反证据足以反驳的除外。

三、患者的知情同意权

知情同意制度包含了知情和同意两部分的内容。知情是同意的前提，同意是知情的结果。没有知情的同意，不能理解医生所提供信息的同意不是真正的同意。而知情的实现又以医生的告知和说明为前提，没有医生的告知与说明，患者的知情也就无从实现。因此，患者的知情同意权可表述为：患者在知晓医生提供其医疗决定所必需的足够信息的基础上自愿做出医疗同意的权利。[②]

我国现行法律、法规对有关患者知情同意权的规定主要有：《执业医师法》第二十六条规定，医师应当如实向病人或者其家属介绍病情，但应注意避免对患者产生不利的后果；《医疗机构管理条例》第三十二条规定，医务人员在诊疗活动中应当向患者说明病情和医疗措施。需要实施手术、特殊检查、特殊治疗的，医务人员应当及时向患者具体说明医疗风险、替代医疗方案等情况，并取得其明确同意；不能或者不宜向患者说明的，应当向患者的近亲属说明，并取得其明确同意。因抢救生命垂危的患者等紧急情况，不能取得患者或者其近亲属意见的，经医疗机构负责人或者授权的负责人批准，可以立即实施相应的医疗措施。同时，其实施细则对何谓特殊检查、特殊治疗进行了解释，即指有一定的危险性，可能产生不良后果的检查和治疗；由于患者体质特殊或者病情危笃，可能对患者产生不良后果和危险的检查和治疗；临床试验性检查和治疗；收费可能对患者造成较大经济负担的检查和治疗；《医疗事故处理条例》第十一条规定，在医疗活动中，医疗机构及其医务人员应当将患者的病情、医疗措施、医疗风险等如实告知患者，及时解答其咨询；但是，应当避免对患者产

[①]　最高人民法院侵权责任法研究小组编著:《〈中华人民共和国侵权责任法〉条文理解与适用》，人民法院出版社 2010 年版，第 400—401 页。

[②]　何志:《侵权责任判解研究与适用》，人民法院出版社 2009 年版，第 491 页。

生不利后果。从上述规定可以看出，我国法律、法规对患者的知情同意权的实现是作了明确规定的。

患者的知情同意权并非无边界，应该适当限制。对患者知情同意权的限制主要有以下几个方面：一是患者的拒绝或者放弃。患者对知情同意权的拒绝或者放弃，既可以表现为对知情权的拒绝或者放弃，又可以表现为对同意权的拒绝或者放弃。而从逻辑的角度看，必是先有知情权的实现，后有同意权的行使，如果患者对知情权予以拒绝或者放弃，则无所谓同意权的行使。所以，如果医务人员在履行向患者的告知义务时，患者因故予以拒绝或者放弃，则在事后以医务人员侵害其同意权为由提出诉讼请求就不能得到支持。同样，如果医务人员履行了告知义务，患者知情后因故作出拒绝或者放弃同意继续诊疗的决定，或者故意怠慢作出是否同意的决定，此时，因为是患者本身的原因拒绝知情或者同意，医务人员没有侵害患者的知情同意权，就不应该承担任何责任。二是基于公共利益的强制治疗行为。为了使公共利益以及他人利益免受正在发生的危险的侵害或者威胁，医疗机构依照法律法规授权，可以对正在发生特殊疾病的患者在必要情况下强制行使救护和诊疗措施，而患者必须接受，无权拒绝。这就在医疗机构和患者之间形成了强制医疗关系，医疗机构据此对患者展开救助和诊疗工作就属于强制医疗行为。三是医务人员履行说明义务的自由裁量行为。所谓医务人员履行说明义务的自由裁量行为，主要是指在医疗过程中医务人员履行说明义务时，在向患者告知的内容、对象、时机和方式上享有一定的选择权。比如对一些可能对意志薄弱者产生有害后果的信息、患者已知的信息、明显轻微不会对患者知情同意权造成损害的信息等，可不履行说明义务。①

四、紧急情况下实施医疗措施无须履行告知说明或者取得患者知情同意

对生命垂危等紧急情况下的患者实施紧急救治是医疗机构及其医务人员履行救死扶伤职责的基本要求，也是医疗机构公益性特征的鲜明体现。《执业医师法》第二十四条规定："对急危患者，医师应当采取紧急措施进行诊治；不得拒绝急救处置。"《医疗机构管理条例》第三十条规定："医疗机构对危重病人应当立即抢救。对限于设备或者技术条件不能诊治的病人，应当及时转诊。"

---

① 最高人民法院侵权责任法研究小组编著：《〈中华人民共和国侵权责任法〉条文理解与适用》，人民法院出版社 2010 年版，第 402 页。

《民法典》第一千二百二十条对于医疗机构实施紧急救助措施作了规定："因抢救生命垂危的患者等紧急情况，不能取得患者或者其近亲属意见的，经医疗机构负责人或者授权的负责人批准，可以立即实施相应的医疗措施。"

关于"不能取得患者或者其近亲属意见"的界定，立法机关认为主要是指患者不能表达意志，也无近亲属陪伴，又联系不到近亲属的情况。不包括患者或者其近亲属明确表示拒绝采取医疗措施的情况。[①] 所谓"不能"，是指客观原因而无法取得患者或者其近亲属的意见。[②] 司法解释作了进一步的明确，《医疗损害责任解释》第十八条规定，因抢救生命垂危的患者等紧急情况且不能取得患者意见时，下列情形可以认定为《民法典》第一千二百二十条规定的不能取得患者近亲属意见：（1）近亲属不明的；（2）不能及时联系到近亲属的；（3）近亲属拒绝发表意见的；（4）近亲属达不成一致意见的；（5）法律、法规规定的其他情形。前款情形，医务人员经医疗机构负责人或者授权的负责人批准立即实施相应医疗措施，患者因此请求医疗机构承担赔偿责任的，不予支持；医疗机构及其医务人员怠于实施相应医疗措施造成损害，患者请求医疗机构承担赔偿责任的，应予支持。

《民法典》第一千二百二十条规定的紧急情况不限于抢救生命垂危的患者的情况，还应当包括虽然患者的生命没有严重危险，但患者不能行使自我决定权，如果不采取紧急救治行为，患者的健康利益将严重受损的情况。具体实施紧急救治行为的是医疗机构的医务人员，但由于紧急救治是对患者自主决定权的一种限制和补充，关涉患者重大的生命健康利益，因而实施紧急救治行为应当严谨、慎重，为充分保障患者的利益，实施紧急救治行为应当经过一定的程序，即经过医疗机构负责人或者授权的负责人批准，医疗人员才能实施紧急救治行为。[③]

五、医方的告知说明义务与患者的知情同意权的冲突与解决

医方的告知说明义务与患者的知情同意权的主要冲突表现在：（1）知情同

---

① 黄薇主编：《中华人民共和国民法典解读·侵权责任编》，中国法制出版社2020年版，第415页。

② 王利明：《侵权责任法研究》（下卷），中国人民大学出版社2016年版，第415页。

③ 最高人民法院民法典贯彻实施工作领导小组主编：《中华人民共和国民法典侵权责任编理解与适用》，人民法院出版社2020年版，第440页。

意书基本上都是各医院自行拟定，制作上不统一，如手术风险、并发症有的列得多，有的列得少，缺乏权威标准，这就给公众一种错觉，以为手术风险、并发症等是医院随便列举的，完全由医院操控，无非其事后免责的借口，更有甚者，在知情同意书上存在"导致死伤，与医院无关"之类的表述，引起患方强烈不满。（2）目前医务界按合理的医生标准进行告知与说明仍占主流。表现在知情同意书的具体内容专业性强，晦涩难懂，加之医生在实施告知时走过场，患者及其家属似懂非懂，甚至有的根本就没有听懂，以侵犯患者知情同意权为由诉至法院的案例较多。（3）告知方式有待改进，告知内容过于狭窄。如什么情况下需要告知？是采用口头告知还是书面告知？由谁实施告知？各医院做法不一；采用书面告知时，往往只有一份知情同意书且保存在医院，患方事后诉称医院篡改、添加知情同意内容十分普遍等。

为缓和医方的告知说明义务与患者的知情同意权之间的冲突，应当从如下方面加以改进解决：

1. 转变告知理念。告知标准从以医生为中心转向以患者为中心，采用统一制定的知情同意书（合理的患者标准），再根据每名患者的具体情况实施告知（具体的患者标准），这虽然会增加医生的工作量，但却至少可带来两个有利因素，一是由于体现了对患者的尊重，医院的就诊人数将会增加；二是一旦因知情同意权问题引发诉讼，被判败诉的可能性将减少。医方需要告知患方的信息一般应当包括：疾病的状况、建议治疗程序的性质和目的、可能伴随的危险、成功的可能性、如不采取治疗的后果、其他可选择的治疗方案的利弊，还应包括有关医护人员的背景、治疗费用、饮食限制、监管要求等。

2. 完善告知形式。口头告知适用于医院诊疗程序等一般性情况的告知，对医疗诊治措施及其风险以书面告知为主，书面告知应是一式三份，一份存病历，一份存相关科室，一份交患者或其代理人。实施告知的应是主管医生或责任护士，手术告知应由主持该手术的第一主持医生总负责，手术告知的内容应当经第一主持医师审查同意并亲自或委托该手术组的其他医师实施告知，非该手术组的医师不能实施告知且不能在手术同意书上签字。

3. 规范知情同意。现代社会法律制定和有效的实施是规范和引导人们行为最直接、最有效的武器。患者的知情同意权问题出现在医患双方在因患者健康发生问题，医方执业过程中和医方的医疗行为是密不可分的。解决这个问题首先要求医患双方清楚知情同意权的具体内容有哪些；知情同意权的边界在哪里；什么情况下构成知情同意权滥用；医方如何履行义务才能保障患者知情同意权的行使等等，这必须通过立法加以确定。根据我国现行立法规范知情同意权现状，建议在法律层面上进行专门立法，或者对患者的权利进行立法，将知情同意权列专章，系统地规定知情同意权概念、权利的内容、权利行使的方式、什么情况下构成权利的滥用、知情同意权和其他权利的关系、医方如何保障患者知情同意权的行使及侵犯知情同意权的法律后果等等。只有对知情同意权进行正确的规范，医患双方才能有法可依，走出困惑。

4. 禁止违规过度检查。在知情同意权的纠纷中，很大一部分是关于诊断、治疗所引起的费用问题，即对该不该检查、该不该使用一些特殊设备检查、该不该使用一些昂贵的药物所引起的费用以及其他一些费用的知情同意的问题，这些问题因为直接涉及医患双方的金钱利益，同时带来对医方的不信任。对此，《民法典》第一千二百二十七条规定，医疗机构及其医务人员不得违反诊疗规范实施不必要的检查。

六、对案例 75 的简要评析

在本案中，甲医院对患者方某凯的手术行为进行了充分的告知说明，方某凯也充分知情，并取得了同意。在未痊愈的情况下，患者方某凯愿意承担"自动出院，后果自负"的责任。同时，甲医院在整个治疗过程中并没有过错，无须承担损害赔偿责任。因此，法院判决驳回原告方某凯的诉讼请求，是正确的。

第三节　医疗损害鉴定

一、问题的提出

在医疗损害责任纠纷的民事案件中，医疗损害鉴定实际上包括医疗过错鉴定、医疗损害后果鉴定、医疗因果关系鉴定等。医疗过错鉴定包括对医方过错的鉴定，也包括对患方过错的鉴定，还可能包括对"拟制的患方过错"的鉴定。"拟制的患方过错"主要是指患者的身体状况（特异体质或器官异位等）、患者固有疾病情况、患方在诊疗过程中有无不配合诊疗的情况等致患方遭受损害的原因。医疗损害后果鉴定包括伤残等级鉴定、续医费用鉴定等。医疗因果关系鉴定包括确定医方过失、患方过失以及"拟制的患方过错"与患方损害之间是否存在因果关系及其参与度。[①]

在研究医疗损害鉴定之前，先看一则案例：

案例 76：因未经医疗损害鉴定而请求赔偿被驳回[②]

6 月 22 日上午，郭某军到友好医院就诊，并陈述胃部不舒服。该院吕医生在问诊时询问原告是否有拉肚子、发烧的情形，原告称均没有，仅是胃部不舒服。吕医生告知原告无须输液治疗，口服药物回家休息即可。原告则表示想输液，之后于 10 时 40 分开始输液。11 时 35 分左右医生护士正在对原告进行抢救，在 12 时原告突发身体不适，家属感觉病情危重用私家车将原告送至友谊医院，途中有护士陪同。友谊医院急诊科以"输液反应"收住院，给予对症治疗，因病情危重，原告于 15 时 30 分出院转送到第一医院。第一医院入院诊断：脓毒症休克；抽搐原因待查脑炎待除外；多脏器功能障碍综合征、急性心肌损伤、急性肾损伤、急性胰腺炎。经治疗症状体征显著好转，7 月 5 日出院，住院 13 天。

生效裁判认为，本案中，原告郭某军主张在被告友好医院处输液致其受到损害，有责任对权利受到妨害的基本事实承担举证证明责任。原告有责任提供到医疗机构就诊、受到损害、医疗机构及医务人员有过错、诊疗行为与损害之间具有因果关系的证据。原告主张被告诊疗未书写病历、未开具处方，未封存疑似输液，应当适用《民法典》第一千二百二十条规定的推定医疗机构有过错情形，法院认为，原告未通过正规的就诊程序进行挂号，且在被告处医生询问病情过后表示无须输液时，原告坚持输液，原告与被告在医疗服务过程中均有违反医疗就诊程序的行为导致整个医疗过程没有形成病历等诊疗记录，法院认为本案仍应由原告承担举证责任，不能直接适用推定医疗机构有过错情形，原告的该项主张，法院不予支持。在涉及医学专业问题的查明，原告无法提交相应证据时，须委托医疗损害鉴定予以判断。一审法院向原告进行了充分释明的情况下，原告拒绝申请医疗损害鉴定，导致鉴定不能。在此情况下，人民法院

[①] 何志、侯国跃主编：《侵权责任纠纷裁判依据新释新解》，人民法院出版社 2014 年版，第 279 页。

[②] 参见辽宁省大连市中级人民法院（2022）辽 02 民终 10730 号民事判决书。

不能查清案件涉及的医学专门性问题，原告应当承担不利后果。据此判决驳回原告郭某军的全部诉讼请求。

上述案例涉及患者应当申请进行医疗损害鉴定而没有鉴定，其诉讼请求的主张证据不足被驳回。试问：如何理解医疗损害鉴定与医疗事故鉴定？医疗损害鉴定如何适用？医疗损害责任鉴定如何进行分类？其程序如何？

二、医疗损害鉴定与医疗事故鉴定

医疗损害鉴定，是医疗机构及其医务人员因为在日常医疗行为中存在法定过错并造成患者人身损害而导致的医疗损害诉讼中需要对专门性问题进行的鉴定。医疗事故鉴定是由医学会组织有关临床医学专家和法医学专家组成专家组，对涉及医疗事故行政处理的有关专门性问题进行检验、鉴别和判断并提供鉴定结论的活动。

2002年颁布并实施了《医疗事故处理条例》，医疗事故技术鉴定工作不再直接由卫生行政部门组织，而是由各省市医学会按照程序负责从专家库抽取相关学科临床专家对医疗过程是否存在过错以及是否存在因果关系等问题进行分析鉴定，并出具鉴定意见书。医学会鉴定由省、市两级鉴定体制组成，但对于疑难、复杂或者全国有重大影响的医疗事故争议可向中华医学会申请再次鉴定。因此，在2002年后的一段时期，医疗损害鉴定以医学会组织的医疗事故鉴定为主，但由于医疗纠纷诉讼案件诉由不同，出现了医学会医疗事故鉴定与司法鉴定机构医疗损害责任鉴定两种机制并行的情况。医疗损害司法鉴定一般由社会司法鉴定机构接受法院或医患双方委托，组织临床法医学专家根据案件材料组织鉴定并出具司法鉴定意见的过程。

原《侵权责任法》颁布实施后，医疗纠纷的赔偿不再区分医疗事故和非医疗事故，因此，由医学会组织的医疗事故鉴定逐渐被司法鉴定机构组织的医疗损害责任鉴定所取代，同时各级医学会也在逐渐摸索由医学会组织的除了医疗事故鉴定外的医疗损害鉴定模式。《医疗纠纷预防和处理条例》于2018年正式颁布并实施，该条例明确了各级医学会具有组织医疗损害鉴定的职能。至此，医学会既可根据《医疗事故处理条例》组织医疗事故鉴定，也可依照《医疗纠纷预防和处理条例》进行医疗损害鉴定，医疗损害鉴定比例大幅增加。

医疗损害鉴定与医疗事故鉴定同属于技术鉴定，二者之间的区别在于：一是鉴定的性质不同。医疗事故鉴定属于行政鉴定；医疗损害鉴定属于司法鉴定。

二是鉴定的目的不同。医疗事故鉴定是为医疗卫生行政部门处理医疗纠纷与医疗事故提供技术服务；医疗损害鉴定是为医疗损害赔偿民事诉讼、医疗纠纷与事故行政处理引发的行政诉讼以及涉嫌"医疗事故罪"的刑事诉讼提供技术服务。三是鉴定的决定权不同。医疗事故鉴定的决定权在于医疗卫生行政部门，依《医疗事故处理条例》的规定，医疗纠纷双方当事人也可共同提请鉴定。医疗损害鉴定的决定权在司法机关。四是鉴定的委托方式不同。医疗事故鉴定的委托方式有两种：卫生行政部门转交和当事人双方共同委托。医疗损害鉴定也包括两种方式：法院依职权决定鉴定和当事人申请鉴定。五是鉴定主体的范围不同。医疗事故鉴定只能由医学会组织医疗事故技术鉴定专家组进行。医疗损害鉴定则可由司法机关交由法定的鉴定机构进行。

三、医疗损害鉴定的适用

在医疗损害责任纠纷中，涉及诊疗行为适用过错责任原则（在特殊情形下直接推定医方有过错），涉及医疗产品责任适用无过错责任原则。

1.过错责任原则在医疗损害鉴定中的适用。《民法典》侵权责任编将医疗损害责任的归责原则规定为过错责任为原则，过错推定责任为例外。医疗损害过错责任亦包括故意和过失两种，医疗损害故意的过错一般是指由于违反诊疗常规等情况造成损害后果发生，过失的过错是指由于医务人员诊疗过程中疏忽大意或过于自信而导致患者产生损害后果。《民法典》第一千二百一十八条规定："患者在诊疗活动中受到损害，医疗机构或者其医务人员有过错的，由医疗机构承担赔偿责任。"因此，按照《民法典》规定，医疗机构承担侵权赔偿责任，应当具备侵权责任的一般构成要件：（1）诊疗行为违反法律法规或诊疗常规的规定，存在过错；（2）患者在诊疗过程中发生损害后果；（3）过错与损害后果之间存在因果关系。医疗损害鉴定应围绕上述构成要件进行，在医疗损害鉴定实务过程中，由于患者的损害后果往往与其原发疾病、难以避免的并发症等多种因素相关，因此在医疗损害鉴定中正确判断损害后果是否由医疗过错引发，以及原因力大小对于赔偿责任的认定具有直接影响。

《民法典》第一千二百二十二条延续原《侵权责任法》第五十八条的规定，特定情形下适用推定过错原则。患者在诊疗过程中发生损害后果，有第一千二百二十二条规定的三种情形，即可推定医疗机构有过错，推定过错原则加重了医疗机构的证明负担。在诉讼过程中，也有一部分患方当事人在医疗纠纷处理过程中，刻意搜集能够推定医疗机构存在过错的证据，从而要求医疗机构承担赔偿责任。在以往的医疗损害鉴定中,由于医方病历书写瑕疵、修改病历不规范、归档病历不完整等问题经常会鉴定医疗机构有过错,但是否具有这三种情形就一定推定医疗机构有过错,是医疗损害鉴定过程中应当注意的问题。

2.无过错责任原则在医疗损害鉴定中的适用。医疗损害责任一般情况下适用于过错原则,但因医疗产品缺陷造成患方损害后果的在司法实践中往往适用无过错原则,医疗机构使用的药品、消毒药剂、医疗器械等如果存在缺陷,则适用《民法典》第一千二百零二条关于产品责任的规定,确定侵权责任,患者可以向医疗机构要求赔偿,也可以向生产者、销售者要求赔偿。因此,涉及医疗产品的医疗损害案件,鉴定产品质量是确定责任的关键环节,也成为医疗损害案件处理过程中的难点问题。

四、医疗损害责任鉴定的分类及程序

在司法实践中,医疗损害责任鉴定的启动程序如何进行?对此,《医疗损害责任解释》第八条规定:"当事人依法申请对医疗损害责任纠纷中的专门性问题进行鉴定的,人民法院应予准许。当事人未申请鉴定,人民法院对前款规定的专门性问题认为需要鉴定的,应当依职权委托鉴定。"因此,医疗损害责任鉴定可分为当事人申请鉴定和法院依职权鉴定两类。

鉴定人的选定。根据《医疗损害责任解释》第九条的规定:"当事人申请医疗损害鉴定的,由双方当事人协商确定鉴定人。当事人就鉴定人无法达成一致意见,人民法院提出确定鉴定人的方法,当事人同意的,按照该方法确定;当事人不同意的,由人民法院指定。鉴定人应当从具备相应鉴定能力、符合鉴定要求的专家中确定。"

鉴定材料的提交。根据《医疗损害责任解释》第十条的规定:"委托医疗损害鉴定的,当事人应当按照要求提交真实、完整、充分的鉴定材料。提交的鉴定材料不符合要求的,人民法院应当通知当事人更换或者补充相应材料。在委托鉴定前,人民法院应当组织当事人对鉴定材料进行质证。"

鉴定事项的确认。根据《医疗损害责任解释》第十一条的规定,委托鉴定书,应当有明确的鉴定事项和鉴定要求。鉴定人应当按照委托鉴定的事项和要求进行鉴定。下列专门性问题可以作为申请医疗损害鉴定的事项:(1)实施诊疗行为有无过错;(2)诊疗行为与损害后果之间是否存在因果关系以及原因力大小;(3)医疗机构是否尽到了说明义务、取得患者或者患者近亲属明确同意的义务;(4)医疗产品是否有缺陷、该缺陷与损害后果之间是否存在因果关系

以及原因力的大小；（5）患者损伤残疾程度；（6）患者的护理期、休息期、营养期；（7）其他专门性问题。鉴定要求包括鉴定人的资质、鉴定人的组成、鉴定程序、鉴定意见、鉴定期限等。

鉴定结论。根据《医疗损害责任解释》第十二条的规定，鉴定意见可以按照导致患者损害的全部原因、主要原因、同等原因、次要原因、轻微原因或者与患者损害无因果关系，表述诊疗行为或者医疗产品等造成患者损害的原因力大小。根据《医疗损害责任解释》第十三条的规定："鉴定意见应当经当事人质证。当事人申请鉴定人出庭作证，经人民法院审查同意，或者人民法院认为鉴定人有必要出庭的，应当通知鉴定人出庭作证。双方当事人同意鉴定人通过书面说明、视听传输技术或者视听资料等方式作证的，可以准许。鉴定人因健康原因、自然灾害等不可抗力或者其他正当理由不能按期出庭的，可以延期开庭；经人民法院许可，也可以通过书面说明、视听传输技术或者视听资料等方式作证。无前款规定理由，鉴定人拒绝出庭作证，当事人对鉴定意见又不认可的，对该鉴定意见不予采信。"

五、对案例 76 的简要评析

根据《民法典》第一千二百一十八条"患者在诊疗活动中受到损害，医疗机构或者其医务人员有过错的，由医疗机构承担赔偿责任"的规定，医疗损害责任适用过错责任原则。受害人郭某军应就友好医院存在过错、友好医院的过错与其损害结果之间存在因果关系承担举证责任。显然，原告郭某军没有尽到提供充分证据证明友好医院存在过错，其过错给自己造成了损害。同时，诊疗行为的专业性极强，原告郭某军可以申请法院通过医疗损害责任鉴定的形式证明友好医院在治疗过程中是否存在过错，而郭某军却拒绝鉴定，自然要承担不利的法律后果。因此，法院判决驳回原告郭某军的诉讼请求。

第四节　医疗机构免责情形的认定

一、问题的提出

基于医疗损害责任的特殊性，《民法典》第一千二百二十四条规定："患者在诊疗活动中受到损害，有下列情形之一的，医疗机构不承担赔偿责任：（一）患者或者其近亲属不配合医疗机构进行符合诊疗规范的诊疗；（二）医务人员在抢救生命垂危的患者等紧急情况下已经尽到合理诊疗义务；（三）限于当时的医疗水平难以诊疗。前款第一项情形中，医疗机构或者其医务人员也有过错的，应当承担相应的赔偿责任。"

在研究医疗机构免责情形认定之前，先看一则案例：

案例 77：患者自愿放弃治疗，医方能否放任不治[①]

原告丁某英系姚某兰（已故）之丈夫。2020 年 4 月 10 日，姚某兰因上腹部疼痛就诊于被告某中医院。13 日，中医院病理影像诊断报告单载明："病理诊断：胃溃疡性病变。"患者拒绝住院，并要求医生先开对症治疗的口服药物，患者自行放弃了住院治疗。同年 10 月 20 日至 11 月 16 日，姚某兰入住于中心医院，住院 27 天，入院诊断："胃癌、幽门梗阻等。"出院医嘱："病人自动退院。"个人支付医疗费 19409 元。2021 年 2 月 17 日，姚某兰去世。诉讼中，原告提出对中医院诊疗行为是否存在过错进行鉴定，经鉴定：中医院对被鉴定人姚某兰的诊疗行为存在医疗过错，医方过错与被鉴定人姚某兰损害后果之间存在很小因果关系，其原因力大小为轻微。原告支付鉴定费 1.9 万元。

生效裁判认为：患者在诊疗活动中受到损害，医疗机构及其医务人员有过错的，由医疗机构承担赔偿责任。司法鉴定意见认为中医院对被鉴定人姚某兰的诊疗行为存在医疗过错，医方过错与被鉴定人姚某兰损害后果之间存在很小因果关系，其原因力大小为轻微。根据该鉴定意见，原告以赔偿比例 10% 提出诉请，被告予以认可，即被告中医院应赔偿原告各项合理损失 35 万元的 10%，即赔偿 3.5 万元。

上述案例涉及中医院抗辩免责的理由能否成立。试问：如何理解医疗机构援引的一般抗辩事由和特殊抗辩事由？如何证明其抗辩事由？

二、医疗机构援引的一般抗辩事由

《民法典》总则编民事责任一章和本编一般规定中均专门规定了一般情况

---

① 参见辽宁省丹东市中级人民法院（2022）辽 06 民终 1686 号民事判决书。

下免责和减责情形的内容，侵权责任编各分章中有关侵权责任不同类型中也有免责事由的规定。对此在适用上应该理解为前者是关于免责事由的一般性规定，后者则属于特殊规定，在侵权责任各分章有特殊规定的情况下，则应当适用该特殊规定，在没有特殊规定或者该特殊规定并没有排除上述侵权责任一般规定以及总则编关于免责事由一般性规定的情况下，则就要适用该一般性规定。

具体而言，《民法典》总则编第一百八十条规定的"不可抗力"、第一百八十一条规定的"正当防卫"、第一百八十二条规定的"紧急避险"、《民法典》侵权责任编第一千一百七十三条规定的"过失相抵"、第一千一百七十四条规定的"受害人故意"、第一千一百七十五条规定的"第三人过错"等侵权责任减免事由，在医疗损害责任中也可以适用。其中最常见的是受害人过错。实务中一般认为，由于医疗纠纷案件的责任基础是过错责任，患者在就医过程中如具有不按医嘱、不配合治疗等情况，应认定患者具有过错，损害结果应适用过失相抵原则，根据过错大小确定相互责任。在实务中需要注意的是，患方固有疾病虽不构成"受害人故意"，但是，根据作为法律漏洞填补方法之一的"目的性扩张"，应当认为，如果患者固有疾病对损害的发生具有一定的"参与度"或原因力，则可据此减轻医疗机构的赔偿责任。

医疗机构可否以停电构成不可抗力为由主张免责？按照《民法典》第一百八十条的规定，因不可抗力不能履行民事义务的，不承担民事责任。法律另有规定的，依照其规定。该条规定同样适用于医疗损害责任。因此，如果在诊疗活动中发生不可抗力的情形导致患者损害的，医疗机构可以免除责任。但在实践中出现停电致使手术无法进行从而导致患者损害，是否可以认定不可抗力，需要认真研究。具备一定条件的医疗机构，在实施手术时，应该配有备用电源，停电不能构成不可抗力。[①]

三、医疗机构援引的特殊抗辩事由

根据《民法典》第一千二百二十四条的规定，医疗机构援引的特殊抗辩事由包括：

1. 患者或者其近亲属不配合医疗机构进行符合诊疗规范的诊疗。实践中患者一方不配合诊疗的行为可以分为两类：一是患者基于其医疗知识水平的局限

---

① 最高人民法院侵权责任法研究小组编著：《〈中华人民共和国侵权责任法〉条文理解与适用》，人民法院出版社2010年版，第423页。

而对医疗机构采取的诊疗措施难以建立正确的理解，从而导致其不遵医嘱、错误用药等与诊疗措施不相配合的现象。二是患者一方主观上具有过错，该过错又可以分为故意和过失。故意的情形比较少见，患者就医是为了治疗疾病、康复身体，而非追求身体损害的结果，但也不能完全排除患者主观追求损害结果的可能。过失的情形比较常见。上述两类情形，医务人员已经合理尽到说明告知义务，且采取的诊疗措施并无不当之处，患者的行为即属于"患者或者其近亲属不配合医疗机构进行符合诊疗规范的诊疗"，医疗机构不承担赔偿责任。[①]

当然，根据《民法典》第一千二百二十四条第二款的规定，医疗机构或者其医务人员也有过错的，应当承担相应的赔偿责任。此处的"相应"的赔偿责任，应当是与其过错程度相匹配，也就是说医疗机构的过错对患者造成损害的参与度相一致。

2. 医务人员在抢救生命垂危的患者等紧急情况下已经尽到合理治疗义务。据此，该项医疗机构的免责事由包括两个要件：

一是抢救生命垂危的患者等紧急情况。对患者的紧急救治是医疗机构及其医务人员的职责之一。"紧急情况"是指，患者因疾病发作、突然外伤受害及异物侵入体内，身体处于危险状态或非常痛苦的状态，在临床上表现为紧急性外伤、脑挫伤、意识消失、大出血、心绞痛、急性严重中毒、呼吸困难、各种原因所致的休克等。一般来讲，上述情况的紧急性可以概括为：（1）时间上的紧急性。是指医师的诊疗时间非常短暂，在技术上不可能作出十分全面的考虑及安排。（2）事项上的紧急性。是指采取何种诊疗措施直接关系到患者的生死存亡需要医师作出紧急性的决断。[②]

二是已经尽到合理诊疗义务。根据现行的诊疗规范，紧急情况下合理的诊疗义务包括：（1）对患者伤病的准确诊治疗措施的合理、适当，包括治疗措施和治疗用药。对患者伤病的准确诊断是正确实施诊疗措施的前提，如情况紧急，应当采取控制患者伤病恶化的紧急措施后，再作进一步的诊断和治疗。（2）治疗措施的合理、适当。（3）谨慎履行说明告知义务。紧急情况下如果事前告知不可行，则采取紧急救助措施后仍应履行该项义务。（4）将紧急救助措施对患

---

① 参见黄薇主编：《中华人民共和国民法典解读·侵权责任编》，中国法制出版社 2020 年版，第 426—427 页。

② 参见黄薇主编：《中华人民共和国民法典解读·侵权责任编》，中国法制出版社 2020 年版，第 428 页。

者造成的损害控制在合理限度之内。①

紧急救治情形下医疗机构责任承担的规则，《医疗损害责任解释》第十八条第二款确立了"紧急救治，医院免责"的一般规则，但同时医疗机构如果"怠于"紧急救治也要依法承担相应的侵权责任。"怠于"本身即蕴含医疗机构存在"过错"的问题。对于"怠于"的判断标准，在价值导向上要遵循鼓励和倡导医疗机构实施紧急救助的义务，对于是否属于"怠于"紧急救助的情形，在认定标准上不宜太宽松，而应遵循有关诊疗规范的专业判断标准、尊重医学伦理并根据具体病情的主客观情况综合认定。比如医疗机构没有依照有关法律法规及相关工作规范的规定及时履行报告、批准手续，医疗机构没有及时实施诊疗行为措施皆应包括在"怠于立即实施相应的医疗措施"的情形之中。而且认定医疗机构是否怠于实施相应的救治措施，首先也是一个专业判断问题，应该依据有关医事法律法规以及诊疗规范并结合具体案件情况进行判断，这既涉及对医患利益的平衡保护问题，也涉及医学伦理问题，应当审慎把握。②

3. 限于当时的医疗水平难以诊疗的。医疗机构及其医务人员对患者进行诊疗，并不负有保证治愈的义务，只要医疗机构及其医务人员已经尽到与当时医疗水平相应的诊疗义务，医疗机构不承担赔偿责任。该项规定与《民法典》第一千二百二十一条"医务人员在诊疗活动中未尽到与当时的医疗水平相应的诊疗义务，造成患者损害的，医疗机构应当承担赔偿责任"的规定相一致。

其实，在上述三种情况下，可以认定医疗机构并不存在过错，因而无须承担侵权责任。法律规定医方责任的减免事由，既是尊重医学规律、保护医方的需要，也是考虑到广大患者利益以及整个医疗行业健康发展的需要。对医疗机构的责任，如果法律规定得过于严格，可能会导致医务人员在诊疗活动中大量采取保守性至防御性治疗措施，对于存在风险的治疗方案避而远之，这最终不利于患者利益。法律在制度上为医务人员从事医学科学技术的探索和创新提供保障，从终极目标上看符合为广大患者利益服务的需要。

对经患者同意实施实验性诊疗发生不良后果的责任承担。在许多科研、教学医院，经常有经过国家有关部门批准用于临床试验的药物、试剂、治疗仪器

---

① 参见黄薇主编：《中华人民共和国民法典解读·侵权责任编》，中国法制出版社2020年版，第429页。

② 参见最高人民法院民法典贯彻实施工作领导小组主编：《中华人民共和国民法典侵权责任编理解与适用》，人民法院出版社2020年版，第479页。

等在病人身上试用。对于患者签字同意进行实验诊疗发生不良后果的，医疗机构不承担责任。但试用必须按试验性诊疗的有关规定执行，必须说明使用的目的及可能会产生的不良后果或副作用，必须征得患者本人同意，并签订协议书。[①]

其实，《最高人民法院公报》在方某凯诉某安医院医疗损害赔偿纠纷案中指出：第一次手术中清创不彻底与伤口感染并发骨髓炎之间存在因果关系，这是显而易见的事实。判断某安医院应否对此承担责任，不仅要看二者之间的因果关系，更要看导致某安医院不能履行彻底清创职责的原因是什么。正如多名医学专家分析的，方某凯的伤情决定了如果要保住这条腿，客观上难以一次彻底清创。"两害相权取其轻，两利相权取其重"，是人们面临两难问题时理智的选择。保住这条腿，是医院和患者的共同期望，因此当某安医院预告手术后可能出现的并发症时，方某凯及其亲属仍签字同意手术。当预料的风险出现后，方某凯闭口不谈自己事先愿意承担这个风险，只想以彻底清创是医院的职责为由追究医院的责任，这样的诉讼理由是不正当的。从以上引述的手术记录可以看到，被上诉人某安医院对上诉人方某凯行植骨术时，除手术医师外，还有正副助手各1名、护士1名、麻醉人员1名，记录的手术全过程流畅、真实，符合操作规范，并无不当。方某凯没有任何其他根据，仅以其在术后X光片中未发现植入新骨为由怀疑某安医院的植骨术，申请切开活体进行探查，这样的鉴定没有必要，该申请不予采纳。正如专家所言，骨髓炎并发骨头坏死以及手术后过度运动造成的再次骨折，是使方某凯左下肢因骨头重叠而短缩的原因。植骨术植入的新骨，只能加固骨折处的愈合，无法撑开骨折处的重叠。植骨术与腿短缩之间不存在因果关系，某安医院不能因此承担医疗事故责任。综上，当上诉人方某凯提起本案医疗损害赔偿的诉讼后，被上诉人某安医院已经以充分的证据证明了事实真相，完成了举证责任。一审认定的事实清楚，适用法律正确，判处适当，应当维持。方某凯的上诉理由不能成立，应予驳回。[②]该裁判意见表明，有风险的医疗行为如果是在征得患者及其亲属同意后实施的，风险责任应由患者及其亲属承担。

四、抗辩事由的证明

根据《全国民事审判工作会议纪要》（法办〔2011〕42号）之规定，医疗

---

① 最高人民法院侵权责任法研究小组编著：《〈中华人民共和国侵权责任法〉条文理解与适用》，人民法院出版社2010年版，第423页。

② 《最高人民法院公报》2004年第2期（总第90期）。

机构以损害是由于患者或者其近亲属不配合医疗机构进行符合诊疗规范的诊疗造成，或者医务人员在抢救生命垂危的患者等紧急情况下已经尽到合理诊疗义务，或者限于当时的医疗水平难以诊疗等为由，主张不承担赔偿责任的，应承担举证责任。

在医疗损害赔偿纠纷案件中，对当事人所举证据材料，法院则应根据法律、法规及司法解释的相关规定进行综合审查。因当事人采取伪造、篡改、涂改等方式改变病历资料内容，或者遗失、销毁、抢夺病历，致使医疗行为与损害后果之间的因果关系或医疗机构及其医务人员的过错无法认定的，改变或者遗失、销毁、抢夺病历资料的一方当事人应承担相应的不利法律后果；制作方对病历资料内容存在的明显矛盾或错误不能做出合理解释的，应承担相应的不利法律后果；病历仅存在错别字、未按病历规范格式书写等形式瑕疵的，不影响对病历资料真实性的认定。

五、对案例 77 的简要评析

在本案中，患者在中医院病理报告出来后，患者拒绝住院，并要求医生先开点对症治疗的口服药物，患者自行放弃了住院治疗。根据《民法典》第一千二百二十四条"患者在诊疗活动中受到损害，有下列情形之一的，医疗机构不承担赔偿责任：（一）患者或者其近亲属不配合医疗机构进行符合诊疗规范的诊疗；……前款第一项情形中，医疗机构或者其医务人员也有过错的，应当承担相应的赔偿责任"的规定，经过司法鉴定，中医院在治疗过程中存在一定的过错，其参与度微小。医疗损害责任适用过错责任原则，有过错就需要承担过错责任，中医院应当承担一定的赔偿责任，法院裁判让中医院承担原告合理损失部分的 10% 的赔偿责任，是合情合理合法的。

第五节　医疗产品责任

一、问题的提出

《民法典》第一千二百二十三条规定了医疗产品责任："因药品、消毒产品、医疗器械的缺陷，或者输入不合格的血液造成患者损害的，患者可以向药品上市许可持有人、生产者、血液提供机构请求赔偿，也可以向医疗机构请求赔偿。患者向医疗机构请求赔偿的，医疗机构赔偿后，有权向负有责任的药品上市许可持有人、生产者、血液提供机构追偿。"《医疗损害责任解释》界定了医疗产品之范围，创设了特殊的"单向追偿规则"，丰富了处理医疗纠纷的法律依据。但从体系解释的视角出发，医疗产品责任规定于《民法典》侵权责任编第六章"医疗损害责任"之中，该章与产品责任（第四章）并列，因而，其性质到底属于医疗损害责任还是产品责任，以及医疗产品、血液致害之责任应当如何构成及实现，值得研究。

在研究医疗产品责任之前，先看一则案例：

案例 78：植入体内钢板断裂，患者如何主张损害赔偿①

2018 年 7 月 21 日，柴某因右股骨中上段骨折、右小腿挫伤、右足挫伤到甲医院治疗。医院对骨折部位切开复位钢板固定术进行治疗，2018 年 8 月 15 日出院回家静养恢复。2019 年 4 月下旬柴某骨折部位疼痛，并伴有肿胀，2019 年 5 月 5 日到该院复查，发现手术部位固定的钢板发生断裂，导致骨折处又骨折且未愈合，并出现术后感染，2019 年 5 月 13 日柴某转入乙医院治疗，两次住院共支出医疗费 57647 元。

生效裁判认为，医疗产品不同于一般产品，尤其植入患者体内的医疗产品更是直接关系患者身体健康乃至生命安全，本案系因医疗产品断裂而产生的医疗损害赔偿纠纷，药品、医疗器械等医疗产品均符合产品的特征，而且医疗机构提供该类产品收取了相应费用，一定程度上其充当了销售者的角色，因此该类医疗产品产生的损害可以适用产品侵权责任的相关规定。本案不同于一般的医疗损害赔偿责任纠纷，医疗机构作为医疗器械的销售者，患者因使用医疗产品受到损害而向医疗机构提出赔偿请求时，医疗机构应当承担产品质量责任。本案中，柴某在甲医院购买并安装固定骨折的钢板后，术后因该钢板断裂，造成柴某二次损害，该事实并无争议，甲医院主张案涉钢板系合格产品，断裂系柴某使用不当造成，甲医院应当举证证明其植入柴某体内的钢板属于合格产品，并举证证明断裂系柴某人为原因导致，因甲医院并未举证证实上述事实成立，故其应当承担相应不利后果。本案赔偿费用合计 217720 元，甲医院应当予以全部赔偿。

---

① 参见黑龙江省哈尔滨市中级人民法院（2021）黑 01 民终 2183 号民事判决书。

上述案例涉及医疗产品责任问题。试问：如何理解医疗产品责任？如何理解医疗产品责任的法律适用？医疗产品责任的救济途径如何实现？

二、医疗产品责任是特殊产品责任

（一）医疗产品范围的界定

根据《民法典》第一千二百二十三条的规定，医疗产品包括药品、消毒产品、医疗器械三类。对此，《医疗损害责任解释》第二十五条第二款规定，本解释所称的"医疗产品"包括药品、消毒产品、医疗器械等。

药品、消毒产品、医疗器械的外延。"药品""消毒产品""医疗器械"合称为"医疗产品"。何谓药品？"药品"是用于预防、治疗、诊断人的疾病，有目的地调节人的生理机能并规定有适应症或者功能主治、用法和用量的物质，包括中药材、中药饮片、中成药、化学原料药及其制剂、抗生素、生化药品、放射性药品、血清、疫苗、血液制品和诊断药品等。

"消毒"是指"用物理、化学、生物等方法灭杀或清除致病的微生物"。[1]"药剂"是指"据药典或处方配成的制剂"。[2]因此，"消毒药剂"是用于消毒的制剂，而不属于"药品"概念中所包含的用于预防、治疗、诊断人类疾病的"化学原料药及其制剂"。

医疗器械是指单独或者组合使用于人体的仪器、设备、器具、材料或者其他物品，包括所需要的软件；其用于人体体表及体内的作用不是用药理学、免疫学或者代谢的手段获得，但是可能有这些手段参与并起一定的辅助作用；其使用旨在达到下列预期目的：（1）对疾病的预防、诊断、治疗、监护、缓解；（2）对损伤或者残疾的诊断、治疗、监护、缓解、补偿；（3）对解剖或者生理过程的研究、替代、调节；（4）妊娠控制。

血液不属于医疗产品。《民法典》第一千二百二十三条规定的"血液"仅指"人体内循环系统中的液体组织"。关于血液是否属于产品，不无疑问。在我国，因输血而感染丙肝或者艾滋病病毒的报道见诸媒体。血液是否属于产品的争议由此发生。梁慧星教授认为："血液不是加工、制作的，迄今的科学技

---

[1] 中国社会科学院语言研究所词典编辑室：《现代汉语词典》，商务印书馆2007年版，第1493页。

[2] 中国社会科学院语言研究所词典编辑室：《现代汉语词典》，商务印书馆2007年版，第1585页。

术和工业的发展，还不能制造血液。根据经济学基本知识，劳动可以创造产品、财富，但劳动不能创造血液。制造血液是活人身体的机能。"[1] 就此问题，《医疗损害责任解释》第二十五条第二款对医疗产品的界定，最高人民法院的立场则清晰可见，即血液并非医疗产品。

由于"血液"不是产品，血站（库）又具有公益性，所以，因输入不合格的血液造成患者损害之法律适用应有不同的立场——"对于输血感染案件，由血液提供者承担过错责任"。

（二）医疗产品责任：特殊的产品责任

医疗产品责任在性质上为产品责任，是一种特殊的产品责任。《民法典》第一千二百二十三条中受害患者"向医疗机构请求赔偿"的规定，目的在于方便受害患者行使求偿权，并未改变缺陷产品损害和输血感染损害两类侵权案件的归责原则和最终的侵权责任承担者。对于缺陷医疗产品损害案件，由生产者承担无过错责任，销售者承担过错责任；对于输血感染案件，由血液提供者承担过错责任。无论缺陷医疗产品致害或者不合格血液致害，医疗机构承担赔偿责任后，都当然有权向缺陷医疗产品的生产者、不合格血液提供机构追偿。

我国《民法典》第四章"产品责任"第一千二百零三条规定："因产品存在缺陷造成他人损害的，被侵权人可以向产品的生产者请求赔偿，也可以向产品的销售者请求赔偿。产品缺陷由生产者造成的，销售者赔偿后，有权向生产者追偿。因销售者的过错使产品存在缺陷的，生产者赔偿后，有权向销售者追偿。"但由于血液不是产品，药品、消毒药剂、医疗器械等虽然是产品但医疗机构并非《产品质量法》意义上的"销售者"，因此，医疗产品责任不是一般意义上的产品责任，不能要求医疗机构承担"销售者的产品责任"。正是由于这个原因，《民法典》第一千二百二十三条专门规定医疗产品责任。可以说，医疗产品责任虽类似于"销售者的产品责任"，但却并非一般意义上的产品责任。

医疗产品责任属于产品责任，应采无过错责任原则。因此，因医疗产品存在缺陷造成患者损害的，医疗产品的生产者或医疗机构即应承担侵权责任。换言之，医疗产品责任的构成要件为：医疗产品存在缺陷；患者受有损害；医疗产品缺陷与患者损害之间存在因果关系。

---

[1] 梁慧星:《裁判的方法》，法律出版社 2003 年版，第 148 页。

三、医疗产品责任的法律适用

《民法典》第一千二百二十三条规定的医疗产品责任，是产品责任在医疗损害责任领域的细化与强调，是为在患者遭受损失时给予明确的、直接的法律指引。医疗机构使用了缺陷医疗产品或者不合格血液制品，患者面对的医疗机构，产品上写明的是生产者，并不能知道谁是经营者。因此，没有规定经营者。当然，对经营者并不是不能追责。依照《民法典》第一千二百零三条的规定，缺陷医疗产品或者不合格血液制品也属于产品，依然可以根据该条追究经营者的责任。

《民法典》第一千二百二十三条的法理基础是给予患者两种选择权，使患者多一条救济的渠道；同时也赋予医疗机构的追偿权，向真正的责任人进行追偿。即使将药品上市许可持有人、生产者、血液提供机构和医疗机构作为共同被告进行审理，法院仍然可以判决由共同被告之一的医疗机构承担连带责任，并不能解决"有的医疗机构败诉后承担的赔偿金额过高"的问题。

根据《医疗损害责任解释》的有关规定，在司法实践中应当注意下列问题：

1. 患者因缺陷医疗产品或者输入不合格血液制品受到损害，起诉部分或者全部医疗产品或者不合格血液制品的生产者、销售者、药品上市许可持有人和医疗机构的，应予受理。患者仅起诉医疗产品或者不合格血液制品的生产者、销售者、药品上市许可持有人、医疗机构中部分主体，当事人依法申请追加其他主体为共同被告或者第三人的，应予准许。必要时，人民法院可以依法追加相关当事人参加诉讼。

2. 因医疗产品的缺陷或者输入不合格血液受到损害，患者请求医疗机构，缺陷医疗产品的生产者、销售者、药品上市许可持有人或者血液提供机构承担赔偿责任的，应予支持。医疗机构承担赔偿责任后，向缺陷医疗产品的生产者、销售者、药品上市许可持有人或者血液提供机构追偿的，应予支持。因医疗机构的过错使医疗产品存在缺陷或者血液不合格，医疗产品的生产者、销售者、药品上市许可持有人或者血液提供机构承担赔偿责任后，向医疗机构追偿的，应予支持。

3. 缺陷医疗产品与医疗机构的过错诊疗行为共同造成患者同一损害，患者请求医疗机构与医疗产品的生产者、销售者、药品上市许可持有人承担连带责任的，应予支持。医疗机构或者医疗产品的生产者、销售者、药品上市许可持有人承担赔偿责任后，向其他责任主体追偿的，应当根据诊疗行为与缺陷医疗产品造成患者损害的原因力大小确定相应的数额。输入不合格血液与医疗机构的过错诊疗行为共同造成患者同一损害的，参照适用。

四、对案例 78 的简要评析

在本案中，柴某到甲医院对骨折部位切开复位钢板固定术进行治疗，不但没有治愈，反而越来越严重，究其原因是手术部位固定的钢板发生断裂。因此，本案当属于医疗产品责任。医疗产品责任适用无过错责任原则，只有医疗机构证明患者系故意所为，否则就需要承担损害赔偿责任。根据《民法典》第一千二百二十三条"因药品、消毒产品、医疗器械的缺陷，或者输入不合格的血液造成患者损害的，患者可以向药品上市许可持有人、生产者、血液提供机构请求赔偿，也可以向医疗机构请求赔偿。患者向医疗机构请求赔偿的，医疗机构赔偿后，有权向负有责任的药品上市许可持有人、生产者、血液提供机构追偿"的规定，患者享有选择权，既可以向医疗机构请求损害赔偿，也可以向药品上市许可持有人、生产者请求损害赔偿。患者直接起诉医院，医院应当承担赔偿责任。医院在其赔偿之后，还可以依法向生产者、销售者行使追偿权。

第十五章

环境污染和生态破坏责任

本章概要

《民法典》侵权责任编第七章规定了环境污染和生态破坏责任，本章共计七个条文，对原《侵权责任法》第八章"环境污染责任"作了很大的修改、补充和完善。完善了环境私益侵权责任与环境公益侵权责任的类型结构和责任体系，为有效衔接《民法典》和生态环境保护的相关法律制度奠定了基础。

本章与原《侵权责任法》第八章"环境污染责任"的规定相比较，主要变化：一是增加了对环境污染和生态破坏责任的故意行为适用惩罚性赔偿原则：侵权人违反法律规定故意污染环境、破坏生态造成严重后果的，被侵权人有权请求相应的惩罚性赔偿。二是增加了生态环境修复责任：违反国家规定造成生态环境损害，生态环境能够修复的，国家规定的机关或者法律规定的组织有权请求侵权人在合理期限内承担修复责任。侵权人在期限内未修复的，国家规定的机关或者法律规定的组织可以自行或者委托他人进行修复，所需费用由侵权人负担。三是明确了生态环境损害赔偿范围：违反国家规定造成生态环境损害的，国家规定的机关或者法律规定的组织有权请求侵权人赔偿下列损失和费用：（1）生态环境受到损害至修复完成期间服务功能丧失导致的损失；（2）生态环境功能永久性损害造成的损失；（3）生态环境损害调查、鉴定评估等费用；（4）清除污染、修复生态环境费用；（5）防止损害的发生和扩大所支出的合理费用。

第一节　环境污染和生态破坏责任概述

一、问题的提出

《民法典》第九条规定："民事主体从事民事活动，应当有利于节约资源、保护生态环境。"《环境保护法》第二条规定："本法所称环境，是指影响人类生存和发展的各种天然的和经过人工改造的自然因素的总体，包括大气、水、海洋、土地、矿藏、森林、草原、野生生物、自然遗迹、人文遗迹、自然保护区、风景名胜区、城市和乡村等。"第六条规定："一切单位和个人都有保护环境的义务，并有权对污染和破坏环境的单位和个人进行检举和控告。"在现实生活中，"绿水青山就是金山银山"的理念已经深入人心，但打好蓝天净土碧水保卫战依然艰巨。

在研究环境污染和生态破坏责任之前，先看两则案例：

案例 79：本案原告能否因光污染主张损害赔偿[①]

原告李某购买住宅一套，并从 2005 年入住至今。被告甲公司开发建设的购物中心与原告住宅相隔一条双向六车道的公路，双向六车道中间为轻轨线路。购物中心与原告住宅之间无其他遮挡物。在正对原告住宅的购物中心外墙上安装有一块 LED 显示屏用于播放广告等，该 LED 显示屏广告位从 2014 年建成后开始投入运营，每天播放宣传资料及视频广告等，其产生强光直射入原告住宅房间，给原告的正常生活造成影响。自 2014 年 5 月起，原告小区的业主不断向政府公开信箱投诉反映，LED 巨屏的强光直射进其房间，造成严重的光污染，并且宣传片的音量巨大，影响了其日常生活，希望相关部门尽快对其进行整改。

[①] 详见最高人民法院指导案例 128 号。该案裁判要旨为：由于光污染对人身的伤害具有潜在性、隐蔽性和个体差异性等特点，法院认定光污染损害，应当依据国家标准、地方标准、行业标准，是否干扰他人正常生活、工作和学习，以及是否超出公众可容忍度等进行综合认定。对于公众可容忍度，可以根据周边居民的反应情况、现场的实际感受及专家意见等判断。

生效裁判认为，环境污染侵权责任属特殊侵权责任，其构成要件包括以下三个方面：一是污染者有污染环境的行为；二是被侵权人有损害事实；三是污染者污染环境的行为与被侵权人的损害之间有因果关系。因被告甲公司的光污染对原告李某造成了损害，应当承担侵权责任。据此判决甲公司从本判决生效之日起，立即停止其在运行购物中心正对原告李某住宅外墙上的一块LED显示屏对原告李某的光污染侵害；前述LED显示屏在5月1日至9月30日期间开启时间应在8：30之后，关闭时间应在22：00之前；在10月1日至4月30日期间开启时间应在8：30之后，关闭时间应在21：50之前。前述LED显示屏在每日19：00后的亮度值不得高于600cd/㎡。

案例80：原告能否诉请服务站污染环境致人损害 [①]

原告居住的院落坐北朝南，被告服务站经营场所维修车间后边的空院与原告家北界相邻。2018年12月25日，原告父亲向县环境监察大队投诉服务站废机油气味严重污染，对周围环境造成影响。该队对双方进行了调解，但双方未达成调解协议。2020年3月30日县环境监察大队再次到被告经营场所进行执法检查时，检查到维修车间地面上留有少量废机油，危房暂存间、废机油库房、厂区西北角车间内存在违法行为，市生态环境局某分局于2020年4月1日作出责令改正违法行为决定书，"未采取相应防范措施，造成危险废物扬散、流失、渗漏"，责令服务站立即改正违法行为。2018年4月3日至2019年5月29日，原告因哮病、热哮等疾病住院4次共计28天，共计花费26000元。

生效裁判认为，通过相关行政机关的处罚记录、法院生效判决等内容可以看出，被告在2017年5月之前经营汽车售后服务、三类机动车维修、车床加工等项目，其间产生废机油、汽油等行为，会对环境造成一定影响。本案中，原告出现反复咳嗽咳痰气喘、发作性胸闷、气短等症状，但上述症状产生原因与自身体质、外界环境、生活习惯等均具有关联性，并非单一因素造成疾病结果。被告服务站未能就自身经营产生的行为与原告损害结果之间不存在因果关系举证证明，故此本院认定被告存在侵权事实，给原告造成了一定的损害，应当予以赔偿。综合原告所患疾病种类、环境影响等因素综合确定被告服务站应对原告的损失承担40%的赔偿责任，即赔偿原告10400元。

[①] 陕西省渭南市中级人民法院（2022）陕05民终1750号民事判决书。

上述案例涉及生活中常见的污染环境纠纷。试问：环境污染和生态破坏责任的归责原则、构成要件如何？环境污染侵权责任的减轻和免责事由有哪些？

二、环境污染和生态破坏责任的归责原则

根据《民法典》第一千二百二十九条的规定，因污染环境、破坏生态造成他人损害的，侵权人应当承担侵权责任。"污染环境"是指对生活环境的污染。"破坏生态"是指对生态环境的破坏。[1] 污染环境与破坏生态，均属于环境侵权责任。侵权人因污染环境、破坏生态造成他人损害的，应当承担侵权责任。

关于环境污染侵权，诸多国家同时适用过错责任原则和无过错责任原则。在德国，环境污染损害分为经许可的营业活动的环境污染损害和一般活动的环境污染损害，前者适用无过错责任原则，后者适用过错责任原则。[2] 在日本，《公害对策基本法》规定了七大典型公害，仅有大气污染和水质污染造成危害适用无过错责任原则。[3] 在英美国家，就环境侵权提起侵权救济，可以过失、异常危险活动和妨害行为作为诉因，诉因不同，归责原则不同。以异常危险活动或妨害行为作为诉因，往往导致无过错责任原则的适用。

在我国，环境侵权责任作为一种特殊的侵权责任，适用无过错责任归责原则。依无过错责任原则，在被侵权人有损害、行为人有污染环境或者破坏生态行为且其行为与损害之间有因果关系的情况下，不论污染环境、破坏生态行为人主观上有无过错，都应对其污染、破坏造成的损害承担侵权责任。

值得注意的是，《民法典》第一千二百二十九条主要规范因工业生产或者其他人为活动造成环境污染、生态破坏而对他人的人身、财产造成损害的行为，相邻关系人之间的生活污染行为不包括在内。相邻关系人的环境污染发生在相邻不动产所有人或者占有人之间，造成损失主张赔偿的，适用侵权责任一般过错原则。[4]

---

[1] 黄薇主编：《中华人民共和国民法典解读·侵权责任编》，中国法制出版社 2020 年版，第 446 页。

[2] 蔡守秋主编：《环境资源法学教程》，武汉大学出版社 2000 年版，第 533 页。

[3] 蔡守秋主编：《环境资源法学教程》，武汉大学出版社 2000 年版，第 533 页。

[4] 黄薇主编：《中华人民共和国民法典侵权责任编释义》，法律出版社 2020 年版，第 177 页。

三、环境污染侵权责任的构成要件

根据无过错责任归责原则构成要件,环境污染侵权责任的构成要件包括:

1. 须有污染环境的行为。污染环境,即工矿企业等单位所产生的废气、废水、废渣、粉尘、垃圾、放射性物质等有害物质和噪声、震动、恶臭排放或传播到大气、水、土地等环境之中,使人类生存环境受到一定程度的危害的行为。

2. 须有客观的损害事实。即污染危害环境的行为致使国家的、集体的财产和自然人的财产、人身受到损害的事实。没有这种损害事实,不构成这种侵权行为。污染环境致人损害,其损害后果既有与其他侵权行为所造成的损害相同的共性,也有其自身的特殊性。共性表现为:它是侵害合法民事权益的后果;它具有法律上的补救性;它具有客观真实性和确定性。其特殊性表现为潜伏性和广泛性。

损害的潜伏性。多数侵权行为所造成的损害后果,都在侵害发生时或发生后不久即显现出来,但污染环境致人损害则不尽然。只有部分污染环境致人损害的后果较快显现出来,而大多数污染环境致人损害的后果尤其是损害他人健康的后果,要经过较长的潜伏期然后才能显现出来。这是因为受害者的病理发展有一个较长的过程。

损害的广泛性。大多数污染环境致人损害的案件,其损害都具有广泛性的特征。这一广泛性表现为:受污染地域广泛;受害对象广泛;受害的民事权益广泛。

3. 须有因果关系。污染环境行为与污染损害事实之间必须具有引起与被引起的客观联系。由于环境污染因果关系的特殊性,受害人往往难以证明因果关系的要件,为了保护受害者的民事权益,各国纷纷对举证责任分配进行了修正,实施举证责任转移或举证责任倒置。美国密歇根州1970年颁布了《环境保护法》,该法第3条规定:原告只要举出简单的证据,证明被告已经或可能污染水、空气等自然资源和公共委托的财产,请求便可成立。而被告若不承担责任,则要举出相反的证明。[①] 日本1970年颁布的《关于处罚有关人身健康的公害犯罪的法律》、德国1990年《环境责任法》等也有类似规定。我国《民法典》第一千二百三十条规定,因污染环境、破坏生态发生纠纷,行为人应当就法律规

---

① 金瑞林:《环境侵权与民事救济——兼论环境立法中存在的问题》,载《中国环境科学》1997年第3期。

定的不承担责任或者减轻责任的情形及其行为与损害之间不存在因果关系承担举证责任。由此可以看出，我国在环境侵权领域采用因果关系推定规则，即在污染环境侵权责任中，只要证明侵权人已经排放了可能危及人身健康或造成财产损害的物质，而公众的人身或财产已在排污后受到或正在受到损害，就可以推定这种危害是由该排污行为所致。正如立法机关所言，将污染行为与损害之间的因果关系的举证义务加于污染者，有利于保护受害人的合法权益。[①]

在污染环境致人损害的因果关系查找中，多因一果的因果关系形态经常出现。例如，数家工厂都向某一河流排污，河水被污染，饮用该河流河水的居民因此而感染某种疾病。于此情形，多个被告共同造成同类污染并致人损害，但受害人不能确切地指明谁为实际加害人。受害人只需证明"分别存在时间、地域和致损（害）物质的同一性，则可成立共同侵权行为的推定"。这种推定允许被告提出反证，如果任何一个被告能证明自己未在同一时间或同一地点排污，或者排出的致人损害的物质为另一种物质，则不承担共同侵权的责任。如果被告不能提出反证，则全体加害人应按排污量的比例分担责任或者平均负担赔偿责任。

四、环境污染侵权责任的减轻和免责事由

虽然环境侵权适用无过错责任归责原则，但并不意味着所有的污染损害都一定要承担责任。环境侵权损害赔偿的免责事由是指，环境法所规定的因环境污染造成他人财产和人身损害时，可以不承担民事赔偿责任的事由。《民法典》第一千二百三十条规定："因污染环境、破坏生态发生纠纷，行为人应当就法律规定的不承担责任或者减轻责任的情形及其行为与损害之间不存在因果关系承担举证责任。"《环境保护法》第四十一条第三款规定："完全由于不可抗拒的自然灾害，并经及时采取合理措施，仍然不能避免造成环境污染损害的，免予承担责任。"《水污染防治法》第五十五条第三款、第四款规定："水污染损失由第三者故意或过失所引起的，第三者应当承担责任。水污染损失由受害者自身的责任所引起的，排污单位不承担责任。"第五十六条规定："完全由于不可抗拒的自然灾害，并经及时采取合理措施，仍然不能避免造成水污染损失的，免予承担责任。"《海洋环境保护法》第九十二条规定："完全属于下列情形之

一，经过及时采取合理措施，仍然不能避免对海洋环境造成污染损害的，造成污染损害的有关责任者免予承担责任：（一）战争；（二）不可抗拒的自然灾害；（三）负责灯塔或者其他助航设备的主管部门，在执行职责时的疏忽，或者其他过失行为。"据此，环境污染侵权责任的减轻或者免责事由主要包括：不可抗力、第三人过错、受害人过错。

1. 不可抗力。从我国相关法律的规定来看，不可抗力并不是在所有情形下都能成为免责条件。我国《固体废物污染环境防治法》和《环境噪声污染防治法》未将不可抗力规定为免责条件；而《环境保护法》第四十一条、《大气污染防治法》第四十六条、《水污染防治法》第五十六条及《海洋环境保护法》第九十二条都将"不可抗拒的自然灾害"规定为免责条件。由此可见，我国有关环境立法对是否将不可抗力作为环境致害行为的免责条件持不同态度。根据上述规定，确定不可抗力免责时需要具备两个条件：一是损害必须完全由不可抗力导致，致害人才可以免责，倘若其他人为的因素是造成环境侵权的共同原因，则不能免除致害人的责任；二是行为人必须及时采取合理的措施才能免责，否则仍要对损害以及扩大的损害进行赔偿。

2. 第三人过错。第三人过错是指除原告和被告之外的第三人，对原告的损害的发生和扩大具有过错或因果关系，被告得依此主张减轻或者免除侵权的民事责任。完全是由于第三者的故意或者过失造成污染损害环境的，由第三者承担赔偿责任。

值得注意的是，根据《民法典》第一千二百三十三条"因第三人的过错污染环境、破坏生态的，被侵权人可以向侵权人请求赔偿，也可以向第三人请求赔偿。侵权人赔偿后，有权向第三人追偿"的规定，受害人有权向污染者请求损害赔偿，污染者不得拒绝赔偿，只能在承担赔偿责任之后，依法享有向第三人追偿的权利。

3. 受害人过错。受害人明知或应当知道自己的行为会发生损害自己的后果，而希望或放任此种结果发生，表明受害人对损害的发生具有故意或重大过失。受害人故意或重大过失，使排污人排出的有毒物质给受害人自己造成损害，排污人免予承担该损失的赔偿责任。

五、对案例 79、案例 80 的简要评析

1. 对案例 79 的简要评析

环境污染对人体健康造成的实际损害结果，不仅包括那些症状明显并可用

计量方法反映的损害结果，还包括那些症状不明显且暂时无法用计量方法反映的损害结果。光污染对人体健康可能造成的损害，目前已为公众普遍认识。

根据《民法典》第一千二百二十九条的规定，因污染环境、破坏生态造成他人损害的，侵权人应当承担侵权责任。

一是甲公司存在污染环境的行为。甲公司作为购物中心的建设方和经营管理方，其在正对受害人李某住宅的购物中心外墙上设置 LED 显示屏播放广告、宣传资料等，产生的强光直射进入李某的住宅居室，所产生的强光已超出了一般公众普遍可容忍的范围，就大众的认知规律和切身感受而言，该强光会严重影响相邻人群的正常工作和学习，干扰周围居民正常生活和休息，已构成由强光引起的光污染。甲公司使用 LED 显示屏播放广告、宣传资料等造成光污染的行为已构成污染环境的行为。

二是受害人李某的损害事实。光污染对人身的伤害具有潜在性和隐蔽性等特点，被侵权人往往在开始受害时显露不出明显的受损害症状，其所遭受的损害往往暂时无法用精确的计量方法来反映。但随着时间的推移，损害会逐渐显露。甲公司使用 LED 显示屏播放广告、宣传资料等所产生的强光，根据日常生活经验法则，势必会给李某的身心健康造成损害，应为公众普遍认可。

三是甲公司应当承担污染环境的侵权责任。《民法典》第一千二百三十条规定，因污染环境、破坏生态发生纠纷，行为人应当就法律规定的不承担责任或者减轻责任的情形及其行为与损害之间不存在因果关系承担举证责任。本案中，李某已举证证明甲公司有污染环境的行为及原告的损害事实。甲公司需对其在本案中存在法律规定的不承担责任或者减轻责任的情形，或甲公司污染行为与损害之间不存在因果关系承担举证责任。但甲公司并未提交证据对前述情形予以证实，对此被告应承担举证不能的不利后果，应承担污染环境的侵权责任，即应承担停止侵害、排除妨碍等民事责任。

2.对案例 80 的简要评析

根据《民法典》第一千二百三十条的规定，因污染环境、破坏生态发生纠纷，行为人应当就法律规定的不承担责任或者减轻责任的情形及其行为与损害之间不存在因果关系承担举证责任。据此，因污染环境、破坏生态发生侵权案件的因果关系实行举证责任倒置的原则，但并不意味着受害人无须承担其他证明责任，《环境侵权责任解释》第六条规定，受害人应证明被告实施了污染环境、破坏生态的行为或者具有其他应当依法承担责任的情形。本案中，对原告反复咳嗽咳痰气喘、发作性胸闷、气短等症状与服务站行为之间的关联性予以认可，因服务站不能证明其行为与原告的损害不存在因果关系，应当对因果关系予以认定，据此认定服务站环境污染侵权责任成立。

原告的人身受到损害，并非被告服务站污染一个因素所决定。原告的症状为常见病症，与自身体质、大气环境、生活习惯等均有关系，并非单一受油污气味污染而造成，法院综合考虑原告的病情、发病原因、周围环境等因素，认定服务站对原告的损失承担40%赔偿责任，并无不当。

第二节　环境污染和生态破坏责任的特殊责任

一、问题的提出

《民法典》对环境污染和生态破坏责任规定了一些特殊的责任形态，主要是：数人环境侵权责任份额的确定、惩罚性赔偿规则的适用、不真正连带责任的适用、生态环境修复责任、公益诉讼的赔偿范围。

在研究环境污染和生态破坏责任的特殊责任之前，先看两则案例：

案例 81：破坏生态造成严重后果的要承担惩罚性赔偿责任[①]

被告吴某刚长期在某长江水域放网捕鱼，并将所捕获的鱼放于该水域案涉一条带篷钢质清漂船船舱内，随后出售给他人以供食用。2021 年 2 月 6 日 12 时许，某市行政执法总队等相关人员对该长江水域进行检查，在案涉船舱内发现有 12 尾鲟鱼。同年 2 月 8 日，该案移交立案侦查，并将吴某刚抓获。后检察机关委托相关部门对本案中吴某刚捕捞长江鲟的行为造成水产资源的损失及后续生态修复措施进行评估，被捕获长江鲟涉及生态服务功能永久性损害估算价值为 843750 元。

生效裁判认为，一是就本案的生态服务功能损失数额问题，建议参照长江鲟成鱼、卵苗直接损失量、间接损失量对国家级野生保护动物长江鲟生态服务功能损害价值进行综合，估算生态损害赔偿费用为 843750 元。二是被告吴某刚应否承担惩罚性赔偿责任。长江鲟系国家一级保护野生动物，吴某刚长期在

---

① 详见重庆市第五中级人民法院（2022）渝 05 民初 39 号民事判决书。

长江流域禁渔区非法从事捕捞活动，猎捕 9 尾长江鲟用于买卖及食用，严重违反法律规定。同时，被告具有破坏长江生态的主观故意，导致长江鲟生态服务功能性损失高达 843750 元，应当认定为被告非法捕捞行为所造成的生态破坏后果严重。根据《民法典》第一千二百三十二条"侵权人违反法律规定故意污染环境、破坏生态造成严重后果的，被侵权人有权请求相应的惩罚性赔偿"的规定，被告承担惩罚性赔偿责任。据此判决：被告吴某刚应赔偿生态服务功能损失 843750 元，承担惩罚性赔偿金 506250 元。

案例 82：生态环境修复责任 [①]

2018 年 4 月始，张某新、童某勇合伙进行电镀作业，含镍废液直接排入厂房内渗坑。后王某平向张某新承租案涉场地部分厂房，亦进行电镀作业，含镍废液也直接排入渗坑。2018 年 12 月前后，两家电镀作坊雇人在厂房内挖了一口渗井后，含镍废液均通过渗井排放。2019 年 4 月，某区环境监测站检测发现渗井内镍浓度超标，严重污染环境。遂委托他人对镍污染河水和案涉场地电镀废液进行应急处置，并开展环境损害的鉴定评估、生态环境修复、环境监理、修复后效果评估等工作。某区生态环境局提起生态环境损害赔偿诉讼，请求判令三被告共同承担应急处置费等费用共计 6712571 元。

生效裁判认为，《民法典》第一千二百三十四条规定，国家规定的机关可以自行或者委托他人进行修复，所需费用由侵权人负担。根据《民法典》第一千二百三十四条"违反国家规定造成生态环境损害，生态环境能够修复的，国家规定的机关或者法律规定的组织有权请求侵权人在合理期限内承担修复责任。侵权人在期限内未修复的，国家规定的机关或者法律规定的组织可以自行或者委托他人进行修复，所需费用由侵权人负担"的规定，判决三被告共赔偿原告某区生态环境局应急处置费等费用共计 6712571 元，其中张某新、童某勇连带赔偿上述金额的 50%，王某平赔偿上述金额的 50%。

上述案例均涉及环境污染和生态破坏责任问题。试问：如何处理数人环境侵权责任份额？惩罚性赔偿规则如何适用？不真正连带责任在环境侵权责任中如何适用？如何处理生态环境修复责任？如何界定生态环境损害赔偿范围？

---

① 详见最高人民法院于 2023 年 1 月 12 日发布《人民法院贯彻实施民法典典型案例》（第二批）。

二、数人环境侵权责任份额的确定

根据《民法典》第一千二百三十一条的规定，两个以上侵权人污染环境、破坏生态的，承担责任的大小，根据污染物的种类、浓度、排放量，破坏生态的方式、范围、程度，以及行为对损害后果所起的作用等因素确定。该条明确了数人环境侵权中，各侵权人承担责任份额的确定。从文字表述来看，本条规定的内容显示数人环境侵权承担按份责任。但需要明确的是，本条仅系各侵权人之间责任份额的确定规则，并非规定数人环境侵权一概适用按份责任。具体而言，在数人因环境侵权对受害人承担连带责任后，各侵权人之间的内部责任份额要按照本条规定加以确定；在数人因环境侵权对受害人承担按份责任时，直接适用本条规定确定各自的责任份额。①

1. 共同环境侵权行为的责任承担。两个以上侵权人共同实施污染环境、破坏生态行为造成损害的，因存在共同意思联络，为共同加害行为，应当适用《民法典》第一千一百六十八条关于"二人以上共同实施侵权行为，造成他人损害的，应当承担连带责任"的规定。各共同侵权人对被害人承担连带责任后，按照本条规定确定各侵权人之间的责任份额。在适用无过错责任的环境侵权中，只要数个环境污染、生态破坏者之间存在共同故意或者共同过失，则构成共同侵权，应当承担连带责任。这种情形下，判断行为人承担连带责任的基础在于他们主观上的意思联络。对于此种类型的环境共同侵权行为的认定，遵循共同侵权的一般规则即可。

2. 无意思联络数人环境侵权的责任承担。两个以上侵权人分别实施污染环境、破坏生态行为造成同一损害的，因不存在共同意思联络，仅在损害后果上具备同一性，构成无意思联络数人环境侵权，应当适用《民法典》第一千一百七十二条关于"二人以上分别实施侵权行为造成同一损害，能够确定责任大小的，各自承担相应的责任；难以确定责任大小的，平均承担责任"的规定，由各侵权人承担按份责任，直接适用《民法典》第一千二百三十一条的规定确定各自的责任份额。

《民法典》第一千一百七十二条所规定的"能够确定责任大小的"，既包括《环境侵权责任解释》第三条第二款所规定的"每一个侵权人的污染环境、破

---

① 最高人民法院民法典贯彻实施工作领导小组主编：《中华人民共和国民法典侵权责任编理解与适用》，人民法院出版社 2020 年版，第 525 页。

坏生态行为都不足以造成全部损害"，又包括第三款所规定的"部分侵权人的污染环境、破坏生态行为足以造成全部损害，部分侵权人的污染环境、破坏生态行为只造成部分损害"。后者情形下，虽然足以造成全部损害的部分侵权人对全部损害承担责任，但其实这仍然是与其过错相当的"损害担责"原则的体现。换言之，在后者情形下，被侵权人可以对只造成部分损害的行为人主张部分损害，同时对足以造成全部损害的行为人主张全部损害；也可以仅对足以造成全部损害的行为人主张全部损害。

在造成部分损害的行为人不具备执行能力或未被起诉时，足以造成全部损害的行为人需要对全部损害承担责任，随后可行使追偿权；在造成部分损害的行为人具备执行能力时，对于共同造成损害部分，造成部分损害的行为人与足以造成全部损害的行为人内部根据各自责任大小确定相应的责任，难以确定责任大小的，平均承担赔偿责任。对全部损害中扣除共同损害后余下的部分，由足以造成全部损害的行为人承担责任。

两个以上侵权人分别实施污染环境、破坏生态行为造成同一损害的，虽不具备共同意思联络，但每一个侵权人的侵权行为都足以造成全部损害的，应当适用《民法典》第一千一百七十一条关于"二人以上分别实施侵权行为造成同一损害，每个人的侵权行为都足以造成全部损害的，行为人承担连带责任"的规定。所谓"足以"并不是指每个环境侵权行为都实际造成了全部损害，而是指即便没有其他侵权人的共同作用，独立的单个污染环境、破坏生态行为也有可能造成全部损害。是故，各行为人对被害人承担连带责任后，按照本条规定确定各自的责任份额。

两个以上侵权人分别实施污染环境、破坏生态行为危及他人人身、财产安全，其中一人或者数人的行为造成他人损害的，应当适用《民法典》第一千一百七十条关于"二人以上实施危及他人人身、财产安全的行为，其中一人或者数人的行为造成他人损害，能够确定具体侵权人的，由侵权人承担责任；不能确定具体侵权人的，行为人承担连带责任"的规定。在此种情形下，各个污染环境、破坏生态的行为人构成共同危险行为。能够确定具体侵权人且具体侵权人为两人以上的，由各侵权人承担相应的按份责任或连带责任。确定未造成他人损害的行为人不承担侵权责任。不能确定造成他人损害之具体侵权人的，由各个污染环境、破坏生态的行为人承担连带责任。各行为人在对被害人承担连带责任基础上，能够确定责任大小的，按照本条规定确定各自应当承担的责任份额；难以确定责任大小的，平均承担责任。①

三、惩罚性赔偿规则的适用

惩罚性赔偿，是指行为人恶意实施某种行为，或者对该行为有重大过失时，以对行为人实施惩罚和追求一般抑制效果为目的，法院在判令行为人支付通常赔偿金的同时，还可以判令行为人支付受害人高于实际损失的赔偿金。② 补偿性赔偿原则，一直是侵权损害赔偿所坚持的基本原则，但在环境侵权责任中逐步建立惩罚性赔偿制度，有利于充分救济受害人，有利于惩罚恶意侵权人，有利于警示他人不得实施类似行为。③ 对此，《民法典》第一千二百三十二条规定了惩罚性赔偿规则："侵权人违反法律规定故意污染环境、破坏生态造成严重后果的，被侵权人有权请求相应的惩罚性赔偿。"

根据《民法典》第一千二百三十二条的规定，结合《环境侵权惩罚性赔偿解释》的有关规定，适用环境侵权惩罚性赔偿规则应当注意下列问题：

1.侵权人实施了不法行为。侵权人的环境污染和破坏生态行为应当违反了法律规定。因为，惩罚性赔偿不同于普通环境侵权，其赔偿数额更高，具有普通环境侵权不具备的惩罚功能，构成要件应当更为严格。④ 根据《环境侵权惩罚性赔偿解释》第四条的规定，被侵权人主张侵权人承担惩罚性赔偿责任的，应当提供证据证明以下事实：（1）侵权人污染环境、破坏生态的行为违反法律规定；（2）侵权人具有污染环境、破坏生态的故意；（3）侵权人污染环境、破坏生态的行为造成严重后果。从司法解释上，对受害人的举证证明责任要求是较高的。

2.侵权人主观具有故意。侵权人的主观状态应当是故意，不宜将范围扩得过大。根据《环境侵权惩罚性赔偿解释》第六条的规定，法院认定侵权人是否具有污染环境、破坏生态的故意，应当根据侵权人的职业经历、专业背景或者

---

① 参见最高人民法院民法典贯彻实施工作领导小组主编：《中华人民共和国民法典侵权责任编理解与适用》，人民法院出版社 2020 年版，第 526—527 页。

② 最高人民法院民法典贯彻实施工作领导小组主编：《中华人民共和国民法典侵权责任编理解与适用》，人民法院出版社 2020 年版，第 532 页。

③ 黄薇主编：《中华人民共和国民法典解读·侵权责任编》，中国法制出版社 2020 年版，第 455 页。

④ 黄薇主编：《中华人民共和国民法典解读·侵权责任编》，中国法制出版社 2020 年版，第 456 页。

经营范围，因同一或者同类行为受到行政处罚或者刑事追究的情况，以及污染物的种类，污染环境、破坏生态行为的方式等因素综合判断。①

3.造成严重后果。侵权人的行为造成严重后果的，才可能构成惩罚性赔偿。根据《环境侵权惩罚性赔偿解释》第八条的规定，法院认定侵权人污染环境、破坏生态行为是否造成严重后果，应当根据污染环境、破坏生态行为的持续时间、地域范围，造成环境污染、生态破坏的范围和程度，以及造成的社会影响等因素综合判断。侵权人污染环境、破坏生态行为造成他人死亡、健康严重损害，重大财产损失，生态环境严重损害或者重大不良社会影响的，法院应当认定为造成严重后果。

4.惩罚性赔偿数额的确定。法院确定惩罚性赔偿金数额，应当以环境污染、生态破坏造成的人身损害赔偿金、财产损失数额作为计算基数。根据《环境侵权惩罚性赔偿解释》第十条的规定，法院确定惩罚性赔偿金数额，应当综合考虑侵权人的恶意程度、侵权后果的严重程度、侵权人因污染环境、破坏生态行为所获得的利益或者侵权人所采取的修复措施及其效果等因素，但一般不超过人身损害赔偿金、财产损失数额的二倍。因同一污染环境、破坏生态行为已经被行政机关给予罚款或者被法院判处罚金，侵权人主张免除惩罚性赔偿责任的，法院不予支持，但在确定惩罚性赔偿金数额时可以综合考虑。

在司法实践中，侵权人因同一污染环境、破坏生态行为，应当承担包括惩罚性赔偿在内的民事责任、行政责任和刑事责任，其财产不足以支付的，应当

---

① 《环境侵权惩罚性赔偿解释》第七条规定："具有下列情形之一的，人民法院应当认定侵权人具有污染环境、破坏生态的故意：（1）因同一污染环境、破坏生态行为，已被人民法院认定构成破坏环境资源保护犯罪的；（2）建设项目未依法进行环境影响评价，或者提供虚假材料导致环境影响评价文件严重失实，被行政主管部门责令停止建设后拒不执行的；（3）未取得排污许可证排放污染物，被行政主管部门责令停止排污后拒不执行，或者超过污染物排放标准或者重点污染物排放总量控制指标排放污染物，经行政主管机关责令限制生产、停产整治或者给予其他行政处罚后仍不改正的；（4）生产、使用国家明令禁止生产、使用的农药，被行政主管部门责令改正后拒不改正的；（5）无危险废物经营许可证而从事收集、贮存、利用、处置危险废物经营活动，或者知道或者应当知道他人无许可证而将危险废物提供或者委托给其从事收集、贮存、利用、处置等活动的；（6）将未经处理的废水、废气、废渣直接排放或者倾倒的；（7）通过暗管、渗井、渗坑、灌注，篡改、伪造监测数据，或者以不正常运行防治污染设施等逃避监管的方式，违法排放污染物的；（8）在相关自然保护区域、禁猎（渔）区、禁猎（渔）期使用禁止使用的猎捕工具、方法猎捕、杀害国家重点保护野生动物、破坏野生动物栖息地的；（9）未取得勘查许可证、采矿许可证，或者采取破坏性方法勘查开采矿产资源的；（10）其他故意情形。"

优先用于承担民事责任。侵权人因同一污染环境、破坏生态行为，应当承担包括惩罚性赔偿在内的民事责任，其财产不足以支付的，应当优先用于承担惩罚性赔偿以外的其他责任。

四、不真正连带责任的适用

环境污染造成损害是由于第三人的过错引起的，责任如何承担的问题。一般认为适用不真正连带责任，即指多数行为人违反法定义务，对一个受害人实施加害行为，或者不同行为人具有不同的行为而致使受害人的权利受到损害，各个行为人对产生的同一内容的侵权责任，各负全部赔偿责任，并因行为人之一的履行而使全体责任人的责任归于消灭的侵权共同责任形态。[1] 对此，《民法典》第一千二百三十三条规定，因第三人的过错污染环境、破坏生态的，被侵权人可以向侵权人请求赔偿，也可以向第三人请求赔偿。侵权人赔偿后，有权向第三人追偿。

本条规定中的"第三人"，是指侵权人与被侵权人以外的第三人，既不是环境污染者（控制、排放污染源的人）、生态破坏者，也不在权益受到损害的受害人之列。该第三人与侵权人、被侵权人之间也不存在诸如雇佣等法律上的隶属关系。实施污染环境、破坏生态行为的单位从业人员，属于单位环境侵权行为的施行者，其行为的侵权责任后果由单位承担。此外，本条规定中的"第三人"也非民事诉讼法上有独立请求权的第三人或者无独立请求权的第三人。一旦被侵权人依据本条起诉要求有过错的第三人承担环境侵权责任，则此第三人属于被告或者共同被告的地位，而非程序法上的第三人。

适用《民法典》第一千二百三十三条的规定时，一是明确被侵权人可以向侵权人损害赔偿。因为，环境侵权责任适用无过错责任原则，只要是侵权人因环境污染、破坏生态造成被侵权人损害的，侵权人就要承担侵权责任。二是被侵权人也可以向第三人请求赔偿。侵权人承担环境侵权责任的同时，因第三人的过错行为与损害后果之间存在法律上的因果关系，被侵权人也可以直接请求第三人承担侵权责任。请求第三人承担侵权责任，适用过错责任原则，需要符合一般的侵权行为构成要件。责任的承担与第三人的过错相匹配。三是被侵权人可以选择请求对象。被侵权人可以选择向侵权人请求损害赔偿，也可以向第

---

[1] 黄薇主编：《中华人民共和国民法典解读·侵权责任编》，中国法制出版社2020年版，第457页。

三人请求损害赔偿，还可以将侵权人、第三人一并起诉。四是侵权人有权向第三人追偿。因第三人行为的介入发生环境侵权行为，第三人的行为与损害后果之间存在因果关系，基于"自己行为自己负责"的朴素道理，第三人应当对其不法行为承担相应的责任。具体到个案，第三人最终应当承担多少份额的责任，需要结合具体案情具体分析，侵权人有权向第三人追偿。《环境侵权责任解释》第五条第二款规定，被侵权人请求第三人承担赔偿责任的，法院应当根据第三人的过错程度确定其相应的赔偿责任。

五、生态环境修复责任

《民法典》侵权责任编增加了生态环境修复责任规定，即第一千二百三十四条规定，违反国家规定造成生态环境损害，生态环境能够修复的，国家规定的机关或者法律规定的组织有权请求侵权人在合理期限内承担修复责任。侵权人在期限内未修复的，国家规定的机关或者法律规定的组织可以自行或者委托他人进行修复，所需费用由侵权人负担。本条与第一千二百三十五条作为《民法典》侵权责任编的新增条款，共同确立了环境公益侵权责任的基本规则，明确把生态环境公共利益纳入我国侵权责任法的保护对象，规定了环境公益侵权责任的特殊要件、修复和赔偿责任的承担以及环境公益损害之民事救济的请求权主体，为环境民事公益诉讼奠定了实体法基础，具有里程碑意义。[1]

生态环境修复责任的构成要件包括：一是侵权人违反国家规定。根据《民法典》第一千二百三十四条的规定，违反国家规定是承担生态环境修复责任的要件之一。立法机关认为，生态环境损害赔偿与一般环境侵权不能等量齐观，两种制度的价值取向有所不同，一般环境侵权注重于私人权益的保护，国家规定的排污标准有可能滞后于社会经济发展，不能放任私人权益遭受侵害。而在生态环境侵权中，只要经营者依法申请排污许可证并实现达标排放，便不应当承担行政法上的责任，生态环境损害赔偿的权利主体主要是国家机关，不宜令其承担生态损害赔偿责任。[2]二是生态环境损害。有损害才有赔偿，生态环境侵权依然要遵循民法的基本原则。生态环境损害，是指因污染环境、破坏生

---

① 最高人民法院民法典贯彻实施工作领导小组主编：《中华人民共和国民法典侵权责任编理解与适用》，人民法院出版社 2020 年版，第 548 页。

② 黄薇主编：《中华人民共和国民法典解读·侵权责任编》，中国法制出版社 2020 年版，第 462 页。

态造成大气、地表水、地下水、土壤、森林等环境要素和植物、动物、微生物等生物要素的不利改变，以及上述要素构成的生态系统功能退化。[①] 三是侵权行为与损害之间具有因果关系。侵权人承担环境侵权责任的必要条件就是侵权行为与损害之间具有因果关系。法律上的因果关系是指损害结果和造成损害的原因行为之间的关联性，目的是确定损害赔偿的基础。只有存在因果关系，请求权人才可以依据本法规定要求侵权人承担环境侵权责任。环境侵权具有长期性、复杂性的特点，有的污染物具有即时性、扩散性特点，有的环境要素本身具有自净能力，有的损害后果并不是及时出现，而是在污染累积到一定阶段才产生。对于环境公益侵权来说，侵害行为与生态环境损害后果之间因果关系的判断，需要因果关系的推定理论支撑以及鉴定评估等科学手段的辅助予以确定。

生态环境修复，是指将被污染或者破坏的生态环境予以修复，恢复其内在功能。与恢复原状在理论上是相通的，都是通过修理等手段将受损害的客体予以恢复。生态环境修复实际上是传统恢复原状在生态环境侵权领域的具体表达。[②] 生态环境修复责任承担的方式主要有两种：一是请求侵权人在合理期限内承担修复责任，二是自行或者委托他人进行修复。侵权人在合理期限内未修复的，权利人可以自行或者委托他人履行修复义务，所需费用由侵权人承担。

六、生态环境损害赔偿范围

生态环境损害赔偿范围，《民法典》第一千二百三十五条对此作了规定："违反国家规定造成生态环境损害的，国家规定的机关或者法律规定的组织有权请求侵权人赔偿下列损失和费用：（一）生态环境受到损害至修复完成期间服务功能丧失导致的损失；（二）生态环境功能永久性损害造成的损失；（三）生态环境损害调查、鉴定评估等费用；（四）清除污染、修复生态环境费用；（五）防止损害的发生和扩大所支出的合理费用。"具体而言：

1. 生态环境受到损害至修复完成期间服务功能丧失导致的损失。生态系统服务功能是指生态系统通过自身的作用循环提供给人类的效益或者对生态环境的效益，生态系统服务功能包括生态物质提供功能、生态控制功能、生命维持

[①] 参见 2017 年 12 月中共中央办公厅、国务院办公厅发布的《生态环境损害赔偿制度改革方案》。

[②] 黄薇主编：《中华人民共和国民法典解读·侵权责任编》，中国法制出版社 2020 年版，第 463 页。

功能与文化欣赏功能等。①《环境损害鉴定评估推荐方法（第Ⅱ版）》将期间损害定义为，生态环境损害发生至生态环境恢复到基线状态期间，生态环境因其物理、化学或生物特性改变而导致向公众或其他生态系统提供服务的丧失或减少，即受损生态环境从损害发生到其恢复至基线状态期间提供生态系统服务的损失量。

2. 生态环境功能永久性损害造成的损失。《环境损害鉴定评估推荐方法（第Ⅱ版）》从技术规范的角度对永久性损害作出了定义，是指"受损生态环境及其功能难以恢复，其向公众或其他生态系统提供服务能力的完全丧失"。永久性损害并非绝对不可恢复，而是"难以恢复"。权利人结合本区域生态环境损害情况开展替代修复。生态系统功能的永久性损害只能通过价值估算予以赔偿。

3. 生态环境损害调查、鉴定评估等费用。权利人为生态环境损害赔偿磋商和诉讼而支出的相关费用，侵权人应当予以赔偿。

4. 清除污染、修复生态环境费用。该部分包括清除污染费用和修复生态环境费用。

5. 防止损害的发生和扩大所支出的合理费用。防止损害的发生和扩大所支出的合理费用，属于应急处置费用中的防范性措施费用，是指为了防止、遏制环境损害发生、扩大，所采取的或者将要采取的必要、合理措施产生的费用。

七、对案例 81、案例 82 的简要评析

1. 对案例 81 的简要评析

长江鲟，又称达氏鲟，是我国长江上游特有鱼类，属于淡水定居型鲟鱼，主要分布于金沙江下游和长江中上游干流及其各大支流中，长江重庆江段系其重要栖息地。1988 年长江鲟被列为国家一级保护野生动物，1997 年被列入濒危野生动植物种国际贸易公约（CTES）附录Ⅱ保护物种，2010 年被世界自然保护联盟（IUCN）升级为极危级（CR）保护物种。2018 年 5 月 15 日，农业农村部出台《长江鲟（达氏鲟）拯救行动计划（2018—2035）》，严令禁捕的同时，明确提出开展长江鲟资源恢复和自然种群重建行动要求。

根据《生态环境侵权惩罚性赔偿解释》第八条"人民法院认定侵权人污染环境、破坏生态行为是否造成严重后果，应当根据污染环境、破坏生态行为的

---

① 黄薇主编：《中华人民共和国民法典解读·侵权责任编》，中国法制出版社 2020 年版，第 465 页。

持续时间、地域范围，造成环境污染、生态破坏的范围和程度，以及造成的社会影响等因素综合判断。侵权人污染环境、破坏生态行为造成他人死亡、健康严重损害，重大财产损失，生态环境严重损害或者重大不良社会影响的，人民法院应当认定为造成严重后果"之规定，吴某刚长期在长江水域进行非法捕捞活动，持续时间长达5年，非法捕捞国家一级保护野生动物长江鲟9尾，导致长江鲟生态服务功能性损失高达843750元，应当认定为后果严重。依据《民法典》第一千二百三十二条"侵权人违反法律规定故意污染环境、破坏生态造成严重后果的，被侵权人有权请求相应的惩罚性赔偿"的规定，吴某刚应当承担惩罚性赔偿责任。

应当树立正确的生态文明观，自觉遵守生态环境保护法律法规，共同善待生态环境，守护绿水青山，引导已经污染环境、破坏生态的侵权者主动修复遭受损害的生态环境。

2. 对案例82的简要评析

本案系人民法院适用民法典相关规定判决由国家规定的机关委托修复生态环境，所需费用由侵权人负担的典型案例。本案依法认定生态修复刻不容缓而侵权人客观上无法履行修复义务的，行政机关有权委托他人进行修复，并可根据《民法典》第一千二百三十四条直接主张费用赔偿，既有力推动了生态环境修复，也为民法典施行前发生的环境污染纠纷案件准确适用法律提供了参考借鉴。①

---

① 参见最高人民法院于2023年1月12日发布《人民法院贯彻实施民法典典型案例》（第二批）。

第十六章

高度危险责任

本章概要

　　《民法典》侵权责任编第八章"高度危险责任"共计九个条文，主要对高度危险责任的一般条款和几种典型的高度危险作业致害责任作出规定。

　　高度危险责任的一般条款是：从事高度危险作业造成他人损害的，应当承担侵权责任。《民法典》侵权责任编第八章对民用核设施、民用航空器、高度危险物和从事高空、高压、地下挖掘活动、高速轨道运输工具的致害责任及其不承担或者减轻责任的情形作了规定；同时对遗失、抛弃、非法占有高度危险物致害责任、高度危险场所安全保障责任、高度危险责任赔偿限额作出了规定。

第一节　高度危险责任概述

一、问题的提出

高度危险责任，是指从事高空、高压、易燃、易爆、剧毒、放射性、高速轨道运输工具等对周围环境有高度危险的作业或危险物造成他人损害，所应当承担的民事责任。高度危险作业或危险物致人损害实质规定了两类侵权行为，一类是高度危险作业致人损害，另一类是危险物致人损害。高度危险作业致害责任，是指行为人从事危险行为时造成了他人损害，应当承担的民事责任。高度危险作业主要包括从事高空建筑施工行为、供应或运送石油、液化气行为、存储运送核材料以及机动车和其他高速交通工具致人损害的行为等。危险物致害责任则指危险物的所有人或管理人在占有、管理危险物时造成他人损害的，应当承担的民事责任。[①]

在研究高度危险责任之前，先看一则案例：

案例83：由谁为受害人被高压电击伤"买单"[②]

2010年7月14日，徐某华在大塘公司位于某洞井附近的电线杆旁被高压电击伤。徐某华当日被送往县医院住院治疗，共计住院215天，支付医疗费126008元。2011年5月1日至19日，徐某华因右侧颈部疤痕皮下感染、颅顶部伤口感染再次住院18天，支付医疗费2997元。2010年7月至2012年2月，徐某华支付门诊费及药费3516元。经司法鉴定：徐某华的左上肢为五级伤残，颈、胸、腹部瘢痕为十级伤残；徐某华需立即安装肌电控制肩离断型假肢费用42000元，18岁前应根据其身体发育情况调整或更换假肢，18岁以后每6年更换一次假肢为宜。

供电公司与大塘公司签订的《高压供用电合同》约定：根据国家节能减排

[①] 何志：《侵权责任判解研究与适用》，人民法院出版社2009年版，第619页。

[②] 详见最高人民法院（2016）最高法民再140号民事判决书。

要求，为便于设备维护管理，大塘公司出资的电力负荷管理装置自愿移交给供电公司，由供电公司负责电力负荷管理装置的运行维护。事故发生地点的电线、变压器等电力设施的产权人为大塘公司。

生效裁判认为，本案各方对徐某华因高压输电线触电受伤的事实及受伤地点无争议，而高压输电线致人损害应适用无过错责任原则，本案争议焦点是承担责任主体的确定。高压电致人损害，经营人应当承担侵权责任。本案供电公司与大塘公司《供用电合同》约定，供电公司负责向事发之地的供电设施供用高压电流，即该公司通过使用该供电设施从事电流输送和供应作业获取经济利益，是高压电经营者，在本案应承担无过错侵权责任。同时，受害人对损害发生有过失才能减轻经营者责任，该过失应由经营者举证。本案中供电公司和大塘公司仅推断徐某华攀爬受伤，而未举出确切证据，不足以证明徐某华确有攀爬行为，要求徐某华监护人承担监护不力责任的证据不足，不予支持。据此判决：徐某华因高压电受伤产生的医疗费 132522 元、残疾赔偿金 64379 元、残疾辅助器具费 210000 元等共计 644113 元由供电公司于判决生效后 10 日内赔偿徐某华。

上述案例是一起典型的高度危险责任案例。试问：如何理解高度危险责任？其适用何种归责原则？构成要件如何？具体的免责或者减责事由有哪些？有无赔偿限额限制？

二、高度危险责任的法律意义

自原《民法通则》规定高度危险责任以来，立法上高度重视，单行法如《铁路法》《民用航空器法》、基本法如原《侵权责任法》和之后的《民法典》侵权责任编等作了规定。高度危险责任的法律特征表现为：[1]

1. 行为的高度危险性。高度危险责任所要求的危险的"高度性"是指某一种危险转变为现实损害的可能性很大，主要表现为高度危险物如易燃、易爆物品，剧毒、放射性物品，高速运输工具等造成他人损害的概率很大；或者虽然可能性不大，但一旦造成损害，其后果将会非常严重，如民用核设施一旦发生事故、民用航空器一旦失事，往往体现为受害人人数众多，且侵害对象多是生

---

[1]　参见最高人民法院民法典贯彻实施工作领导小组主编：《中华人民共和国民法典侵权责任编理解与适用》，人民法院出版社 2020 年版，第 580—581 页。

命健康权。

2.受害人特别保护的必要性。与行为的高度危险性相伴随的是受害人特别保护的必要性。高度危险责任是与现代高科技的发展密切相关的。科技的高度发达，各种构造极其紧密而复杂的机械及其成品，相继广泛运用于人类各种社会生活领域，而对此种机械及其成品的操作或使用，如关于核能的利用、航空器的操作等等，都是人力所不能完全控制的，这是高度危险责任得以产生的背景。与高科技密切相关的是，受害人虽然遭受了严重的损害，却很难举证加害人具有过失，若遵循传统的"无过错便无责任"的过错责任法理，则受害人很难得到应有的救济。受害人不仅难以证明危险作业人具有过失，甚至连因果关系都很难举证，因为高度危险行为的高科技性、多环节性等特点，使得因果关系的认定变得异常困难。诸此种种，都要求跳出传统的过错责任的窠臼，而设立新的责任方式，加重行为人的责任，以实现对受害人的救济，高度危险责任由是而生。

3.责任的无过错性。过错责任以行为人或责任人具有过错为必要，"无过错便无责任"。但高度危险责任却不同，其构成并不需要考虑加害人的过错，只要发生一定的损害后果，行为人就要承担相应的责任，此即无过错责任。

4.责任的受限性与分散性。高度危险责任的高度危险性、行为的无过错性以及损害后果的严重性决定了既需要对受害人给予救济，又需要限制、分散加害人的责任，于是两个与高度危险责任相伴生的制度产生了：一是责任限额制度。其一方面表现为责任范围的限制，即其赔偿范围一般限于财产损害，而不及于精神损害赔偿；另一方面表现为责任数额的限制，即便是财产损害，也不实行全部赔偿原则，而是实行部分赔偿原则。二是责任保险制度。从实践情况来看，责任保险与高度危险责任是互相促进、相互伴生的。

三、高度危险责任的归责原则

高度危险作业造成他人损害的，应当承担无过错责任，这也是大部分国家的普遍做法。[①] 由于作业以及物品的危险性，即使作业人或占有人（管理人）尽到最大注意义务，仍不能避免致人损害，因此各国立法都规定高度危险作业或危险物致人损害，作业人或占有人（管理人）承担无过错责任。规定现代高

---

① 黄薇主编：《中华人民共和国民法典解读·侵权责任编》，中国法制出版社 2020 年版，第 471 页。

度危险作业赔偿制度的立法源于 1838 年普鲁士《铁路企业法》，该法规定："铁路公司所运输的人及物，或因转运之事故对别的人及物造成损害，应负赔偿责任。容易致人损害的企业虽企业主毫无过失，亦不得以无过失为免除赔偿的理由。"随后大陆法系国家纷纷通过单行法来规定高度危险作业的侵权责任，如德国的《帝国责任义务法》《陆上交通法》《空中交通法》以及《安全利用核能和防范核能危险法》；加拿大的《核责任法》等，这些立法均对高度危险作业规定适用无过错责任原则。在英美法中，同样存在立法规范高度危险作业，如英国 1965 年颁布了《原子能装置法》和美国 1986 年颁布了《原子能法》均明确对于原子能引起的损害适用无过错责任原则，即使不可抗力也不能免责。在制定法以外，英美法院的法官也可以确认某些行为为高度危险行为，如打桩机的作业、运输和贮存易爆物品、用货车运输汽油等都属于高度危险行为，这些行为所致的损害适用无过错责任原则。

从《民法典》第一千二百三十六条"从事高度危险作业造成他人损害的，应当承担侵权责任"的规定看，从事高度危险作业造成他人损害的，就应当承担责任。行为人不能通过证明自己对造成损害没有过错而不承担侵权责任，只有在证明存在法律规定的不承担责任或者减轻责任的情形时，才能形成正当抗辩事由。因此，高度危险责任在归责原则上采用的是无过错责任原则。

高度危险作业或危险物致害适用无过错责任原则的理论依据主要有四种学说[①]：第一，风险说。作业人为自己利益而经营某项事业就应当承担由此所产生的风险。第二，公平说。作业人从其所支配的物或作业中获利，则应对此产生的损害承担责任。第三，遏制说。由事故原因的控制者承担责任，可以促使其采取防范措施遏制事故的发生。第四，利益均衡说。适用无过失责任，以实现损失的合理分配。就上述理论依据而言，笔者认为，高度危险作业属于营利性的营业活动，以风险说作为无过错责任的理论基础来解释高度危险作业致人损害的赔偿责任较合理。

四、高度危险责任的构成要件

《民法典》第一千二百三十六条对高度危险责任进行了一般性的规定，为司法实践处理法律未明确规范的高度危险行为提供了一个指导性原则。由本条

[①]　张新宝：《侵权责任法原理》，法律出版社 2005 年版，第 326 页。

规定可知，高度危险作业或活动是一种特殊的侵权行为，行为人即使无过错也必须承担责任，即危险责任的要件只有三个：（1）从事对周围环境有高度危险的作业；（2）产生了损害事实或有损害危险；（3）高度危险作业与损害之间存有因果关系。我国法官习惯于"三段论"的逻辑推演，如果一个事实符合这三个要件，那么行为人就必须承担相应的民事责任。[①]

1.从事对周围环境有高度危险的作业。高度危险作业，又称高度危险业务、高度危险来源，是指对"周围环境"具有较高危险性的活动。"周围环境"是指高度危险作业所影响的人们的财产或人身的安全状态，即高度危险作业发生事故可能危及范围内的一切人和财产，只有对这种安全状态构成严重威胁，才能称得上高度危险作业。脱离开周围环境，也就无所谓高度危险作业。这里所指的"周围环境"不同于环境侵权中的"环境"，环境侵权中的环境是指人们赖以生存的自然条件，如大气、水、土壤等。[②]高度危险作业，既包括使用民用核设施、民用航空器、高速轨道运输工具和从事高压、高空、地下挖掘等高度危险活动，也包括占有、使用易燃、易爆、剧毒和放射性等高度危险物的行为。

那么，在法律明确规定的高度危险作业以外，还有哪些行为可以被认定为高度危险作业？在理论和司法实践中，一般认为，具体行为构成高度危险作业应具备以下三个条件：（1）作业本身具有高度的危险性。也就是说，危险性变为现实损害的概率很大，超过了一般人正常的防范意识，或者说超过了在一般条件下人们可以避免或者躲避的危险。（2）高度危险作业即使采取安全措施并尽到了相当的注意也无法避免损害。日常生活中，任何一种活动都可能对周围人们的财产或人身产生一定的危险性，但高度危险作业则具有不完全受人控制或者难以控制的危害性。（3）不考虑高度危险作业人对造成损害是否有过错。[③]

高度危险责任的承担主体，应当是实际控制高度危险作业的客体并利用该客体谋取利益的人，实际上也就是高度危险作业的客体的占有人，既包括法人，也包括自然人；既可以是高度危险作业的客体的所有人，也可以是该客体的经营人和管理人。

---

① 何志、侯国跃主编：《侵权责任纠纷裁判依据新释新解》，人民法院出版社2014年版，第375页。

② 孙佑海主编：《侵权责任法适用与案例解读》，法律出版社2010年版，第352页。

③ 王胜明主编：《中华人民共和国侵权责任法释义》，法律出版社2010年版，第351页。

2. 产生损害事实或有损害危险。"有损害事实或者损害危险发生"是构成高度危险责任的结果条件，如果没有损害的事实产生，就不会导致危险作业人承担相应的民事责任。在举证责任的分配方面，是否存在损害的客观事实，由受害人负责举证。

受损害人的范围。高度危险作业对周围环境有重大的影响，它所造成的损害的范围也很宽泛，因此司法实践中常常有必要认定受损害人的范围，以确定可以获得赔偿的人。从审判实践来看，高度危险作业的受损害人主要包括三种：一是与高度危险作业本身无关的一般的第三人，如飞机坠落时，在农田里耕作的因为飞机爆炸而受伤的村民。二是与高度危险作业有特定的法律关系的人，比如在飞机事故中死亡的乘客、铁路事故中死伤的乘客等。三是高度危险作业的实际作业人，作业人一般为直接操者，如直接进行爆破作业的工人、飞机的驾驶人、火车司机等。[1]高度危险责任中的"他人"应当指前两种人员，而不包括高度危险作业的直接作业者。虽然对于高度危险作业中如乘客等是否包括在高度危险责任的他人范围法律规定不明确，实践中也多有争议，但从高度危险责任的立法本意来讲，凡是受高度危险责任作业损害的，都应当列入"他人"范围，"他人"主要是与"作业人"相对应的。对于"作业人"，他们不能作为高度危险作业致害的相对方，不能构成此类侵权案件的受害人，当他们因此而受到损害时，应基于其与工作单位的劳动关系、雇佣关系等请求赔偿。[2]

3. 高度危险作业与损害之间存有因果关系。受害人的损害须是高度危险作业所造成的，才能成立高度危险作业致害责任。也就是说，高度危险作业行为与损害后果之间须有因果关系。在通常情况下，这种因果关系须由受害人证明。但是，由于高度危险作业的危险性及专业性等问题，受害人往往只能证明高度危险作业与损害后果存在表面上的因果关系，甚至仅能证明高度危险作业是损害后果发生的可能原因，而不能确切地证明二者之间的因果关系。如放射性物质造成损害的，受害人就基本上无法证明损害发生的具体原因。因此，为切实保护受害人的利益，对于因果关系可以采用推定的方法，即由高度危险作业人

---

[1]　最高人民法院侵权责任法研究小组编著：《〈中华人民共和国侵权责任法〉条文理解与适用》，人民法院出版社 2010 年版，第 478 页。

[2]　最高人民法院侵权责任法研究小组编著：《〈中华人民共和国侵权责任法〉条文理解与适用》，人民法院出版社 2010 年版，第 478 页。

证明作业活动与损害后果没有因果关系。如果作业人不能证明，则推定有因果关系，高度危险作业的侵权责任即告成立。[①]

五、高度危险责任的免责或减责事由

高度危险责任虽然是一种无过错责任，但并非结果责任，也不是绝对责任，法律仍然可以规定某些免责的事由，即在作业人具备法定免责条件时，可以对造成的损害不承担赔偿责任或者减轻责任。

1.不可抗力。在高度危险责任中，不可抗力原则上是可以作为完全的免除责任事由的，但例外情况下，不可抗力的抗辩或免责效果仍然要受到限制，比如在某些案件类型中，不能以不可抗力作为抗辩事由。如《民法典》第一千二百三十八条关于民用航空器致害责任的规定中，仅规定受害人故意可以免责，并未规定不可抗力可以免责。此外，不可抗力的范围受到限制。虽然允许被告以不可抗力作为抗辩事由主张减责或免责，但对不可抗力的范围严加限制，比如《民法典》第一千二百三十七条规定的民用核设施致害责任仅将不可抗力限于战争等情形，则战争以外的其他不可抗力不能作为免责事由。

2.受害人故意。所谓受害人故意，指的是受害人明知自己的行为会发生损害自己的后果，却希望或放任此种结果的发生。受害人对损害的发生具有故意，足以表明受害人的行为是损害发生的唯一原因，因而与加害人的行为无关，从而免除行为人的责任。在高度危险责任中，受害人故意是具有普适性的免责事由。

受害人重大过失能否作为免除或减轻加害人责任的事由。对此，在高度危险责任中，受害人存在重大过失不能免除加害人的侵权责任，只能减轻加害人的侵权责任。《民法典》第一千二百三十九条规定："……被侵权人对损害的发生有重大过失的，可以减轻占有人或者使用人的责任。"第一千二百四十条规定："……被侵权人对损害的发生有重大过失的，可以减轻经营者的责任。"即在此情形下，被侵权人的重大过失仅是减责事由。

受害人存在一般过失，原则上不能作为高度危险责任的免责或减轻责任事由。

六、高度危险责任的限额赔偿

根据《民法典》第一千二百四十四条的规定，承担高度危险责任，法律规

[①] 最高人民法院民法典贯彻实施工作领导小组主编：《中华人民共和国民法典侵权责任编理解与适用》，人民法院出版社2020年版，第584—585页。

定赔偿限额的，依照其规定，但是行为人有故意或者重大过失的除外。这是从行业的发展和权利义务平衡的角度来看，法律必须考虑在严格责任的前提下，有相应的责任限额的规定。①

1.民用航空器致人损害的赔偿限额。《民用航空法》第一百二十八条第一款规定，国内航空运输承运人的赔偿责任限额由国务院民用航空主管部门制定，报国务院批准后公布执行。该条第二款规定，旅客或者托运人在交运托运行李或者货物时，特别声明在目的地点交付时的利益，并在必要时支付附加费的，除承运人证明旅客或者托运人声明的金额高于托运行李或者货物在目的地点交付时的实际利益外，承运人应当在声明金额范围内承担责任；本法第一百二十九条的其他规定，除赔偿责任限额外，适用于国内航空运输。该法第一百二十九条规定，国际航空运输承运人的赔偿责任限额按照下列规定执行：（1）对每名旅客的赔偿责任限额为16600计算单位；但是，旅客可以同承运人书面约定高于本项规定的赔偿责任限额。（2）对托运行李或者货物的赔偿责任限额，每公斤为17计算单位。旅客或者托运人在交运托运行李或者货物时，特别声明在目的地点交付时的利益，并在必要时支付附加费的，除承运人证明旅客或者托运人声明的金额高于托运行李或者货物在目的地点交付时的实际利益外，承运人应当在声明金额范围内承担责任。托运行李或者货物的一部分或者托运行李、货物中的任何物件毁灭、遗失、毁坏或者延误的，用以确定承运人赔偿责任限额的重量，仅为该一包件或者数包件的总重量；但是，因托运行李或者货物的一部分或者托运行李、货物中的任何物件的毁灭、遗失、损坏或者延误，影响同一份行李票或者同一份航空货运单所列其他包件的价值的，确定承运人的赔偿责任限额时，此种包件的总重量也应当考虑在内。（3）对每名旅客随身携带的物品的赔偿责任限额为332计算单位。该法第一百三十条规定，任何旨在免除本法规定的承运人责任或者降低本法规定的赔偿责任限额的条款，均属无效；但是，此种条款的无效，不影响整个航空运输合同的效力。该法第一百三十二条规定，经证明，航空运输中的损失是由于承运人或者其受雇人、代理人的故意或者明知可能造成损失而轻率地作为或者不作为造成的，承运人无权援用本法第一百二十八条、第一百二十九条有关赔偿责任限额的规定；证明承运人的受雇人、代理人有此种作为或者不作为的，还应当证明该受

---

① 黄薇主编：《中华人民共和国民法典解读·侵权责任编》，中国法制出版社2020年版，第494页。

雇人、代理人是在受雇、代理范围内行事。[①]

关于民用航空器致人损害赔偿责任限额，相关的规范性文件还有《国内航空运输承运人赔偿责任限额规定》。其第三条明确规定，国内航空运输承运人应当在下列规定的赔偿责任限额内按照实际损害承担赔偿责任，但是《民用航空法》另有规定的除外：（1）对每名旅客的赔偿责任限额为人民币40万元；（2）对每名旅客随身携带物品的赔偿责任限额为人民币3000元；（3）对旅客托运的行李和对运输的货物的赔偿责任限额，为每公斤人民币100元。该规定第四条明确，本规定第三条所确定的赔偿责任限额的调整，由国务院民用航空主管部门制定，报国务院批准后公布执行。第五条规定，旅客自行向保险公司投保航空旅客人身意外保险的，此项保险金额的给付，不免除或者减少承运人应当承担的赔偿责任。[②]

2. 核事故致人损害的赔偿限额。国务院2007年6月30日发布的《关于核事故损害赔偿责任问题的批复》第七条规定："核电站的营运者和核燃料贮存、运输、后处理的营运者，对一次核事故所造成的核事故损害的最高赔偿额为3亿元人民币；其他营运者对一次核事故所造成的核事故损害的最高赔偿额为1亿元人民币。核事故损害的应赔总额超过规定的最高赔偿额的，国家提供最高限额为8亿元人民币的财政补偿。对非常核事故造成的核事故损害赔偿，需要国家增加财政补偿金额的由国务院评估后决定。"按照这一规定，核电站等营运者对一次核事故所造成的损害事故的最高赔偿额为3亿元人民币，加上国家提供的最高限额8亿元，一次核事故造成损害的最高赔偿额为11亿元人民币。

七、对案例 83 的简要评析

在本案中，主要涉及下列法律问题：

1. 徐某华是否系因攀爬电杆才被高压电击伤，徐某华及其监护人对于损害的发生是否存在过错。徐某华表示其没有攀爬电杆的行为，是在电线杆跌落开关之下的正常活动中被下垂电线击伤的，供电公司在事故发生后才取走跌落开关。根据合同约定，分界点电源侧供电设施属供电公司，分界点负荷侧供用电

[①] 王胜明主编：《〈中华人民共和国侵权责任法〉条文解释与立法背景》，人民法院出版社2010年版，第296页。

[②] 王胜明主编：《〈中华人民共和国侵权责任法〉条文解释与立法背景》，人民法院出版社2010年版，第297页。

设施属大塘公司。供电公司并不能提供证据证明在事故发生之前其已拆除了跌落开关或者采取了正确规范的断开操作措施，其提出的跌落开关之下下垂的三根电线不可能携带高压电和徐某华存在故意攀爬电杆行为的主张仅是主观推断，无证据证明，不予支持。

2. 是否应当以电力设施的产权分界点作为确定从事高压活动经营者的标准，供电公司是否应当承担经营者的侵权责任。本案系高压电造成了徐某华的损害，在不能证明损害是因徐某华故意或者过失造成的情况下，谁是本案中从事高压电活动的经营者，谁就应当向徐某华承担侵权损害赔偿责任。从事高压电活动的经营者，既包括利用电力设施生产高压电用以出售的发电企业，也包括利用电力设施输送高压电以获取利润的供电公司，还包括利用电力设施使用高压电进行生产经营的用电单位，无论是发电企业，还是供电公司，或者是用电单位，在其从事高压电活动进行经营的高度危险作业过程中，造成他人损害的，均应依法承担损害赔偿责任。

3. 大塘公司是否应当对徐某华的损害承担管理者未尽管理义务的侵权赔偿责任。如果事故发生时大塘公司仍然在利用电力设施进行生产经营活动，或者供电公司尚未停止向其供电，无论作为经营者还是管理者，其均应采取妥善的安全保护措施并尽到充分的警示提醒义务；如果其没有做到，造成受害人受到损害，均应依法承担损害赔偿责任。但根据本案已经查明的事实，徐某华被大塘公司电力设施携带的高压电击伤，是在供电公司同意大塘公司停电申请并停止供应高压电之后发生的，事故发生的原因是供电公司采取的具体停止供电措施不当，而非大塘公司未尽管理者义务。因此，在本案中大塘公司不应当对徐某华的损害承担侵权赔偿责任。①

第二节　高度危险责任的具体形态

一、问题的提出

《民法典》第一千二百三十六条规定："从事高度危险作业造成他人损害

---

① 参见最高人民法院（2016）最高法民再 140 号民事判决书。

的，应当承担侵权责任。"本条是对高度危险作业致人损害责任承担的一般规定。高度危险作业，是指对"周围环境"具有较高危险性的活动。作业的形式和致人损害的情形可以具体区分为两种，一是当事人积极地实施具体的活动，故意追求使相对人遭受损害，或者非故意致使相对人在这些活动发生特殊情况时遭受损害，这种因为"活动"而致害的情形可以称为"危险活动致害"；二是当事人纵然在某些情形从事了作业活动，但是致害的主要原因不是当事人的活动，而是其所有、占有、遗失或者抛弃的高度危险作业活动的"客体"所具有的对周围环境的重大影响和特殊危险性，这种情形可以称为"危险物致害"。而《民法典》第一千二百三十七条到第一千二百四十三条就从高度危险物品致害和高度危险活动致害两个方面分类型进行了规定。

在研究高度危险责任的具体形态之前，先看两则案例：

案例 84：擅自委托他人处理危险物污染环境的责任承担 [①]

甲公司与乙公司、丙公司存有盐酸买卖关系，同时乙公司、丙公司委托甲公司处理生产后产生的废酸，甲公司委托没有取得危险废物经营许可证的被告蒋某从上述公司运输和处理废酸，蒋某从上述公司获得给予每车每吨一定金额的费用。2011 年 2 月至 3 月，蒋某多次指派其雇佣的驾驶员被告董某将 6 车废酸（甲公司 1 车、乙公司 4 车、丙公司 1 车）倾倒至红先河桥南侧 100 米处西侧的雨水井中，导致废酸经雨水井流入红先河，造成红先河严重污染。本次污染事故发生后，原告某镇政府为治理污染，花费 887266 元。甲公司被处以行政罚款 46 万元，乙公司、丙公司各被处以行政罚款 16 万元。

生效裁判认为：本案系环境污染侵权纠纷，审理中被告蒋某、董某对其违法行为不持异议。蒋某以营利为目的，在没有取得危险废物经营许可证的情况下，指派其雇佣的驾驶员董某将废酸倾倒至原告某镇政府境内通向红先河的雨水井中，造成红先河严重污染，其行为已构成违法，在其承担了刑事责任的同时，还应当承担民事赔偿责任，故蒋某应当赔偿原告某镇政府因治理污染而产生的经济损失 887266 元。被告董某虽为被告蒋某雇佣的驾驶员，但其对未经处理的废酸倾倒至雨水井可能造成的危害后果应当具有明显的预见能力，然其并未对此不法行为及时予以提醒或制止，而是盲目地听从蒋某的指派，故意将废酸倒入雨水井中导致红先河严重污染，因此，董某对于损害后果的发生具

[①] 详见《最高人民法院公报》2014 年第 4 期（总第 210 期）。

有重大过错，应当与其雇主蒋某承担连带赔偿责任。被告甲公司、乙公司、丙公司在生产过程中所产生的废酸属于危险废物，擅自处理生产过程中产生的废酸，对本次污染事故具有重大过错，理应与蒋某承担连带赔偿责任。法院酌情确定对损害后果由甲公司承担65%、乙公司承担20%、丙公司承担15%的连带赔偿责任。

案例 85：擅自进入车站内轨道致死的责任自负 ①

逝者杨某系二原告杨某某、侯某某之子，事发前就职于苏州市某科技公司。被告某公司南京站。2017年3月26日，杨某持票乘坐列车由苏州至南京南，该次列车于15时22分到达。杨某由第23站台西端下车后，沿第22站台（第22站台与第23站台共用一个平台）向东行至换乘电梯附近，后在换乘电梯及出站口周围徘徊。15时43分，D3026次列车沿21站台以约37千米/小时的速度驶入车站。杨某在列车驶近时，由22站台跃下并进入轨道线路，后迅即横穿线路向21站台方向奔跑，并越过站台间立柱，于列车车头前横穿线路。站台值班的车站工作人员发现后向杨某大声示警。列车值乘司机发现有人跃下站台，立即采取紧急制动措施并鸣笛示警，数据显示，列车速度急速下降。杨某横向穿越轨道，在列车车头前，努力向21站台攀爬，未能成功爬上站台。15时43分，列车将杨某腰部以下挤压于车体与站台之间，并由于惯性裹挟杨某辗转向前行驶35米后停止于21站台处，距正常机车停车位93米。车站工作人员于15时44分向南京市急救中心呼救，急救中心医务人员于16时5分到达现场。16时38分，参与现场施救的急救中心医务人员宣布杨某死亡，经对站台破拆，17时50分将杨某遗体移出站台。

生效裁判认为：一是被告是否已充分履行了安全防护、警示义务。铁路运输企业应当采取现实可能的措施，充分履行安全防护、警示等义务，但任何义务都应建立在现实可行的技术条件之上，事发站台，设置符合高速铁路设计规范的规定。杨某在事故发生之前，所处区域较为宽敞，在站台滞留时无任何异

---

① 详见《最高人民法院公报》2019年第10期（总第276期）。该案的裁判要旨为：在车站设有上下车安全通道，且铁路运输企业已经采取必要的安全措施并尽到警示义务的情况下，受害人未经许可，违反众所周知的安全规则，进入正有列车驶入的车站内轨道、横穿线路，导致生命健康受到损害的，属于《铁路法》第五十八条规定的因受害人自身原因造成人身伤亡的情形，铁路运输企业不承担赔偿责任。

常举动，也未向铁路工作人员求助，其跃下站台，事发突然，并无前兆。站台值班人员在发现有人横穿线路后，奔跑过去并进行喝止。本案情况属突发事件，无法预见并提前阻止。因此，在地面有警示标识、站台有广播提示、站台侧面有提示、站台有人值班的情况下，车站已充分履行了安全保障与警示的义务。二是被告在事故发生后，已尽其所能，所采取的应急救助措施并无不当。三是被告是否应对本起铁路交通事故承担赔偿责任。杨某属于未经许可，进入高度危险活动区域。本次事故的发生系由杨某引起，在车站设有安全通道的情况下，杨某横穿线路，造成损害，显然系引起本次事故发生的一方。对于本次事故，杨某作为完全民事行为能力人，受过高等教育，具备预测损害发生的能力，对于损害结果也具备预防和控制能力，其只要遵守相关规则，就不致发生本次事故。车站已采取了充分的警示与安保措施，并给予了行人在车站内的各项通行权利。铁路交通事故认定杨某违法抢越铁路线路是造成本起事故的原因，杨某负本起事故的全部责任。据此判决驳回原告的全部诉讼请求。

上述案例均属于高度危险责任纠纷。试问：如何把握高度危险责任的具体形态？

二、从事"两高一低"活动或者使用高速轨道运输工具致害责任

"两高一低"活动是指高空、高压和地下挖掘活动。所谓从事高空、高压作业致人损害，"高空""高压"究竟要多高，是一个经验判断的问题，无法界定一个绝对的标准。从事"两高一低"活动或者使用高速轨道运输工具致人损害时，如何承担责任？对此，《民法典》第一千二百四十条规定，从事高空、高压、地下挖掘活动或者使用高速轨道运输工具造成他人损害的，经营者应当承担侵权责任；但是，能够证明损害是因受害人故意或者不可抗力造成的，不承担责任。被侵权人对损害的发生有重大过失的，可以减轻经营者的责任。

根据《民法典》第一千二百四十条的规定，从事高空、高压、地下挖掘活动或者使用高速轨道运输工具造成他人损害的，经营者应当依据无过错责任原则承担侵权责任。经营者如果能够证明损害是因受害人故意或者不可抗力造成的，经营者不承担责任；如果经营者能够证明受害人对损害的发生有重大过失的，可以减轻经营者的责任。

三、民用核设施致害责任

根据《核安全法》第二条的规定，核设施包括：核电厂、核热电厂、核供汽供热厂等核动力厂及装置；核动力厂以外的研究堆、实验堆、临界装置等其他反应堆；核燃料生产、加工、贮存和后处理设施等核燃料循环设施；放射性废物的处理、贮存、处置设施。根据《民法典》第一千二百三十七条规定，民用核设施或者运入运出核设施的核材料发生核事故造成他人损害的，民用核设施的营运单位应当承担侵权责任；但是，能够证明损害是因战争、武装冲突、暴乱等情形或者受害人故意造成的，不承担责任。据此，该条针对的是民用核设施或者运入运出核设施的核材料发生核事故①造成的损害。

依据《民法典》第一千二百三十七条规定，承担责任主体是民用核设施的营运单位。依据《核安全法》第九十三条的规定，核设施营运单位，是指在中华人民共和国境内，申请或者持有核设施安全许可证，可以经营和运行核设施的单位。该法第五条规定，核设施营运单位对核安全负全面责任。民用核设施或者运入运出的核材料发生核事故的致害责任，实行无过错责任。为了更好地保护受害人，承担责任主体的免责情形仅仅限于受害人故意和战争、武装冲突、暴乱等情形，不包括一般规定的"不可抗力"。②

四、民用航空器致害责任

民用航空器属于高速、高空带来的高风险，如何处理民用航空器造成他人损害的民事责任？对此，原《民法通则》、《民用航空法》、原《侵权责任法》等均作了规定。《民法典》第一千二百三十八条规定，民用航空器造成他人损害的，民用航空器的经营者应当承担侵权责任；但是，能够证明损害是因受害人故意造成的，不承担责任。

根据《民法典》第一千二百三十八条的规定，承担责任主体是民用航空器的经营者。"经营者"主要包括从事运输旅客、货物运输的承运人和从事通用

---

① 根据《核安全法》第九十三条的规定，核事故，是指核设施内的核燃料、放射性产物、放射性废物或者运入运出核设施的核材料所发生的放射性、毒害性、爆炸性或者其他危害性事故，或者一系列事故。

② 黄薇主编：《中华人民共和国民法典解读·侵权责任编》，中国法制出版社2020年版，第474页。

航空的民用航空器使用人。[1]承担责任前提是民用航空器在使用中造成他人损害。包括两种情形：一是民用航空器在从事旅客、货物运输过程中，对所载运的旅客、货物造成的损害，经营者应当依法承担侵权责任。二是民用航空器对地面第三人的人身、财产造成的损害，经营者应当依法承担侵权责任。因此，该条既适用于民用航空器在航空运输期间造成的损害，又适用于民用航空器在飞行中对地面、水面的损害；既适用于民用航空器机上的损害，又适用于民用航空器对机外的损害。[2]民用航空器作为一种高速运输工具，经营者应当承担无过错责任。民用航空器经营者的免责情形仅仅限于受害人故意。言外之意，自然原因引起的不可抗力事件，造成他人损害的，民用航空器经营者仍然要承担侵权责任。当然，《民用航空法》针对不同情况，规定了较为详细的不承担责任和减轻责任情形，仍然要适用。这是因为，《民法典》第一千一百七十八条规定："本法和其他法律对不承担责任或者减轻责任的情形另有规定的，依照其规定。"

五、高度危险物致害责任

原《民法通则》第一百二十三条规定："从事高空、高压、易燃、易爆、剧毒、放射性、高速运输工具等对周围环境有高度危险的作业造成他人损害的，应当承担民事责任；如果能够证明损害是由受害人故意造成的，不承担民事责任。"原《侵权责任法》第七十二条对此也作了规定，《民法典》第一千二百三十九条在此基础上规定："占有或者使用易燃、易爆、剧毒、高放射性、强腐蚀性、高致病性等高度危险物造成他人损害的，占有人或者使用人应当承担侵权责任；但是，能够证明损害是因受害人故意或者不可抗力造成的，不承担责任。被侵权人对损害的发生有重大过失的，可以减轻占有人或者使用人的责任。"据此，该条调整的范围涉及的是易燃、易爆、剧毒、高放射性、强腐蚀性、高致病性等高度危险物。规范的行为是对高度危险物的占有或者使用。

根据《民法典》第一千二百三十九条的规定，承担责任主体是高度危险物的占有人和使用人。归责的原则是无过错责任。高度危险物造成他人人身、财

---

[1] 黄薇主编：《中华人民共和国民法典解读·侵权责任编》，中国法制出版社2020年版，第476页。

[2] 黄薇主编：《中华人民共和国民法典解读·侵权责任编》，中国法制出版社2020年版，第477页。

产损害，占有人或者使用人依法应当承担侵权责任。此处的"侵权责任"并不限于赔偿损失，而且包括在事故发生后，占有人或者使用人应当迅速采取有效措施，如组织抢救、防止事故扩大、减少人员伤亡和财产损失等。[①]占有人或者使用人能够证明损害是因受害人故意或者不可抗力造成的，不承担责任。如被侵权人对损害的发生有重大过失的，可以减轻占有人或者使用人的责任。

六、遗失、抛弃高度危险物致害责任

遗失高度危险物是指高度危险物的所有权人或者管理人非基于本人之意思对高度危险物丧失占有，高度危险物又无人占有且非为无主的动产的情形下的一种状态。抛弃高度危险物，是指所有人出于放弃所有权的意思表示，抛弃高度危险物且丧失对其的占有。遗失、抛弃高度危险物如何承担责任，《民法典》第一千二百四十一条规定，遗失、抛弃高度危险物造成他人损害的，由所有人承担侵权责任。所有人将高度危险物交由他人管理的，由管理人承担侵权责任；所有人有过错的，与管理人承担连带责任。

根据《民法典》第一千二百四十一条的规定，遗失、抛弃高度危险物的侵权责任主体主要集中在所有人以及管理人。危险物被遗失的，所有人对遗失物虽然丧失了占有，但是对该物并没有丧失所有权，仍然是自己的财产。这种遗失的危险物造成受害人损害，应当由物的实际权利人承担责任，因此，遗失的危险物因其自身的危险性质致人损害的，由其所有人承担民事责任。危险物被抛弃的，所有人就丧失了该危险物的所有权，如果被抛弃之后，该危险物由于其自身的危险性而致害他人，仍然产生侵权责任，虽然抛弃危险物的人已经丧失对该物的所有权，但是造成损害的原因还是抛弃者，对自己抛弃的危险物所造成的损害，只要这个危险物没有被别人占有或者别人没有对此产生所有权，还要由抛弃物的所有人承担责任。

七、非法占有高度危险物致害责任

非法占有高度危险物造成他人损害，应当如何承担侵权责任。对此，《民法典》第一千二百四十二条规定，非法占有高度危险物造成他人损害的，由非法占有人承担侵权责任。所有人、管理人不能证明对防止非法占有尽到高度注

[①]　黄薇主编：《中华人民共和国民法典解读·侵权责任编》，中国法制出版社2020年版，第481页。

意义务的，与非法占有人承担连带责任。

根据《民法典》第一千二百四十二条的规定，非法占有高度危险物造成他人人身、财产损害的，由非法占有人承担侵权责任。这是因为，按照高度危险物致害责任原理，一般由实际控制人承担侵权责任。在高度危险物被非法占有的情况下，高度危险物已经脱离所有人或者管理人的实际占有，由非法占有人实际控制，应当由非法占有人承担无过错侵权责任。当然，高度危险物的所有人、管理人未尽到高度注意义务，致使高度危险物脱离实际控制，应当与非法占有人承担连带责任。

本条"高度注意义务"强调的是一种善良管理人的注意。"实践中，把握高度注意义务可以参考以下几方面内容：（1）所有人和管理人要对高度危险物的风险有可预见；（2）所有人和管理人要采取足够的、谨慎的措施保证高度危险物的安全，避免对高度危险物失去占有，造成他人损害；（3）如果发生盗窃等非法占有情形，所有人和管理人能够制止并防止损害发生。"①

在连带责任的具体承担方面，"如果是所有人自己占有高度危险物的，由所有人与非法占有人承担连带责任。如果所有人将高度危险物交由他人管理的，由管理人和非法占有人承担连带责任。如果所有人和管理人都有过错的，所有人、管理人和非法占有人一起承担连带责任。需要指出的是，所有人、管理人和非法占有人承担连带责任的前提是，所有人、管理人不能证明对防止他人非法占有尽到高度注意义务。也就是说，是否尽到高度注意义务的举证责任在所有人、管理人，如果他们不能证明已尽到高度注意义务，就推定其有过错，应当与非法占有人承担连带责任，受害人可以要求所有人、管理人和非法占有人中任何人，部分或者全部承担侵权责任"。②

八、高度危险场所安全保障责任

高度危险责任的类型非常复杂，一般来说，对于高度危险作业活动，即高度危险作业人积极、主动地对周围环境实施具有高度危险的活动，作业人应当承担无过错责任。适用无过错责任原则一个非常重要的特点就是其免责或者减

---

① 最高人民法院侵权责任法研究小组编著：《〈中华人民共和国侵权责任法〉条文理解与适用》，人民法院出版社2010年版，第515页。

② 王胜明主编：《中华人民共和国侵权责任法释义》，法律出版社2010年版，第377—378页。

责事由仅限于法律规定，即只有在法律明文规定不承担责任或者减轻责任的情况下，作业人才可以提出抗辩。否则，即使存在《民法典》侵权责任编第二章规定的对于其他侵权责任一般适用的不承担责任或者减轻责任的情形（如受害人过错等），高度危险作业人仍然无法减轻或者免除责任。但是，高度危险责任中除了这一类对周围环境实施积极、主动危险活动的高度危险作业外，还包括另一类，它并非积极、主动实施对周围环境造成高度危险的活动，而是因其管理控制的场所、区域具有高度危险性，如果未经许可擅自进入该区域，则易导致损害的发生，即高度危险活动区域或者高度危险物存放区域责任。如果将对高度危险场所、区域的控制和管理也视为高度危险活动，这一类高度危险活动是静态的，不像高度危险作业活动一样对周围环境实施了积极、主动的危险。虽然二者都属于高度危险责任，但在免责和减责事由上，应有所区别。[①]据此，《民法典》第一千二百四十三条规定，未经许可进入高度危险活动区域或者高度危险物存放区域受到损害，管理人能够证明已经采取足够安全措施并尽到充分警示义务的，可以减轻或者不承担责任。

根据《民法典》第一千二百四十三条的规定，管理人承担侵权责任的构成要件有：一是受害人未经许可进入高度危险活动区域或者高度危险物存放区域受到损害。二是管理人未采取足够安全措施或者并未尽到充分警示义务。判断管理人是否尽到了安全保护和警示义务的问题，首先要依据相应的法律法规的规定，其次在实务上要依危险活动或者危险物的危险程度的高低来确定其安全保护或者警示义务的高低，同时还要根据受害人的情况来判断该种安全保护或者警示是否足以起到相应作用，而不宜按照一般注意义务为判断标准。该条关于减轻或者免除管理人责任的规定是基于过失相抵的原理而设定的。受害人未经许可进入高度危险区域，同时管理人又已经采取了足够安全措施并尽到了充分警示义务，则表明受害人明知是危险区域或者因受害人自身重大过失而进入，受害人对因此而受到的损害有重大过错。这一重大过错包括故意和重大过失。三是高度危险物或者高度危险作业与损害后果之间有因果关系。进入高度危险活动区域或者高度危险物存放区域，是受害人遭受损害的基本条件，如果受害人不进入危险区域，则会避免损害的发生。同时，此损害后果必须是高度危险物或者高度危险作业造成的，这也是管理人

---

① 黄薇主编：《中华人民共和国民法典解读·侵权责任编》，中国法制出版社2020年版，第492页。

承担侵权责任的基本要件。[①]

九、对案例 84、案例 85 的简要评析

1. 对案例 84 的简要评析

我国对危险废物污染环境防治实行污染者依法负责的原则。产品的生产者、销售者、进口者、使用者对其产生的危险废物依法承担污染防治责任，应向环保主管部门申报危险废物的种类、产生量、流向、贮存以及处置等资料，同时应按照国家规定交由有相应处理危险废物资质的单位进行处理。危险废物产生者未依法申报危险废物的具体情况，擅自委托不具备处理危险废物资质的单位或者个人处理危险废物的，属于违反污染防治责任的行为。因上述违法行为造成环境污染事故的，危险废物的产生者对于相关损害结果的发生具有放任的故意，不能以其并非直接的环境污染侵权人为由免除法律责任，又由于危险废物产生者的擅自委托行为系环境污染事故的必要条件，故应与危险废物的实际处理者承担连带责任。存在多个生产者的，可结合各自违法处理危险废物的数量以及对事故发生所起的作用等因素分担责任。[②]

2. 对案例 85 的简要评析

《民法典》第一千二百四十三条规定，未经许可进入高度危险活动区域或者高度危险物存放区域受到损害，管理人能够证明已经采取足够安全措施并尽到充分警示义务的，可以减轻或者不承担责任。《铁路法》第五十八条规定，因铁路行车事故及其他铁路运营事故造成人身伤亡的，铁路运输企业应当承担赔偿责任；如果人身伤亡是因不可抗力或者由于受害人自身的原因造成的，铁路运输企业不承担赔偿责任。违章通过平交道口或者人行过道，或者在铁路线路上行走、坐卧造成的人身伤亡，属于受害人自身原因造成的人身伤亡。法律之所以如此规定，是基于铁路运输系高度危险作业，铁路线路给人们的正常通行带来了不便，严格的责任规定可以促使铁路企业在提供优质高效运输服务的同时，主动采取有效措施，避免和减少事故发生。但是，任何权利与义务都是对等的。承担严格责任的情况下，法律仍然赋予了责任人依法提出减轻责任甚至免责抗辩的权利，这也是均衡保护公平与效率理念的具体体现：一方面通过

---

① 参见最高人民法院民法典贯彻实施工作领导小组主编：《中华人民共和国民法典侵权责任编理解与适用》，人民法院出版社 2020 年版，第 631—634 页。

② 详见《最高人民法院公报》2014 年第 4 期（总第 210 期）。

补偿受害人实现社会公正，维护和保障弱势群体的权益；另一方面，对各方当事人的行为给予指引和制约，规范各参与方的行为，兼顾公平与效率，维护和保障高度危险责任人及其所属行业的发展，从而有效低高度危险行业损害事故的发生。

社会高速发展，参与主体多，运行节奏快，树立规则意识尤为重要。规则是一种约束，也是一种保护。遵守高铁交通规则，文明出行，是公民的义务，更是一份责任。杨某正值青春，遭遇不幸，殊可哀悯。奋斗的青春，应坚守规则，不可心存侥幸，更不能无视铁路安全警示规定。其跃下站台，横穿线路，最终酿成悲剧，不仅严重影响了铁路公共交通正常运行，还危及自身性命，给父母亲人造成巨大打击，教训惨痛，发人深省。规则意识发自内心，实践于行为，"不逾矩"是每个人"从心所欲"的前提。遵守规则，珍爱宝贵的生命，对家人负责，应是所有社会主体的共同追求。综上，杨某在被告已经采取安全措施并尽到警示义务的情况下，未经许可进入高度危险活动区域受到损害，属自身原因造成铁路交通运输事故。故原告要求被告承担侵权责任，赔偿损失 821056 元的诉讼请求无事实和法律依据，法院不予支持。①

---

① 详见《最高人民法院公报》2019 年第 10 期（总第 276 期）。

第十七章

饲养动物损害责任

本章概要

《民法典》侵权责任编第九章"饲养动物损害责任"沿用了《侵权责任法》第十章的规定，共计七个条文，基本没有变化。

饲养动物损害责任的一般条款，即"饲养的动物造成他人损害的，动物饲养人或者管理人应当承担侵权责任；但是，能够证明损害是因被侵权人故意或者重大过失造成的，可以不承担或者减轻责任"。同时，本章规定了违反管理规定饲养动物致害责任、禁止饲养的危险动物致害责任、动物园的动物致害责任、遗失或逃逸的动物致害责任、第三人过错致使动物造成他人损害责任的特殊情形。

第一节　饲养动物损害责任概述

一、问题的提出

在各类侵权行为中，饲养动物致人损害是一种特殊的形式，是一种间接侵权引发的直接责任，加害行为是人的行为与动物的行为的复合。动物侵权所引起的责任自古有之，已是一个老话题，但它永远都不会过时，并且随着社会的发展，人们物质生活水平的提高，人与饲养动物的关系将更加密切频繁，饲养动物致人损害将在所难免。

在研究饲养动物损害责任之前，先看一则案例：

案例 86：因"泰迪犬"靠近惊吓摔倒，"主人"赔偿 20 余万元 ①

2017 年 8 月 13 日 19 时 20 分 20 秒，原告欧某在丈夫陪同下徒步遇趴在台阶上休息的由高某饲养的一只棕色"泰迪犬"；该犬见欧某夫妻接近，站立起来向欧某方向走了两步，此时欧某与"泰迪犬"相距约 3 米；欧某见"泰迪犬"靠近，惊慌往其左侧避让时摔倒受伤。欧某受伤后即被送往医院住院治疗，支付住院医疗费 50328 元。后经司法鉴定，欧某的损伤被评定为 9 级伤残；后续治疗费约需 12000 元。

生效裁判认为，动物饲养人或者管理人有义务按规定饲养或者管理动物，并对动物采取安全措施，如其所饲养或管理的动物造成他人损害的，动物饲养人或者管理人应承担侵权责任，仅在被侵权人故意或者重大过失的情形下，才能减轻动物饲养人或者管理人的责任。本案中，欧某见"泰迪犬"靠近，往其左侧避让时摔倒受伤导致案涉损失产生，虽然犬只与人体不存在实际接触，但该伤害与犬只之间具备了引起与被引起的关系，动物饲养人或者管理人对此亦应当承担侵权责任。欧某本案所涉的损失系高某未规范饲养动物导致，高某应对欧某的案涉损失承担全部赔偿责任。据此判决：被告高某赔偿原告欧某 209775 元。

---

① 详见《最高人民法院公报》2019 年第 10 期（总第 267 期）。

上述案例，"泰迪犬"的主人因未尽到管理义务而赔偿受害人 20 余万元。试问：如何理解饲养动物损害赔偿责任？其归责原则如何？如何理解饲养动物损害责任的一般构成要件？如何理解饲养动物损害的责任主体？其免责事由包括哪些？

二、饲养动物致人损害赔偿的法律意义

饲养动物致人损害的民事责任是一项古老的法律规则。早在古罗马《十二铜表法》中，饲养的动物致人损害就以"私法"的一种为法律所规定。现代各国民法中，如《法国民法典》第 1385 条、《德国民法典》第 833 条、《日本民法典》第 718 条等法条中，都有饲养动物致人损害承担责任的法律规定。我国司法实践中亦出现过大量饲养动物致人损害的赔偿案件。

《民法典》第一千二百四十五条规定，饲养的动物造成他人损害的，动物饲养人或者管理人应当承担侵权责任；但是，能够证明损害是因被侵权人故意或者重大过失造成的，可以不承担或者减轻责任。本条所称的饲养，是指特定人基于本意通过提供食物的方式对动物进行培育和实际控制的行为。通常意义上家养宠物、牲畜、家禽，动物园中的动物，实验用的动物等都属于饲养的动物。饲养的实质是特定人在事实上承担起对自己饲养动物这一潜在危险源的作为义务。饲养动物的危险控制属于饲养人的责任领域，而野外环境生长、繁殖的动物则不存在责任领域的危险分配。饲养通常具有一定持续性并有固定饲养场所或设施，但对实际发生的时长和场所或设施条件在所不问，即便短暂饲养或者无固定场所饲养，仍然属于饲养的动物。例如，居民家中豢养的宠物狗、猫等长期在固定场所，固然属于饲养的动物，但对于临时收留的流浪狗、流浪猫，即便饲养时间短暂，缺乏固定场所或设施，依然应认定为饲养的动物。相反，当饲养的动物由于暂时遗弃、逃逸（饲养状态的松动）逐渐长期离开饲养人的控制，最终远离人类生产、生活变成野狗、野猫（饲养状态的脱离），则不宜认定为本法所称的饲养的动物。不过，这种无人饲养的流浪动物，如果重新被人饲养，则又属于饲养的动物（饲养状态的建立）。①

此外，在把握饲养动物的内涵时应注意两点：第一，饲养的动物处于逃逸、迷失期间，仍视为饲养；第二，饲养的动物应具有一般的社会危险性，这

---

① 参见最高人民法院民法典贯彻实施工作领导小组主编：《最高人民法院民法典侵权责任编理解与适用》，人民法院出版社 2020 年版，第 640—641 页。

与人们日常观念中的动物危险性不同。根据一般的社会观念，鸡、鸭、鹅等动物通常不会伤害人类，没有什么危险性，但并不能因此否认鸡、鸭、鹅等动物在侵权领域内的危险性。在观念上不具有危险性的动物并不一定不发生致害后果。[①]

三、饲养动物致人损害赔偿的归责原则

动物致害由所有人或管理人承担侵权责任是一项古老的原则。[②]日本、法国和德国的民法典等都有类似规定。对于动物致害适用的归责原则，各国法律的规定不统一，有的国家采过错推定责任原则，有的国家采用无过错责任原则进行赔偿。采过错推定责任原则的国家主要有日本，《日本民法典》第718条规定：动物的占有人，对其动物加于他人的损害，负赔偿责任。但是，按动物种类及性质，以相当注意进行保管者，不在此限。采过错责任原则的国家为英美，英美国家在认定动物侵权责任时，习惯将动物分为野兽和家禽、家畜或者分为危险动物和非危险动物。对于危险动物致人损害，适用无过错责任原则，而对于家禽、家畜致人损害，适用过错责任原则。采无过错责任原则的主要有德国、法国以及英美国家的危险动物致人损害的情况。《德国民法典》第833条规定：动物致人死亡，或者伤害人的身体或者健康，或者损坏物的，动物饲养人有义务向受害人赔偿由此发生的损害。《法国民法典》第1385条规定：动物的所有人或使用人在使用期间，对动物所造成的损害，不问该动物是否在其管束之下，或在走失或逃脱时所造成的损害，均应负赔偿责任。《阿尔及利亚民法典》第139条规定：动物管理人，即使他并非动物的所有人，应对动物致害的结果承担民事责任。《埃塞俄比亚民法典》第2071条规定：动物所有人对动物所致的任何损害承担责任，即使动物偶然逃脱其控制，或所致损害是不可预见的，亦是如此。

根据《民法典》第一千二百四十五条的规定，饲养动物造成他人损害的，动物饲养人或者管理人应当承担侵权责任。由此规定来看，饲养动物致人损害责任的一般归责原则是无过错责任原则。这一规定的目的就是要促使动物饲养人或者管理人能够认真、负责地担负起全面的注意、防范义务，以保护公众的

---

① 何志、侯国跃主编：《侵权责任纠纷裁判依据新释新解》，人民法院出版社2014年版，第398页。

② 何志：《侵权责任判解研究与适用》，人民法院出版社2009年版，第668页。

安全。① 但是，能够证明损害是因被侵权人故意或者重大过失造成的，可以不承担或者减轻责任。

特别值得注意的是，《民法典》第一千二百四十八条规定："动物园的动物造成他人损害的，动物园应当承担侵权责任；但是，能够证明尽到管理职责的，不承担侵权责任。"据此，动物园的动物致人损害责任的归责原则是适用过错推定责任，动物园负有高度注意义务，只有能够证明已经采取足够的安全措施，并尽到充分的警示义务，才能认定没有过错，则无须承担责任。②

由此可见，《民法典》规定饲养动物损害责任的归责原则以无过错责任为原则，以过错推定责任为例外的归责原则体系，调整不同的饲养动物损害责任。

四、饲养动物损害责任的一般构成要件

《民法典》第一千二百四十五条是关于饲养动物致人损害的一般规定，其适用的是较低的无过错责任原则。根据无过错责任的一般规则，饲养动物损害责任的一般构成要件主要包括三个方面：

1. 动物致害。动物的加害行为是指动物施加于他人损害的行为。该行为虽然是不在人的意志支配下进行的，且致害的主体是动物不是人，但本质上却是因为人对于其所管领的动物管理不当而导致他人损害的间接行为。根据是否有外力因素介入，动物的加害行为可以分为没有外力因素介入的动物加害行为和有外力因素介入的动物加害行为两种类型。没有外力的介入是指完全基于动物本身的危险习性，在不受外力强制或驱使下而导致损害，如狗咬人，鸡啄眼睛等，为典型的动物自主加害行为。在这种情况下，尽管各种动物加害行为的表现形式有差异，但都是源于动物的危险习性。而现实中的许多损害往往是由于外在因素的介入导致，此种外力因素包括非人为因素和人为因素。非人为因素导致动物加害行为，如基于某些自然因素促使动物加害，尽管此时并非动物完全自主的行为，但也是源于动物的危险习性的加害，不失其独立性，也应当归于动物的加害行为。人为因素导致动物加害行为，一是动物饲养者或管理者的因素，二是第三人的因素。如果人为因素属于故意，无论是饲养者或管理者还

---

① 黄薇主编：《中华人民共和国民法典侵权责任编释义》，法律出版社 2020 年版，第230 页。

② 参见黄薇主编：《中华人民共和国民法典解读·侵权责任编》，中国法制出版社 2020 年版，第 511 页。

是第三人，动物的致害都不属于动物致害责任的范畴，应当按照一般的侵权行为进行处理。此种情况下，动物被当作了侵权的工具，其是在人的驱使、支配下造成他人或物的损害，应为人的加害行为，而不是动物独立的动作致损，应适用一般侵权行为法的规定由行为人承担法律责任。[①]

2. 损害后果。《民法典》第一千二百四十五条将该要件表述为"造成他人损害"。所谓造成他人损害就是指受害人因饲养动物加害遭受的不利益，这种不利益通常表现为受害人人身或财产的有形损害。受害人人身遭受的有形损害表现为受害人生命权、身体权、健康权受损，从而引起的财产损失和精神损害，财产损失具体表现为医疗费、护理费、交通费等为治疗和康复支出的直接经济损失和误工费、将来预期收入等间接经济损失，精神损害具体表现为受害人人身受损导致的精神痛苦、精神利益减损或丧失等非财产损害；受害人财产遭受的有形损害表现为受害人的所有权或者其他有形财产权受损，如牛羊跑入他人田地毁损庄稼。受害人遭受的不利益，除了因有形损害而产生的人身损害、财产损害、精神损害外，还包括对他人生活或行动的妨碍，如狗叫严重影响邻人休息或恶狗经常站于路旁致儿童不敢经过以致不能上学等。

3. 因果关系。饲养动物损害责任中的因果关系，是指饲养动物的加害行为与受害人遭受的损害后果之间引起和被引起的关系，这是动物损害责任成立的重要条件，如果受害人的损害与动物的加害行为之间不存在因果关系，那么就不能构成损害责任。一般情况下，动物损害责任的因果关系比较容易判断，例如疯狗咬伤行人导致人身损害和财产损失、耕牛进入他人土地践踏庄稼等，但在某些情形下，动物损害责任因果关系并不直观清晰，因此，动物损害责任因果关系的判断标准应以相当因果关系为依据，即法官根据社会生活经验和公平观念来进行判断，以确定行为和损害结果之间是否具有因果关系。[②]据此，受害人损害与动物加害有直接因果关系的，自然构成侵权责任；有间接因果关系的，如果符合适当条件，仍可构成侵权责任，例如，马受惊后撞翻路旁的车辆，因车辆倒翻而砸伤他人货物，为有因果关系；动物咬伤他人，致感染而患败血

---

① 杨立新：《中华人民共和国侵权责任法条文解释与司法适用》，人民法院出版社 2010 年版，第 508 页。

② 陈聪富：《侵权法上之因果关系》，载《台大法学论丛》第 29 卷第 2 期。

症致死，也为有因果关系。[①]

五、饲养动物损害的责任主体

《民法典》第一千二百四十五条规定动物的饲养人或者管理人为赔偿责任的义务主体。动物的饲养人是指动物的所有人，动物的管理人是指实际控制和管束动物的人。根据法律规定，可以认为我国的立法采取了以控制力为中心的立法例，这与现今各国的立法潮流保持了一致，并充分展现了我国《民法典》的现代性。具体来讲，在确定饲养动物损害责任承担主体方面，应注意以下几个方面：

1. 受害人就致害动物为特定人所饲养或管理承担举证责任。根据《民法典》第一千二百四十五条规定，动物损害责任成立后，受害人应当向动物的饲养人或者管理人请求承担损害赔偿责任，那么受害人应当提供证据证明致害动物为特定的人所饲养或者管理，即致害动物的特定性。如果受害人不能提供足够的证据证明这种特定性，则应当承担举证不能的不利后果。但在司法实践中，有时原告要举证证明损害是由被告所饲养或管理的动物造成的会比较困难。这是因为动物致人损害事件的发生一般都较为突然，动物的饲养人或管理人有时并不在事发现场，而有的动物（如宠物狗）往往是一群在一起玩耍，不易分清和确定是哪个动物造成了损害，加之现场往往没有或很少有目击证人，所以原告往往很难证明损害是如何造成的。这种情况下，受伤害者应当立即报警，通过警方的报警记录和询问笔录来固定证据，以便在诉讼中主张自己的权利。另外，在一些管理先进的小区会有实时的监控录像，通过调取录像可以确定致人损害的动物。[②]

2. 致害动物的饲养人和管理人主体相同时，饲养人承担侵权责任。致害动物的饲养人与管理人是同一主体时，动物的占有关系和物权关系保持了一致，即动物的所有人就是动物的占有人，可以现实地支配动物并享受动物的利益。当然，动物的饲养人不一定亲自管领致害动物，饲养人可以通过雇佣的方式对动物进行管领，如饲养人不会用牛而雇请他人代耕土地。此时他人应被视为占

---

① 杨立新：《中华人民共和国侵权责任法条文解释与司法适用》，人民法院出版社 2010 年版，第 511 页。

② 罗东川等：《最高人民法院法官阐释侵权法疑难问题》，中国法制出版社 2010 年版，第 266—267 页。

有辅助人，因为没有独立的管领意思，占有辅助人的管领行为应等同于饲养人自己的管领行为。这种情况下，受害人仍应向动物的饲养人请求损害赔偿，受雇佣人不应承担侵权责任。

例如，李某诉陈某人身损害赔偿案[①]，基本案情：2001 年 10 月 27 日 6 时许，沈某使用陈某的耕牛（公牛），在为李某的承包地耕作时，一头母牛在路边走过，该牛兽性发作欲追母牛，沈某见状拉紧牛绳制止时，该牛转身连顶带踢将被告沈某掀翻在地，沈某危急之中连声呼喊"救命"，在附近田里劳动的原告李某闻声赶来，用铁叉赶开该牛，沈某被原告李某扶起来，该牛突然掉头冲向原告李某，原告李某躲闪不及，被撞倒在地，牛角戳进原告李某体内，及时赶到的其他村民赶走该牛。事后，其伤经医院被综合评定为九级伤残。原告李某向法院提起诉讼，主张陈某作为疯牛的饲养人，应承担疯牛伤人的民事责任。生效裁判认为：牛伤人的民事责任应当由牛的饲养人承担。原告是被牛顶伤的，牛的饲养人是被告陈某，原告无过错，被告陈某依法应承担牛致害原告的民事责任；虽然事故发生时，牛不在原告的管理之中，但是，由于雇佣关系的存在，被告沈某管理牛的行为应视为被告陈某的行为，沈某没有独立的管领意思，不是独立的管理人，牛因意外原因发狂伤人的民事责任应当由作为牛的饲养人（被告陈某）承担。

3. 致害动物的饲养人与管理人分离时，原则上对动物有实际控制权的管理人承担侵权责任。致害动物的饲养人和管理人主体不同时，一般应由对动物具有实际控制权的管理人承担侵权责任，这与我国立法上采取以控制力为中心的立法例相一致。但此时动物的管理人主观上必须有将管理利益归属于个人的意思，并且具有实际控制动物的行为。例如，动物的饲养人和管理人是租赁和借用关系，这种情况下致害动物已经脱离了饲养人的控制，由管理人实际控制和支配，管理人也有管领动物的主观意思，若仍由饲养人承担损害赔偿责任，则结果有失公平。因此应以管理人为赔偿义务人，承担赔偿责任。如果饲养人与管理人是委托关系，此时虽然动物的管理人有独立管理的意思，但其主观上有将管理利益归属饲养人的意思，在民法上可视为对致害动物的间接占有，仍应由饲养人承担赔偿责任。

---

① 江苏省盐城市中级人民法院（2002）盐民一终字第 965 号，详见国家法官学院、中国人民大学法学院编：《中国审判案例要览》（2003 年民事审判案例卷），中国人民大学出版社 2004 年版，第 242—246 页。

六、饲养动物损害责任的免责事由

1. 受害人的过错。损害的发生是由于受害人的过错引起的，动物的饲养人或管理人不承担民事责任。受害人的过错包括故意和过失。如故意挑逗动物而被动物咬伤，这是一种故意行为，这时对动物的致害后果，动物的饲养人或管理人不承担民事责任。受害人的故意行为引起动物致害事实的发生，其赔偿责任的承担是比较明确的。若受害人明知或已被别人告知该动物会伤人，而轻信能够避免或疏忽大意，靠近动物而被致害的属过失行为，因受害人的过失行为致害引起的赔偿，动物饲养人或管理人不能一概不承担民事责任。因情况比较复杂，有的属于共同过错，有的属于混合过错，应根据各自的过错程度轻重，确定各方的责任。如城市禁止居民养狗，城市养狗的人养狗的行为就已存在过错，违反了地方行政法规，如受害人对此狗致伤具有过错责任，可认定为双方的共同责任。

2. 第三人的过错。损害是由第三人的过错引起的，动物的饲养人或管理人不承担民事责任，由第三人承担民事责任。第三人是指受害人和动物的饲养人或管理人以外的人。第三人的过错也包括故意和过失两种情形，诱使或迫使动物致他人损害的为故意。在大多数场合，第三人的过错表现为，其实施诱发动物致害的动作的行为是故意的，但对动物所造成的损害结果则为过失。如某人故意驱打他人拴在木桩上的牛，致使牛挣脱而撞伤行人。如果能够证明损害是由第三人的过错引起的，或第三人承认过错责任的，则动物的饲养人或管理人不承担民事赔偿责任，而由第三人承担责任。

3. 免责约定。如果动物的饲养人或管理人与受害人之间存在着明示或默示的负责约定，且这种约定不违反法律，则是有效的，这样就可预先免除责任。如驯兽员与马戏团之间存在着预先免责的约定。但是，如动物具有某种危险恶癖，则动物的占有人负有告诫的义务，若其违反了这一义务，对动物造成的损害不能免责。我国民法上虽无该抗辩事由的规定，但从司法实践和习惯上看，亦应承认这一抗辩事由。

七、对案例 86 的简要评析

在本案中，受害人欧某摔倒致使身体受到损害，是基于案涉"泰迪犬"的靠近而受到惊吓所致，即由饲养动物致人损害。欧某受到损害后造成了九级伤残，各种合理费用 20 余万元，此损害与"泰迪犬"致害行为具有因果关系。同时，本案受害人的损害并没有证据证明欧某存在故意或者重大过失的情形，不能免除或者减轻饲养动物的饲养人的侵权责任。根据《民法典》第一千二百四十五条"饲养的动物造成他人损害的，动物饲养人或者管理人应当承担侵权责任；但是，能够证明损害是因被侵权人故意或者重大过失造成的，可以不承担或者减轻责任"的规定，承担赔偿责任的主体即"泰迪犬"的饲养人对欧某的损害承担全部的赔偿责任。

第二节　饲养动物损害责任的具体形态

一、问题的提出

《民法典》第一千二百四十五条规定了饲养动物损害责任的一般条款："饲养的动物造成他人损害的，动物饲养人或者管理人应当承担侵权责任；但是，能够证明损害是因被侵权人故意或者重大过失造成的，可以不承担或者减轻责任。"侵权责任编第九章"饲养动物损害责任"的其他条款规定了饲养动物损害责任的具体形态：违反管理规定饲养动物致害责任、禁止饲养的危险动物致害责任、动物园的动物致害责任、遗失或逃逸的动物致害责任、第三人过错致使动物造成他人损害责任的特殊情形。

在研究饲养动物损害责任的具体形态之前，先看一则案例：

案例 87：幼儿喂猴子被咬伤的民事责任如何承担 ①

2011 年 4 月 10 日上午，原告谢某阳与其父母至被告甲动物园游玩，当日 15 时许，原告及其家人行至灵长类动物展区时，原告穿过笼舍外设置的防护栏，给猴子喂食食物时，右手中指被猴子咬伤。事发时，甲动物园无工作人员在场，原告父亲向动物园相关部门投诉后，因情况紧急，自行带原告去医治并

---

① 详见《最高人民法院公报》2013 年第 8 期（总第 319 期）。该案裁判摘要为：如受害人或监护人确有过错，动物园可以减轻或者不承担责任。动物园作为饲养管理动物的专业机构，依法负有注意和管理义务，其安全设施应充分考虑到未成年人的特殊安全需要，最大限度杜绝危害后果发生。游客亦应当文明游园，监护人要尽到监护责任，否则亦要依法承担相应的责任。

报警。原告当日住院，于 2011 年 4 月 13 日出院。出院后，原告至其家附近的医院医治，用去医疗费 4058 元。原告于 2011 年 12 月 13 日至某假肢公司为其右手中指安装假肢，花费 2300 元。

生效裁判认为：动物园是一所对公众开放的公共场所，每年要接待成千上万的学龄前儿童，根据其专业能力应能预见此危险发生的可能性，而未采取必要补救措施，动物园有过错，未尽到其管理职责。本案中，原告事发时仅 4 周岁，没有民事行为能力，对喂食猴子等危险情况没有认知能力和处置特殊情况的能力。原告法定代理人带原告到动物园游玩并无不当，然而，在被告已书面告知警示情况下，原告法定代理人仍放松对原告危险警示教育和看护，导致原告穿过防护栏产生损害后果，故原告法定代理人有监管过失，应减轻被告的民事责任。原告谢某阳法定代理人未看护好无民事行为能力的原告导致原告擅自穿越防护栏，喂食猴子，是原告受伤的近因及主要原因，应当承担主要责任即承担本案确定赔偿总额的 60% 之责。被告甲动物园的防护栏存在安全瑕疵未有效阻止原告穿越，应承担次要责任即承担本案确定赔偿总额的 40% 之责。

上述案例涉及动物园的动物致人损害问题。试问：违反管理规定饲养动物致人损害如何承担责任？动物园动物致人损害如何承担责任？遗弃、逃逸动物致人损害如何承担责任？因第三人原因致使饲养动物致人损害如何承担责任？

二、违反管理规定饲养动物致害责任

《民法典》第一千二百四十六条规定，违反管理规定，未对动物采取安全措施造成他人损害的，动物饲养人或者管理人应当承担侵权责任；但是，能够证明损害是因被侵权人故意造成的，可以减轻责任。该条与原《侵权责任法》第七十九条相比，增加了但书关于减轻责任的内容，明确能够证明损害是因被侵权人故意造成的，可以减轻责任。该条与第一千二百四十五条具有特别法与一般法的关系，是对违反管理规定未履行危险源监督义务饲养人侵权责任的特别规定。

为规范饲养动物的行为，保护合法权益，美化生活环境，法律法规对饲养动物作了相当丰富和完备的规定。这里的所谓"管理规定"泛指以民法和行政法名义在国家层面和地方层面颁布的关于饲养动物的各类法律法规的总称。与饲养动物有关的法律法规数量较大、内容繁复，据不完全统计，部门规章达到

240 余部，地方性法规达 1000 余部。[①]

"未对动物采取安全措施造成他人损害"，是指饲养人未按照饲养动物的管理规定及时有效采取安全措施履行对动物的监督型作为义务。这一要件与"违反管理规定"具有表里关系，即只有未对动物采取安全措施在实质上对被侵权人制造了法禁止风险的行为，才是"违反管理规定"的行为；相应地，"违反管理规定"应作实质解释，只有那些在实质上违反了对饲养动物监督型作为义务，对被侵权人制造了法禁止风险的行为，才属于"违反管理规定"的行为，当然也必然满足"未对动物采取安全措施"的要求。[②]

与原《侵权责任法》第七十九条规定相比，本条增加了减轻责任事由的规定。根据本条规定，动物饲养人或者管理人能够证明损害是因被侵权人故意造成的，可以减轻民事责任，但不能免除民事责任。应该说，这一规定是适用过错相抵原则进行合理责任分配的产物。显然，本条属于动物饲养人或管理人有意违反了预防危险义务的情形，饲养人或管理人过错在先并且故意为之，过错程度较高。按照过错相抵的原则，即便被侵权人对损害具有故意，也不能完全抵销饲养人的过错。在此意义上，本条未规定免责事由，仅规定了减轻责任事由。[③]

三、禁止饲养的危险动物致害责任

《民法典》第一千二百四十七条规定，禁止饲养的烈性犬等危险动物造成他人损害的，动物饲养人或者管理人应当承担侵权责任。该条区别于一般动物致害的责任规定主要在于，如果饲养人违反规定饲养了禁止饲养的烈性犬等危险动物，其具有严重的过错，法律上应当适用更为严格的无过错责任，即只要该危险动物造成他人损害，即便受害人对损害的发生存在重大过失甚至故意时，也不得进行过失相抵。当然这一规定不限于法律、行政法规，对于违反地方性法规、规章，饲养了其列举目录中的危险动物的，在造成他人损害的情形

[①] 参见最高人民法院民法典贯彻实施工作领导小组主编：《中华人民共和国民法典侵权责任编理解与适用》，人民法院出版社 2020 年版，第 650 页。

[②] 参见最高人民法院民法典贯彻实施工作领导小组主编：《中华人民共和国民法典侵权责任编理解与适用》，人民法院出版社 2020 年版，第 652 页。

[③] 参见最高人民法院民法典贯彻实施工作领导小组主编：《中华人民共和国民法典侵权责任编理解与适用》，人民法院出版社 2020 年版，第 653 页。

下，饲养人或管理人都要承担侵权责任。

生活中，在人多且空间狭小的居民小区常会见到狗的主人带着大型犬、烈性犬悠闲自在地在公共场地溜达，有的甚至不拴狗链、不戴嘴套，给周围的居民尤其是老人以及小孩带来恐惧，狗咬人、伤人事件时有发生。动物饲养人总是认为自己的狗最听话、最温顺，不会咬人。但狗是否温顺只是相对而言，比如獒犬对主人很温顺，但是对陌生人就很凶狠。

与饲养动物损害责任的一般构成要件类似，禁止饲养的危险动物损害的构成要件也包括：其一，饲养的危险动物实施了加害行为；其二，禁止饲养的危险动物造成了损害后果；其三，二者之间存在因果关系。

四、动物园的动物致害责任

相对于普通的饲养动物来说，动物园的许多动物野生属性更多，具有较大的危险性。因此，《民法典》第一千二百四十八条明确规定："动物园的动物造成他人损害的，动物园应当承担侵权责任；但是，能够证明尽到管理职责的，不承担侵权责任。"根据该条规定，如果造成损害的动物是动物园所管理与控制，并且在动物园所控制范围内造成他人损害的，应由动物园承担侵权责任，这与一般的饲养人或者管理人作为责任主体有明显的不同。同时本条规定了不同于一般动物致害归责原则的过错推定原则，即由动物园对其是否尽到管理职责负举证责任，如果动物园能够证明自己尽到了管理职责的，就不承担责任。换言之，动物园负有高度注意义务，只有能够证明已经采取足够的安全措施，并尽到充分的警示义务，才能认定为没有过错。[①]

与饲养动物损害责任的一般构成要件类似，动物园动物致害的责任构成包括：其一，违法性，对此可以从两个方面进行理解，一方面是动物实施了加害行为，另一方面是动物园行为的违法性即动物园未尽到管理职责导致其保有的动物致害的侵权行为；其二，推定的过错；其三，动物园的动物造成了他人损害的后果；其四，二者存在因果关系。

五、遗弃、逃逸动物致害责任

遗弃、逃逸动物致害责任是一种特殊的动物致害责任，区别一般的动物致

---

① 黄薇主编：《中华人民共和国民法典侵权责任编释义》，法律出版社2020年版，第238页。

害责任主要在于，动物脱离了原饲养人或者管理者的占有，并在脱离占有期间造成他人损害，这种情形下责任主体的认定成为一个困扰实务的突出问题。因此，《民法典》第一千二百四十九条明确规定："遗弃、逃逸的动物在遗弃、逃逸期间造成他人损害的，由动物原饲养人或者管理人承担侵权责任。"这是对动物饲养人或者管理人责任的强化，之所以如此规定，主要出于两方面考虑。一方面是责任和权利相对应的客观要求，另一方面是由于动物的饲养人和管理人造成并维持了危险之源，给人类和社会带来了风险。

　　遗弃逃逸动物致害的责任构成要件：其一，动物的加害行为；其二，因果关系；其三，损害后果。上述三个要件是遗弃逃逸动物致害责任的共同要件。由于遗弃逃逸动物可划分为不同的类型，适用不同的归责原则，故此在对待过错这一要件上的态度要有所区别。对于遗弃逃逸的普通动物或者危险动物致害来说，适用无过错责任原则，过错不是责任的构成要件，对于遗弃逃逸的动物园动物致害来说，适用过错推定原则，过错是责任的构成要件之一。如魏某因被凌某夫妇走失小狗咬伤致死案。[①] 基本案情：某日，魏某与同学结伴回家途中，看到邻居凌某家丢失的小狮子狗，随即上前逗弄该狗，并想把其带回给凌某。但该狗却上来咬伤了魏某的腿部，并逃走。魏某回家发现出血后，抹了碘酒消炎。两年后的一天，魏某发烧呕吐，情绪烦躁，到医院就诊后，竟被诊断为狂犬病。其告诉医生自己在两年前曾被狗咬伤，医生告知其狂犬病潜伏期较长。不久后，魏某即因狂犬病去世。魏某的父亲随即提起诉讼，将凌某夫妇告上法庭，要求其承担损害赔偿责任。经当时与其结伴同行的同学证明，确定当年咬伤魏某的确系凌某夫妇家饲养的狮子狗。被告辩称，首先，该狗在几年前就走失了，其在事实上丧失了对该狗的控制能力，不应对此承担责任。其次，该伤害已发生近三年，身体受到伤害要求赔偿的，诉讼时效为一年，本案已过诉讼时效。综观本案，咬伤魏某并导致其患上狂犬病的狗的原饲养人经审理查明是本案被告凌某夫妇，虽然该狗已走失多年，不在被告实际控制范围内，但抛弃、逃逸的动物致他人损害的，原饲养人或管理人应承担赔偿责任。因此，被告认为动物已走失进而主张不承担责任的答辩理由，不能成立。根据医学知识，狂犬病的潜伏期较长，有的甚至长达十几年。本案诉讼时效应当自原告知道其患上狂犬病之日起算起，而不应从被伤害之日起计算。因此，被告认为本

---

　　① 陈观杰主编：《中华人民共和国侵权责任法条文精义与案例解析》，中国法制出版社2010年版，第279页。

案已过诉讼时效的理由，亦不能成立。被告依法应当对原告的损失承担民事赔偿责任。

值得注意的是，一是如果被饲养的动物脱离饲养人或者管理人回归自然后致人损害的，原动物饲养人或者管理人不再承担侵权责任，二是如果遗弃、逃逸的动物又被他人收养的，被收养后致人损害的，原饲养人或者管理人也不承担赔偿责任。

六、饲养人或者管理者不因第三人过错而免责

《民法典》第一千二百五十条规定，因第三人的过错致使动物造成他人损害的，被侵权人可以向动物饲养人或者管理人请求赔偿，也可以向第三人请求赔偿。动物饲养人或者管理人赔偿后，有权向第三人追偿。该条规定的"第三人"，是指受害人和动物的饲养人或管理人以外的其他主体。如第三人挑逗宠物犬致其伤人、第三人将铁笼中的藏獒放出伤人等。虽然从表面看是动物致人损害，但本质是第三人过错造成。[1]

第三人致害的本质是承担因其过错导致被侵权人损害的责任，适用过错责任原则。同时，在此情形下动物饲养人和管理人承担的是无过错责任，无论其是否有过错，因其具有饲养人或者管理人的身份，而需要对其饲养或者管理的动物致害承担责任。理解本条的归责原则从两方面出发：一是第三人的行为。第三人挑逗、投打、投喂动物或毁坏安全设施、警戒标志，致使受害人受到人身或财产损害的，实质上是人的行为造成损害，由行为人对其行为承担责任，其归责原则是过错责任原则，第三人应当承担赔偿责任。第三人的过错亦包括故意和过失两种形式，无论是哪一种形式，都不影响其承担责任。对于由于第三人的过错造成损害的事实，应由动物的饲养人或管理人负举证责任。二是受害人主张权利的方式。受害人因第三人的过错而受到侵害，其有权向动物饲养者或者管理者、第三人主张侵权责任。[2]

根据《民法典》第一千二百五十条的规定，因第三人的过错致使动物造成被侵权人损害的，被侵权人既可以请求第三人承担赔偿责任，也可以请求动物

---

[1]　最高人民法院民法典贯彻实施工作领导小组主编：《中华人民共和国民法典侵权责任编理解与适用》，人民法院出版社 2020 年版，第 674 页。

[2]　最高人民法院民法典贯彻实施工作领导小组主编：《中华人民共和国民法典侵权责任编理解与适用》，人民法院出版社 2020 年版，第 674 页。

饲养人或者管理人承担赔偿责任。当然，动物饲养人或者管理人对被侵权人赔偿后，有权向第三人追偿。

七、对案例87的简要评析

饲养的动物造成他人损害的，动物饲养人或者管理人应当承担侵权责任，但能够证明损害是因被侵权人故意或者重大过失造成的，可以不承担或减轻责任。本案事发地点灵长馆的笼舍系铁网状的封闭性笼舍，在笼舍外还另有金属隔离护栏，笼舍上也悬挂了"禁止跨越栏杆"等的警示牌。金属隔离护栏与铁质笼舍一样，都是起到防止灵长类动物伤及游客的防护作用。游园时不可穿越隔离护栏对每一个具有民事行为能力的人来说都应是明知的。受害人是4周岁男童，正是活泼好动而又缺乏危险意识的时期，谢某阳的监护人在对谢某阳进行文明游园安全教育的同时，更应严格监管防止发生意外，然而，其却脱离了监护人监护，发生了自行穿越防护栏并喂食猴子的行为，导致本案伤害的发生，因此，谢某阳的监护人存在重大过失。同时，动物园作为专门饲养管理动物的机构较一般动物饲养人有着更高的注意和管理义务。金属隔离护栏除警示的作用外亦应负担着一定的隔离作用，而护栏之间15厘米的间距，存在不能杜绝幼童钻入的可能性。事发后动物园不能及时进行手指被咬伤后的紧急善后处理，只能自行至医院求治，应当认定动物园未尽到管理职责，承担一定责任。因此法院酌定受害人一方承担60%的责任，动物园承担40%的责任。

第十八章

建筑物和物件损害责任

本章概要

　　为了避免"物件"似乎无法涵盖有关"建筑物"等情形，可能使人造成误解①,《民法典》侵权责任编第十章将原《侵权责任法》第十一章"物件损害责任"修改为"建筑物和物件损害责任"。所指建筑物和物件包括建筑物、构筑物或者其他设施及其搁置物、悬挂物、堆放物、妨碍通行物和林木等。建筑物和物件损害责任，是指建筑物和物件包括建筑物、构筑物或者其他设施及其搁置物、悬挂物、堆放物、妨碍通行物和林木等由于存在缺陷或者疏于管理、维护等，造成他人损害，侵权人应当承担的侵权责任。②

---

　　① 黄薇主编:《中华人民共和国民法典解读·侵权责任编》，中国法制出版社2020年版，第519页。

　　② 黄薇主编:《中华人民共和国民法典解读·侵权责任编》，中国法制出版社2020年版，第519页。

本章共计七个条文，主要规定了建筑物、搁置物或者其他设施倒塌、塌陷造成他人损害责任，建筑物、构筑物或者其他设施及其搁置物、悬挂物发生脱落、坠落造成他人损害责任，从建筑物中抛掷物品或者从建筑物上坠落的物品造成他人损害责任，堆放物造成他人损害责任，在公共道路上堆放、倾倒、遗撒妨碍通行的物品造成他人损害责任，林木造成他人损害责任，在公共场所或者道路上挖坑、修缮安装地下设施等造成他人损害责任，窨井等地下设施造成他人损害责任。

本章主要修改完善的内容是：明确了不动产倒塌致害责任的建设单位与施工单位对其他责任人有追偿权；完善高空抛物坠物治理规则，规定禁止从建筑物中抛掷物品，强调有关机关应当依法及时调查，查清责任人，并规定物业服务企业等建筑物管理人应当采取必要的安全保障措施防止此类行为的发生；增加了堆放物滚落滑落致害、果实致害的物件损害责任；明确了妨碍通行物致人损害的责任主体是公共道路管理人；强调了地下工作物损害责任的过失由施工人或者管理人承担举证责任。

第一节　建筑物和物件损害责任概述

一、问题的提出

建筑物和物件损害责任是一种古老的侵权责任，早在罗马法中就已经存在，被称为"准侵权"。在罗马法中，建筑物和物件损害责任包括了动物致人损害、建筑物等物件倒塌、物件坠落、大树倒下、抛掷物致人损害等。[1] 根据侵权行为法理论，侵权行为可分为一般侵权行为和特殊侵权行为两种，而特殊侵权又分为以下两种：一是与赔偿义务主体有某种特定关系的人员实施的致害行为，可称为人员侵权；二是由赔偿义务主体所有、使用、管理、作业、施工的物件或设施致他人损害的侵权，可称为物件侵权。物件侵权又称物件致人损害或建筑物及其他地上物致人损害责任，它是指建筑物以及其他地上物因设置或保管不善，给他人的人身或财产造成损害的特殊侵权责任。[2]

在研究建筑物和物件损害责任的概述之前，先看一则案例：

案例 88：因道路瑕疵致人损害时管理人的责任承担

12 月 14 日，王某驾驶摩托车行驶至大桥西头路段时，摩托车的前轮驶进该路段道路中间的凹槽内，造成摩托车失去平衡倒地。王某经抢救 22 天无效而死亡。经公安机关认定，道路存在凹槽，致使摩托车失去平衡而翻倒是造成事故的直接原因；王某驾车无违法行为、无过错行为，该事故不涉及第三方的损失，系交通意外事故。

生效裁判认为，道路、桥梁等人工建造的构筑物因维护、管理瑕疵致人损害的，由所有人或管理人承担赔偿责任。案涉大桥西头路段出现凹槽，可以认定作为该路段管理人的被告某公路局在管理、维护上存在瑕疵，又不能证明自己没有过错，应当赔偿由此给死者近亲属造成的损失。据此判决公路局赔偿受

---

[1] 参见王利明：《侵权责任法研究》（第二版），中国人民大学出版社 2016 年版，第 650 页。

[2] 王利明主编：《人身损害赔偿疑难问题》，中国社会科学出版社 2004 年版，第 487 页。

害人近亲属合理损失 60 万元。

上述案例涉及建筑物的致人损害问题。试问：如何理解建筑物和物件损害责任？建筑物和物件损害责任的归责原则如何确定？建筑物和物件损害责任的构成要件有哪些？

二、建筑物和物件损害责任的法律意义

日耳曼法和罗马法均有关于建筑物及其他工作物致人损害的赔偿责任。罗马法规定，建筑物崩塌所生损害，由其所有人承担赔偿责任。《法国民法典》第 1386 条规定："建筑物的所有人，对于因缺乏维护或因建筑物的缺陷所发生的坍塌而引起的损害，应负赔偿的责任。"《德国民法典》第 836 条（建筑物倒塌时的责任）规定："1. 因建筑物或与土地相连的工作物的倒塌，或因建筑物的或工作物的一部分剥落，致人死亡或损害人的身体或健康，或毁损财物时，土地的占有人，以倒塌或剥落系因建筑物有缺陷或保养不足的结果为限，负有向受害人赔偿由此而造成损害的义务。2. 如果占有人对防止危险已尽相当的注意者，不负赔偿的义务……"该法典在第 837 条和第 838 条中规定了建筑物占有人和建筑物保养义务人的责任。《日本民法典》第 717 条规定："土地工作物的设置或保存有瑕疵，致他人产生损害时，工作物的占有人对受害人负损害赔偿责任。但是占有人为防止损害发生尽了必要注意时，损害应由所有人赔偿。"《瑞士债务法》第 58 条规定："建筑物或其他工作物之所有人，对于因设计建造或保管有瑕疵所产生之损害，负赔偿责任。所有人对于因此应负责任之他人，得行使求偿权。"在英美法中，建筑物致人损害，分为在室内致人损害和在室外致人损害两种情形，均为侵权行为，得依过错或严格责任请求赔偿。可见，自罗马法、日耳曼法以来，民法均规定建筑物及其他工作物致人损害的赔偿责任。但是，这些规定存在诸多差异，如在直接致人损害物体的范围、责任人、归责原则等方面的规定都不尽相同。

建筑物和物件损害责任，我国的民事立法和司法一直都高度重视。原《民法通则》第一百二十六条对建筑物或者其他设施等物件致害责任作出了规定。在司法实践中，由于建筑物或者其他设施等物件致害责任的表现形式极为复杂多样，各种致害表现形式之间既有关联也有差异，笼统适用原《民法通则》第一百二十六条的规定，在归责原则、责任构成要件、责任主体、举证责任乃至追偿权行使等方面，学界和实务界不无争议。为细化立法条文，统一裁判规

则，回应司法实践的现实需要，最高人民法院先后制定发布的多项侵权责任司法解释，针对物件致害的主要表现情形，分别确立了物件致害责任的司法裁判规则。例如，针对堆放物倒塌致害，《民法通则意见》第一百五十五条规定"因堆放物品倒塌造成他人损害的，如果当事人均无过错，应当根据公平原则酌情处理"。依此规定，堆放物倒塌责任的判定适用过错责任原则，在双方均无过错的情形下，应当适用公平原则分担损害。在其后发布的 2003 年《人身损害赔偿解释》第十六条第一款第二项，在完善规定堆放物滚落、滑落致害的基础上，进一步明确堆放物滚落、滑落和倒塌致害一体适用过错推定责任。针对建设领域高发的"豆腐渣"工程致害，2003 年《人身损害赔偿解释》第十六条第一款第一项，对"道路、桥梁、隧道等人工建造的构筑物"因设计、施工缺陷致害的侵权责任作出了规定。在该条第一款第三项，规定了"树木倾倒、折断或者果实坠落致人损害"的侵权责任裁判规则。除此之外，最高人民法院还通过发布典型案例，揭示了公共道路通行妨碍物致害等侵权责任的裁判规则。原《侵权责任法》在充分吸收上述司法裁判规则合理性的基础上，沿袭原《民法通则》关于物件致害责任的基本体系，针对物件致害责任的主要实践类型，根据侵权责任法基本原理，对物件致害责任作出了较为完备、系统、明确的规定。

原《侵权责任法》第十一章第八十五条至第九十一条规定的"物件损害责任"，在民法理论与司法实务中也称为物件致害责任，从立法体系上讲，物件致害责任是由多种以建筑物为中心的物件致人损害责任所构成的一类特殊侵权责任。所谓物件致害责任，是指物件的所有人、管理人或者使用人为自己管领下的物件造成他人财产或人身损害，依法所应承担的一种特殊侵权责任。这种为自己管领下的物件致害承担的侵权责任，也称为对物的替代责任。物件造成他人损害，不是指责任人使用物件或者以自己的意志支配物件致害他人，而是物件本身对受害人的权利的侵害，责任人只是对物件的管理、管束等具有过错责任才承担赔偿责任。物件致害行为与一般侵权行为的区分标准，在于损害的发生是否存在人的意志支配。如果物件在人的意志支配之下造成损害，则为一般侵权行为，而不是物件致害行为，所产生的是一般侵权责任。反之，则为物件致害行为，发生物件致害侵权责任。物件致害责任人承担替代责任的理论根据，是因为自己管领下的物件是为责任带来利益的，享有这种利益的同时就要对其所造成的损害承担义务。

《民法典》侵权责任编第十章"建筑物和物件损害责任"在原《侵权责任法》

第十一章"物件损害责任"的基础上，作了重大修改和完善，为法院司法、人民群众守法提供了"准绳"。

物件致害责任的法律特征表现为：第一，物件致害责任是由物件造成损害而发生的侵权责任。物件致害责任主要是因物件的所有人、管理人等没有尽到其管理、维护等义务而造成损害的责任。第二，物件致害责任主要是过错推定责任。多数物件致害责任属于过错推定责任，即一旦物件造成他人损害，通常推定物件的所有人、管理人等具有过错，所有人、管理人等必须举证证明自己没有过错才能免责。但在例外情形，如建筑物、构筑物等设施倒塌致害责任，通说认为属无过错责任。第三，物件致害责任的主体主要是能够控制物件的人。物件致害责任的立法目的就是控制物件的风险，避免损害的发生。因此，对物件负有管领控制、避免致害发生义务的所有人、管理人等，都将依法成为物件致害责任的承担主体。

三、建筑物和物件损害责任的归责原则

构筑物件致人损害的归责原则问题，各国立法存在一定差异。罗马法主张适用较一般过错原则稍重的责任，法国适用无过错原则，德国、意大利主张适用过错推定原则，英美法中，所有人和占有人分别在不同情形下承担过错责任和无过错责任。对于构筑物侵权责任适用何种归责原则，在我国也有不同的主张，有的认为应当适用过错责任原则，有的认为应当适用过错推定原则，有的认为应当适用无过错责任原则。2003年《人身损害赔偿解释》明确规定适用过错推定原则，统一了司法实践中的认识。学者认为，原《侵权责任法》第十一章"物件损害责任"主要采过错责任推定原则，包括典型的过错推定（不能证明自己没有过错的，应当承担侵权责任）和非典型的过错推定（证明自己没有过错的，可以免除责任）。[①]《民法典》侵权责任编第十章"建筑物和物件损害责任"主要采取了过错推定责任原则。言外之意，建筑物和物件损害责任的归责原则并非单一。如《民法典》第一千二百五十四条第一款"……从建筑物中抛掷物品或者从建筑物上坠落的物品造成他人损害的，由侵权人依法承担侵权责任"系采取过错责任原则。"经调查难以确定具体侵权人的，除能够证明自己不是侵权人的外，由可能加害的建筑物使用人给予补偿"系采取公平责

---

① 参见王利明：《侵权责任法研究》（第二版），中国人民大学出版社2016年版，第652—653页。

任原则。第二款"物业服务企业等建筑物管理人应当采取必要的安全保障措施防止前款规定情形的发生；未采取必要的安全保障措施的，应当依法承担未履行安全保障义务的侵权责任"系采取过错责任原则。

过错推定的基本方法是法律推定加害人有过错，从而实现举证责任的倒置，由加害人证明自己没有过错。如果加害人不能证明自己不存在过错，则认定其有过错，并结合其他构成要件而承担相应的民事责任。如果加害人能够证明自己没有过错，则不承担民事责任。由此可见，建筑物和物件损害责任采取过错推定责任原则，能够减轻受害人的举证负担，防范风险发生，有效保护人身权。

四、建筑物和物件损害责任的构成要件

由于构筑物和物件致人损害赔偿责任采用过错推定责任的归责原则，因此，其侵权责任的构成要件为：加害行为、损害事实、过错和因果关系。[①]

1.加害行为。在大多数侵权行为的构成中，加害行为表现为加害人对受害人的直接侵害行为。但在建筑物等倒塌、脱落、坠落致人损害的侵权行为中，加害行为则由两个部分构成：一是加害人对该建筑物（或其他设施，或者建筑物上的搁置物、悬挂物）的所有或管理行为这一事实。二是建筑物（或者其他设施，或者建筑物上的搁置物、悬挂物）的倒塌、脱落或坠落。二者必须同时具备，方构成侵害事实。建筑物的倒塌、脱落或者坠落，实际上也是"设置、保管有瑕疵"。这里的"瑕疵"，是指设计不合理、建筑材料使用不适当、建筑方式不适当、管理（保养）不及时或者不适当、安全设置缺陷或者不适当，等等。日本学者认为，应当根据工作物危险性的程度，设置防止损害发生的设施，以达到作为该工作物所应具有的安全性；否则，即被认为存在瑕疵。而是否达到这种安全性，要依据工作物设置的场合、技术的可能性、不良状况的性质和程度、受害状况等多种因素综合起来客观地具体判断。一般来说，工作物危险性越高的，对其占有人、所有人采取防止损害的措施的要求也越高。

2.损害事实。构筑物致害责任的构成须具备损害事实，既包括人身损害的事实，也包括财产损害的事实，如果人身损害造成了精神损害的后果，也可以请求承担精神损害抚慰金的赔偿责任。

---

① 参见何志：《侵权责任判解研究与适用》，人民法院出版社 2009 年版，第 638—639 页。

3.加害人的过错。构筑物致害责任构成的关键，是构筑物的设置缺陷和管理缺陷。构成构筑物致害责任，应当具备行为违法性的要件。这种违法性直接表现为构筑物的设置缺陷和管理缺陷。在司法解释中，对这种侵权责任规定的第一种情况是维护或者管理缺陷，因维护、管理缺陷造成的损害，构筑物的所有人或者管理人应当承担损害赔偿责任。第二种情况是构筑物的设计和施工存在缺陷，造成损害的，也应当由所有人或者管理人与设计者或者施工者承担连带赔偿责任。在学理上，前者称之为管理缺陷，后者称之为设置缺陷。

4.损害事实与构筑物的设置缺陷或者管理缺陷之间存在因果关系。构筑物致害事实应当与构筑物的设置缺陷和管理缺陷之间存在因果关系，与其他侵权责任基本相同，只有具备受害人的损害与建筑物等物件倒塌、脱落、坠落等之间有因果关系的，才能够成立侵权责任。

五、建筑物和物件损害责任的免责事由

过错推定根据免责事由不同可以进一步分为一般过错推定和特殊过错推定。所谓一般过错推定，是指法律规定行为人侵害他人人身、财产并造成损害的，应负民事责任，但如果加害人能够证明损害不是由自己的过错所致，可以被免责。所谓的特殊过错推定，是指在某些特殊的侵权行为中，法律规定行为人要推翻对其存在过错的推定，必须证明有法定的抗辩事由，以表示自己没有过错，才能对损害减免责任。也就是说，在后一种过错推定中，侵权行为人必须证明自己有法定的抗辩事由的存在才能被免责。[①] 按照上述的分类方法看，我国法律在人工构筑物致人损害责任的归责原则为一般过错推定，所有人或管理人只要能证明自己没有过错，就可免予承担责任。

过错推定仍然是过错责任原则的一部分，是过错责任原则适用中的一种特殊情形，它仍然以加害人的过错为责任承担的根据或标准。一般认为，建筑物和物件的所有人、管理人或者使用人无过错的，不需要承担侵权责任；建筑物和物件因不可抗力造成损害的，应当免除所有人、管理人或者使用人的赔偿责任；完全由于第三人的过错导致建筑物或者物件造成他人损害的，由第三人承担侵权责任。若第三人过错行为与建筑物或者物件的所有人、管理人或者使用人的过错行为相结合而发生损害结果，构成共同侵权责任的，承

---

① 王利明、杨立新：《侵权行为法》，法律出版社 2000 年版，第 35 页。

担连带责任。不构成共同侵权责任的，承担按份责任；如果存在受害人故意，则免除建筑物或者物件的所有人、管理人、使用人的赔偿责任；如果完全由于受害人自己的过失造成建筑物或者物件损害的，则建筑物或者物件的所有人或者管理人没有过失的，也没有原因力的，则免除其责任承担。

六、对案例88的简要评析

在本案中，造成受害人王某身亡的原因之一就是道路已经破损，存在凹槽，而管理人疏于修理，这属于管理人的管理缺陷，是导致损害事实的主要原因，损害事实与物件管理人管理瑕疵之间存在因果关系，因此，作为道路凹槽的管理人公路局存在过错，符合侵权责任的构成要件，应承担主要的民事责任。当然，死者王某在驾驶摩托车时，亦应当尽到高度注意义务，其自身也存在一定的过错，应承担相应的民事责任。

第二节 建筑物等设施倒塌致害责任

一、问题的提出

《民法典》第一千二百五十二条对建筑物等设施倒塌致害责任作出了明文规定："建筑物、构筑物或者其他设施倒塌、塌陷造成他人损害的，由建设单位与施工单位承担连带责任，但是建设单位与施工单位能够证明不存在质量缺陷的除外。建设单位、施工单位赔偿后，有其他责任人的，有权向其他责任人追偿。因所有人、管理人、使用人或者第三人的原因，建筑物、构筑物或者其他设施倒塌、塌陷造成他人损害的，由所有人、管理人、使用人或者第三人承担侵权责任。"本条所说的倒塌、塌陷，是指建筑物、构筑物或者其他设施坍塌、倒覆，造成该建筑物、构筑物或者其他设施丧失基本使用功能。[①]

在研究建筑物等设施倒塌致害责任之前，先看一则案例：

---

① 黄薇主编：《中华人民共和国民法典解读·侵权责任编》，中国法制出版社2020年版，第521页。

案例 89：因围墙倒塌受伤的民事责任承担 ①

2021 年 7 月 2 日上午 8 时，原告陈某某行走在珍珠南路与才子东路交汇处时，围墙突然倒塌，致使原告受伤。原告受伤后，于当日被送往医院住院治疗 84 天，花费住院医疗费 104086.36 元，原告已通过医疗保障报销 56127.33 元，被告工业园区管委会向原告先行垫付医疗费 10000 元。同年 7 月 19 日，为尽快确定责任单位，原告的妹妹向市信访局反映原告的情况。接到信访后，被告工业园区管委会立即成立调查处理工作组，并于同年 11 月 8 日作出意见：才子东路完工通车后，施工方未对围墙破除接口处残垣进行修补加固，导致雨季围墙墙体倾斜，造成安全隐患，引发围墙倒塌。2022 年 1 月 10 日，受原告委托，对其伤情鉴定意见为：原告致伤构成十级伤残。

生效裁判认为，本案中，倒塌围墙的位置位于珍珠南路与才子东路交汇处围墙破除部分的接口处，倒塌的原因系城发公司作为才子东路道路施工工程的建设单位，在施工过程中对珍珠南路与才子东路交汇处围墙进行拆除，但在施工完成后未对围墙进行合理的修补加固，从而导致事故的发生，故城发公司对本次事故的发生具有过错，应承担相应的赔偿责任。同时，案涉围墙位于工业园区管委会的辖区范围，工业园区管委会作为管理者，对辖区内的建筑物负有管理、维护的职责。本案中，案涉围墙已有倾斜、开裂的情况，明显存在安全隐患，工业园区管委会应及时积极履行自己的管理职责，对其修缮或者拆除，但工业园区管委会仅对该路段危墙张贴警示标识，未及时采取有效的防范措施避免围墙倒塌、避免行人进入隐患区域，对于事故发生亦具有过错。此外，陈某某作为成年人，明知围墙存在倾斜、开裂的情况，在行走过程中未尽到注意义务，导致自身受伤，对于损害事实的发生亦有一定过错。结合本案事实情况以及当事人过错程度，认定城发公司承担 45% 的责任，工业园区管委会承担 35% 的责任，陈某某自负 20% 责任。即陈某某的各项损失合计 240498 元，由城发公司承担 108224 元，工业园区管委会承担 84174 元，陈某某自负 48099 元。

上述案例涉及建筑物倒塌的民事责任。试问：建筑物等倒塌致害责任的构成要件有哪些？建设单位与施工单位的责任如何承担？所有人、管理人、使用

---

① 详见湖南省永州市中级人民法院（2022）湘 11 民终 3391 号民事判决书。

人或者第三人的责任如何承担?

二、建筑物等倒塌致害责任的构成要件

依据《民法典》第一千二百五十二条的规定,建筑物等倒塌、塌陷责任的归责原则为过错推定原则。[①]建筑物等设施倒塌致害责任的成立,必须具备以下构成要件:

1.必须是由于建筑物等设施倒塌造成他人损害。所谓倒塌,是指建筑物等设施的结构性破坏,建筑物等设施所依托的框架已经不复存在,即建筑物等设施整体的坍塌、毁损。既包括建筑物等设施的完全倒塌,也包括其中的部分毁损,如整座桥梁倒塌、建筑物阳台护栏部分倒塌均属本条规定的倒塌。只有因为建筑物等设施的倒塌造成损害,才能适用本条规定判定侵权责任。

2.建筑物等设施的倒塌必须是因其内在的缺陷所引起。建筑物等设施发生倒塌,是因为建筑物等设施存在未达到有关法律、法规、规章规定的安全标准,存在危及他人人身、财产的不合理危险所引起,而不是由于倒塌建筑物等设施以外的施工、爆破等外部原因所造成,即建筑物等设施倒塌与其内在的质量缺陷具有直接的因果联系。

三、建设单位与施工单位的责任承担

根据《民法典》第一千二百五十二条第一款"建筑物、构筑物或者其他设施倒塌、塌陷造成他人损害的,由建设单位与施工单位承担连带责任,但是建设单位与施工单位能够证明不存在质量缺陷的除外……"的规定,承担建筑物等倒塌、塌陷的致害责任的主体是建设单位与施工单位。

1.连带责任。建筑物、构筑物或者其他设施倒塌、塌陷造成他人损害的,由建设单位与施工单位承担连带责任。由此可见,对建筑物、构筑物或者其他设施倒塌、塌陷造成他人损害规定了两个责任主体。

2.例外情形。针对建设单位与施工单位能够证明不存在质量缺陷的除外情形,《民法典》第一千二百五十二条第一款增加了但书规定,即建设单位与施工单位能够证明不存在质量缺陷的,不承担连带责任。

3.追偿权。建设单位和施工单位赔偿后,有其他责任人的,有权向其他责

---

① 最高人民法院民法典贯彻实施工作领导小组主编:《中华人民共和国民法典侵权责任编理解与适用》,人民法院出版社 2020 年版,第 684 页。

任人追偿。《民法典》第一千二百五十二条第一款规定的"有其他责任人"是将勘察单位、设计单位、监理单位作为"其他责任人"处理。[①]

四、所有人、管理人、使用人或者第三人责任承担

《民法典》第一千二百五十二条第二款规定，因所有人、管理人、使用人或者第三人的原因，建筑物、构筑物或者其他设施倒塌、塌陷造成他人损害的，由所有人、管理人、使用人或者第三人承担侵权责任。

建筑物、构筑物或者其他设施非因质量缺陷发生倒塌、塌陷致损的责任主体，主要是所有人、管理人、使用人，也包括除此以外对倒塌、塌陷负有责任的第三人，如装修人等。《民法典》第一千二百五十二条第一款适用的是工作物因施工阶段的质量缺陷而发生倒塌、塌陷的情形，该条第二款适用的是工作物在交付使用后因管理、维护缺陷而发生倒塌、塌陷的情形。

五、对案例89的简要评析

根据《民法典》第一千二百五十二条的规定，"建筑物、构筑物或者其他设施倒塌、塌陷造成他人损害的，由建设单位与施工单位承担连带责任，但是建设单位与施工单位能够证明不存在质量缺陷的除外。建设单位、施工单位赔偿后，有其他责任人的，有权向其他责任人追偿。因所有人、管理人、使用人或者第三人的原因，建筑物、构筑物或者其他设施倒塌、塌陷造成他人损害的，由所有人、管理人、使用人或者第三人承担侵权责任"。案涉路段的建设单位城发公司对围墙没有进行修补加固，存在重大过错，应当承担主要责任。同时，案涉路段的管理人工业园区管委会对围墙存在倒塌危险视而不见，存在明显过错，应当承担次要责任。作为均有过错的城发公司、工业园区管委会根据各自的过错承担相应的民事责任即可。

[①] 黄薇主编：《中华人民共和国民法典解读·侵权责任编》，中国法制出版社2020年版，第522页。

第三节 物件脱落、坠落致害责任

一、问题的提出

物件脱落、坠落损害责任，是指建筑物、构筑物或者其他设施及其搁置物、悬挂物发生脱落、坠落，致使他人人身、财产权益遭受损害，所有人、管理人或者使用人所应承担的侵权责任。对此，《民法典》第一千二百五十三条规定，建筑物、构筑物或者其他设施及其搁置物、悬挂物发生脱落、坠落造成他人损害，所有人、管理人或者使用人不能证明自己没有过错的，应当承担侵权责任。所有人、管理人或者使用人赔偿后，有其他责任人的，有权向其他责任人追偿。

在研究物件脱落、坠落致害责任之前，先看一则案例：

案例90：空调金属框架脱落伤人的民事责任承担 ①

某物业公司系某小区的物业服务单位，熊某系601室的业主，刘某系林某青女儿。2021年2月16日9时45分左右，601室北侧窗户下方空调外挂机外侧的金属框架脱落，砸中从该处步行经过的林某青，致使林某青受伤。后林某青被送往就近医院治疗，诊断为：闭合性颅脑损伤重型。经司法鉴定确认：被鉴定人林某青颅脑损伤后遗轻度智力缺损（偏重）、日常生活有关的活动能力及重度受限的伤残等级为七级；其四肢共济失调等非肢体瘫运动障碍（轻度）的伤残等级为八级；其寰椎右侧侧块骨折、影响颈部功能的伤残等级为十级；伤残赔偿指数50%；被鉴定人林某青伤后护理期考虑以150至180日，营养期考虑以150至180日为宜。林某青预交鉴定费4050元。林某青主张物业公司和熊某作为坠落物件的管理人、所有权人和使用人，应承担侵权责任。

生效裁判认为，建筑物、构筑物或者其他设施及其搁置物、悬挂物发生脱落、坠落造成他人损害，所有人、管理人或者使用人不能证明自己没有过错的，应当承担侵权责任。本案林某青受伤系601室北侧窗户下方空调外挂

---

① 详见北京市第二中级人民法院（2022）京02民终14895号民事判决书。

机放置台外侧的金属框架脱落所致，该金属框架内部的台面系用于放置601室空调外挂机，但该金属框架在开发商交房时即存在，位于601室屋外北侧窗户的下方台面外侧，构造上不具有独立性，功能上主要为遮挡、装饰和美化小区楼房外观之用，不属于601室业主专有的范围，应属于共有部分，根据物业服务合同，日常维护、管理责任应由物业公司承担，而非由601室业主熊某承担，根据该金属框架所在位置，亦超出了一般业主能够注意和管理的能力和范畴，且物业公司提交的2020年度安全隐患排查清单中的危险源巡查记录表中亦将此列为其公司的检查内容。林某青提交的视频监控录像显示事发时刮风较大，物业公司虽提交了警示语张贴的照片，但不足以证明具体张贴的时间，亦不足以证明其对事发时601室北侧窗户下方空调外挂机放置台外侧的金属框架已尽到了排查危险、维护、修缮、管理的职责，故其应对本案该金属框架脱落致林某青受伤造成的损失承担赔偿责任，即赔偿林某青各项损失费用合计127878元。

上述案例涉及物件脱落致人损害。试问：如何理解物件脱落、坠落致害责任的归责原则？物件脱落、坠落致害责任的构成要件有哪些？其责任主体有哪些？

二、物件脱落、坠落致害责任的归责原则

根据《民法典》第一千二百五十三条的规定，建筑物等物件脱落、坠落致害责任，采用的是过错推定责任原则，即基于建筑物等物件脱落、坠落造成他人损害的事实，依照法律规定推定建筑物等物件的所有人、管理人或者使用人，对于建筑物等物件发生脱落、坠落存在维护、管理方面的过错，所有人、管理人或者使用人如不能举证证明自己没有过错，即应承担侵权责任。反之，则不承担侵权责任。

所有人、管理人或者使用人控制着建筑物等设施及其搁置物、悬挂物，一般情况下，这些设施或者物体的脱落、坠落与所有人、管理人或者使用人在管理、维护时存在过错有很大关系。同时，要求受害人举证证明建筑物等设施的所有人、管理人或者使用人存在维护和管理方面的瑕疵较为困难，因而出于侧重保护受害人的立法思想，立法采用了过错推定的方式。从举证责任分配的角度看，其实质是通过过错推定的规则设计，实现对于过错证明的举证责任倒置。由于过错推定是过错责任原则中的一种特殊情形，它仍然以加害人的过错为责

任的根据或标准。[1] 采用过错推定原则，既符合社会生活的实际情况，也有利于保护被侵权人的合法权益，多年的司法实践也证明，对建筑物等设施及其搁置物、悬挂物脱落、坠落损害责任采用过错推定原则，是科学合理的。[2]

三、物件脱落、坠落致害责任的构成要件

依据《民法典》第一千二百五十三条的规定，建筑物等物件脱落、坠落致害责任的成立，必须具备如下构成要件：

1. 必须是由物件自然脱落、坠落造成损害，且该物件的范围是建筑物、构筑物或者其他设施及其搁置物、悬挂物。如果系有人使用这些物件致害，则属于行为侵权而不能适用本条规定，因为此时物件已经成为行为人实施侵权的工具。

2. 有损害事实。此处的损害，应当包括人身损害、财产损害以及精神损害。

3. 损害结果与物件脱落、坠落具有因果关系。

4. 物件所有人、管理人或者使用人不能证明自己没有过错。此处的过错，通常是指所有人、管理人或者使用人对相关物件存在维护和管理方面的瑕疵，以致物件缺少所应当具备的安全性。建筑物等物件脱落、坠落致害责任为过错推定责任，只要所有人、管理人或者使用人不能证明自己对于物件的脱落、坠落没有过错，致害责任即成立。

四、物件脱落、坠落致害责任的责任主体

依照《民法典》第一千二百五十三条的规定，建筑物等物件脱落、坠落致害责任的主体，应为"建筑物、构筑物或者其他设施及其搁置物、悬挂物"的所有人、管理人或者使用人。在司法实践中，关于建筑物等物件脱落、坠落致害责任主体的确定，应当注意：

1. 责任主体应为建筑物等设施的所有人、管理人或者使用人。按照语义逻辑分析，本条规定的责任主体不仅包括建筑物等设施的所有人、管理人或者使用人，还应包括搁置物、悬挂物的所有人、管理人或者使用人。但是从本条的

---

[1] 何志、侯国跃主编：《侵权责任纠纷裁判依据新释新解》，人民法院出版社2014年版，第297页。

[2] 黄薇主编：《中华人民共和国民法典解读·侵权责任编》，中国法制出版社2020年版，第530页。

规范意旨看，其目的是通过过错推定侵权责任的追究，强化对建筑物等设施的维修、保养等管理义务的履行，对于建筑物等设施上的搁置物、悬挂物，建筑物等设施的所有人、管理人或者使用人同样负有妥善管理的义务；如果将责任主体视为包括搁置物、悬挂物的所有人、管理人或者使用人，也存在被告抗辩自己不是搁置物、悬挂物的所有人、管理人或者使用人，而原告又无法举证证明谁是所有人、管理人或者使用人时，可能遭受不能获得有效救济的危险。因此，从为受害人提供更为及时、有效的救济出发，应当将其责任主体的范围限定为建筑物等设施的所有人、管理人或者使用人。

2. 责任主体的确定应当根据实际情况作出判定。通常情况下，建筑物等设施的所有人即为管理人，但在实践中也存在非所有人依据法律规定或者合同约定对建筑物等设施进行经营管理的人，譬如在致害物是道路、桥梁、隧道等公共设施等特殊场合，所有人（国家）即与管理人（承担管理职责的全民所有制企业、事业单位、国家机关等）发生分立，如发生建筑物等设施脱落、坠落致害，依法应由管理人承担侵权责任。因此，在前述两种情况下，要么所有人承担责任，要么管理人承担责任，一般不会发生所有人与管理人之间的责任主体选择判定问题。在实践中，管理人既可能是对建筑物等设施直接控制的人，也可能是脱离对建筑物等设施的占有，而在法律关系上负有管理义务的人。诸如存在租赁、借用关系等情形时，所有人、管理人与使用人发生分立，即出租人、出借人依据合同法对建筑物等设施负有管理义务，承租人、借用人仅为使用人。如发生建筑物等设施脱落、坠落致害，则存在责任主体的选择判定问题。其判定的一般规则是：（1）对于因租赁、借用等法律关系而实际控制建筑物等设施并负有相应管理、维护义务的人，应当首先将其确定为责任主体；（2）如因承租人、借用人等不当使用建筑物等设施造成他人损害，应当将承租人、借用人等使用人确定为责任主体；（3）如建筑物等设施脱落、坠落造成他人损害，是因为建筑物等设施所固有的缺陷（包括设计、施工缺陷和使用中自然形成的缺陷）未予及时修缮所致，则应当将所有人、管理人确定为责任主体。

3. "其他责任人"的责任主体判定。其他责任人，是指除所有人、管理人或者使用人之外，对损害发生负有责任的人。建筑物、构筑物或者其他设施及其搁置物、悬挂物脱落、坠落致人损害时，所有人、管理人或者使用人是第一责任人，如果其不能证明自己没有过错，便须承担侵权责任。实践中，有些损害的发生除了与所有人、管理人或者使用人的过错有关外，还与其他人有关，如聘请的承揽人安装空调或者防盗网不牢固，坠落砸伤路人。此时，所有人、管理人或者使用人向受害人赔偿后，享有法定追偿权，有权向对损害发生负有责任的其他人进行追偿。[①]

五、对案例 90 的简要评析

本案坠落物的性质认定问题。建筑区划内符合下列条件的房屋，以及车位、摊位等特定空间、应当认定为专有部分：（1）具有构造上的独立性，能够明确区分；（2）具有利用上的独立性，可以排他使用；（3）能够登记成为特定业主所有权的客体。本案中，从法律规定来看，空调外机平台无法通过登记予以公示并表现出法律上的独立性，建筑物外墙应当认定为共有部分。从权利客体来看，不能以业主对空调外机平台享有使用权而将空调外机平台推定为业主专有部分。建筑物分为专有和共有部分，是为了合理确定建筑物中不同所有权人的权利行使界限和规则，保障楼房全体所有权人的正常使用，合理规制其利益冲突。业主对其建筑物专有部分享有占有、使用、收益和处分的权利，同时对建筑物专有部分以外的共有部分亦享有权利，承担相应的义务。空调外机平台系设计建造在外墙上，无空调外机平台的，业主大多是在外墙上安装空调外机。本案中，坠落的金属框架位于 601 室屋外北侧窗户下方空调外机平台外侧，功能上亦主要为遮挡、装饰和美化小区楼房外观之用，不属于 601 室业主专有的范围，应属于共有部分，业主对空调外机平台的使用权系对共有部分的专有使用权，不能以此推定为专有部分。

物业公司及业主是否应当承担责任的问题。空调外机平台及其附属栏杆均属于全体业主共有。本案中，根据物业服务合同，案涉小区房屋建筑共用部分的日常维修、养护、管理责任应由物业公司承担。因此，物业公司对案涉小区共有部分负有审慎管理义务，有义务对案涉小区进行检查、维修、养护，发现问题及时维修，发现隐患及时消除。本案中，物业公司不足以证明其尽到了必要的维护、管理义务，依法应当承担损害赔偿责任。熊某作为案涉房屋所有权人，不存在过错，不应由其对损害结果承担赔偿责任。

[①] 最高人民法院民法典贯彻实施工作领导小组主编：《中华人民共和国民法典侵权责任编理解与适用》，人民法院出版社 2020 年版，第 692 页。

第四节　高空抛物致害责任

一、问题的提出

实践中，高空抛掷物或坠落物致害情形时有发生，甚至高空"抛人"致人损害的情形并不鲜见，"头顶上的安全"引起社会的广泛关注。《民法典》第一千二百五十四条第一款规定："禁止从建筑物中抛掷物品。从建筑物中抛掷物品或者从建筑物上坠落的物品造成他人损害的，由侵权人依法承担侵权责任；经调查难以确定具体侵权人的，除能够证明自己不是侵权人的外，由可能加害的建筑物使用人给予补偿。可能加害的建筑物使用人补偿后，有权向侵权人追偿。"第二款规定："物业服务企业等建筑物管理人应当采取必要的安全保障措施防止前款规定情形的发生；未采取必要的安全保障措施的，应当依法承担未履行安全保障义务的侵权责任。"第三款规定："发生本条第一款规定的情形的，公安等机关应当依法及时调查，查清责任人。"①

在研究高空抛物致害责任之前，先看一则案例：

案例 91：车辆被"高空抛物"致损的民事责任如何承担②

刘某系某牌小型普通客车登记权利人。2019 年 8 月 11 日晚，该车辆被从高空坠落的玻璃碎片砸到，致车辆受损。当天晚上 9 时 29 分，案外人张某报警称，有三辆车在某号楼楼下期间，被 602 室搭建的违章建筑上脱落的玻璃砸到，造成三辆车不同程度受损。事发当晚，刘某对受损车辆进行拍照，照片显

---

① 《民法典》第一千二百五十四条与原《侵权责任法》第八十七条相比较，作了如下修改：一是新增规定"禁止从建筑物中抛掷物品"，旗帜鲜明表明态度。从法律适用上讲，这也为认定高空抛物行为的违法性提供了明确的法律依据。二是明确了从建筑物中抛掷物品或者从建筑物上坠落的物品造成他人损害的情形，由侵权人依法承担侵权责任为一般规则，由可能加害的建筑物使用人给予补偿为例外的规则。三是增加了可能加害的建筑物使用人补偿后发现侵权人的，有权向侵权人追偿。四是新增了物业服务企业等建筑物管理人的责任，有利于加强物业管理服务，预防高空抛物行为，也有利于快速有效地救济受害人损害。五是新增了公安等机关查找职责的规定，有利于解决实践中高空抛物侵权人查找难的问题。

② 详见上海市第一中级人民法院（2020）沪 01 民终 13798 号民事判决书。

示该车辆的后挡风玻璃、尾翼漆面等部位受损。另查明，杨某系 602 室房屋权利人。王某系 601 室房屋权利人。该两套房屋均为 6 楼复式结构，两户复式楼层（7 层）北侧露天平台由竖墙相隔，该隔墙上方有一镂空平台。又查明，事发时，正值 2019 年第 9 号台风"利奇马"影响本市。事发后，经现场勘查，在 602 室露天平台靠近隔墙一侧摆放空调外机 1 台，该空调外机上留有玻璃碎片若干；在镂空平台靠近 602 室一侧，排布电线管数根，还堆放玻璃 1 块。在镂空平台靠近 601 室一侧，留有曾放置过玻璃的明显印记。两户复式楼层对应楼顶部位均安装了太阳能热水器，其中 601 室楼顶部位还曾堆放过玻璃并留有印记，602 室楼顶部位还安装了信号接收器。

生效裁判认为，根据法律规定，从建筑物中抛掷物品或者从建筑物上坠落的物品造成他人损害，难以确定具体侵权人的，除能够证明自己不是侵权人的外，由可能加害的建筑物使用人给予补偿。本案中，刘某所有的车辆停放于地面停车位期间，被高空坠落的玻璃碎片砸致车损，其损失理应得到救济。根据事发后的现场勘查情况，可以确认该玻璃原先是放置于 ×× 号 601 室、602 室复式楼层北侧露天平台隔墙上方镂空平台之上，经由 602 室露天平台摆放空调外机方向坠落至地面；事发时正值本市受台风影响，放置于镂空平台上的玻璃若未予加固保护，极有可能被风吹起后坠落地面，故法院根据当天气象状况，结合一般生活经验，确定该玻璃坠落系因风力所致，可排除人为抛掷的情形；鉴于镂空平台位于 601 室、602 室两户的露天平台隔墙之上，若想攀爬上该镂空平台并放置玻璃，一般人需借助扶梯等工具并经由两户露天平台方可为之，且考虑该部位在物理结构上与 601 室、602 室最为关联，足以排除其他房屋的使用人实施该行为的可能性；本案杨某、王某分别作为 601 室、602 室业主，虽否认与坠落的玻璃存在关联，但均未提供充分证据证明其不是侵权人，而根据已查明事实，足以反映出两户业主均攀爬过该镂空平台，并在楼顶部位安装设备或放置物品，故两户业主作为房屋使用人均有可能实施侵权加害行为，应对刘某的合理损失给予相应补偿。据此判决杨某、王某分别补偿刘某 1500 元。

上述案例涉及高空抛物致害责任问题。试问：如何理解高空抛物致害责任的归责原则？高空抛物致害责任的构成要件有哪些？高空抛物致害责任的责任主体有哪些？

二、高空抛物致害责任的归责原则

在原《侵权责任法》颁布以前，由于缺少可直接适用的法律依据，各地法院对高楼抛掷物、坠落物致害责任的法律性质认识不一，因而采取了不同的法律适用态度进行处理，以致裁判结果不尽统一。实践中主要存在以下三种司法观点：第一种观点认为，该种侵权责任属于一般过错侵权责任，原告应当就被告的过错及其与损害后果之间存在因果关系的事实承担举证责任，如果举证不能，即应驳回原告的赔偿请求。"山东济南菜墩坠落伤人案"即为这一观点的适例。该案中，受害人被楼上坠落的一块菜墩砸倒后死亡，受害人的子女即将该楼二层以上的 15 户居民诉至法院，要求承担损害赔偿责任。法院以原告在起诉中无法确认谁是加害人，缺乏明确具体的被告为由，裁定驳回了原告的起诉。虽然该案采取了从程序上驳回起诉的处理方法，但究其实质是适用了过错侵权责任的规则。第二种观点认为，该种侵权责任属于过错推定责任，应当根据发生的损害事实推定可能的加害人具有过错，在被告不能举证证明自己没有过错的情况下，应当判决各个可能的加害人平均分担赔偿责任。持这一观点的典型案例是"重庆烟灰缸伤人案"。在该案中，重庆市民郝某与朋友李某在街上谈事情，被临街楼上坠落的烟灰缸砸中头部造成重伤。法院根据过错推定原则，判决临街两幢楼事发当时有人居住的 20 户住户分担赔偿责任，各赔偿受害人医疗费等 8101.5 元。第三种观点认为，该种侵权责任应当参照共同危险责任规则，依据原《人身损害赔偿解释》第四条的规定，判决可能致害的住户承担连带赔偿责任。"山东济南菜板坠落伤人案"的判决即适用了这一责任判定规则。在该案中，受害人被楼上坠落的菜板砸伤，法院即参照共同危险行为的基本规则，判决住于该楼的 56 户住户承担连带赔偿责任。原《侵权责任法》第八十七条最终确立了"由可能加害的建筑物使用人给予补偿"的法律规则。由于该条文没有采用"由可能加害的建筑物使用人承担侵权赔偿责任"的表述，也就否定了承担侵权赔偿责任的性质，因而其责任规定的实质意义，也就是由可能加害的建筑物使用人分担损害，属于公平分担损失规则的一种特殊应用。

根据《民法典》第一千二百五十四条的规定，高空抛物致害责任的归责原则可以区分为下列情形：

一是过错推定责任原则。"从建筑物中抛掷物品或者从建筑物上坠落的物品造成他人损害的，由侵权人依法承担侵权责任。"应当与《民法典》第一千二百五十三条关于建筑物、构筑物或者其他设施及其搁置物、悬挂物发生脱落、坠落造成他人损害的归责原则采取过错推定责任原则相一致。高空抛物行为的主观恶性更重，社会危险性更大，举轻以明重，该种情形更要适用过错推定责任原则，而不能适用过错责任加重受害人的负担。在证据规则上，加害人应当对其尽到相应的管理、维护义务或者没有抛掷物品承担举证责任。[①]

二是过错责任原则。"物业服务企业等建筑物管理人应当采取必要的安全保障措施防止前款规定情形的发生；未采取必要的安全保障措施的，应当依法承担未履行安全保障义务的侵权责任。"该项规定的归责原则与《民法典》第一千一百九十八条所规定的安全保障义务的归责原则是过错责任原则相一致，表明物业服务企业应当尽到安全保障义务，未尽到该项法定义务，存在过错，则需要承担与其过错相适应的侵权责任。

三是公平分担损失规则。"经调查难以确定具体侵权人的，除能够证明自己不是侵权人的外，由可能加害的建筑物使用人给予补偿。"此情形系对采用何种归责原则存在分歧：一种意见认为是过错推定责任。即被告不能证明自己没有过错或者被告不能证明自己不是侵权人，均要承担民事责任。[②]另一种意见认为是公平分担损失规则。[③]笔者同意采用公平分担损失规则。其理由在于：第一，在当前商业保险未能全面深入展开、社会保障机制尚未健全的特殊社会发展阶段，保护弱势群体的利益是应当坚持的一个基本理念。在抛掷物、坠落物致人损害而具体加害人不明的情况下，受害人相对于众多可能的加害人而言，处于弱势地位。如果非要其明确具体加害人，其损害方能获得救济，无疑是雪上加霜。因此，由可能成为加害人范围内的民事主体对损害进行合理分配，是一种特殊情形下相对合理的分担风险的手段和方法，体现了对无辜受害人的特殊保护。第二，作为建筑物的实际使用人，应当在使用期间对建筑物造成的损害负责，是其本应承担的风险或者说代价。立法作如此规定，有利于建筑物实际使用人日常提高警惕，积极履行对建筑物及相关物品的保管、维护和注意义务。第三，这一规定有利于维护公共安全、预防损害发生。抛掷物、坠落物的损害威胁针对着不特定公众的公共利益，对其科以分担损害的责任机制，符

---

① 参见最高人民法院民法典贯彻实施工作领导小组主编：《中华人民共和国民法典侵权责任编理解与适用》，人民法院出版社 2020 年版，第 698 页。

② 最高人民法院民法典贯彻实施工作领导小组主编：《中华人民共和国民法典侵权责任编理解与适用》，人民法院出版社 2020 年版，第 699 页。

③ 王利明：《侵权责任法研究》（第二版），中国人民大学出版社 2016 年版，第 699 页；杨立新：《侵权责任法》（第四版），法律出版社 2021 年版，第 669 页。

合多数人的意愿。相反，就会造成纵容侵权行为，使人们疏于对自己管控物品进行必要的维护管理的客观结果。抛掷物、坠落物致人损害分担责任不是基于过错推定，而是基于行为推定。即以可能加害的建筑物使用对于损害发生具有同等的概率为基础，将实施行为的可能性推定为确定性。其实质就是适用了因果关系的推定方法，即推定损害的发生与可能加害的建筑物使用人之间存在一定因果联系。因此，高楼抛掷物、坠落物致害责任的基础，是基于行为推定的损害分担。

三、高空抛物致害责任的构成要件

根据《民法典》第一千二百五十四条的规定，高空抛物致害责任的成立须具备如下构成要件：

1. 高空抛掷物、坠落物造成他人损害。这一要件是对于损害发生因果关系事实的基本构成要求，即造成损害发生的致害物是从建筑物中抛掷的或者从建筑物上坠落的物品，致害物与建筑物存在处所上的关联。抛掷物致害是因人的行为导致损害，坠落物致害则与人的行为无关，通常是因自然力等原因造成。如果致害物是从建筑物以外的其他处所抛掷、坠落，就不能适用本条所规定的高空抛掷物、坠落物侵权责任。

2. 难以确定具体侵权人。难以确定具体侵权人是指损害事实发生以后，受害人的举证证明无法达到诉讼法上确定具体侵权人的标准。当然，这一要件无须受害人作出诉讼证明，但有可能通过被告举证证明谁是具体侵权人，而否定这一要件事实的存在，从而排除高楼抛掷物、坠落物致害责任的适用。司法实践中的具体侵权人确定证明的可能情形，通常是能够证明抛掷物、坠落物所属的区分建筑物的所有人。由于本条规定的重点不在于造成损害的物是否存在人的支配因素，而是在于损害发生后如何确定建筑物的使用人承担责任，因此无须过分深究本条中关于抛掷物、坠落物的区别表述，可以统一将抛掷物视为坠落物。因此，在抛掷物、坠落物所属的区分建筑物所有人得到证明的情况下，应当适用《民法典》第一千二百五十三条规定的建筑物等设施坠落责任进行裁判。

3. 被告是可能加害的建筑物使用人。这是判定高楼抛掷物、坠落物致害责任成立的主体适格要件，如果缺少这一要件，则将影响侵权责任的最终成立。从诉讼的角度讲，原告应当首先证明被告是可能加害的建筑物使用人，如果其证明无法达到法定的标准，就应认定被告不是可能加害的建筑物使用人，被告当然就不必承担责任。一般来说，只要物理方位、抛掷或坠落等情形证明被告有可能致害，被告就属于可能加害的建筑物使用人。当然，依据本条的规定，被告可以通过举证证明自己不是侵权人而排除加害的可能性，从而实现免责。从司法实践的角度看，被告可能实现免责的证明事项主要包括：（1）证明发生损害时，自己并不在建筑物中；（2）证明自己根本没有占有造成损害发生之物；（3）证明自己所处的位置客观上不具有造成抛掷物致人损害的可能性。

四、高空抛物致害责任的责任主体

《民法典》第一千二百五十四条所规定的高空抛物致害责任的主体，是"可能加害的建筑物使用人""建筑物管理人"。

（一）可能加害的建筑物使用人

对"可能加害的建筑物使用人"责任主体的判定，须从以下三个方面进行审查：[①]

1. 被告须是建筑物使用人。"建筑物使用人"是一个较为宽泛的概念，是指在侵权行为发生时建筑物的实际使用人，包括使用建筑物的所有人、承租人、借用人以及其他使用建筑物的人。一般来说，如果建筑物的所有人和使用人是同一人，应当由所有人承担责任；而如果建筑物的所有人与使用人发生了分离，则应当由建筑物的使用人负责。之所以要求建筑物的使用人承担责任，是考虑到使用人更可能实施侵权行为。

2. 被告是可能加害的建筑物使用人。所谓可能加害，是指被告须与损害的发生具有一定的关联性。法律规定由可能加害的建筑物使用人承担责任，实际上是限制了责任主体的范围。对于可能加害的建筑物使用人的确定，法律采取了因果关系推定的方式，即推定损害的发生与可能加害的建筑物使用人之间存在一定的因果联系。此种推定主要是基于法律政策考虑而作出的盖然性推定，允许被告举证证明自己不存在加害的可能而加以推翻。

3. 被告无法举证排除自己存在加害的可能性。建筑物使用人能够证明自己不是侵权人即可免责，而能够证明自己不是侵权人，也就排除了自己存在加害的可能性。如果被告无法举证排除自己存在加害的可能性，也就依法应当承担

---

① 何志、侯国跃主编：《侵权责任纠纷裁判依据新释新解》，人民法院出版社2014年版，第304页。

本条规定的补偿责任。

（二）物业服务企业等建筑物管理人的义务

物业服务企业与业主签订物业服务合同，应当履行合同约定的义务。《民法典》第九百三十七条第一款规定，物业服务合同是物业服务人在物业服务区域内，为业主提供建筑物及其附属设施的维修养护、环境卫生和相关秩序的管理维护等物业服务，业主支付物业费的合同。《民法典》第九百四十二条规定，物业服务人应当按照约定和物业的使用性质，妥善维修、养护、清洁、绿化和经营管理物业服务区域内的业主共有部分，维护物业服务区域内的基本秩序，采取合理措施保护业主的人身、财产安全。对物业服务区域内违反有关治安、环保、消防等法律法规的行为，物业服务人应当及时采取合理措施制止、向有关行政主管部门报告并协助处理。因此说，物业服务企业具有一定的安全保障义务。根据《民法典》第一千二百五十四条第二款的规定，物业服务企业等建筑物管理人应当采取必要的安全保障措施防止前款规定情形的发生；未采取必要的安全保障措施的，应当依法承担未履行安全保障义务的侵权责任。

就物业服务企业等建筑物管理人承担的侵权责任而言，包括两种形态：一是作为直接侵权人依照其过错大小承担的按份责任，归责原则上应当适用《民法典》第一千二百五十三条规定的规则。二是存在高空抛物、坠落物行为的直接侵权人的情形，而物业服务企业等建筑物管理人也违反了相应的安全保障义务，这时物业服务企业应当承担相应的补充责任，物业服务企业在承担责任后可以向直接侵权人行使追偿权。①

五、对案例 91 的简要评析

相关法律对从建筑物坠落物品造成他人财产损害的情形有明确规定，本案中，刘某停放的车辆被坠落的玻璃砸伤系不争的事实。从现场勘查的情况看，601 室天台有放置玻璃的明显压痕、602 室天台则搭建违章建筑并堆放了玻璃，考虑到事发当日本市有台风经过，在没有证据证明玻璃坠落系人为因素造成的情况下，原审法院根据当天气象状况并结合一般生活经验后认定系由台风致玻璃坠落的认定无明显不当。601 室业主、602 室业主虽否认玻璃坠落与其有关联，

---

① 最高人民法院民法典贯彻实施工作领导小组主编：《中华人民共和国民法典侵权责任编理解与适用》，人民法院出版社 2020 年版，第 703 页。

但未提供确凿证据证明其主张，原审法院根据 601 室和 602 室天台的现状，综合考量后认定两户业主系侵权人，并根据车辆的受损情况及维修的市场行情酌定相应的补偿费，该处理并无不当。

第五节　堆放物致害责任

一、问题的提出

《民法典》第一千二百五十五条规定了堆放物致害责任："堆放物倒塌、滚落或者滑落造成他人损害，堆放人不能证明自己没有过错的，应当承担侵权责任。"该条源自原《侵权责任法》第八十八条的规定。堆放物致害责任最早规定于《民法通则意见》，该解释第一百五十五条规定："因堆放物品倒塌造成他人损害的，如果当事人均无过错，应当根据公平原则酌情处理。"这一规定确立了在当事人均无过错的情况下发生的堆放物倒塌致害，应当根据公平原则酌情分担损失的规则。在其后发布的 2003 年《人身损害赔偿解释》第十六条也对此作出了规定：堆放物滚落、滑落或者倒塌致人损害，在堆放物的所有人或者管理人不能证明自己没有过错的情况下，由堆放物的所有人或者管理人承担赔偿责任。这一规定不仅将堆放物的所有人、管理人明确规定为堆放物致害的侵权责任主体，增加列举了堆放物滚落、滑落损害的表现形式，而且在侵权责任的性质界定方面也发生了显著变化，即堆放物致害责任由前一司法解释规定的公平分担损失补偿责任，转变为后者规定的过错推定责任。

在研究堆放物致害责任之前，先看一则案例：

案例 92：路边水泥电杆"滚落"伤人的民事责任承担[①]

被告某能公司承接被告供电局 1903 线改造工程。2019 年 7 月，某能公司的施工人员将水泥电杆拉到某路边上排杆，由于改造线路附近的稻田还没有收割，施工人员将电杆放置在路边斜坡的草丛地上（放置电杆底部一头是有点斜的水泥地）。2019 年 8 月 24 日 10 时左右，原告驾驶一农用车为黄某拉碎石到

---

① 详见广西壮族自治区百色市中级人民法院（2020）桂 10 民终 533 号民事判决书。

事发地点，在倒车准备卸货时，发现路边水泥杆离车辆很近，在车辆未熄火的情况下下车查看车辆是否刮到电杆，被滚落的水泥电杆压伤左大腿。原告受伤后现场村民立即对其进行施救，并送至医院治疗，产生医疗费 238505 元。原告住院期间，被告某能公司已垫付医疗费 48000 元。

生效裁判认为，堆放物致害责任，是指由于堆放物品滚落、滑落或者堆放物倒塌，致使他人的生命权、健康权、身体权受到损害，由所有人或者管理人承担赔偿责任。本案是因电杆放置在路边的斜坡草丛地滚落压伤原告，符合上述法律规定，应定为堆放物倒塌致害责任纠纷案。关于本案如何划分责任。被告某能公司承接了 1903 线改造工程，供电局已经将水泥电杆从供应商交付至被告某能公司，由某能公司接收并负责施工，此时的水泥电杆已由某能公司实际控制和负责管理，故作为所有人的被告供电局对事故的发生没有过错，不应承担本案的赔偿责任。被告某能公司作为水泥电杆的实际控制人和管理人，其施工人员将水泥电杆堆放在路边造成人身损害。管理人主张自己无过错的，应当举证证明，不能证明或者证明不足，应承担人身损害赔偿责任。本案中，被告某能公司将圆柱形的水泥电杆放置在路边的斜坡草丛中，且水泥电杆的一头底部放置在水泥板上，应该意识到水泥电杆作为重物在斜坡及水泥地板上容易滚动而采取更为安全的措施，也没有做到注意提示、警示义务，故被告某能公司应承担主要过错责任。至于原告是否也有过错，水泥电杆系重物，自 2019 年 7 月起就放置在事发地没有滑动，如果没有受到外力的作用就不会轻易滑动。事发当时只有原告一人开车到现场，如原告所陈述，其开车到现场准备倒车卸货，在车没有熄火的情况下下车查看车是否刮到电杆而被突然滚落的电杆压伤，结合其在入院时自诉其系摔倒后被电杆压伤以及现场情况，不排除原告也有自身过错造成电杆滚动，故原告也存在一定的过错，应自行承担次要责任。结合本案实际情况及原、被告的过错程度，认定原告自行承担 40% 的责任，被告某能公司承担 60% 的责任，即 143103 元。

上述案例涉及堆放物致害责任问题。试问：如何理解堆放物致害责任的归责原则、构成要件、责任主体？

二、堆放物致害责任的归责原则

根据《民法典》第一千二百五十五条的规定，堆放物倒塌致害责任具有以下法律特征：第一，堆放物倒塌致害责任是一种物件致害责任。堆放物是一种物件，由此致害发生的责任属于物件致害责任，不是行为致害责任，不是积极的加害行为人。第二，堆放物倒塌致害责任是一种替代责任，是堆放人替代自己堆放的堆放物对该堆放物造成的损害承担责任，是侵权法"自己责任"原则的例外，因而具有特殊性。第三，堆放物倒塌致害的责任主体是有过错的堆放人，强调的是实施堆放行为的人，亦即当时当地对堆放物进行管理的人，在立法上体现了一定的行为责任倾向。

从《民法典》第一千二百五十五条的规定来看，继续沿用了《侵权责任法》第八十八条所采用的过错推定责任原则。其实，从各国立法例来看，堆放物倒塌致害责任亦是采纳过错推定责任原则。依据过错推定责任原则，作为原告的受害人请求赔偿，只需举证证明被告是倒塌堆放物的堆放人，以及因堆放物倒塌遭受损害，而无须举证证明堆放人有过错，即从损害事实中推定堆放人在主观上有过错。堆放人主张自己无过错者，应当举证证明。不能证明或者证明不足，则推定成立，被告即应承担侵权责任；确能证明者，被告则不承担侵权责任。

三、堆放物致害责任的构成要件

根据《民法典》第一千二百五十五条的规定，堆放物致害责任的成立，须具备如下构成要件：

1. 须有堆放物致害的事实。堆放物滚落、滑落或者倒塌等，因为堆放物品存在管理瑕疵造成他人损害的各种情形。堆放物发生倒塌，既有堆放方式不当等堆放人自身的原因，也有自然力、第三人等外在原因，堆放物倒塌致害的因果关系事实，只是强调堆放物倒塌与损害后果之间的因果联系，而不追究导致倒塌的具体原因。

2. 须堆放人有过错。堆放人的主观过错，一般表现为堆放人堆放或管理不当，或者存在其他注意义务的欠缺等过失，并以推定的方式进行确定。凡堆放物致人损害，首先推定堆放人有过失，认定其未尽注意义务，无须受害人证明。堆放人只有证明自己已尽相当注意，即无过失，才能推翻过失推定而免责。不能证明自己没有过失，堆放人即应承担相应的赔偿责任。

在审判实践中，堆放人还可以通过主张存在不可抗力、第三人过错和受害人过错而实现全部或者部分免责。如果堆放物倒塌是因不可抗力造成的，即免除堆放人的赔偿责任；如果完全是由于第三人的过错造成堆放物倒塌致害，堆放人免责，相应的赔偿责任应由第三人承担。如果第三人的过错行为与堆放人的过错行为相结合而发生致害结果，依各自原因力大小承担责任。如损害是由堆放人和受害人双方过错行为造成的，则依混合过错原则实行过失相抵。

四、堆放物致害责任的责任主体

在现实生活中，堆放物的情况千差万别。从行为主体来看，有物的所有人堆放，也有实际占有、控制物的管理人堆放，还有第三人堆放；从堆放原因来看，有基于自主意思表示进行的堆放，也有根据他人指示而为的堆放；从堆放的场所来看，有在自己控制领域内的堆放，也有在他人控制领域内的堆放；从堆放物与堆放人之间的占有、控制关系来看，堆放物有可能为堆放人所占有、控制，也可能为所有人或第三人所占有、控制。因此，为准确认定堆放物倒塌的责任人，直接规定堆放人为堆放物倒塌致害的责任主体，是较为妥当的。根据《民法典》第一千二百五十五条的规定意旨，承担堆放物倒塌致害责任的堆放人，不仅仅限于从事堆放活动的当事人，对于堆放时间、场所、地点、方式等进行安排、指示的当事人，也应当属于本条规定的堆放人。凡是从事堆放行为的人都可以成为堆放人，均需要对受害人承担赔偿责任。具体而言，堆放人主要包括以下几种：

1. 实际堆放人，即将物品实际进行堆放，直接完成堆放行为的人。

2. 指示堆放人，即指挥实际堆放人从事堆放行为，对于堆放场所、方式、时间等进行安排的人。如果实际堆放人能够证明其堆放行为完全是根据所有人、管理人的指示进行的堆放行为，则应当由堆放物的所有人、管理人承担责任，因为此时所有人、管理人就是堆放人。

3. 其他应当对堆放负责的人，这主要存在于所有人与堆放人不一致的情形。如果所有人完全失去了对堆放物的占有、控制，堆放行为完全是由直接从事堆放行为的人独立实施，所有人对于物品的堆放不负监督、检查职责时，直接从事堆放行为的人即为堆放人，由其承担堆放物倒塌致害责任，所有人即不是此时的堆放人，不应承担损害赔偿责任。

五、对案例 92 的简要评析

根据《民法典》第一千二百五十五条"堆放物倒塌、滚落或者滑落造成他人损害，堆放人不能证明自己没有过错的，应当承担侵权责任"的规定，本案是因放置路边的电线杆滚动压伤受害人，应定性为堆放物倒塌致害责任纠纷案。堆放物致害责任采取过错推定责任原则，被告电业局对于电线杆没有管理控制权，对其损害的发生没有过错，就无须承担侵权责任。作为电线杆实际控制人某能公司不能证明自己没有过错，就应当承担侵权责任。但同时，电线杆在没有借助于外力的作用下，一般不会滚动。因此，根据常识常情常理可以推定受害人是因为驾驶的农用车碰撞了电线杆而导致滚落，才发生了本案的事故，说明了受害人对其造成损害是有一定的过错，因此法院判断其自行承担40% 的民事责任，侵权人承担 60% 的赔偿责任。

第六节　公共道路妨碍通行致害责任

一、问题的提出

公共道路妨碍通行致害责任，是指在公共道路上堆放、倾倒、遗撒妨碍通行的物品，致使他人人身、财产权益遭受损害，行为人及公共道路管理人所应承担的侵权责任。对此，《民法典》第一千二百五十六条规定，在公共道路上堆放、倾倒、遗撒妨碍通行的物品造成他人损害的，由行为人承担侵权责任。公共道路管理人不能证明已经尽到清理、防护、警示等义务的，应当承担相应的责任。

在研究公共道路通行妨碍物致害责任之前，先看一则案例：

案例 93：机动车与公共道路上的土堆"相撞"的民事责任[①]

2012 年 2 月 9 日 19 时 50 分许，机动车驾驶人曾某驾驶小型普通客车（乘载王某等人）由东向西沿连霍高速公路行驶至 G30 线 3144 公里改道处时，由于操作不当，致使车辆冲向土堆，造成驾驶人曾某、乘车人王某等人受伤、车辆损坏的道路交通事故。道路交通事故认定书：机动车驾驶人曾某负全部责任。乘车人王某等人无责任。受害人花去医疗费用等有关费用若干。2012 年 2 月 10 日，经有关部门鉴定：1. 该行驶小客车采取制动前行驶速度为每小时 105 千米。2. 该小客车制动装置齐全有效。另查明，关于川交路桥公司在事发路段所设置标志是否符合法律规定的问题。曾某对自己的主张提供在事发后第 5 天即 2012 年 2 月 15 日拍摄的现场照片，和公安交警部门现场照片对比基本相符。

[①]　详见最高人民法院（2017）最高法民再 264 号民事判决书。

最高人民法院认为，川交路桥公司是否应承担因其在道路上堆砌土堆导致交通事故造成的损害承担赔偿责任。公共道路妨碍通行损害责任是指在公共道路上堆放、倾倒、遗撒妨碍通行的物品造成他人损害的，有关责任人应当承担的侵权责任。本案是曾某以川交路桥公司的施工行为对公路通行造成了妨碍，导致其人身及财产损失为由提起的诉讼，符合公共道路妨碍通行损害责任纠纷的要件。本案中，川交路桥公司为保障施工在距施工路段5千米路外将3144公里改道处（右侧）即本案事故发生地附近单方设置宽、高均1米左右的土堆封闭道路。生效判决根据道路交通事故认定书以及事故现场的照片，认定曾某驾驶小型普通客车造成驾驶人曾某、乘车人王某等人受伤、车辆损坏的道路交通事故，系车辆冲向土堆引起。在公共道路妨碍通行损害责任中，堆放、倾倒、遗撒人承担侵权责任的归责原则为过错推定责任原则。只要具有在公共道路上设置妨碍通行的物品，造成损害的事实，并且设置行为与损害事实之间具有因果关系，就可以认定堆放、倾倒、遗撒人未尽应当尽到的注意义务，无须被侵权人证明。原审法院判决川交路桥公司对曾某交通事故所造成的损失承担责任并酌情判决川交路桥公司承担70%的赔偿责任，并无不妥。

上述案例涉及公共道路妨碍通行致害责任。试问：如何理解公共道路妨碍通行致害责任的归责原则、构成要件、责任主体？

二、公共道路妨碍通行致害责任的归责原则

公共道路妨碍通行致害责任表现为：一是公共道路妨碍通行致害责任是一种物件致害责任。公共道路妨碍通行致害责任，是因公共道路上堆放、倾倒、遗撒的物品妨碍通行而产生的侵权责任，并非因为侵权人的行为而引起，因此属于物件致害责任。二是公共道路妨碍通行致害责任也是一种道路管理瑕疵责任。公共道路是对社会公众开放的，由不特定的多数人通行的区域。公共道路的管理部门负有保障道路完好、安全、畅通的义务。对于公共道路上堆放、倾倒、遗撒的物品妨碍通行的，道路管理部门应及时予以清扫和排除。道路管理部违反上述义务，亦应对受害人承担侵权责任。因此，公共道路妨碍通行致害责任同时也是道路管理瑕疵责任。

对于公共道路妨碍通行致害责任的归责原则，存在"一元论"与"二元论"的争论。"一元论"包括两种观点，一种观点认为应适用基于过错推定的过错

责任原则，另一种观点则认为应适用无过错责任原则。"二元论"认为，公共道路妨碍通行致害责任应当根据责任主体不同分别适用不同的归责原则，即对堆放、倾倒、遗撒行为人适用无过错责任原则，对道路管理部门适用过错责任原则。[①]

根据《民法典》第一千二百五十六条的规定，"在公共道路上堆放、倾倒、遗撒妨碍通行的物品造成他人损害的，由行为人承担侵权责任"。该责任的归责原则争议较大。"公共道路管理人不能证明已经尽到清理、防护、警示等义务的，应当承担相应的责任。"该责任的归责原则是过错推定责任原则。作者认为，公共道路妨碍通行致害责任的归责原则亦采用"一元论"的过错推定责任原则。[②]在实行过错推定的时候，受害人请求赔偿，无须举证证明堆放物的所有人或者公共道路管理人对致害有无过错，只需举证证明自己的人身损害事实，该人身损害事实为物件所有人或者公共道路管理人的堆放物所致，且所有人或者公共道路管理人对该物件的支配关系即可。所有人或者公共道路管理人主张自己无过错者，应当举证证明，不能证明或者证明不足，推定过错存在，所有人或者公共道路管理人即应承担损害赔偿责任。

三、公共道路妨碍通行致害责任的构成要件

根据《民法典》第一千二百五十六条的规定，公共道路妨碍通行致害责任的成立，须具备以下构成要件：

1. 公共道路妨碍通行造成他人损害，即在公共道路上实施的堆放、倾倒、遗撒物品的行为对道路正常通行形成妨碍，并因为这一妨碍造成他人人身伤害或者财产损失。

2. 公共道路管理人具有过错，即依据损害发生的事实推定公共道路管理人存在管理瑕疵方面的过错。对于这一推定的过错，按照过错推定责任规则实行举证责任倒置，允许管理人通过举证证明自己没有过错而免责。

[①]　何志、侯国跃：《侵权责任纠纷裁判依据新释新解》，人民法院出版社 2014 年版，第 308 页。

[②]　《最高人民法院公报》（2016 年第 10 期）。裁判要旨为：车辆通过付费方式进入高速公路的法律关系，系通行者与高速公路管理者达成的有偿使用高速公路的民事合同关系，高速公路管理者有及时巡视和清障的义务，以保障司乘人员在通过高速公路时的安全、畅通。通行者在高速公路驾车行驶时碾压到车辆散落物导致交通事故的，高速公路管理者在不能举证证明已尽到及时巡视和清障义务的情况下，应当承担相应的赔偿责任。

3. 损害事实与堆放物致害行为之间有因果关系。

四、公共道路妨碍通行致害责任的责任主体

根据《民法典》第一千二百五十六条的规定，公共道路妨碍通行致害的责任主体体现为两类：一是公共道路通行妨碍物的堆放、倾倒、遗撒行为人；二是公共道路管理人。在司法实践中，关于公共道路妨碍通行致害责任的承担，应当注意的是：

1. 两类责任主体的相互关系。一般来说，妨碍通行致害责任应当先由堆放、倾倒、遗撒行为人承担，这是因为相关行为人直接控制、管理物品，有足够能力预防损害发生，由其先行承担赔偿责任在经济上也最有效率。在堆放、倾倒、遗撒行为人与管理人作为共同被告的诉讼中，如果管理人具有管理瑕疵过错，堆放、倾倒、遗撒妨碍通行物品与道路管理瑕疵造成受害人的损害，具有共同的因果关系，堆放、倾倒、遗撒行为人与道路管理人相互之间，则应当根据过错程度和原因力大小承担按份责任。

2. 过失相抵规则的适用。如果堆放、倾倒、遗撒物品虽然妨碍了公共道路的通行，但车辆驾驶人足以及时发现，且能够轻易避让，因其疏忽大意或者轻信能够避免而导致损害的发生，则表明其具有重大过失，可以适用过失相抵规则，减轻堆放、倾倒、遗撒行为人的赔偿责任。

五、对案例 93 的简要评析

根据《民法典》第一千二百五十六条的规定，在公共道路上堆放、倾倒、遗撒妨碍通行的物品造成他人损害的，由行为人承担侵权责任。公共道路管理人不能证明已经尽到清理、防护、警示等义务的，应当承担相应的责任。据此，该责任的构成要件主要包括：一是须有公共道路上堆放、倾倒、遗撒妨碍通行的物品的致害行为；二是须有受害人损害事实；三是损害事实须与堆放、倾倒、遗撒妨碍通行的物品的致害行为之间有因果关系。在本案中，川交路桥公司的施工行为对公路通行造成了妨碍，导致其人身及财产损失为由提起的诉讼，符合公共道路妨碍通行损害责任纠纷的要件，并造成了受害人的损失，应当承担主要的赔偿责任。同时，作为车辆的驾驶人未尽到高度注意义务，存在一定过错，应当承担次要责任。因此，法院判决川交路桥公司对曾某交通事故所造成的损失承担责任并酌情判决川交路桥公司承担 70% 的赔偿责任。

第七节　林木致害责任

一、问题的提出

树木致害责任，是指树木倾倒、折断或者果实坠落致人生命权、健康权、身体权受到损害，依法由所有人或管理人承担的赔偿责任。对此，《民法典》第一千二百五十七条规定，因林木折断、倾倒或者果实坠落等造成他人损害，林木的所有人或者管理人不能证明自己没有过错的，应当承担侵权责任。树木致害责任的法律特征表现为：一是树木致人损害的赔偿责任是一种物件致害责任，不属于行为致害责任，不存在积极的加害行为人；二是树木致人损害的赔偿责任的产生原因具有特殊性，即该种责任的产生系由于树木倾倒、折断或果实坠落；三是树木致人损害的赔偿责任的赔偿义务人具有特定性，即只能是致害树木或果实的所有人或管理人。

在研究林木致害责任之前，先看一则案例：

案例 94：小区树木倾倒砸损车辆的民事责任承担 [①]

王某生系滨河湾一期小区业主，2022 年 6 月 25 日晚，王某生将其所有的轿车停放在该小区内，因小区内树木倾倒，导致其所有的车辆被砸伤，王某生为此支出维修费共计 4458 元。为此，王某生将小区的物业公司诉至法院，请求其承担赔偿责任。

生效裁判认为，根据《民法典》第一千二百五十七条规定，因林木折断、倾倒或者果实坠落等造成他人损害，林木的所有人或者管理人不能证明自己没有过错的，应当承担侵权责任。本案物业公司在庭审中承认其系案涉小区的物业服务公司，是小区树木的管理人，作为案涉树木的管理者，必要的管理和维护义务是其应尽的职责，本案的关键在于物业公司是否尽到了管理和维护义务。被刮倒的树木主干并不粗壮，但枝繁叶茂，根部裹着泥土，已经大部分露出地面，树木自身存在支撑力不足的安全隐患，在一定风雨的作用下，即发

---

① 辽宁省沈阳市中级人民法院（2022）辽 01 民终 15363 号民事判决书。

生倾倒，致使损害发生，物业公司在树木的日常维护中未对案涉树木的树冠进行全面的修剪和维护，未对存在安全隐患的树木进行及时加固，未尽注意义务，故应对王某生的损失承担赔偿责任。考虑到物业公司虽未完全尽到管理和维护义务，但确有证据证明其对案涉树木进行了维护和管理，故对物业公司的责任应予减轻，故物业公司应对此次事故造成的损失承担80%的责任。至于物业公司认为树木倾倒系不可抗力的作用造成，案发当日风大雨大，这在气象中并不罕见，难以构成不可抗力。据此判决物业公司赔偿王某生车辆损失共计3566元（4458元×80%）。

上述案例涉及林木致害责任问题。试问：如何理解林木致害责任的归责原则、构成要件、责任主体？

二、林木致害责任的归责原则

对于林木致害责任适用何种归责原则，我国民法学界一直存在不同观点。有的学者认为属于过错推定责任，有的学者主张属于无过错责任等。民法学界通说认为，林木致害责任属于过错推定责任，其所适用的归责原则应为基于过错推定的过错责任原则。《人身损害赔偿解释》出台后，司法实务也认为该解释将林木致害责任的归责原则定位为过错推定责任。原《侵权责任法》吸收司法解释的规定，也将林木致害责任的归责原则依然确定为过错推定责任原则。从《民法典》第一千二百五十七条的规定来看，亦采纳了过错推定责任原则。

林木致害责任之所以用这一归责原则，其理由在于：适用无过错责任原则，对于加害人过于苛刻；适用一般过错责任原则，则对于受害人的保护不利。只有适用过错推定责任，既能保证受害人处于较为优势的获得赔偿的地位，又能够使得加害人确有证明自己无过错而获得免除赔偿责任的机会，这样才能真正做到公平合理地保护双方当事人的合法权益。

三、林木致害责任的构成要件

根据《民法典》第一千二百五十七条的规定，林木致害责任的成立，必须具备以下构成要件：

1. 发生林木折断、倾倒或者果实坠落等事实。林木包括自然生长和人工种植的林木，且未限定林木生长的地域范围，公共道路两旁的护路林、院落周围生长的零星树木、林地中成片的林木等致人损害的，均在规范之列。林木致害的形态有林木折断、林木倾倒、果实坠落三种，同时本条通过"等"字的表述对具体加害形态进行了开放式列举。

2. 因林木折断、倾倒或者果实坠落等造成了他人损害。首先，发生了致使人身伤亡或者财产损害的结果。林木损害责任以损害后果的发生为前提。如果林木、果实摇摇欲坠，存在随时掉落的危险，不适用本条规定，人身、财产受到威胁的被侵权人可依据《民法典》第一千一百六十七条规定请求消除危险。其次，损害是林木的所有人或者管理人以外的其他人所遭受的。如果林木造成的是其所有人或者管理人自身的损害，则不能通过本条获得救济，而应由林木所有人、管理人自担损失，或者依法追究其他侵权人的责任。最后，林木折断、倾倒或者果实坠落等与损害结果之间具有因果关系。人身伤亡或者财产损害系由林木折断、倾倒或者果实坠落等引起的，既可以是由林木、果实的物理力直接作用于他人的人身或财产造成，也可以是由该作用力引发的其他现象造成。

3. 林木的所有人或者管理人不能证明自己没有过错。林木的所有人或者管理人对其所有或者管理的林木负有管理、维护的义务，应当对林木采取合理的修剪及必要的防护措施，防止林木对社会公众的人身、财产安全造成威胁。例如，所有人或者管理人应当定时修剪枯枝、病枝，及时采摘成熟的果实，对于可能发生倾倒的树木采取加固措施并设置明显警示标志等。林木致人损害时，采取过错推定的归责原则，推定所有人或者管理人存在疏忽、懈怠的过失。此时应当由所有人或者管理人举证证明其已尽管理、维护义务，且不存在主观过错。

四、林木致害责任的责任主体

依据《民法典》第一千二百五十七条的规定，林木致害的责任主体为林木的所有人或者管理人。

1. 林木的所有人。林木的所有人是指对林木果实享有占有、使用、受益和处分权利的人，实践中林木的所有人一般为林权证上载明的权利人。在其直接占有、管理林木时，应当对林木致害承担侵权责任。

2. 林木的管理人。所谓管理人，是指并非所有人，但依据法律规定或者合同约定对林木进行管理的人。一般来讲，为林业主管部门或者果林的承包人。

将林木折断致害的责任主体范围限定为林木的所有人与管理人的依据，理论界亦存在分歧，比较具有代表意义的两种理论是"报偿理论"（受利益者负担损害）和"控制理论"（管理者与所有者危险控制能力最强）。两种理论均有一定合理性，但从《民法典》的规定意旨看，更侧重于风险的防范，从而避免损害的发生，维护潜在的受害人的利益。也就是说，立法将林木折断致害的责任主体确定为林木的所有人或者管理人，是因为所有人和管理人是林木折断致害风险的最佳控制者，他们最有能力预防林木折断损害的发生。

五、对案例 94 的简要评析

《民法典》第一千二百五十七条规定："因林木折断、倾倒或者果实坠落等造成他人损害，林木的所有人或者管理人不能证明自己没有过错的，应当承担侵权责任。"由该条规定可知，林木的所有人或者管理人主张其不承担赔偿责任需由林木的所有人或者管理人承担举证证明责任，证明其没有过错。本案中，物业公司是案涉小区树木的管理人，其应尽到管理和维护的职责。案涉树木经风雨作用即倾倒，说明树木确存在支撑力不足的安全隐患；物业公司作为树木管理人未能及时对树木尽到加固等管理、维护义务致他人财产损害，应当承担相应的赔偿责任。因此法院判令物业公司承担 80% 的赔偿责任。

第八节　地面施工与地下设施致害责任

一、问题的提出

原《民法通则》第一百二十五条对地面施工致害责任作出了明确规定，依据该条规定，"在公共场所、道旁或者通道上挖坑、修缮安装地下设施等，没有设置明显标志和采取安全措施造成他人损害的，施工人应当承担民事责任"。原《侵权责任法》第九十一条充分吸收了这一规范内容，同时又增加了窨井等地下设施致害责任，从而填补了法律的漏洞。《民法典》第一千二百五十八条的规定沿用了原《侵权责任法》的规定："在公共场所或者道路上挖掘、修缮安装地下设施等造成他人损害，施工人不能证明已经设置明显标志和采取安全措施的，应当承担侵权责任。窨井等地下设施造成他人损害，管理人不能证明尽到管理职责的，应当承担侵权责任。"

在研究地面施工与地下设施致害责任之前，先看一则案例：

案例 95：路遇排水井摔倒受伤的民事责任承担 ①

原告郑某骑电动车于 2021 年 9 月 9 日 19 时左右行驶至某食品公司门口道路时摔倒，造成原告受伤，入院住院治疗，经济损失为 191403 元。食品公司门口道路于 2020 年 10 月 27 日由被告建筑公司施工。现原告以其摔倒受伤系因修路砌筑未完成的排水井无任何安全警示标牌及安全防护措施导致，故原告诉至该院，遂形成本诉。

生效裁判认为，在公共场所或者道路上挖掘、修缮安装地下设施等造成他人损害，施工人不能证明已经设置明显标志和采取安全措施的，应当承担侵权责任。因本案属特殊侵权责任，适用过错推定的归责原则，被告建筑公司作为承包人没有证据证明其已设置明显标志和采取了安全措施，故应承担侵权责任，但鉴于事故路段系原告上下班路段，且该路段施工并非一日之工，原告郑某未尽到注意义务，确保安全通行，亦具有过错，应当减少被告建筑公司的赔偿责任。结合个案情况，由建筑公司承担 70% 的赔偿责任，受害人郑某自己承担 30% 的责任。

上述案例涉及地面施工致害责任问题。试问：如何理解地面施工与地下设施致害责任的归责原则、构成要件、责任主体？

二、地面施工与地下设施致害责任的归责原则

地面施工作业属于具有一定致害危险，但并非具有高度危险的作业。从归责的角度看，法学理论界存在不同的主张：过错责任说、过错推定责任说、无过错责任说。笔者认为，地面施工致人损害侵权责任的归责原则应适用过错推定责任原则。其理由：一是立法条文规定了施工人（单位）须具备"没有设置明显标志和采取安全措施"的过错因素，如果施工人（单位）能够证明自己已设置明显标志和采取安全措施，即证明了自己在主观上没有过错，可以依据有关法律规定免除责任，这是完全符合过错推定责任原则的要求的。二是适用无过错责任原则缺乏法律依据。要确认地面施工致人损害适用无过错责任原则，必须有法律明文规定，且不得以行为人无过失而免责，地面工作物致害责任没有这样的规定，因而不能适用无过错责任原则。

---

① 详见辽宁省鞍山市中级人民法院（2023）辽 03 民终 540 号民事判决书。

适用过错推定责任原则时，应当注意：一是在适用过错推定责任原则确定侵权责任时，其侵权责任的构成与适用过错责任原则没有原则的变化，仍要具备损害事实、违法行为、因果关系、主观过错这四个要件。二是在确定主观过错的要件上，实行过错推定，推定行为人主观上有过错；如果行为人认为自己在主观上没有过错，则需自己举证，证明自己没有过错；证明成立者，推翻过错推定，否认行为人的侵权责任；证明不足或者不能证明者，则推定过错成立，行为人应当承担侵权民事责任。三是实行过错推定责任原则的要旨，是使受害人即原告在诉讼中处于优越地位，以便更好地保障受害人索赔请求权的实现。

三、地面施工与地下设施致害责任的构成要件

1.地面施工致害责任成立的构成要件。根据《民法典》第一千二百五十八条第一款的规定，地面施工致害责任成立的构成要件包括：第一，被告是在公共场所、道旁或者通道上从事挖坑、修缮安装地下设施等作业的施工人。包括三个方面的要素：（1）特定的地点，须是公众经常聚集、活动或者通行的地点；（2）特定的活动，须是地面施工作业，如挖坑、开沟、修理地下水道等；（3）特定的主体，须是从事该施工作业的组织或个人。第二，被告违反设置明显标志和采取安全措施的注意义务。这些标志和措施须足以保证一切在施工地点正常活动、通行之人免受因施工形成危险因素的损害。因此，设立标志和采取措施未达到足以保障他人安全之程度者，仍不妨碍构成对注意义务的违反。第三，被告违反注意义务之不作为与原告所受损害之间具有因果关系。通常运用必要条件规则进行检验，即根据案件事实，判断若被告设有明显标志和采取了必要的安全措施，原告所受到的损害是否会发生。如果不会发生，因果关系成立，被告应当负责。反之，因果关系即不成立，被告则无责任。

关于地面施工致害责任的构成，在审判实践中应注意的问题是：（1）施工人推翻过错推定的证明标准。地面施工致害责任是过错推定责任，施工人可以通过证明自己没有过错而免责。其证明标准为：施工人须证明其不仅设置了明显标志，还采取了安全措施，并且这些标志的明显程度和措施充分、可靠程度足以使任何人以通常之注意避免损害发生。（2）施工人对警示标志和安全设施的维护义务。施工人不仅负有设置明显标志和采取安全措施义务，还负有维护这些警示标志和安全设施的义务。因此，如果工人设置明显标志和采取安全措施后，由于第三人的行为或者自然原因造成标志和安全设施被破坏，一般不允

许施工人以上述理由进行抗辩。在第三人有过错的情况下，被告只能在向原告承担侵权责任后再对第三人进行追偿。但是，若证明被告已经尽到维护警示标志和安全设施的最大努力，损害仍不免发生，则可以免除或者减轻被告的赔偿责任。

2.地下设施致害责任的构成要件。地下设施致害、未尽管理职责。根据《民法典》第一千二百五十八条第二款的规定，地下设施致害责任成立的构成要件包括：第一，必须是因窨井等地下设施致害。主要是指地下设施导致他人人身伤害或财产损失。地下设施具有一定的特殊性：（1）它是地下设置的设施或装置；（2）它是与土地紧密结合的设施；（3）它是为了满足生产、生活中供电、供水、排水等需求而设置的设施；（4）它是依据建筑技术而设置的设施。第二，地下设施造成了损害。窨井等地下设施致害必须是因这些设施导致他人损害，而且应当是因为地下设施本身的设置或维护缺陷而造成他人损害，不包括地下易燃、易爆等物品的高度危险导致损害的发生。如地下煤气管道爆炸，应当属于高度危险物致人损害，而不属于地下设施致人损害。第三，管理人未尽到管理职责。管理职责就是指管理人依法对地下设施所负有的注意义务，对于管理职责的认定依据主要包括：（1）法律、法规、规章制度等明确规定的管理职责；（2）根据案情确定的注意义务，具体包括地下设施的状况、潜在受害人的状况和管理人自身的状况等考虑因素；（3）应当适用高于一般人的注意义务标准。窨井等地下设施涉及公共安全，对社会公众的人身和财产构成威胁，如适用一般人的注意标准，不利于督促管理人积极、谨慎履行管理义务，从而避免危险的发生。

立法规定窨井等地下设施致害责任的目的，是促使管理人履行防止他人遭受窨井等地下设施损害的安全保障义务。尽管管理人在一定情况下必须承担安全保障义务，但应当明确安全保障义务存在一定界限。那种无论天灾还是人祸，只要损害发生在窨井等地下公共设施范围内，就认为管理人违反安全保障义务，就应当承担损害赔偿责任的观点，实际上是不合理扩大了管理人的安全保障义务范围，加重了管理人的负担。因此，合理界定管理人的安全保障义务，对于公正判定窨井等地下设施致害责任具有重要司法意义。在审判实践中，判断管理人安全保障义务的标准主要包括两个方面：第一，管理是否尽到了合理注意义务。只要管理人尽到了合理的注意义务，即使发生了损害也无须承担责任。认定管理人尽到合理注意义务，应当遵循合理预见规则，即要求管理人仅对合理预见范围内的危险承担安全保障义务。如市政管理部门在下水道窨井盖被偷盗数日却未予及时修复，就表明市政管理部门对损害的发生已有合理预见而没有采取相应措施，市政管理部门即没有尽到安全保障义务，应当承担赔偿责任；如果致害危险已经超出了合理预见的范围，管理人则不负安全保障义务。第二，管理人与受害人之间是否存在近因关系，即受害人遭受的损失与管理人的安全保障义务是否具有关联性。如果因水灾使道路排水孔盖脱落，致路人行经掉落罹难，这一事件的发生即与管理人的管理职责没有关联，管理人就不应承担赔偿责任。

四、地面施工与地下设施致害责任的责任主体

根据《民法典》第一千二百五十八条的规定，地面施工致害的责任主体为施工人，窨井等地下设施致害的责任主体为管理人。对于施工人、管理人的内涵及其司法认定规则，应当根据法条的规范意旨和实践表现情形进行理解和把握。

（一）关于施工人的认定

从解释上讲，作为地面施工致害责任主体的施工人限于施工单位。施工单位是指与建设单位或者其他发包人签订工作物建造合同、对工作物进行施工的单位。实践中比较常见的施工单位是建筑公司。在实践中，由于地面工程施工的合同关系及其参与者具有一定的复杂性，在确定施工人时则需要根据地面施工致害责任的规范意旨和实际情况进行具体甄别。一般而言，可以采取以下规则判定地面施工致害的施工人：

1. 建筑承包企业为施工人。直接进行施工的企业如为具有独立法人资格的建筑承包商，该建筑承包商即应定为施工人。这是一种较为规范、具有一般意义的施工人类型。在多个建筑承包企业共同承接同一地面施工工程的情况下，各个建筑承包企业均应认定为施工人，共同承担侵权损害赔偿责任。

2. 挂靠人与被挂靠的建筑承包企业为施工人。如果存在工程挂靠承包关系，即某人以某建筑承包企业的名义承接工程，向企业缴纳约定的挂靠管理费，自行组织施工，应将被挂靠的建筑承包企业认定为施工人，而不问直接施工者是谁。

3. 地面工程的发包人或者总承包人为施工人。地面工程的发包人（建设单位）将工程发包给没有相应施工资质的承包人，或者地面工程的总承包人将部分工程分包给没有相应施工资质的承包人负责施工的，发包人或者承包人存在

选任上的过失，对地面施工致害应当承担相应的赔偿责任，因此应当认定为施工人。

4. 地面工程的建设单位为施工人。实践中存在地面工程的建设单位自行组织人员进行施工作业的情况，在这一情形下，应当认定建设单位与施工人员成立雇佣关系，对此应当适用雇员致人损害的裁判规则，认定作为雇主的建设单位为施工人。当然，在受害人有证据证明施工人员存在故意或者重大过失的前提下，可以将施工人员也作为施工人，请求施工人员与建设单位承担连带赔偿责任。在受害人无法判断施工人时，应推定建设单位为施工人。

（二）关于管理人的认定

从《民法典》第一千二百五十八条第二款的规范意旨上理解，作为窨井等地下设施致害责任的管理人，是指对窨井等地下设施负有管理义务的人。从解释上讲，此处的管理人应当作扩张解释，既包括所有人，也包括管理人。在实践中，可能存在所有人与管理人不一致的情形，在此情形下，因所有人并未实际承担窨井等地下设施的管理义务，因此只能确定管理人为侵权责任的主体。当然，如果管理人是由所有人聘请的，所有人也有可能因为存在选任过失或者与管理人存在雇佣关系，而成为窨井等地下设施致人损害的赔偿责任主体。

在司法实践中，窨井等地下设施致害案件审理的难点，在于对窨井等地下设施产权单位的认定。例如，对发生损害事故的窨井，单位与单位之间容易出现职责不清、交叉管理、相互推诿的情况。此时，应将对窨井共同承担管理职责的人一并列为被告，以确保受害人获得充分的赔偿。另外，窨井作为公共设施，其管理人一般为政府的职能部门，但不排除在个别情况下，管理人为普通的民事主体。如果窨井是处于社区的公共道路上，则市政公司是窨井的管理者，同时，物业公司也负担着窨井的管理职责，若二者均未尽到管理义务，未及时发现窨井存在的安全隐患，在管理和维护上即存在共同的过错，二者应当对由此造成的损害承担连带赔偿责任。

五、对案例 95 的简要评析

根据《民法典》第一千二百五十八条第一款的规定，在公共场所或者道路上挖掘、修缮安装地下设施等造成他人损害，施工人不能证明已经设置明显标志和采取安全措施的，应当承担侵权责任。本案中，郑某的受伤地点在建筑公司施工范围内，受伤系因施工路面中未完成砌筑的排水井坑槽所致。

对于案涉过错责任，建筑公司作为工程施工人没有证据证明其已经设置明显标志和采取安全措施，其未尽施工安全管理义务致使受害人身体受到损害，应当承担主要责任。受害人郑某作为一名完全民事行为能力人，未尽到注意谨慎义务导致自身受到伤害，其应承担次要责任。故法院综合考虑双方当事人的过错程度酌定由建筑公司承担 70% 的赔偿责任，受害人承担 30% 的责任。

附录

中华人民共和国民法典（节录）

（2020 年 5 月 28 日第十三届全国人民代表大会第三次会议通过　2020 年
5 月 28 日中华人民共和国主席令第 45 号公布　自 2021 年 1 月 1 日起施行）

第七编　侵权责任

第一章　一般规定

第一千一百六十四条　【侵权责任编的调整范围】[①] 本编调整因侵害民事权
益产生的民事关系。

第一千一百六十五条　【过错责任原则与过错推定责任】行为人因过错侵
害他人民事权益造成损害的，应当承担侵权责任。

依照法律规定推定行为人有过错，其不能证明自己没有过错的，应当承担
侵权责任。

第一千一百六十六条　【无过错责任】行为人造成他人民事权益损害，不
论行为人有无过错，法律规定应当承担侵权责任的，依照其规定。

第一千一百六十七条　【危及他人人身、财产安全的责任承担方式】侵权
行为危及他人人身、财产安全的，被侵权人有权请求侵权人承担停止侵害、排
除妨碍、消除危险等侵权责任。

第一千一百六十八条　【共同侵权】二人以上共同实施侵权行为，造成他
人损害的，应当承担连带责任。

第一千一百六十九条　【教唆侵权、帮助侵权】教唆、帮助他人实施侵权

---

① 条文主旨为编者所加，下同。

行为的，应当与行为人承担连带责任。

教唆、帮助无民事行为能力人、限制民事行为能力人实施侵权行为的，应当承担侵权责任；该无民事行为能力人、限制民事行为能力人的监护人未尽到监护职责的，应当承担相应的责任。

第一千一百七十条 【共同危险行为】二人以上实施危及他人人身、财产安全的行为，其中一人或者数人的行为造成他人损害，能够确定具体侵权人的，由侵权人承担责任；不能确定具体侵权人的，行为人承担连带责任。

第一千一百七十一条 【分别侵权的连带责任】二人以上分别实施侵权行为造成同一损害，每个人的侵权行为都足以造成全部损害的，行为人承担连带责任。

第一千一百七十二条 【分别侵权的按份责任】二人以上分别实施侵权行为造成同一损害，能够确定责任大小的，各自承担相应的责任；难以确定责任大小的，平均承担责任。

第一千一百七十三条 【与有过错】被侵权人对同一损害的发生或者扩大有过错的，可以减轻侵权人的责任。

第一千一百七十四条 【受害人故意】损害是因受害人故意造成的，行为人不承担责任。

第一千一百七十五条 【第三人过错】损害是因第三人造成的，第三人应当承担侵权责任。

第一千一百七十六条 【自甘风险】自愿参加具有一定风险的文体活动，因其他参加者的行为受到损害的，受害人不得请求其他参加者承担侵权责任；但是，其他参加者对损害的发生有故意或者重大过失的除外。

活动组织者的责任适用本法第一千一百九十八条至第一千二百零一条的规定。

第一千一百七十七条 【自力救济】合法权益受到侵害，情况紧迫且不能及时获得国家机关保护，不立即采取措施将使其合法权益受到难以弥补的损害的，受害人可以在保护自己合法权益的必要范围内采取扣留侵权人的财物等合理措施；但是，应当立即请求有关国家机关处理。

受害人采取的措施不当造成他人损害的，应当承担侵权责任。

第一千一百七十八条 【特别规定优先适用】本法和其他法律对不承担责任或者减轻责任的情形另有规定的，依照其规定。

第二章 损害赔偿

第一千一百七十九条 【人身损害赔偿范围】侵害他人造成人身损害的，应当赔偿医疗费、护理费、交通费、营养费、住院伙食补助费等为治疗和康复支出的合理费用，以及因误工减少的收入。造成残疾的，还应当赔偿辅助器具费和残疾赔偿金；造成死亡的，还应当赔偿丧葬费和死亡赔偿金。

第一千一百八十条 【以相同数额确定死亡赔偿金】因同一侵权行为造成多人死亡的，可以以相同数额确定死亡赔偿金。

第一千一百八十一条 【被侵权人死亡时请求权主体的确定】被侵权人死亡的，其近亲属有权请求侵权人承担侵权责任。被侵权人为组织，该组织分立、合并的，承继权利的组织有权请求侵权人承担侵权责任。

被侵权人死亡的，支付被侵权人医疗费、丧葬费等合理费用的人有权请求侵权人赔偿费用，但是侵权人已经支付该费用的除外。

第一千一百八十二条 【侵害他人人身权益造成财产损失的赔偿计算方式】侵害他人人身权益造成财产损失的，按照被侵权人因此受到的损失或者侵权人因此获得的利益赔偿；被侵权人因此受到的损失以及侵权人因此获得的利益难以确定，被侵权人和侵权人就赔偿数额协商不一致，向人民法院提起诉讼的，由人民法院根据实际情况确定赔偿数额。

第一千一百八十三条 【精神损害赔偿】侵害自然人人身权益造成严重精神损害的，被侵权人有权请求精神损害赔偿。

因故意或者重大过失侵害自然人具有人身意义的特定物造成严重精神损害的，被侵权人有权请求精神损害赔偿。

第一千一百八十四条 【财产损失的计算】侵害他人财产的，财产损失按照损失发生时的市场价格或者其他合理方式计算。

第一千一百八十五条 【故意侵害知识产权的惩罚性赔偿责任】故意侵害他人知识产权，情节严重的，被侵权人有权请求相应的惩罚性赔偿。

第一千一百八十六条 【公平分担损失】受害人和行为人对损害的发生都没有过错的，依照法律的规定由双方分担损失。

第一千一百八十七条 【赔偿费用的支付方式】损害发生后，当事人可以协商赔偿费用的支付方式。协商不一致的，赔偿费用应当一次性支付；一次性支付确有困难的，可以分期支付，但是被侵权人有权请求提供相应的担保。

第三章 责任主体的特殊规定

第一千一百八十八条 【监护人责任】无民事行为能力人、限制民事行为能力人造成他人损害的，由监护人承担侵权责任。监护人尽到监护职责的，可以减轻其侵权责任。

有财产的无民事行为能力人、限制民事行为能力人造成他人损害的，从本人财产中支付赔偿费用；不足部分，由监护人赔偿。

第一千一百八十九条 【委托监护时监护人的责任】无民事行为能力人、限制民事行为能力人造成他人损害，监护人将监护职责委托给他人的，监护人应当承担侵权责任；受托人有过错的，承担相应的责任。

第一千一百九十条 【暂时丧失意识后的侵权责任】完全民事行为能力人对自己的行为暂时没有意识或者失去控制造成他人损害有过错的，应当承担侵权责任；没有过错的，根据行为人的经济状况对受害人适当补偿。

完全民事行为能力人因醉酒、滥用麻醉药品或者精神药品对自己的行为暂时没有意识或者失去控制造成他人损害的，应当承担侵权责任。

第一千一百九十一条 【用人单位责任和劳务派遣单位、劳务用工单位责任】用人单位的工作人员因执行工作任务造成他人损害的，由用人单位承担侵权责任。用人单位承担侵权责任后，可以向有故意或者重大过失的工作人员追偿。

劳务派遣期间，被派遣的工作人员因执行工作任务造成他人损害的，由接受劳务派遣的用工单位承担侵权责任；劳务派遣单位有过错的，承担相应的责任。

第一千一百九十二条 【个人劳务关系中的侵权责任】个人之间形成劳务关系，提供劳务一方因劳务造成他人损害的，由接受劳务一方承担侵权责任。接受劳务一方承担侵权责任后，可以向有故意或者重大过失的提供劳务一方追偿。提供劳务一方因劳务受到损害的，根据双方各自的过错承担相应的责任。

提供劳务期间，因第三人的行为造成提供劳务一方损害的，提供劳务一方有权请求第三人承担侵权责任，也有权请求接受劳务一方给予补偿。接受劳务一方补偿后，可以向第三人追偿。

第一千一百九十三条 【承揽关系中的侵权责任】承揽人在完成工作过程中造成第三人损害或者自己损害的，定作人不承担侵权责任。但是，定作人对定作、指示或者选任有过错的，应当承担相应的责任。

第一千一百九十四条 【网络侵权责任】网络用户、网络服务提供者利用网络侵害他人民事权益的，应当承担侵权责任。法律另有规定的，依照其规定。

第一千一百九十五条　【"通知与取下"制度】网络用户利用网络服务实施侵权行为的，权利人有权通知网络服务提供者采取删除、屏蔽、断开链接等必要措施。通知应当包括构成侵权的初步证据及权利人的真实身份信息。

网络服务提供者接到通知后，应当及时将该通知转送相关网络用户，并根据构成侵权的初步证据和服务类型采取必要措施；未及时采取必要措施的，对损害的扩大部分与该网络用户承担连带责任。

权利人因错误通知造成网络用户或者网络服务提供者损害的，应当承担侵权责任。法律另有规定的，依照其规定。

第一千一百九十六条　【"反通知"制度】网络用户接到转送的通知后，可以向网络服务提供者提交不存在侵权行为的声明。声明应当包括不存在侵权行为的初步证据及网络用户的真实身份信息。

网络服务提供者接到声明后，应当将该声明转送发出通知的权利人，并告知其可以向有关部门投诉或者向人民法院提起诉讼。网络服务提供者在转送声明到达权利人后的合理期限内，未收到权利人已经投诉或者提起诉讼通知的，应当及时终止所采取的措施。

第一千一百九十七条　【网络服务提供者与网络用户的连带责任】网络服务提供者知道或者应当知道网络用户利用其网络服务侵害他人民事权益，未采取必要措施的，与该网络用户承担连带责任。

第一千一百九十八条　【违反安全保障义务的侵权责任】宾馆、商场、银行、车站、机场、体育场馆、娱乐场所等经营场所、公共场所的经营者、管理者或者群众性活动的组织者，未尽到安全保障义务，造成他人损害的，应当承担侵权责任。

因第三人的行为造成他人损害的，由第三人承担侵权责任；经营者、管理者或者组织者未尽到安全保障义务的，承担相应的补充责任。经营者、管理者或者组织者承担补充责任后，可以向第三人追偿。

第一千一百九十九条　【教育机构对无民事行为能力人受到人身损害的过错推定责任】无民事行为能力人在幼儿园、学校或者其他教育机构学习、生活期间受到人身损害的，幼儿园、学校或者其他教育机构应当承担侵权责任；但是，能够证明尽到教育、管理职责的，不承担侵权责任。

第一千二百条　【教育机构对限制民事行为能力人受到人身损害的过错责任】限制民事行为能力人在学校或者其他教育机构学习、生活期间受到人身损害，学校或者其他教育机构未尽到教育、管理职责的，应当承担侵权责任。

第一千二百零一条 【受到校外人员人身损害时的责任分担】无民事行为能力人或者限制民事行为能力人在幼儿园、学校或者其他教育机构学习、生活期间，受到幼儿园、学校或者其他教育机构以外的第三人人身损害的，由第三人承担侵权责任；幼儿园、学校或者其他教育机构未尽到管理职责的，承担相应的补充责任。幼儿园、学校或者其他教育机构承担补充责任后，可以向第三人追偿。

第四章　产品责任

第一千二百零二条 【产品生产者侵权责任】因产品存在缺陷造成他人损害的，生产者应当承担侵权责任。

第一千二百零三条 【被侵权人请求损害赔偿的途径和先行赔偿人追偿权】因产品存在缺陷造成他人损害的，被侵权人可以向产品的生产者请求赔偿，也可以向产品的销售者请求赔偿。

产品缺陷由生产者造成的，销售者赔偿后，有权向生产者追偿。因销售者的过错使产品存在缺陷的，生产者赔偿后，有权向销售者追偿。

第一千二百零四条 【生产者、销售者的第三人追偿权】因运输者、仓储者等第三人的过错使产品存在缺陷，造成他人损害的，产品的生产者、销售者赔偿后，有权向第三人追偿。

第一千二百零五条 【产品缺陷危及他人人身、财产安全的侵权责任】因产品缺陷危及他人人身、财产安全的，被侵权人有权请求生产者、销售者承担停止侵害、排除妨碍、消除危险等侵权责任。

第一千二百零六条 【生产者、销售者的补救措施及费用承担】产品投入流通后发现存在缺陷的，生产者、销售者应当及时采取停止销售、警示、召回等补救措施；未及时采取补救措施或者补救措施不力造成损害扩大的，对扩大的损害也应当承担侵权责任。

依据前款规定采取召回措施的，生产者、销售者应当负担被侵权人因此支出的必要费用。

第一千二百零七条 【产品责任中的惩罚性赔偿】明知产品存在缺陷仍然生产、销售，或者没有依据前条规定采取有效补救措施，造成他人死亡或者健康严重损害的，被侵权人有权请求相应的惩罚性赔偿。

第五章　机动车交通事故责任

第一千二百零八条 【机动车交通事故责任的法律适用】机动车发生交通事故造成损害的，依照道路交通安全法律和本法的有关规定承担赔偿责任。

第一千二百零九条 【租赁、借用机动车交通事故责任】因租赁、借用等情形机动车所有人、管理人与使用人不是同一人时，发生交通事故造成损害，属于该机动车一方责任的，由机动车使用人承担赔偿责任；机动车所有人、管理人对损害的发生有过错的，承担相应的赔偿责任。

第一千二百一十条 【转让并交付但未办理登记的机动车侵权责任】当事人之间已经以买卖或者其他方式转让并交付机动车但是未办理登记，发生交通事故造成损害，属于该机动车一方责任的，由受让人承担赔偿责任。

第一千二百一十一条 【挂靠机动车交通事故责任】以挂靠形式从事道路运输经营活动的机动车，发生交通事故造成损害，属于该机动车一方责任的，由挂靠人和被挂靠人承担连带责任。

第一千二百一十二条 【擅自驾驶他人机动车交通事故责任】未经允许驾驶他人机动车，发生交通事故造成损害，属于该机动车一方责任的，由机动车使用人承担赔偿责任；机动车所有人、管理人对损害的发生有过错的，承担相应的赔偿责任，但是本章另有规定的除外。

第一千二百一十三条 【交通事故侵权救济来源的支付顺序】机动车发生交通事故造成损害，属于该机动车一方责任的，先由承保机动车强制保险的保险人在强制保险责任限额范围内予以赔偿；不足部分，由承保机动车商业保险的保险人按照保险合同的约定予以赔偿；仍然不足或者没有投保机动车商业保险的，由侵权人赔偿。

第一千二百一十四条 【拼装车、报废车交通事故责任】以买卖或者其他方式转让拼装或者已经达到报废标准的机动车，发生交通事故造成损害的，由转让人和受让人承担连带责任。

第一千二百一十五条 【盗抢机动车交通事故责任】盗窃、抢劫或者抢夺的机动车发生交通事故造成损害的，由盗窃人、抢劫人或者抢夺人承担赔偿责任。盗窃人、抢劫人或者抢夺人与机动车使用人不是同一人，发生交通事故造成损害，属于该机动车一方责任的，由盗窃人、抢劫人或者抢夺人与机动车使用人承担连带责任。

保险人在机动车强制保险责任限额范围内垫付抢救费用的，有权向交通事故责任人追偿。

第一千二百一十六条 【驾驶人逃逸责任承担规则】机动车驾驶人发生交通事故后逃逸,该机动车参加强制保险的,由保险人在机动车强制保险责任限额范围内予以赔偿;机动车不明、该机动车未参加强制保险或者抢救费用超过机动车强制保险责任限额,需要支付被侵权人人身伤亡的抢救、丧葬等费用的,由道路交通事故社会救助基金垫付。道路交通事故社会救助基金垫付后,其管理机构有权向交通事故责任人追偿。

第一千二百一十七条 【好意同乘规则】非营运机动车发生交通事故造成无偿搭乘人损害,属于该机动车一方责任的,应当减轻其赔偿责任,但是机动车使用人有故意或者重大过失的除外。

第六章 医疗损害责任

第一千二百一十八条 【医疗损害责任归责原则】患者在诊疗活动中受到损害,医疗机构或者其医务人员有过错的,由医疗机构承担赔偿责任。

第一千二百一十九条 【医疗机构说明义务与患者知情同意权】医务人员在诊疗活动中应当向患者说明病情和医疗措施。需要实施手术、特殊检查、特殊治疗的,医务人员应当及时向患者具体说明医疗风险、替代医疗方案等情况,并取得其明确同意;不能或者不宜向患者说明的,应当向患者的近亲属说明,并取得其明确同意。

医务人员未尽到前款义务,造成患者损害的,医疗机构应当承担赔偿责任。

第一千二百二十条 【紧急情况下实施的医疗措施】因抢救生命垂危的患者等紧急情况,不能取得患者或者其近亲属意见的,经医疗机构负责人或者授权的负责人批准,可以立即实施相应的医疗措施。

第一千二百二十一条 【医务人员过错的医疗机构赔偿责任】医务人员在诊疗活动中未尽到与当时的医疗水平相应的诊疗义务,造成患者损害的,医疗机构应当承担赔偿责任。

第一千二百二十二条 【医疗机构过错推定的情形】患者在诊疗活动中受到损害,有下列情形之一的,推定医疗机构有过错:

(一)违反法律、行政法规、规章以及其他有关诊疗规范的规定;

(二)隐匿或者拒绝提供与纠纷有关的病历资料;

(三)遗失、伪造、篡改或者违法销毁病历资料。

第一千二百二十三条 【因药品、消毒产品、医疗器械的缺陷或输入不合

格的血液的侵权责任】因药品、消毒产品、医疗器械的缺陷，或者输入不合格的血液造成患者损害的，患者可以向药品上市许可持有人、生产者、血液提供机构请求赔偿，也可以向医疗机构请求赔偿。患者向医疗机构请求赔偿的，医疗机构赔偿后，有权向负有责任的药品上市许可持有人、生产者、血液提供机构追偿。

第一千二百二十四条 【医疗机构免责事由】患者在诊疗活动中受到损害，有下列情形之一的，医疗机构不承担赔偿责任：

（一）患者或者其近亲属不配合医疗机构进行符合诊疗规范的诊疗；

（二）医务人员在抢救生命垂危的患者等紧急情况下已经尽到合理诊疗义务；

（三）限于当时的医疗水平难以诊疗。

前款第一项情形中，医疗机构或者其医务人员也有过错的，应当承担相应的赔偿责任。

第一千二百二十五条 【医疗机构对病历的义务及患者对病历的权利】医疗机构及其医务人员应当按照规定填写并妥善保管住院志、医嘱单、检验报告、手术及麻醉记录、病理资料、护理记录等病历资料。

患者要求查阅、复制前款规定的病历资料的，医疗机构应当及时提供。

第一千二百二十六条 【患者隐私和个人信息保护】医疗机构及其医务人员应当对患者的隐私和个人信息保密。泄露患者的隐私和个人信息，或者未经患者同意公开其病历资料的，应当承担侵权责任。

第一千二百二十七条 【不必要检查禁止义务】医疗机构及其医务人员不得违反诊疗规范实施不必要的检查。

第一千二百二十八条 【医疗机构及医务人员合法权益的维护】医疗机构及其医务人员的合法权益受法律保护。

干扰医疗秩序，妨碍医务人员工作、生活，侵害医务人员合法权益的，应当依法承担法律责任。

第七章 环境污染和生态破坏责任

第一千二百二十九条 【环境污染和生态破坏侵权责任】因污染环境、破坏生态造成他人损害的，侵权人应当承担侵权责任。

第一千二百三十条 【环境污染、生态破坏侵权举证责任】因污染环境、破坏生态发生纠纷，行为人应当就法律规定的不承担责任或者减轻责任的情形及其行为与损害之间不存在因果关系承担举证责任。

第一千二百三十一条 【两个以上侵权人造成损害的责任分担】两个以上侵权人污染环境、破坏生态的，承担责任的大小，根据污染物的种类、浓度、排放量，破坏生态的方式、范围、程度，以及行为对损害后果所起的作用等因素确定。

第一千二百三十二条 【侵权人的惩罚性赔偿】侵权人违反法律规定故意污染环境、破坏生态造成严重后果的，被侵权人有权请求相应的惩罚性赔偿。

第一千二百三十三条 【因第三人过错污染环境、破坏生态的责任】因第三人的过错污染环境、破坏生态的，被侵权人可以向侵权人请求赔偿，也可以向第三人请求赔偿。侵权人赔偿后，有权向第三人追偿。

第一千二百三十四条 【生态环境损害修复责任】违反国家规定造成生态环境损害，生态环境能够修复的，国家规定的机关或者法律规定的组织有权请求侵权人在合理期限内承担修复责任。侵权人在期限内未修复的，国家规定的机关或者法律规定的组织可以自行或者委托他人进行修复，所需费用由侵权人负担。

第一千二百三十五条 【生态环境损害赔偿的范围】违反国家规定造成生态环境损害的，国家规定的机关或者法律规定的组织有权请求侵权人赔偿下列损失和费用：

（一）生态环境受到损害至修复完成期间服务功能丧失导致的损失；

（二）生态环境功能永久性损害造成的损失；

（三）生态环境损害调查、鉴定评估等费用；

（四）清除污染、修复生态环境费用；

（五）防止损害的发生和扩大所支出的合理费用。

第八章　高度危险责任

第一千二百三十六条 【高度危险责任一般规定】从事高度危险作业造成他人损害的，应当承担侵权责任。

第一千二百三十七条 【民用核设施致害责任】民用核设施或者运入运出核设施的核材料发生核事故造成他人损害的，民用核设施的营运单位应当承担侵权责任；但是，能够证明损害是因战争、武装冲突、暴乱等情形或者受害人故意造成的，不承担责任。

第一千二百三十八条 【民用航空器致害责任】民用航空器造成他人损害的，民用航空器的经营者应当承担侵权责任；但是，能够证明损害是因受害人故意造成的，不承担责任。

　　第一千二百三十九条　【高度危险物致害责任】占有或者使用易燃、易爆、剧毒、高放射性、强腐蚀性、高致病性等高度危险物造成他人损害的，占有人或者使用人应当承担侵权责任；但是，能够证明损害是因受害人故意或者不可抗力造成的，不承担责任。被侵权人对损害的发生有重大过失的，可以减轻占有人或者使用人的责任。

　　第一千二百四十条　【高度危险活动致害责任】从事高空、高压、地下挖掘活动或者使用高速轨道运输工具造成他人损害的，经营者应当承担侵权责任；但是，能够证明损害是因受害人故意或者不可抗力造成的，不承担责任。被侵权人对损害的发生有重大过失的，可以减轻经营者的责任。

　　第一千二百四十一条　【遗失、抛弃高度危险物致害的侵权责任】遗失、抛弃高度危险物造成他人损害的，由所有人承担侵权责任。所有人将高度危险物交由他人管理的，由管理人承担侵权责任；所有人有过错的，与管理人承担连带责任。

　　第一千二百四十二条　【非法占有高度危险物致害的侵权责任】非法占有高度危险物造成他人损害的，由非法占有人承担侵权责任。所有人、管理人不能证明对防止非法占有尽到高度注意义务的，与非法占有人承担连带责任。

　　第一千二百四十三条　【未经许可进入高度危险作业区域的致害责任】未经许可进入高度危险活动区域或者高度危险物存放区域受到损害，管理人能够证明已经采取足够安全措施并尽到充分警示义务的，可以减轻或者不承担责任。

　　第一千二百四十四条　【高度危险责任赔偿限额】承担高度危险责任，法律规定赔偿限额的，依照其规定，但是行为人有故意或者重大过失的除外。

第九章　饲养动物损害责任

　　第一千二百四十五条　【饲养动物损害责任一般规定】饲养的动物造成他人损害的，动物饲养人或者管理人应当承担侵权责任；但是，能够证明损害是因被侵权人故意或者重大过失造成的，可以不承担或者减轻责任。

　　第一千二百四十六条　【未对动物采取安全措施损害责任】违反管理规定，未对动物采取安全措施造成他人损害的，动物饲养人或者管理人应当承担侵权责任；但是，能够证明损害是因被侵权人故意造成的，可以减轻责任。

　　第一千二百四十七条　【禁止饲养的危险动物损害责任】禁止饲养的烈性犬等危险动物造成他人损害的，动物饲养人或者管理人应当承担侵权责任。

第一千二百四十八条 【动物园饲养动物损害责任】动物园的动物造成他人损害的，动物园应当承担侵权责任；但是，能够证明尽到管理职责的，不承担侵权责任。

第一千二百四十九条 【遗弃、逃逸动物损害责任】遗弃、逃逸的动物在遗弃、逃逸期间造成他人损害的，由动物原饲养人或者管理人承担侵权责任。

第一千二百五十条 【因第三人过错致使动物致害责任】因第三人的过错致使动物造成他人损害的，被侵权人可以向动物饲养人或者管理人请求赔偿，也可以向第三人请求赔偿。动物饲养人或者管理人赔偿后，有权向第三人追偿。

第一千二百五十一条 【饲养动物应负的社会责任】饲养动物应当遵守法律法规，尊重社会公德，不得妨碍他人生活。

第十章 建筑物和物件损害责任

第一千二百五十二条 【建筑物、构筑物或者其他设施倒塌、塌陷致害责任】建筑物、构筑物或者其他设施倒塌、塌陷造成他人损害的，由建设单位与施工单位承担连带责任，但是建设单位与施工单位能够证明不存在质量缺陷的除外。建设单位、施工单位赔偿后，有其他责任人的，有权向其他责任人追偿。

因所有人、管理人、使用人或者第三人的原因，建筑物、构筑物或者其他设施倒塌、塌陷造成他人损害的，由所有人、管理人、使用人或者第三人承担侵权责任。

第一千二百五十三条 【建筑物、构筑物或者其他设施及其搁置物、悬挂物脱落、坠落致害责任】建筑物、构筑物或者其他设施及其搁置物、悬挂物发生脱落、坠落造成他人损害，所有人、管理人或者使用人不能证明自己没有过错的，应当承担侵权责任。所有人、管理人或者使用人赔偿后，有其他责任人的，有权向其他责任人追偿。

第一千二百五十四条 【高空抛掷物、坠落物致害责任】禁止从建筑物中抛掷物品。从建筑物中抛掷物品或者从建筑物上坠落的物品造成他人损害的，由侵权人依法承担侵权责任；经调查难以确定具体侵权人的，除能够证明自己不是侵权人的外，由可能加害的建筑物使用人给予补偿。可能加害的建筑物使用人补偿后，有权向侵权人追偿。

物业服务企业等建筑物管理人应当采取必要的安全保障措施防止前款规定情形的发生；未采取必要的安全保障措施的，应当依法承担未履行安全保障义务的侵权责任。

发生本条第一款规定的情形的，公安等机关应当依法及时调查，查清责任人。

第一千二百五十五条　【堆放物致害责任】堆放物倒塌、滚落或者滑落造成他人损害，堆放人不能证明自己没有过错的，应当承担侵权责任。

第一千二百五十六条　【在公共道路上妨碍通行物品的致害责任】在公共道路上堆放、倾倒、遗撒妨碍通行的物品造成他人损害的，由行为人承担侵权责任。公共道路管理人不能证明已经尽到清理、防护、警示等义务的，应当承担相应的责任。

第一千二百五十七条　【林木致害的责任】因林木折断、倾倒或者果实坠落等造成他人损害，林木的所有人或者管理人不能证明自己没有过错的，应当承担侵权责任。

第一千二百五十八条　【公共场所或道路施工致害责任和窨井等地下设施致害责任】在公共场所或者道路上挖掘、修缮安装地下设施等造成他人损害，施工人不能证明已经设置明显标志和采取安全措施的，应当承担侵权责任。

窨井等地下设施造成他人损害，管理人不能证明尽到管理职责的，应当承担侵权责任。

最高人民法院关于审理人身损害赔偿案件适用法律若干问题的解释

（2003 年 12 月 4 日最高人民法院审判委员会第 1299 次会议通过　根据 2020 年 12 月 23 日最高人民法院审判委员会第 1823 次会议通过的《最高人民法院关于修改〈最高人民法院关于在民事审判工作中适用《中华人民共和国工会法》若干问题的解释〉等二十七件民事类司法解释的决定》第一次修正　根据 2022 年 2 月 15 日最高人民法院审判委员会第 1864 次会议通过的《最高人民法院关于修改〈最高人民法院关于审理人身损害赔偿案件适用法律若干问题的解释〉的决定》第二次修正　2022 年 4 月 24 日最高人民法院公告公布　自 2022 年 5 月 1 日起施行）

为正确审理人身损害赔偿案件，依法保护当事人的合法权益，根据《中华人民共和国民法典》《中华人民共和国民事诉讼法》等有关法律规定，结合审判实践，制定本解释。

第一条　因生命、身体、健康遭受侵害，赔偿权利人起诉请求赔偿义务人赔偿物质损害和精神损害的，人民法院应予受理。

本条所称"赔偿权利人"，是指因侵权行为或者其他致害原因直接遭受人身损害的受害人以及死亡受害人的近亲属。

本条所称"赔偿义务人"，是指因自己或者他人的侵权行为以及其他致害原因依法应当承担民事责任的自然人、法人或者非法人组织。

第二条　赔偿权利人起诉部分共同侵权人的，人民法院应当追加其他共同侵权人作为共同被告。赔偿权利人在诉讼中放弃对部分共同侵权人的诉讼请求的，其他共同侵权人对被放弃诉讼请求的被告应当承担的赔偿份额不承担连带责任。责任范围难以确定的，推定各共同侵权人承担同等责任。

人民法院应当将放弃诉讼请求的法律后果告知赔偿权利人,并将放弃诉讼请求的情况在法律文书中叙明。

第三条 依法应当参加工伤保险统筹的用人单位的劳动者,因工伤事故遭受人身损害,劳动者或者其近亲属向人民法院起诉请求用人单位承担民事赔偿责任的,告知其按《工伤保险条例》的规定处理。

因用人单位以外的第三人侵权造成劳动者人身损害,赔偿权利人请求第三人承担民事赔偿责任的,人民法院应予支持。

第四条 无偿提供劳务的帮工人,在从事帮工活动中致人损害的,被帮工人应当承担赔偿责任。被帮工人承担赔偿责任后向有故意或者重大过失的帮工人追偿的,人民法院应予支持。被帮工人明确拒绝帮工的,不承担赔偿责任。

第五条 无偿提供劳务的帮工人因帮工活动遭受人身损害的,根据帮工人和被帮工人各自的过错承担相应的责任;被帮工人明确拒绝帮工的,被帮工人不承担赔偿责任,但可以在受益范围内予以适当补偿。

帮工人在帮工活动中因第三人的行为遭受人身损害的,有权请求第三人承担赔偿责任,也有权请求被帮工人予以适当补偿。被帮工人补偿后,可以向第三人追偿。

第六条 医疗费根据医疗机构出具的医药费、住院费等收款凭证,结合病历和诊断证明等相关证据确定。赔偿义务人对治疗的必要性和合理性有异议的,应当承担相应的举证责任。

医疗费的赔偿数额,按照一审法庭辩论终结前实际发生的数额确定。器官功能恢复训练所必要的康复费、适当的整容费以及其他后续治疗费,赔偿权利人可以待实际发生后另行起诉。但根据医疗证明或者鉴定结论确定必然发生的费用,可以与已经发生的医疗费一并予以赔偿。

第七条 误工费根据受害人的误工时间和收入状况确定。

误工时间根据受害人接受治疗的医疗机构出具的证明确定。受害人因伤致残持续误工的,误工时间可以计算至定残日前一天。

受害人有固定收入的,误工费按照实际减少的收入计算。受害人无固定收入的,按照其最近三年的平均收入计算;受害人不能举证证明其最近三年的平均收入状况的,可以参照受诉法院所在地相同或者相近行业上一年度职工的平均工资计算。

第八条 护理费根据护理人员的收入状况和护理人数、护理期限确定。

护理人员有收入的，参照误工费的规定计算；护理人员没有收入或者雇佣护工的，参照当地护工从事同等级别护理的劳务报酬标准计算。护理人员原则上为一人，但医疗机构或者鉴定机构有明确意见的，可以参照确定护理人员人数。

护理期限应计算至受害人恢复生活自理能力时止。受害人因残疾不能恢复生活自理能力的，可以根据其年龄、健康状况等因素确定合理的护理期限，但最长不超过二十年。

受害人定残后的护理，应当根据其护理依赖程度并结合配制残疾辅助器具的情况确定护理级别。

第九条 交通费根据受害人及其必要的陪护人员因就医或者转院治疗实际发生的费用计算。交通费应当以正式票据为凭；有关凭据应当与就医地点、时间、人数、次数相符合。

第十条 住院伙食补助费可以参照当地国家机关一般工作人员的出差伙食补助标准予以确定。

受害人确有必要到外地治疗，因客观原因不能住院，受害人本人及其陪护人员实际发生的住宿费和伙食费，其合理部分应予赔偿。

第十一条 营养费根据受害人伤残情况参照医疗机构的意见确定。

第十二条 残疾赔偿金根据受害人丧失劳动能力程度或者伤残等级，按照受诉法院所在地上一年度城镇居民人均可支配收入标准，自定残之日起按二十年计算。但六十周岁以上的，年龄每增加一岁减少一年；七十五周岁以上的，按五年计算。

受害人因伤致残但实际收入没有减少，或者伤残等级较轻但造成职业妨害严重影响其劳动就业的，可以对残疾赔偿金作相应调整。

第十三条 残疾辅助器具费按照普通适用器具的合理费用标准计算。伤情有特殊需要的，可以参照辅助器具配制机构的意见确定相应的合理费用标准。

辅助器具的更换周期和赔偿期限参照配制机构的意见确定。

第十四条 丧葬费按照受诉法院所在地上一年度职工月平均工资标准，以六个月总额计算。

第十五条 死亡赔偿金按照受诉法院所在地上一年度城镇居民人均可支配收入标准，按二十年计算。但六十周岁以上的，年龄每增加一岁减少一年；七十五周岁以上的，按五年计算。

第十六条 被扶养人生活费计入残疾赔偿金或者死亡赔偿金。

第十七条　被扶养人生活费根据扶养人丧失劳动能力程度，按照受诉法院所在地上一年度城镇居民人均消费支出标准计算。被扶养人为未成年人的，计算至十八周岁；被扶养人无劳动能力又无其他生活来源的，计算二十年。但六十周岁以上的，年龄每增加一岁减少一年；七十五周岁以上的，按五年计算。

被扶养人是指受害人依法应当承担扶养义务的未成年人或者丧失劳动能力又无其他生活来源的成年近亲属。被扶养人还有其他扶养人的，赔偿义务人只赔偿受害人依法应当负担的部分。被扶养人有数人的，年赔偿总额累计不超过上一年度城镇居民人均消费支出额。

第十八条　赔偿权利人举证证明其住所地或者经常居住地城镇居民人均可支配收入高于受诉法院所在地标准的，残疾赔偿金或者死亡赔偿金可以按照其住所地或者经常居住地的相关标准计算。

被扶养人生活费的相关计算标准，依照前款原则确定。

第十九条　超过确定的护理期限、辅助器具费给付年限或者残疾赔偿金给付年限，赔偿权利人向人民法院起诉请求继续给付护理费、辅助器具费或者残疾赔偿金的，人民法院应予受理。赔偿权利人确需继续护理、配制辅助器具，或者没有劳动能力和生活来源的，人民法院应当判令赔偿义务人继续给付相关费用五至十年。

第二十条　赔偿义务人请求以定期金方式给付残疾赔偿金、辅助器具费的，应当提供相应的担保。人民法院可以根据赔偿义务人的给付能力和提供担保的情况，确定以定期金方式给付相关费用。但是，一审法庭辩论终结前已经发生的费用、死亡赔偿金以及精神损害抚慰金，应当一次性给付。

第二十一条　人民法院应当在法律文书中明确定期金的给付时间、方式以及每期给付标准。执行期间有关统计数据发生变化的，给付金额应当适时进行相应调整。

定期金按照赔偿权利人的实际生存年限给付，不受本解释有关赔偿期限的限制。

第二十二条　本解释所称"城镇居民人均可支配收入""城镇居民人均消费支出""职工平均工资"，按照政府统计部门公布的各省、自治区、直辖市以及经济特区和计划单列市上一年度相关统计数据确定。

"上一年度"，是指一审法庭辩论终结时的上一统计年度。

第二十三条　精神损害抚慰金适用《最高人民法院关于确定民事侵权精神

损害赔偿责任若干问题的解释》予以确定。

第二十四条 本解释自 2022 年 5 月 1 日起施行。施行后发生的侵权行为引起的人身损害赔偿案件适用本解释。

本院以前发布的司法解释与本解释不一致的，以本解释为准。

最高人民法院关于审理道路交通事故损害赔偿案件适用法律若干问题的解释

（2012 年 9 月 17 日最高人民法院审判委员会第 1556 次会议通过　根据 2020 年 12 月 23 日最高人民法院审判委员会第 1823 次会议通过的《最高人民法院关于修改〈最高人民法院关于在民事审判工作中适用《中华人民共和国工会法》若干问题的解释〉等二十七件民事类司法解释的决定》修正　2020 年 12 月 29 日最高人民法院公告公布　自 2021 年 1 月 1 日起施行）

为正确审理道路交通事故损害赔偿案件，根据《中华人民共和国民法典》《中华人民共和国道路交通安全法》《中华人民共和国保险法》《中华人民共和国民事诉讼法》等法律的规定，结合审判实践，制定本解释。

一、关于主体责任的认定

第一条　机动车发生交通事故造成损害，机动车所有人或者管理人有下列情形之一，人民法院应当认定其对损害的发生有过错，并适用民法典第一千二百零九条的规定确定其相应的赔偿责任：

（一）知道或者应当知道机动车存在缺陷，且该缺陷是交通事故发生原因之一的；

（二）知道或者应当知道驾驶人无驾驶资格或者未取得相应驾驶资格的；

（三）知道或者应当知道驾驶人因饮酒、服用国家管制的精神药品或者麻醉药品，或者患有妨碍安全驾驶机动车的疾病等依法不能驾驶机动车的；

（四）其他应当认定机动车所有人或者管理人有过错的。

第二条　被多次转让但是未办理登记的机动车发生交通事故造成损害，属于该机动车一方责任，当事人请求由最后一次转让并交付的受让人承担赔偿责任的，人民法院应予支持。

第三条 套牌机动车发生交通事故造成损害，属于该机动车一方责任，当事人请求由套牌机动车的所有人或者管理人承担赔偿责任的，人民法院应予支持；被套牌机动车所有人或者管理人同意套牌的，应当与套牌机动车的所有人或者管理人承担连带责任。

第四条 拼装车、已达到报废标准的机动车或者依法禁止行驶的其他机动车被多次转让，并发生交通事故造成损害，当事人请求由所有的转让人和受让人承担连带责任的，人民法院应予支持。

第五条 接受机动车驾驶培训的人员，在培训活动中驾驶机动车发生交通事故造成损害，属于该机动车一方责任，当事人请求驾驶培训单位承担赔偿责任的，人民法院应予支持。

第六条 机动车试乘过程中发生交通事故造成试乘人损害，当事人请求提供试乘服务者承担赔偿责任的，人民法院应予支持。试乘人有过错的，应当减轻提供试乘服务者的赔偿责任。

第七条 因道路管理维护缺陷导致机动车发生交通事故造成损害，当事人请求道路管理者承担相应赔偿责任的，人民法院应予支持。但道路管理者能够证明已经依照法律、法规、规章的规定，或者按照国家标准、行业标准、地方标准的要求尽到安全防护、警示等管理维护义务的除外。

依法不得进入高速公路的车辆、行人，进入高速公路发生交通事故造成自身损害，当事人请求高速公路管理者承担赔偿责任的，适用民法典第一千二百四十三条的规定。

第八条 未按照法律、法规、规章或者国家标准、行业标准、地方标准的强制性规定设计、施工，致使道路存在缺陷并造成交通事故，当事人请求建设单位与施工单位承担相应赔偿责任的，人民法院应予支持。

第九条 机动车存在产品缺陷导致交通事故造成损害，当事人请求生产者或者销售者依照民法典第七编第四章的规定承担赔偿责任的，人民法院应予支持。

第十条 多辆机动车发生交通事故造成第三人损害，当事人请求多个侵权人承担赔偿责任的，人民法院应当区分不同情况，依照民法典第一千一百七十条、第一千一百七十一条、第一千一百七十二条的规定，确定侵权人承担连带责任或者按份责任。

二、关于赔偿范围的认定

第十一条　道路交通安全法第七十六条规定的"人身伤亡"，是指机动车发生交通事故侵害被侵权人的生命权、身体权、健康权等人身权益所造成的损害，包括民法典第一千一百七十九条和第一千一百八十三条规定的各项损害。

道路交通安全法第七十六条规定的"财产损失"，是指因机动车发生交通事故侵害被侵权人的财产权益所造成的损失。

第十二条　因道路交通事故造成下列财产损失，当事人请求侵权人赔偿的，人民法院应予支持：

（一）维修被损坏车辆所支出的费用、车辆所载物品的损失、车辆施救费用；

（二）因车辆灭失或者无法修复，为购买交通事故发生时与被损坏车辆价值相当的车辆重置费用；

（三）依法从事货物运输、旅客运输等经营性活动的车辆，因无法从事相应经营活动所产生的合理停运损失；

（四）非经营性车辆因无法继续使用，所产生的通常替代性交通工具的合理费用。

三、关于责任承担的认定

第十三条　同时投保机动车第三者责任强制保险（以下简称"交强险"）和第三者责任商业保险（以下简称"商业三者险"）的机动车发生交通事故造成损害，当事人同时起诉侵权人和保险公司的，人民法院应当依照民法典第一千二百一十三条的规定，确定赔偿责任。

被侵权人或者其近亲属请求承保交强险的保险公司优先赔偿精神损害的，人民法院应予支持。

第十四条　投保人允许的驾驶人驾驶机动车致使投保人遭受损害，当事人请求承保交强险的保险公司在责任限额范围内予以赔偿的，人民法院应予支持，但投保人为本车上人员的除外。

第十五条　有下列情形之一导致第三人人身损害，当事人请求保险公司在交强险责任限额范围内予以赔偿，人民法院应予支持：

（一）驾驶人未取得驾驶资格或者未取得相应驾驶资格的；

（二）醉酒、服用国家管制的精神药品或者麻醉药品后驾驶机动车发生交通事故的；

（三）驾驶人故意制造交通事故的。

保险公司在赔偿范围内向侵权人主张追偿权的，人民法院应予支持。追偿权的诉讼时效期间自保险公司实际赔偿之日起计算。

第十六条 未依法投保交强险的机动车发生交通事故造成损害，当事人请求投保义务人在交强险责任限额范围内予以赔偿的，人民法院应予支持。

投保义务人和侵权人不是同一人，当事人请求投保义务人和侵权人在交强险责任限额范围内承担相应责任的，人民法院应予支持。

第十七条 具有从事交强险业务资格的保险公司违法拒绝承保、拖延承保或者违法解除交强险合同，投保义务人在向第三人承担赔偿责任后，请求该保险公司在交强险责任限额范围内承担相应赔偿责任的，人民法院应予支持。

第十八条 多辆机动车发生交通事故造成第三人损害，损失超出各机动车交强险责任限额之和的，由各保险公司在各自责任限额范围内承担赔偿责任；损失未超出各机动车交强险责任限额之和，当事人请求由各保险公司按照其责任限额与责任限额之和的比例承担赔偿责任的，人民法院应予支持。

依法分别投保交强险的牵引车和挂车连接使用时发生交通事故造成第三人损害，当事人请求由各保险公司在各自的责任限额范围内平均赔偿的，人民法院应予支持。

多辆机动车发生交通事故造成第三人损害，其中部分机动车未投保交强险，当事人请求先由已承保交强险的保险公司在责任限额范围内予以赔偿的，人民法院应予支持。保险公司就超出其应承担的部分向未投保交强险的投保义务人或者侵权人行使追偿权的，人民法院应予支持。

第十九条 同一交通事故的多个被侵权人同时起诉的，人民法院应当按照各被侵权人的损失比例确定交强险的赔偿数额。

第二十条 机动车所有权在交强险合同有效期内发生变动，保险公司在交通事故发生后，以该机动车未办理交强险合同变更手续为由主张免除赔偿责任的，人民法院不予支持。

机动车在交强险合同有效期内发生改装、使用性质改变等导致危险程度增加的情形，发生交通事故后，当事人请求保险公司在责任限额范围内予以赔偿的，人民法院应予支持。

前款情形下，保险公司另行起诉请求投保义务人按照重新核定后的保险费标准补足当期保险费的，人民法院应予支持。

第二十一条 当事人主张交强险人身伤亡保险金请求权转让或者设定担保

的行为无效的，人民法院应予支持。

四、关于诉讼程序的规定

第二十二条 人民法院审理道路交通事故损害赔偿案件，应当将承保交强险的保险公司列为共同被告。但该保险公司已经在交强险责任限额范围内予以赔偿且当事人无异议的除外。

人民法院审理道路交通事故损害赔偿案件，当事人请求将承保商业三者险的保险公司列为共同被告的，人民法院应予准许。

第二十三条 被侵权人因道路交通事故死亡，无近亲属或者近亲属不明，未经法律授权的机关或者有关组织向人民法院起诉主张死亡赔偿金的，人民法院不予受理。

侵权人以已向未经法律授权的机关或者有关组织支付死亡赔偿金为理由，请求保险公司在交强险责任限额范围内予以赔偿的，人民法院不予支持。

被侵权人因道路交通事故死亡，无近亲属或者近亲属不明，支付被侵权人医疗费、丧葬费等合理费用的单位或者个人，请求保险公司在交强险责任限额范围内予以赔偿的，人民法院应予支持。

第二十四条 公安机关交通管理部门制作的交通事故认定书，人民法院应依法审查并确认其相应的证明力，但有相反证据推翻的除外。

五、关于适用范围的规定

第二十五条 机动车在道路以外的地方通行时引发的损害赔偿案件，可以参照适用本解释的规定。

第二十六条 本解释施行后尚未终审的案件，适用本解释；本解释施行前已经终审，当事人申请再审或者按照审判监督程序决定再审的案件，不适用本解释。

扫描下方二维码获取民法典全文及新旧条文对照

图书在版编目 (CIP) 数据

民法典·侵权责任判解研究与适用 / 何志著 . — 北
京：中国法制出版社，2024.3
（民法典判解研究与适用丛书）
ISBN 978-7-5216-4177-6

Ⅰ . ①民… Ⅱ . ①何… Ⅲ . ①侵权法－法律解释－中
国 ②侵权法－法律适用－中国 Ⅳ . ① D923.75

中国国家版本馆 CIP 数据核字（2024）第 032710 号

责任编辑：周琼妮 封面设计：杨泽江

民法典·侵权责任判解研究与适用
MINFADIAN · QINQUAN ZEREN PANJIE YANJIU YU SHIYONG
著者 / 何　志
经销 / 新华书店
印刷 / 三河市国英印务有限公司
开本 / 710 毫米 × 1000 毫米　16 开　　　　　印张 / 40　字数 / 696 千
版次 / 2024 年 3 月第 1 版　　　　　　　　　2024 年 3 月第 1 次印刷

中国法制出版社出版
书号 ISBN 978-7-5216-4177-6　　　　　　　　　定价：138.00 元

北京市西城区西便门西里甲 16 号西便门办公区
邮政编码：100053　　　　　　　　　　　　传真：010-63141600
网址：http://www.zgfzs.com　　　　　　　**编辑部电话：010-63141807**
市场营销部电话：010-63141612　　　　　　**印务部电话：010-63141606**
（如有印装质量问题，请与本社印务部联系。）